Luise Stein

Grenzlandschicksale: Unternehmen evakuieren in Deutschland und Frankreich, 1939/1940

Schriftenreihe zur Zeitschrift für Unternehmensgeschichte

Herausgegeben im Auftrag der Gesellschaft für Unternehmensgeschichte von Carsten Burhop, Christian Kleinschmidt und Werner Plumpe

Band 31

Luise Stein

Grenzlandschicksale: Unternehmen evakuieren in Deutschland und Frankreich, 1939/1940

DE GRUYTER
OLDENBOURG

Von der Fakultät für Geschichtswissenschaft der Ruhr-Universität Bochum als Dissertation angenommen im Jahre 2017.

ISBN 978-3-11-058898-9
e-ISBN (PDF) 978-3-11-059189-7
e-ISBN (EPUB) 978-3-11-058902-3
ISSN 2509-291X

Library of Congress Cataloging-in-Publication Data
Names: Stein, Luise, 1988- author
Title: Grenzlandschicksale : Unternehmen evakuieren in Deutschland und Frankreich, 1939/1940 / Luise Stein.
Description: Berlin ; Boston : Walter de Gruyter GmbH, 2018. | Series: Schriftenreihe zur Zeitschrift fur Unternehmensgeschichte ; Band 31 | Includes bibliographical references.
Identifiers: LCCN 2018017277| ISBN 9783110588989 | ISBN 9783110591897 (e-book (pdf) | ISBN 9783110589023 (e-book (epub)
Subjects: LCSH: World War, 1939-1945–Evacuation of civilians–France | World War, 1939-1945–Evacuation of civilians–Germany.
Classification: LCC D809.F7 S74 2018 | DDC 940.53086/9140943–dc23 LC record available at https://lccn.loc.gov/2018017277

Bibliografische Information der Deutschen Nationalbibliothek
Die Deutsche Nationalbibliothek verzeichnet diese Publikation in der Deutschen Nationalbibliografie; detaillierte bibliografische Daten sind im Internet über http://dnb.dnb.de abrufbar.

Titelbild: Die Steingutfabrik in Sarreguemines (Lothringen) nach der Evakuierung, Sommer 1940. Unternehmensarchiv Villeroy & Boch Fotoalben Nr. 14.3, Bildunterschrift: Dekorationszimmer-Malerei-Spritzverfahren.
Satz: bsix information exchange GmbH, Braunschweig
Druck und Bindung:: CPI books GmbH, Leck

www.degruyter.com

Danksagung

Dieses Buch ist aus der Dissertation hervorgegangen, die ich 2017 an der Ruhr-Universität Bochum verteidigt habe. Sie wurde für die Publikation überarbeitet und um aktuelle Forschungsliteratur ergänzt. Die Dissertation ist einerseits das Produkt von Archivrecherchen sowie von langen Sitzungen am heimischen Schreibtisch und im Büro, wäre aber andererseits ohne das Zutun vieler Menschen nie zustande gekommen. Ihnen möchte ich an dieser Stelle danken. Zuerst gilt mein Dank meinen akademischen Betreuern Fabian Lemmes und Thomas Welskopp für die Unterstützung, ausführlichen Anregungen und Ermutigungen, mit denen sie die Dissertation von der ersten Idee bis zum letzten Punkt begleitet haben. Das Arbeiten mit ihnen sowie im DFG-ANR-Projekt „Evakuierungen im deutsch-französischen Grenzraum, 1939–1945 / Les évacuations dans l'espace frontalier franco-allemand, 1939-1945“ unter Leitung von Fabian Lemmes, Johannes Großmann, Rainer Hudemann und Olivier Forcade habe ich als große Bereicherung empfunden. Eva Kübler und Maude Williams danke ich für die wöchentliche Doktorandinnenselbsthilfegruppe sowie für das Teilen von Freud und Leid der Promotionszeit. Dem Deutschen Historischen Institut Paris sowie der Gesellschaft der Freunde der RUB bin ich für die finanzielle Unterstützung in verschiedenen Dissertationsstadien zu Dank verpflichtet. Der Gesellschaft für Unternehmensgeschichte möchte ich für den Preis für Unternehmensgeschichte des Jahres 2017 danken.

Ohne die fachkundige Hilfe von Archivaren wäre die Arbeit der Historikerin aussichtslos. Deshalb sei hier stellvertretend für die kompetente Betreuung, die ich vielerorts in Archiven erfahren habe, Didier Hemmert von den *Archives municipales de Sarreguemines* und Christian Reuther, damals im Stadtarchiv Völklingen, gedankt. Durch die Archivfahrten und Pausengespräche habe ich nicht zuletzt mir bisher unbekannte Ecken Deutschlands und Frankreichs, den Südwest- bzw. Nordostzipfel, entdecken können.

Ich danke Franziska Krüger, Katharina Hoß, Elsa Duval und Martha Poplawski für vielseitige Formen der Hilfe: Arbeitsasyl, Anmerkungen sowie Rat und Tat. Ein großes *merci* an die Leipziger, Berliner und Düsseldorfer Steine für ihre immerwährende Unterstützung, das offene Ohr und die durchwachten Korrekturnächte. Ihr Anteil am Gelingen der Dissertation ist schwer zu ermessen. Ebenso schwer zu ermessen und noch schlechter in Worte zu fassen ist der Anteil Till Westermanns. Deshalb bleibt mir nur, ihm diese Arbeit zu widmen und für die Gewissheit zu danken, dass Evakuierungen nur ein winziger Teil des Ganzen sind.

Inhaltsverzeichnis

Einleitung

Petite-Rosselle ist eine lothringische Gemeinde, unmittelbar an der Grenze zum Saarland und damit der deutsch-französischen Grenze gelegen. Die Stadt befindet sich im lothringischen Steinkohlenbecken; vor dem Niedergang des Bergbaus war die örtliche Zeche, die *Houillères de Petite-Rosselle*, der bedeutendste Arbeitgeber. Ende der 1930er Jahre zählte Petite-Rosselle rund 8 500 Einwohner, die den Beginn des Zweiten Weltkriegs am 1. September 1939 wie folgt erlebten:

> Poignant spectacle que celui d'une population entière abandonnant brusquement ses foyers et s'engageant docilement sur la route de l'inconnu. Masque à Gaz en bandoulière, baluchon sur le dos, poussant des voitures d'enfant ou traînant des petites charrettes du type local, (...) tous s'acheminent sans plainte vers Forbach. Tous sont convaincus que la guerre n'aura pas lieu, que la région de transplantation sera proche et que cette transplantation sera de brève durée.[1]

So hielt Marcel Monpeurt, Ingenieur bei der Bergwerksgesellschaft von Petite-Rosselle, die Vorgänge am Nachmittag des 1. September im Kriegstagebuch der Zeche fest. Das Kriegstagebuch zeichnet sich insgesamt durch einen technischen, unpersönlichen Sprachstil aus, sodass diese Beschreibung umso emotionaler und fast poetisch wirkt. Alle drei Hoffnungen, die der Ingenieur den *Rosselois* bei ihrem Aufbruch zuschrieb, sollten sich nicht erfüllen: Der Krieg kam, die Aufnahmegebiete waren mehrere Hundert Kilometer entfernt und die Evakuierung, deren Zeuge Monpeurt geworden war, dauerte über zehn Monate, bis zum Sommer 1940, an.

Petite-Rosselle befand sich in der so genannten *zone rouge* (roten Zone), sie umfasste den Streifen entlang der deutsch-französischen Grenze und zog sich durch das lothringische Departement Moselle sowie die beiden elsässischen Bas-Rhin und Haut-Rhin. Nach dem deutschen Angriff auf Polen ordnete der französische Generalstab am 1. September 1939 die Evakuierung des Grenzgebietes an, das kurz darauf zum Aufmarschgebiet der Armee wurde. Die grenznahe Bevölkerung musste ihre Koffer packen und ihr Zuhause innerhalb weniger Stunden verlassen. Insgesamt machten sich etwa 700 000 Personen, darunter die *Rosselois* sowie die 190 000 Einwohner der elsässischen Hauptstadt Straß-

1 „Welch ergreifender Anblick einer ganzen Einwohnerschaft, die plötzlich ihr Zuhause verlässt und sich folgsam auf den Weg ins Unbekannte macht. Gasmaske umgehängt, Bündel auf dem Rücken, Kinderwagen schiebend oder kleine, ortstypische Karren ziehend, (...) alle begeben sich klaglos nach Forbach. Alle sind überzeugt, dass der Krieg nicht stattfinden wird, dass das Aufnahmegebiet nah und die Evakuierung von kurzer Dauer sein wird.“ AN 190 AQ 52, Journal de guerre des Houillères de Petite-Rosselle, S. 8. Alle Übersetzungen stammen von der Autorin.

https://doi.org/10.1515/9783110591897-001

burg, auf den Weg ins Landesinnere.[2] Sie kamen größtenteils in Aufnahmedepartements nach Südwestfrankreich.

Aufgrund des Räumungsbefehls stellten alle Betriebe in der roten Zone ihre Arbeit ein. Kein Bergmann fuhr mehr in eine Grube ein und der Straßburger Hafen stand still, das regionale Wirtschaftsleben fiel in einen Dornröschenschlaf. Die Unternehmen zogen sich gleich der Bevölkerung ins Landesinnere zurück, wo sie bis zum Ende des ‚Sitzkrieges'[3] im Sommer 1940 blieben. Nach dem deutschen Sieg über Frankreich im Juni 1940 kehrten Einwohner und Betriebe in die drei de facto vom Deutschen Reich annektierten Departements Moselle, Bas-Rhin und Haut-Rhin zurück. Die Evakuierungs- ging für sie in die Annexionsphase über, die mit dem Vormarsch der Alliierten 1944/1945 endete.

Doch nicht nur Elsässer und Lothringer mussten in den ersten Septembertagen 1939 ihr Zuhause verlassen, ähnliches geschah nur wenige Kilometer von ihnen entfernt auf der anderen Seite der Grenze. Hier veranlasste das Oberkommando der Wehrmacht (OKW) die Räumung des deutschen Grenzstreifens, ebenfalls als rote Zone bezeichnet. Sie zog sich von Norden nach Süden durch den Regierungsbezirk Trier und die NSDAP-Gaue Saarpfalz sowie Baden und schloss Saarbrücken als größte Stadt ein. Etwa 700 000 Personen brachen ins Reichsinnere auf,[4] zugleich stellten alle Betriebe in der roten Zone die Produktion ein.

Die Hochöfen der Saarhütten wurden gedämpft und kein Schuh mehr in der pfälzischen Stadt Pirmasens gefertigt. Die Unternehmen verließen das Grenzgebiet und bewegten sich in andere Areale des Reiches. Dort verharrten sie bis zum deutschen Sieg über Frankreich im Juni 1940, kurz danach erfolgte die Wiederbesiedlung der roten Zone.

---

2 Es liegen widersprüchliche Angaben darüber vor, wie viele Lothringer und Elsässer von den Evakuierungen betroffen waren. Benoît Laurent gelangt in seiner Dissertation von 2011 nach Gegenüberstellung und Abwägung der kursierenden Zahlen zur Angabe von 700 000: *Benoît Laurent*, L'évacuation de 1939–1940 pour les départements du Bas-Rhin, du Haut-Rhin et de la Moselle: étude juridique, économique et sociale. Dissertation. Strasbourg: Université de Strasbourg 2011, 156.

3 Der Sitzkrieg, drôle de guerre im französischen bzw. Phoney War im englischen Sprachgebrauch, bezeichnet die Phase relativer Ruhe an der deutsch-französischen Front zwischen September 1939 und Mai 1940. Der Begriff ist in Anspielung auf den Blitzkrieg entstanden: *Ine van Linthout*, Das Buch in der nationalsozialistischen Propagandapolitik. Berlin and Boston 2012, 197. Er wird im Weiteren ohne Anführungsstriche verwendet.

4 Auch auf deutscher Seite gehen die Zahlenschätzungen auseinander, sie schwanken zwischen 600 000 und 1 300 000 Evakuierten. Das Reichspostministerium, dessen Schätzung vermutlich recht zuverlässig war, sprach Anfang September 1939 von 700 000 Personen: BArch Berlin R 4701-11561, Sitzung des Reichsinnen- und des Reichspostministeriums, 9.9.1939.

Zwei Evakuierungen großen Ausmaßes, zwei parallele Vorgänge, durchgeführt von zwei Kriegsgegnern mit unterschiedlichen politischen Systemen – auf diese Weise lassen sich die Ereignisse Anfang September 1939 beiderseits der deutsch-französischen Grenze zusammenfassen. Die III. Republik und das Deutsche Reich entschieden sich, unter Bezug auf den jeweils anderen, fast zeitgleich benachbarte Areale zu räumen. Ein einzigartiges historisches Phänomen, ein fast leerer Raum ohne ziviles Leben im dicht besiedelten Mittelwesteuropa, war die Folge. Zugleich waren die Evakuierungen 1939/1940 die ersten massiven Bevölkerungsbewegungen des Zweiten Weltkrieges. Auf sie folgten bis 1945 und darüber hinaus viele weitere in unterschiedlichster Gestalt, seien es Evakuierungen, Fluchtbewegungen, Vertreibungen oder Umsiedlungen.[5] Lässt sich der Zweite Weltkrieg als eine Folge von Zwangsmigrationen fassen, so bildeten die Räumungen entlang der deutsch-französischen Grenze ihren Auftakt.

Thema und Schauplatz der Untersuchung

Die Studie ist im Rahmen des DFG-ANR-Projektes „Evakuierungen im deutsch-französischen Grenzraum, 1939–1945 / Les évacuations dans l'espace frontalier franco-allemand, 1939–1945" der Universitäten Bochum, Saarbrücken und Paris-Sorbonne entstanden. Ziel des Projektes war es, die Evakuierungen mit verschiedenen thematischen Schwerpunkten, jedoch stets vergleichend, zu untersuchen. So fragt Nicholas Williams in seiner Dissertation danach, wie ein demokratischer, die III. Republik, und ein totalitärer Staat, das Deutsche Reich, die Bevölkerungsbewegungen vorbereiteten und durchführten.[6] Hingegen setzt Maude Williams ihren Schwerpunkt auf die Kommunikationsflüsse während der Evakuierungen und Eva Kübler nähert sich dem Thema mit einer erinnerungsgeschichtlichen Fragestellung.[7] Die vorliegende Studie behandelt die wirtschaftliche Dimension der Evakuierungen 1939/1940.

5 Es ist schwer möglich, diese Prozesse sauber voneinander zu trennen, da sie in der Praxis oftmals ineinander übergingen. Für eine Typologie der Zwangsmigrationen: *Jochen Oltmer*, Einführung: Migration und „Volksgemeinschaft" im nationalsozialistischen Deutschland, in: Jochen Oltmer (Hrsg.), Nationalsozialistisches Migrationsregime und „Volksgemeinschaft". Paderborn 2012, 9–25, 15.

6 *Nicholas Williams*, An „Evil Year in Exile"? The Evacuation of the Franco-German Border Areas in 1939 under Democratic and Totalitarian Conditions. Berlin 2018.

7 Siehe die noch nicht veröffentlichte Dissertationen von Maude Williams: „Kommunikation in Kriegsgesellschaften. Das Beispiel der Evakuierungen der deutsch-französischen Grenzregion". Eva Kübler vergleicht in ihrer Arbeit die Erinnerung an die Evakuierung auf deutscher und französischer Seite.

Die beiden roten Zonen umfassten wichtige Industriegebiete, die französische das lothringische Steinkohlenbecken und die Industrieagglomeration um Straßburg. Die deutsche schloss das hochindustrialisierte Saartal mit den Schwerpunkten Metallverarbeitung und Bergbau sowie die pfälzische Schuhstadt Pirmasens ein. Die Evakuierungsgebiete beheimateten zahlreiche Betriebe, die ihre Produktionsstätten stilllegten; auf deutscher Seite waren allein in der Saarpfalz über 25 000 Betriebe betroffen.[8] Sie sahen sich damit konfrontiert, dass ihre bisherige Geschäftsgrundlage entfiel und sie sich, nicht zuletzt räumlich, neu orientieren mussten.

Die Untersuchung fragt vergleichend nach den Handlungsspielräumen saarpfälzischer sowie lothringischer und elsässischer Unternehmen während der Evakuierungen. Unter Handlungsspielräumen wird, Christoph Buchheim zitierend, der Bereich von „Aktionsmöglichkeiten von Unternehmen zur Erhöhung ihres Umsatzes [verstanden, LS], über die sie autonom entscheiden konnten."[9] Zwar waren die evakuierten Betriebe im Herbst 1939 mit grundsätzlichen Fragen der Existenzsicherung befasst, langfristig lassen sich diese aber zweifellos in das Streben nach Umsatzerhöhung einordnen. Somit stellen sich folgende Fragen: Wie frei agierten deutsche und französische Unternehmen im Vergleich? Welchen Anreizen und Zwängen begegneten sie und welcher Ressourcen bedienten sie sich? Treten systemspezifische Besonderheiten im autokratischen Deutschland und im demokratischen Frankreich zu Tage? Oder ist beim Ablauf der Evakuierungen vielmehr ein Primat des Technischen festzustellen, der gegenüber nationalen Spezifika überwog? Und schließlich: Wie gut gelang es beiden Staaten, angesichts der Ausnahmesituation ökonomische Ressourcen zu mobilisieren?

Ziel der Dissertation ist es, die Evakuierungen als „‚Einstiegsfenster' zur Erforschung von Kriegsgesellschaften"[10] zu nutzen. Die Evakuierungen legten komplette Regionen still und wirkten sich umfassend auf alle Lebensbereiche

---

8 So eine rückblickende Schätzung des saarpfälzischen Gauleiters und Reichskommissars Josef Bürckel: Die saarpfälzische Wirtschaft im Aufbau, Saarpfälzische Wirtschaftszeitung, 15.4.1941, S. 262. Die Zahl schließt Industrie-, Handels- und Handwerksbetriebe ein und deckt sich mit einer internen Angabe der Deutschen Reichsbank vom Dezember 1939: BArch Berlin R 2-29979, Referat von Wilhelm Bötzkes, Mitglied des Beirats der Reichsbank, über „Kreditfragen in den evakuierten Gebieten" auf der Sitzung des Kreditausschusses des Beirats der Deutschen Reichsbank, 11.12.1939, fol. 63.

9 *Christoph Buchheim*, Unternehmen in Deutschland und das NS-Regime 1933–1945: Versuch einer Synthese, in: Historische Zeitschrift 282, 2006, 351–390, 358.

10 *Johannes Großmann/Fabian Lemmes*, Evakuierungen im Zeitalter der Weltkriege: Stand der Forschung, Konzepte und Perspektiven, in: Fabian Lemmes u.a. (Hrsg.), Evakuierungen im Europa der Weltkriege – Les évacuations civiles dans l'Europe des guerres mondiales – Civilian Evacuations in World War Europe. Berlin 2014, 11–34, 27.

der Betroffenen aus. Durch die Analyse der Räumungen sollen übereinstimmende und divergierende Funktionsweisen der deutschen und der französischen Gesellschaft im Krieg sichtbar gemacht werden. Sie beziehen sich erstens auf das Verhältnis zwischen Unternehmen und Staat. Einerseits wirkten die staatlichen Instanzen darauf hin, alle verfügbaren ökonomischen Ressourcen für den Krieg zu mobilisieren und griffen, wenn nötig, auch auf geräumte Unternehmen zu. Letztere bemühten sich andererseits, ihre Interessen sowie ihr Eigentum zu verteidigen. Zweitens interessiert das Verhältnis zwischen Unternehmen und anderen gesellschaftlichen Akteuren, etwa der eigenen Belegschaft oder Konkurrenten. Während die Betriebe versuchten, Personal und Güter dergestalt zu lenken, dass das wirtschaftliche Überleben abgesichert wurde, verfügten ihre Belegschaften oder Geschäftskonkurrenten bisweilen über andere Interessen. Entlang dieser Konfliktlinien entwickelten sich Auseinandersetzungen, bei denen Anreize, Zwänge, Ressourcen und Eigensinn zum Tragen kamen. Die Untersuchung zielt letztlich darauf ab, evakuierte Unternehmen in ihrer jeweiligen Gesellschaft zu verorten und somit Mechanismen der Ausnahmesituation in vergleichender Perspektive offenzulegen.

Unter Unternehmen werden im Folgenden Industriebetriebe gefasst, die den Schwerpunkt der Arbeit bilden, wohingegen Landwirtschaft, Handel und Handwerk lediglich am Rande erwähnt werden. Die Eingrenzung erfolgt aus pragmatischen Gründen; sie führt dazu, dass der räumliche Fokus auf den industriell bedeutsamen Arealen der roten Zonen liegt. Deutscherseits ist dies die Saarpfalz, ihr gegenüber tritt das agrarisch geprägte Baden, wo die Evakuierung deutlich kürzer andauerte, zurück. Der Regierungsbezirk Trier entfällt aus der Betrachtung, weil er nur einen sehr geringen Teil des Räumungsgebiets ausmachte, der nicht an Frankreich angrenzte und kaum Industrie beherbergte. Französischerseits liegt der Fokus auf den Departements Moselle und Bas-Rhin. Der Haut-Rhin, der südliche Teil der *zone rouge*, bleibt als landwirtschaftliches Gebiet weitgehend unberücksichtigt.

Der Schauplatz der Untersuchung ist mit diesen Überlegungen bereits angesprochen worden; nun folgt eine ausführlichere Einbettung der Frage nach dem Wo der Studie. Im Zuge des *spatial turn* hat sich die deutsche Historikerzunft in den letzten Jahren Räumen als wissenschaftlicher Analysekategorie zugewandt.[11] Grenzregionen wird in dem Zusammenhang verstärkt die Aufmerksam-

---

11 Einführend dazu: *Susanne Rau*, Räume: Konzepte, Wahrnehmungen, Nutzungen. Frankfurt am Main 2013. In Frankreich ist die Geschichtswissenschaft traditionell räumlicher orientiert, siehe beispielsweise Fernand Braudels grundlegendes Werk über das Mittelmeer von 1949: *Fernand Braudel*, La Méditerranée et le monde méditerranéen à l'époque de Philippe II. Paris 1949.

keit der Forschung zuteil, materialisieren sich raumhistorische Problem- und Fragestellungen in ihnen doch ausgeprägter als anderswo. Verfechter der *border studies* plädieren dafür, die Perspektive des Zentrums, die den Meistererzählungen der Mehrheitsgesellschaft zu Grunde liege, um die Sicht von der – nun auch räumlich gedachten – Peripherie her zu erweitern.[12] Scheinbar klare Trennlinien erscheinen dann als Übergangs- sowie Kontaktzonen und verweisen letztlich auf die Unschärfe des Begriffs der (National-) Staaten. In diesem Sinne sind die *border studies* ein Baustein für ein transnationales Geschichtsverständnis, für eine „history with nations that is not a history of nations."[13]

(Staats-) Grenzen nehmen dabei weniger die Gestalt simpler Linien an, die auf Landkarten scheinbar eindeutig die Zuordnung zu einem Staatsgebiet suggerieren. Vielmehr erscheinen Grenzen oder Grenzräume als

> areas divided and joined by borders, where political, economic and cultural contacts, contestation and interaction between different forces occur.[14]

Eine klassische Einteilung von Grenzräumen besteht aus vier, einander nicht ausschließenden, idealtypischen Kategorien.[15] *Borderlands* können erstens *contested* sein, politisch umstritten und von militärischen Konflikten geprägt, zweitens *interdependent*, ökonomisch und kulturell miteinander verbunden, oder drittens *integrated*, noch weitergehend miteinander verflochten, etwa sprachlich verwandt, und schließlich *historical*. Die letztgenannte Kategorie bezieht sich auf vormalige Grenzgebiete, die diese Eigenschaft aufgrund einer territorialer Neukonfiguration verloren haben.

Der deutsch-französische Grenzraum, das Elsass, Lothringen und die Saarpfalz, war von der Zwischenkriegszeit bis 1945 sowohl *interdependent* als auch *contested*. Einerseits sprachen die grenznahen Bewohner auf beiden Seiten der Grenze in der Regel eine Sprache, nämlich deutsche Dialekte, und waren wirt-

12 *Bernhard Struck*, Grenzregionen. Mainz 2012. URL: http://www.ieg-ego.eu/struckb-2012-de, 2–4.

13 „Eine Geschichte mit Nationen, die keine Geschichte von Nationen ist." *Pierre-Yves Saunier*, Transnational history. Basingstoke 2013, 8.

14 „Gebiete, die durch Grenzen getrennt und zusammengeführt werden und Schauplatz politischer, wirtschaftlicher und kultureller Kontakte, Auseinandersetzungen oder Interaktion zwischen verschiedenen Kräften sind." *Shao Dan*, Borders and borderlands, in: Akira Iriye/Pierre-Yves Saunier (Hrsg.), The Palgrave Dictionary of Transnational History. Basingstoke 2009, 99–102, 99.

15 Die folgenden Informationen beziehen sich auf: *Shao Dan*, Borders and borderlands, in: Akira Iriye/Pierre-Yves Saunier (Hrsg.), The Palgrave Dictionary of Transnational History. Basingstoke 2009, 99–102, 100. Ohne ihn beim Namen zu nennen, bezieht sich Dan dabei auf Oscar Martínez und wandelt dessen Kategorisierung leicht ab: *Oscar J. Martínez*, Border people: Life and society in the U.S.-Mexico borderlands. Tucson 1994, 5–10.

schaftlich, kulturell sowie familiär eng miteinander verbunden.[16] Andererseits waren die Gebiete zwischen Deutschland und Frankreich politisch höchst umstritten, wie das Saarreferendum 1935 und die Annexion *de fait* des Elsass und Lothringens 1940 verdeutlichen. Die Ambivalenz von gelebter Grenze und offiziellen Grenzdiskursen ist konstitutiv für den Schauplatz dieser Arbeit.

Die Studie greift dergestalt auf die *border studies* zurück, dass sie die Akteure sorgfältig in den Grenzgebieten verortet und danach fragt, wie und zu welchem Zweck sie ihren Raum in einer bestimmten Art und Weise konstruierten. Wie veränderten, andersherum gedacht, die Evakuierungen die (Wirtschafts-) Räume? Die Untersuchung versteht sich dennoch nicht primär als raum-, sondern als gesellschaftshistorisch, und nutzt Raum als eine von mehreren Analysekategorien. Bestimmte Aspekte, etwa die starke normative Aufladung von Grenzräumen durch die Nationalsozialisten,[17] tauchen dementsprechend eher am Rande auf.

In welchen Gebiete bewegt sich nun die Untersuchung, was ist ihr Schauplatz oder zumindest Ausgangspunkt? Auf der französischen Seite handelt es sich um die Departements Moselle und den Bas-Rhin, zwei Gebietskörperschaften. Zwischen 1871 und 1918 hatten sie als Reichsland Elsass-Lothringen zum Deutschen Reich gehört und kehrten im Jahr 1919 als Ergebnis des Ersten Weltkrieges zu Frankreich zurück. Beide Departements bewahrten sich in der Zwischenkriegszeit regionale Besonderheiten rechtlicher und sprachlicher Natur. Die *laïcité*, die Trennung von Staat und Kirche, einer der Eckpfeiler der III. Republik, wurde hier vollständig nicht umgesetzt, vielmehr blieb das Konkordat in Kraft. So konnte die katholische Kirche ihr im Elsass traditionell starkes Engagement in der Schulbildung und in anderen Bereichen des öffentlichen Lebens aufrechterhalten.[18] Zwar favorisierte die III. Republik das Französische als Amts- und Unterrichtssprache, dennoch blieb das Deutsche im Alltag in den

16 Für eine Charakterisierung des Gebietes als integrated: *Etienne François/Jörg Seifarth/Bernhard Struck*, Grenzen und Grenzräume: Erfahrungen und Konstruktionen, in: Etienne François u.a. (Hrsg.), Die Grenze als Raum, Erfahrung und Konstruktion. Frankfurt am Main, New York 2007, 7–29, 20. Wie politisch umkämpft es bei allen Gemeinsamkeiten zugleich war, kommt in dieser Darstellung allerdings etwas kurz.

17 *Thomas Müller*, Entgrenzte Nation und suspendierte Normalität: Das völkische „Grenzraum"-Konzept und seine Bedeutung für die Entgrenzung politischer Gewalt im Deutschen Reich, in: Christine Roll u.a. (Hrsg.), Grenzen und Grenzüberschreitungen. Köln and Weimar and Wien 2010, 51–88.

18 *Áine McGillicuddy*, René Schickele and Alsace: Cultural identity between the borders. Bern, New York 2011, 159f.

grenznahen Arealen vorherrschend.[19] Waren das Elsass und Lothringen in weiten Teilen bereits vor 1871 germanophon gewesen, so hatte die Reichslandzeit zur Konsolidierung der deutschen Sprache geführt. Als die Moselle und der Bas-Rhin 1919 wieder Teil des französischen Staatsgebiets wurden, verlief die Sprachgrenze folglich nicht entlang der Staatsgrenze, sondern mitten durch die beiden Departements. Die Bewohner des Grenzgebietes sprachen in der Regel kein Hochdeutsch, sondern moselfränkische und alemannische Mundarten, lothringisch und elsässisch. Das Elsass und Lothringen werden im Weiteren nicht als Einheit,[20] sondern getrennt behandelt. Die Herangehensweise trägt einerseits den ausgeprägten Eigenheiten beider Gebiete Rechnung und andererseits der Tatsache, dass sie ab der faktischen Annexion durch das Deutsche Reich 1940 in verschiedene Zivilverwaltungsbereiche fielen.

Im Folgenden bezieht sich die Bezeichnung Elsass auf das Departement Bas-Rhin und Lothringen auf die Moselle. Zwar kannte die späte III. Republik keine Regionen, folglich weder das Elsass noch Lothringen als administrative Einheit, wohl aber Vorläufer der späteren Regionen, etwa die *régions économiques*. Deshalb ist es vertretbar und aus sprachpragmatischen Gründen sinnvoll, die Begriffe zu verwenden. Französische Ortsnamen, für die überregional geläufige deutsche Bezeichnungen existieren, insbesondere Straßburg, Elsass und Lothringen, werden in der deutschen Form verwendet. Ansonsten behält die Studie für französische Orte die französische Schreibweise bei und spricht von Sarreguemines, nicht Saargemünd, sowie von Petite-Rosselle, nicht Kleinrosseln. Sowohl für das französische als auch für das deutsche Evakuierungsgebiet wird der zeitgenössische militärische Terminus rote Zone, unter Verzicht auf die Verwendung von Anführungsstrichen, genutzt. Bei deutschen Orten, etwa Saarlouis, wird die heute geläufige Schreibweise und nicht der zeitgenössische Name Saarlautern verwendet.

Auf deutscher Seite rückt der NSDAP-Gau Saarpfalz in den Fokus, ein in seiner Zusammensetzung genuin nationalsozialistisches Raumgebilde. De jure handelte es sich hierbei um eine territoriale Parteigliederungs- und keine staatliche Verwaltungseinheit wie die Moselle oder der Bas-Rhin.[21] Nachdem das Saargebiet gemäß Versailler Vertrag ab 1920 unter dem Mandat des Völkerbun-

19 Zur politischen Dimension der Sprachenfrage im Elsass und in Lothringen: *Pierre Klein*, L'Alsace, entre trois langues et deux cultures, in: Diasporiques 8, 2009, 46–52, 48–52. und *Colette Méchin*, Frontière linguistique et frontière des usages en Lorraine. Nancy 2000, 4.

20 Zu den Termini Elsass-Lothringen bzw. Alsace-Lorraine siehe *François Roth*, Alsace-Lorraine: Histoire d'un „pays perdu“: de 1870 à nos jours. Nancy 2010, 9–15.

21 Zusammenfassend zur Verwaltungsstruktur der Saarpfalz: *Wolfgang Freund*, Rassen- und Bevölkerungspolitik in einem expandierenden Gau: Rheinpfalz – Saarpfalz – Westmark, in: Jürgen John u.a. (Hrsg.), Die NS-Gaue. München 2007, 334–347, 334–337, ausführlicher: *Dieter*

des gestanden hatte und infolge der Saarabstimmung 1935 zum Deutschen Reich zurückgekehrt war, vereinte der NSDAP-Gau das Saargebiet mit der benachbarten Rheinpfalz. Seit 1936 trug der Parteigau den Namen Saarpfalz. De facto waren Partei- und Staatsgewalt unter Josef Bürckel ineinander verschränkt. Er selbst besetzte neben seinem Amt als NSDAP-Gauleiter hochrangige staatliche Verwaltungsposten. 1936 hatte Adolf Hitler ihn zum Reichskommissar für das Saarland ernannt, ehe er 1940 Reichskommissar für die Saarpfalz wurde und schließlich 1941 Reichsstatthalter in der Westmark. Spätestens mit der Zusammenlegung von saarländischer und pfälzischer Regierungsbehörde im April 1940 war ein wichtiger Schritt in Richtung des – nie verwirklichten – Reichsgaues Westmark getan. Er hätte nach Bürckels Wunsch die Saarpfalz und das faktisch annektierte Lothringen, das ihm als Chef der Zivilverwaltung unterstand, vereint. Eine strenge Trennung zwischen dem NSDAP-Gau Saarpfalz und den staatlichen Verwaltungseinheiten Saarland und Pfalz ist kaum möglich und ginge an den historischen Gegebenheiten vorbei. Ausgehend von dieser Einordnung dient die Saarpfalz als räumlicher Bezugspunkt; so sich Ausführungen ausschließlich mit dem Saarland oder der Pfalz befassen, wird dies kenntlich gemacht. Die Begriffe Grenzgebiet oder -region beziehen sich im Folgenden entweder auf die deutsche Saarpfalz oder die französischen Departements Elsass und Lothringen. Zwar ergäbe es in raumhistorischer Logik Sinn, die drei Areale als eine einzige *border region* zu betrachten, innerhalb dieser vergleichend angelegten Studie könnte es aber zu Verwirrungen führen.

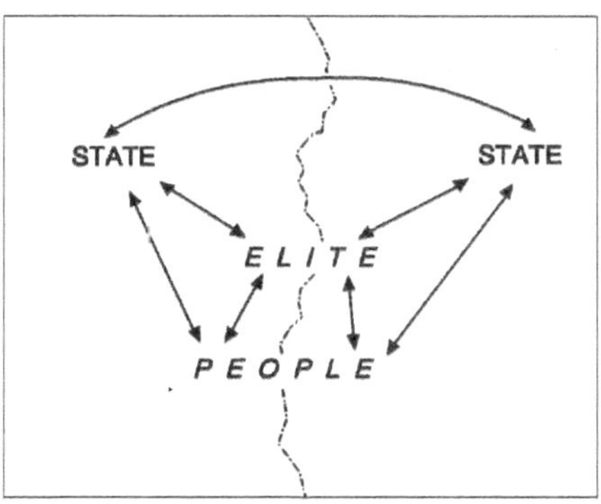

Abb. 1: Machtbeziehungen im *borderland* nach Baud und van Schendel

Muskalla, NS-Politik an der Saar unter Josef Bürckel: Gleichschaltung, Neuordnung, Verwaltung. Saarbrücken 1995, 295–331.

Um Machtbeziehungen in Grenzgebieten zu konzeptualisieren, haben Michiel Baud und Willem van Schendel das Modell eines doppelten Dreiecks entwickelt (siehe Abbildung 1, S. 9).[22] Es setzt sich aus zentralstaatlichen Instanzen, der grenznahen Elite sowie Bevölkerung zusammen. Alle diese Gruppen stehen im Wechselspiel miteinander, außerdem interagieren die zentralstaatlichen Stellen auf beiden Seiten der Grenze miteinander. Münzt man das doppelte Dreieck auf den Untersuchungsgegenstand der Dissertation, übernehmen Pariser bzw. Berliner Ministerien die Rolle des Zentralstaats. Die grenznahen Eliten rekrutieren sich aus den elsässischen, lothringischen und saarpfälzischen Unternehmern sowie den regionalen Verwaltungen. Die letzte Akteursgruppe besteht aus den Bewohnern der roten Zonen, den Elsässern, Lothringern und Saarpfälzern, sie stellen nicht zuletzt die Belegschaften der evakuierten Betriebe.

Das Dreiecksmodell ist ein wertvolles Konzept, um Grenzgesellschaften zu greifen und innerhalb nationalstaatlicher Machtgefüge zu verorten. So lässt sich im Anschluss an das Modell fragen, wie sich die Präfekturen bzw. die NSDAP-Gauleitung einordneten. Einerseits übten sie als Vertreter von Paris oder Berlin die zentralstaatliche Hoheit vor Ort aus und gehörten damit zum Staat. Andererseits waren die Präfekturen und die Gauleitung stark in ihrem Gebiet verankert und bereit, ihren Einflussbereich gegen Zugriffe aus Paris und Berlin zu verteidigen. Sie lassen sich also durchaus auch als Vertreter der regionalen Elite fassen. Es fällt auf, dass Baud und van Schendel in ihrem Dreieck lediglich eine grenznahe Elite und Bevölkerung aufführen. Da sie von einem *borderland* ausgehen, liegt dies in der Natur der Sache. Die Verengung birgt allerdings die Gefahr einer Homogenisierung von *borderlands* und verstellt den Blick für die interne Interaktion zwischen Eliten und Bevölkerungen auf beiden Seiten der Grenze. Saarpfälzische und lothringische Unternehmer verfolgten widerstreitende Interessen und trugen ihre Konflikte miteinander aus. Lothringische Bergbaugesellschaften förderten von den 1920er Jahren bis über die Rückgliederung im Jahr 1935 hinaus unter der Grenze hinweg Steinkohle aus dem deutschen Warndtgebiet. Der Abbau war erst ab 1935 vertraglich geregelt, die Nationalsozialisten schmähten ihn rückblickend als „Warndtkohlenraub".[23] Einige Jahre später, ab 1940, profitierten saarpfälzische Unternehmer wiederum von der faktischen Annexion Lothringens und wurden kommissarische Verwalter zahlreicher Betriebe, welche die deutsche Zivilverwaltung beschlagnahmt hatte. Sie übernahmen deren Leitung, ohne dass die früheren lothringischen Eigentümer sich dem entgegen stellen konnten. Eliten und Bewohner der roten Zonen teil-

---

22 *Michiel Baud/Willem van Schendel*, Towards a Comparative History of Borderlands, in: Journal of World History 8, 1997, 211–242, 219.

23 *Fritz Hellwig*, Lothringen: Eine gemeinfassliche Wirtschaftskunde. Saarbrücken 1942, 46.

ten viele Aspekte des grenznahen Alltags; in anderen Bereichen unterschied sich ihre Situation erheblich und ihre Interessen richteten sich gegeneinander. Um dem Rechnung zu tragen, wird das Dreiecksmodell insofern erweitert, als die Untersuchung von zwei lokalen Eliten und zwei Bevölkerungen dies- und jenseits der Grenze ausgeht.

Die Kategorie Raum entspricht ökonomisch gesprochen dem Produktionsfaktor Boden, also dem Standort eines Unternehmens. Vorhandene Rohstoffe mögen seine Ansiedlung ursprünglich motiviert haben, günstige Verkehrsanbindungen oder ausgebildetes Personal vor Ort. All dies gilt selbstverständlich auch für saarpfälzische, lothringische und elsässische Unternehmen, bei denen im Untersuchungszeitraum die nahe Grenze als bestimmender Faktor hinzu kam. Auf faktischer Ebene führte er dazu, dass sie ihre Fertigung in den ersten Septembertagen 1939 einstellen und sich ins jeweilige Landesinnere zurückziehen mussten. Auf diskursiver Ebene war die Grenze grundlegend für die Art und Weise, wie die Akteure ihren Raum konstruierten. Eine solche, deutlich negativ geprägte Raumkonstruktion findet sich im titelgebenden Schlagwort „Grenzlandschicksal" wieder. Es stammt aus der Saarpfälzischen Wirtschaftszeitung, dem Presseorgan der Wirtschaftskammer Saarpfalz sowie der IHK Saarbrücken, und erhebt die Grenze zum ausschlaggebenden Moment für das Schicksal, das Ergehen eines Unternehmens. Ende des Jahres 1940 stellte Robert Martin von der IHK Saarbrücken, auf die Zwischenkriegszeit rückblickend, fest: „Die zwei Jahrzehnte Grenzlandschicksal sind weder am Saarland noch an Lothringen spurlos vorübergegangen."[24] Das Saarland habe durch die Völkerbundsverwaltung und den späteren Westwallbau kaum Investoren anlocken können, denn wer wollte sein Kapital in einem so unsicheren Gebiet anlegen? Das lothringische Wirtschaftsleben sei ebenfalls zum Stillstand gekommen, begründet u.a. in der verfehlten französischen Wirtschaftspolitik. Mit der Annexion Lothringens gehe diese unrühmliche Phase zu Ende, ein neuer Anfang stehe an.

Aus diesen Zeilen spricht die nationalsozialistische Interpretation der Zwischenkriegszeit, mit der Martin das „Grenzlandschicksal' auflud. Gleichzeitig ist bemerkenswert, dass sich der zeitgenössische Begriff sowohl auf das Saarland als auch auf Lothringen bezog, mithin eine transnationale Perspektive beinhaltete. Als Pate für den Titel dieser Studie wird er insofern umgemünzt, als er alle saarpfälzischen, lothringischen und elsässischen Betriebe einschließt: Sie waren aufgrund ihrer Lage in ihrem „Grenzlandschicksal" vereint und sa-

---

24 Robert Martin, Ein neuer Anfang!, Saarpfälzische Wirtschaftszeitung, 15.11.1940, S. 354–355, S. 354.

hen sich, hüben wie drüben, mit der Ausnahmesituation Evakuierung konfrontiert. Wie sie ihr Schicksal im Einzelnen ausgestalteten, ist Thema der Arbeit.

Indem sich die Studie in die Grenzgebiete bewegt und die dortigen Unternehmen als Hauptakteure ausmacht, möchte sie einen komplementären Blick auf den Zweiten Weltkrieg werfen. Er wird nicht von den Zentren Paris und Berlin, sondern von den Peripherien aus gedacht. Dies ermöglicht es, die ersten Zwangsmigrationen des Krieges, die Evakuierungen der Saarpfalz, Lothringens sowie des Elsass umfassend zu analysieren und daraus Rückschlüsse auf die deutsche und französische Wirtschaft sowie Gesellschaft zu ziehen.

Historiographische Einordnung

Die Räumungen entlang der deutsch-französischen Grenze sind in den letzten Jahren verstärkt in den Fokus der Geschichtswissenschaft gerückt; dabei hat insbesondere die komparative Perspektive an Bedeutung gewonnen.[25] In diese Tendenz ordnet sich die Studie ein und schöpft außerdem aus drei weiteren Forschungsrichtungen. Es handelt sich um die Regionalgeschichte, die regionale Wirtschaftsgeschichte und schließlich die Gesellschaftsgeschichte der III. Republik und des nationalsozialistischen Deutschen Reiches. Sie seien nun umrissen und um Überlegungen zum historischen Vergleich, dem Wie dieser Arbeit, ergänzt.

Eine Reihe regionalhistorischer Untersuchungen hat sich seit den 1980er Jahren mit den Evakuierungen befasst, sie konzentrieren sich in der Regel auf den Bas-Rhin oder die Moselle oder die ganze bzw. Teile der Saarpfalz.[26] Franzö-

25 Zwei Untersuchungen etwas älteren Datums befassen sich mit je einem evakuierten Gebiet, dem Elsass und Baden: *Kurt Hochstuhl*, Zwischen Frieden und Krieg: Das Elsaß in den Jahren 1938–1940. Ein Beitrag zu den Problemen einer Grenzregion in Krisenzeiten. Frankfurt am Main 1984 und *Birgit Arnold*, Die Freimachung und Räumung der Grenzgebiete in Baden 1939/40: zugl. Diss. Universität Heidelberg, 1993. Heidelberg 1995. Für die komparativen Untersuchungen der letzten Jahre: *Julia S. Torrie*, „For their own good“: Civilian evacuations in Germany and France 1939–1945. New York 2010, *Fabian Lemmes/Johannes Großmann/Nicholas Williams/Olivier Forcade/Rainer Hudemann* (Hrsg.), Evakuierungen im Europa der Weltkriege – Les évacuations civiles dans l'Europe des guerres mondiales – Civilian Evacuations in World War Europe. Berlin 2014 und *Mathieu Dubois/Olivier Forcade/Johannes Großmann* (Hrsg.), Exils intérieurs: Les évacuations à la frontière franco-allemandes (1939–1940). Paris 2017.

26 Für den Bas-Rhin: *René Meyer*, L'évacuation, une tragédie frontalière, in: Saisons d'Alsace 33, 1989, 35–133. Für die Moselle: *Henri Hiegel*, La drôle de guerre en Moselle: 1939–1940. Sarreguemines 1983, *Marcel Neu*, L'évacuation en Lorraine: 1939–1940 : 21 témoignages d'évacués de Moselle et d'accueillants de Charente. Sarreguemines 1989 und *Béatrice Balland*, Un exil intérieur: L'évacuation des Mosellans de septembre 1939 à octobre 1940. Lyon 2009. Für die

sischerseits sind diese Studien etwas dichter gesät; gerade die älteren ordnen sich oftmals in das Opfernarrativ der de facto annektierten Departements ein. Diese Interpretation, die eine Linie von der Evakuierung über die deutsche Annexion bis zur Zwangsrekrutierung von Elsässern und Lothringern durch die Wehrmacht zieht, verdeutlicht Eugène Heisers Buchtitel „Die lothringische Tragödie. In alle vier Winde verteilt, 1939–1945“ beispielhaft.[27] Die regionalgeschichtlichen Werke leisten häufig grundlegende Quellenarbeit und zeichnen sich durch eine große Nähe zum Untersuchungsobjekt aus. Dies bedingt bisweilen einen beengten Fokus: Keine der Studien wirft einen ausführlichen Blick auf das Geschehen auf der anderen Seite der Grenze.

Unter der regionalen Wirtschaftsgeschichte, dem zweiten Bereich, werden drei unterschiedliche Forschungs- und Werktypen gefasst. Es handelt sich erstens um Festschriften der betroffenen Unternehmen, ein Genre, das vor allem, aber nicht ausschließlich in Deutschland bedient wird.[28] Anlässlich von Jubiläen geben Unternehmen hausintern oder -extern Festschriften in Auftrag, sie richten sich in der Regel an eine breite Öffentlichkeit und neigen dazu, dunkle Flecken zu übertünchen. Geschichtswissenschaftlichen Ansprüchen werden sie deshalb in den seltensten Fällen gerecht, enthalten aber aufgrund der Nähe zum Auftraggeber häufig Hinweise auf wichtige Quellen.

Davon zu trennen sind zweitens wissenschaftliche Studien zu einzelnen grenznahen Unternehmen, die in geringer Zahl vorliegen.[29] Gerhard Seibolds hagiographische Geschichte des Röchling-Konzerns, der vor allem im Zusammenhang mit den Röchling'schen Eisen- und Stahlwerken, der Völklinger

---

Saarpfalz: *Hans-Walter Herrmann*, Die Freimachung der Roten Zone 1939/40, in: Zeitschrift für die Geschichte der Saargegend 32, 1984, 64–89, *Hans Heß*, Westwallbau, Räumung und Wiederbesiedlung in den Grenzgemeinden des ehemaligen Landkreises Bergzabern, in: Zeitschrift für die Geschichte der Saargegend 32, 1984, 90–106 und *Elke Huber/Clemens Jöckle* (Hrsg.), Die Rote Zone im Landkreis Südwestpfalz: Ein Begleitheft zur Ausstellung im Kreistagssaal der Kreisverwaltung Südwestpfalz in Pirmasens vom 21. Oktober bis 10. November 2000. Pirmasens 2000.

27 *Eugène Heiser*, La Tragédie lorraine: Ecartelés aux 4 vents, 1939–1945. Sarreguemines 1979.

28 Siehe u.a. *Kraftwerk Wehrden G.m.b.H.* (Hrsg.), 25 Jahre Kraftwerk Wehrden G.m.b.H.. Saarbrücken 1951, *Charles Spehner*, 75 années de transports en commun à Strasbourg, 1878–1953. Strasbourg 1953, *Eduard Rheinberger AG*, Das Buch vom Schuh: Den Freunden unseres Hauses aus Anlass des 75jährigen Firmenjubliläums gewidmet. Pirmasens 1957 und *AG der Dillinger Hüttenwerke* (Hrsg.), 1685–1985: 300 Jahre Aktiengesellschaft der Dillinger Hüttenwerke. Ein Rückblick. Dillingen 1985.

29 Zur Vereinigten Saar-Elektrizitäts-AG: *Thomas Herzig*, Geschichte der Elektrizitätsversorgung des Saarlandes unter besonderer Berücksichtigung der Vereinigten Saar-Elektrizitäts-AG: Ein Beitrag zur Wirtschaftsgeschichte des Saarlandes. Saarbrücken 1987. Zur Steingutfabrik im lothringischen Sarreguemines: *Charles J. Bolender*, La faïencerie de Sarreguemines dans la tourmente: 1935–1945. Sarreguemines 2010.

Hütte, interessiert, führt freilich vor Augen, dass nicht jede Untersuchung mit wissenschaftlichem Anspruch diesem auch genügt.[30] An dritter Stelle stehen übergeordnete Studien zur Wirtschaftsgeschichte des Elsass, Lothringens und der Saarpfalz; bezüglich des Untersuchungszeitraums sind sie insgesamt recht dünn gesät.[31] Es mangelt insbesondere an Überblicksdarstellungen zur saarländischen Industrie nach der Rückgliederung ab 1935 und zum Wirtschaftsleben im annektierten Elsass und Lothringen zwischen 1940 und 1944/1945.[32] Diese Lücke kann die vorliegende Dissertation nicht schließen, wohl aber auf grobe Linien und einzelne Aspekte eingehen.

Der dritte und zweifellos umfassendste Forschungsbereich, an den angeschlossen wird, befasst sich mit der Gesellschaftsgeschichte der III. Republik und des Deutschen Reiches. In Bezug auf die späte III. Republik stellt sich die Herausforderung, sie nicht teleologisch, von ihrem Ende im Sommer 1940 her, zu denken und in ihr von Vornherein einen dem Untergang geweihten Staat zu sehen. Eine solche Interpretation wurde von Vichy unter Verweis auf die tiefgreifenden Krisen und beinahe bürgerkriegsähnlichen Zustände im Frankreich der 1930er Jahre gefördert. Demgegenüber ordneten Historiker wie Dominique Borne und Henri Dubief jene krisenhaften Momente als Zeichen einer „mue douloureuse mais rajeunissante“[33] ein und unterstrichen auf diese Weise die Überlebensfähigkeit der Republik.

Insbesondere die Frage, wie gut oder schlecht Frankreich auf den Zweiten Weltkrieg vorbereitet war, hat Historiker intensiv beschäftigt. Die Mobilisierung ökonomischer Ressourcen und die Rüstungsproduktion machen einen essentiellen Bestandteil der Debatten aus. Auch hier unterstrich Vichy staatliche Ver-

---

30 *Gerhard Seibold*, Röchling: Kontinuität im Wandel. Stuttgart 2001. Siehe zu den Kritikpunkten *Rainer Möhler*, Rezension von Gerhard Seibold, Röchling, in: Francia 33, 2006, 322–323.

31 Zum Elsass: *Michel Hau*, L'industrialisation de l'Alsace 1803–1939. Strasbourg 1987. Zu Lothringen: *François Roth*, Le temps des guerres mondiales (1914–1945), in: Michel Parisse (Hrsg.), Histoire de la Lorraine. Toulouse 1977, 419–443. Zu Saarbrücken als dem ökonomischen Zentrum der Saarpfalz: *Hans-Walter Herrmann*, Saarbrücken unter der NS-Herrschaft, in: Rolf Wittenbrock (Hrsg.), Geschichte der Stadt Saarbrücken. Saarbrücken 1999, 243–338, 293-302.

32 Elemente für eine solche Wirtschaftsgeschichte des Elsass finden sich in *Lothar Kettenacker*, Nationalsozialistische Volkstumspolitik im Elsass. Stuttgart 1973, 150-162, *Michel Hau*, Les entreprises alsaciennes, in: Alain Beltran u.a. (Hrsg.), La vie des entreprises sous l'Occupation. Paris 1994, 237–249 sowie in *Jean-Marc Dreyfus*, Elsass-Lothringen, in: Wolf Gruner/Jörg Osterloh (Hrsg.), Das „Großdeutsche Reich“ und die Juden. Frankfurt am Main u.a. 2010, 363–382.

33 „Schmerzhaften, aber verjüngenden Häutung“, *Dominique Borne/Henri Dubief*, La crise des années 30: 1929–1938. 2. Aufl. Paris 1989, 8. Eine ausgewogene Darstellung der französischen Gesellschaft bei Kriegsbeginn findet sich ebenfalls in: *Jean-Louis Crémieux-Brilhac*, Les Français de l'an 40: La guerre oui ou non? Saint-Amand 1990.

säumnisse in der Aufrüstung, später revidierten Forscher, allen voran Jean-Louis Crémieux-Brilhac, dieses einseitig negative Bild.[34] Hingegen attestierte Talbot Imlay der französischen Laissez-Faire-Wirtschaftspolitik um Kriegsbeginn ein Scheitern und verwies vergleichend auf die effizientere britische Vorgehensweise.[35] Ein Konsens ist in der Diskussion noch nicht erreicht, zumal es, trotzdem oder eben weil das Thema politisch instrumentalisiert wurde, an grundlegenden Untersuchungen zur Praxis kriegswirtschaftlicher Mobilisierung mangelt. So ist beispielsweise offen, wie Präfekten auf departementaler Ebene Personal für Rüstungshersteller requirierten. Insgesamt ist ein Ungleichgewicht zwischen der Forschungslage zu einerseits Unternehmen in der späten III. Republik und andererseits der französischen Privatwirtschaft unter deutscher Besatzung von 1940 bis 1944 zu konstatieren. Während eine Forschungsgruppe die „entreprises françaises sous l'Occupation"[36] intensiv erforscht hat, liegen für die Phase bis 1940 kaum Untersuchungen vor.

Wie der NS-Staat funktionierte, mobilisierte, in- und exkludierte, beschäftigt Forscher seit den 1960er Jahren, sodass Studien zur (Gesellschafts-) Geschichte Deutschlands zwischen 1933 und 1945 in großer Zahl vorliegen. Jüngere Diskussionen kreisten beispielsweise um die fundamentale Bedeutung von Arbeit für das nationalsozialistische Deutschland und betrachteten das charakteristische Ämterchaos, die polykratische Staatsstruktur in neuem Licht, nämlich als mobilisierenden Faktor.[37] Das Verhältnis zwischen Wirtschaft und Politik, mithin der Anteil der Unternehmen daran, dass das Regime weiterbestehen und den Krieg bis 1945 fortführen konnte, gehört zu den ausgiebig diskutierten Themenbereichen.[38]

Für diese Arbeit ist die Debatte über unternehmerische Autonomie im nationalsozialistischen Deutschland von speziellem Interesse. An ihr beteiligten sich

34 *Jean-Louis Crémieux-Brilhac*, Les Français de l'an 40: Ouvriers et soldats. Paris 1991.

35 *Talbot C. Imlay*, Facing the Second World War: Strategy, politics, and economics in Britain and France, 1938–1940. Oxford, New York 2003, 243–298.

36 So der Titel des Groupement de recherche (Forschungsgruppe) unter der Leitung von Hervé Joly. Im Rahmen des Groupement sind zahlreiche Sammelbände erschienen, u.a. *Christian Chevandier/Jean-Claude Daumas* (Hrsg.), Travailler dans les entreprises sous l'Occupation. Besançon 2007. Die Forschungsgruppe bestand von 2002 bis 2009.

37 Zur Arbeit siehe *Marc Buggeln/Michael Wildt* (Hrsg.), Arbeit im Nationalsozialismus. München 2014. Zur neuen Polykratiedebatte siehe *Sven Reichardt/Wolfgang Seibel*, Radikalität und Stabilität: Herrschen und Verwalten im Nationalsozialismus, in: Sven Reichardt/Wolfgang Seibel (Hrsg.), Der prekäre Staat. Herrschen und Verwalten im Nationalsozialismus. Frankfurt am Main 2011, 7–27.

38 Siehe die Synthesen von Adam Tooze und Tim Schanetzky: *Adam Tooze*, Ökonomie der Zerstörung: Die Geschichte der Wirtschaft im Nationalsozialismus. München 2007 und *Tim Schanetzky*, „Kanonen statt Butter": Wirtschaft und Konsum im Dritten Reich. München 2015.

einerseits Christoph Buchheim und Jonas Scherner und andererseits Peter Hayes. Erstere unterstrichen die Handlungsspielräume, über die Unternehmen im Rahmen der fortbestehenden kapitalistischen Marktordnung verfügten und forderten, die Anreize und Zwänge Wirtschaftsakteuren gegenüber differenziert zu untersuchen.[39] Der Terminus Wirtschaftslenkung verschleiere, dass das Prinzip der Vertragsfreiheit zwischen 1933 und 1945 weitgehend unangetastet blieb, Firmen im Privateigentum verblieben und staatlicher Zwang gegen sie nicht die Regel war.[40] Die Gegenposition nahm Peter Hayes ein; er kritisierte den *voluntarist turn* in der NS-Wirtschaftsforschung und mahnte an, dass Klima der Repression und den Druck gegenüber Großindustriellen nicht zu unterschätzen.[41]

Diese Arbeit schließt sich insofern der Position Buchheims und Scherners an, als sie davon ausgeht, dass der deutsche Staat Unternehmen die Rahmenbedingungen bot, gemäß marktwirtschaftlicher Prinzipien zu agieren. Privatwirtschaftliche Akteure verfügten über Bereiche, in denen sie autonom entscheiden konnten; nichtsdestotrotz oder gerade deshalb ist es wichtig, externe Zwangsmomente klar herauszustellen. Die Studie möchte die Buchheim-Hayes-Kontroverse in dem Sinne erweitern, dass sie ein Vergleichsobjekt, nämlich französische Unternehmen, heranzieht. Andersherum dient der deutsche Fall als Referenz, um zu untersuchen, wie gut es dem französischen Staat gelang, im Kontext von Krieg und Evakuierung ökonomische Ressourcen zu mobilisieren. Insgesamt orientieren sich die soeben skizzierten Forschungsrichtungen stark am jeweiligen nationalen Rahmen, sodass der Mehrwert dieser Dissertation in ihrer komparativen Herangehensweise liegt. Was der Vergleich dabei leisten kann und wo seine Risiken liegen, folglich das Wie der vorliegenden Studie, soll nun genauer ausgeführt werden.

Was ist der historische Vergleich und worin liegt sein Potential für die Forschung? Er definiert sich „dadurch, dass er Ausprägungen eines Phänomens

39 *Christoph Buchheim/Jonas Scherner*, Role of Private Property in the Nazi Economy: The Case of Industry, in: Journal of Economic History 66, 2006, 390–416.

40 Ausnahmen hiervon bilden jüdische Firmeninhaber: *Christoph Buchheim*, Unternehmen in Deutschland und das NS-Regime 1933–1945: Versuch einer Synthese, in: Historische Zeitschrift 282, 2006, 351–390, 356f.

41 *Peter Hayes*, Corporate Freedom of Action in Nazi Germany, in: Bulletin of the German Historical Institute 45, 2009, 29–42. Dazu die Replik Buchheims und Scherners: *Christoph Buchheim/Jonas Scherner*, Corporate Freedom of Action in Nazi Germany: A Response to Peter Hayes, in: Bulletin of the German Historical Institute 45, 2009, 43–50.

in mindestens zwei sozio-kulturellen Kontexten aufsucht und rekonstruiert."[42] Die Rekonstruktion ermöglicht es, übergeordnete Aussagen über die Akteure bzw. ihren Kontext, geschichtliche Entwicklungen im Allgemeinen, zu treffen, weshalb Heinz-Georg Haupt und Jürgen Kocka das Potential komparativer Arbeiten auf heuristischer, deskriptiver, analytischer und paradigmatischer Ebene ansiedeln.[43] Der Vergleich geht mit einer Maßstabsverschiebung einher, die dazu führt, dass Forschungsergebnisse besser und umfassender eingeordnet werden. Dimensionen und Einschätzungen relativieren sich. Dies ist für die Generierung von Erkenntnissen über historische Prozesse sehr wertvoll, denn, wie Talbot Imlay es für die kriegswirtschaftliche Mobilisierung exemplarisch formulierte: „It is more useful to speak of the success of economic mobilization (...) in relative, rather than in absolute terms."[44]

Bezüglich der Dissertation ermöglicht es die komparative Herangehensweise umfassender einzuschätzen, wie autonom evakuierte Unternehmen in Deutschland und Frankreich agierten, wie groß ihre Handlungsspielräume waren. Das Wissen um ein Alternativmodell, eine zweite Ausprägung desselben Phänomens als Referenzobjekt, ist hierfür fundamental. Davon ausgehend dient der Vergleich als Instrument, um zwei Kriegsgesellschaften, sowohl separat als auch gemeinsam betrachtet, zu untersuchen.

Komparatives Arbeiten in der Geschichtswissenschaft wirft freilich auch Probleme auf. Verfechter der Transfergeschichte haben insbesondere die Wahl nationaler Vergleichseinheiten kritisiert.[45] Sie führe zur (Re-) Konstruktion des Nationalen als Forschungskategorie sowie zur Homogenisierung der Komparanden. Schlussendlich verharre der Vergleich in der nationalstaatlichen Fixie-

---

42 *Thomas Welskopp*, Vergleichende Geschichte. Mainz 2010. URL: http://www.ieg-ego.eu/welskoppt-2010-de, 13.

43 *Heinz-Gerhard Haupt/Jürgen Kocka*, Historischer Vergleich: Methoden, Aufgaben, Probleme: Eine Einleitung, in: Heinz-Gerhard Haupt/Jürgen Kocka (Hrsg.), Geschichte und Vergleich. Frankfurt am Main u.a. 1996, 9–43, 12–15. Aktueller und im gleichen Tenor: *Heinz-Gerhard Haupt/Jürgen Kocka*, Comparison and Beyond: Traditions, Scope and Perspectives of Comparative History, in: Heinz-Gerhard Haupt/Jürgen Kocka (Hrsg.), Comparative and transnational history. New York 2009, 1–30, 3–5.

44 „Es ist nützlicher, den Erfolg wirtschaftlicher Mobilisierung (...) relativ, und nicht absolut, zu betrachten." *Talbot C. Imlay*, Facing the Second World War: Strategy, politics, and economics in Britain and France, 1938–1940. Oxford, New York 2003, 5f.

45 Der grundlegende Aufsatz Michel Espagnes zur Transfergeschichte erschien 1994: *Michel Espagne*, Sur les limites du comparatisme en histoire culturelle, in: Genèse 17, 1994, 112–121. Zum Stand der Diskussion zwischen vergleichender und Transfergeschichte: *Hartmut Kaelble*, Between Comparison and Transfers – and What Now? A French-German Debate, in: Heinz-Gerhard Haupt/Jürgen Kocka (Hrsg.), Comparative and transnational history. New York 2009, 33–38.

rung, indem er zwei Nationen, etwa Deutschland und Frankreich, als Untersuchungsobjekte festschreibe. Wie geht die vorliegende Untersuchung, die nun gerade auf einem deutsch-französischen Vergleich fußt, mit diesen Kritikpunkten um?

So sinnvoll es ist, den Nationalstaat als Analysekategorie zu hinterfragen, wozu die Transfergeschichte zweifellos beigetragen hat, so ahistorisch wäre es, die nationalstaaatliche Ebene im Kriegskontext zu ignorieren. Je nach Lage ging der Evakuierungsbefehl für grenznahe Unternehmen entweder vom französischen Generalstab oder vom OKW aus, sie gingen entweder ins Landesinnere Frankreichs oder Deutschlands. Diese Unterscheidung zu ignorieren ginge an den Gegebenheiten vorbei, zumal die Grenze, oder eher der Frontverlauf, ab September 1939 als Sichtschutz diente. Die zahlreichen Verbindungen, welche die saarpfälzischen mit den lothringischen und elsässischen Unternehmen bis dahin unterhalten hatten, brachen völlig ab. Die Akteure bewegten sich nicht zuletzt räumlich auseinander.

Um der Gefahr zu entgehen, die Komparanden als die französischen oder die deutschen Unternehmen zu homogenisieren und zu essentialisieren, gilt es, sie sorgfältig im regionalen Rahmen einzuordnen. Sie werden in erster Linie als saarpfälzische bzw. lothringische und elsässische Akteure gefasst, die im Kontext des Deutschen Reiches bzw. der III. Republik operierten. Damit bewegt sich die Untersuchung zugleich an einer Schnittstelle zwischen den *border studies* und Anregungen von Verfechtern der historischen Komparatistik wie Hartmut Kaelble. Er hat auf Lokal- und Regionalvergleiche als Alternative für nationalstaatliche verwiesen.[46]

Auf Ebene der Unternehmen selbst finden sich für die Dauer der Evakuierung zwischen September 1939 und Juni 1940 kaum Bezüge aufeinander. Durch die Front entlang der deutsch-französischen Grenze beschränkte sich die Wahrnehmung des anderen auf punktuelle visuelle Eindrücke. So vermutete Marcel Monpeurt von der lothringischen Bergwerksgesellschaft in Petite-Rosselle, die Grube Velsen, zu den Saarbergwerken gehörig, sei in den ersten Septembertagen von einer Notbelegschaft unterhalten und über den Vaubanschacht, den Wetterschacht, belüftet worden.[47] Die Grube Velsen liegt auf deutscher Seite, lediglich einen Steinwurf vom französischen Petite-Rosselle entfernt in nordwestlicher Richtung. In Völklingen wunderte sich Hermann Röchling wiederum, dass die französischen Truppen das Kraftwerk Luisenthal nicht angriffen. Ob-

46 *Hartmut Kaelble*, Die interdisziplinären Debatten um Vergleich und Transfer, in: Hartmut Kaelble/Jürgen Schriewer (Hrsg.), Vergleich und Transfer. Frankfurt am Main, New York 2003, 469–493, 488f.

47 AN 190 AQ 52, Journal de guerre des Houillères de Petite-Rosselle, S. 55.

wohl in der deutschen Bunkerlinie gelegen, lief es ab Anfang September 1939 weiter, um die Saargruben außerhalb der roten Zone mit Strom zu versorgen. Dabei produzierte das Kraftwerk „eine starke, weithin sichtbare Rauchfahne",[48] die der französischen Armee nicht entgehen konnte.

Jenseits solcher punktuellen Eindrücke blieb den saarpfälzischen, lothringischen und elsässischen Unternehmen die Möglichkeit des grenzübergreifenden Vergleichens versagt. Stattdessen dienten Firmen im Landesinnern als Bezugspunkt. Waren die Wege grenznaher Betriebe bis zum Kriegsbeginn verflochten gewesen, so verliefen sie während des Sitzkrieges parallel, um sich mit der faktischen Annexion des Elsass und Lothringens durch die Deutschen im Sommer 1940 erneut zu verflechten. Die Untersuchung nimmt eine transnationale Perspektive ein und legt ihren Schwerpunkt auf die Phase paralleler Wege zwischen September 1939 und Juni 1940, die vergleichend analysiert wird. Darüber hinaus bettet die Studie das Geschehen in die Ver- und Entflechtungen der Grenzregionen von der Zwischenkriegszeit bis 1945 ein.[49]

Auf semantischer Ebene muss eine solche deutsch-französische Geschichte in der Lage sein, Vorgänge in unterschiedlichen sprachlichen Kontexten adäquat zu bezeichnen. Bei der Quellenlektüre fällt auf, dass weder die Akteure im Deutschen Reich noch in der III. Republik einheitlich Evakuierung bzw. *évacuation* verwendeten. Auf deutscher Seite finden sich beispielsweise die Begriffe Freimachung und Räumung, beide militärischen Ursprungs sowie die propagandistisch geprägten Termini Rückführung, Rückwanderung und Grenzabwanderung. Den Begriff Evakuierung vermieden die Nationalsozialisten aufgrund seines defensiven Charakters.[50] Er erlangte stattdessen traurige Berühmtheit als staatlicher Euphemismus für die Deportation und Vernichtung der europäischen Juden.[51] Diese propagandistischen Erwägungen überlagerten und widersprachen sich mit dem administrativen Vokabular der Räumungsrichtlinien. Die Evakuierten selbst wiederum hielten sich nicht immer an die offiziellen Vorgaben, sondern griffen sogar auf das noch defensivere Wort Flüchtling zurück,

48 Unternehmensarchiv der Röchling-Gruppe, Hermann Röchling: Bericht „Die Hütte während des Krieges 1939/40", September 1941, S. 8.

49 Zur Programmatik transnationaler Geschichtsschreibung: *Pierre-Yves Saunier*, Transnational history. Basingstoke 2013, 1–8.

50 Dazu die Anordnung aus der NSDAP-Parteikanzlei vom 11.12.1939, laut der die Evakuierten als Rückgeführte zu bezeichnen seien, BArch Berlin NS 6/329, fol. 104.

51 *Cornelia Schmitz-Berning*, evakuieren, Evakuierung, in: Cornelia Schmitz-Berning (Hrsg.), Vokabular des Nationalsozialismus. Berlin 2007, 219–220, 219.

um sich Gehör zu verschaffen.[52] Unternehmen wurden zumeist als freigemacht, geräumt oder verlagert bezeichnet.

Auf französischer Seite regelten die *instructions générales* die administrative Abgrenzung zwischen *évacuation* und *repliement* (Rückzug). Erstere galt als umfassende und vorausschauende Maßnahme, bei der die Bevölkerung das potentielle Kampfgebiet verließ und so der eigenen Armee Bewegungsfreiheit verschaffte, während das *repliement* angesichts einer drohenden Invasion erfolgen sollte und Bevölkerung und Industrieressourcen betraf.[53] In der Praxis waren jedoch weder die Vorgänge noch die entsprechenden Termini so eindeutig voneinander zu trennen. Hinzu kommt, dass die französischen Instanzen weniger Scheu vor dem Wort „Flüchtling“ hatten als ihre deutschen Pendants. Dementsprechend verwendeten sie *refugiés* synonym für Evakuierte – und das in der *instruction générale*, die eigentlich für Klarheit sorgen sollte.[54] Deckte sich schon die administrative Terminologie nicht mit den Vorgaben der Richtlinie, gilt das erst recht für die Art und Weise, wie die Evakuierten ab September 1939 auf sich selbst Bezug nahmen oder von Außenstehenden bezeichnet wurden. So war die Selbstbezeichnung der Elsässer und Lothringer als *réfugiés* nicht selten, ein Unternehmen konnte zugleich als *évacué* und *replié* gelten.

Von diesen uneinheitlichen Quellenbegriffen ist die wissenschaftliche Terminologie zu trennen. Im Folgenden werden Räumung, Evakuierung bzw. *évacuation* übergeordnet für das angeordnete Verlassen der Grenzregion verwendet. Die wirtschaftliche Evakuierung bzw. Räumung beschreibt den untergeordneten Vorgang der Betriebsräumungen.

Akteure, Quellen und Vorgehen

Nachdem das Wie der Studie, die vergleichende Ausrichtung, skizziert wurde, gilt es nun, die saarpfälzischen, lothringischen und elsässischen Unternehmen als Komparanden und Hauptakteure einzuführen. Die Aufmerksamkeit wendet sich dem Wer der Untersuchung zu, ehe eine Vorstellung der Quellen folgt und abschließend die Vorgehensweise dargelegt wird.

52 Als „Saarflüchtlinge“ bezeichneten sich Evakuierte, die zu den Reichswerken Hermann Göring nach Salzgitter kamen und dort um mehr Lohn baten, HSA Hannover Hann. 275 Nr. 426, Brief an die Reichswerke AG, 3.10.1939, fol. 5.

53 ADBR 98 AL 273, Instruction générale à l'usage de Messieurs les Préfets sur les mouvements et transports de sauvegarde, 1.7.1938, S. 2–3.

54 SHD 2 N 196, Instruction générale à l'usage de Messieurs les Préfets sur les mouvements et transports de sauvegarde, 1.7.1938, refondue 1939, S. 61.

Die Dissertation rückt die evakuierten Unternehmen in den Fokus und geht dabei akteurszentriert vor; Fallstudien bilden die Basis der Kapitel. Auf diese Weise hofft die Untersuchung, der schieren Masse geräumter Betriebe Herr zu werden. Eine rein quantitative Betrachtung ist nicht durchführbar, da es an den nötigen Quellen, verlässlichen Statistiken und Überblickszahlen über die wirtschaftliche Evakuierung im Deutschen Reich und in der III. Republik mangelt. Eine ausschließlich quantitative Herangehensweise wäre darüber hinaus kaum in der Lage, die große Varianz an Räumungserfahrungen widerzuspiegeln. Bei fallstudienbasiertem Vorgehen liegt die Herausforderung darin, die gewählten Fälle sorgsam im Räumungsgeschehen einzubetten, mithin das Verhältnis des Einzelteiles zum Ganzen zu klären. Um wen geht es also, wer sind die Hauptakteure dieser Studie? Grundsätzlich interessieren alle Industriebetriebe in der deutschen und der französischen roten Zone. Es werden alle vertretenen Rechtsformen und Branchen einbezogen. Der zweite Punkt, die Branchenvarianz, ermöglicht es, Rüstungshersteller ebenso wie Konsumgüterproduzenten in den Blick zu nehmen. Die Differenzierung zwischen kriegswichtigen und nichtkriegswichtigen Betrieben war im kriegswirtschaftlichen Kontext zentral, sie entschied in beiden Ländern über Ressourcenallokation und staatliche Unterstützung. Außerdem wirkt die Betrachtung diverser Industriesektoren einer Homogenisierung als einheitliche deutsche oder französische Räumungserfahrungen entgegen.

Die Spannweite reicht von großen Unternehmen mit weit über 1000-köpfigen Belegschaften bis hin zu jenen geringer Betriebsgröße, etwa den Pirmasenser Schuhherstellern, die häufig weniger als 20 Beschäftigte zählten. *Big player* waren die Röchling'schen Eisen- und Stahlwerke GmbH (RESW) in Völklingen oder die Bergwerksgesellschaft von Petite-Rosselle, die beide mehr als zehntausend Personen beschäftigten. Während die RESW das Herzstück des Röchlingkonzerns bildeten, gehörte die lothringische Zeche zur *société des Petits-fils de François de Wendel*, der Wendel'schen Firmengruppe. Hinter der Völklinger Hütte und den Bergwerken in Petite-Rosselle standen mit Röchlings und Wendels zwei der einflussreichsten Unternehmerfamilien in der Saarpfalz und in Lothringen, sie werden im Laufe der Arbeit wiederholt auftauchen.

Auf einen Aspekt sei hier kurz verwiesen: Tatsächlich war die Völklinger Hütte die einzige der vier geräumten Saarhütten mit ausschließlich deutscher Kapitalbeteiligung. Die Burbacher Hütte gehörte zum luxemburgischen Stahlkonzern ARBED, französische Firmen hielten die Mehrheitsanteile an der Halberger- sowie der Dillinger Hütte. Nach Kriegsbeginn kamen ‚feindliche Vermögen' im Deutschen Reich unter treuhänderische Zwangsverwaltung, sodass die

Frage ausländischer Kapitalbeteiligungen auf die Tagesordnung rückte.[55] Das Phänomen betraf die deutsche Seite stärker als die französische. Französische Firmen waren als Erbe der Mandatszeit von 1919 bis 1935 umfangreicher in der saarländischen Industrie involviert als deutsche im Elsass und in Lothringen. Eine dezidierte Untersuchung dieses Aspekts würde allerdings den Rahmen der Studie sprengen und tief in wirtschaftspolitische Bereiche hineinführen, die nicht im Fokus dieser Dissertation stehen. Deshalb soll hier der Hinweis auf die ausländischen Kapitalbeteiligungen genügen.

Neben den RESW und der Bergwerksgesellschaft von Petite-Rosselle werden die Keramikhersteller Villeroy & Boch (V&B) in Mettlach an der Saar und die *Faïencerie* im lothringischen Sarreguemines thematisiert. Außerdem wird auf Rheinberger, den größten Pirmasenser Schuhhersteller, eingegangen. V&B, die *Faïencerie* und Rheinberger beschäftigten je mehrere Tausend Personen in ihren geräumten Werken, die Schlossfabrik Sesa in Sarreguemines und der Straßburger Konservendosenhersteller *société Hirschfeld* ein- bis mehrere Hundert. Prinzipiell bezieht die Untersuchung auch Unternehmen geringerer Betriebs- und Belegschaftsgröße ein. Ihre Wege durch die Evakuierungen sind aufgrund der dünnen Überlieferungslage im Kleingewerbe aber kaum dauerhaft nachzuvollziehen, weshalb sie eher am Rande auftauchen. Einige der Unternehmen, die durch diese Arbeit führen, oder ihre Nachfolger existieren heute noch, beispielsweise V&B und die *société Hirschfeld*. Viele andere, insbesondere in der pfälzischen Schuhfertigung, dem lothringischen und saarländischen Bergbau sowie der Metallverarbeitung, haben als Folge des Strukturwandels ihre Tore längst geschlossen.

Wenn im Folgenden in personifizierter Form von evakuierten Unternehmen die Rede ist, so verbergen sich dahinter handelnde Personen. Qua ihrer Funktionen, sei es als Geschäftsführer oder Fabrikdirektor – bei großen Firmen waren diese Posten fast ausschließlich männlich besetzt – mussten sie sich mit der Frage auseinandersetzen, wie die Ausnahmesituation Evakuierung zu bewältigen sei. Bei den RESW trat insbesondere der Geschäftsführer Hermann Röchling in Erscheinung, in Petite-Rosselle der Generaldirektor Roger Cadel, bei V&B der geschäftsführende Gesellschafter und Generaldirektor Luitwin von Boch-Galhau. An Wilhelm Schöttke, Gründer und Leiter der Schlossfabrik Sesa, erinnert noch heute eine Straße in Sarreguemines, die *rue Guillaume Schoettké*. Sie inter-

55 *Stephan H. Lindner*, Das Reichskommissariat für die Behandlung feindlichen Vermögens im Zweiten Weltkrieg: Eine Studie zur Verwaltungs-, Rechts- und Wirtschaftsgeschichte des nationalsozialistischen Deutschlands. Stuttgart 1991, 4, 73–75. Beispielhaft zum langwierigen Übernahmeprozedere der französischen Anteile an der AG der Dillinger Hüttenwerke durch deutsche Aktionäre von 1941 bis 1943: *AG der Dillinger Hüttenwerke* (Hrsg.), 325 Jahre Dillinger Hütte, 1685–2010: Band Menschen. Dillingen 2010, 64f.

agierten mit staatlichen Stellen, darunter regionale, deutscherseits das saarpfälzische Reichskommissariat bzw. die Gauleitung, die Dienststellen Josef Bürckels, französischerseits die Präfekturen. Zentralstaatliche Ansprechpartner waren Berliner und Pariser Ministerien, beim Räumungsprozess spielten außerdem militärische Einheiten vor Ort eine wichtige Rolle. Schließlich standen die evakuierten Unternehmen im Austausch mit diversen anderen Instanzen, etwa den Industrie- und Handelskammern (IHK) bzw. *Chambres de Commerce et d'Industrie* (CCI), mit Banken und Geschäftspartnern. Aus diesen Interaktionen ergibt sich die Auswahl der Quellen; sie bemüht sich einerseits, die Perspektive von geräumten Unternehmen, andererseits den externen Blick auf sie einzufangen.

Für die Perspektive von Unternehmen waren Unternehmensarchive die erste Anlaufstelle; hier lagern in der Regel ihre internen Dokumente. In Bezug auf die vorliegende Arbeit interessierten vor allem die Unterlagen von 1939/1940 und zum Thema Evakuierung. Es handelte sich u.a. um Geschäftsberichte, Bilanzen, Sitzungsprotokolle der Leitungsgremien, Korrespondenzen, Unternehmenszeitschriften, Rundschreiben sowie Personalakten. Das Unternehmensarchiv von V&B in Merzig, das während der Recherchen besucht wurde, zeigt sowohl die Freud als auch das Leid der Historikerin beim Arbeiten mit dem genannten Archivtyp. Einerseits sind in Merzig diverse Akten zur Evakuierung und zur Tätigkeit von Luitwin von Bochs als Treuhänder der *Faïencerie* in Sarreguemines zwischen 1940 und 1944 vorhanden; sie konnten problemlos eingesehen werden. Andererseits war es nicht möglich eigenständig in den Beständen zu recherchieren und, über die im Vorfeld abgesprochenen Akten hinaus, weitere Dokumente zu konsultieren. Privatunternehmen wie V&B sind weder dazu gezwungen Geschäftsunterlagen langfristig zu archivieren noch sie der Forschung zugänglich zu machen. Manche der Firmen verfügen über kein Archiv, das gilt insbesondere für diejenigen, die inzwischen die Produktion eingestellt haben, wie der Schuhhersteller Rheinberger. Hinzu kommen die Wirren der letzten Kriegsmonate 1944/1945 in den Grenzgebieten, im Zuge derer viele Unternehmensunterlagen verloren gingen oder absichtlich vernichtet wurden.

Davon ausgehend galt es, Sekundärarchive mit primärer Unternehmensüberlieferung ausfindig zu machen, wobei sich die verworrenen Wege der Unternehmen bisweilen in den verschlungenen Wegen ihrer Unterlagen widerspiegeln. Beispielhaft sei dies anhand der Quellenlage zur Völklinger Hütte, der größten der geräumten Saarhütten, verdeutlicht. Familie Röchling hatte sich in den 1970er Jahren aus den RESW zurückgezogen, ehe die Werke in den 1980er Jahren in der Saarstahl AG aufgingen. Dementsprechend eröffneten sich drei Anlaufstellen für die Recherchen. Zur ersten, dem Unternehmensarchiv der Röchling-Gruppe sowie dem Röchling'schen Familienarchiv in Mannheim, blieb der Autorin der Zugang verwehrt. Ein einzelnes Dokument, ein als vertraulich gekennzeichneter Bericht Hermann Röchlings, wurde allerdings zur Verfügung gestellt. Kurioserweise findet sich die Niederschrift, den Herausgebern über die Initiative Völklinger Hütte zur Verfügung gestellt, ebenfalls in einer Dokumentensammlung zu Völklingen im Zweiten Weltkrieg wieder.[56] Im Saarstahl-Archiv in Dillingen und Völklingen, dem zweiten Anlaufpunkt, sind wiederum nur sehr wenige Unterlagen der RESW aus der Zeit des Zweiten Weltkrieges einsehbar. Die Vermutung liegt nahe, dass Röchlings sensible Dokumente sichergestellt und nach Mannheim mitgenommen haben. Der dritte Anlaufpunkt für die Recherchen zur Völklinger Hütte lag in den *Archives Nationales* in Paris, genauer gesagt im Bestand zum Röchling-Prozess. Hermann Röchling und andere Mitglieder der Familie mussten sich 1948/1949 in Rastatt in der französischen Besatzungszone vor einem Tribunal verantworten. Die Prozessdokumentation enthält diverse firmeninterne, von den Franzosen nach Kriegsende aus Völklingen entwendete Unterlagen, u.a. Protokolle von Aufsichtsratssitzungen der RESW.

Auf lothringischer Seite gestaltet sich die Überlieferung der Wendel'schen Bergwerksgesellschaft von Petite-Rosselle ähnlich, wenn auch nicht ganz so disparat wie die der Völklinger Hütte. *Petite-Rosselle* wurde gemeinsam mit den anderen Gruben im lothringischen Steinkohlenbecken 1946 verstaatlicht, sie alle gingen in den *Houillères du Bassin de Lorraine* (HBL) auf. Die *Archives départementales de la Moselle* bewahren im *Centre des Archives Industrielles et Techniques* in Saint-Avold die Bestände der Bergbaugesellschaften vor der Verstaatlichung auf.[57] Eine andere Überlieferungsspur führte ins Pariser Nationalarchiv, zu den Nachlässen von François und seinem Bruder Maurice de Wendel. Sie waren Geschäftsführer der *société des Petits-fils de François de Wendel et Cie.*, zu der *Petite-Rosselle* gehörte; in ihren Unterlagen befindet sich u.a. das eingangs zitierte Kriegstagebuch der grenznahen Bergbaugesellschaft.

Am Beispiel der Saarhütte und der lothringischen Grube sind einige, aber nicht alle einschlägigen Sekundärarchive mit Unternehmensüberlieferung aufgezeigt worden. Zu diesem Zweck wurden darüber hinaus Stadtarchive – in Sarreguemines sind die Bestände der Sesa und der *Faïencerie* einsehbar – sowie Landes-, Staats- und Wirtschaftsarchive konsultiert. Ausgangs- und Schwerpunkt lagen in den deutsch-französischen Grenzgebieten, bei entsprechenden

56 *Luitwin Bies/Günter Isberner/Roland Isberner/Horst Kunkel/Alois Reichert* (Hrsg.), Völklingen im 2. Weltkrieg. Völklingen 1995, 29–41.

57 Eine Anfrage ergab, dass lediglich ein Teil der Unterlagen verzeichnet und die Überlieferung von 1939/1940 überdies äußerst lückenhaft sei. Im Oktober 2015 veröffentlichte das Departementalarchiv ein Findbuch der série 103 HBL mit jüngst erschlossenen, definitiv einschlägigen Quellen. Aus Zeitgründen konnten sie leider nur noch in sehr begrenztem Maß genutzt werden.

Hinweisen wurden außerdem Archive in den Gegenden einbezogen, in denen sich evakuierte Unternehmen während des Sitzkrieges angesiedelt hatten.

Interagierten die elsässischen, lothringischen und saarpfälzischen Betriebe mit externen Instanzen, hinterlässt dies Spuren in der firmeninternen Überlieferung, etwa in der Korrespondenz. Um den Blick dieser externen Instanzen auf die Unternehmen einzufangen, galt es im Weiteren, ihre Archive aufzusuchen. Für die regionalstaatlichen Akteure waren französischerseits die Bestände der Präfekturen in den Departementalarchiven in Straßburg und Metz einschlägig, deutscherseits weist die Überlieferung der saarpfälzischen Gauleitung bzw. des Reichskommissariats große Lücken auf. Immerhin konnten einzelne Dokumente der Gauleitung im Landesarchiv Speyer eingesehen werden. Die Unterlagen zentralstaatlicher Instanzen befinden sich, unterschiedlich dicht überliefert, in den *Archives Nationales* in Paris sowie im Bundesarchiv in Berlin. Hier interessierten ministerielle Verordnungen, Sitzungsprotokolle, Aktenvermerke, Berichte und die Korrespondenz zu den Vorgängen in der jeweiligen roten Zone. Die militärischen Quellen zur Planung und Durchführung der Räumungen stammen aus dem *Service Historique de la Défense* in Vincennes und dem Bundesarchiv-Militärarchiv in Freiburg.

Die Archive der CCI bzw. IHK, zugleich Lobbygruppen evakuierter Unternehmen und Transmissionsriemen zwischen ihnen und staatlichen Stellen, waren von großem Interesse. Leider gestaltete sich die Überlieferungslage aufgrund umfangreicher Zerstörungen im Zweiten Weltkrieg recht durchwachsen. Einzelne Dokumente der CCI Straßburg und Metz sind in den Departementalarchiven eben dort sowie in der *Bibliothèque nationale et universitaire de Strasbourg* vorhanden. Auch liegen die Erinnerungen des Generalsekretärs der Straßburger Handelskammer Pierre Eude an den Zweiten Weltkrieg als Veröffentlichung vor.[58] Fast keine internen Unterlagen von 1939/1940 hat die IHK Saarbrücken hinterlassen. Jedoch erwies sich ihr Presseorgan, die Saarpfälzische Wirtschaftszeitung, in Sachen rechtliche Einrahmung der wirtschaftlichen Räumung als äußerst nützlich. Bezüglich der IHK für die Pfalz in Ludwigshafen wurde im Landesarchiv Speyer der Bestand des Verbands der pfälzischen Industrie konsultiert, der das Geschehen der ersten Kriegstage zumindest in Teilen abdeckt. Geldhäuser verfolgen den Geschäftsgang von Unternehmen, Kunden oder potentiellen Kreditnehmern, in der Regel sehr aufmerksam. Aus diesem Grund wurden schließlich ausgewählte Bankarchive, das der *Banque de France* in Paris und der Dresdner Bank im Historischen Archiv der Commerzbank in Frankfurt am Main, besucht.

58 *Pierre Eude*, La Chambre de commerce de Strasbourg pendant la guerre 1939–1944. Strasbourg 1949.

Die soeben skizzierte Quellenbasis erlaubt es, sowohl den Blick von Unternehmen als auch den externer Instanzen auf sie einzufangen und die Aushandlungen rund um die wirtschaftlichen Evakuierungen ausgewogen nachzuzeichnen. Insgesamt ist die Überlieferungslage als divers, an manchen Stellen durchaus üppig, an anderen hingegen mangelhaft, zu bezeichnen. Es zeichnet sich ein leichter Überhang für die deutsche Seite ab; in den folgenden Kapiteln wird gesondert darauf verwiesen, wenn sich die archivalische Unterfütterung für einen der beiden Komparanden deutlich dichter gestaltet.

Die Studie geht, von einer chronologischen Einrahmung umschlossen, thematisch vor. Die fallbasierten Kapitel sind als deutsch-französische Vergleiche im Kleinen angelegt, sodass sich folgende Vorgehensweise ergibt: Das erste Kapitel befasst sich mit der Vorbereitung der Evakuierungen. Es setzt kurz nach dem Ersten Weltkrieg an und schildert, wie die III. Republik und das Deutsche Reich ihre Räumungsmaßnahmen planten. Es wird danach gefragt, wie die militärischen und zivilen Planungsinstanzen das Verhältnis zwischen ziviler sowie wirtschaftlicher Evakuierung, jener der Bevölkerung und der ökonomischen Ressourcen, konzipierten. Im zweiten Kapitel rückt der Räumungsablauf ab September 1939 in den Fokus. Hier schildern verschiedene beteiligte Akteure, u. a. unternehmerische und militärische, ihre Version der Unternehmensräumungen in beiden roten Zonen.

Es schließen die drei Hauptkapitel an; sie orientieren sich an der Trias aus Produktionsfaktoren, derer Unternehmen für „das Hervorbringen (...) wirtschaftlicher Güter“[59] bedürfen, nämlich Kapital, Boden und Arbeit. Aufgrund ihrer fundamentalen Bedeutung für Unternehmen im Allgemein bieten die Produktionsfaktoren eine geeignete thematische Folie, um zu untersuchen, wie autonom Betriebe während der Evakuierungen agierten. Das erste der drei Hauptkapitel, Kapitel drei, beschäftigt sich mit dem Kapital in Gestalt der materiellen Objekte evakuierter Unternehmen. Wie sie mit ihren Maschinen und Rohstoffen verfuhren und wie externe Akteure darauf zugriffen, wird anhand der Handlungsoptionen dauerhafte Stilllegung, Weiterbetrieb in den roten Zonen und Verlagerung ins Landesinnere nachvollzogen. Das folgende vierte Kapitel wendet sich dem Boden zu und fragt nach Ansiedlungstendenzen der Betriebe aus den Räumungsgebieten im jeweiligen Landesinnern. Zuerst setzt es zwei räumliche Schwerpunkte und konzentriert sich dann auf eine kriegswichtige Branche, die Metallverarbeitung, in beiden Ländern. Anschließend rückt der Produktionsfaktor Arbeit in Gestalt der evakuierten Belegschaften in den Mittelpunkt. Das fünfte Kapitel analysiert, wie Unternehmen und Staaten, mitein-

59 *N.N.*, Produktionsfaktoren, in: Riccardo Mosena u.a. (Hrsg.), Gabler Wirtschaftslexikon. Wiesbaden 2010, 2437–2439, 2437.

ander konkurrierend oder kooperierend, versuchten, die Arbeitskraft der Evakuierten, ein in Kriegszeiten rares Gut, zu mobilisieren.

Nach den thematischen Tiefenbohrungen schließt das sechste Kapitel den chronologischen Bogen und befasst sich mit der Rückkehr in die roten Zonen im Sommer 1940 im Kontext der Annexion *de fait* des Elsass und Lothringens. Es endet mit einem Ausblick auf das Kriegsende 1944/1945 sowie auf die unmittelbare Nachkriegszeit in den deutsch-französischen Grenzgebieten. Es folgt das Fazit, das die Untersuchungsergebnisse zusammenführt: Inwiefern machte es für Unternehmen einen Unterschied, ob sie sich zum Zeitpunkt der Evakuierung auf deutschem oder französischem Staatsgebiet befanden? Was sagt das über die jeweilige Gesellschaft aus? Diese Dissertation, das bleibt nun am Ende der Einleitung festzuhalten, ist als deutsch-französische Vergleichs- und Beziehungsgeschichte angelegt. Ihr Erkenntnisinteresse liegt im Bereich der politischen und der Wirtschaftsgeschichte. Davon ausgehend will die Studie auf übergeordneter Ebene einen Beitrag zu einer europäischen Gesellschaftsgeschichte leisten, indem sie zwei benachbarte Kriegsgesellschaften, die deutsche und die französische, vergleichend analysiert.

1 Die Evakuierung vorbereiten

Als in den ersten Septembertagen 1939 die Bergwerke im lothringischen Petite-Rosselle und auf der anderen Seite der Grenze die Völklinger Hütte den Betrieb einstellten, läutete dies den Beginn der Evakuierungsphase ein. Zugleich endeten damit vorläufig die jahrelangen Räumungsvorbereitungen in Form von *instructions*, Richtlinien, Entwürfen und Absprachen zwischen Ministerien, Armeevertretern und elsässischen, lothringischen bzw. saarpfälzischen Akteuren. Sie stehen im Mittelpunkt des Kapitels und werden unter folgender Fragestellung in den Blick genommen: Welchem historischen Kontext entsprangen der französische und der deutsche Plan, das Grenzgebiet zu evakuieren und insbesondere die dortigen Unternehmen stillzulegen? Welche Meilensteine sind in der Entwicklung der Richtlinien zu erkennen und wie verhalten sie sich zu übergeordneten politischen Entwicklungen der 1930er Jahre?

Die Räumungen im September 1939 bestanden aus zwei Teilen, der wirtschaftlichen Evakuierung, von ökonomischen Ressourcen, und der zivilen, der Bevölkerung. Es würde den Rahmen sprengen, die Planung beider Teile in extensio nachzuzeichnen. Im Hinblick auf den Fokus dieser Studie befasst sich das Kapitel vor allem mit der wirtschaftlichen Evakuierung. Ihre Bedeutung wird daran gemessen, wie die Planungsinstanzen sie im Verhältnis zur zivilen Evakuierung gewichteten.[1]

Die genannten Fragen werden gesondert für die III. Republik und das Deutsche Reich beantwortet, um die unterschiedlichen Traditionslinien und Entscheidungsmechanismen zu verdeutlichen, die zum jeweiligen Evakuierungsbefehl im September 1939 führten. Sowohl in Frankreich als auch in Deutschland taucht ein Motiv von Seiten der Unternehmer wiederkehrend auf und zieht sich wie ein roter Faden durch die Evakuierungsvorbereitungen. Es handelt sich um die *position de glacis* oder das „Grenzlandschicksal". Mit diesen Stichworten beklagten die lothringischen, elsässischen und saarpfälzischen Firmen die Nachteile ihres Standortes, wobei dem Terminus „Grenzland" eine NS-spezifische ideologische Konnotation innewohnte.[2] Darauf wird später zurückzukommen

---

1 Zur Vorbereitung der Evakuierung der jeweiligen Zivilbevölkerung in Frankreich und Deutschland: *Nicholas Williams*, Les évacuations de 1939 en Moselle et en Sarre: Cadres et plans stratégiques pour la prise en charge des populations civiles, in: Vingtième siècle. Revue d'histoire 128, 2015, 91–104, 91–99.

2 Nichtsdestotrotz fand der Begriff „Grenzland" in der deutsch-französischer Geschichtsschreibung vielfach Anwendung. Der Titel der deutschen Übersetzung des von Michel Parisse herausgegebenen Überblickwerks über lothringische Geschichte, *Michel Parisse* (Hrsg.), Histoire de la Lorraine. Toulouse 1977, lautet etwa „Lothringen. Geschichte eines Grenzlandes". Zwar stellte ihr Herausgeber Hans-Walter Herrmann sie 1984 explizit in den Dienst der deutsch-fran-

https://doi.org/10.1515/9783110591897-002

sein. Ein besonderes Augenmerk liegt folglich auf den verschiedenen Facetten der *position de glacis* und der „Grenzlandnot" und regionalen Initiativen mit dem Ziel, ihnen Abhilfe zu verschaffen. Insgesamt richtet sich das Augenmerk bei den Evakuierungsvorbereitungen stärker auf ihre regionalen Implikationen denn auf zentrale Pariser und Berliner Aushandlungen zwischen militärischen und zivilen Stellen. Dieser Schwerpunkt begründet sich einerseits in den Hauptakteuren dieser Untersuchung, den elsässischen, lothringischen und saarpfälzischen Unternehmen. Andererseits folgt er der Forderung der *border studies*, historische Prozesse nicht nur aus Perspektive des Zentrums, sondern auch von der Grenze her, der Peripherie, zu betrachten.[3]

Die Unterkapitel über die III. Republik und das Deutsche Reich sind identisch aufgebaut. Sie legen anfangs dar, von welchem Ursprung aus die jeweilige Räumungsplanungen ihren Lauf nahm und folgen anschließend den *instructions générales* bzw. Richtlinien in groben Zügen. Je zwei ideale Szenarien verdeutlichen, wie sich die Planer die Evakuierung zu verschiedenen Zeitpunkten vorstellten. In Frankreich dienen die Bergwerke von Petite-Rosselle als Beispiel, in Deutschland die Völklinger Hütte. Sie stehen für einen wichtigen Teil der lothringischen bzw. saarpfälzischen Industrie, den Bergbau und die Metallverhüttung. Zudem handelt es sich bei den *Houillères* und den Röchling'schen Eisen- und Stahlwerken (RESW) um bedeutende kriegswichtige Unternehmen mit immobilen Anlagen. Darüber hinaus wird die Situation der Unternehmen in den Grenzgebieten ab 1933 bzw. 1935 in den Blick genommen. Das dabei auftauchende Glacis- und Grenzlandmotiv wird in einer zusammenfassenden Betrachtung wieder aufgegriffen, ehe das Kapitel mit der Lage grenznaher Unternehmen am Vorabend des Krieges im August 1939 schließt.

1.1 In Frankreich

Im April 1919, der Erste Weltkrieg war seit ein paar Monaten beendet und die Verhandlungen in Versailles noch im Gange, zog der französische Parlamentarier Fernand Engerand gegenüber dem Abgeordnetenhaus folgende Lehre aus den Jahren 1914 bis 1918:

zösischen Annäherung, dennoch kommt ihr Titel Fritz Ernsts stramm nationalsozialistischer Abhandlung von 1941 unglücklich nah: Fritz Ernst, Lothringen: Aus der Geschichte eines Grenzlandes, Leipzig, 1941.

3 Siehe für eine zentrale Perspektive auf die Evakuierungsvorbereitung: *Nicholas Williams*, An „Evil Year in Exile"? The Evacuation of the Franco-German Border Areas in 1939 under Democratic and Totalitarian Conditions. Berlin 2018.

> [C']est pourtant un principe primordial de ne pas laisser se concentrer sur une frontière – et quelle frontière! – l'un des moyens essentiels de la défense nationale (...).[4]

Tatsächlich hatten sich Teile des Industriereviers Nord/Pas-de-Calais und das Erzbecken bei Briey im Departement Meurthe-et-Moselle ab 1914 in deutscher Hand befunden – ein schwerwiegender Nachteil für die französische Kriegsproduktion. Als Engerand im Abgeordnetenhaus vortrug, waren die schwer zerstörten Gebiete im Nordosten ebenso wieder in französischer Hand wie die ‚verlorenen Provinzen', das Elsass und Lothringen.[5] Trotzdem befasste er sich im April 1919 mit der Frage, wie sich große Teile des – freilich standortgebundenen – Bergbaus und der metallverarbeitenden Industrie in Lothringen in Reichweite deutscher Kanonen angesiedelt hatten und dabei auf keine staatlichen Hindernisse gestoßen waren. Den Regierungsinstanzen warf Engerand schwere Versäumnisse vor, forderte für die Zukunft eine kohärente Industriepolitik und die „déconcentration de notre production minière (...)."[6]

Zwar standen bei der sogenannten *question de Briey* die Eisenerzvorkommen in Meurthe-et-Moselle im Fokus, das darin geschilderte Problem eines kriegswichtigen Industriegebietes ist jedoch problemlos auf andere grenznahe Areale anzuwenden. So ergibt sich eine Denklinie von den Minettevorkommen bei Briey des Jahres 1914 zu den Kohlegruben an der lothringisch-saarländischen Grenze im Jahr 1939. Mehr noch, die französischen Erfahrungen im Ersten Weltkrieg bildeten die Keimzelle für die wirtschaftliche Evakuierung im Zweiten Weltkrieg, führten sie doch dazu, dass sich Militär- und Zivilinstanzen ab den 1920er Jahren intensiv mit der Frage auseinandersetzten, wie gefährdete ökonomische Ressourcen im Kriegsfall gerettet werden könnten. Dabei gingen sie stets vom Deutschen Reich als potentiellem Gegner aus.[7]

Die ersten *plans de repliement* zielten ab 1923 neben der Gefahr durch die Bombardierung wirtschaftlicher Zentren insbesondere auf grenznahe Industrieanlagen ab. Der Schutz ökonomischer und militärischer Güter genoss gegen-

---

4 „Es ist dennoch ein Grundprinzip, dass die Konzentration kriegswichtiger Mittel in der Nähe einer Grenze – und was für einer Grenze! – verhindert werden muss." AN 190 AQ 46, Rapport sur la question de Briey, 16.4.1919, S. 49.

5 Zur Rückkehr der provinces perdues, insbesondere des Elsass, siehe *Nicolas Beaupré*, Das Trauma des großen Krieges 1918–1932/33. Darmstadt 2009, 32–37.

6 „Dekonzentrierung unserer Montanindustrie", AN 190 AQ 46, Rapport sur la question de Briey, 16.4.1919, S. 41.

7 Als „Auge in Auge" hat Nicolas Beaupré die deutsch-französischen Beziehungen zwischen 1919 und 1924 beschrieben und auf die andauernden außenpolitischen Spannungen verwiesen, *Nicolas Beaupré*, Das Trauma des großen Krieges 1918–1932/33. Darmstadt 2009, 57.

über dem der Zivilbevölkerung klare Priorität.[8] Die beteiligten Ministerien und der Generalstab entwickelten die Pläne in den Folgejahren weiter, wobei die erste *instruction générale sur les mesures de sauvegarde* vom Februar 1930 die gleichen Prioritäten setzte. Ganz in der Logik Engerands sah die von Innenminister André Tardieu unterzeichnete Richtlinie vor, bereits in Friedenszeiten der Ansiedlung kriegswichtiger Wirtschaftsgüter in Grenznähe entgegenzuwirken.[9] Jenseits der präventiven Maßnahmen definierte die Richtlinie das *repliement* als „évacuation obligatoire et organisée des personnes et des ressources utiles à la Défenses nationale"[10] und sah den Wiederaufbau der geräumten Anlagen im Landesinnern vor. Der Schutz der Zivilbevölkerung spielte lediglich eine untergeordnete Rolle, wobei es den Menschen, die nicht im Dienste der *Défense nationale* standen, explizit freigestellt wurde, das Gebiet auf eigene Faust zu verlassen. Die Tatsache, dass diese und spätere *instructions* die Eigeninitiative von Zivilisten anerkannten, stellt eine französischen Besonderheit dar und findet sich in dieser Form nicht auf der deutschen Seite wieder.

Ebenfalls im Jahr 1930 begann, als sichtbarster Ausdruck einer defensiven französischen Militärstrategie, der Bau der Maginot-Linie an der französischen Ostgrenze. Die Maginot-Linie hatte direkte Auswirkungen auf die Evakuierungsplanung in Lothringen und im Elsass. Dadurch, dass sie in einigen Kilometern Entfernung von der Grenze verlief, verwandelte sie den Landstrich zwischen Verteidigungslinie und deutsch-französischer Grenze in ein potentielles Niemandsland. So sorgte sie indirekt dafür, dass der Schutz der dortigen Zivilbevölkerung in den folgenden Richtlinien an Bedeutung gewann.[11] Diese Entwicklungen skizzierten sich vor dem Hintergrund der späten III. Republik. Sie war geprägt von krisenhaften Momenten, wie dem Umsturzversuch der rechten Ligen im Februar 1934 und einer infolge der *Great Depression* bis 1938 angespannten Wirtschaftslage.[12] Der Wahlsieg des *Front populaire* im April 1936 brachte den Arbeitern mit der 40-Stunden-Woche und dem gesetzlich geregelten Urlaubsanspruch eine erhebliche Verbesserung ihrer sozialen Lage. Zu-

---

8 *Christine Odent-Guth*, Les Évacués du Pays Thionvillois de Septembre 1939 à Novembre 1940. Metz 2010, 9.

9 Da dies nur begrenzt möglich war, sollten in erster Linie Zweigwerke in weniger bedrohten Gebieten gegründet werden. SHD 2 N 196, Instruction générale du 4 février 1930 sur les mesures de sauvegarde à prendre en cas de guerre dans les parties du territoire national exposées aux atteintes de l'ennemi, S. 1.

10 „Verpflichtende und organisierte Evakuierung von Menschen und Ressourcen im Dienste der nationalen Verteidigung", ebd., S. 8.

11 *René Meyer*, L'évacuation, une tragédie frontalière, in: Saisons d'Alsace 33, 1989, 35–133, 37 und *Christine Odent-Guth*, Les Évacués du Pays Thionvillois de Septembre 1939 à Novembre 1940. Metz 2010, 12.

12 *Dominique Borne/Henri Dubief*, La crise des années 30: 1929–1938. 2. Aufl. Paris 1989, 20.

gleich verschärften die Matignon-Verträge die Kluft zwischen Unternehmern und Arbeiterschaft, insbesondere die 40-Stunden-Woche wurde als Symbol des *Front populaire* von den Unternehmern erbittert bekämpft.[13] Außenpolitisch wuchs die Angst vor den territorialen Ambitionen des Deutschen Reiches, die sich in der Remilitarisierung des Rheinlandes und der Annexion Österreichs äußerten. Alle diese Anzeichen verdichteten sich zur sogenannten Krise der 1930er Jahre, die in den Augen ihrer Gegner das nahe Ende der III. Republik ankündigte.

1935 endete die Mandatszeit des Saargebiets, im Januar entschied sich die Mehrheit bei der Saarabstimmung für die Angliederung des Saarlandes an das Deutsche Reich. Dadurch verschob sich der deutsch-französische Grenzverlauf und das Deutsche Reich näherte sich den Industriezentren Lothringens räumlich noch weiter an. Die *instruction générale sur les mesures de sauvegarde* vom Juni 1935 sah dementsprechend ein sehr umfangreiches Gebiet für die Räumung vor. Es umfasste nicht nur die Moselle und die benachbarten Departements teilweise oder ganz, sondern auch die gesamte territoriale Westgrenze von der Nordsee bis zum Mittelmeer.[14] Die vom *Président du Conseil* Pierre Laval unterzeichnete Richtlinie führte das *repliement* als Schutzmaßnahme grenznaher industrieller Güter im Falle eines Angriffs auf. Außerdem thematisierte sie den Abtransport von ökonomischen Gütern aus großen Städten wie Paris, die Ziele von Bombenangriffen werden könnten. Die Räumung ordnete sich folglich weiterhin in einen umfassenden Plan zum Schutze von kriegswichtigen Ressourcen ein.

Was genau sah die Richtlinie von 1935 für die zu evakuierenden Anlagen Lothringens und des Elsass vor?[15] Wie wäre die Räumung eines großen Industriebetriebes gemäß diesem Planungsstand abgelaufen? Ein ideales Szenario soll diese Fragen beispielhaft für die Zeche von Petite-Rosselle beantworten.

Im Vorfeld stellt der Präfekt der Moselle Fernand Carles gemeinsam mit militärischen und ministeriellen Stellen ein Räumungsprogramm für sein Departement auf. Dabei werden so wenige privatwirtschaftliche Instanzen wie möglich in die als geheim eingestufte Planung eingeweiht. Für die Gruben von Petite-Rosselle enthält das Programm folgende Informationen: An erster Stelle sind die zu räumenden Ressourcen aufgeführt, d.h. kriegswichtige Arbeiter, Maschinen und Kohlevorräte mit Angaben zu Quantität, Standort und nächstgelegenem Bahnhof. An zweiter Stelle steht die Dringlichkeit der Personen und Güter,

---

13 *Olivier Dard*, Les années 30: Le choix impossible. Paris 1999, 116–140.

14 SHD 2 N 196, Instruction particulière secrète du 18 juin 1935 sur le repliement des régions menacées d'une invasion ennemie, S. 16.

15 Alle Angaben zur Richtlinie vom Juni 1935 beziehen sich auf ebd., S. 1–16.

unterteilt in a) kriegswichtig, b) potentiell für den Gegner nützlich und c) den Rest. In die Kategorie a) fallen insbesondere das „personnel spécialiste des établissements industriels“, beispielsweise Steiger und andere Untertagearbeiter, und die wehrpflichtigen Männer. Im Falle einer Räumung genießen sie Priorität und werden als erste evakuiert. An dritter Stelle führt das Räumungsprogramm den Zielort auf, für die Gruben von Petite-Rosselle a priori in der Vienne oder der Charente im Westen bzw. Südwesten Frankreichs gelegen. Das gilt nicht für das „personnel spécialiste“ der Kategorie a), denn diese Arbeiter kommen direkt in Industriereviere, um dort eingestellt zu werden. Im Falle der Bergleute bedeutet dies das Kohlebecken an der Loire, nicht aber die landwirtschaftlich geprägten Departements Vienne und Charente. Die Familien der Arbeiter folgen ihnen innerhalb kurzer Zeit an den Aufnahmeort, wie eine Klausel zum Familiennachzug festlegt. Die Anordnung zur Räumung erteilt im Zuge der Mobilmachung die Regierung, wobei sie sich eng mit dem General der *zone des armées* abstimmt. Ihre Umsetzung obliegt der örtlichen Präfektur, sie verantwortet die Realisierung der zuvor aufgestellten Räumungsprogramme in den Industriebetrieben. Die zur Evakuierung vorgesehenen Personen und Güter werden ihrer Dringlichkeit gemäß abtransportiert, Letztere gegebenenfalls im Aufnahmegebiet wieder aufgebaut. Bei den immobilen Bergwerksanlagen liegt der Schwerpunkt auf der Verwertung von Vorräten und der Sicherung kriegswichtiger Arbeitskräfte.

Dies ist das ideale Räumungsszenario, das sich auf Grundlage der Richtlinie von 1935 für die Bergwerksgesellschaft von Petite-Rosselle entwerfen lässt. Auf drei Aspekte sei dabei abschließend hingewiesen: Zwar standen grundsätzlich wirtschaftliche Güter im Fokus der *instruction*, die zivile Evakuierung machte allerdings Boden gut. Das wird einerseits an der Klausel zum Familiennachzug, andererseits an der expliziten Erwähnung der *évacuation* als allgemeiner Rückwärtsbewegung der Bevölkerung aus dem Kampfgebiet deutlich. Zweitens stellte die Richtlinie wie ihre Vorgängerin von 1930 fest, dass Privatpersonen die rote Zone auf eigene Faust verlassen konnten. Diese Art von Eigeninitiative war nicht nur vorgesehen, sondern wurde sogar im Rahmen der Transportmöglichkeiten unterstützt. Drittens legte die *instruction*, wie im Szenario dargelegt, den Grundstein für die im September 1939 realisierte Evakuierung von lothringischen Bergarbeitern in andere Industriereviere.

Elsässische und lothringische Unternehmen ab 1933

Eine Akteursgruppe spielte bei eben dargelegtem Szenario lediglich eine untergeordnete Rolle; sie sollte nicht in den Rämungsplan, der sie immerhin direkt betraf, eingeweiht werden. Es handelt sich um die elsässischen und lothringischen Unternehmer. Wie gestalteten sich ihre Situation und das lokale Wirtschaftsleben im Grenzgebiet ab 1933?

> A partir du jour où Hitler devient chancelier du Reich, l'Alsace est inquiète. (...) Cette inquiétude, latente depuis 1933, devient sérieuse à partir de 1936 après la militarisation de la Rhénanie.[16]

So beschrieb Walter Rinckenberger, bis Kriegsbeginn bei der *Banque de Strasbourg* tätig, die Lage im Elsass in den 1930er Jahre. Dabei richtete er seinen Blick auf die politische Entwicklung im benachbarten Deutschen Reich und nannte als ersten Einschnitt für die regionale Wirtschaft das Jahr 1933 mit der Regierungsübernahme durch die NSDAP. Tatsächlich investierten namhafte elsässische Unternehmer ab 1934 aufgrund der unsicheren außenpolitischen Lage verstärkt im Landesinnern. Das betraf die in der Metallverarbeitung und Elektronikindustrie tätige Familie de Dietrich ebenso wie den Straßburger Autohersteller Émile Mathis.[17] Als das Deutsche Reich 1935 das Saarland eingliederte, entfiel aufgrund der nun entstandenen Zollgrenze ein wichtiger Absatzmarkt. Darunter litten die mittleren und kleinen Unternehmen der traditionell stark vertretenen Textilbranche und der Landwirtschaft.[18] Sie mussten sich auf die Suche nach neuen Abnehmern machen, ihre Bilanzen trübten sich ein. Ähnlich erging es ihren saarpfälzischen Konkurrenten, worauf später zurückgekommen wird.

Der zweite von Rinckenberger genannte Einschnitt, die Rheinlandbesetzung im März 1936, wirkte sich bei den elsässischen Industriellen sehr konkret in der Gründung der Vereinigung *La Sauvegarde* aus. Als Präsident des „Groupement industriel et commercial pour la sauvegarde des matières et marchandises dans le département du Bas-Rhin",[19] wie der vollständige Name lautete, fun-

16 „Ab dem Tag, an dem Hitler Reichskanzler wird, ist das Elsass besorgt. (...) Diese seit 1933 latente Sorge steigert sich ab 1936, nach der Remilitarisierung des Rheinlandes." *Walter Rinckenberger*, L'Alsace: Rempart français sur le Rhin. Paris 1946, 38. Der Schwerpunkt der Ausführungen liegt aufgrund der besseren Forschungslage auf dem Elsass. Prinzipiell gestaltete sich die Situation in der Moselle ähnlich, wobei der wichtigste Sektor, die Montanindustrie, standortgebunden war. Allgemein zur lothringischen Wirtschaft in den 1930er Jahren: *François Roth*, Le temps des guerres mondiales (1914–1945), in: Michel Parisse (Hrsg.), Histoire de la Lorraine. Toulouse 1977, 419–443, 425–437.

17 *Michel Hau*, Les entreprises alsaciennes, in: Alain Beltran u.a. (Hrsg.), La vie des entreprises sous l'Occupation. Paris 1994, 237–249, 238.

18 *Walter Rinckenberger*, L'Alsace: Rempart français sur le Rhin. Paris 1946, 37.

19 „Industriellen- und Händlervereinigung für die Rettung von Rohstoffen und Waren im Departement Bas-Rhin", ADBR 98 AL 273, Brief von Jean Schmidt an Léopold Cheneaux de Leyritz beim Vice-Président du Conseil, 7.2.1939, S. 1.

gierte Jean Schmidt, Leiter einer Straßburger Papierfabrik. Die Organisation hatte zum Ziel, ihre Mitglieder über Maßnahmen im Falle eines bewaffneten Konfliktes und der Räumung der Grenzdepartements zu informieren und zu beraten. Sie rekrutierte sich aus Unternehmern und Händlern aus dem Bas-Rhin und war mit der Straßburger *Chambre de Commerce et d'Industrie* (CCI) vernetzt. Welche Maßnahmen *La Sauvegarde* in den ersten beiden Jahren ihres Bestehens ergriff, ist nicht nachgewiesen, dafür trat die Organisation verstärkt nach der Sudetenkrise im September 1938 in Erscheinung. Deshalb wird später auf sie zurückzukommen sein. Es ist in jedem Fall bemerkenswert, dass die elsässischen Unternehmer mit einer solchen regionalen Initiative auf die Remilitarisierung des Rheinlandes reagierten.[20] Diese Art der branchenübergreifenden, von unten ausgehenden Interessenvertretung hatte, darauf sei bereits hingewiesen, kein Äquivalent in der grenznahen deutschen Wirtschaft. Schon 1936 sahen die elsässischen Industriellen ihre Region und ihr Geschäftsleben bedroht und wollten ihre Interessen im Kriegsfall vertreten.

Doch die Unternehmer reagierten nicht nur auf außenpolitische Vorgänge wie die Rheinlandbesetzung, sondern auch auf die staatliche Industriepolitik. Sie zielte ganz im Sinne Engerands und der Räumungsplanung darauf ab, die Ansiedlung kriegswichtiger Industrie in Grenznähe zu unterbinden. Das Elsass entwickelte sich zum Standortnachteil, was sich 1937 durch ein Dekret verstärkte. Es legte ein Vetorecht des Kriegsministeriums gegen Betriebsgründungen innerhalb eines 30 km breiten Streifens entlang der Grenze fest, weshalb sich im Elsass zwischen 1936 und 1940 kaum neue Firmen ansiedelten und geplante Industrieinvestitionen in anderen Landesteilen zur Ausführung kamen.[21] Des Weiteren gingen staatliche Rüstungsaufträge ausschließlich an Firmen außerhalb des Grenzgebiets; Unternehmen, die zu diesem Zweck ein Zweigwerk im Landesinnern gründen wollten, erhielten Finanzhilfen.[22] Diese Anreize und die unsichere außenpolitische Situation führten zu sinkenden privaten Investitionen und dem Abwandern von Firmen. So mietete der kriegswichtige Gashersteller *Oxygène liquide* aus Straßburg 1936 ein Gelände in Massiac in Südfrankreich, das als Rückzugsgelände für den Fall eines bewaffneten Konfliktes mit dem Deutschen Reich diente, während die Straßburger Handelskammer mit ihrer Schwesternkammer in Périgueux vereinbarte, dass sie gegebenenfalls in ih-

20 Als Gründungsdatum der Sauvegarde gab der Präfekt des Bas-Rhin des Monat März 1936 an. Der Zusammenhang mit der Rheinlandbesetzung liegt deshalb nah, auch wenn er nicht explizit erwähnt wird, siehe ADBR 98 AL 273, Brief von André Viguié, Präfekt des Bas-Rhin, an Léopold Cheneaux de Leyritz beim Vice-Président du Conseil, 4.9.1939, S. 1.

21 *Michel Hau*, L'industrialisation de l'Alsace 1803–1939. Strasbourg 1987, 282f.

22 *Michel Hau*, Les entreprises alsaciennes, in: Alain Beltran u.a. (Hrsg.), La vie des entreprises sous l'Occupation. Paris 1994, 237–249, 239.

ren Räumlichkeiten unterkommen konnte.[23] Bis zum Kriegsbeginn verlegten rund 30 elsässische Unternehmen ihren Hauptsitz ins Hinterland oder gründeten dort Zweigwerke.[24]

Es war insbesondere die Sudetenkrise im September 1938, die den Abwanderungsprozess beschleunigte. Während des diplomatischen Tauziehens um das Sudetenland erfolgte die Teilmobilmachung der französischen Armee und ihr Aufmarsch entlang der Maginot-Linie. Menschen aus der Grenzregion suchten Schutz im Landesinnern, das ökonomische Leben im Elsass und in Lothringen kam zum Erliegen. In der Krise kulminierten darüber hinaus die Vorbereitungen, die Unternehmen bisher für den Kriegs- und Evakuierungsfall getroffen hatten. Welche Form diese Vorbereitungen annahmen, etwa der Einsatz von Notbelegschaften oder logistische Vorkehrungen, wird nun anhand einiger Unternehmen in der Moselle nachvollzogen.

In Petite-Rosselle hatte die Bergwerksleitung Anfang September 1938 die Besetzung der Notbelegschaft mit der regionalen Bergwerksverwaltung und der Armee namentlich festgelegt.[25] Die 275-köpfige *équipe de sauvegarde* trat in der zweiten Monatshälfte ihren Dienst an; ihre Aufgabe war es, die Funktionsfähigkeit der Anlagen zu erhalten. An einen geregelten Betrieb war ohnehin nicht zu denken. In den letzten Septembertagen fehlten nicht nur die einberufenen Arbeiter, sondern auch jene, die wegen der allgemeinen Unsicherheit zu Hause blieben, und die deutschen Grenzgänger. Die Abwesenheitsquote lag bei 50 %, das Personal des grenznahen Schachtes Vuillemin wurde zurückbeordert.[26] Erst einige Tage nach dem am 30. September unterzeichneten Münchner Abkommen nahm der Großteil der Bergleute die Arbeit wieder auf. Auch im 30 km entfernten Sarreguemines klagten die Leiter der Steingutfabrik über Betriebsstillstand, Produktionsausfälle und die Kosten, die sich aus dem Abtransport von Produk-

23 Für Oxygène liquide: AN F/37/41, Note n° 1 de l'Oxygène liquide pour la délégation générale aux relations économiques franco-allemande, 7.7.1942. Für die Handelskammer: *Pierre Eude*, La Chambre de commerce de Strasbourg pendant la guerre 1939–1944. Strasbourg 1949, 10.

24 Die Zahl stammt aus der höchst propagandistischen Abhandlung Albert Bleichers über Elsass-Lothringen und ist entsprechend mit Vorsicht zu genießen: *Albert Bleicher*, Elsaß und Lothringen wirtschaftlich gesehen. Potsdam and Berlin 1942, 168f. Sie deckt sich jedoch mit Informationen aus der Sekundärliteratur, siehe *Alain Peter*, Les tribulations de l'industrie alsacienne: Exode, spoliations, rachats, in: Saisons d'Alsace 114, 1991, 103–112, 104 und *Michel Hau/Bernard Vogler*, Histoire économique de l'Alsace: Croissance, crises, innovations. Vingt siècles de développement régional. Strasbourg 1997, 291. Auch französische Historiker, die sich mit der Zwischenkriegszeit im Elsass befassen, rekurrieren häufig auf Bleichers Werk, wobei dessen propagandistischer Hintergrund nur selten problematisiert wird.

25 AN 190 AQ 52, Journal de guerre des Houillères de Petite-Rosselle, S. 31.

26 *Robert Mourer*, Mineurs de charbon lorrain dans l'histoire d'une région frontalière (1856–2004): L'empreinte du syndicalisme chrétien. Sarreguemines 2005, 301.

tionsmitteln während der Sudetenkrise ergeben hatten.[27] Wilhelm Schöttke, Inhaber der ebenfalls in Sarreguemines ansässigen Schlossfabrik Sesa sprach gar von einem „marasme complet dans lequel les deux crises politiques de Septembre dernier ont plongé l'activité économique des régions frontières."[28]

Die exponierte geografische Lage des Elsass und Lothringens trat im September 1938 einmal mehr zu Tage, die Sudetenkrise wirkte sich infolgedessen wie ein Katalysator auf die Binnenabwanderung von Industrie und Handel aus. Gleichzeitig sorgte sie dafür, dass manche Räumungsmechanismen erstmals erprobt wurden. Dazu zählt der Einsatz der Notbelegschaft in Petite-Rosselle ebenso wie die Auswahl eines Rückzugsortes, welche die Straßburger Verkehrsgesellschaft *Compagnie des Tramways Strasbourgois* hektisch in den letzten Septembertagen betrieb. Sie entschied sich in Absprache mit dem Bürgermeister für den kleinen Ort Ottrott im Bas-Rhin.[29] Diese Vorbereitungen erwiesen sich ein Jahr später im Ernstfall als höchst nützlich und verschafften den französischen Unternehmen gegenüber ihren deutschen Pendants im September 1939 einen Startvorteil.

Die elsässische Vereinigung *La Sauvegarde* verstärkte im Anschluss an die Sudetenkrise ihre Aktivitäten und griff dabei auf die im September 1938 gemachten Erfahrungen zurück. Ihre Aktivitäten werfen ein Licht auf die Sorgen grenznaher Unternehmer im Vorfeld der Evakuierung, deshalb soll vertiefend auf die Ziele der Organisation und ihren Hintergrund eingegangen werden. Vorsitzender war, wie bereits erwähnt, mit Jean Schmidt der Leiter einer Straßburger Papierfabrik. Er bemühte sich, mittels der *Sauvegarde* die Interessen jener Unternehmer zu vertreten, die nicht in die drei Bereiche der *Défense nationale – Intendance* (Versorgungsamt), *Poudres* (Sprengstoffherstellung) und *Fabrications d'Armement* (Rüstungsproduktion) – fielen. Diese nicht-kriegswichtigen Betriebe, zu denen vermutlich auch Schmidts Papierfabrik zählte, spielten bei der Evakuierungsplanung lediglich eine untergeordnete Rolle. Um dem Abhilfe zu verschaffen, führte *La Sauvegarde* Gespräche mit der Präfektur des Bas-Rhin,

---

27 AMS fonds de la faïencerie de Sarreguemines, Procès-verbal de l'Assemblée générale ordinaire, 6.12.1939, S. 2.

28 „Kompletter Stillstand, den die beiden politischen Krisen im letzten September bei der wirtschaftlichen Aktivität der Grenzregionen verursacht haben.", AMS fonds de la Sesa, Rapport du Conseil d'Administration sur l'exercice 1938, S. 1. Siehe auch SHD 2 N 198, Bericht von Paul Muller über die Situation des Einzelhandels in der Grenzregion, 15.12.1938 für die Moselle. Für den Bas-Rhin siehe den Bericht der Chambre de Commerce et d'Industrie Straßburg, in dem staatliche Hilfen für die elsässische Industrie im Sommer 1938 zur Sprache kommen: ADBR 1430 W 55, Rapport sur la situation économique du Bas-Rhin en 1938, aperçu général.

29 Dazu die Korrespondenz zwischen dem Direktor der Straßburger Straßenbahn-Gesellschaft und dem Bürgermeister von Ottrott in AVS 1 W 2441.

dem General der 20. Militärregion und weiteren zivilen sowie militärischen Stellen. Außerdem versandte die Organisation im Januar 1939 einen Bericht mit zwei Zusätzen, der seinen Weg bis nach Paris zum Regierungschef, dem *Président du Conseil*, und zum Generalstab fand. Darin zogen die Verfasser Lehren aus der Sudetenkrise und stellten Forderungen auf. Neben weitreichenden Forderungen wie einer staatlich gegenfinanzierten Versicherung grenznaher Unternehmen gegen Kriegsrisiken finden sich konkrete Vorschläge, wie nicht-kriegswichtige Unternehmen in der roten Zone nach der Mobilmachung zu unterstützen seien. Sie gehen von der Ausstellung von Passierscheinen und der Bereithaltung von Transportmitteln für den Abtransport wichtiger Unterlagen bis zur Idee, eine Industriellen-Kommission zu gründen. Diese könne den zuständigen Instanzen bei der wirtschaftlichen Evakuierung beratend zur Seite stehen.[30]

Die Bandbreite der in dem Bericht behandelten Themen ist groß; sie verdeutlicht, wie präsent das Thema *évacuation* in Unternehmerkreisen in Straßburg und Umgebung um die Jahreswende 1938/1939 war. *La Sauvegarde* betrieb fleißig Lobbyarbeit in eigener Sache, auch wenn der Generalstab der Armee manche Vorschläge rundweg ablehnte.[31] Die Art und Weise, wie die Industriellen-Vereinigung sich gegenüber anderen Akteuren positionierte und der Ton, den sie in ihren Stellungnahmen anschlug, wechseln zwischen ostentativer Staatstreue und der selbstbewussten Vertretung regionaler Interessen. Einerseits versicherten die Mitglieder der *Sauvegarde* einleitend in ihrem Bericht, über ein „sentiment des nécessités militaires“[32] zu verfügen und ausnahmslos Reserveoffiziere zu sein. Auch unterstrichen sie die grundsätzliche Priorität kriegswichtiger industrieller Güter bei der Evakuierung. Andererseits forderten sie mit klaren Worten ein schnelles staatliches Eingreifen, um elsässische Firmen in der Region zu halten: „Les belles paroles et les promesses n'y feront rien. Il faut des actes.“[33] Um ihrer Forderung mehr Nachdruck zu verleihen, griffen die Verfasser des Berichts auf Schlagworte wie „région frontière particulièrement exposée“ („besonders bedrohte Grenzregion“), „voisine de la frontière“ („in Nachbarschaft zur Grenze“) und „sacrifiée à l'avance“ („im Voraus geopfert“) zurück und trugen auf diese Weise zur diskursiven Konstruktion der Grenzregion bei.

30 ADBR 98 AL 273, Bericht der Vereinigung La Sauvegarde und die beiden Zusätze, 16.1.1939.

31 Beispielsweise die lautgewordene Forderung, den Unternehmern Pläne der Evakuierungsrouten zur Verfügung zu stellen, siehe SHD 2 N 197, Questions traitées dans le rapport de la Sauvegarde et qui sont du ressort de l'État-Major de l'Armée, undatiert, S. 1bis.

32 „Gefühl militärischer Notwendigkeiten“, ADBR 98 AL 273, Bericht der Vereinigung La Sauvegarde, S. 1.

33 „Die schönen Worte und Versprechen werden nichts ändern. Es muss gehandelt werden.“, ADBR 98 AL 273, Bericht der Vereinigung La Sauvegarde, S. 5.

Zusammenfassend stellen Michel Hau und Bernard Vogler zur wirtschaftlichen Entwicklung des Elsass ab 1933 fest: „L'Alsace devient un glacis (...).“[34] Dieser Befund trifft weitgehend auf die benachbarte Moselle zu, wenngleich der Bau der Maginot-Linie in beiden Departements für einen zwischenzeitlichen Aufschwung im Baugewerbe sorgte. Er konnte allerdings nicht darüber hinwegtäuschen, dass die Maginot-Linie die Glacislage des Elsass und Lothringens gewissermaßen in Beton goss. Das daraus resultierende Glacismotiv findet sich auf drei Ebenen wieder, der privatwirtschaftlichen, der staatlichen und der diskursiven. Auf privatwirtschaftlicher Ebene wirkte sich die Glacislage in Gestalt von Investitionsrückgang und Abwanderungstendenzen aus. Diese wurden auf staatlicher Ebene durch Auftragslenkung und gesetzliche Einrahmungen gefördert, ja teilweise induziert. Schließlich bezogen sich verschiedene Akteure auf diskursiver Ebene auf die *position de glacis*, sei es, dass sie forderten, Unternehmen in dieser Gegend speziell zu unterstützen, sei es, dass sie feststellten, dass sich dort keine kriegswichtige Industrie anzusiedeln habe. Wenig überraschend verurteilten die Deutschen die französische Industriepolitik nach 1940 scharf, sie habe „ganz Elsaß-Lothringen in einen Industriefriedhof“[35] verwandelt. Weniger häufig erwähnten sie freilich, dass die vom Deutschen Reich ausgehende Kriegsbedrohung ursächlich für den Rückzug, ob freiwillig oder staatlich unterstützt, von Unternehmen aus dem Grenzgebiet war.

Die *instructions générales* 1938 und 1938/1939

Bei den jährlich herausgegebenen *instructions générales* hatte sich in der Zwischenzeit die durch die Maginot-Linie angestoßene Kehrtwende vollzogen, nach der nicht mehr die ökonomische, sondern die zivile Evakuierung Priorität genoss. An erster Stelle stehe, so die *conclusion* der von Innenminister Sarrault unterzeichneten Richtlinie vom Juli 1938, die Rettung von Menschenleben, an zweiter Stelle die von kriegswichtigen Gütern.[36]

34 „Das Elsass wird zum Glacis (...).“ *Michel Hau/Bernard Vogler*, Histoire économique de l'Alsace: Croissance, crises, innovations. Vingt siècles de développement régional. Strasbourg 1997, 290. Den Begriff „Glacis“, der aus der Militärsprache stammt und ein ungedecktes Gelände im Vorfeld einer Festung beschreibt, verwendeten auch badische Politiker ab 1933 für die wirtschaftlich benachteiligte badische Grenzregion, *Roland Peter*, Rüstungspolitik in Baden: Kriegswirtschaft und Arbeitseinsatz in einer Grenzregion im Zweiten Weltkrieg. München 1995, 79.

35 *Albert Bleicher*, Elsaß und Lothringen wirtschaftlich gesehen. Potsdam and Berlin 1942, 165.

36 ADBR 98 AL 273, Instruction générale à l'usage de Messieurs les Préfets sur les mouvements et transports de sauvegarde, 1.7.1938, S. 72.

An dieser Zielsetzung hielt auch die folgende, Anfang 1939 veröffentlichte Richtlinie fest. In ihr wurde versucht, die Sudetenkrise zu berücksichtigen, über deren mögliche Lehren nicht nur die elsässischen Unternehmer der *Sauvegarde* diskutierten, sondern auch Vertreter des Kriegsministeriums und des Generalstabs in Paris.[37] Die ebenfalls von Sarrault unterzeichnete *instruction générale* 38/39 sollte die letzte vor Kriegsbeginn sein und dementsprechend das Evakuierungsgeschehen im September 1939 maßgeblich bestimmen. Sie definierte die Evakuierung als „militärisch angeordnete Maßnahme, die aus dem Rückzug der Bevölkerung aus der Kampfzone besteht."[38] Im Gegensatz dazu sei das *repliement* eine

> Schutzmaßnahme, bei der, so die Umstände es erfordern, die Bevölkerung und Ressourcen einer durch feindliche Invasion bedrohten Region in entfernte und weniger gefährdete Gebiete transportiert werden. Diese Maßnahme betrifft die Grenzdepartements.[39]

Diese eigentlich klare Abgrenzung – einerseits die Evakuierung als militärische Maßnahme zum Schutz der Zivilbevölkerung während oder kurz nach dem Truppenaufmarsch, andererseits das *repliement* von Menschen und Ressourcen angesichts einer Invasion – verschwamm letztlich. Die Prozesse gingen, begünstigt dadurch, dass sie dem gleichen Schema folgten und identische Aufnahmedepartements vorsahen, ineinander über.[40] Nichtsdestotrotz liegt der Schwerpunkt der Richtlinie auf der Evakuierung, sie steht sowohl quantitativ als auch in der Reihenfolge der Kapitel an erster Stelle. Obwohl sie prinzipiell die Zivilbevölkerung betraf, wohnte ihr ebenfalls eine, wenn auch untergeordnete, ökonomische Dimension inne. So erklärte die *instruction*, eine vor der Mobilmachung eingeleitete *évacuation économique* könne jederzeit durch den Evakuierungsbefehl an die Bevölkerung unterbrochen und ausgesetzt werden.[41]

Die Vorbereitung für die zivile Evakuierung oblag gemäß der Richtlinie 38/39 dem General der zuständigen Militärregion in enger Absprache mit den Präfekten. Diese Kooperation setzte sich bei der Umsetzung fort. Die für den Trans-

---

37 Siehe beispielsweise SHD 2 N 197, Brief des Kriegsministers an den Generalsekretär des Conseil supérieur de la Défense Nationale, 27.10.1938.

38 SHD 2 N 196, Instruction générale à l'usage de Messieurs les Préfets sur les mouvements et transports de sauvegarde, 1.7.1938, refondue 1939, S. 1.

39 Ebd.

40 Zum übereinstimmenden Schema: Ebd., S. 58. Wie sehr beide Vorgänge miteinander verbunden waren, verdeutlicht die Festlegung, dass das repliement industrieller Güter in der roten Zone automatisch nach der Mobilmachung zu vollziehen sei, SHD 2 N 197, Note à l'usage des officiers du service des forges chargés d'effectuer les repliements, 10.5.1939, S. 1.

41 SHD 2 N 196, Instruction générale à l'usage de Messieurs les Préfets sur les mouvements et transports de sauvegarde, 1.7.1938, refondue 1939, S. 7.

port zuständigen *Commissions Régulatrices de Transports d'Évacuation et de Repliement* rekrutierten sich beispielsweise aus militärischen und zivilen Stellen, wobei die Armee die Leitung übernahm. Da es an dieser Stelle zu weit führen würde, den gesamten Ablauf der zivilen Evakuierung nachzuzeichnen, sei lediglich kurz auf eine Besonderheit verwiesen: Nach der Ankunft in den Aufnahmegemeinden waren die Evakuierten gehalten, sich bevorzugt in den Bereichen „alimentation, services publics, agriculture, usines de guerre“[42] Arbeit zu suchen. Bereits in der Planungsphase finden sich folglich Überlegungen, wie die Arbeitskraft der Evakuierten genutzt werden kann, wieder.

Die Bestimmungen zum *repliement* knüpften stark an die Richtlinie von 1935 und damit an das erste Räumungsszenario in Petite-Rosselle an. Da jedoch die Richtlinie 38/39 einige Befugnisse neu verteilte, lief die Vorbereitung auf die Evakuierung der *Houillères* folgendermaßen ab: Im Vorfeld hatte die Bergwerksleitung eine Liste der Arbeiter zusammengestellt, die als Notbelegschaft die Schachtanlagen in der roten Zone in Stand halten sollte. Die Liste ging an den Präfekten, der sie, gebündelt pro Kommune, an den General der Militärregion weiterreichte. Letztere sorgte über Umwege dafür, dass die betroffenen Arbeiter, die allesamt *non-mobilisables* sein mussten, informiert wurden.[43] Ebenfalls im Vorfeld der Evakuierung hatten die grenznahen Unternehmen und Händler die Möglichkeit, ein Inventar ihrer Anlagen und Waren zu erstellen und bei der örtlichen CCI, in diesem Fall in Metz, zu hinterlegen.[44] In Friedenszeiten waren die kriegswichtigen Unternehmen entweder dem *Service de l'Intendance* für die Nahrungsmittel- und Kleidungsversorgung der Truppe, dem *Service des Poudres* für die chemische und Kraftstoffproduktion oder dem *Service des Fabrications d'Armement* für die Rüstungsproduktion, insbesondere die Eisenverhüttung und metallverarbeitende Industrie, zugeordnet worden. Diese drei Bereiche waren als *Directions* beim Generalstab vertreten und kooperierten mit den zuständigen Ministerien, der *Service de l'Intendance* etwa mit dem Landwirtschaftsministerium. Sie verfügten außerdem über Außenstellen in den einzelnen Militärregionen. Und eben jene Außenstellen planten die Evakuierung der Industrieanlagen, die in ihre Zuständigkeit fielen; im Falle der *Houillères* han-

42 „Versorgung, öffentlicher Dienst, Landwirtschaft und kriegswichtige Betriebe“, ebd., S. 95.

43 Ebd., S. 16.

44 Dieses Angebot richtete sich eher an kleinere Unternehmen, Einzelpersonen sowie landwirtschaftliche Betriebe als an eine Bergwerksgesellschaft mit 10 000 Arbeitern, siehe dazu die Korrespondenz der CCI Metz in ADM 5 R 579.

delte es sich um den *Service des Fabrications d'Armement.*[45] Er erstellte eine Liste mit den zur Räumung vorgesehenen Maschinen und Ressourcen wie Kohlevorräten.

Nach diesem Einblick in die Vorbereitungsmaßnahmen legt nun ein zweites Szenario dar, wie die Evakuierung der *Houillères de Petite-Rosselle* gemäß der Richtlinie 38/39 idealerweise ablief. Im Anschluss an den Räumungsbefehl gilt die erste Priorität der Zivilbevölkerung, wobei die lothringischen Bergleute und ihre Familien nicht in die Aufnahmedepartements Vienne und Charente kommen, sondern in andere Industriegebiete, um dort als *spécialistes rares* ihre Arbeit wiederaufzunehmen.[46] Zugleich nimmt vor Ort in Petite-Rosselle die Notbelegschaft ihre Tätigkeit auf, sie sorgt dafür, dass kein Wasser in die Schachtanlagen eindringt. Damit ihre Mitglieder sich als Zivilisten in der Gefechtszone aufhalten können, verfügen sie über namentlich ausgestellte Aufenthaltsberechtigungen.[47] Den Abbau der Maschinen übernimmt der *service local des Fabrications d'Armement*, beim Abtransport arbeitet er eng mit der regionalen *Commission Régulatrice de Transports d'Évacuation et de Repliement* zusammen. Sie ist für die Transportwege zuständig, *Intendance*, *Poudres* und *Fabrications d'Armement* stellen als Verbindungsglied innerhalb der Kommission je ein *organe technique.*[48] Auf diese Weise gelangen Maschinen und Vorräte unbeschadet ins Landesinnere, wo andere Unternehmen sie im Dienste der nationalen Verteidigung aufbrauchen.

Soweit die ideale Räumung der Bergwerke von Petite-Rosselle nach dem Stand von 1938/1939. Sie verdeutlicht, dass die Armee als wichtigster Akteur die wirtschaftliche Räumung maßgeblich lenkte und durchführte. Gegenüber früheren *instructions* hatten allerdings auch die betroffenen Unternehmensleitungen an Einfluss gewonnen und beteiligten sich beispielsweise daran, vorbereitend die Notbelegschaftslisten zusammenzustellen.

Die in diesem Unterkapitel dargelegten Umstände, d.h. der politische Kontext der Zwischenkriegszeit, die *instructions générales*, deren Fokus sich infolgedessen von der wirtschaftlichen zur zivilen Evakuierung verschob und die regionalen Entwicklungen in der Grenzregion bilden das Fundament für die Räu-

---

45 Die Bergwerke fielen entweder in den Bereich des Service des Poudres oder in den der Fabrications d'Armement, siehe SHD 2 N 197, Note à l'usage des officiers du service des forges chargés d'effectuer les repliements, 10.5.1939, S. 1.

46 SHD 2 N 196, Instruction générale à l'usage de Messieurs les Préfets sur les mouvements et transports de sauvegarde, 1.7.1938, refondue 1939, S. 66.

47 Siehe dazu das Formular in SHD 2 N 197, Note à l'usage des officiers du service des forges chargés d'effectuer les repliements, 10.5.1939, S. 9.

48 ADBR 98 AL 273, Instruction sur l'organisation et le fonctionnement des Commissions Régulatrices de Transport d'Evacuation et de Repliement, 30.11.1938, S. 5.

mung der französischen roten Zone im September 1939. Gespeist aus den Erfahrungen des Ersten Weltkriegs war sie das geistige Kind einer defensiven Militärstrategie. Ab 1923 hatten sich zivile und militärische Instanzen mit der Räumung befasst, sie relativ konstant weiterentwickelt und im Lichte außen- und innenpolitischer Vorgänge verändert. Parallel dazu erhoben elsässischen und lothringische Unternehmer ihre Stimme und trafen eigene Vorbereitungen für den Evakuierungsfall. In welchem Maße sich die jahrelangen staatlichen Planungen schließlich in der Praxis widerspiegelten, ist Thema späterer Kapitel. Zuvor soll ein Blick auf die andere Seite der Grenze klären, in welchem Kontext die Überlegungen, die deutsche rote Zone zu räumen, entstanden und Gestalt annahmen.

1.2 In Deutschland

Im Februar 1924 legte Oberstleutnant Joachim von Stülpnagel, Leiter der Heeresabteilung beim Truppenamt, in einem reichswehrinternen Vortrag seine Gedanken über den Krieg der Zukunft dar. Der Vortrag stellt den Ausgangspunkt militärisch-ziviler Diskussionen um die Räumung im Deutschen Reich dar.[49] Von Stülpnagels Ausführungen lassen sich einerseits im größeren Kontext des Versailler Vertrages verorten, der die deutsche Armee in ihrer Größe und Ausrüstung massiv beschränkt hatte. Andererseits, und das war wohl der aktuellere Anlass, waren ein Jahr zuvor französische und belgische Truppen ins Ruhrgebiet einmarschiert. Die Reichswehr hatte es nicht vermocht, die territoriale Integrität der Weimarer Republik aufrechtzuerhalten; indirekte Folgen der Ruhrbesetzung waren die Hyperinflation, schwerwiegende wirtschaftliche Turbulenzen und innenpolitische Unruhen.

Vor diesem Hintergrund skizzierte von Stülpnagel seine Vorstellungen darüber, wie ein zukünftiger Krieg gegen Frankreich und Polen auszusehen habe. Die Notwendigkeit eines solchen Krieges begründete er mit der Revanche des Versailler Vertrages und der rhetorischen Frage, „ob 100 Mill. Deutsche die Sklaven von 40 Mill. Franzosen werden müssen."[50] Im sogenannten Volkskrieg sah er die einzige Möglichkeit, gegen die besser ausgerüsteten Armeen Frankreichs und Polens zu bestehen. Dabei sollten die wehrfähigen Bewohner der westlichen und östlichen Grenzgebiete bewaffnet werden und Guerilla-Aktio-

49 *Birgit Arnold*, Die Freimachung und Räumung der Grenzgebiete in Baden 1939/40: zugl. Diss. Universität Heidelberg, 1993. Heidelberg 1995, 8–13.

50 BA-MA, N 5/10, Vortrag von Joachim von Stülpnagel über den Krieg der Zukunft, Februar 1924, fol. 5.

nen gegen die vorrückenden feindlichen Truppen durchführen. In diesem Zuge sah von Stülpnagel auch die Räumung der gefährdeten Gebiete von „allem für die Kriegsführung notwendigen Personal und Material, soweit es nicht im Grenzschutz oder Volkskrieg gebraucht wird,“[51] vor. Das schloss ökonomische Ressourcen ein. Die Guerilla-Aktionen und Räumung sollten der Verzögerung dienen, ehe die regulären deutschen Truppen zu Hilfe eilen konnten, um die französische Armee zurückzudrängen und zu besiegen.

Anders als in Frankreich entsprang die Evakuierung somit nicht einem umfassenden Plan zum Schutz wirtschaftlicher Güter und ging höchstens indirekt auf dem Ersten Weltkrieg zurück. Viel eher ist sie im Kontext militärisch-strategischen Überlegungen eines Revanchekrieges mit einem ebenso eindeutigen offensiven wie defensiven Moment einzuordnen. Ein gemeinsames Charakteristikum der Räumungsplanungen dies- und jenseits der Grenze war, dass sie von Anfang an ein ökonomisches Element enthielten, während sie die bedrohte Zivilbevölkerung erst zu einem späteren Zeitpunkt einbezogen. Zwar stimmte die Grenzzone, auf die sich von Stülpnagel 1924 bezog, nicht mit der des Jahres 1939 überein. Dennoch schloss er auch die besetzten oder unter Verwaltung des Völkerbundes stehenden Regionen im Westen des Reiches in seine Überlegungen ein. Das legt sein Verweis auf die „Aufgaben, die den Deutschen im besetzten oder geraubten Gebiet, namentlich beiderseits des Rheins im Rahmen der Grenzkämpfe zufallen,“[52] nahe.

Die von Stülpnagel'schen Gedankengänge bildeten bis in die 1930er Jahre die Basis der deutschen Evakuierungsplanung; ihre Prioritäten überdauerten das Ende der Weimarer Republik, die Ernennung Adolf Hitlers zum Reichskanzler im Januar 1933 und den Wahlsieg der NSDAP im März 1933.[53] Zweifellos wirkte sich die nationalsozialistische Herrschaft mittelfristig ganz entscheidend auf die Räumungsplanung und -umsetzung aus. In den ersten der ab 1934 jährlich erscheinenden Räumungsrichtlinien hallte allerdings auch deutlich das Erbe des Volkskriegskonzeptes nach. Die vom Reichsverteidigungsminister im Juni 1934 herausgegebene Ausgabe definierte die Räumung als

> planmässige Zurückführung von Personen, Tieren und Gütern (...), die für die Wehrmacht, die Kriegswirtschaft wichtig sind (...), aus bedrohten Teilen des Reichgebiets – den Räumungsgebieten – in voraussichtlich nicht bedrohte Teile – die Bergungsgebiete -.[54]

---

51 Ebd., fol. 25.

52 Ebd. Hervorhebungen im Original.

53 *Birgit Arnold*, Die Freimachung und Räumung der Grenzgebiete in Baden 1939/40: zugl. Diss. Universität Heidelberg, 1993. Heidelberg 1995, 8–13.

54 BA-MA RW 19-2414, Richtlinien für die Räumung feindbedrohten Reichsgebiets, 11.6.1934, fol. 158, Hervorhebungen im Original.

Schon die Formulierung kommt denen des Oberstleutnants aus dem Jahre 1924 recht nah. In Anknüpfung daran sah die Richtlinie beim Unterpunkt Zivil-Räumung auch lediglich vor, die wehrfähigen Männer, Rüstungsarbeiter und kriegswichtigen industriellen Güter ins Hinterland zu bringen. Es käme nicht in Frage, die restliche Zivilbevölkerung zu evakuieren, im Gegenteil: „Ihr muss klargemacht werden, dass Flucht und Verlassen von Haus und Hof unweigerlich ins Elend führt."[55] Damit erteilte die erste deutsche Räumungsrichtlinie jeglicher Form der Eigeninitiative *à la française* eine klare Absage.

Neben dieser eng gefassten Zivil-Räumung sah die Regelung eine Militär- und Verkehrs-Räumung vor, wobei die letztgenannte Behörden wie die Reichspost und die Reichsbahn betraf. Die wirtschaftliche Evakuierung steckte somit einen von mehreren Bereichen ab und stand auf einer Stufe mit anderen Räumungsformen. Die in der Richtlinie festgelegten Räumungsgrenzen befanden sich weit im Reichsinnern, im Westen waren u.a. das gesamte Ruhrgebiet, das Rhein-Main-Gebiet und große Teile Württembergs zu evakuieren.[56] Die Vorbereitung der wirtschaftlichen Evakuierung oblag mit den Wehrkreisen einer militärischen Instanz, die sich mit den Regierungspräsidenten und anderen lokalen Verwaltungseinheiten abstimmte.

Die folgenden Jahre brachten dem Reich territoriale Erweiterungen: Bis 1936 war das Saargebiet, darauf wird später zurückgekommen, Teil des Reichs geworden und das Rheinland wieder unter deutscher Kontrolle. Diese Grenzverschiebungen im Westen und der forcierte Aufbau der Wehrmacht wirkten sich insofern auf das projektierte Räumungsgebiet aus, als es sich in der Folgezeit verkleinerte. Anfang des Jahres 1936 umfasste es zwar nicht mehr das Ruhrgebiet, jedoch immer noch weite Teile des Reichsgaues Hessen-Nassau, inklusive Frankfurt am Main.[57]

Welche Veränderungen hatten sich darüber hinaus in der Zwischenzeit bei den Räumungsrichtlinien und insbesondere bei den Abschnitten über die wirtschaftliche Evakuierung ergeben? Im Anschluss an die Bestimmungen von 1934 waren auch jene von 1936 ausschließlich auf die wehrfähige Bevölkerung und kriegswichtigen Güter ausgerichtet. In die zweite Kategorie fielen insbesondere Fachpersonal und industrielle Halb- und Fertigprodukte, wie das Heft 4 Wirtschaftliche Räumung der Richtlinien vom Oktober 1936 erläuterte. Es legte anhand von Dringlichkeitslisten fest, welche kriegswichtigen Güter an erster Stelle zu evakuieren seien und verteilte die Kompetenzen bei der Vorbereitung und

55 Ebd., fol. 174.

56 Ebd., fol. 163v-164. Das Ruhrgebiet wurde wegen seiner wirtschaftlichen Bedeutung zur Räumungsinsel erklärt und somit von der Maßnahme ausgenommen, ebd., fol. 160v.

57 BA-MA RW 19-2416, Brief des Reichskriegsministers, 15.1.1936, fol. 191.

Durchführung. Verantwortlich für die Vorbereitung war das jeweilige Wehrkreiskommando, das die Aufgabe größtenteils an die Wehrwirtschaftsinspektion und die ihr untergeordneten lokalen Wehrwirtschaftsstellen delegierte.[58] Das Heft 4 sah vor, dass sich neben diesen militärischen Instanzen auch die Regierungspräsidenten und Landräte und, als weitere zivile Akteure, die Außenstellen des Generalbevollmächtigten für die Kriegswirtschaft (GBW) an Vorbereitung und Durchführung beteiligten.[59] Die Interaktion militärischer und ziviler Stellen erwies sich in der Folgezeit als höchst kompliziert, insbesondere Vertreter der Wehrwirtschaftsinspektionen und des GBW standen in heftiger Konkurrenz zueinander. Sie versuchten, ihre eigenen Kompetenzen bei der wirtschaftlichen Räumung auf Kosten des anderen zu erweitern, wobei im Jahr 1936 das Gros der Befugnisse bei den militärischen Akteuren lag.

Saarländische Unternehmen nach der Rückgliederung 1935

Während sich militärische und zivile Planungsinstanzen argwöhnisch beäugten, waren die saarländischen Unternehmen in erster Linie mit den Folgen der 1935 erfolgten Rückgliederung an das Deutsche Reich befasst. Sie entpuppte sich als bestimmender Faktor für das regionale Wirtschaftsleben zwischen 1935 und 1939, das im Fokus der folgenden Abschnitte steht. Räumlich konzentrieren sie sich mit dem vormaligen Saargebiet auf das, kriegswirtschaftlich betrachtet, wichtigste Industrieareal innerhalb der roten Zone des Jahres 1939. Die Ausführungen beziehen sich damit nicht auf die benachbarte Pfalz, aus der sich die französischen Truppen bereits 1930 zurückgezogen hatten.

---

58 Die Wehrwirtschaftsinspektionen waren dem Wehrwirtschafts- und Rüstungsamt im Oberkommando der Wehrmacht untergeordnet. Sie befanden sie am Sitz der Wehrkreiskommandos, im Falle des Wehrkreises XII, der die Saarpfalz einschloss, in Wiesbaden. 1936 kam es im Zuge der Räumungs- und Lähmungsplanung zur Gründung der Wehrwirtschaftsstelle Saarbrücken, der örtlichen Vertretung der Wiesbadener Wehrwirtschaftsinspektion. Zum Aufbau der kriegswirtschaftlichen Behörden, der sich durch Umbenennungen zusätzlich verkompliziert, siehe *Roland Peter*, Rüstungspolitik in Baden: Kriegswirtschaft und Arbeitseinsatz in einer Grenzregion im Zweiten Weltkrieg. München 1995, 24, 26.

59 Aufgabe des Generalbevollmächtigten für die Kriegswirtschaft war die wirtschaftliche Vorbereitung auf den Krieg, dabei verfügte er über weitreichende Befugnisse gegenüber anderen Reichsministerien. Die Position bekleidete ab 1935 Reichswirtschaftsminister Hjalmar Schacht, der später von Walther Funk abgelöst wurde, dazu: *Dietrich Eichholtz*, Geschichte der deutschen Kriegswirtschaft: 1939 – 1945. Nachdruck der 3., durchgesehenen Aufl. München 1999, 108. 1938 änderte sich die Bezeichnung vom „Generalbevollmächtigten für die Kriegswirtschaft“ in „Generalbevollmächtigter für die Wirtschaft“, der Einfachheit halber wird die spätere Abkürzung GBW durchgängig verwendet.

Nach Ablauf der 15-jährigen Mandatszeit entschieden sich im Januar 1935 etwa 90 % der befragten Saarländer für die Angliederung an das Deutsche Reich und damit gegen den Status quo oder eine Anbindung an Frankreich. Das Saargebiet wurde ins Deutsche Reich eingegliedert, verwaltungstechnisch unterstand es von nun an Josef Bürckel[60] als Reichskommissar. Entgegen Bürckels Wunsch blieb das Saarland vorläufig eine eigenständige staatliche Verwaltungseinheit, dafür ging es auf NSDAP-Ebene mit dem benachbarten Gau Rheinpfalz im gemeinsamen Parteigau Saarpfalz unter Führung Bürckels auf. Die Rückgliederung und die daraufhin errichtete Zollgrenze führte sowohl im grenznahen französischen Gebiet als auch im Saarland zu ökonomischen Turbulenzen. Traf der Verlust des saarländischen Marktes die elsässischen und lothringischen Unternehmen hart, waren die saarländischen Unternehmen durch den Wegfall des gesamten französischen Marktes zweifellos noch stärker betroffen. Dabei hatten sich im Vorfeld der Saarabstimmung insbesondere pro-deutsche Akteure mit der Frage befasst, wie die Eingliederung des Saarlandes in das deutsche Wirtschaftsgebiet ablaufen werde und welche Probleme dabei auftreten könnten. Die Spannweite reichte von propagandistischen Versprechen, der langersehnte Saar-Pfalz-Kanal werde endlich gebaut, bis zur Denkschrift „Die Wiedereingliederung des Saarlandes in die deutsche Volkswirtschaft“ der IHK Saarbrücken vom Juni 1934.[61] Interessanterweise fand bereits in dieser frühen Phase die Annahme, das Saarland könnte Kriegsschauplatz werden, Eingang. Zumindest stellte der preußische Oberberghauptmann in Berlin Überlegungen an, die Saarkohle ausschließlich für den Export vorzusehen, damit sich ihr Wegfall im Kriegsfall weniger auf die inländische Wirtschaft auswirke.[62]

Auf organisatorischer Ebene brachte die Rückgliederung den saarländischen Unternehmen die Angleichung an reichsdeutsche Regelungen mit sich, zahlreiche Bestimmungen sicherten dem Staat mehr Einfluss auf das Wirt-

60 Zur Biographie Josef Bürckels (1895–1944): *Dieter Wolfanger*, Populist und Machtpolitiker. Josef Bürckel: Vom Gauleiter der Pfalz zum Chef der Zivilverwaltung in Lothringen, in: Gerhard Nestler/Hannes Ziegler (Hrsg.), Die Pfalz unterm Hakenkreuz. Landau 1993, 63–86. Er war „Hitlers Mann für Anschlüsse“, nachdem er 1935 die Eingliederung des Saarlandes durchgeführt hatte, schickte Hitler ihn 1938 nach Wien. Ab 1940 unterstand ihm, inzwischen in die Saarpfalz zurückgekehrt, das annektierte Lothringen. Bürckel pflegte in der sozialrevolutionären Tradition Gregor Strassers das Image des „Arbeiterfreundes“ und engagierte sich insbesondere im Bereich der Sozialpolitik innerhalb seines Gaues: *Wolfgang Freund*, Rassen- und Bevölkerungspolitik in einem expandierenden Gau: Rheinpfalz – Saarpfalz – Westmark, in: Jürgen John u.a. (Hrsg.), Die NS-Gaue. München 2007, 334–347, 337.

61 *Dieter Muskalla*, NS-Politik an der Saar unter Josef Bürckel: Gleichschaltung, Neuordnung, Verwaltung. Saarbrücken 1995, 469–477.

62 *Dieter Muskalla*, NS-Politik an der Saar unter Josef Bürckel: Gleichschaltung, Neuordnung, Verwaltung. Saarbrücken 1995, 471f.

schaftsgefüge zu. So wurden die Selbstverwaltungsorgane der Wirtschaft, u.a. die IHKs, ausgehöhlt und der Aufsicht des Reichswirtschaftsministeriums unterstellt.[63] Das Tagesgeschäft der Unternehmen war ab Februar 1935 vor allem durch die Umstellung auf den deutschen Markt und die Suche nach neue Absatzmöglichkeiten geprägt. Als „schwere Zeit" beschrieb die Generaldirektion von Villeroy & Boch (V&B) Ende der 1930er Jahre die Phase nach der Rückgliederung rückblickend:

> Die Umstellung der Fabrikation auf neue Rohmaterialien usw., die Umstellung des Sortiments auf andere Märkte, die notwendige Rationalisierung in den Saarbetrieben erforderte die Aufwendung von Mitteln, welche in die Millionen gingen. Andere Firmen der Branche konnten sich in jener Zeit erholen; unsere Firma mußte für Saarzwecke neue Anleihen aufnehmen, lediglich aus dem Gesichtspunkt heraus, die wirtschaftlich ungünstig gelegenen Betriebe im Saarland zu erhalten, sie einigermaßen konkurrenzfähig zu machen, um so den im nördlichen Saarland ansässigen Bewohnern Arbeit und Verdienst zu erhalten.[64]

In dieser Schilderung kommen nicht nur die zweifellos vorhandenen wirtschaftlichen Schwierigkeiten saarländischer Unternehmen ab 1935 zur Sprache, sie konstruiert des Weiteren ein Saarmotiv, das in enger Verbindung mit dem „Grenzland" stand. So ist die gewissermaßen moralische Pflicht des Keramikherstellers zu verstehen, trotz rationaler Gegenargumente, wie der ungünstigen Lage, in die Saarfabriken zu investieren, um den Anwohnern Lohn und Brot zu sichern. Was konkret die ungünstige Lage ausmachte, führte die Generaldirektion nicht aus. Es könnte sowohl die schlechte Verkehrsanbindung als auch die Grenznähe sein. Die Tatsache, dass die Generaldirektion auf die „Saarzwecke" verwies, ohne sie näher zu erläutern oder zu kommentieren, verdeutlicht die

---

63 Zur Gleichschaltung des saarländischen Kammerwesens aus Sicht der IHK Saarbrücken: *Paul Keuth*, 50 Jahre Kriegs- und Nachkriegszeiten 1914–1964, in: Industrie- und Handelskammer des Saarlandes (Hrsg.), 100 Jahre Industrie- und Handelskammer des Saarlandes. Saarbrücken 1964, 133–135. Das Werk ist insofern mit Vorsicht zu genießen, als es sich um eine Festschrift ohne wissenschaftliche Distanz handelt. Deshalb werden sowohl die personellen Kontinuitäten im Kammerwesen zwischen Völkerbundszeit und NS-Zeit, die Paul Keuth selbst betreffen, als auch die Selbstmobilisierung der Kammern und ihre freiwillige Kooperation mit staatlichen Stellen während des NS ausgespart. Zur Programmatik einer ausgewogenen Kammergeschichte: *Ralf Stremmel*, Kammern der gewerblichen Wirtschaft im „Dritten Reich": Allgemeine Entwicklungen und das Fallbeispiel Westfalen-Lippe. Dortmund 2005, 17–25.

64 UAVB 353, Niederschrift über die Konferenz am 25. und 26.9.1939, S. 12. Kleinen und mittleren Unternehmen bereitete die Rückgliederung noch größere Schwierigkeiten als Konzernbetrieben wie V&B, da sie die wegfallenden elsässischen und lothringischen Absatzgebiete weniger ausgleichen konnten, dazu beispielhaft *Joachim Becker*, Hindernislauf: Politischer Einfluss auf den Markt und Strukturwandel. Geschichte eines mittelständischen saarländischen Unternehmens. Saarbrücken 2000, 4.

Wirkmacht und Verbreitung des Saarmotivs. Es ermöglichte es den Unternehmen, sich als Opfer der Umstände, zuerst der Mandatszeit und dann der Rückgliederung, darzustellen; die Textpassage von V&B legt beredtes Zeugnis von dieser Selbstviktimisierung ab.

Tatsächlich gestaltete sich die Wirtschaftslage an der Saar zwischen 1935 und 1938 nicht so rosig, wie von der Propaganda der Deutschen Front vor der Rückgliederung vorhergesagt. Die Arbeitslosigkeit ging nur langsam zurück, in August 1935 erklärte der Reichsinnenminister die Saarpfalz zum Notstandsgebiet.[65] Bei nuancierter Betrachtung der „schweren Zeit" fällt allerdings auf, dass verschiedene staatliche Interventionen ab 1935 darauf hinwirkten, die wirtschaftlichen Auswirkungen der Rückgliederung abzufangen und betroffene Unternehmen mit Kapital zu versorgen. So führte das Reichskommissariat für das Saarland, Bürckels Dienststelle, ab 1935 eine Kreditaktion, die sogenannte Saarkredithilfe, im Umfang von 4 Mio. RM für kleine und mittlere Firmen durch. Sie ging später in die Grenzkredithilfe über, die sich an alle Grenzgebiete des Deutschen Reiches richtete und die dort ansässige gewerbliche Wirtschaft mit reichsverbürgten Krediten unterstützen sollte.[66] In einzelnen Branchen griffen überdies Sonderregelungen. So sorgte das Reichswirtschaftsministerium dafür, dass konkurrierende deutsche Kohlesyndikate sich als „Saaropfer" aus Absatzgebieten der Saargruben zurückzogen. Außerdem sah es umfangreiche Investitionen für die Modernisierung des Saarbergbaus vor.[67] Die metallverarbeitende Industrie profitierte schließlich von der verstärkten Rüstungsproduktion, in der Baubranche sorgte ab 1938 der Westwallbau für gut gefüllte Auftragsbücher.

Insgesamt bleibt festzustellen, dass die Rückgliederung für die grenznahen Unternehmen zweifellos große Schwierigkeiten mit sich brachte. Im Gegenzug waren Kreditaktionen und branchenspezifische Regelungen darauf ausgerichtet, einen Teil der negativen Auswirkungen abzufangen. Auf übergeordneter Ebene sorgte die Glacislage im Saarland in ähnlicher Weise wie im Elsass und

65 *Dieter Muskalla*, NS-Politik an der Saar unter Josef Bürckel: Gleichschaltung, Neuordnung, Verwaltung. Saarbrücken 1995, 484.

66 Für die Saarkredit- und Grenzkredithilfe siehe die Sitzungsprotokolle des erweiterten Kreditausschusses in BArch R 2301-6492. Für Umfang und Adressaten der Saarkredithilfe siehe: Hans Karcher, Probleme der Saarwirtschaft und Wege zu ihrer Lösung, Saarpfälzische Wirtschaftszeitung, 31.3.1939, S. 285–289, S. 287.

67 *Dieter Ziegler*, Wider die „verhängnisvolle Planwirtschaft": Nationalsozialistische Neuordnungspläne für die Kohlewirtschaft 1933 bis 1937, in: Hartmut Berghoff u.a. (Hrsg.), Wirtschaft im Zeitalter der Extreme. München 2010, 256–273, 269f. Neben dem staatlich unterstützten Bergbau verlief auch die Integration der saarländischen Eisen- und Stahlindustrie verhältnismäßig unkompliziert, siehe *Rolf Latz*, Die saarländische Schwerindustrie und ihre Nachbarreviere (1878–1938): Technische Entwicklung, wirtschaftliche und soziale Bedeutung. Saarbrücken 1985, 225–227.

in Lothringen für begrenzte private Investitionen und eine gewisse Zurückhaltung bei öffentlichen Aufträgen.[68] Saarländische Unternehmen wie V&B und lokale Wirtschaftsvertreter von der IHK Saarbrücken rekurrierten deshalb häufig die Nachteile ihres Standortes und konstruierten ein wirkmächtiges Saar- und Grenzlandmotiv:

> Es ist die Grenze, die Lage der Saarwirtschaft zur und an der Grenze. Sie bildet das politische Faktum, das die unmittelbarsten und entscheidendsten Wirkungen auf das Wirtschaftsleben hatte und stets haben wird.[69]

Von der Lähmung zur Räumungsrichtlinie 1939

Die Glacisstimmung im Saarland drohe sich gar noch zu verstärken, stellte der GBW Hjalmar Schacht im Juli 1937 besorgt fest.[70] Diese Sorge äußerte er im Zusammenhang mit dem Plan der Lähmung des Saarlandes; er sah im Kriegsfall

> ein zeitliches Unbrauchbarmachen kriegswichtiger Betriebe in Gebieten [vor], die vorübergehend aufgegeben werden sollen, um dem Feind eine Ausnutzung dieser Gebiete zu verwehren.[71]

Um die Lähmung, eine fast euphemistische Umschreibung für die Zerstörung von Industrieanlagen, entspann sich zwischen 1937 und 1939 eine Paralleldebatte zur Räumung. Dabei standen sich mit der Wehrwirtschaftsinspektion Wiesbaden und der dazugehörigen Wehrwirtschaftsstelle Saarbrücken einerseits und dem GBW und seinen nachgeordneten Stellen andererseits dieselben militärischen und zivilen Akteure wie bei den Diskussionen um die Räumungsrichtlinien aus dem Jahr 1936 gegenüber. Die Lähmung stellte ein komplementäres Konzept zur Evakuierung dar und steht somit stellvertretend für die verschlungenen Wege, die auf deutscher Seite zum Räumungsbefehl 1939 führten. Deshalb soll sie im Folgenden eingeordnet und anhand eines auf der Völklinger Hütte angesiedelten Szenarios greifbar gemacht werden.

Ausgangspunkt der Lähmungsplanung war eine Besprechung bei Oberberghauptmann Heinrich Schlattmann in Berlin, bei der Bergbaubeamte sowie Ver-

---

68 *Hans-Walter Herrmann*, Saarbrücken unter der NS-Herrschaft, in: Rolf Wittenbrock (Hrsg.), Geschichte der Stadt Saarbrücken. Saarbrücken 1999, 243–338, 293.

69 Hans Karcher, Probleme der Saarwirtschaft und Wege zu ihrer Lösung, Saarpfälzische Wirtschaftszeitung, 31.3.1939, S. 285–289, S. 286.

70 BA-MA RW 19-2414, Brief von Hjalmar Schacht an den Reichskriegsminister, 12.7.1937, fol. 185v.

71 BA-MA RW 19-2412, Vortragsnotiz über die Lähmung des Saargebietes, 17.9.1938, fol. 29.

treter der Wehrmacht und des Reichswirtschaftsministeriums im Januar 1937 erörterten, was bei einer plötzlichen Mobilmachung mit den Saargruben geschehen solle. Laut Schlattmann war für diesen Fall neben der Evakuierung des Personals die Zerstörung der wichtigsten Fördereinrichtungen ins Auge zu fassen.[72] Er insistierte darauf, die Wasserhaltung aufrechtzuerhalten, um die Gruben nicht dauerhaft zu schädigen, sondern nur kurzfristig unbrauchbar zu machen. Der Grat zwischen vorübergehendem Außerkraftsetzen und längerfristiger Zerstörung bildete in den nächsten Monaten einen wichtigen Bestandteil der Lähmungsdebatte, die schnell über die Saargruben hinausging. Der soeben skizzierte Ursprung der Lähmung prägte den Verlauf der Debatte in zweierlei Hinsicht: Erstens ging sie vom Herz der saarländischen Industrie, der Steinkohle, und der staatlichen Saargruben AG aus. Deren Generaldirektor Franz Waechter war folglich neben Robert Martin, dem ‚Abwehrbeauftragten'[73] der Wirtschaftskammer Saarpfalz und der IHK Saarbrücken, einer der wenigen regionalen Wirtschaftsakteure, der in der Lähmungsfrage zu Wort kam und Gehör fand. Viele andere, darunter die Eigentümer der Hüttenwerke, tauchen nicht einmal namentlich auf, was aber auch damit zusammenhängt, dass es sich teilweise um internationale Kapitalgesellschaften handelte. Zweitens verstärkte sich in der Folgezeit das Interesse der bereits in der Besprechung im Januar 1937 involvierten Wehrmacht, wohingegen die staatliche Bergbauverwaltung keinerlei Rolle mehr spielte. Vertreter der Wehrmacht ordneten die Lähmung in den Bereich der militärischen Sperrungen in Spannungszeiten ein, um so ihre Entscheidungsbefugnisse zu sichern. Im Gegenzug verortete der GBW Hjalmar Schacht sie im Zusammenhang mit der wirtschaftlichen Räumung und pochte auf seine entsprechenden Prärogative.

Aus der umfangreichen Korrespondenz, den Besprechungen und einer Studienreise von Ministerialbeamten ins Saarland ging im Dezember 1937 ein Entwurf der Richtlinien für die Lähmungsorganisation hervor. Wenngleich sie nie über den Status des Entwurfs hinauskommen sollten, dienen sie und die beigefügte Auflistung der anvisierten Industrieanlagen, bestehend aus Gruben, Hütten- und Walzwerken, Kraftwerken und weiteren ausgewählten Betrieben, nun als Grundlage für ein Lähmungsszenario auf der Völklinger Hütte. Wie waren

---

72 BA-MA RW 19-2413, Aktennotiz über die Besprechung bei Oberberghauptmann Schlattmann, 21.1.1937, fol. 281.

73 Zahlreiche Unternehmen und Institutionen setzten ‚Abwehrbeauftragte' ein; sie sollten das Personal überwachen sowie gegen Sabotage und Spionage vorgehen. Zu ihren Aufgaben siehe: *Gerhard Taddey*, Zwischen Widerstand und Gestapo: Dr. Hugo Bühler, Abwehrbeauftragter der Firma Bosch in Stuttgart, in: Zeitschrift für Württembergische Landesgeschichte 70, 2011, 455–488, 458–461.

nach dem Stand vom Dezember 1937 die RESW mit ihrem ausgedehnten Produktionsgelände im Mobilmachungs- und Kriegsfall zu lähmen?[74]

Bereits in Friedenszeiten konstituiert die Wehrwirtschaftsinspektion Wiesbaden den sogenannten Lähmungstrupp: Ihm obliegt die Durchführung der Zerstörungsmaßnahmen auf dem Hüttengelände. Der Lähmungstrupp besteht aus Arbeitern der Völklinger Hütte, die Führung übernimmt der ‚Betriebsführer'[75] Hans-Lothar Freiherr von Gemmingen. Die Wehrwirtschaftsinspektion Wiesbaden informiert lediglich von Gemmingen als Führer des Lähmungstrupps und seinen Stellvertreter im Vorfeld über die bei Kriegsbeginn durchzuführenden Maßnahmen. Der Rest der Gruppe wird aus Geheimhaltungsgründen erst kurzfristig über die Lähmung und seine Aufgaben in Kenntnis gesetzt. Unter dem Befehl der Wehrwirtschaftsinspektion führt der Lähmungstrupp folgende Maßnahmen auf dem Völklinger Gelände durch: In den Kraftzentralen entfernt und sprengt er Bestandteile aus den Gasmaschinen und stört auf diese Weise die Stromerzeugung und -versorgung des Betriebes. Mittels weiterer Sprengungen setzen die Arbeiter die Belüftung und das Kühlwassersystem der Hochöfen außer Kraft. Darüber hinaus machen sie die Koks-Ausdrückmaschinen unbrauchbar und bringen den Verbindungstunnel, durch den das Roheisen zum Stahlwerk befördert wird, zum Einsturz. Im Thomasstahlwerk sprengen sie Bestandteile der Gebläsemaschinen und verfahren gleichermaßen mit den Antriebsmaschinen für die Blockstraße im Walzwerkbetrieb.

Dieses ideale Lähmungsszenario der Völklinger Hütte entwarfen die militärischen Planer im Dezember 1937. Auf drei Aspekte sei abschließend verwiesen: Erstens war die Planung zu diesem Zeitpunkt so detailliert ausgearbeitet, dass feststand, welche Betriebsteile, insbesondere im Bereich der Energieversorgung, der Zerstörung anheimfallen sollten. Zweitens ist auffällig, dass die Arbeiter im Vorfeld planmäßig nicht von ihrem Einsatz im Lähmungstrupp erfuhren. Auf der anderen Seite der Grenze sahen im Gegensatz dazu die *instruction* von 1939/1939 vor, die Notbelegschaft, die für die Instandhaltung der Schachtanlagen von Petite-Rosselle verantwortlich war, vorzeitig zu informieren. Drittens ist die zeitliche Nähe zum Räumungsbefehl zu unterstreichen. Noch 21 Monate vor der Evakuierung im September 1939 diskutierten die Verantwortlichen einen Plan,

74 Alle Angaben zum Lähmungsszenario beziehen sich auf BA-MA RW 19-2413, Zusammenstellung der Lähmungsobjekte und -maßnahmen im Saarland, fol. 17–19 und BA-MA RW 19-2413, Die Lähmungsorganisation, fol. 43–52.

75 Den Terminus ‚Betriebsführer' führten die Nationalsozialisten 1934 für den Inhaber oder Geschäftsführer eines Unternehmens ein, er ging mit einer innerbetrieblichen Stärkung der Position des Arbeitgebers gegenüber den Arbeitnehmern einher. Zum Hintergrund des Begriffs siehe *Cornelia Schmitz-Berning*, Betriebsführer, in: Cornelia Schmitz-Berning (Hrsg.), Vokabular des Nationalsozialismus. Berlin 2007, 95–96.

der in eine gänzlich andere Richtung zielte: Nicht die mobilen kriegswichtigen Wirtschaftsgüter abtransportieren und die immobilen Industrieanlagen zurücklassen, wie es die Räumungsrichtlinien vorsahen, sondern gezielte Zerstörungen vornehmen. Die Parallelwege auf dem Weg zur deutschen Evakuierung kommen so klar zum Vorschein.

Die konkreten Lähmungsmaßnahmen erfuhren im Laufe der Folgemonate eine Präzisierung und Erweiterung, gleichzeitig tauchte zunehmend die Konkurrenz zwischen Lähmung und Räumung des Saarlandes als Thema in der Diskussion auf. Es ergebe sich die Frage, so der GBW im Juli 1938 gegenüber dem Oberkommando der Wehrmacht (OKW), ob auch eine Räumung des Gebietes vorbereitet werden solle:

> Die Lähmung des Saarlandes ist seinerzeit vordringlich in Angriff genommen worden, weil die militärischen Stellen der Auffassung waren, daß das Saarland am gefährdetsten sei und zunächst aufgegeben werden müsse. Das würde zugleich bedeuten, daß für Räumungsmaßnahmen im Saarland keine Zeit zur Verfügung steht.[76]

Und tatsächlich blieb die Lähmung als Option bis zum Juni 1939 im Gespräch. Erst dann erklärte das OKW sie wegen des voranschreitenden Westwallbaus für überflüssig.[77] Nicht einmal drei Monate später stellten die saarpfälzischen Unternehmen räumungsbedingt ihren Betrieb ein und zogen sich ins Reichsinnere zurück.

Interessanterweise übte das tagespolitische Geschehen keinen spürbaren Einfluss auf die Lähmungsplanung aus. So lässt sich während der Sudetenkrise im September 1938 kein direkter oder indirekter Bezug auf die außenpolitischen Spannungen feststellen, was die Lähmungsvorbereitung ebenso zeitlos wie aus der Zeit gefallen erscheinen lässt. Anders gestaltete sich die Situation für die Unternehmen im saarpfälzischen Grenzgebiet, wo sich die Sudetenkrise ebenso negativ auswirkte wie bei den elsässischen und lothringischen Betrieben. Auch aus der Saarpfalz flohen zahlreiche Bewohner in den letzten Septembertagen und suchten Schutz in rückwärtigen Gebieten.[78] Die Auswirkungen dieser Fluchtbewegungen sind bei den Unternehmen auf deutscher Seite weniger greifbar als bei ihren französischen Pendants, dennoch herrschte auch hier eine gewisse Unruhe. Davon zeugt eine Rede, die Bodo Karcher, Geschäftsführer der Karcher Schraubenwerke in Beckingen an der Saar, einige Wochen nach den Ereignissen im September 1938 vor der Belegschaft hielt. Darin wies er den Vor-

---

76 BA-MA RW 19-2412, Brief des GBW an das OKW, 12.7.1938, fol. 72.

77 BA-MA RW 19-2412, Brief des OKW an den GBW, 13.7.1939, fol. 8.

78 *Birgit Arnold*, Die Freimachung und Räumung der Grenzgebiete in Baden 1939/40: zugl. Diss. Universität Heidelberg, 1993. Heidelberg 1995, 57.

wurf zurück, er habe das Beckinger Werk während der Sudetenkrise räumen lassen wollen. Der Abtransport der wichtigsten Akten sei Teil der Mobilmachungsmaßnahmen gewesen, weder habe er noch seine Frau die Flucht ergriffen. Explizit wandte sich Karcher gegen den Vorwurf des „Kofferpatrioten", der sich gegen wohlhabende Saarpfälzer richtete, die das Grenzgebiet aus Sorge vor einem Krieg in der zweiten Septemberhälfte verlassen hatten.[79] Mit dem pejorativen Terminus „Kofferpatriot", von der von Gauleiter Josef Bürckel herausgegebenen Gauzeitung NSZ-Rheinfront geprägt, mussten sich auch andere Unternehmer und Betriebsleiter im Herbst 1938 auseinandersetzen.[80] Karchers Ansprache verweist einerseits darauf, dass es während der Sudetenkrise zu Räumungsmaßnahmen gekommen war und andererseits auf den Druck, den Firmeninhaber für den Fall zu spüren bekamen, dass sie eben jene Räumungsmaßnahmen angeordnet hatten. Dieser Druck erklärt, warum Karcher, immerhin vormaliger Präsident der IHK Saarbrücken, sich dergestalt rechtfertigen musste.

Etwa 90 km von Beckingen entfernt, im pfälzischen Pirmasens, machte sich die unsichere außenpolitische Lage im September 1938 ebenfalls bemerkbar. Hier arbeitete Gustav Rheinberger, Leiter des größten Schuhunternehmens vor Ort, der Eduard Rheinberger AG, einen Verlagerungsplan für die Pirmasenser Schuhindustrie aus. Er ordnete jedem evakuierten Unternehmen einen Auffangbetrieb zu, bei dem Belegschaft und Maschinen unterkommen sollten. Rheinberger, der zugleich Leiter des Reichsverbandes der deutschen Schuhindustrie war, diskutierte den Plan anschließend mit Vertretern des Reichswirtschaftsministeriums, die die Angelegenheit allerdings verschleppten, sodass die Initiative keine nennenswerten Auswirkungen hatte.[81] Rheinbergers Kollege Hans Schön von der Pirmasenser Schuhmaschinenfabrik Schön & Cie. nahm die Sudetenkrise zum Anlass, ein Haus am Tegernsee als Rückzugsort für seine Familie zu bauen.[82] Die aufgeführten Beispiele zeigen, wie sich die Ereignisse im September 1938 auf die saarpfälzischen Betriebe auswirkten. Die Sudetenkrise führte zu privaten, betrieblichen oder branchenbezogenen Vorsorge- und Planungsmaßnahmen, wobei die Unternehmer Gefahr liefen, aus propagandisti-

---

79 LArch SB, KSB 240, Ansprache von Bodo Karcher im Herbst 1938.

80 AN BB/36/147, Brief von Hermann Passow, Leiter der Zementfabrik der RESW, an die NSZ-Rheinfront, 5.10.1938.

81 *Gustav Rheinberger* (Hrsg.), Geschichte des Hauses Eduard Rheinberger: Pirmasens 1882–1962. Pirmasens 1962, 241f. Die Idee der Patenbetriebe für die Schuhhersteller kursierte auch während der ersten Räumungstage im September 1939 auf. Sie wurde allerdings nicht auf breiter Basis in die Tat umgesetzt, siehe dazu die Korrespondenz der IHK Ludwigshafen in LArch Speyer T 88, Nr. 26010.

82 *Katja Klee*, Im „Luftschutzkeller des Reiches": Evakuierte in Bayern 1939 – 1953: Politik, soziale Lage, Erfahrungen: zugl. Diss. Universität München, 1998. München 1999, 29.

schen Gründen als „Kofferpatrioten“ stigmatisiert zu werden. Aus diesem Grund konnte die Sudetenkrise auf deutscher Seite keine Gelegenheit darstellen, Evakuierungsmechanismen zu erproben und zu verbessern, wie dies in Frankreich der Fall war. Dennoch brodelte es während und nach der Septemberereignisse in grenznahen Wirtschaftskreisen. Dieses Brodeln äußerte sich u.a. darin, dass die saarländische Schwerindustrie, wie die saarpfälzische Gauleitung gewissenhaft registrierte, um die Jahreswende 1938/1939 verstärkt nach Lagermöglichkeiten im rechtsrheinischen Gebiet suchte.[83]

Die drohende Kriegsgefahr im September 1938 war nicht nur bei den Betrieben in der Grenzregion spürbar sondern wirkte sich ebenso greifbar auf die Evakuierungsplanung auf nationaler Ebene aus. Die Fluchtbewegung hatte den Planungsinstanzen vor Augen geführt, dass die Bevölkerung bei Kriegsgefahr keineswegs auf den Westwall, im September 1938 eine riesige Baustelle, vertraute und vor Ort blieb, was die bisherigen Räumungsrichtlinien ad absurdum führte. Die Überarbeitung der Richtlinien rückte folglich auf die Tagesordnung diverser Besprechungen, dabei ist insbesondere eine Sitzung der sechsten Abteilung des Generalstabes von Anfang November 1938 zu nennen. Hier einigten sich die Teilnehmer als Lehre aus den Septemberereignissen darauf, die Evakuierung der Zivilbevölkerung gegenüber der von Wirtschaftsgütern zu priorisieren.[84] Von dieser neuen Prämisse ausgehend fand die Überarbeitung in den „Richtlinien für die Freimachung des Kampfgebiets im Westen“ vom 6. Juni 1939 ihren Abschluss. Sie war bei Kriegsbeginn gültig und bestimmte deshalb die Evakuierungsvorgänge im September 1939 maßgeblich mit.

Bereits der Titel der „Richtlinien für die Freimachung des Kampfgebiets im Westen“ weist auf zwei bedeutende Verschiebungen hin. Eine betrifft die räumliche Ausrichtung. Sie schloss im Gegensatz zur vorherigen Planung lediglich die Westgrenze des Reiches, dabei vor allem die Grenze zu Frankreich, ein und unterteilte diese in eine rote Zone in unmittelbarer Nähe der Hauptkampflinie und in eine grüne, weiter zurückliegende Zone. Die zweite Verschiebung betrifft die Bezeichnung „Freimachung“, die anstelle der „Räumung“ trat und damit den Bedeutungsverlust der wirtschaftlichen Evakuierung illustriert. Schließlich fasste die Richtlinie das Ziel der Maßnahme wie folgt:

> Die ‚Freimachung‘ hat den Zweck, aus dem Gebiet vor, an und rückwärts der Befestigungszone, dem ‚Freimachungsgebiet‘ die gesamte Bevölkerung (...) in ‚Bergungsgebiete‘

---

83 WABW 144, Nr. 560, Brief des saarpfälzischen Gauwirtschaftsberaters Wilhelm Bösing an den Vorsitzenden des Aufsichtsrats der Kammgarnspinnerei Kaiserslautern Paul Dinkelacker, 13.1.1940, S. 2.

84 *Birgit Arnold*, Die Freimachung und Räumung der Grenzgebiete in Baden 1939/40: zugl. Diss. Universität Heidelberg, 1993. Heidelberg 1995, 53.

> zurückzuführen, um die notwendige Bewegungsfreiheit für die Truppe sicherzustellen und die Bevölkerung vor den vernichtenden Auswirkungen des Kampfes zu bewahren.[85]

Ohne die Bestimmungen zur zivilen Evakuierung in aller Ausführlichkeit zu behandeln, seien einige ihrer Grundzüge genannt. Als Akteure traten die Wehrmacht, der die Leitung oblag, der Staat, d.h. die innere Verwaltung, und die NSDAP in Erscheinung. Die Landräte und Oberbürgermeister befassten sich als Verwaltungsvertreter mit praktischen Transportangelegenheiten, beispielsweise der Gestellung von Kraftwagen. Die größte Neuerung war die Beteiligung der NSDAP bei der Evakuierung. Ihre Dienststellen und Gliederungen übernahmen nun umfangreiche Aufgaben beim Abtransport der Bevölkerung aus der roten Zone, ihrer Verpflegung und Betreuung. Sie lassen sich im Bereich der ‚Menschenführung' einordnen, die, wenngleich nur vage definiert, ein zentraler Auftrag der NSDAP war und die Einrahmung, Kontrolle und Ausrichtung der Bevölkerung auf die Ziele des NS umfasste.[86] Außerdem übernahmen der saarpfälzische Gauleiter Josef Bürckel und sein badischer Kollege Robert Wagner das neugeschaffene Amt des Freimachungskommissars für die Wehrkreise XII und V. Damit lag die Koordination der Parteidienststellen und Behörden, sprich aller ziviler Instanzen, in den Händen der NSDAP.

Die wirtschaftliche Evakuierung wurde geregelt durch die von Reichswirtschaftsminister Walther Funk gegengezeichneten „Vorläufigen Anweisungen für die im Bereich der gewerblichen Wirtschaft für die Freimachung des westlichen Kampfgebiets zu treffenden Vorbereitungen".[87] Er brachte sie im Anschluss an die Richtlinie im Juni 1939 in Umlauf und stellte damit die gesamte Aufgabenteilung früherer Richtlinien auf den Kopf. Seine vorläufigen Anweisungen schalteten militärische Stellen weitgehend aus der Vorbereitung und Durchführung aus. Stattdessen trugen nunmehr die Wehrwirtschaftlichen Stellen in Wiesbaden – für den Wehrkreis XII – und Stuttgart – für den Wehrkreis V – die übergeordnete Verantwortung. Die Wehrwirtschaftlichen Stellen waren Mittelbehörden des GBW, aus ihnen gingen Ende August 1939 die Bezirkswirtschaftsämter hervor. Die Vorbereitung überließen sie der jeweiligen IHK, die wiederum gemeinsam mit der Wehrwirtschaftlichen Abteilung die

---

85 BArch R 3101-32215, Richtlinien für die Freimachung des Kampfgebiets im Westen, fol. 5.

86 Zur ‚Menschenführung' siehe *Birgit Arnold*, Die Freimachung und Räumung der Grenzgebiete in Baden 1939/40: zugl. Diss. Universität Heidelberg, 1993. Heidelberg 1995, 70–72 und *Armin Nolzen*, Planung und Durchführung der 'Freimachungen' an der westlichen Reichsgrenze 1939/40, in: Jochen Oltmer (Hrsg.), Nationalsozialistisches Migrationsregime und „Volksgemeinschaft". Paderborn 2012, 243–263, 250.

87 Die vorläufigen Anweisungen decken sich mit dem kurzen Abschnitt über die wirtschaftliche Räumung in den Richtlinien und führen diesen weiter aus. Sie dienen als Basis für die folgenden Abschnitte, alle Angaben beziehen sich auf BArch R 3101-32213, fol. 7–14.

Wirtschaftsbeauftragten F ernannte. Sie organisierten und leiteten sowohl die vorbereitenden Maßnahmen als auch die wirtschaftliche Räumung. Die Wirtschaftsbeauftragten F waren nach dem Abzug der Bevölkerung an militärische Weisungen gebunden und verfügten zu diesem Zeitpunkt über die aus den Belegschaften der Räumungsbetriebe gebildeten Betriebstrupps F. Sie sollten einzelne Betriebe wie Sägewerke für die Wehrmacht aufrechterhalten, Güter verladen und im Falle einer Invasion Industrieanlagen zerstören.

Wie war die Völklinger Hütte gemäß den Anweisungen des Wirtschaftsministers vom Juni 1939 zu räumen? In Friedenszeiten weist der Wirtschaftsbeauftragte Alwin Zirkler, für den Landkreis Saarbrücken zuständig, die Betriebsleitung in die Einteilung der Wirtschaftsgüter in die Klassen A (wertvoll und platzsparend) und B (wertvoll und platzintensiv) ein. Zirkler erstellt außerdem eine Liste mit den entsprechenden Gütern auf dem Gelände der RESW, sie geht unter anderem an die IHK Saarbrücken, die Wehrwirtschaftliche Abteilung Wiesbaden und an den Saarbrücker Landrat. Nach erfolgtem Evakuierungsbefehl nimmt die Bevölkerung beim Verlassen der roten Zone die Güter der Klasse A mit, dazu zählen die Arbeitsbücher, Konstruktionszeichnungen und Völklinger Werkspläne.[88] Falls die Zeit es erlaubt, bekommt jeder Hüttenarbeiter sein Arbeitsbuch persönlich vor der Abreise ausgehändigt. Die Evakuierung von Gütern der Klasse B, die Feinchemikalien wie Schwermetallverbindungen, aber auch Fahrzeuggummireifen enthält, erfolgt als Nachmaßnahme unter Weisung des Wirtschaftsbeauftragten. Der Völklinger Betriebstrupp verlädt die Güter der Klasse B und verschickt sie an den vorher von der Hüttenleitung und dem Wirtschaftsbeauftragten festgelegten Bergungsbetrieb im Reichsinnern. Im Falle einer gegnerischen Invasion zerstört der Trupp zentrale Werksanlagen, damit sie nicht der französischen Armee in die Hände fallen. Entsprechende Pläne für die Völklinger Hütte liegen mit den Lähmungsmaßnahmen ja bereits seit 1937 in der Schublade, auf sie kann nun zurückgegriffen werden.

Das letzte, soeben skizzierte Szenario verdeutlicht den deutschen Planungsstand im Juni 1939, wenige Wochen vor dem Kriegsbeginn. Drei Auffälligkeiten sollen diesbezüglich festgehalten werden und schließen die Darstellung der deutschen Evakuierungsvorbereitung ab. Die erste betrifft den stark gesunkenen Stellenwert der wirtschaftlichen Evakuierung, sie klang bereits im Zusammenhang mit den Richtlinien an. Die Stuttgarter Rüstungsinspektion V – so

88 Die Anweisungen sind nicht eindeutig in Bezug auf die Frage, ob der Abtransport von Hüttenarbeitern durchgeführt werden sollte. Es ist davon auszugehen, weil sie beim Eintreffen des Evakuierungsbefehl auf dem Werksgelände anwesend waren und damit der Güter habhaft werden konnten.

hieß die Wehrwirtschaftsinspektion ab Dezember 1939 – stellte rückblickend fest, dass

> die Rückführung wirtschaftlicher Güter so stark eingeschränkt [wurde], dass von einer wirtschaftlichen Räumung im seitherigen Sinne überhaupt nicht mehr gesprochen werden konnte.[89]

Zweifellos spricht aus diesen Worten auch die Unzufriedenheit einer Rüstungsinspektion, die sich in der Richtlinie vom Juni 1939 ihrer Befugnisse beraubt sah. Ihre Feststellung ist dennoch nicht von der Hand zu weisen: Weder die Klasse A noch die Klasse B enthielt Fertigungsmaschinen als zu evakuierende Güter, wohl aber Aufputschmittel wie Coffein und Arzneimittel wie Stechapfelblätter. Damit war freilich kein Unternehmen im Reichsinnern wiederaufzubauen, weshalb die Planungsinstanzen letztlich vorsahen, komplett auf die Produktion von evakuierten Unternehmen zu verzichten. Von einer geplanten wirtschaftlichen Räumung im vorherigen Sinne oder in Analogie zu den *instructions générales* kann deshalb tatsächlich kaum die Rede sein.

Zweitens ist auffällig, dass die Richtlinie vom Juni 1939 die Kompetenzen komplett neu verteilte, dabei die der Armee stark beschnitt und neue Ämter wie das des Freimachungskommissars und des Wirtschaftsbeauftragten F einführte. Die Hintergründe dieser Entwicklung sind nicht zweifelsfrei nachvollziehbar. Sie könnten mit Machtstreitigkeiten zwischen der Wehrmacht und der NSDAP zusammenhängen. Fraglos ist wiederum, dass die Kompetenzverschiebungen im Juni 1939 die Lage verkomplizierten. Ohne dass die Akteure dies wussten, sollten ihnen bis zum September lediglich wenige Wochen Zeit verbleiben, um die neuen Mechanismen einzuüben. Drittens illustriert diese kurzfristige Entwicklung ebenso wie die ältere Lähmungsplanung und das noch länger zurückliegende Volkskriegskonzept die verzweigten Wege und Sackgassen auf dem deutschen Weg zur Evakuierung. Sein Ausgangspunkt war ebenso wie in der III. Republik militärischer Natur. Allerdings entsprang er nicht den Erfahrungen des Ersten Weltkrieges sondern einer Reichswehr, die Revanche für den Versailler Vertrag forderte. Der deutsche Weg zum Evakuierungsbefehl spiegelt darüber hinaus die großen Systemverwerfungen der Zwischenkriegszeit, von der Weimarer Republik zum Nationalsozialismus, wider. Letzterer brachte mit der NSDAP einen mächtigen neuen Akteur ins Spiel, der sich aktiv in die Evakuierungsplanung einschaltete.

89 BA-MA RW 20-5/4, Geschichte der Rüstungsinspektion V, S. 93.

1.3 Von zwei Wegen zu einem Ziel

Der Räumung der *Houillères de Petite-Rosselle* und der Völklinger Hütte im September 1939 gingen, wie die bisherigen Ausführungen geschildert haben, umfassende Planungen und verschiedene Szenarien voraus. Ihnen gemein ist, dass sie militärischen Ursprungs waren und von Anfang an eine ökonomische Komponente beinhalteten; ihre Ausgangspunkte, französischerseits die Erfahrungen des Ersten Weltkrieges, deutscherseits der Wunsch nach einem Revanchekrieg, unterschieden sich allerdings deutlich. In der III. Republik entwickelten sich, innenpolitischen Turbulenzen während der 1930er Jahre zum Trotz, die Evakuierungspläne relativ organisch. Dabei verschob sich bis 1939 der Fokus der *instructions générales* von der wirtschaftlichen zur zivilen Räumung. Elsässische und lothringische Unternehmer versuchten, sich während des Prozesses Gehör zu verschaffen und wiesen auf die Nachteile ihrer Glacislage hin. Im Deutschen Reich entwickelte sich die Evakuierungsplanung im Gegensatz dazu weniger organisch. Hier spiegeln sich sowohl die politischen Verwerfungen der Zwischenkriegszeit als auch territoriale Neukonfigurationen wider. Immerhin war das Saarland, schwerindustrielles Herz der roten Zone bei Kriegsbeginn, erst seit 1935 wieder Bestandteil des deutschen Staatsgebiets. Und gar noch später, nämlich erst im Juni 1939, setzten die Richtlinien die zivile Evakuierung zum Nachteil der wirtschaftlichen an erste Stelle.

Bei allen Unterschieden blickte sowohl die französische als auch die deutsche Evakuierungsplanung folglich auf einen Prozess der Entökonomisierung zurück. In beiden Ländern begründete sich diese Entwicklung im Bau der jeweiligen Verteidigungslinie, Maginot-Linie und Westwall, und der Sudetenkrise im September 1938. Indem französische und deutsche Planungsinstanzen den Schutz der Bevölkerung an oberste Stelle rückten, reagierten sie auf den Eigensinn der Elsässer und Lothringer bzw. Saarpfälzer. Sie hatten gezeigt, dass sie bei Kriegsgefahr das bedrohte Gebiet, ob mit oder ohne Evakuierungsbefehl, eigenständig verließen, weshalb es nunmehr die dringlichste planerische Aufgabe war, ihre Bewegung zu kanalisieren. Zu dieser Ansicht gelangten die III. Republik und das Deutsche Reich parallel und unabhängig voneinander. Somit fanden sich beide Staaten, ausgehend von verschiedenen Ausgangspunkten und Entwicklungen in der Evakuierungsfrage, an einer ähnlichen Stelle wieder.

Welche Rolle spielte nun das Deutsche Reich bei den französischen Diskussionen um die wirtschaftliche Räumung und andersherum? Diese Frage bezieht sich auf transnationale Bezüge und die gegenseitige Rezeption in der Vorbereitungsphase. Auf übergeordneter Ebene war das Nachbarland in den jeweiligen Diskussionen stets präsent, weil die Planer auf beiden Seiten von einem deutsch-französischen Krieg ausgingen. In diesem Sinne schwebte grundsätzlich Frankreich im Raum, wenn deutsche Instanzen die Räumungsrichtlinien diskutierten, umgedreht sind die *instructions générales* nur vor dem Hintergrund einer gefühlten Bedrohung durch das Deutsche Reich zu verstehen. Neben der abstrakten Anwesenheit des Anderen lassen sich nur wenige konkrete Bezüge festmachen, dennoch tauchten vereinzelte Verweise auf das Nachbarland auf. So untermauerte die elsässische Vereinigung *La Sauvegarde* ihre Forderung, Lastwagen zum Abtransport von Akten zur Verfügung gestellt zu bekommen, mit dem Hinweis, „qu'en Allemagne, dans une zone jusqu'à 25 km de la frontière, les camions sont laissés à disposition pendant un certain nombre de jours à dater de la mobilisation.“[90] Es ist unklar, aus welchen Quellen sich diese Aussage speiste, sie hätte in jedem Fall eine ungeheure logistische Anstrengung bedeutet und entsprach nicht der Realität der letzten Augusttage 1939. Überhaupt ist davon auszugehen, dass es sich aus Gründen der Geheimhaltung nicht um eine offizielle deutsche Information handelte. Möglicherweise verwies *La Sauvegarde* unabhängig vom Wahrheitsgehalt vor allem deshalb auf eine deutsche 25-km-Zone, um französische Entscheidungsträger unter Druck zu setzen, ihrem Beispiel zu folgen.

Es gibt keine Hinweise darauf, dass die deutschen Instanzen um den Inhalt der *instructions générales* wussten oder die entsprechenden Diskussionen kannten. Gleichwohl beobachteten sie die Industrie in der französischen Grenzregion und bezogen sie bei der Lähmung sogar in ihre Überlegungen ein. In diesem Sinne schlug der GBW Hjalmar Schacht vor, fünf Kraftwerke im lothringischen Steinkohlebecken zu zerstören, um die saarländische Stromversorgung im Falle eines Einmarschs dauerhaft zu stören. Schacht listete gewissenhaft die in Frage kommenden Kraftwerke, die Leistungsfähigkeit ihrer Turbinen und ihre Bedeutung für die Energieversorgung auf.[91] Die deutsche Rezeption dessen, was sich auf der anderen Seite der Grenze tat, bezog sich also weniger auf die Räumungsplanung, als vielmehr auf mögliche Zerstörungsziele für die Wehrmacht.

Gemein ist deutschen und französischen Akteuren die Konstruktion ihres jeweiligen Grenzgebietes als benachteiligt und bedroht, sie schlägt sich im wiederkehrenden Rekurs auf die Glacis- und Grenzlandlage nieder. Dieses Phänomen lässt sich mit Rückgriff auf die historische Raumanalyse näher beschreiben, laut der Räume nicht gegeben sind, sondern eine zentrale Dimension geschichtlicher Prozesse und gesellschaftlichen Handelns darstellen. Einen guten

90 „[D]ass in Deutschland innerhalb einer 25 km breiten Zone ab der Grenze die Lastwagen während einer bestimmten Anzahl von Tagen ab der Mobilmachung zur Verfügung gestellt werden.“ ADBR 98 AL 273, Bericht der Vereinigung La Sauvegarde, S. 7.
91 BA-MA RW 19-2413, Brief von Hjalmar Schacht an Oberst Georg Thomas, 30.10.1937, fol. 155.

Ansatzpunkt hierfür bietet Susanne Raus Definition von Räumen als „soziale[n] Konstruktionen, die freilich auch immer eine materielle oder geographische Seite haben können (...).“[92] Das gilt insbesondere für Staatsgrenzen, die, der Unterscheidung zweier Gruppen dienend, stets menschlich gemacht und verschiebbar sind, folglich als „ein Produkt der Gesellschaft“[93] zu untersuchen. Das Leitmotiv der Glacis- und Grenzlandlage zeugt von der Konstruktion des Grenzgebietes, im Sinne der Rau'schen Definition konstituierte es die Grenze. Im Nationalsozialismus war das „Grenzland“ normativ stark aufgeladen, er wies den Bewohnern eine besondere Rolle bei der ‚Bewahrung des Deutschtums‘ zu.[94] Vor diesem Hintergrund verwiesen die saarpfälzischen Unternehmer auf ihr „Grenzlandschicksal“ – es handelte sich um weit mehr als bloße ökonomische Nachteile durch eine schlechte Verkehrsanbindung. Beklagten elsässische und lothringische Akteure ihre Glacislage, war das nicht in diesem Maße ideologisch aufgeladen. Dennoch war in der Zwischenkriegszeit deutlich geworden, dass die Reichslandphase Spuren im Elsass und in Lothringen hinterlassen hatte. Das Konkordat, die Verbreitung der deutschen Sprache und die Autonomiebewegungen führten dem Rest von Frankreich vor Augen, in welchem Maße sein Grenzgebiet eine Kontakt- und Übergangszone in Richtung des ungeliebten deutschen Nachbarn war.

Ebenso wichtig erscheint allerdings der zweite Teil der Definition, der die materielle Seite der Konstruktion Grenzgebiet unterstreicht. Er findet sich in den Schlagworten der gelebten Grenze und des Alltags in der Grenzregion wieder, sie stehen oftmals im Gegensatz zur offiziellen Grenzrhetorik.[95] Sprachlich und wirtschaftlich waren die Gebiete links und rechts der deutsch-französischen Grenze eher von einem allmählichen Übergang als von starken Gegensätzen geprägt. Auch unterhielten Firmen über die Grenze hinweg vielfältige geschäftliche Verbindungen miteinander, lothringische Bergleute arbeiteten in saarländischen Gruben und andersherum. Zumindest für die geschäftlichen

---

92 *Susanne Rau*, Räume: Konzepte, Wahrnehmungen, Nutzungen. Frankfurt am Main 2013, 193.

93 *Susanne Rau/Benjamin Steiner*, Europäische Grenzordnungen in der Welt: Ein Beitrag zur Historischen Epistemologie der Globalgeschichtsschreibung. 2013. URL: http://www.europa.clio-online.de/2013/Article=611, 10.

94 Zum Grenzraumkonzept, seinem völkischen Ursprung und der Adaption durch den NS: *Thomas Müller*, Entgrenzte Nation und suspendierte Normalität: Das völkische „Grenzraum“-Konzept und seine Bedeutung für die Entgrenzung politischer Gewalt im Deutschen Reich, in: Christine Roll u.a. (Hrsg.), Grenzen und Grenzüberschreitungen. Köln and Weimar and Wien 2010, 51–88.

95 *Thomas Höpel*, Der deutsch-französische Grenzraum: Grenzraum und Nationenbildung im 19. und 20. Jahrhundert. Mainz 2012. URL: http://www.ieg-ego.eu/hoepelt-2012-de, 22.

Kontakte wirkte sich die (Zoll-) Grenze 1935 greifbar aus und kappte zuvor bestehende Verbindungen; die Grenze materialisierte sich.

Zusammenfassend sei festgestellt, dass die elsässischen, lothringischen und saarpfälzischen Unternehmen einerseits im Bereich der gelebten Grenze agierten, andererseits für ihre Zwecke auf übergeordnete Grenzdiskurse rekurrierten. Diese Ambivalenz tritt in der Vorbereitungsphase der Evakuierungen deutlich zu Tage. Interessanterweise stimmten bisweilen sogar die Argumentationsstrukturen von Unternehmen dies- und jenseits der Grenze überein. Als im Juli 1939 eine Abgeordnetendelegation aus Paris eine Reise in die Moselle unternahm, um die Auswirkungen der Wirtschaftskrise zu untersuchen, nutzten grenznahe Industrielle die Gelegenheit und legten ihre schwierige Situation *en position de glacis* dar. Das tat auch der Leiter der Glashütte von Meisenthal in den Vogesen, indem er feststellte:

> C'est par suite d'efforts innombrables que j'ai pu maintenir en marche complète jusqu'à présent l'usine de Meisenthal, dans le but principal de ne pas priver de travail la population (...).[96]

Kurz zuvor hatte er auf das Elend der Bevölkerung hingewiesen, die wegen der Industrieabwanderung um Lohn und Brot fürchteten. Auch V&B sah sich, wie bereits zur Sprache kam, in der Pflicht, den Anwohnern des nördlichen Saarlandes ihre Arbeitsplätze zu erhalten. Die beiden Unternehmen griffen folglich auf übereinstimmende Argumentationsmuster zurück, um sich im bedrohten Grenzgebiet zu verorten und Unterstützung – im Falle der *verreries de Meisenthal* finanzielle Hilfen des Staates – zu erhalten.

Viel Zeit blieb der Meisenthaler Glashütte nicht mehr, ihre Forderungen in Friedenszeiten durchzusetzen. Schon der Monat Juli, in dem die Abgeordnetendelegation die Moselle bereiste, war von außenpolitischen Spannungen geprägt. Sie steigerten sich im August, an dessen Ende der deutsch-sowjetische Nichtangriffspakt als entscheidende Etappe auf dem Weg zum deutschen Angriff auf Polen stand. Wie erlebten die Unternehmen in den roten Zonen die letzten Augusttage und was war ihre Ausgangsposition, als Anfang September die Evakuierungsbefehle ergingen? In den Schlaglichtern am Vorabend des Krieges spiegeln sich sowohl die vorangegangene Räumungsplanungen als auch die in Gang kommenden nationalen Kriegsmaschinerien wider.

---

96 „Nur dank unzähliger Anstrengungen konnte ich den Betrieb von Meisenthal vollständig aufrechterhalten und das mit dem vorrangigen Ziel, die Bevölkerung nicht um ihre Arbeit zu bringen." ADM 26 Z 4, Brief der Glashütte von Meisenthal an Subpräfekten von Sarreguemines, 22.6.1939. Meisenthal lag knapp außerhalb der roten Zone und wurde im September 1939 nicht evakuiert.

Bei den Wendel'schen Bergwerken in Petite-Rosselle[97] wirkte sich die Teilmobilmachung der französischen Streitkräfte am 24. August 1939 in Gestalt der Einberufung von vielen Arbeitern, Angestellten und leitenden Ingenieuren aus. Außerdem blieben die deutschen Grenzgänger zunehmend der Arbeit fern, insgesamt fehlte mehr als ein Drittel der Belegschaft. Dennoch arbeiteten vier von sechs Förderanlagen normal, lediglich in die Schächte Vuillemin und St. Joseph fuhren keine Bergleute ein. Am 31. August lag die Förderung mit 7200 t bei 2/3 der normalen Tagesförderung, Schwierigkeiten bereitete die Waggongestellung. Parallel zum Alltagsgeschäft waren in den vorhergehenden Tagen die Evakuierungsvorbereitungen angelaufen. Die Zentralverwaltung hatte ihr Archiv in die Touraine geschickt, Sprengstoff und Transportmittel kamen nach Hayange.[98] Ebenfalls nach Hayange beorderte die Leitung jene Angestellten, die nicht in Petite-Rosselle gebraucht wurden oder anderweitig requiriert worden waren.[99] Alle Arbeiter und Angestellten erhielten vorgezogene Lohn- und Abschlagszahlungen. Am 25. August nahm die von der *instruction* vorgesehene und im September 1938 erstmals eingesetzte Notbelegschaft ihre Arbeit auf; „leur service se superposait (...) à celui du service normal."[100] Der Großteil der 283 Männer waren vom Militärdienst befreite, oftmals ältere Bergleute, der kleinere Teil für die *Houillères* requiriert. 200 von ihnen verteilten sich auf die einzelnen Schachtanlagen, der Rest kümmerte sich u.a. um die Energieversorgung und das Gleisnetz. Die Leitung der Notbelegschaft übernahm der Generaldirektor der Bergwerksgesellschaft Roger Cadel gemeinsam mit dem Verwaltungschef Kaess und einigen Ingenieuren.

Auch auf der Völklinger Hütte führte die Mobilmachung am 25. August und die Einberufung von 1200 der 10000 Hüttenarbeiter zu spürbarem Personalmangel. Unabhängig von den Kriegsvorbereitungen reagierte Hermann Röchling am 26. August auf eine Anfrage der Reichswerke Hermann Göring (RHG) und bot diesen an, im Räumungsfalle einen Teil der Völklinger Belegschaft zu den Reichswerken nach Salzgitter zu schicken.[101] Wenige Tage später trafen bei-

97 Alle folgenden Informationen über die Bergwerke von Petite-Rosselle beziehen sich auf AN 190 AQ 52, Journal de guerre des Houillères de Petite-Rosselle, S. 4–33.

98 In der Touraine, einer historischen Region um die Stadt Tours im heutigen Centre, befanden sich Wendel'sche Besitzungen. Das lothringische Hayange war mit den Hüttenwerken Les petits-fils de François de Wendel et Cie der Stammsitz der Industriellenfamilie.

99 Siehe für die Arbeitsmarktpolitik und Zugriffsinstrumente auf kriegswichtiges Personal in der III. Republik: Kapitel 5.1, S. 244.

100 „Ihre Arbeit überlagerte sich (...) mit dem normalen Dienst." AN 190 AQ 52, Journal de guerre des Houillères de Petite-Rosselle, S. 31.

101 Unternehmensarchiv der Röchling-Gruppe, Hermann Röchling, Bericht „Die Hütte während des Krieges 1939/40", September 1941, S. 2. Anfang August hatten alle deutschen Hüttenwerke eine Anfrage der RHG erhalten, ob sie Personal für die Inbetriebnahme der ersten beiden

de Parteien eine entsprechende Vereinbarung. Es ist unklar, in welchem Umfang der Hüttenbetrieb in den letzten Augusttagen lief: Laut Hermann Röchling wurden am 27. August zwei der fünf Hochöfen abgedämpft, am 1. September war keiner mehr im Betrieb. Gemäß der Wehrwirtschaftsstelle Saarbrücken waren hingegen am 30. August alle Hochöfen im Betrieb. Darüber hinaus beschrieb sie die Situation in Völklingen mit den Worten „Verladung findet z.Zt. nicht statt. Stimmung gedrückt."[102] Hermann Röchling rechnete zwar mit der Möglichkeit einer Räumung und traf infolgedessen seine Absprache mit den RHG, jedoch gibt es keinerlei Hinweise auf Aktenabtransporte. Allerdings druckten die RESW vorsorglich Postkarten, die an ein Schwesterunternehmen in Ludwigshafen, die Gebrüder Röchling, adressiert waren, um sie im Falle einer Evakuierung an die Belegschaft zu verteilen.[103] Auf diese Weise konnten die Hüttenarbeiter, sobald sie im Reichsinnern angekommen waren, ihrem Arbeitgeber ihre neue Adresse mitteilen. Zeitgleich sah Völklingen die Abreise jener Familien, die in den letzten Augusttagen nicht auf den Evakuierungsbefehl warteten, sondern sich selbstständig im Reichsinnern in Sicherheit brachten. Zwischen dem 30. August und 2. September, also vor Ausgabe des Räumungsbefehls, verließen etwa 370 000 Menschen die rote Zone des Wehrkreises XII.[104] Als die Wehrmacht am 1. September Polen angriff, hatten sich viele Menschen beiderseits der deutsch-französischen Grenze bereits in Bewegung gesetzt.

Hochöfen der Reichswerke in Watenstedt bei Braunschweig abzugeben hätten, StA Kreisstadt Neunkirchen Bestand Depositum Saarstahl AG Altakten, Nr. 226-9-7-39-44, Anfrage des Vereins Deutscher Eisenhüttenleute an alle Hochofenwerke, 5.8.1939.

102 BA-MA RW 21-54, Bericht über die Lage am 30.8.1939, fol. 33.

103 AN BB/36/98, Hermann Röchling, Bericht „Die Räumung des Saarlandes im September 1939 und die Wiederaufnahme der Arbeit auf der Völklinger Hütte", 14.6.1943, S. 1.

104 *Birgit Arnold*, Die Freimachung und Räumung der Grenzgebiete in Baden 1939/40: zugl. Diss. Universität Heidelberg, 1993. Heidelberg 1995, 85.

2 Von der Evakuierung zur Rückkehr: September 1939 bis Juni 1940

Abb. 2.1: Die grenznahen Evakuierungsgebiete im Deutschen Reich und in der III. Republik.

Am Morgen des 1. September 1939 griff die Wehrmacht Polen an, am Nachmittag ordnete der französische Generalstab die Evakuierung der grenznahen Orte im Elsass und in Lothringen an (siehe Abbildung 2.1, S. 65).[1] Die Bewohner verließen mehrheitlich am 1. und am 2. September ihr Zuhause. Am 3. September, dem Tag der französischen Kriegserklärung, dekretierte Adolf Hitler die Räu-

1 Diese und die folgenden Karten wurden von der Autorin mit der Freien Software QGIS angefertigt. Sie stehen unter der GNU General Public License.

https://doi.org/10.1515/9783110591897-003

mung des deutschen Grenzstreifens. Als die Evakuierungsbefehle in den Gemeinden die Runde machten, erfolgte die Abreise der Bevölkerung, sowohl der deutschen als auch der französischen, überhastet und chaotisch. Auf die Evakuierungen der Zivilisten, verschiedentlich von Zeitgenossen geschildert oder mit größerem Abstand beschrieben, soll im Weiteren nicht im Detail eingegangen werden.[2] Sie waren insofern für die wirtschaftliche Räumung wichtig, als sie ihr gegenüber Priorität genossen und vorgeschaltet waren. Aus diesem Grund begannen die Betriebsevakuierungen – vorbereitende Maßnahmen ausgenommen – erst, nachdem die Bevölkerung die roten Zonen verlassen hatten.

Umstände, Umfang und Dauer der Demontage und Abtransporte unterschieden sich bei den einzelnen saarpfälzischen, lothringischen und elsässischen Firmen erheblich. Zwar markierte der Herbst 1939 die aktivste Räumungsperiode für sowohl deutsche als auch französische Unternehmen, jedoch transportierten einige von ihnen noch bis Mai und Juni 1940 Waren und Maschinen aus dem heimischen Betriebsgelände ab. Gleichzeitig läutete der Westfeldzug der Wehrmacht ab dem 10. Mai 1940 das Ende der Evakuierungszeit ein. Innerhalb weniger Wochen eroberte die Wehrmacht Belgien, die Niederlande sowie Luxemburg und rückte weit ins französische Staatsgebiet vor. Am 22. Juni stand mit dem Waffenstillstand von Compiègne die französische Niederlage fest. Der Waffenstillstandsvertrag teilte Frankreich in Zonen auf, nördlich der Demarkationslinie das besetzte Gebiet inklusive der Hauptstadt Paris, wo der Militärbefehlshaber residierte. Südlich davon befand sich das unbesetzte Gebiet mit Vichy als Regierungssitz. Das Nord/Pas-de-Calais fiel in den Bereich des Militärbefehlshabers in Brüssel. Für die evakuierten französischen Unternehmen war von besonderer Bedeutung, dass die Deutschen, auch wenn der Vertrag von Compiègne dazu kein Wort verlor, das Elsass und Lothringen faktisch annektierten.[3] Die Rückkehr in die *zone rouge* vollzog sich ab August realiter auf deutsches Reichsgebiet, was mit der Zwangsverwaltung sogenannter ‚volks- und reichsfeindlicher Betriebe' einherging. Keine derart veränderten Bedingungen fanden die saarpfälzischen Unternehmen bei ihrer Rückkehr vor, für sie erga-

2 Kurz zum Ablauf in beiden Ländern: *Nicholas Williams*, The Saarland and Lorraine in 1939: A Tale of Two Evacuations, in: Fabian Lemmes u.a. (Hrsg.), Evakuierungen im Europa der Weltkriege – Les évacuations civiles dans l'Europe des guerres mondiales – Civilian Evacuations in World War Europe. Berlin 2014, 236–249, 240–242. Die französische Regierung gab direkt im Anschluss an die Evakuierung mehrere Berichte über den Ablauf in Auftrag, siehe ADBR 98 AL 280, Rapport d'enquête sur les évacuations du mois de Septembre. Die deutsche Räumung taucht beispielsweise in den Deutschland-Berichten der Sopade auf, *Sozialdemokratische Partei Deutschlands* (Hrsg.), Deutschland-Berichte der Sozialdemokratischen Partei Deutschlands (Sopade), 1934–1940: 1939. 4. Aufl. Frankfurt am Main 1980, 974.

3 *Lothar Kettenacker*, Nationalsozialistische Volkstumspolitik im Elsass. Stuttgart 1973, 51–57.

ben sich durch die „annexion déguisée“[4] (verschleierte Annexion) des Elsass und Lothringens vor allem ökonomische Expansionsmöglichkeiten. Der Sommer 1940 markierte somit das offizielle Ende der Evakuierungsphase, wobei der im Titel erwähnte Monat Juni auf Adolf Hitlers Aufruf zur Rückkehr in die deutsche rote Zone vom 25. Juni 1940 rekurriert. Er leitete über in die Phase der nationalsozialistischen Herrschaft über das Elsass und Lothringen, die bis 1944/1945 andauerte.

Dies sind die wichtigsten Daten rund um die wirtschaftliche Räumung, gewissermaßen ihre ereignisgeschichtliche Einrahmung. Hinter dem Oberbegriff verbergen sich bei den einzelnen Unternehmen zahlreiche parallele oder zeitlich verschobene Prozesse mit verschiedenen – teilweise kooperierenden, teilweise konkurrierenden – Akteuren. Das Kapitel rückt die Vielgestaltigkeit der Betriebräumungen in den Mittelpunkt und lässt die beteiligten Akteure, ob Unternehmensvertreter, Soldaten oder Bürgermeister,[5] zu Wort kommen. Was prägte ihre Wahrnehmung der Vorgänge in den roten Zonen und wie positionierten sie sich gegenüber anderen Instanzen vor Ort? Durch die Annäherung aus multiplen Perspektiven wird der abstrakte Begriff wirtschaftliche Evakuierung greifbar.

Um den Rahmen abzustecken, wird im ersten Unterkapitel die Industriestruktur der roten Zonen nachgezeichnet. Das anschließende zweite Unterkapitel widmet sich den an der Räumung beteiligten Akteuren. Sie schildern ihren ausschnitthaften Blick auf das Gesamtpuzzle wirtschaftliche Evakuierung, mithin ihre persönliche Räumungsgeschichte oder -episode.[6] Im Sinne der *border studies* ist die Perspektive der Peripherie auf historische Prozesse, in diesem Fall die Räumung der Grenzgebiete, maßgeblich, dabei dient die Evakuierungspraxis vor Ort als Ausgangspunkt. Die Vorgehensweise, die sich eher am *bottom-up-* als am *top-down-*Prinzip orientiert, ermöglicht es, die sich leerenden Räume beiderseits der Grenze besser zu greifen. Das dritte Unterkapitel themati-

4 So die französische Bezeichnung für die Annexion aufgrund ihres nicht staatsrechtlich-offiziellen, sondern faktischen Charakters: *Lothar Kettenacker*, L'attitude du gouvernement de Vichy face à l'annexion de fait de l'Alsace-Lorraine durant la Seconde Guerre mondiale, in: Revue d'Alsace 132, 2006, 319–335, 323.

5 Es handelt sich ausschließlich um Männer, da sich Frauen zumindest in den ersten Räumungsmonaten nicht dauerhaft in den Evakuierungsgebieten aufhalten durften. Exemplarisch für die deutsche rote Zone: AN BB/36/98, Hermann Röchling, „Die Räumung des Saarlandes im September 1939 und die Wiederaufnahme der Arbeit auf der Völklinger Hütte“, 14.6.1943, S. 4. Die Präsenz von Soldaten und einzelnen Zivilisten, v.a. männlich besetzten Notbelegschaften, bei gleichzeitiger Abwesenheit von Frauen prägten die roten Zonen als maskuline Räume.

6 Räumungsgeschichte wird im Folgenden verwendet, wenn die Erzählung des Akteurs den Zeitraum vom Herbst 1939 bis zum Frühsommer 1940 abdeckt, -episode, wenn sie nur einen Ausschnitt, etwa wenige Wochen umfasst. Räumungserzählung dient als Oberbegriff für beide.

siert französische Zugriffe auf Wirtschaftsgüter innerhalb des deutschen Evakuierungsgebiets und andersherum. Es schreibt die transnationalen Bezüge der Räumungsvorbereitung fort und untersucht, wie deutsche und französische Akteure während des Sitzkrieges versuchten, das feindliche Wirtschaftspotential für sich zu nutzen. Abschließend wird die wirtschaftliche Evakuierungspraxis in beiden Ländern zusammengeführt und auf Gemeinsamkeiten sowie Unterschiede befragt. Darüber hinaus wird erörtert, welche Erfahrungstransfers von einer zur nächsten Evakuierung nach September 1939 stattfanden: Wie entwickelten deutsche und französische Akteure Pläne zu Betriebsräumungen nach dem großen Testfall bei Kriegsbeginn weiter? Das Kapitel konzentriert sich auf die Vorgänge in den roten Zonen und befasst sich folglich zuvorderst mit der Demontage von Betrieben und weniger mit ihrem Wiederaufbau im Hinterland. Auf ihn wird an späterer Stelle eingegangen.

2.1 Die Industriestruktur der roten Zonen

Welche Betriebe waren in den Evakuierungsgebieten, jenen etwa 10 km breiten Streifen beiderseits der deutsch-französischen Grenze, beheimatet? Im Folgenden werden die roten Zonen, zuerst die französische und dann die deutsche, durchschritten und die industriellen Schwerpunkte, vertretenen Branchen sowie die Beschäftigtenzahlen aufgezeigt. Der Begriff rote Zonen bezieht sich im Weiteren auf die in den ersten Septembertagen geräumten Areale entlang der deutsch-französischen Grenze, sie waren kleiner als die administrativen Einheiten rote Zone bzw. *zone rouge* (siehe Abbildung 2.1, S. 65). Das sorgfältige Umreißen der jeweiligen Wirtschaftsstruktur dient dazu, die Räumungsgeschichten, mit denen sich das zweite Unterkapitel befasst, besser einordnen zu können und im regionalen ökonomischen Kontext zu verorten.

Französischerseits bildete die Mosel am französisch-luxemburgisch-deutschen Dreiländereck die nordwestliche Begrenzung der *zone rouge* im Departement Moselle. Demzufolge befanden sich sowohl das Erzbecken von Briey als auch die Hüttenwerke südlich von Thionville außerhalb der roten Zone. Zwar markierte die Mosel das nordwestliche Ende des Evakuierungsgebietes, dennoch wurde die Begrenzung flexibel ausgelegt: Einige Wochen nach der Räumung im September 1939 mussten auch die Bewohner der Orte an der französisch-luxemburgischen Grenze ihr Zuhause verlassen. In diesem Zuge stellten die dortigen Eisenerzbergwerke, u.a. in Volmerange-les-Mines, im Herbst und Winter 1939/1940 ihren Betrieb ein.[7]

7 ADM 5 R 592, Evacuation et transfert de mineurs, 21.2.1940.

Folgt man, von der Mosel ausgehend, der deutsch-französischen Grenze gen Südosten, so fielen die ersten geräumten lothringischen Gemeinden kaum durch größere Industrieanlagen auf. Bouzonville bildete eine gewisse Ausnahme, waren hier doch einzelne metallverarbeitende Betriebe ansässig. Etwa 20 km südöstlich von Bouzonville begann das lothringische Steinkohlenbecken, das sich von Creutzwald bis nach Stiring-Wendel erstreckte. Sein östliches Ende befand sich ungefähr auf der Höhe von Saarbrücken. In diesem Gebiet beschäftigten vier Bergbaugesellschaften zusammen 24 773 Bergleute (Stand 1938),[8] wovon je knapp 10 000 auf die *Société Houillère de Sarre & Moselle* und die Wendel'schen Bergwerke in Petite-Rosselle entfielen. In unmittelbarer Nähe der Grenze gelegen, mussten sie im September sämtliche Gruben stilllegen, wohingegen die *Sociéte des Charbonnages de Faulquemont* weiterlief. Die Schächte der vierten Bergbaugesellschaft, der *Mines de Saint-Avold*, waren bei Kriegsbeginn noch nicht vollständig abgeteuft und folglich nicht in Betrieb. Das Steinkohlebecken zeichnete sich durch eine hohe Bevölkerungsdichte aus; das Arrondissement Forbach allein zählte 112 452 Einwohner, von denen der Großteil sein Zuhause verlassen musste.[9]

Der Bergbau war prägend für das ökonomische Leben zwischen Creutzwald und Stiring-Wendel. Er brachte erstens den Ausbau anderer Wirtschaftszweige mit sich, beispielsweise des Energiesektors in Gestalt des Kraftwerks La Houve in Creutzwald. Zweitens bewirkte er eine massive Arbeitsmigration, die wiederum zur Gründung und Erweiterung von Bergbausiedlungen führte. Neben dieser langfristigen Migration zogen die Bergwerksgesellschaften so genannte Grenzgänger an, Saarbergleute, die in den lothringischen Gruben arbeiteten, aber auf der anderen Seite der Grenze lebten. Über den Bergbau hinaus entwickelten sich vereinzelt industrielle Tätigkeiten im Bereich Maschinenbau, Papierherstellung, Bauwesen und Chemie; sie blieben in ihrer Bedeutung allerdings weit hinter dem Bergbau zurück.[10]

Lässt man das lothringische Steinkohlebecken hinter sich und bewegt sich weiter entlang der Grenze nach Südosten, folgte in etwa 20 km Entfernung die Kleinstadt Sarreguemines. Größter Arbeitgeber vor Ort war mit der *Faïencerie de*

---

8 *René Haby*, Les Houillères lorraines et leur région: Band 1. Paris 1965, 132.

9 *Société Générale Alsacienne de Banque* (Hrsg.), Annuaire des sociétés par actions du Bas-Rhin, du Haut-Rhin, de la Moselle et du Luxembourg. Strasbourg 1939, 1. Ein Arrondissement folgt in der französischen Verwaltungshierarchie der Region und dem Departement nach. Arrondissements bestehen wiederum aus Kantonen. Von den 89 Kantonen Forbachs lagen 67 in der roten Zone: *Henri Hiegel*, L'évacuation de la zone rouge du département de la Moselle en 1939–1940 vers les Charentes et la Vienne, in: Mémoires de l'Académie nationale de Metz 1982, 1983, 57–69, 58.

10 *René Haby*, Les Houillères lorraines et leur région: Band 1. Paris 1965, 125.

Sarreguemines ein alteingesessener Keramikhersteller. Hatte er 1930 zwischen 2500 und 3000 Keramiker beschäftigt, erreichte die Belegschaftszahl 1939 diesen Stand nicht mehr.[11] Neben der *Faïencerie* beherbergte die Stadt einige metallverarbeitende Unternehmen. Dazu zählten die Gießerei *Fonderie de Sarreguemines*, die Tresor- und Schlossfabrik Pierre Haffner und der Schlosshersteller *Serrurerie de Sarreguemines* (Sesa). Letztgenannte beschäftigte im Jahr 1939 ca. 120 Personen.[12]

Verfügte Sarreguemines mit keramischen und metallverarbeitenden Betrieben über ein recht lebendiges industrielles Leben, so begann wenige Kilometer östlich die landwirtschaftlich geprägte Region rund um Bitche. Im stark bewaldeten *pays de Bitche* (Bitscherland) hatten zahlreiche holzverarbeitende Unternehmen, insbesondere Sägewerke, ihren Sitz. Die in der Gegend ebenfalls traditionsreiche Glasindustrie, u.a. in Meisenthal und Goetzenbruck ansässig, befand sich knapp außerhalb der roten Zone und war nicht von der Räumung der ersten Septembertage betroffen.

Das *pays de Bitche* bildet gleichsam die Brücke zwischen der Moselle und dem Bas-Rhin. Am Übergang zwischen beiden Departements war metallverarbeitenden Industrie, die *société de Dietrich*, vertreten. Ihr Hauptsitz befand sich in Niederbronn-les-Bains im Bas-Rhin, bei Kriegsbeginn beschäftigte sie über 2700 Arbeiter und Angestellte.[13] Einige der Dietrich'schen Werke mussten evakuierungsbedingt ihren Betrieb einstellen und verlagert werden. Wenige Kilometer östlich von Niederbronn, in Merkwiller-Pechelbronn, war das Erdölunternehmen *société anonyme d'exploitation minière Pechelbronn* samt seiner Förderungsanlagen und Raffinerie ansässig. Ebenso wie die *société de Dietrich* stellte Pechelbronn seinen Betrieb teilweise ein, beschäftigte aber weiterhin rund 1200 Arbeiter und Angestellte vor Ort.[14] Dem Grenzverlauf weiter gen Süden folgend, schloss sich insbesondere die Holzwirtschaft mit zahlreichen Sägewerken und Papierfabriken an. Etwas weiter südlich, in Bischwiller, unweit der Stadt Haguenau, stellten im September 1939 einige Textilunternehmen, darunter die *Nouvelle Manufacture de Draps*, ihre Arbeit ein. Die Textilbranche, nach Beschäftigtenzahl und Umsatz der wichtigste regionale Industriezweig, konzen-

11 Zum Stand von 1930: *Philippe Hamman*, Une grande famille: Métiers de la céramique et stratégies industrielles à la faïencerie de Sarreguemines (1890–1940), in: Politix 45, 1999, 57–86, 58. Der Bürgermeister von Sarreguemines Nicolas Nicklaus bezifferte die Belegschaftszahl für das Jahr 1939 auf über 2000, siehe AMS 3 H 53, Bericht des Stadtbürgermeisters Nicolas Nicklaus an den Landkommissar des Kreises Saargemünd, 16.7.1940, S. 1.

12 BArch Berlin R 2-16386, Vorbericht zur Sesa auf der vierten Kreditausschusssitzung, 21.11.1940, fol. 78.

13 *Michel Hau*, La maison De Dietrich de 1684 à nos jours. Strasbourg 1998, 217.

14 *René Walther*, Pechelbronn: à la source du pétrole, 1735–1970. Strasbourg 2007, 299f.

trierte sich zwar in der Gegend um Mülhausen im Haut-Rhin, verfügte aber auch über Ausläufer im Bas-Rhin.[15] Die verschiedenen Webereien, Spinnereien und Stoffhersteller waren zumeist mittlerer Betriebsgröße.

Im Anschluss an Bischwiller rückt etwa 20 Kilometer südlich die Straßburger Agglomeration ins Blickfeld. Sie schließt die Stadt Straßburg mit knapp 200 000 Einwohnern, ihre Vororte sowie die nahegelegenen Städte Bischheim und Schiltigheim ein.[16] Die diversen hier vertretenen Industriesektoren machten aus ihr das unbestrittene wirtschaftliche Zentrum des Elsass, geprägt durch kleine bis mittlere Unternehmen. Die Beschäftigtenzahlen der lothringischen Bergbaugesellschaften von mehreren Tausend erreichten sie nicht.

Zahlreiche Straßburger Betriebe waren der metallverarbeitenden Branche zuzuordnen, etwa das Eisenwerk *Forges de Strasbourg*, der Maschinen- und Elektrohersteller Alsthom und die Konservendosenfabrik Hirschfeld mit ihrer 450-köpfigen Belegschaft. Der Automobilhersteller Mathis hatte ebenfalls sein Hauptwerk in Straßburg. *Oxygène liquide* und *Air liquide* vertraten die chemische, Spira die Textilindustrie. Mit den *Tanneries Herrenschmidt* und den *Tanneries de France* beherbergte die Stadt zwei bedeutende Unternehmen der Lederindustrie, letzteres mit ca. 1 000 Arbeitern und Angestellten.[17] Im Bereich der Lebensmittelherstellung sei beispielhaft auf die großen, v.a. im Ortsteil Cronenbourg und in Schiltigheim ansässigen Brauereien, etwa die *Brasserie de Cronenbourg* und die *Brasserie du Pêcheur*, verwiesen. Die alteingesessene Druck- und Verlagsanstalt *Imprimerie Strasbourgoise* repräsentierte das Druckgewerbe, die *papeterie de la Robertsau* die Papierherstellung. Darüber hinaus stellte eine große Zahl an Handwerkern und Einzelhandelsgeschäften die Versorgung der Straßburger Bevölkerung sicher, die Straßenbahngesellschaft *Compagnie des Tramways Strasbourgeois* mit ihrer 1 200-köpfigen Belegschaft den öffentlichen Nahverkehr.[18] Die Rolle Straßburgs als Handelsstadt manifestierte sich im Hafen, dem zweitgrößten Binnenhafen Frankreichs, Umschlags- und Lagerort umfangreicher Warenmengen.

Gen Süden machte die industrielle Vielfalt der Straßburger Agglomeration allmählich der Landwirtschaft Platz. Etwa 20 Kilometer südlich befand sich die Ersteiner Zuckerfabrik, die ihre Zuckerrüben von Bauern aus der Region bezog. Im Anschluss daran war der Grenzstreifen des Departements Haut-Rhin fast

15 *Walter Rinckenberger*, L'Alsace: Rempart français sur le Rhin. Paris 1946, 32.

16 Im Jahr 1936 zählte die Stadt Straßburg 193 119 Einwohner: *Société Générale Alsacienne de Banque* (Hrsg.), Annuaire des sociétés par actions du Bas-Rhin, du Haut-Rhin, de la Moselle et du Luxembourg. Strasbourg 1939, 1.

17 BArch Berlin R 2-16378, Antrag der Lingolsheimer Lederwerke AG auf der vierten Zentralkreditausschusssitzung, 22.11.1940, fol. 173.

18 AVS 1 W 2443, Bericht über die Straßburger Straßenbahngesellschaft, 29.6.1940, S. 2.

ausschließlich agrarisch geprägt, einzig die Städte Neuf-Brisach und Saint-Louis bildeten hier Ausnahmen.[19] Die Stadt Saint-Louis, in der Nähe von Basel sowie Weil am Rhein gelegen und Teil des französisch-schweizerisch-deutschen Dreiländerecks, bildete die südliche Begrenzung der roten Zone. Wenngleich in der Stadt einige Unternehmen der Textil- und Elektroindustrie ansässig waren, lag der industrielle Schwerpunkt des französischen Evakuierungsgebietes eindeutig weiter im Norden: in und um Straßburg sowie im lothringischen Steinkohlenbecken.

Es mangelt an Gesamtangaben, wie viele lothringische und elsässische Unternehmen im September 1939 geräumt wurden. Deshalb kann hier lediglich auf Teilschätzungen verwiesen werden; sie sind allerdings unklaren bis zweifelhaften Ursprungs. Rückblickend verwies Marc Lucius von CCI Straßburg darauf, dass die Kammer eine Liste mit den Adressen von 3000 evakuierten Händlern und Industriellen aus dem Bas-Rhin veröffentlicht habe.[20] Die letzte bekannte Adressensammlung der CCI Straßburg datiert von April 1940, sie enthält deutlich weniger als 3000 Adressen. Abgesehen von diesen Unsicherheiten erhoben die Listen der CCI keinen Anspruch auf Vollständigkeit, insofern markiert die Angabe von 3000 eher das untere Ende der Fahnenstange. Darüber hinaus liegen zwei Schätzungen von deutscher Seite vor: Albert Bleicher bezifferte die Anzahl der evakuierten Landwirtschaftsbetriebe im Elsass und in Lothringen auf 29000, Fritz Hellwig die der in Lothringen geräumten Handwerksbetriebe auf 4200.[21] Da beide Autoren den Wiederaufbau der Wirtschaft in den nunmehr annektierten Gebieten lobpriesen und ihre Veröffentlichungen in den Dienst der deutschen Propaganda stellten, sind die Angaben mit Vorsicht zu genießen. Vermutlich neigten Bleicher und Hellwig eher dazu, die Zahlen zu überhöhen.

Wie lagen die Dinge auf der anderen Seite der Grenze, wie gestaltete sich die Industriestruktur der deutschen roten Zone? Hier wagte die IHK Saarbrücken im November 1939 eine vorläufige Bestandsaufnahme:

> Nahezu eine Million Menschen wurde in kürzester Zeit ins innere Deutschland zurückgeführt. Diese Räumung erfasste im Handelskammerbezirk Trier rd. 37.000 Menschen, 80 industrielle und 230 Handels- und Handwerksbetriebe. Am schwersten betroffen wurde das Saarland, das mit weit über 400.000 Menschen mehr als die Hälfte seiner gesamten Bevölkerung und weit mehr als die Hälfte seiner insgesamt rd. 31.000 gewerblichen Be-

19 ADHR AL/200263, Note sur les communes évacuées du département du Haut-Rhin, 20.1.1940.

20 *Marc Lucius*, Avant-propos: Aperçu historique, in: Chambre de Commerce et d'industrie de Strasbourg (Hrsg.), Etudes strasbourgeoises publiées à l'occasion du 150e anniversaire de la Chambre de Commerce et d'industrie de Strasbourg. Strasbourg 1953, V–XV, XIV.

21 *Albert Bleicher*, Elsaß und Lothringen wirtschaftlich gesehen. Potsdam and Berlin 1942, 290, *Fritz Hellwig*, Lothringen: Eine gemeinfassliche Wirtschaftskunde. Saarbrücken 1942, 90.

> triebe mit einem Schlage verlor. In der Pfalz wurden fast 280.000 Menschen zurückgeführt. Damit fallen rd. 9.000 gewerbliche Betriebe mit rd. 18 % aller Arbeitsplätze in der Pfalz aus. In Baden sind etwa 180.000 Menschen von der Räumung betroffen, in Kehl allein 440 gewerbliche Betriebe, während im übrigen Gebiet etwa 150 bis 200 gewerbliche Betriebe abgewandert sein mögen.[22]

Diese Einordnung stammt aus einem Brief an das Reichsfinanzministerium, in dem die IHK Saarbrücken mit Rückendeckung ihrer Schwesterkammern in Trier, Ludwigshafen, Karlsruhe und Freiburg forderte, die offenen Steuerfragen für die rote Zone zu klären. Die Zahlen dürften, um die Dringlichkeit der Angelegenheit zu verdeutlichen, eher über- als untertrieben sein, dennoch ermöglichen sie eine grobe Orientierung. Was verbarg sich hinter der Bestandsaufnahme, vor allem hinter den Betrieben im Saarland und in der Pfalz, die den Schwerpunkt der Untersuchung bilden? Im geräumten Teil des Saarlandes befand sich die Industrie größtenteils entlang der Saar, weshalb der Flusslauf im Folgenden durch die Betrachtung führt.

Im Nordwesten des Saarlandes beginnend, ist zuerst auf die Stadt Mettlach zu verweisen, den Sitz des Keramikherstellers Villeroy & Boch (siehe ausführlich zu V&B: Kapitel 2.2, S. 80). Das Unternehmen beschäftigte in seinen vier Saarwerken rund 4 500 Personen, sie stellten neben Keramik- auch Glaswaren her. V&B steht in der umfangreichen Tradition der Keramik- und Glasherstellung in den saarländisch-lothringischen Grenzgebieten, von der auf lothringischer Seite die *Faïencerie* in Sarreguemines zeugte. Saaraufwärts schließen die Städte Beckingen, Dillingen, Saarlouis, Bous und Völklingen an. Die größte von ihnen war Völklingen mit rund 35 000 Einwohnern, alle Städte beheimateten diverse Betriebe der metallverarbeitenden Industrie. So befanden sich die Karcher Schraubenwerke, die im vorangegangenen Kapitel zur Sprache gekommen sind, in Beckingen, das Eisenwerk Fraulautern in Saarlouis und ein Mannesmann-Röhrenwerk in Bous. In Dillingen und Völklingen waren mit der Dillinger und der Völklinger Hütte zwei der Saarhütten ansässig. Die Hüttenwerke hatten wiederum zur Ansiedlung anderer Industriezweige geführt, u.a. durch ihren enormen Energiebedarf zur Gründung von Elektrizitätskraftwerken. Die RESW waren mit 25 % am Stammkapital der Kraftwerk Wehrden GmbH, im gleichnamigen Völklinger Stadtteil gelegen, beteiligt.[23] Das Kraftwerk versorgte die Völklinger Hütte mit Strom.

---

22 LArch Speyer T 88, Nr. 26010, Brief der IHK Saarbrücken an das Reichsfinanzministerium, 26.11.1939, S. 2, Hervorhebungen im Original.

23 *Kraftwerk Wehrden G.m.b.H.* (Hrsg.), 25 Jahre Kraftwerk Wehrden G.m.b.H.. Saarbrücken 1951, 7.

Sowohl links als auch rechts der Saar verteilten sich Schächte der Saargruben, einige, aber nicht alle von ihnen befanden sich in der roten Zone. Geräumt wurden die Gruben Velsen, Stangenmühle, Jägersfreude, Viktoria, Ensdorf-Schwalbach und der Saarschacht bei Saarlouis,[24], wohingegen die weiter von der Saar entfernt liegenden in Betrieb blieben. Gleich der Eisenverhüttung hatte auch der Bergbau zur Ansiedlung von Energieerzeugern geführt. In Luisenthal, einem Völklinger Stadtteil, befand sich eines von mehreren Grubenkraftwerken. Rund 10 km östlich von Völklingen liegt die saarländische Hauptstadt Saarbrücken; sie zählte Anfang des Jahres 1939 knapp 130 000 Einwohner.[25] Zwar befanden sich hier zwei Saarhütten, die Burbacher und die Halbergerhütte. In ihren ausgedehnten Produktionsstätten beschäftigten sie je mehrere Tausend Personen. Dennoch war der Großteil der Saarbrücker Arbeitnehmer in kleineren Betrieben unter 50 Beschäftigten verschiedenster Branchen tätig, vom Bau- über das Bekleidungs- und bis hin zum Nahrungsmittelgewerbe.[26] Zudem fungierte Saarbrücken als geschäftliches sowie administratives Zentrum und ähnlich wie in Straßburg prägte eine Vielzahl von Einzelhandels- und Handwerksbetrieben das Bild der Großstadt.

Südöstlich von Saarbrücken verläuft die Saar nicht mehr durch das Saarland, sondern entlang der saarländisch-lothringischen Grenze, ehe sie bei Sarreguemines vollends gen Frankreich abbiegt. Der restliche Teil der roten Zone innerhalb des Saarlandes war deutlich dünner besiedelt als die Partie zwischen Mettlach und Saarbrücken und stärker durch agrarische Nutzung, u.a. Forstwirtschaft, geprägt. Hier geht das Saarland in die Pfalz über. Im Vergleich zum Saarland zeichnete sich das pfälzische Evakuierungsgebiet insgesamt durch weniger Industrie und ausgeprägtere landwirtschaftliche Strukturen aus, dennoch ist auf zwei Industrieschwerpunkte zu verweisen. Es handelt sich erstens um die Stadt Zweibrücken, etwa 35 km östlich von Saarbrücken, die einige metallverarbeitende Betriebe, u.a. die Dinglerwerke, beheimatete.[27] Sie stellten Maschinen und Motoren her. Der Schwerpunkt des metallverarbeitenden Sektors der Pfalz lag allerdings außerhalb der roten Zone, was ebenso für die Chemiebranche galt, deren Flaggschiff, die BASF, zur IG Farben gehörig, im nichtge-

24 Unternehmensarchiv der Röchling-Gruppe, Hermann Röchling: Die Hütte während des Krieges 1939/40, September 1941, S. 7f.

25 *Hans-Walter Herrmann*, Saarbrücken unter der NS-Herrschaft, in: Rolf Wittenbrock (Hrsg.), Geschichte der Stadt Saarbrücken. Saarbrücken 1999, 243–338, 286.

26 *Hans-Walter Herrmann*, Saarbrücken unter der NS-Herrschaft, in: Rolf Wittenbrock (Hrsg.), Geschichte der Stadt Saarbrücken. Saarbrücken 1999, 243–338, 296f.

27 *Lothar Meinzer*, Von der Dauerkrise in die Staatskonjunktur: Die pfälzische Industrie in der Zwischenkriegszeit, in: Gerhard Nestler/Hannes Ziegler (Hrsg.), Die Pfalz unterm Hakenkreuz. Landau 1993, 161–184, 161.

räumten Ludwigshafen ansässig war. Geräumt wurden hingegen weite Teile der Schuhhersteller in und um die Stadt Pirmasens. Neben den Schuhproduzenten selbst waren hier auch Zulieferer, Absatz- und Kappenhersteller sowie Kartonagenfabriken, ansässig. Die Pirmasenser Schuhindustrie, die schwer unter der Weltwirtschaftskrise gelitten hatte, war ausgesprochen mittel- und kleinbetrieblich strukturiert. Neben den großen Branchenvertretern, etwa Rheinberger, Peter Kaiser und Ludwig Kopp, machten Betriebe mit maximal 20 Beschäftigten fast Dreiviertel der dortigen Schuhproduzenten aus.[28]

Um die Zahlenfrage noch einmal aufzugreifen, sei auf eine rückblickende Schätzung Josef Bürckels verwiesen: „Von der Räumung der roten Zone wurden (...) 708 938 Personen betroffen. Die Zahl der freigemachten Industrie- und Handelsbetriebe usw. habe bei 25 185 gelegen."[29] Die weiter oben zitierte Bestandsaufnahme der IHK Saarbrücken vom November 1939 und die Angabe Bürckels, auf April 1941 datiert, bewegen sich ungefähr im selben Bereich. Einige Monate später, im August 1941, präzisierte ein Vertreter der IHK Saarbrücken, dass im Saarland bei Kriegsbeginn „[f]ast 9 800 gewerbliche Betriebe"[30] geräumt worden seien.

Sowohl die Schätzungen zur deutschen roten Zone als auch die zur französischen ermöglichen aufgrund ihrer Herkunft eher eine ungefähre Annäherung als absolute Gewissheit über die Anzahl geräumter Unternehmen. Nichtsdestotrotz zeichnen sich wirtschaftsstrukturelle Charakteristika ab. Einige Industriesektoren, beispielsweise die Keramikherstellung, waren gleichermaßen im deutschen und im französischen Evakuierungsgebiet vertreten, mehr noch, sie blickten auf eine gemeinsame Tradition zurück. Darüber hinaus beherbergten beide rote Zonen kriegswichtige Industrie wie Bergbau und Metallverarbeitung, wobei diese auf deutscher Seite einen größeren Umfang aufwies, zumal hier die Eisenverhüttung hinzu kam. Eine weitere deutsche Besonderheit lag in der um Pirmasens konzentrierten Schuhindustrie, einer Konsumgüterbranche, die, abgesehen der Militärschuhfertigung, als nicht kriegswichtig galt.

28 *Ernst Schuster*, Monoindustrielle Agglomeration, in: Ernst Schuster (Hrsg.), Monoindustrielle Agglomeration. Würzburg 1940, 2–30, 21.

29 Die saarpfälzische Wirtschaft im Aufbau, Saarpfälzische Wirtschaftszeitung, 15.4.1941, S. 262. Das Zitat bezieht sich auf die Saarpfalz.

30 Walter Decker, Der Wirtschaftsraum Westmark als Aufgabe der wirtschaftlichen Selbstverwaltung, Saarpfälzische Wirtschaftszeitung, 5.8.1941, S. 519–521, S. 519.

2.2 Räumungsgeschichten und -episoden

Nach dieser ersten Orientierung innerhalb der beiden roten Zonen folgen nun die Räumungserzählungen eines französischen und eines deutschen Unternehmen. Beim ersten handelt es sich um die Konservendosenfabrik *société d'emballages métalliques Hirschfeld frères* aus Straßburg. In der metallverarbeitenden Branche tätig, steht die *société Hirschfeld* als mittleres Unternehmen exemplarisch für einen wichtigen Teil der Straßburger Industrie. Anschließend rückt mit V&B eine deutsche Firma in den Blick. Die Keramikfertigung war ein fester Bestandteil der saarpfälzischen Industriestruktur, der freilich im Hinblick auf die Beschäftigtenzahlen weit hinter dem Bergbau und der Metallverarbeitung zurücktrat. Branchenintern figurierte V&B als *big player*, der jenseits seiner vier Saarfabriken über diverse Zweigwerke im Reichsinnern verfügte. Bei den Räumungserzählungen von Hirschfeld und V&B wird spezielles Augenmerk auf Faktoren gelegt, die ihre Handlungsspielräume in den roten Zonen bestimmten. Im Anschluss daran erhalten verschiedene militärische und zivile Evakuierungsinstanzen das Wort. Schließlich schildert mit Jean Rogan ein im lothringischen Sarreguemines stationierter Soldat, wie er an dortigen Betriebsräumungen beteiligt war und sie erlebte.

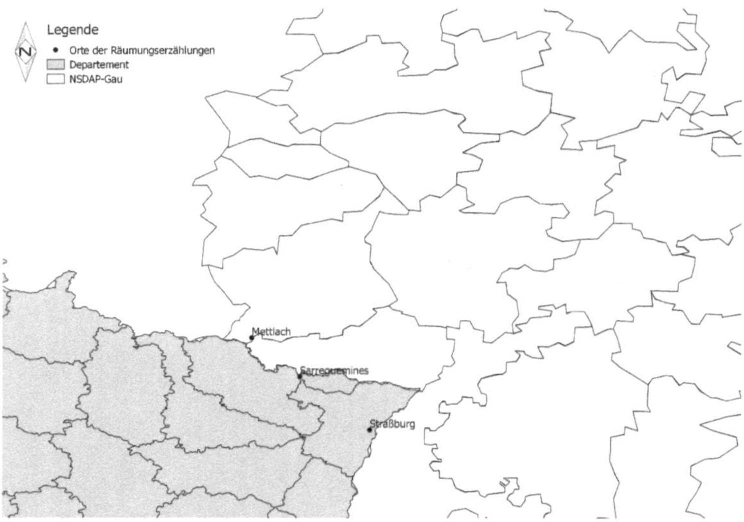

Abb. 2.2: Ausgewählte Schauplätze der Räumungsgeschichten.

Unternehmen

Bereits in den letzten Augusttagen des Jahres 1939 nahm die Räumungsgeschichte der Konservendosenfabrik *société d'emballages métalliques Hirschfeld frères* in Straßburg ihren Anfang (siehe Abbildung 2.2, S. 76). Die *société* und ihr Ergehen in der französischen roten Zone stehen im Fokus der folgenden Abschnitte. Der Hirschfeld'schen Räumungsgeschichte wird als einer von vielen aus Sicht des Unternehmens gefolgt, an ihr kristallisiert sich vor allem die kriegswichtige Fertigung als bedeutender Faktor für den Evakuierungsablauf heraus.

1908 hatte Johann Widmaier die Straßburger Blechemballagenfabrik gegründet, wenig später waren die aus Österreich-Ungarn stammenden Brüder Léopold, Charles und Oscar Hirschfeld als Teilhaber zur Straßburger Blechemballagenfabrik Widmaier & Hirschfeld hinzugetreten. Nach dem Ende des Ersten Weltkrieg musste Widmaier als Deutscher Straßburg 1919 verlassen und schied unfreiwillig aus der Firma aus.[31] 1925 wurde die *société industrielle d'Emballages Métalliques Hirschfeld frères*, wie sie nunmehr hieß, als Aktiengesellschaft ins Handelsregister eingetragen. Der Verwaltungsrat bestand aus drei Mitgliedern der Familie Hirschfeld. Das Unternehmen stellte neben Konservendosen weitere Metallverpackungen, Haushaltsartikel sowie Spielzeug her, es beschäftigte am Vorabend des Zweiten Weltkrieges rund 450 Angestellte, Arbeiter und Arbeiterinnen.

Die *société* übernahm ab 1938 verschiedene Aufträge für die Armee und produzierte u.a. Pulverdosen, Feldflaschen und Gasmaskenteile.[32] Die Armee maß den Aufträgen einen hohen Stellenwert bei, weshalb die *Direction des Fabrications d'Armement* (Rüstungsproduktion) rückblickend auf die „importance à l'époque (Février 1939) de la fabrication des Etablissements HIRSCHFELD"[33] verwies. Die Auftragsvergabe an Hirschfelds stand im Gegensatz zu der im vorangegangenen Kapitel erwähnten Vorschrift des Kriegsministeriums, Rüstungsaufträge lediglich im Landesinnern ausführen zu lassen. Es gibt keine Hinweise darauf, warum die Vorschrift nicht zur Anwendung kam. Die *société* stellte je-

31 Johann Widmaier bewarb sich nach der deutschen Annexion des Elsass 1940 um die kommissarische Verwaltung der société Hirschfeld. Zwar waren seine Bemühungen nicht von Erfolg gekrönt, dennoch offenbart sich hier eine bis in die Reichslandzeit zurückgehende Traditionslinie, siehe ADBR 683 D 1470, Brief von Johann Widmaier an den Chef der Zivilverwaltung, 1.11.1940.

32 AN 19880165/107-109, mise au point des marchés Défense nationale.

33 „Damalige Bedeutung (Februar 1939) der Fertigung der HIRSCHFELD-Unternehmen", AN 19880165/107-109, Brief des Service central des marchés an Henri Lévy, 29.11.1950, Hervorhebung im Original.

doch keine Ausnahme dar, auch andere elsässische Unternehmen wie das Eisenwerk *Forges de Strasbourg*, der Autohersteller Matford und die Maschinenfabrik Comessa in Schiltigheim arbeiteten für die *Défense Nationale*.[34] Möglicherweise trat die Vorgabe in den letzten Monaten vor Kriegsbeginn angesichts des großen Produktionsbedarfs an Heeresgerät ins Hintertreffen. Auch denkbar ist, dass Hirschfelds gegenüber ihrem Auftraggeber geltend machen konnten, mit ihrem zweiten Firmenstandbein, der *société d'emballages métalliques* in Boulogne-sur-Mer, über eine Rückzugsmöglichkeit im Kriegsfall zu verfügen.

In den letzten Augusttagen 1939 stellte die Straßburger Konservendosenfabrik den Betrieb ein, Hirschfelds leiteten bereits vor Ausgabe des Befehls die Evakuierung ein. Es ist unklar, ob sie diese Entscheidung aufgrund einer Absprache mit militärischen Stellen oder autonom trafen. Klar ist, dass das Personal am 25. August, einen Tag nach der Teilmobilmachung, die ersten Maschinen und Rohstoffe in Richtung der Ausweichunterkunft in Boulogne-sur-Mer im Nord/Pas-de-Calais verlud. Trotz des geringen Umfanges, insgesamt machten sich 11 Lastwagen und Zugwaggons auf den Weg nach Boulogne, lässt sich Ende August 1939 die erste von drei Hirschfeld'schen Räumungsperioden festmachen.[35] Die dabei entstandenen Frachtkosten übernahm vorläufig die Firma. Die erste Räumungsperiode endete mit der Evakuierung der Bevölkerung am 1. September, in deren Zuge die Firmeninhaber und die Belegschaft Straßburg verließen.

Erst einige Wochen später, gegen Ende September begann die zweite und vom Umfang her bedeutendste Räumungsperiode. Sie erstreckte sich bis Mitte November 1939. Knapp 200 Waggons mit Rohmaterialien und Fertigprodukten verließen in dieser Zeit ebenso wie zahlreiche Fertigungsmaschinen die rote Zone gen Norden. Die Quellen schweigen sich darüber aus, wer die Verladung übernahm, entweder Soldaten vor Ort oder Hirschfeld'sches Personal, das allerdings über Einreisegenehmigungen verfügen musste. Die zweite Variante bot für das Unternehmen den Vorteil einer sachgemäßen Verladung der Güter, was nicht unbedingt der Fall war, wenn Militäreinheiten sich ihrer annahmen.[36] Hirschfelds beauftragten anschließend den Gerichtsdiener Kreiner vom *Tribunal*

---

34 AVS 1 W 426, Note sur le licenciement des agents en surnombre de la Compagnie des Tramways Strasbourgeois, 21.7.1939, S. 6.

35 Zu dieser und den folgenden Evakuierungsphasen: AN 19880165/107-109, Récapitulation des 3 évacuations. Eine gewisse Unsicherheit besteht bezüglich der Waggon- und Lastwagenanzahl, eventuell wurden nicht alle aufgeführt.

36 Als „lamentable“ (jämmerlich) beschrieb Wilhelm Schöttke, Inhaber der Schlossfabrik Sesa aus Sarreguemines, den Zustand der durch die Armee aus der roten Zone verschickten Maschinen. AMS, Bestand Sesa, Procès-verbal de l'Assemblée Générale ordinaire, 27.4.1941, rapport du Conseil d'Administration sur l'exercice 1939, S. 261.

in Saverne, möglicherweise im Hinblick auf potentielle Kriegsschädenansprüche, in einer Bestandsaufnahme festzuhalten, welche Werte sich noch auf dem Gelände befanden.[37] Eine solche Bestandsaufnahme war – auch vor dem Hintergrund von Plünderungen durch die eigene Armee – sinnvoll, sie waren in der roten Zone an der Tagesordnung.

Außerdem schlossen die *société* und der Staat Ende November 1939 einen Evakuierungsvertrag.[38] Er verpflichtete das Unternehmen, weitere Mittel für die Militärproduktion in Straßburg abzubauen und nach Boulogne zu bringen. Dafür übernahm der Staat die bisherigen Evakuierungskosten und kam für alle weiteren entstehenden auf. An dieser Stelle erwies sich die kriegswichtige Produktion der Gebrüder Hirschfeld als ihr entscheidendes Unterpfand. Es begründete das gesteigerte staatliche Interesse am Weiterbetrieb und vergrößerte den unternehmerischen Handlungsspielraum. Außerdem sorgte es dafür, dass die Firma nicht auf den Evakuierungskosten sitzen blieb.

In Ausführung des Räumungsvertrages transportierte das Unternehmen während der dritten Evakuierungsperiode zwischen Januar und März 1940 weitere Metalle, Maschinen und Fertigwaren in die Ausweichunterkunft. Nachdem bis Mitte März 60 Waggons abgefertigt waren, befanden sich noch immer Maschinen und Rohstoffe auf dem Straßburger Betriebsgelände. Um welche es sich handelte, hielten Firmendirektor Edouard Gutjahr und Gerichtsdiener Kreiner in einer weiteren beglaubigten Bestandsaufnahme im März 1940 fest. Wenige Monate später, im Juni 1940, kapitulierte die III. Republik gegenüber dem Deutschen Reich, das zur Annexion *de fait* des Elsass schritt. Da Hirschfelds jüdischen Glaubens waren, fiel ihr Unternehmen als ‚volksfeindliches Vermögen' unter Zwangsverwaltung.[39] Familie Hirschfeld kehrte nicht nach Straßburg zurück. Roger Hild, vormaliger Angestellter und nunmehr kommissarischer Verwalter, sorgte ab 1941 für die Rückführung der Fertigungsmaschinen aus Boulogne in die elsässische Hauptstadt.[40] Es muss offen bleiben, warum Hild die Aufgabe übernahm. Handelte er aufgrund von ideologischer Motivation oder aus pragmatischen Erwägungen, indem er die Arbeit als simple Verdienstmöglichkeit ansah? Möglicherweise hoffte er auch, die *société* übernehmen zu können; das sollte allerdings den zu den Quandt'schen Unternehmen zählenden Pertrix-Werken vorbehalten sein.

---

37 AN 19880165/107-109, Procès-verbal de constat, 10.3.1940, S. 1.

38 AN 19880165/107-109, Convention de liquidation au contrat de repliement du 30 Novembre 1939, 24.1.1947. Welche Instanz dabei stellvertretend für den französischen Staat agierte, ist nicht nachzuvollziehen.

39 Siehe zur Beschlagnahmung ‚volks- und reichsfeindlichen Vermögens' im faktisch annektierten Elsass und Lothringen ab 1940: Kapitel 6.1, S. 316.

40 ADBR, 683 D 1470, Brief des kommissarischen Verwalters Rüdiger Hild an den CdZ, 7.7.1941.

So lässt sich die Räumungsgeschichte der *société d'emballages métalliques Hirschfeld frères* rekonstruieren. Die Unternehmensleitung trat zwischen September 1939 und Mai 1940 gegenüber staatlichen Instanzen als eigenständiger Akteur auf. Darauf verweisen ihre Initiative, die Evakuierung vorzeitig einzuleiten, die gerichtlichen Bestandsaufnahmen und der Räumungsvertrag, wobei die kriegswichtige Fertigung den Hirschfeld'schen Handlungsspielraum erweiterte. Eine stichprobenartige semantische Überlegung weist dem Unternehmen ebenfalls eine aktive Rolle bei seiner Evakuierung zu. Es handelt sich um die Feststellung, „que HF [Hirschfeld frères, LS] s'était replié sur Boulogne en tant qu'industrie travaillant pour l'armement.“[41] Zwar stammt sie von einer dritten Person, die sie mehrere Jahre nach Kriegsende tätigte, jedoch bezog sie sich dabei auf eine auf September 1939 datierte Selbstdarstellung des Unternehmens. Auffällig ist, dass Hirschfelds ihre Räumung im Aktiv („s'était replié“) und somit sich selbst als handelnden Akteur beschrieben. Das war keineswegs die Regel, wie ein Blick auf andere Firmen zeigt. Sie griffen in ihren Darstellungen entweder auf passivische Formulierungen zurück oder bezogen sich auf sich selbst als Objekt. Das gilt etwa für den elsässischen Maschinenhersteller Manachau („nous étions repliés“[42]) oder das Textilunternehmen *Nouvelle Manufacture de Draps* aus Bischwiller. Im Rückblick der Letztgenannten – „l'autorité militaire française a fait évacuer toutes nos matières premières“[43] – trat beispielsweise das Militär und nicht die *Manufacture* als Handlungsträger auf. Die Handlungszuweisungen konnten folglich erheblich variieren, weshalb an dieser Stelle explizit auf die aktivische Formulierung der Gebrüder Hirschfeld verwiesen sei.

Während bei der Straßburger Konservendosenfabrik die gesamte Evakuierungsphase dokumentiert ist, verhält es sich bei V&B, dem deutschen Unternehmen, das nun in den Fokus rückt, anders. Hier erlaubt die Quellenlage lediglich die Rekonstruktion einer Räumungsepisode von September bis Oktober 1939; allerdings stellt sich gerade in dieser frühe Phase die Frage, wie eigenständig V&B nach dem Räumungsbefehl agieren konnte. Um sie zu beantworten, wird wie im Hirschfeld'schen Fall zuerst das Unternehmen vorgestellt und anschließend auf sein Ergehen in der roten Zone eingegangen.

Im 18. Jahrhundert gegründet, blickt der Keramikwarenhersteller V&B mit Hauptsitz in Mettlach an der Saar (siehe Abbildung 2.2, S. 76) heute auf eine

41 „Dass sich HF [Hirschfeld frères, LS] als Rüstungsbetrieb nach Boulogne zurückgezogen hatte.“ AN 19880165/107-109, mise au point des marchés Défense nationale, S. 2.

42 „Wir wurden zurückgezogen“, ADBR BAD 1195/1, Bulletin de la Chambre de Commerce de Strasbourg 1946, S. 65.

43 „Die französische Militärautorität hat unsere gesamten Rohstoffe evakuieren lassen“, ebd., S. 80.

über 250-jährige Geschichte zurück. Als das Saargebiet zwischen 1919 und 1935 unter dem Mandat des Völkerbundes stand, war es V&B nur schwer möglich, die u.a. in Bonn, Dresden und Breslau gelegenen Werke von Mettlach aus zu verwalten. Deshalb entschied die Generaldirektion, sie in einer von Dresden aus verwalteten Aktiengesellschaft zusammenzufassen, um so den deutschen Markt weiter bedienen zu können.[44] Die Anteile hielt wiederum die Kommanditgesellschaft V&B mit Sitz in Mettlach, unter deren Dach die Saarfabriken zusammengefasst waren. Luitwin von Boch-Galhau übernahm 1932, seinem Vater nachfolgend, den Posten des geschäftsführenden Gesellschafters und Generaldirektors. 1935 entfiel nach der Rückgliederung des Saargebiets die Doppelstruktur aus Kommandit- und Aktiengesellschaft, nunmehr verwaltete die Generaldirektion von Mettlach aus alle Firmenstellen. An anderer Stelle ist bereits die „schwere Zeit" der Firma nach der Rückkehr zum Deutschen Reich thematisiert worden, auf sie folgte Anfang September 1939 der Evakuierungsbefehl. Zu diesem Zeitpunkt beschäftigte das Unternehmen in der roten Zone insgesamt rund 4500 Menschen.[45] Mehrere Werke waren von der Räumung betroffen:

- Mosaikfabrik Mettlach,
- Steingutfabrik Mettlach,
- Mosaikplattenfabrik Merzig und
- Kristallfabrik Wadgassen.

Nachdem die Bevölkerung die rote Zone am 3. September verlassen hatte, nahm die Räumungsepisode von V&B ihren Anfang. Es gibt keinen Hinweis auf vorsorgliche Abtransporte, wie die Firma Hirschfeld sie in der letzten Augustwoche tätigte. Allerdings hatte Luitwin von Boch in den letzten Augusttagen vorsorglich Teile der keramischen Sammlung des Unternehmens ins Zweigwerk nach Torgau, weit weg von der deutsch-französischen Grenze, schicken lassen.[46] Bereits vor der Ausgabe des Räumungsbefehls herrschte also eine gewisse Nervosität. Anfang September verlegte die Generaldirektion ihren Sitz aus Mettlach ins firmeneigene Steingutlager Frankfurt und dann weiter in die Dresdner Steingutfabrik.

44 Zur Generaldirektion als Leitungsgremium siehe *Beatrix Adler*, Wallerfanger Steingut: Geschichte und Erzeugnisse der Manufaktur Villeroy Vaudrevange (1791–1836) bzw. der Steingutfabrik Villeroy & Boch Wallerfangen (1836–1931). Saarbrücken 1995, 50–52.

45 UVBM 353, Niederschrift über die Konferenz in der Steingutfabrik Dresden, 25.-26.9.1939, S. 12.

46 StA Leipzig 20918, Nr. 051, Brief von Luitwin von Boch an Wilhelm Schäfer, Direktor der Steingutfabrik Torgau, 21.8.1939, fol. 69.

Unmittelbar nach der Abreise der Bevölkerung begann das Unternehmen darüber hinaus mit der Räumung seiner Betriebsgelände, sodass sich bereits am 4. September der erste Waggon aus der Mettlacher Mosaikfabrik auf den Weg nach Dresden machte. Anfangs übernahm die Verladung in recht improvisierter Weise eine kleine Gruppe V&B-Arbeiter unter Leitung eines Herrn Gottschalk.[47] Die folgenden Tage waren gekennzeichnet von Waggonmangel und den V&B-internen Versuchen, mehr Räumungspersonal und Transportmittel in die rote Zone zu schicken. An dieser Stelle zeigten sich Grenzen der unternehmerischen Eigeninitiative, „da es ganz ausgeschlossen ist, ohne eine Genehmigung der Wehrwirtschaftsstelle Wiesbaden [sic] ins geräumte Gebiet einzureisen (...).“[48] Es ist unklar, ob der Verfasser mit der „Wehrwirtschaftsstelle Wiesbaden“ die Wehrwirtschaftliche Stelle mit Sitz in Wiesbaden, eine zivile Instanz, die inzwischen als Bezirkswirtschaftsamt firmierte, oder die dortige Wehrwirtschaftsinspektion, eine militärische Stelle, meinte. Ob nun ziviler oder militärischer Ansprechpartner, in jedem Fall hing V&B von einem externen Akteur ab. Dieser stellte die Einreisegenehmigungen aus, weil sich keine Zivilisten im Evakuierungsgebiet aufhalten durften. Nach anfänglichen Schwierigkeiten und mehrfachem Vorsprechen in Wiesbaden erhielt der Keramikhersteller die begehrten Genehmigungen später ohne größere Schwierigkeiten.

Insgesamt normalisierte und professionalisierte sich der Räumungsprozess in den nächsten Wochen, die Anzahl der eingesetzten Arbeiter stieg stetig an. Am 14. September zählte die Mettlacher Gruppe unter der Gottschalks Leitung 26 Männer. Sie rekrutierte sich aus V&B-Arbeitern sowie sieben Mitgliedern der Technischen Nothilfe und verfügte insgesamt über 30 Geländewagen zum Verladen.[49] Auch weitete sich die Evakuierung von der Mosaikfabrik in Mettlach auf die anderen Werke aus, je nach Transportlage setzte das Unternehmen dafür ab Mitte September zwischen 30 und 60 Arbeiter ein. Sie sollten prinzipiell zuerst die Fertigwaren und Hilfsstoffe abfertigen und sich dann um die Rohstoffvorräte kümmern. Trotz der einheitlichen Vorgehensweise verlief die Räumung in den einzelnen Fabriken unterschiedlich, mancherorts problemlos, andernorts mit bürokratischen Schwierigkeiten. In Wadgassen konnte etwa die Verladung von Fertigwaren erst nach diversen Verhandlungen Ende September beginnen.[50] Zu diesem Zeitpunkt hatten bereits 102 bzw. 85 Wagen die Mosaik-

47 UVBM 353, Bericht Nr. 2 der Abwicklungsstelle der Generaldirektion, 8.9.1939, S. 2. Es ist nicht klar, welche Position Gottschalk bei V&B innehatte.

48 UVBM 353, Bericht Nr. 4 der Abwicklungsstelle der Generaldirektion, 11.9.1939, S. 1.

49 UVBM 353, Bericht Nr. 7 der Abwicklungsstelle der Saarfabriken, 14.9.1939, S. 1. Zur Technischen Nothilfe, der Vorläuferorganisation des Technischen Hilfswerkes, während des Nationalsozialismus siehe *Andreas Linhardt*, Die Technische Nothilfe in der Weimarer Republik. Norderstedt 2006, 577–595.

fabrik in Mettlach und das Merziger Werk verlassen, sie enthielten in erster Linie Fertigware wie Mosaikplatten.[51] Die Güter gingen an andere V&B-Werke im Deutschen Reich, insbesondere nach Dresden. Die bisher geschilderten Räumungsmaßnahmen beruhten ausschließlich auf der Initiative des Unternehmens, doch auch andere Stellen beteiligten sich am Abtransport. So notierte die Wehrwirtschaftsstelle Saarbrücken, sie habe zwischen dem 6. und 9. Oktober 1939 insgesamt fünf Waggons auf den Betriebsstätten des Keramikherstellers verladen und verschickt.[52]

An dieser Stelle bricht die Räumungsepisode ab, es kann allerdings davon ausgegangen werden, dass bis Mai 1940 weitere Maschinen und Vorräte aus Mettlach, Merzig und Wadgassen zu anderen V&B-Standorten im Reichsinnern kamen. Nach dem Sieg über Frankreich erfolgte am 25. Juni 1940 Hitlers Aufruf zur Rückkehr ins Evakuierungsgebiet. In den folgenden Wochen begannen die Aufräumarbeiten in den verwaisten Saarfabriken, wohin auch die ersten Waggons mit geräumten Gütern zurückgeschickt wurden. Ende Juli 1940 standen die Werke vor der Wiederaufnahme einer zumindest notdürftigen Produktion, in der zweiten Jahreshälfte kehrte die Generaldirektion nach Mettlach zurück.

Welche Spuren eigenständigen unternehmerischen Handelns und seiner Grenzen lassen sich in der Episode von September bis Oktober 1939 ausmachen? Grundsätzlich ist auffällig, dass V&B den Abtransport seiner Güter sehr früh, nämlich ab dem 4. September, selbst in Angriff nahm und nicht auf das Eingreifen von Räumungsinstanzen wartete. Das nötige Personal rekrutierte es aus den eigenen Reihen. Während das Unternehmen also die Räumung in Gang brachte und allmählich professionalisierte, tauchte der Wirtschaftsbeauftragte F, laut geltender Richtlinie immerhin die zentrale Gestalt bei der wirtschaftlichen Evakuierung, an keiner Stelle auf. Seine Abwesenheit verweist einerseits darauf, dass die Betriebsräumungen nicht wie vorgesehen abliefen. Andererseits erlaubte sie es der Firma, autonom darüber zu entscheiden, welche Güter sie in welcher Reihenfolge abtransportierte. Einen weiteren Hinweis darauf, dass V&B seine Interessen in der roten Zone zu verteidigen suchte, liefert eine betriebsinterne Anweisung, welche die Unternehmensleitung im Laufe des Monats September gab und in die Tat umsetzte. Sie besagte, dass

50 UVBM 353, Niederschrift über die Konferenz in der Steingutfabrik Dresden, 25.-26.9.1939, S. 10.

51 UVBM 353, Brief der Abwicklungsstelle der Saarfabriken an die Generaldirektion, 30.9.1939.

52 BA-MA RW 20-12/1, Räumungsgut der Wehrwirtschaftsstelle Saarbrücken am 6.-9.10.1939, fol. 81–85.

> ein verantwortlicher Direktor der Saarwerke bei den Fabriken sein soll, denn jeden Tag können neue Bestimmungen und Verhältnisse auftreten, denen man sofort richtig und verantwortlich entgegentreten muß.[53]

Die physische Anwesenheit von mindestens einem der Direktoren versprach gegenüber externen Stellen eine gewisse Autorität und sollte für das Unternehmen unangenehme Bestimmungen abfedern bzw. verhindern. Möglicherweise spielte die Generaldirektion mit den „neuen Verhältnissen" darüber hinaus auf drohende Plünderungen und Requirierungen durch die Truppe an. Zumindest im September 1939 übte sich die Armee gegenüber dem Keramikwarenhersteller in Zurückhaltung, es kam weder zu Plünderungen noch zu Requirierungen im großen Stil.[54]

Diesen Formen der Eigeninitiative waren allerdings Grenzen gesetzt. Eine solche Grenze, nämlich die (Nicht-) Gewährung von Einreisegenehmigungen ins Räumungsgebiet durch eine Wiesbadener Stelle, kam bereits zur Sprache. Sie reglementierte auf diese Weise den Zugang von V&B zu seinen Betriebsstätten. Das Unternehmen war in diesem Belang von ihr abhängig. Zudem verursachte eine weitere, allerdings nicht namentlich identifizierte Instanz, die bürokratischen Probleme bei der Verladung in Wadgassen. Es wird deutlich, dass sich der Keramikwarenhersteller nicht völlig frei in der roten Zone bewegen konnte und für Zugangsfragen und den Abtransport auf verschiedene Stellen angewiesen war. Dabei kam der Firma zupass, dass ihr zur Wehrmacht eingezogener Leiter Luitwin von Boch-Galhau über gute Verbindungen in höhere Armeeebenen verfügte, „denn manche Sache ging leichter zu regeln, wenn Weisungen von höheren Dienststellen vorlagen."[55] Die Beteiligung der Technischen Nothilfe an der Verladung zeigt wiederum, dass die Interaktion verschiedener Stellen im Räumungsgebiet nicht immer die Form eines Gegeneinanders, sondern durchaus die einer Kooperation annehmen konnte.

Ein kurioser Vorschlag illustriert abschließend, wie die Generaldirektion ihre Zugriffsmöglichkeiten auf die verwaisten Betriebsgelände selbst einschätzte. Ende September 1939 fasste sie den Plan, den Elektroofen in der Mettlacher Steingutfabrik von einer anderen Firma erneuern zu lassen. Diese musste die Arbeit aufgrund vertraglicher Verpflichtungen kostenlos ausführen. Ein leiten-

---

53 UVBM 353, Niederschrift über die Konferenz in der Steingutfabrik Dresden, 25.-26.9.1939, S. 10.

54 Laut Bericht vom 13.9., dem einzigen, der darauf eingeht, fanden Plünderungen bis dato nicht statt, Requirierungen setzten gerade erst ein: UVBM 353, Bericht Nr. 6 der Abwicklungsstelle der Generaldirektion, 13.9.1939, S. 1, 3.

55 UVBM 353, Niederschrift über die Konferenz am 25. und 26.9.1939 in der Steingutfabrik Dresden, S. 7.

der Angestellter erklärte sich bereit, die Details mit der Firma zu klären und Einreisegenehmigungen nach Mettlach zu besorgen.[56] V&B wollte also, wenige Kilometer von der deutsch-französischen Frontlinie entfernt, einen Elektroofen überholen lassen. Es muss offen bleiben, ob dieser, angesichts der laufenden Evakuierung und der Kampfgefährdung absurd anmutende, Plan realisiert wurde.

Allein die Überlegung zeigt erstens, dass die Unternehmensleitung ihren Handlungsspielraum im Rahmen der bürokratischen Gegebenheiten als recht groß einschätzte – zumindest widersprach laut Protokoll keiner der anwesenden Generaldirektoren dem Plan. Zweitens plante das Unternehmen offensichtlich langfristig mit seinen Saarfabriken und begründete folgerichtig die Baumaßnahme mit dem Ziel, „voll betriebsfähig zu sein, sobald eine Wiederaufnahme der Produktion in Mettlach möglich ist.“[57] Dabei schätzten die Anwesenden die Lage an der Westfront keineswegs naiv ein, sondern gingen von ernsten Kampfhandlungen aus. Zwischen drohender Zerstörung der Anlagen und dem Fernziel der Produktionsaufnahme abwägend, entschieden sie sich für die zweite Option und wirkten auf sie hin. Das illustriert drittens, dass sich in ihren Augen die Situation im Evakuierungsgebiet zumindest momentan normalisiert und stabilisiert hatte. Immerhin beurteilte die Generaldirektion das Risiko für Leib und Leben des Spezialarbeiters, der den Mettlacher Ofen erneuern sollte, als überschaubar. Insgesamt argumentierten die Direktoren in der Angelegenheit eher als kalkulierende Geschäftsleute denn als überzeugte Nationalsozialisten. Aus ihren Worten spricht weniger die Überzeugung, der Westwall könne nicht überwunden werden, als vielmehr die Feststellung, dass V&B durch die Baumaßnahme keine wesentlichen Kosten entstünden. Sollte der überholte Ofen zerstört werden, hielte sich der zusätzliche Verlust somit in Grenzen.[58] Sollte er unversehrt bleiben, verbesserte dies die Startbedingungen für die Wiederaufnahme der Produktion.

Militärische und zivile Räumungsinstanzen

Eine Besonderheit der vorangegangenen Räumungserzählungen liegt darin, dass ihre Akteure, nämlich Unternehmen, in den roten Zonen eine Doppelfunktion innehatten. Sie waren gleichermaßen Subjekt und Objekt der Evakuierung.

56 Ebd., S. 10.
57 Ebd.
58 Dabei konnten die Direktoren noch nicht damit rechnen, dass V&B eine Entschädigung für kriegsbedingte Sachschäden erhielt. Die Kriegssachschädenverordnung trat erst im November 1940 in Kraft. Siehe dazu Kapitel 3.1, S. 117.

Einerseits konnten sie in Eigenregie Güter abtransportieren, andererseits verfügten sie nur über begrenzten Einfluss gegenüber Initiativen anderer Räumungsinstanzen, Plünderungen oder Requirierungen. Eben jene anderen Räumungsinstanzen stehen im Fokus der nächsten Ausführungen, wobei die zivil-militärisch besetzte *Commission Régulatrice de Transports d'Évacuation et de Repliement* (CORTER) Nr. 1 in Straßburg den Anfang macht. Für die deutsche Seite folgen die Wehrwirtschaftsstelle Saarbrücken als militärische Stelle und als zivile das Bezirkswirtschaftsamt Wiesbaden. Die beiden letztgenannten Akteure verdeutlichen das Nebeneinander mehrerer zuständiger Instanzen im Deutschen Reich und das daraus resultierende Konkurrenzverhältnis, das sich nicht in dieser Form in der III. Republik wiederfindet.

Als die Gebrüder Hirschfeld im Herbst 1939 Güter vom heimischen Produktionsgelände abtransportierten, interagierten sie aller Wahrscheinlichkeit nach mit einer anderen Räumungsinstanz, die parallel in Straßburg tätig war: die CORTER Nr. 1. Ihr Sitz befand sich anfangs in der elsässischen Stadt Saverne und später im 30 km entfernten Wolxheim. Die CORTER kümmerte sich während der Evakuierung um Transportfragen. Der Einsatzbereich der CORTER Nr. 1 umfasste die rote Zone des Bas-Rhin, ihre Schwesterkommissionen in Belfort, Metz und Nancy deckten die Departements Haut-Rhin und Moselle ab.

Die CORTER Nr. 1 nahm im Zuge der Mobilmachung im August ihre Arbeit auf, ab dem 24. August beteiligte sie sich an Betriebsräumungen. In den ersten Septembertagen rückte der Abtransport der Bevölkerung in den Mittelpunkt, danach befasste sich die Kommission wieder mit der wirtschaftlichen Evakuierung. Sie betraf infolge der ökonomischen Struktur des Bas-Rhin insbesondere die Stadt Straßburg, wo die Kommission unter militärischer Leitung des Colonel Imbart in täglichen Sitzungen „plans des déstockages et des évacuations“[59] aufstellte. Zugleich stand sie in Kontakt mit den Unternehmern, die ihre Güter aus der roten Zone ins Hinterland bringen wollten. Sie wandten sich an die CORTER und sprachen sich mit ihr bezüglich der benötigten Waggons, des Datums und des Abfahrtsbahnhofes ab. Da die Kommission ausschließlich den Transport ab dem Bahnhof verantwortete, mussten sich die Unternehmer selbst um den Gütertransfer zum Bahnhof und das dafür benötigte Personal kümmern; auf Wunsch konnten Soldaten diese Aufgabe übernehmen.[60] Die Evakuierungskosten oblagen den Firmeninhabern, es sei denn, Sonderregelungen wie beim Räumungsvertrag der *société Hirschfeld* griffen.

---

59 „Pläne für die Lagerräumungen und Evakuierungen“, *Pierre Eude*, La Chambre de commerce de Strasbourg pendant la guerre 1939–1944. Strasbourg 1949, 14.

60 ADBR 98 AL 290, Brief der Commission d'Évacuation Nr. 1 an Jules Durlacher, 21.11.1939.

Port Autonome	404.605	tonnes
Armement:		
Fabrications mécaniques	69.891	»
Ferrailles	8.232	»
Poudres	26.045	»
Papiers	562	»
Ve Directions: Intendance (hors Port Autonome)	30.804	»
Pechelbronn	59.150	»
Divers: Évacuations diverses bénévoles, petites industries: commerçants et agriculture	106.070	»
Betteraves sucrières (zone évacuée)	2.718	»
Céréales Zone Avant	1.055	»
Bières Brasseries strasbourgeoises	18.653	»
Gravier et sable zone avant	13.700	»
Total	741.487	tonnes

Abb. 2.3: Von der CORTER Nr. 1 evakuierte Güter in Tonnen, August 1939 bis Juni 1940.

Die Bilanz der von der CORTER zwischen August 1939 und Juni 1940 geräumten Güter wird aus der Abbildung 2.3 (S. 87) ersichtlich.[61] Mit über 400 000 Tonnen standen die Werte aus dem Industriehafen, dem *Port Autonome*, mit Abstand an erster Stelle. Da sie sich in unmittelbarer Nähe zum Rhein und zu den deutschen Truppen befanden, galten sie als besonders gefährdet.[62] An zweiter Stelle folgten die kriegswichtigen Güter, die unter den Stichworten *Armement* (Rüstung) und *Ve Directions: Intendance* (5. Direktionen: Versorgungsamt) firmieren. Auf eben diese kriegswichtigen Güter war die Arbeit der Kommission ausgelegt, deshalb ist weniger ihr Umfang von über 130 000 Tonnen überraschend als vielmehr die Werte, die die CORTER darüber hinaus abtransportierte. Sie tauchen in der Tabelle als „Divers: Évacuations diverses bénévoles, petites industries: commerçants et agriculture" (Diverses: diverse freiwillige Evakuierungen, kleine Industrien: Händler und Landwirtschaft) auf und umfassten mehr als 100 000 Tonnen. Hinter dem Posten Pechelbronn, der mit knapp 60 000 Tonnen an vierter Stelle rangiert, verbirgt sich die im Norden des Departements

61 *Pierre Eude*, La Chambre de commerce de Strasbourg pendant la guerre 1939–1944. Strasbourg 1949, 15. Es ist unklar, woher die Informationen Pierre Eudes, der in den 1930er und 1940er Jahren als Generalsekretär der Straßburger Industrie- und Handelskammer fungierte, stammen. Eude betrachtete die CORTER Nr. 1 grundsätzlich in eher positivem Licht, dennoch scheinen die Angaben nicht übertrieben. Meyer beziffert die Menge aus dem Hafen evakuierter Güter sogar mit 1 000 000 Tonnen: *René Meyer*, L'évacuation, une tragédie frontalière, in: Saisons d'Alsace 33, 1989, 35–133, 58.

62 Zur Evakuierung der umfangreichen Benzinvorräte im Hafen durch die CORTER Nr. 1: *René Meyer*, L'évacuation, une tragédie frontalière, in: Saisons d'Alsace 33, 1989, 35–133, 58.

Bas-Rhin gelegene Erdölraffinerie Pechelbronn mit ihren umfangreichen Vorräten. In geringeren Mengen evakuierte die Kommission Lebensmittel wie Zuckerrüben, Getreide und Bier („betteraves sucrières, céréales, bières"), Kies und Sand („gravier et sable") aus der roten und der grünen Zone. Teilweise arbeitete sie mit den Firmeninhabern zusammen und sandte die jeweiligen Güter an die Ausweichstandorte, teilweise gingen sie an dritte Firmen, um dort verbraucht zu werden.

Die genannten Zahlen verdeutlichen den zentralen Faktor für das Wirken der Kommission, nämlich die relative Ruhe an der Front und dadurch Zeit. So war es der CORTER Nr. 1 möglich, weit mehr als die ursprünglich anvisierten kriegswichtigen Güter abtransportieren, weshalb Pierre Eude rückblickend feststellte, dass dank der Kommission „immense Ressourcen aller Art in Sicherheit gebracht wurden."[63] Die Zeit spielte freilich den Räumungsinstanzen dies- und jenseits der Frontlinie in die Karten und bildet auf diese Weise ein verbindendes Element zwischen der CORTER Nr. 1 und der Wehrwirtschaftsinspektion des Wehrkreises XII mit Sitz in Wiesbaden.

So begründete die Wehrwirtschaftsinspektion das Voranschreiten der Betriebsräumungen in der Saarpfalz vor allem damit, dass der „alle Freimachungsmaßnahmen beherrschende Faktor, die Zeit, (...) wider Erwarten so reichlich zu Verfügung [stand] (...)."[64] Vor Ort in der roten Zone profitierte davon die Wehrwirtschaftsstelle Saarbrücken, die mit der wirtschaftlichen Evakuierung befasste Außenstelle der Wiesbadener Wehrwirtschaftsinspektion. Die folgende Räumungsepisode schildert die Vorgänge von September bis November 1939 aus Sicht der Saarbrücker Wehrwirtschaftsstelle. Diese militärische Instanz, die ab Ende November 1939 als Rüstungskommando firmierte, hatte, daran sei hier erinnert, laut Richtlinie vom Juni 1939 eigentlich nicht mehr viel mit den Betriebsräumungen zu tun.

Wenn sie sich dennoch eingemischt habe, so der Leiter der Wehrwirtschaftsstelle Major Hollidt, sei dies vor allem deshalb geschehen, weil die Wirtschaftsbeauftragten F[65] Schmidt und Zirkler die rote Zone entgegen der Anwei-

---

63 „D'immenses ressources de toutes sortes furent sauvées." *Pierre Eude*, La Chambre de commerce de Strasbourg pendant la guerre 1939–1944. Strasbourg 1949, 15.

64 BA-MA RW 20-12/1, Brief der Wehrwirtschaftsinspektion XII Wiesbaden an den Chef des Wehrwirtschaftsstabes General Georg Thomas, 11.10.1939, fol. 79.

65 F steht für Freimachung, die offizielle Bezeichnung für die Evakuierung. Die Abkürzung F war in Militär- sowie Verwaltungskreisen verbreitet und findet sich auch beim F-Tag oder Betriebstrupp F wieder. Dr. Alwin Zirkler, geb. 1889, war zwischen 1919 und 1945 als Syndikus und Geschäftsführer, somit hauptamtlich, bei der Handelskammer Saarbrücken und später der Gauwirtschaftskammer tätig, LArch SB, StKpolS Nr. 368. Vom Bergassessor Robert Schmidt

sung am 4. September 1939 verlassen hätten.[66] Auf Befehl der Wehrwirtschaftsinspektion habe die Saarbrücker Dienststelle dann mit der Räumung begonnen und sich dabei an der neuen Dringlichkeitsliste des Oberkommandos der Wehrmacht (OKW) vom 6. September orientiert. Auf wehrwirtschaftliche Güter ausgerichtet, rückte diese neue Liste Werkzeugmaschinen und Halbfabrikate an erste und zweite Stelle. Doch auch darüber hinaus habe sich die Wehrwirtschaftsstelle engagiert und an der Räumung von Betrieben, die keine Heeresaufträge ausführten, beteiligt. Ihre Aktivitäten reichten von der Unterbringung von unternehmensinternen Räumungsbelegschaften über das Anfordern von Ladepersonal bei Arbeitsämtern, Armee und Technischer Nothilfe bis zum Abtransport von Gütern.[67] Dank dieser Tätigkeiten war die Räumung, Hollidt zufolge, Mitte November 1939 zu 99 % abgeschlossen. Das ist zwar sehr optimistisch geschätzt, unterstreicht allerdings gerade deshalb den Anspruch der Wehrwirtschaftsstelle, durch das Gebot der Stunde die zentrale Evakuierungsinstanz geworden zu sein. Dabei ist der Überlieferungszusammenhang für die Angabe von 99 % bezeichnend: Sie stammt aus einem Schreiben Major Hollidts, in dem er sein Vorgehen ab September gegenüber der Wiesbadener Wehrwirtschaftsinspektion rechtfertigte und verteidigte.[68]

Aufgetretene Fehler und Mängel bei den Betriebsräumungen lastete Hollidt zwei anderen Stellen an, nämlich dem Wiesbadener Bezirkswirtschaftsamt (BWA) und den Wirtschaftsbeauftragten F. Damit zeigt sich in seiner Version eine klare Konfrontation zwischen militärischen Stellen einerseits und zivilen andererseits. Insbesondere die Wirtschaftsbeauftragten F Alwin Zirkler und Bergassessor Robert Schmidt kommen bei ihm schlecht weg. Nachdem Hollidt sie nach „ihrem Ausreissen“[69] Anfang September zurückbeordert und ihnen eine Unterkunft im Saarbrücker Oblatenkloster zur Verfügung gestellt habe, sei die Zusammenarbeit schlecht verlaufen. Er warf ihnen Missgunst vor und bescheinigte Schmidt, „sich in alles einzumischen, auch wenn es ihn nichts angeht, überall zu stänkern, alle Leute ironisch zu beurteilen und zu vergrämen (...).“[70]

sind keine biographischen Daten bekannt, eine Verbindung mit dem Bergamt Saarbrücken oder den Saargruben liegt nahe.

66 BA-MA 21-54/1, Brief der Wehrwirtschaftsstelle Saarbrücken an die Wehrwirtschaftsinspektion XII Wiesbaden, 18.11.1939, fol. 41f. Siehe ebenso die Einträge im Kriegstagebuch des Rüstungskommando Saarbrücken in: BA-MA 21-54/1, 4.9. und 6.9.1939 fol. 5, 7.

67 BA-MA RW 20-12/1, Tätigkeitsbericht der Rü Kdo Saarbrücken ab 1. September 1939, fol. 117f.

68 BA-MA RW 21-54/1, Brief der Wehrwirtschaftsstelle Saarbrücken an die Wehrwirtschaftsinspektion XII Wiesbaden, 18.11.1939, fol. 43.

69 Ebd., fol. 41.

70 Ebd., fol. 43f.

Aus dem ansonsten sachlich gehaltenen Brief Hollidts sticht die Wortwahl bei Schmidts Beschreibung heraus und zeugt von einem fast persönlichen Groll gegen den Wirtschaftsbeauftragten.

Dessen Tätigkeit beurteilte das Wiesbadener BWA ganz anders, wie seine Räumungsepisode von September bis November 1939 zeigt. Das BWA in Wiesbaden war laut Richtlinie vom Juni 1939 verantwortlich für die wirtschaftliche Räumung im Wehrkreis XII und den Wirtschaftsbeauftragten übergeordnet. Die Wirtschaftsbeauftragten haben, so seine Darstellung, sich voll bewährt und arbeiteten ab dem ersten Evakuierungstag in der roten Zone; ein mögliches „Ausreissen“ thematisierte es nicht.[71] Der Abtransport ökonomischer Güter habe gemäß den überarbeiteten Dringlichkeitslisten unmittelbar nach Abreise der Bevölkerung begonnen. Räumungskommandos bestehend aus Soldaten, von Arbeitsämtern beorderten Zivilpersonen und dem Reichsarbeitsdienst übernähmen in Absprache mit den Firmeninhabern die Verladung. Nach anfänglichen Schwierigkeiten habe sich der Transport mittels Lastwagen und Zügen inzwischen eingependelt. Anfang November lief nach Einschätzung aus Wiesbaden die wirtschaftliche Evakuierung auf Hochtouren, wobei der Abtransport der wichtigsten Halbfabrikate und Rohstoffe abgeschlossen sei.

Auf die Wehrwirtschaftsstelle ging das BWA lediglich kurz im Zusammenhang mit den für die kriegswichtige Fertigung zu evakuierenden Maschinen ein. In seiner Darstellung spiegelt sich somit die zentrale Rolle, die ihr die Wehrwirtschaftsinspektion Wiebaden und die Saarbrücker Stelle sich selbst zuwiesen, nicht wider. Es ist ganz im Gegenteil vorstellbar, dass das BWA mit folgender Kritik auch auf Major Hollidt und seine Einheit abzielte:

> Sehr hemmend machte sich bei der wirtschaftlichen Freimachung geltend, dass sich militärische und zivile Dienststellen, insbesondere Parteidienststellen außerplanmäßig einschalteten und Anweisungen gaben oder zu geben versuchten, die meistenteils den Freimachungsanweisungen des Wehrkreiskommandos XII widersprachen.[72]

So spekulativ hinter den „militärischen Dienststellen“ das Saarbrücker Wehrwirtschaftskommando vermutet werden kann, so sicher ist der Hauptadressat der Kritik des BWA. Es handelte sich um die NSDAP-Gliederungen, vor allem die später explizit erwähnte Nationalsozialistische Volkswohlfahrt (NSV). Hier zeichnet sich ab, dass das BWA den schwarzen Peter, den ihm die militärischen Stellen zuschoben, an die NSDAP weiterreichte, indem es sie für Probleme bei den Betriebsräumungen verantwortlich machte. Spätestens als im Januar 1940

71 BArch Berlin R 3101-32215, Erfahrungsbericht des Bezirkswirtschaftsamtes Wiesbaden über die wirtschaftliche Freimachung im Wehrkreis XII, 3.11.1939, fol. 128v.
72 Ebd., fol. 129v–130.

innerhalb der NSDAP Berichte kursierten, die wiederum die aktive Rolle der Partei herausstellen sollten, wurde die Beteiligung an der wirtschaftlichen Evakuierung endgültig zum Politikum.[73]

Was kann abschließend über die zivilen und militärischen Stellen, die französische CORTER sowie deutscherseits die Wehrwirtschaftsinspektion und -stellen, das Bezirkswirtschaftsamt, die Wirtschaftsbeauftragten F und die NSDAP-Einheiten, festgehalten werden? Grundsätzlich drängt sich der Eindruck auf, dass die zivil-militärisch besetzten CORTER eine wesentlich effektivere Struktur darstellten als das Stellenwirrwarr im Deutschen Reich. Es muss allerdings berücksichtigt werden, dass es auf französischer Seite an Berichten und Selbstdarstellungen von Stellen wie der CORTER mangelt. Dieses, durch die Quellenlage bedingte Schweigen ist nicht unbedingt mit einem problemlosen Ablauf gleichzusetzen. Aus der Tatsache, dass in Frankreich lediglich eine Instanz mit der Räumung befasst war, wohingegen mindestens fünf deutsche darum konkurrierten, lässt sich auf geringere Reibungsverluste in der III. Republik schließen. Gleichzeitig soll an dieser Stelle dem Eindruck entgegengewirkt werden, dass die wirtschaftliche Evakuierung in Frankreich vollkommen problemlos ablief. Das war nicht der Fall, wie auch die letzte Räumungsgeschichte, die des in Sarreguemines stationierten Soldaten Jean Rogan, verdeutlichen wird. Dennoch hatte die deutsche Organisation gegenüber der französischen zweifellos den Nachteil, wegen der kurzfristigen Neuverteilung von Kompetenzen im Zuge der letzten Richtlinie viel Raum für Konflikte zwischen den einzelnen Instanzen zu bieten. Aus diesen Konflikten resultieren die einander bisweilen diametral gegenüberstehenden Räumungsepisoden.

Dabei ist es nach derzeitiger Quellenlage unmöglich zu prüfen, ob die Wehrwirtschaftsstelle oder das Bezirkswirtschaftsamt in der Frage, was die Wirtschaftsbeauftragten Schmidt und Zirkler in den ersten Septembertagen taten – „Ausreissen" oder Einsatz in der roten Zone – näher an der Realität lagen. Die Antwort verschwindet hinter dem Politikum der wirtschaftlichen Evakuierung. Abschließend steht deshalb als kleinster gemeinsamer Nenner ein fast lakonisches Diktum des saarpfälzischen Gauwirtschaftsberaters Wilhelm Bösing, laut dem „bei dieser wirtschaftlichen Räumung nicht in allen Kreisen einheitliche Dienststellen tätig waren (...)."[74]

73 LArch Speyer T 65, Z 3244, Rundschreiben des saarpfälzischen Gauwirtschaftsberaters Wilhelm Bösing an die NSDAP-Kreisleiter mit der Aufforderung, Berichte über die wirtschaftliche Evakuierung zu verfassen, 22.12.1939 und die Antwort des Kreisleiters Landau/Pfalz Wilfried Lämmel, 15.1.1940.

74 LArch Speyer T 65, Z 3244, Rundschreiben des saarpfälzischen Gauwirtschaftsberaters Wilhelm Bösing an die Kreisleiter, 22.12.1939. Die Feststellung Bösings bezog sich ursprünglich ausschließlich auf die verschiedenen NSDAP-Dienststellen, lässt sich allerdings ohne Weiteres

Jean Rogan, Soldat in Sarreguemines

Mit der letzten Räumungsgeschichte wendet sich der Blick nun wieder der französischen roten Zone zu, und zwar der lothringischen Stadt Sarreguemines (siehe Abbildung 2.2, S. 76). Dort war der aus dem Pariser Umland stammende Jean Rogan ab Oktober 1939 als Soldat des 620. Pionierregiments stationiert und hielt den Frontalltag in einem Tagebuch fest.[75] Im Auftrag der Armee Industriebetriebe und Einzelhandelsgeschäfte auszuräumen, war fester Bestandteil dieses Alltags, wodurch Rogan sich von den bereits behandelten französischen und deutschen Akteuren unterschied. Im Gegensatz zur CORTER Nr. 1, der Saarbrücker Wehrwirtschaftsstelle oder dem Wiesbadener Bezirkswirtschaftsamt, die Betriebsräumungen in erster Linie planten und veranlassten, verpackte er täglich Güter und transportierte sie ab. Somit war er stärker in den physischen Vorgang der wirtschaftlichen Evakuierung involviert und gestaltete sie in Sarreguemines hautnah mit.

Die Räumungsgeschichte Rogans lässt sich in zwei Phasen unterteilen: eine erste von der Ankunft in Sarreguemines Anfang Oktober bis Dezember 1939 und eine zweite von Januar bis Mai 1940. Während der anfänglichen Hochphase räumten Rogan und seine Kameraden zahlreiche Geschäfte und Firmen der Stadt. Sie sortierten im Auftrag der *Intendance* die Waren eines Wäschegeschäfts in der *rue de France* und räumten Mehl- und Getreidevorräte aus der Bloch-Mühle. Im größten Unternehmen vor Ort, der *Faïencerie* (Steingutfabrik), verluden sie unter Anleitung des Fabrikdirektors Jean Cazal Kohlevorräte auf Lastwagen, die an das Zweigwerk in Digoin gingen. Ab November 1939 räumten die Soldaten nicht mehr nur Fabriken und Läden, sondern zunehmend auch Privathäuser, aus denen sie Lebensmittel, Matratzen u.ä. entnahmen. Es ist davon auszugehen, dass das in der Regel ohne Absprache mit oder das Wissen der

auf alle anderen Räumungsinstanzen erweitern. Zu den Aufgaben der bisher von der Forschung eher vernachlässigten Gauwirtschaftsberater siehe *Gerhard Kratzsch*, Das wirtschaftspolitische Gauamt: der Gauwirtschaftsberater, in: Jürgen John u.a. (Hrsg.), Die NS-Gaue. München 2007, 218–233, 219–230. Wilhelm Bösing (1902–1949) gehörte zum pfälzischen Führungszirkel rund um Josef Bürckel. Der gelernte Lehrer war seit 1927 NSDAP-Mitglied und engagierte sich seit Anfang der 1930er Jahre in wirtschaftspolitischen Fragen. Als Gauwirtschaftsberater wirkte er maßgeblich an der Ausplünderung jüdischen Vermögens in der Saarpfalz mit. Zu seiner Biographie siehe: *Joachim Lilla*, Statisten in Uniform. Die Mitglieder des Reichstags 1933–1945: Ein biographisches Handbuch. Düsseldorf 2004, 91 und *Franz Maier*, Biographisches Organisationshandbuch der NSDAP und ihrer Gliederungen im Gebiet des heutigen Landes Rheinland-Pfalz. Mainz and Zarrentin 2007, 149.

75 Es dient als Grundlage für die folgenden Ausführungen und ist abgedruckt in *Colonel Rémy*, Le 10 mai 1940: Chronique d'une guerre perdue. Paris 1979, 69–114.

betroffenen Bevölkerung geschah.[76] Der Großteil dieser Arbeiten war im Dezember 1939 beendet. Manche der geräumten Güter kamen, wie im Falle der Steingutfabrik, ins Landesinnere, andere wurden bei den Armeeeinheiten vor Ort verteilt oder durch die *coopératives militaires* verkauft.[77]

Ab Januar 1940, dem Beginn der zweiten Phase, verlud Rogan laut seinem Tagebuch in erster Linie Güter der *Faïencerie*. Ansonsten war diese Periode eher von nachgelagerten Arbeiten wie Saubermachen geprägt. Ende März beglückwünschte der Kommandeur seine Einheit für ihre Verdienste um die Sicherstellung von „richesses nationales"[78] in Sarreguemines. Auch in den nächsten Wochen reinigte Rogan einzelne Läden und sortierte Unterlagen, bis der deutsche Westfeldzug ab dem 10. Mai 1940 der Sitzkriegsroutine an der Maginot-Linie ein jähes Ende setzte.

Doch Rogans Schilderung wäre nicht komplett, wenn eine Begleiterscheinung der Betriebsräumungen nicht wiedergegeben würde. Es handelt sich um die während des gesamten Sitzkrieges präsenten Plünderungen.[79] Von der eigenen Truppe begangen, betrafen sie sowohl Unternehmen als auch Privathäuser und hinterließen ein wüstes Chaos:

> Les rues sont dans un état de détresse indicible, recouvertes de déchets et d'épaves de toute sorte qui proviennent des déménagements. Toutes les portes sont grandes ouvertes, on entre comme chez soi dans n'importe quel magasin (...). Les intérieurs dévastés s'offrent au regard.[80]

Einerseits kritisierte der selbst im Einzelhandel tätige Rogan diese Zustände, beteiligte sich aber andererseits an der Plünderung von Privathäusern, Geschäften und Firmen. So zeigt sich in seinem Tagebuch die Ambivalenz zwischen dem Frontalltag, gekennzeichnet durch die Missachtung fremden Eigentums in der roten Zone, und dem Anspruch des Verfassers an sich selbst. Als Mann, der hö-

---

76 Das lässt zumindest die Vorgehensweise der Soldaten vermuten, die mit mutwilligen Zerstörungen einherging. Siehe beispielsweise den Eintrag vom 28.11.1939, *Colonel Rémy*, Le 10 mai 1940: Chronique d'une guerre perdue. Paris 1979, 94f.

77 ADBR 98 AL 284, Brief von Paul Muller an Camille Chautemps, 27.1.1940, S. 2. In den coopératives militaires konnten Soldaten an der Front Lebensmittel und Gemischtwaren erwerben.

78 „Nationale[n] Güter[n]", *Colonel Rémy*, Le 10 mai 1940: Chronique d'une guerre perdue. Paris 1979, 107.

79 Beachte dazu auch: Jean-Paul Sartre, Carnet de la drôle de guerre: Novembre 1939 - mars 1940, Paris, 1983, S. 46. Sartre war während des Sitzkrieges als Soldat im Elsass stationiert und hielt seine Erlebnisse in insgesamt 15 chronologisch geordneten carnets fest.

80 „Die Straßen sind in einem unsagbar schlechten Zustand, bedeckt von Müll und Unrat aller Art, die von den Umzügen stammen. Alle Türen sind weit geöffnet, man geht in allen Läden wie bei sich zu Hause ein und aus (...). Man gewahrt die zerstörten Innenräume." *Colonel Rémy*, Le 10 mai 1940: Chronique d'une guerre perdue. Paris 1979, 86.

here Bildung genossen hatte und mindestens einer Fremdsprache, des Deutschen, mächtig war, grenzte er sich gegenüber als vulgär empfundenen Kameraden ab und erklärte, der Verwüstung von Privateigentum nicht beiwohnen zu wollen.[81] Doch Rogan gewöhnte sich an die Zustände vor der Maginot-Linie und auch er nahm Güter aus Wohnungen sowie Fabrikgebäuden mit. Grundsätzlich stellte sich die Frage, wo die Aneignung für Heereszwecke aufhörte und wo der Diebstahl begann.[82] In der Praxis des Frontalltages gestalteten sich die Grenzen zwischen Requirierung und Plünderung oftmals fließender als in der Theorie. Dennoch ist unbestritten, dass es in Sarreguemines und darüber hinaus in der gesamten französischen roten Zone, das gilt im Übrigen auch für die deutsche, zu massiven Plünderungen kam.[83]

Für Jean Rogan summierten sich all diese Elemente – die aufgebrochenen Wohnungen, auseinandergenommenen Läden, leergeräumten oder zerstörten Betriebsstätten – zum Gesamteindruck Sarreguemines' einer „cité de toute évidence sacrifiée (...).“[84] Dieser Gesamteindruck prägte mehr als alles andere seine Wahrnehmung der wirtschaftlichen Evakuierung. Die „geopferte Stadt“ steht zugleich in einer diskursiven Traditionslinie zum Glacismotiv der Zwischenkriegszeit. Rogan übernahm vermutlich eher unbewusst die Selbstbeschreibung regionaler Wirtschaftsakteure wie der *Sauvegarde*; sie hatten die Grenzregion schon in Friedenszeiten als „sacrifiée à l'avance“ beschrieben und konstruiert. Dabei ist wichtig, dass „sacrifiée“ auf die französische Verantwortung für das Schicksal des Elsass und Lothringens hinweist, denn das transitive Verb *sacrifier qc.* impliziert einen Akteur, der das Opfer darbringt.[85] Rogans Beschreibung der Zustände in Sarreguemines lässt wiederum keinen Zweifel daran, dass es Frankreich bzw. seine Armee war, das bzw. die die rote Zone opferte.

---

81 *Colonel Rémy*, Le 10 mai 1940: Chronique d'une guerre perdue. Paris 1979, 95.

82 Die Frage war auch für die betroffenen Firmeninhaber von zentraler Bedeutung, weil sich mit ihr Schadensersatzansprüche verbanden. Auf sie wird im nächsten Kapitel über Produktionsmittel zurückzukommen sein.

83 Zum Elsass: *René Meyer*, L'évacuation, une tragédie frontalière, in: Saisons d'Alsace 33, 1989, 35–133, 61–64. Zu Lothringen *Henri Hiegel*, La drôle de guerre en Moselle: 1939–1940. Sarreguemines 1983, 335–360. Zum Saarland: *Irmtraut Eder-Stein*, Plünderung im Freimachungsgebiet 1939/40: Ein Straftatbestand in Strafrecht und Rechtsprechung des NS-Staates, in: Wolfgang Haubrichs u.a. (Hrsg.), Zwischen Saar und Mosel. Festschrift für Hans-Walter Herrmann zum 65. Geburtstag. Saarbrücken 1995, 419–435, 419–422.

84 „Allem Anschein nach geopferte[n] Stadt (...).“, *Colonel Rémy*, Le 10 mai 1940: Chronique d'une guerre perdue. Paris 1979, 90.

85 Das Französische unterscheidet wie das Englische zwischen zwei verschiedenen Opfern, einem sacrifice, das jemandem zuzuschreiben und einem victime, dessen Urheber nicht identifiziert ist. Ein victime ist zumeist den Umständen geschuldet.

Mit den vorangegangenen Räumungserzählungen haben französische und deutsche Akteure ihre Sicht auf die Geschehnisse in den roten Zonen dargelegt, mithin ihren Teil zum Gesamtpuzzle wirtschaftliche Evakuierung beigetragen. Einige Beteiligte schilderten ihre Version ausführlicher, andere fanden lediglich kurz Erwähnung. In ihrer Gesamtheit verdeutlichen die Aussagen, dass die Räumung von ökonomischen Gütern in der III. Republik und im Deutschen Reich eine Vielzahl an Prozessen umfasste, die sich nicht in ihrer ereignisgeschichtlichen Einrahmung erschöpft. Im Anschluss daran konzentriert sich das folgende Unterkapitel auf einen Sonderfall der *évacuation*, nämlich der für verschiedene Akteure maßgeblichen Frage, wie Wirtschaftsgüter, die sich zwar in der feindlichen roten Zone, jedoch in Reichweite der eigenen Truppe befinden, genutzt werden können.

2.3 Grenzübertritte

Bereits in der Vorbereitungsphase hatten die Evakuierungsplaner dies- und jenseits der Grenze Bezug auf die jeweils andere Seite genommen; diese transnationalen Bezüge setzten sich während des Sitzkrieges in den Zugriffen auf Wirtschaftsgüter in der gegnerischen roten Zone fort. Die Grenzübertritte markierten aus zwei Gründen einen Sonderfall innerhalb der Ausnahmesituation Evakuierung bzw. des außergewöhnlichen Raumes der roten Zonen. Erstens waren sie für diejenigen, die sie ausführten, mit größeren persönlichen Risiken verbunden als die Räumung eines heimischen Unternehmens, bewegten sie sich doch entweder in den vordersten Linien oder im Niemandsland zwischen beiden Armeen. Zweitens wohnte den Zugriffen eine höhere kriegs- und völkerrechtliche Dimension inne. Sie beruhten auf der widerrechtlichen Aneignung fremden Eigentums im Kriegskontext und können mithin als Plünderungen bezeichnet werden. Die Haager Landkriegsordnung von 1907, sowohl von Frankreich als auch von Deutschland ratifiziert, hatte Plünderungen wiederum verboten und unter Strafe gestellt.[86]

Die folgenden Grenzübertritte verorten sich alle in den lothringisch-saarländischen Grenzgebieten, im Bereich zwischen Forbach, Petite-Rosselle, Völklingen und Saarbrücken (siehe Abbildung 2.4, S. 96). Es ist somit auch eine Lokalgeschichte, deren Akteure sich zwar zeitversetzt, jedoch oftmals nur wenige Ki-

86 Dabei ist zu beachten, dass Soldaten, Kombattanten im Sinne der Haager Landkriegsordnung, lediglich für einen der folgenden Grenzübertritte verantwortlich zeichneten. Ansonsten gingen die Zugriffe von französischen oder deutschen Zivilisten aus, die sich in einer rechtlichen Grauzone bewegten.

lometer voneinander entfernt bewegten. In chronologischer Ordnung werden drei Zugriffe, davon ein französischer und zwei deutsche, thematisiert. Das Augenmerk liegt auf den Akteuren und ihrer Motivation für das Nutzbarmachen der gegnerischen Wirtschaftswerte.

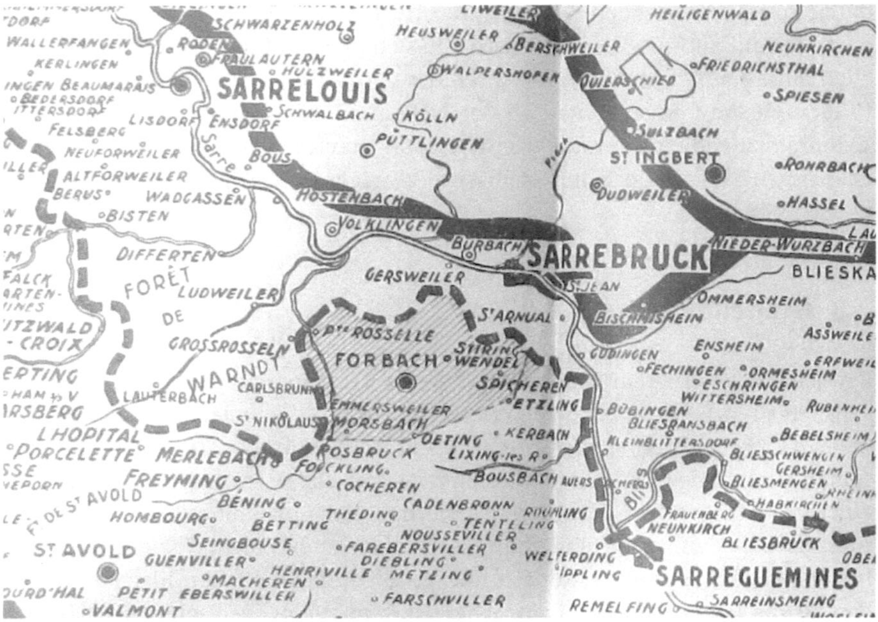

Abb. 2.4: Die saarländisch-lothringische Grenze, AN 190 AQ 52, Journal de guerre des Houillères de Petite-Rosselle, Ausschnitt aus der Begleitkarte. Schraffiert ist das Konzessionsgebiet der Bergwerksgesellschaft von Petite-Rosselle.

Als *question de Velsen* (Frage von Velsen) bezeichneten die Beteiligten einen aus Lothringen kommenden und ins Saarland zielenden Grenzübertritt im September 1939. Er sollte allerdings, das sei bereits vorweggenommen, im Planungsstadium verharren und nie zur Umsetzung kommen. An der Planung beteiligte sich insbesondere der Generaldirektor der Wendel'schen Bergwerke in Petite-Rosselle Roger Cadel.[87] Er fungierte als Chef der Notbelegschaft, die von Anfang September bis zu ihrem Rückzug Mitte Oktober die Bergwerksanlagen

87 Roger Cadel (1890–1956) hatte die berühmte Pariser Ingenieurshochschule *École des Mines* absolviert und begann 1919 seine Karriere bei den Bergwerken in Petite-Rosselle als Ingenieur. Ab 1938 hatte er den Posten des Generaldirektors inne. Zu seiner Biographie siehe den Nachruf auf Cadel in: Annales des Mines 12, 1956, 2.

in Stand hielt. Die fast 300-köpfige Gruppe hatte in den letzten Augusttagen ihre Arbeit aufgenommen. Ihre Tätigkeit bestand u.a. darin, Maschinen und Kohlevorräte aus der Gefahrenzone nach hinten zu transportieren und Hohlräume in einzelnen Schächten zu versetzen.

Am 7. September bezog die französische Armee Posten auf dem Bergwerksgelände und drang in den Folgetagen in den deutschen Warndt, das grenznahe Waldgebiet, ein. Zwar reichte ihr Vormarsch nur wenige Kilometer weit, dennoch schien die Einnahme des von den Saargruben geräumten Bergwerkes Velsen unmittelbar bevorzustehen. Roger Cadel informierte daraufhin am 9. September die *Direction des Mines*, die staatliche Bergwerksverwaltung, über die baldige Einnahme Velsens und die mögliche „reprise"[88] des Bergwerkes. Es ist bemerkenswert, dass die Initiative dabei von Cadel, also einem Unternehmensvertreter aus der roten Zone ausging, der sich zuerst an die höchste Verwaltungseinheit innerhalb seiner Profession wandte. Noch bemerkenswerter ist, dass Cadel vorsah, die Grube Velsen wieder in Betrieb zu nehmen. Der Vorschlag überrascht erstens, weil ja schon das heimische Bergwerk in Petite-Rosselle lediglich auf Sparflamme lief. Zweitens zeugt er von einem gewissen Optimismus und Vertrauen in die längerfristige militärische Entwicklung zugunsten Frankreichs.

Cadels Beweggründe hierfür liegen im Dunkeln. Vielleicht lockte die räumliche Nähe, Velsen befindet sich in Sichtweite von Petite-Rosselle. Außerdem war ihm die Grube wohlbekannt, schließlich hatte die Wendel'sche Bergwerksgesellschaft, in deren Diensten er schon seit vielen Jahren stand, im dazugehörigen Pachtfeld Großrosseln bis 1935 Kohle abbauen dürfen.[89] Der Generaldirektor unternahm bei der *question de Velsen* in jedem Fall keinen Alleingang, sondern stimmte sich eng mit seinem Vorgesetzten François de Wendel, der *Direction des Mines* und der Armee ab.

Am 11. September besprachen Cadel und Vertreter der staatlichen Bergwerksverwaltung das weitere Vorgehen, das mit Einverständnis François de Wendels wie folgt aussah:[90] Nach der militärischen Besetzung Velsens sollte die Armee die ersten sichernden Maßnahmen vornehmen, ehe eine elektrische Leitung vom Schacht St. Joseph in Petite-Rosselle zum nahegelegenen Wetterschacht der Grube Velsen gelegt würde. Nachdem durch den Wetterschacht die

88 „Wiederingangsetzung", AN 190 AQ 52, Journal de guerre des Houillères de Petite-Rosselle, S. 55. Reprise bedeutet wörtlich Wiedereinnahme. Marcel Monpeurt, Ingenieur bei der Notbelegschaft und Autor des Kriegstagebuches von Petite-Rosselle, verwendet es in Berufung auf Cadel eher im Sinne von Wiederanfang (des Betriebes).

89 Zum sogenannten ‚Warndtkohlenraub' aus nationalsozialistischer Perspektive: *Fritz Hellwig*, Lothringen: Eine gemeinfassliche Wirtschaftskunde. Saarbrücken 1942, 43f.

90 Siehe dazu AN 190 AQ 52, Journal de guerre des Houillères de Petite-Rosselle, S. 56.

Belüftung von Velsen sichergestellt war, sollte eine Notbelegschaft unter Order der *Houillères* ihre nicht näher beschriebene Tätigkeit im besetzten Bergwerk aufnehmen. Am 14. September fand eine weitere Sitzung von Cadel, Vertretern der *Direction des Mines* und der örtlichen Pionierabteilung statt. Dabei erklärte die Letztgenannte sich bereit, den für den Anschluss des Wetterschachtes benötigten Transformator und weiteres Material zu besorgen. Die technischen Vorbereitungen schritten voran, erwiesen sich aber mit der militärischen Entwicklung, dem Rückzug der französischen Armee aus dem Warndt hinter die Maginot-Linie, Anfang Oktober als überholt. Die noch auf dem Bergwerksgelände befindlichen Vorposten zogen sich bis Mitte des Monats zurück, sodass die Notbelegschaft am 17. Oktober ihre Arbeit einstellen und Petite-Rosselle gen Hinterland verlassen musste.[91]

Was kann, abgesehen davon, dass er nie zur Ausführung kam, zu diesem ersten französisch-deutschen Grenzübertritt festgehalten werden? Im Unterschied zu seinen Nachfolgern scheint er auf den ersten Blick auf eine längerfristige Ausbeutung ausgerichtet, wofür die geplante Ingangsetzung der Bewetterung und der Einsatz der Notbelegschaft sprechen. Allerdings ist offen, welche Aufgaben die Notbelegschaft übernehmen sollte, ob sie die Grube tatsächlich unterhalten oder nicht eher plündern, also Güter entnehmen, sollte. Trotz dieser Unsicherheit unterscheidet sich das Vorgehen, das Cadel und Co. anvisierten, deutlich von dem der Deutschen in den Bergwerken von Petite-Rosselle einige Monate später. Die Wehrmacht montierte, darauf wird beim dritten Grenzübertritt einzugehen sein, sogar Eisenbahnschienen ab – einen derart umfassenden Zugriff hatten die Franzosen bei der *question de Velsen* im September 1939 (noch) nicht im Sinn.

Dass ihnen dazu auch gar keine Zeit blieb, klang bereits bei den militärischen Entwicklungen ab Oktober 1939 an. Der französische Rückzug hinter die Maginot-Linie ermöglichte wiederum den zweiten Grenzübertritt. Dieser zielte in die Gegenrichtung, nämlich von Völklingen aus nach Petite-Rosselle, das nunmehr im Niemandsland zwischen beiden Fronten lag. Verantwortlich dafür zeichnete der Völklinger Bürgermeister Helmut Eder, gemeinsam mit Angestellten seiner Stadtverwaltung und SA-Männern aus der grünen Zone.[92] Sie began-

---

91 AN 190 AQ 52, Journal de guerre des Houillères de Petite-Rosselle, aide mémoire chronologique, mardi 17 octobre.

92 StA Völklingen A 644, Brief von Helmut Eder an den Leiter des Freimachungsstabes in Wiesbaden, Major Hahn, 20.4.1940, S. 3. Die Völklinger Stadtverwaltung hatte sich Anfang September nach Heusweiler in der grünen Zone zurückgezogen, von dort und aus der Umgebung stammten die SA-Leute.

nen Anfang November, nachdem Eder[93] die Erlaubnis des Kommandeurs der im Warndt stationierten Infanteriedivision Friedrich-Wilhelm von Chappuis erhalten hatte, Läden in Petite-Rosselle zu plündern. Eder und seine Leute transportierten bis Ende des Monats Haushaltsgegenstände, Herde und Betten aus den Geschäften ab; dann stellten sie ihre Tätigkeit aufgrund militärischer Befehle ein.

Nun ist schon allein die Tatsache, dass ein Bürgermeister, der von Amts wegen nichts mit der wirtschaftlichen Evakuierung zu tun hatte, Läden räumte, recht außergewöhnlich. Dass sich letztere in der gegnerischen roten Zone befanden, macht die Angelegenheit noch außergewöhnlicher. Wie also rechtfertigte Eder sein Vorgehen? Zwei Gründe brachte er in Stellungnahmen gegenüber dem Landrat und höheren Wehrmachtstellen vor. Erstens habe er versucht, „dem Reich in geringem Umfange wenigstens das zu ersetzen, was die Franzosen in unseren Dörfern zerstört haben."[94] Die von französischen Truppen bei ihrem Vormarsch begangenen Plünderungen stellten also, gemäß seiner Aussage, den ersten Beweggrund Eders dar. Der zweite bezieht sich auf die Unterbringung der evakuierten Saarländer, die er mit seinem Vorgehen zu verbessern suchte. Aus diesem Grund habe er einen Teil der Gebrauchsgegenstände aus Petite-Rosselle direkt zur NSV nach Kassel, einem der Aufnahmeorte, geschickt. Den anderen Teil habe er an Geschäfte in der grünen Zone verkauft, der Erlös, im Januar 1940 über 26 000 RM, sei ebenfalls den Saarländern im Reichsinnern zugedacht.[95]

Diese Begründungen atmen den Geist des Kontexts, in dem sie entstanden, nämlich der Rechtfertigung Eders gegenüber Stellen, die ihm sein Vorgehen als eigenmächtig und gefährlich vorwarfen. Dem ist vermutlich das diffuse und nicht sehr tragfähige Plünderungsargument zuzurechnen. Der Bürgermeister führte es folgerichtig lediglich in seinem ersten Schreiben an, um sich in diesem Zuge sorgfältig zum Helden zu stilisieren: „Wir hatten dabei die Überzeugung,

93 Der Finanzverwaltungsfachmann Dr. Helmut Eder (1902–1960) war seit 1932 NSDAP-Mitglied. 1937 wurde er, von Gauleiter Josef Bürckel protegiert, Bürgermeister von Völklingen. Als überzeugter Nationalsozialist hinderte er die evakuierte jüdische Bevölkerung daran, 1940 nach Völklingen zurückzukehren. Siehe das Kapitel über Eder in *Günter Isberner unter bes. Mitarbeit von Christian Reuther*, Die Völklinger Bürgermeister von Jakob Kühlwein bis Raymund Durand: Biografische Skizzen. Völklingen 2015, 140–147. Herzlichen Dank an Christian Reuther für den entsprechenden Hinweis.

94 StA Völklingen A 644, Brief von Helmut Eder an den Landrat für den Landkreis Saarbrücken, 30.11.1939, S. 4. Hervorhebung im Original.

95 StA Völklingen A 644, Brief von Helmut Eder an den Landrat für den Landkreis Saarbrücken, 17.1.1940, S. 5.

eine Arbeit zu leisten, die einmal Anerkennung finden würde."[96] Glaubwürdig ist hingegen, dass er die Lebensumstände der Evakuierten in Hessen verbessern wollte, immerhin setzte er hierfür diverse Hebel in Bewegung und nahm persönliche Risiken bei der Plünderung auf sich. Vielleicht mischte sich an dieser Stelle die ehrliche Sorge um die Saarländer mit dem Versuch, die NSDAP als Instanz für das materielle Wohlergehen der Evakuierten zu etablieren. Schließlich lief die Verteilung der Gebrauchsgegenstände aus Petite-Rosselle über die NSV in Kassel und es war der saarpfälzische Gauleiter Josef Bürckel, der über den Verkaufserlös von über 26 000 RM verfügen sollte. Über die genauen Beweggründe Eders kann letztlich nur spekuliert werden. Seine Vorgehensweise unterstreicht in jedem Fall, dass er die Befugnisse der NSDAP im Bereich der ‚Menschenführung' weit fasste und auch auf praktische Angelegenheiten wie die Wohnbedingungen der Evakuierten ausdehnte.

Im Gegensatz zum zweiten Grenzübertritt, dem Fall Helmut Eders, bewegte sich der dritte befehlstechnisch in geregelteren Bahnen und dauerte wesentlich länger an. Von Dezember 1939 bis Mai 1940 plünderte Armeeeinheiten unter Leitung des Saarbrücker Rüstungskommandos Gruben- und Industrieanlagen in den nunmehr besetzten lothringischen Orten Petite-Rosselle, Stiring-Wendel und Forbach. Am 2. Dezember 1939 erbat der Leiter des Rüstungskommandos Hollidt bei der Wiesbadener Rüstungsinspektion die Erlaubnis, Maschinen aus dem Wendel'schen Simonschacht und aus Stiring-Wendel abzutransportieren. Er begründete dies mit der kriegswirtschaftlichen Bedeutung der Güter und regte an, „sie in den Dienst der deutschen Rüstung zu stellen."[97] Auch verlören sie wegen der Witterungs- und Kriegseinwirkungen fortlaufend an Wert; es gelte, schnell zu handeln. Die Rüstungsinspektion stimmte dem Saarbrücker Ansinnen zu, von nun ordnete sich die Angelegenheit in ein festes Gefüge aus regelmäßigen Berichten des Rüstungskommandos und Besichtigungen vor Ort durch die Rüstungsinspektion und andere übergeordnete Armeestellen ein.

In den Folgemonaten demontierten die Soldaten nicht nur die ursprünglich anvisierten Antriebs-, sondern auch Werkzeugmaschinen, Grubenholz und Eisenbahnschwellen. Auch transportierten sie Lokomotiven, Metallvorräte und viele andere Güter ab. Das Rüstungskommando listete in seinem Bericht über das erste Quartal des Jahres 1940 u.a. 5 500 m^3 Grubenholz, 7 000 Eisenbahnschwellen und 1 350 Tonnen Stab- und Rundeisen, ja sogar eine Friseureinrichtung als erbeutetes Material auf.[98] Es ging größtenteils an Militärformatio-

96 StA Völklingen A 644, Brief von Helmut Eder an den Landrat für den Landkreis Saarbrücken, 30.11.1939, S. 6.

97 BA-MA RW 21-54/1, Bericht über das besetzte französische Gebiet, 2.12.1939, fol. 46.

98 BA-MA RW 21-54/2, Bericht über das erste Vierteljahr 1940, fol. 24f.

nen, ebenso an die Saargruben und -hütten sowie Gemeinden in der grünen Zone. Das Rüstungskommando schweigt sich über die weitere Verwendung aus. Es ist allerdings schwer vorstellbar, dass die Maschinen und Vorräte ausschließlich für ihre Erhaltung und Einlagerung ins Hinterland kamen und nicht wenigstens teilweise verwertet wurden.

Die quantitative Ausweitung der Plünderung spiegelt sich auch im Personal wider, im März 1940 erfuhr es eine Aufstockung um zwei Kompanien von je 150 bis 200 Soldaten und eine 30-köpfige LKW-Kolonne. Insgesamt professionalisierte sich der Prozess, weshalb ein Beobachter im Mai 1940 feststellte: „Das Werk Simonschacht wird abgewrackt."[99] Der deutsche Angriff auf die Benelux-Staaten setzte diesem dritten Grenzübertritt ein Ende, am 10. Mai 1940 stellten die Soldaten den Abbau französischer Güter ein und zogen sich auf Befehl des Armeeoberkommandos zurück.

Der Griff nach dem gegnerischen Wirtschaftspotential durch Bergwerksdirektor Cadel auf der einen und Bürgermeister Eder sowie dem Rüstungskommando um Major Hollidt auf der anderen Seite haben gezeigt, dass Grenzübertritte ein wiederkehrendes und anhaltendes Phänomen der Sitzkriegsphase darstellen. Einige der dabei auftretenden Akteure wirkten auch bei den Betriebsräumungen in der eigenen roten Zone mit, sodass ihr Interesse an den gegnerischen Betriebsanlagen weniger überrascht. Das gilt insbesondere für das Saarbrücker Rüstungskommando; bei ihm offenbart sich außerdem eine Traditionslinie, die bis in die Vorbereitungsphase der Evakuierung zurückreicht. Die Dienststelle hatte sich vor 1939 an der Lähmungsplanung beteiligt und in diesem Zusammenhang die Zerstörung lothringischer Werke, u.a. des Grubenkraftwerkes in Petite-Rosselle, diskutiert. Sie war also grundsätzlich mit den dortigen Industrieanlagen vertraut. Ihr Auge richtete sich ab Dezember 1939, der Funktion des Rüstungskommandos gemäß, auf die kriegswirtschaftlich wichtigen Maschinen in Petite-Rosselle. Andere Akteure, wie Roger Cadel oder Helmut Eder, hatten entweder klar eingegrenzte Aufgaben bei der wirtschaftlichen Räumung oder waren a priori gar nicht an ihr beteiligt. Dennoch beteiligten sie sich am Zugriff auf feindliche Güter. Die deutsch-französische Grenzlinie, die seit Kriegsbeginn als Sichtschutz zwischen den Akteuren dies- und jenseits der Frontlinien fungierte, war, das zeigen die Zugriffe, nicht ganz so undurchlässig, wie es den Anschein hatte.

In erster Linie reflektieren die Grenzübertritte die lokale militärische Entwicklung. Sie geht vom französischen Vorstoß in den deutschen Warndt und der damit einhergehenden *question de Velsen* über Helmut Eders Ausflüge ins

99 BA-MA RW 19-1768, Brief von Reichsminister Fritz Todt an Oberstleutnant Sympher, 10.5.1940, fol. 20.

Niemandsland nach dem französischen Rückzug hinter die Maginot-Linie bis zur deutschen Einnahme der vordersten lothringischen Orte. Letztgenannte Verschiebung sollte von Dezember 1939 bis Mai 1940 andauern und es dem Saarbrücker Rüstungskommando ermöglichen, mehrere Wendel'sche Gruben im großen Stil auszuräumen.

Dass die Grenzübertritte dennoch alles andere als lapidare Angelegenheiten waren, bekam Helmut Eder zu spüren, als er die Plünderung Petite-Rosselles auf militärischen Befehl hin einstellen musste. Die Wehrmacht schätzte die Gefahr von Überfällen durch französische Truppen als zu hoch ein und fürchtete außerdem das gesteigerte Eskalationsrisiko an der Front. Doch auch auf völkerrechtlicher Ebene bewegten sich der Völklinger Bürgermeister und später das Saarbrücker Rüstungskommando auf äußerst dünnem Eis, worauf eine interne Notiz aus dem OKH verweist. Auf März 1940 datiert, begründet sie, warum der Ausbau der Maschinenanlage aus dem Simonschacht mit der Haager Landkriegsordnung vereinbar sei.[100] Dem Grundgedanken der Landkriegsordnung, Werte nicht ohne zwingende Notwendigkeit zu zerstören, werde Rechnung getragen, da sich der Simonschacht unter französischem Beschuss befinde. Deshalb ziele der Ausbau eher darauf ab, die Anlage vor der drohenden Zerstörung zu bewahren. Angesichts des gewaltigen Umfanges der Plünderung wirkt diese Interpretation etwas bemüht und an den Haaren herbeigezogen. Sie illustriert umso mehr, dass sich das OKH absichern und eventuellen Vorwürfen entgegentreten wollte; die Grenzübertritte waren, dessen war man sich bewusst, kriegs- und völkerrechtlich schwieriges Terrain.

Zweifellos stellte die militärische Entwicklung die conditio sine qua non für Grenzübertritte in beide Richtungen dar. Sie erklärt aber nur bedingt, warum die Deutschen umfassender und häufiger auf französische Wirtschaftsgüter zugriffen als andersherum. Ein Grund dafür könnte bei den deutschen Akteuren und der Situation in der dortigen roten Zone liegen. Zwar war ihr Zugang streng reglementiert, dennoch hielt sich mit dem Völklinger Bürgermeister, SA-Leuten, der NSV, diversen NSDAP-Kreisleitern, den Wirtschaftsbeauftragten F und der Technischen Nothilfe, um nur einige zu nennen, eine Vielzahl an Zivilisten dort auf. Kurzfristige Kompetenzverschiebungen und die unklare Aufgabenverteilung führten dazu, dass das geräumte Gebiet de facto mehr Menschen offen stand als vorgesehen. Diese ungeordnete Situation begünstigte ihrerseits Initiativen Einzelner. So eröffnete sie für Helmut Eder, planmäßig nicht an der wirtschaftlichen Räumung beteiligt, unerwartete Betätigungsfelder – sowohl in der eigenen als auch in der gegnerischen roten Zone. Im Gegensatz dazu zeichnet sich in der III. Republik in den ersten Kriegsmonaten jenseits der Notbeleg-

100 BA-MA RW 19-1768, Notiz des Wirtschafts-Rüstungsamtes, 12.3.1940, fol. 33.

schaften keine massive Präsenz ziviler Akteure in Lothringen und im Elsass ab. In Abwandlung eines Sprichworts könnte man folglich feststellen, dass es hier in erster Linie an Dieben und vielleicht nur in zweiter an Gelegenheiten mangelte.

2.4 Die rote Zonen räumen

Die Grenzübertritte repräsentieren neben den Räumungsepisoden und -geschichten eine weitere Facette der wirtschaftlichen Evakuierungspraxis. Einige Überlegungen führen nun die deutsche und die französische Evakuierungspraxis zusammen und befassen sich mit dabei zu Tage tretenden Gemeinsamkeiten und Unterschieden. Abschließend werden Lehren thematisiert, die Akteure auf beiden Seiten der Grenze aus den Vorgängen im September 1939 im Hinblick auf zukünftige Betriebsräumungen zogen.

Gemein war den saarpfälzischen, lothringischen und elsässischen Unternehmen, dass die wirtschaftliche Evakuierung, *instruction* und Richtlinie zufolge, der zivilen nachgeordnet war. Erst nach der Abreise der Bevölkerung nahmen die Betriebsräumungen Fahrt auf. Das erschwerte die Bedingungen für die Unternehmen, denn Zivilisten konnten die roten Zonen dann nur noch unter Auflagen betreten und sich nicht mehr frei bewegen.

Die Art und Weise, wie die Räumungsinstanzen dies- und jenseits der Grenze mit dieser Ausgangssituation umgingen, unterschied sich freilich. In Frankreich konstituierte sich die CORTER Nr. 1 als einzige regional zuständige Stelle bereits Ende August und begann vorzeitig mit den ersten Abtransporten. Die somit geschaffene Räumungsstruktur erwies sich als effektiv und die III. Republik in dem Zusammenhang als handlungsfähig. Dieser Befund nuanciert Imlays Urteil, wonach „in the political-economic dimension France failed the test of war."[101] Die Laissez-Faire-Wirtschaftspolitik habe, so Imlay, begünstigt u.a. durch mangelhafte staatliche Koordination, zu einer unzureichenden Mobilisierung ökonomischer Ressourcen geführt. Aus diesem Grund sei es ihr nicht gelungen, Ende der 1930er Jahre die Rüstungsproduktion in ausreichendem Maß zu steigern. So zutreffend die Feststellung für manche Bereiche der Wirtschaft sein mag, so klar zeigt sich, dass die III. Republik es durchaus vermochte, in der Ausnahmesituation der Evakuierung eine valide Struktur auf die Beine zu stellen. Als Basis hierfür diente die jahrelang konsequent vorangetriebene Planung, ehe die Räumung elsässischer und lothringischer Unternehmen ab

101 *Talbot C. Imlay*, Facing the Second World War: Strategy, politics, and economics in Britain and France, 1938–1940. Oxford, New York 2003, 298.

Herbst 1939 in verhältnismäßig geordneten Bahnen erfolgte. Betrachtet man die französische und die deutsche Evakuierungsorganisation im Vergleich, muss eher letzterer eine mangelhafte zentrale Koordination attestiert werden. Immerhin wirkten im nationalsozialistischen Deutschland mehrere zivile und militärische Instanzen parallel und konkurrierten miteinander. Erst verspätet bildeten sie mancherorts gemeinsame Gremien, was nicht zwangsläufig zu einer besseren Zusammenarbeit führte.[102]

Auch in Bezug auf die *société Hirschfeld* und V&B fällt auf, dass das elsässische Unternehmen bereits in den letzten Augusttagen die ersten Waggons verlud. Dabei kam ihm zu Gute, dass sich sein Personal in dieser Zeit noch frei in Straßburg bewegen konnte. Als V&B hingegen in den ersten Septembertagen begann, seine Betriebsgelände zu räumen, war das in der deutschen roten Zone nicht mehr der Fall. Gleichzeitig sollten diese Indikationen nicht überbewertet werden. Immerhin schaffte es der Keramikwarenhersteller rasch, seinen Evakuierungsprozess zu normalisieren und professionalisieren. So hatte er bis Ende September mehr Waggons verschickt als Hirschfelds aus ihrem elsässischen Betrieb. Zwar ist es nicht sinnvoll, Waggonzahlen wegen der unterschiedlich schweren Ladung und dem dafür benötigten Personal zu vergleichen. Dennoch zeigt die Räumungsepisode von V&B, dass saarpfälzische Firmen relativ schnell und erfolgreich räumen konnten. War dies nun trotz oder wegen der parallelen und ungeordneten Zuständigkeiten möglich?

Gemäß der älteren Forschung zum polykratischen NS-Herrschaftsgebilde lautet die Antwort trotz, stellte sie doch vor allem den lähmenden Charakter des Nebeneinanders mehrerer befugter Stellen heraus. Jüngere Beiträge unterstreichen hingegen, dass „Rivalität und Wettbewerb (...) auch Leistungsreserven [mobilisierten] (...).“[103] Personelle Netzwerke und informelle Kommunikationswege hätten zu beschleunigten Entscheidungen geführt, demzufolge wäre in der polykratischen Organisation eher eine Voraussetzung für die rasche Räumung zu sehen. Tatsächlich zeichnen sich in der V&B-Räumungsepisode zahlreiche interorganisationelle Verbindungen ab, die das Unternehmen knüpfte, um die Ausnahmesituation zu meistern. In diesen Bereich fallen die Interventionen Luitwin von Bochs bei höheren Militärstellen, das Vorsprechen von Unternehmensvertretern bei der Wiesbadener Wehrwirtschaftsinspektion und die Kooperation mit der Technischen Nothilfe in der roten Zone. Die polykratische

102 Beispielhaft zum Saarbrücker Räumungsstab, der ab dem 6.9.1939 u.a. Major Hollidt vom Rüstungskommando und die Wirtschaftsbeauftragten F Schmidt und Zirkler zumindest offiziell zusammenbrachte: BA-MA RW 21-54/1, Eintrag vom 6.9.1939, fol. 7.

103 *Sven Reichardt/Wolfgang Seibel*, Radikalität und Stabilität: Herrschen und Verwalten im Nationalsozialismus, in: Sven Reichardt/Wolfgang Seibel (Hrsg.), Der prekäre Staat. Herrschen und Verwalten im Nationalsozialismus. Frankfurt am Main 2011, 7–27, 9.

Struktur gab der Firma gleichsam den Raum und ermöglichte es ihr, die Betriebsgelände in Eigenregie zu räumen. Grundsätzlich gilt für beide Länder, dass die Strukturen um die CORTER, Wirtschaftsbeauftragte und Co. lediglich einen Rahmen markierten; es unterscheidet sich von Fall zu Fall, inwieweit die Unternehmen damit in Berührung kamen.

Die Plünderungen von Geschäften und Unternehmen repräsentieren ein gemeinsames Sitzkriegsphänomen in der III. Republik und im Deutschen Reich. Für die lothringische Stadt Sarreguemines hat dies die Räumungsgeschichte Jean Rogans veranschaulicht. Zu seiner Wahrnehmung Sarreguemines' als „cité de toute évidence sacrifiée“ finden sich durchaus Entsprechungen auf der deutschen Seite. Als Ernst Schmittdiel, der Geschäftsführer einer Saarbrücker Lebensmittel-Großhandlung in den ersten Septembertagen in die Stadt zurückkehrte, sah er sich etwa mit dem Chaos konfrontiert, das Wehrmachtssoldaten und Zivilisten in seinem Laden hinterließen. Er beschrieb die Einstellung der Plünderer mit den Worten: „Die allgemeine Ansicht war offensichtlich: ‚Bevor die Franzosen alles zusammenschiessen, wollen wir uns noch möglichst viel herausholen.‘“[104]

Rogan und Schmittdiel konstruierten folglich ihr jeweiliges Grenzgebiet in übereinstimmender Weise als geopfert und verloren. In Analogie zu Susanne Raus Raumdefinition steht diese Konstruktion in Wechselwirkung mit ihrer materiellen Manifestation, den geplünderten und verwüsteten Privathäusern und Unternehmen. Schon bei ihrer Ankunft nahmen einige Soldaten die roten Zonen als verlorenes Terrain wahr. Entsprechend gering waren die Hemmungen, vor der drohenden Zerstörung „noch möglichst viel herauszuholen.“ Nachdem die Plünderungsspirale einmal in Gang gekommen war, konstruierten die Anwesenden und Neuankömmlinge die Gebiete umso stärker als wüst, geopfert und verloren. So verstetigten sich die roten Zonen als Raum.

Eine weitere Gemeinsamkeit deutscher und französischer Akteure liegt darin, dass sie Lehren aus den Vorgängen im September 1939 zogen und die wirtschaftliche Evakuierungsplanung fortführten. Das ist erstens interessant, weil die Beteiligten, indem sie Lehren formulierten, stets bewerteten und somit ein Urteil über Erfolg oder Misserfolg der Betriebsräumungen fällten. Zweitens bildet die fortgeführte Planung eine Brücke zu späteren Verlagerungen, sei es im Zuge des *exode* in Frankreich im Mai und Juni 1940 oder während der letzten Kriegsmonate 1944/1945 im Deutschen Reich. Welche Schlüsse zogen die Akteure aus den Abläufen im September und wie schlugen sie sich nieder?

Im Deutschen Reich formulierten militärische und zivile Instanzen in den letzten Monaten des Jahres 1939 verschiedene Vorschläge, wie die Organisation

---

104 BArch Berlin R 3101-32215, Bericht von Ernst A. Schmittdiel, 11.9.1939, fol. 215.

im Hinblick auf eine mögliche Evakuierung der grünen Zone zu verbessern sei. Damit wiesen sie implizit auf die als mangelhaft empfundene Durchführung hin. So unterbreitete die Wiesbadener Rüstungsinspektion dem OKH im Dezember 1939 eine umfangreiche Liste mit Maßnahmen, die zu ergreifen seien, sollte es zur Räumung der grünen Zone kommen. Sie sah diverse Vorbereitungsmaßnahmen, etwa die Erkundung möglicher Ausweichstandorte und die präventive Klärung der Kostenfrage für Verlagerungen, vor.[105] Vor allem aber insistierte sie darauf, dass eine militärische Stelle das Unterfangen leiten müsse, wobei dieser Vorschlag aus dem Munde der Rüstungsinspektion kaum überraschen mag. Doch auch andere Erfahrungswerte kamen zur Sprache, etwa der quantitativ wenig erfolgreiche Versuch, evakuierte Saarbergleute im Ruhrgebiet einzusetzen. Dies kritisierte mit dem Landesarbeitsamt Westfalen auch eine externe Instanz und regte an, „die Bergarbeiter in der grünen Zone auf dem unmittelbaren Wege in den Ruhrbergbau“[106] zu bringen. Insgesamt aber, und das ist der entscheidende Unterschied zum französischen Nachbarn, verharrten die Überlegungen im Diskussionsstadium. Es kam zu keiner novellierten Räumungsrichtlinie, in die sie hätten einfließen können. Wohl aber war die Evakuierung 1939/1940 Anlass für den Gesetzgeber, zentrale Aspekte, wie die von der Wiesbadener Rüstungsinspektion angemahnte Frage der Verlagerungskosten für Unternehmen, zu klären. Die Rechtsetzung wirkte sich direkt auf die Industrieverlagerungen späterer Kriegsjahre im Deutschen Reich aus.

In Frankreich hingegen flossen die Septembererfahrungen in die im November 1939 herausgegebene *Instruction générale sur l'organisation et le fonctionnement des Commissions Régulatrices de Transports d'évacuation et de repliement* (CORTER) ein. Die Regierung und der Generalstab zeichneten verantwortlich für die novellierte Richtlinie, die ihre Vorgängerin vom November 1938 ersetzte. Die Herausgeber bemühten sich, bei der wirtschaftlichen Evakuierung zu Tage getretene Probleme zu beheben. So stärkten sie die Rolle des Landwirtschaftsministeriums, das nunmehr neben der *Intendance*, dem *Service des Poudres* und den *Fabrications d'Armement* mit einem eigenen *organe technique* in den CORTER vertreten war.[107] Der Vertreter des Landwirtschaftsministeriums sollte sich insbesondere um die Viehherden im Evakuierungsgebiet kümmern.

105 BA-MA RW 20-12/1, Brief der Rüstungsinspektion XII an General Georg Thomas, 9.12.1939, fol. 111.

106 StA Münster OP 5199, Brief des Präsidenten des Landesarbeitsamtes Westfalen an den Reichsarbeitsminister Franz Seldte, Oktober 1939, fol. 14, Hervorhebung im Original. Ebenfalls zu den Saarbergleuten: BArch Berlin R 3101-32215, Bericht des Wiesbadener Freimachungsstabes über die Freimachung im Wehrkreis XII, fol. 124v–125.

107 SHD 2 N 200, Instruction générale sur l'organisation et le fonctionnement des Commissions Régulatrices de Transports d'évacuation et de repliement, S. 4.

In seinen Aufgabenbereich fielen außerdem die weiterverarbeitenden Unternehmen der Agrarbranche. Der neue Schwerpunkt der *instruction* kann als Reaktion auf die armeeinterne Feststellung, bei der landwirtschaftlichen Räumung hätten sich Missstände gezeigt, gelesen werden.[108] Diese Kritik fand ihren Niederschlag in der überarbeiteten Richtlinie; auch an anderer Stelle verbergen sich in ihr Hinweise auf negative Erfahrungen bei der vergangenen *évacuation*. In Bezug auf die Bevölkerung erinnerte die Richtlinie die CORTER daran, „que tout doit être mis en œuvre pour améliorer la situation matérielle et morale des populations repliées." [109] Ein solch eindringlicher und textlich hervorgehobener Appell fehlt in der früheren Version von November 1938. Hintergrund war eventuell gerade deshalb unzureichender Einsatz und mangelnde Empathie der Kommissionen für die Evakuierten im September 1939.

Während in Frankreich die Räumungserfahrungen also vergleichsweise rasch abstrahiert und auf zentraler Ebene verrechtlicht wurden, taten die deutschen Instanzen trotz entsprechender Forderungen diesen Schritt nicht. Diese unterschiedlichen Wege schreiben den Planungsgang in beiden Ländern fort; einerseits die organische Weiterentwicklung der bisherigen Richtlinien und Aufbau darauf in der III. Republik, andererseits polykratische Konkurrenz und eine gewisse rechtliche Unschärfe im Deutschen Reich. Die überarbeitete CORTER-Richtlinie verweist des Weiteren darauf, dass sich die hergebrachte Struktur in den Augen der französischen Regierung und des Generalstabes grundsätzlich bewährt hatte und lediglich einer Anpassung bedurfte. Im Gegensatz dazu ist gut vorstellbar, dass verschiedene deutsche Instanzen bei einer novellierten Regelung auf eine komplette Neuorganisation und Restrukturierung gedrängt hätten.

Ein unternehmensinterner Erfahrungstransfer von einer Evakuierung zur nächsten lässt sich bei der französischen Industriellenfamilie de Wendel feststellen. Sie war, was ihr selbst weniger Wohlgesonnene attestierten, außergewöhnlich gut auf Kriegseventualitäten vorbereitet.[110] Möglicherweise stellt der

108 SHD 2 N 200, Aide-mémoire sur les questions traitées à la 2e section, ohne Datum, S. 8.
109 „Dass alles getan werden muss, um die materielle und moralische Situation der evakuierten Bevölkerungen zu verbessern." SHD 2 N 200, Instruction générale sur l'organisation et le fonctionnement des Commissions Régulatrices de Transports d'évacuation et de repliement, S. 12, Hervorhebung im Original.
110 Saarstahl-Archiv, A-K009, Nr. 115, Bericht über die De Wendelschen Werke im Fenschtal vom 13.6.1940 bis 28.2.1941. Es handelt sich um einen internen Bericht der Röchling'schen Eisen- und Stahlwerke, wobei die Familie Röchling, insbesondere Hermann Röchling, im Ruf stand, eine spezielle Feindschaft zu Wendels zu pflegen. Sie ist Teil der antagonistischen Konstruktion als genuin deutsche (Röchlings) vs. genuin französische (Wendels) Unternehmerfamilie.

Wendel'sche Erfahrungstransfer folglich eine Ausnahme dar, von anderen Unternehmen sind keine derartigen Quellen bekannt. Die spezielle Sensibilisierung mag auch damit zusammenhängen, dass sich im Ersten Weltkrieg zahlreiche Wendel'sche Betriebsgelände auf Reichsland- oder deutsch besetztem Boden befunden hatten. Zu Anfang des Zweiten Weltkrieges mussten mit den Bergwerken in Petite-Rosselle auch Anlagen der *Compagnie des Petits-fils de François de Wendel* ihren Betrieb räumungsbedingt einstellen. Der Großteil ihrer Werke, etwas weiter im Landesinnern entlang der Flüsse Fensch und Orne gelegen, arbeitete jedoch während des Sitzkrieges weiter. Die Verwaltungsabteilung von Petite-Rosselle kam in dieser Zeit teilweise am Hauptsitz der *Petits-fils de François de Wendel* in Hayange unter. Hayange liegt in der Moselle, unweit des benachbarten Departements Meurthe-et-Moselle.

Welche Vorbereitungsmaßnahmen waren im Hinblick auf eine mögliche Evakuierung des umfangreichen Verwaltungsapparates in Hayange zu treffen? Darüber entspann sich im Februar und März 1940 eine ausführliche Korrespondenz zwischen der Hauptverwaltung sowie François und seinem Bruder Maurice de Wendel. Die *direction administrative* führte verschiedene Hypothesen auf; sie reichten von einer Evakuierung der Zivilisten bei gleichzeitigem Weiterlaufen der Betriebe bis zu einer kompletten Räumung und Stilllegung aller Anlagen.[111] Mit den einzelnen Hypothesen verband sie Vorschläge, wie die Situation angemessen vorbereitet werden könne. Weitere Evakuierungen befanden sich also für die Verwaltungsabteilung eindeutig im Bereich des Vorstellbaren; sie galten sogar als so realistisch, dass es konkreter Vorbereitungsmaßnahmen bedurfte. Die in Hayange befindliche Abteilung aus Petite-Rosselle nahm die *direction administrative* dabei als Klotz am Bein wahr und schlug eine vorzeitige Verlegung vor.

Jenseits der physischen Anwesenheit der Bergwerksgesellschaft aus der roten Zone in Hayange, fungierte Petite-Rosselle des Weiteren als Planungsblaupause. So forderte François de Wendel, die dort gemachten Erfahrungen für zukünftige Räumungen zu nutzen. Im September 1939 habe sich gezeigt, dass es schwierig sei, die komplette Notbelegschaft angesichts nahender feindlicher Truppen vor Ort zu halten.[112] Darüber hinaus neige die Armee dazu, im Eifer des Gefechts die gesamte Bevölkerung, Notbelegschaft eingeschlossen, zu evakuieren. Petite-Rosselle als Blaupause nutzend, stellte er abschließend fest:

111 AN 190 AQ 47, Brief der Hauptverwaltung an François und Maurice de Wendel, 1.2.1940, S. 1–2.

112 AN 190 AQ 47, Brief von François de Wendel an die Hauptverwaltung, 16.2.1940, S. 2.

> Je serais surpris s'il en aille différemment à Hayange et vous engage à ne rien baser sur une éventualité qui a beaucoup de chances de ne pas se produire.[113]

Tatsächlich gelang es Wendels, vor dem Einmarsch der Deutschen im Juni 1940 zahlreiche technische Unterlagen und Akten aus Hayange in Sicherheit nach Paris zu bringen. Hermann Röchling bemühte sich dann ab Juli 1940 als ‚Generalbeauftragter für Eisen und Stahl für die Gebiete Lothringen und Meurthe-et-Moselle, ausgenommen Longwy' um ihre Wiederbeschaffung.[114]

Wie kriegsgefährdete, grenznahe Unternehmen am besten zu räumen seien – diese Frage stand auch nach September 1939 im Raum. Mit ihr befassten sich, das haben die vorangegangenen Seiten gezeigt, sowohl Deutsche als auch Franzosen. Für manche, wie Wendels, sollte die Frage schneller aktuell werden als gedacht. Andere Lehren blieben bloße Theorie und kamen nie zur Umsetzung. Alle weiteren Verlagerungspläne entwickelten sich jedoch vor dem Hintergrund der Erfahrungen 1939/1940, die nunmehr als Referenzpunkt dienten.

Dieses Kapitel hat mit den Räumungserzählungen und Grenzübertritten Bausteine für ein Panorama über den Ablauf der wirtschaftlichen Evakuierung geliefert. Daran schließen nun thematische Tiefenbohrungen an, in diesem Zusammenhang stehen nicht mehr nur die roten Zonen, sondern auch das jeweilige Landesinnere im räumlichen Fokus. Die saarpfälzischen, lothringischen und elsässischen Unternehmen werden bei ihren Wegen durchs Reichsinnere bzw. *la France de l'intérieur* begleitet.

---

113 „Ich wäre überrascht, wenn es in Hayange anders liefe und fordere Sie auf, nichts auf einer Möglichkeit aufzubauen, bei der es wahrscheinlich ist, dass sie nicht eintritt." Ebd.

114 *Hans-Christian Herrmann*, Hermann Röchling in der deutschen Kriegswirtschaft: Ein Beitrag zum Verhältnis von Politik und Wirtschaft im Dritten Reich und zur Polykratiediskussion sowie zur deutsch-französischen Kollaboration, in: Jahrbuch für westdeutsche Landesgeschichte 20, 1994, 405–450, 406–412.

3 Die evakuierten Produktionsmittel

In den ersten Septembertagen des Jahres 1939 stellte die Eduard Rheinberger AG in Pirmasens, der größte Schuhhersteller vor Ort, ihren Betrieb ein. Die 2300-köpfige Belegschaft musste die rote Zone verlassen. Dazu zählte auch eine anonyme Stepperin,[1] die ihre Gefühle in den letzten Stunden vor der Evakuierung in einer Rheinberger-Broschüre rückblickend folgendermaßen beschrieb:

> Seit 15 Jahren schaffte ich in der Stepperei. Werde ich meinen Arbeitsplatz noch einmal wiedersehen? Wird meine Steppmaschine von einer französischen Granate zerschmettert werden?[2]

Ihre Sorge erwies sich als unbegründet. Als sie einige Monate später ihre Tätigkeit im Rheinberger-Ausweichbetrieb in Offenbach wiederaufnahm und dafür sogar die räumliche Trennung von ihren Kindern in Kauf nahm, stellte sie zufrieden, ja geradezu erleichtert fest: „Ich aber konnte wieder arbeiten – an meiner Maschine, die auch aus Pirmasens ausgezogen war.“[3] Aus ihren Worten spricht eine fast freundschaftliche Beziehung zu der Steppmaschine, deren Bedeutung durch die Personifikation („meine Maschine, die auch aus Pirmasens ausgezogen war“) verstärkt wird. Die enge Verbindung von Arbeiterin und Produktionsmittel erklärt sich aus dem Kontext, in dem die Stepperin ihre Erinnerung an die Evakuierungszeit darlegte, oder eher: in dem ihr diese Worte in den Mund gelegt wurden. Es handelt sich um eine Rheinberger-Broschüre über das Jahr 1940. Sie kursierte innerhalb der Belegschaft und bei Geschäftspartnern und diente der Selbstdarstellung des Unternehmens als stark und widerstandsfähig – auch und gerade in turbulenten Zeiten.

Über die emotional aufgeladene Steppmaschine hinaus waren die Produktionsmittel aus den roten Zonen allein aufgrund ihres materiellen Wertes für die Unternehmen von überragender Bedeutung. Sie zu demontieren und abzutransportieren stellte die zentrale Aufgabe und zugleich Voraussetzung dafür dar, die Produktion an anderer Stelle wiederaufzunehmen und somit den materiel-

1 In der Stepperei wurden die zugeschnittenen Lederteile des Schuhschaftes miteinander vernäht, es handelte sich in der Regel um Frauenarbeit: *Anne Sudrow*, Der Schuh im Nationalsozialismus: Eine Produktgeschichte im deutsch-britisch-amerikanischen Vergleich. Göttingen 2010, 180.

2 *Eduard Rheinberger AG*, Rheinberger arbeitet wieder in der Heimat am Westwall. Nimmer sich beugen, kräftig sich zeigen: Ein Versuch, mit Worten und Bildern ein ereignisreiches Jahr einer großen Zeit in Erinnerung zu behalten. Frankfurt am Main, Pirmasens 1940, 10.

3 *Eduard Rheinberger AG*, Rheinberger arbeitet wieder in der Heimat am Westwall. Nimmer sich beugen, kräftig sich zeigen: Ein Versuch, mit Worten und Bildern ein ereignisreiches Jahr einer großen Zeit in Erinnerung zu behalten. Frankfurt am Main, Pirmasens 1940, 10.

https://doi.org/10.1515/9783110591897-004

len Wert zu nutzen. Deshalb rückt dieses Kapitel die materiellen Güter evakuierter Unternehmen, ihre Fertigungsmaschinen, Rohstoffe, Halbfertigprodukte und Produktionsanlagen, in den Mittelpunkt. Diese Objekte werden im Folgenden als Produktionsmittel bezeichnet. In wirtschaftswissenschaftlicher Terminologie handelt es sich um das Kapital der Unternehmen, mithin einen Produktionsfaktor. Produktionsfaktoren umfassen

> Güter materieller und immaterieller Art, deren Einsatz für das Hervorbringen anderer wirtschaftlicher Güter aus technischen oder wirtschaftlichen Gründen notwendig ist.[4]

Eine gängige Einteilung der Produktionsfaktoren besteht in Kapital, Boden und Arbeit. Die drei Kategorien bieten aufgrund ihrer grundlegenden Bedeutung eine geeignete Folie, um unternehmerische Handlungsspielräume während der Evakuierungen zu analysieren. Dieses Kapitel rückt das Kapital evakuierter Betriebe in Gestalt ihrer Produktionsmittel in den Fokus, ehe sich das folgende Kapitel mit dem zweiten Produktionsfaktor, dem Boden, befasst. Er schließt „neben dem Anbau- und Abbauboden auch den (...) Standort für Unternehmungen“[5] ein. Die Frage des Standorts war gerade für die saarpfälzischen, lothringischen und elsässischen Betriebe, die ihre heimische Produktionsstätte evakuierungsbedingt verlassen mussten, ungemein wichtig. Anschließend widmet sich ein Kapitel dem dritten Produktionsfaktor Arbeit, nämlich den evakuierten Belegschaften. Dabei gilt es, ihrem Status als lebendige, denkende und eigenwillige Produktionsfaktoren Rechnung zu tragen.

Was geschah mit den Produktionsmitteln saarpfälzischer, lothringischer und elsässischer Betriebe? Diese Frage berührt verschiedene Ebenen und Akteure. Erstens, wie verfuhren die Unternehmen mit ihren materiellen Gütern? Wie griffen sie darauf zu und verfügten darüber? Zweitens, wie verfuhren externe Akteure, etwa Soldaten, staatliche Vertreter oder geschäftliche Konkurrenten, mit den Gütern evakuierter Betriebe? Wie griffen sie darauf zu und nahmen sich ihrer an? Die Produktionsmittel stellten die wichtigsten finanziellen Werte der Unternehmen und ihre Geschäftsgrundlage dar, sie weckten Begehrlichkeiten und standen im Zentrum zahlreicher Konflikte, die es nachzuvollziehen gilt.

Um die genannten Fragen zu beantworten, wird zuerst der rechtliche Rahmen für Requirierungen und Plünderungen in den roten Zonen sowie Betriebsverlagerungen ins Landesinnere dargelegt. Welche Rechte und Pflichten ergaben sich daraus für die deutschen und französischen Unternehmen? Im An-

4 *N.N.*, Produktionsfaktoren, in: Riccardo Mosena u.a. (Hrsg.), Gabler Wirtschaftslexikon. Wiesbaden 2010, 2437–2439, 2437.

5 *Hans Corsten*, Produktionsfaktoren, in: Artur Woll (Hrsg.), Wirtschaftslexikon. München 2008, 625–626, 625.

schluss erläutert das zweite Unterkapitel, welche Handlungsoptionen sich evakuierten Betrieben in Bezug auf ihre Produktionsmittel Anfang September 1939 eröffneten. Die Handlungsoptionen werden anhand der idealtypischen Kategorien Stilllegung, Weiterbetrieb in den roten Zonen und Verlagerung ins Landesinnere erläutert. Dabei wird besonderes Augenmerk auf die Aushandlungsprozesse zwischen Unternehmen, staatlichen und militärischen Akteuren sowie Konkurrenten gelegt. Abschließend führt ein Zwischenfazit die Untersuchungsergebnisse zusammen.

3.1 Rechtliche Rahmenbedingungen

Die saarpfälzischen, lothringischen und elsässischen Unternehmen bewegten sich ebenso wie ihre Konkurrenten im Landesinnern innerhalb einer Vielzahl nationaler (kriegs-) wirtschaftlicher Regelungen. Einige von ihnen traten mit Kriegsbeginn in Kraft, andere galten bereits zuvor. Sie regelten beispielsweise die Arbeitskräftezuteilung oder die staatliche Kontingentierung von Rohstoffen. Manche Gesetze betrafen die evakuierten Betriebe aufgrund ihres Sitzes in den roten Zonen stärker als andere, einige wurden speziell für sie aus der Taufe gehoben. Auf diese Regelungen wird im Folgenden im deutsch-französischen Vergleich eingegangen. Zuerst werden Ansprüche thematisiert, die den Unternehmen dadurch entstanden, dass die Armeen ihre Produktionsmittel requiriert oder geplündert hatten. Der zweite rechtliche Rahmen betrifft die Wiedereröffnung geräumter Betriebe an anderer Stelle. Beide Bereiche – Requirierung bzw. Plünderung und Wiedereröffnung – waren für die evakuierten Unternehmen beiderseits der Grenze ab September 1939 zentral. Entsprechend maßen sie den juristischen Grundlagen eine hohe Bedeutung bei und verfolgten Neuregelungen aufmerksam.

Sowohl die deutsche als auch die französische Armee durften zivile Güter, seien es private Haushaltsgegenstände, Maschinen oder Warenlager, für Heereszwecke beschlagnahmen. Von dem Recht auf Requirierung machten sie in den roten Zonen umfassend Gebrauch. Dabei war der Grat zwischen rechtmäßiger Konfiszierung für Heereszwecke und Diebstahl, wie bei der Räumungsgeschichte Jean Rogans zur Sprache kam, oftmals schmal. Grundsätzlich folgte die Requirierung einem festgelegten Prozedere, das insbesondere die Ausstellung von Belegen über die beschlagnahmten Werte beinhaltete.

In der III. Republik regelte das *décret du 28 novembre 1938* die Ansprüche der vormaligen Besitzer auf Entschädigung. Artikel 32 sah für jedes betroffene

Departement die Einrichtung einer *Commission d'évaluation* (Schätzkommission) vor, sie sollte die Entschädigungssummen festlegen.[6] An dem Verfahren beteiligten sich neben der Kommission auch der örtliche Bürgermeister und die Armee; es entpuppte sich ab September 1939 als bürokratisch und langwierig. Erschwerend kam hinzu, dass in den teilweise evakuierten Departements Moselle, Bas-Rhin und Haut-Rhin die Kommissionen nur eingeschränkt arbeiten konnten, weil sich ihre Mitglieder in alle Winde zerstreut hatten.[7] Speziell im Räumungsgebiet zeigten sich folglich Mängel des *décret*, was für die vormals dort ansässigen Unternehmen, die Opfer von Requirierungen geworden waren, oftmals mit finanziellen Engpässen einherging.

Die Praxis eines solchen Entschädigungsverfahrens lässt sich bei der *sucrerie d'Erstein*, einer Zuckerfabrik in Erstein nachvollziehen. Sie befindet sich im Departement Bas-Rhin, etwa 25 km südlich von Straßburg. Im September 1939 hatte die Armee 22 000 Säcke mit raffiniertem und Rohzucker im Wert von über 9 000 000 Francs von der *sucrerie* requiriert.[8] Fünf Monate später, im Februar 1940, bemühte sich die Unternehmensleitung um Charles Grégoire immer noch um die entsprechende Entschädigungssumme. Hierfür wandte sie sich nicht nur an Armeestellen, sondern intervenierte auch bei Camille Chautemps, dem für Elsass und Lothringen zuständigen *Vice-Président du Conseil* (stellvertretenden Regierungschef).[9] Im April 1940 zahlte die Armee schließlich 4/5 des Gesamtbetrages aus. Damit erhielt die *sucrerie* zwar einen Großteil, nicht aber die gesamte Summe, auch schwelte weiterhin eine Meinungsverschiedenheit zwischen ihr und dem Militär über den genauen Umfang der beschlagnahmten Waren.[10] Die zeitliche Verzögerung – seit der Requirierung waren inzwischen sieben Monate vergangen – die rechtliche Unsicherheit und die faktische Kapitalminderung gereichten dem Unternehmen zum Nachteil. Zwar vermochte die Zuckerfabrik, die 1939 über einige Kapitalreserven verfügte, diesen finanziellen

---

6 AVS 1 W 2435, Bulletin de Documentation du Groupement des Industriels et Commerçants Alsaciens Repliés (GICAR) 1, März 1940, Extrait du décret du 28 novembre 1938, Artikel 32, S. 8.

7 ADBR 98 AL 284, Note sommaire sur l'activité du Groupement des Industriels et Commerçants Alsaciens Repliés (GICAR), 23.1.1940, S. 3.

8 ADBR 98 AL 276, Note sur les Sucreries et Raffineries d'Erstein, 27.2.1940, S. 2.

9 Ausführlich zu Chautemps (1885–1963): *Jean Jolly*, Chautemps, Camille, in: Jean Jolly (Hrsg.), Dictionnaire des parlementaires français. Paris 1963, 1007–1010. Er war Mitglied der Radikalsozialisten und seit 1938 stellvertretender Regierungschef. Ihm unterstanden verschiedene Organisationen, die sich mit der Evakuierung der drei Grenzdepartements befassten. Dazu zählten die Direction générale des Services d'Alsace et de Lorraine und der zentrale Flüchtlingsdienst Service central des réfugiés.

10 ADBR 98 AL 276, Brief des Contrôleur Général de l'Armée an den Intendant militaire du Bas-Rhin, 29.4.1940, S. 2.

Nachteil auszugleichen, bei weniger kapitalstarken Betrieben gestaltete sich die Situation allerdings anders.

Wenngleich sich das Entschädigungsverfahren über mehrere Monate hinziehen konnte, befanden sich Unternehmen, deren Maschinen oder Vorräte der Requirierung anheimgefallen waren, noch in einer relativ komfortablen Position. Immerhin hatten sie Nachweise über die beschlagnahmten Güter erhalten, das *décret* bildete die Rechtsgrundlage für ihren Anspruch auf Entschädigung. Wie aber verhielt es sich mit jenen Unternehmen, an deren Werten sich die Soldaten bedient hatten, ohne Belege auszustellen? Die so genannten *réquisitions illégales*, ein Euphemismus für Plünderung, waren im Evakuierungsgebiet an der Tagesordnung. Tatsächlich war es den Soldaten einerseits durch die Abwesenheit der Bevölkerung oftmals nicht möglich, dem festgelegten Prozedere zu folgen und den vormaligen Besitzern Belege auszuhändigen. Andererseits ließen manche Armeeeinheiten ihrer Zerstörungswut am Privateigentum Evakuierter freien Lauf. Insgesamt stellten die Plünderungen ein quantitativ bedeutsames und zugleich rechtlich ungelöstes Problem dar, da sich das Dekret vom 28. November 1938 ausschließlich auf Requirierungen bezog. Die zahlreichen geplünderten Betriebe konnten vorläufig nicht auf Entschädigung hoffen.

Jenseits der materiellen Zerstörungen wohnte den Plünderungen eine höhere soziale und politische Dimension inne. Sie wirkten sich auf die Moral der evakuierten Bevölkerung aus, schnell machten Gerüchte über zerstörte Wohnungen und auseinandergenommene Geschäfte entlang der Maginot-Linie die Runde.[11] Die Regierung wiederum fürchtete die negativen moralischen und sozialen Konsequenzen, weshalb die Plünderungen auf die politische Tagesordnung rückten. An den Diskussionen beteiligte sich auch das *Groupement des Industriels et Commerçants Alsaciens Repliés* (GICAR), eine Interessenvertretung evakuierter Unternehmer aus dem Elsass. Im Januar 1940 thematisierte es die Plünderungen während eines Vorsprechens bei der *Vice-Présidence du Conseil* um Camille Chautemps und forderte eine schnelle Lösung des Problems. Ansonsten drohe die nationale Einheit zu zerbrechen, denn:

> Déjà, certaines personnes se prétendant très bien intentionnées, se livrent au racolage des plaintes formulées, dans le but prétendu de faire aboutir les réclamations. En réalité, il s'agit de l'intention sournoise de créer une atmosphère troublée, de servir des intérêts non avoués. On met en cause l'Armee, les Pouvoirs Publics, les Municipalités, etc...[12]

11 Vergleiche dazu die Dissertation von Maude Williams an den Universitäten Tübingen und Paris-Sorbonne: „Kommunikation in Kriegsgesellschaften. Das Beispiel der Evakuierung der deutsch-französischen Grenzregion 1939/1940".

12 „Schon gehen bestimmte Personen, die beste Absichten vortäuschen, auf Kundenfang und sammeln vorgebrachte Klagen, angeblich mit dem Ziel, die Forderungen durchzusetzen. In

Zwar stellte das *Groupement* nicht die Evakuierten, sondern Dritte als Unruhestifter dar, dennoch stand letztlich die nationale Loyalität der Elsässer in Frage. Damit rekurrierte die Vereinigung auf die verbreitete Angst vor der Fünften Kolonne, mit ihr mussten sich insbesondere die Evakuierten aus den Grenzgebieten auseinandersetzen. Oftmals deutschsprachig und im Landesinnern als *Boches* beschimpft, sahen sie sich unter Generalverdacht gestellt.[13] Das GICAR, selbst eine elsässische Organisation, reproduzierte implizit die Zweifel an der nationalen Loyalität der Elsässer und verwendete das Motiv für seine eigenen Zwecke. Um der Unzufriedenheit keine neue Nahrung zu geben, müsse der Staat das GICAR als gemeinnützig anerkennen und als Anlaufstelle für die Schadensmeldungen durch Plünderungen einsetzen. Ein – durch das *Groupement* verwalteter – Entschädigungsfonds müsse ebenso eingerichtet werden wie eine Kommission unter Beteiligung des GICAR für die Überprüfung der Ansprüche. Die so formulierten Vorschläge gingen sehr weit und hatten in dieser Form keine Chance auf Umsetzung.[14] Interessant ist vor allem, dass die Vereinigung gegenüber den politischen Entscheidungsträgern in erster Linie auf die bedrohte Einheit der Nation als Argument zurückgriff, die finanzielle Belastung der evakuierten Unternehmen spielte lediglich eine Nebenrolle. Das zeugt von einer gewissen Nervosität gegenüber den Elsässern und Lothringern, die das GICAR bei Regierungsstellen vermutete und sich zu Nutze machen wollte.

Einige Wochen später, Ende März 1940, kamen die politischen Diskussionen, wie Opfer von Plünderungen in der roten Zone zu entschädigen seien, zu einem vorläufigen Ende. Ein von Camille Chautemps und Kriegsminister Édouard Daladier unterzeichnetes Rundschreiben an alle Ministerien setzte Spezialkommissionen nach Artikel 32 des *décret du 28 novembre 1938* ein. Ihr Geltungsbereich beschränkte sich auf das Evakuierungsgebiet, in dem sie geplünderte Güter sowie deren vormalige Eigentümer ermitteln und die entsprechende Entschädigungssumme festlegen sollten.[15] Nunmehr verfügten Privatpersonen und Unternehmen über eine Rechtsgrundlage, um Schadensersatz für

Wirklichkeit handelt es sich um die hinterlistige Absicht, eine vergiftete Atmosphäre herzustellen, verschleierten Interessen zu dienen. Man stellt die Armee in Frage, die Behörden, die Gemeinden, etc..." ABDR 98 AL 284, Note au sujet des réquisitions dites illégales, 17.1.1940, S. 1.

13 *Laird Boswell*, Fissures dans la nation française: Les réfugiés Alsaciens et Lorrains en 1939–1940, in: Max Lagarrigue (Hrsg.), 1940, la France du repli. L'Europe de la défaite. Toulouse 2001, 197–208, 199–201.

14 Dessen war sich auch das GICAR bewusst. Sein Generalsekretär Macheret verwies einleitend darauf, dass die stark vereinfachten Lösungsvorschläge vor allem dazu dienten, die Diskussion voranzutreiben. ABDR 98 AL 284, Note sommaire sur l'activité du GICAR, 23.1.1940, S. 4.

15 ADBR 98 AL 283, Circulaire au sujet de l'application de la législation sur les réquisitions dans les localités évacuées d'office sur l'ordre de l'autorité militaire, 29.3.1940, S. 6.

beschädigte oder zerstörte Werte in der Moselle, im Bas-Rhin und im Haut-Rhin zu erhalten. Freilich erfolgte die Regelung über ein halbes Jahr nach der Evakuierung reichlich spät. Darüber hinaus ist, gerade in Anbetracht der Erfahrungen mit den Schätzkommissionen, unklar, wie schnell die Spezialkommissionen ihre Arbeit aufnahmen und zu Ergebnissen kamen. Möglicherweise nahm das Verfahren so viel Zeit in Anspruch, dass bis Mai 1940 kaum ein Opfer von Plünderung Schadensersatz erhielt.

Während sich in Frankreich der rechtliche Rahmen für die Entschädigung von Requirierungen von dem für Plünderungen unterschied, fielen im Deutschen Reich beide Tatbestände unter die Sachschädenfeststellungsverordnung vom 8. September 1939. Sie bezog sich auf sämtliche durch den Krieg verursachte Schäden, deren Höhe der zuständige Landrat bzw. Oberbürgermeister in einem vorgeschriebenen Verfahren feststellen sollte.[16] Ähnlich wie das *décret du 28 novembre 1938* galt die Verordnung für das gesamte Staatsgebiet und verfügte über keinerlei Bezug zur evakuierten Grenzregion. Im Unterschied zum *décret* ließ sie allerdings die Entschädigungsfrage explizit offen und sah Vorschüsse gemäß §20 lediglich in Ausnahmefällen vor. De facto bedeutete dies für die betroffenen Unternehmen, dass sie bis auf Weiteres ohne finanziellen Ausgleich für geplünderte oder requirierte Produktionsmittel auskommen mussten.

Diese Rechtslage konnte den evakuierten Unternehmen wirtschaftliche Schwierigkeiten verursachen, weshalb sich die Wirtschaftskammer Saarpfalz bei den Berliner Ministerien um Abhilfe bemühte.[17] Am 6. Juni 1940 brachte Reichsinnenminister Wilhelm Frick schließlich die Richtlinien zu „Vorschüsse[n] auf Sachschäden der gewerblichen Wirtschaft im freigemachten Gebiet“[18] in Umlauf. Die Regelung der Sonderfälle gemäß §20 der Feststellungsverordnung erfolgte somit acht Monate nach der Evakuierung, als der Westfeldzug bereits seit mehreren Wochen lief.

Waren Produktionsmittel in der roten Zone geplündert worden, bei der Räumung verloren gegangen oder beschädigt, berechtigte dies die Unternehmen, Vorschüsse auf Sachschäden zu beantragen. Allerdings grenzten die Richtlinien den Kreis der Begünstigten auf jene Unternehmen ein, die zuvor die staatliche Genehmigung erhalten hatten, einen Betrieb im Reichsinnern zu eröffnen. Auch Gewerbetreibende, die keinen Ausweichbetrieb gegründet hatten, konnten sich um Zuschüsse bemühen, beispielsweise mit dem Ziel, offene Schulden zu be-

16 BArch Berlin R 2-29979, Referat von Wilhelm Bötzkes, Mitglied des Beirats der Reichsbank über „Kreditfragen in den evakuierten Gebieten“ auf der Sitzung des Kreditausschusses des Beirats der Deutschen Reichsbank, 11.12.1939, fol. 65.

17 Eduard Morgenstern, Bevorschussung von Sachschäden, Saarpfälzische Wirtschaftszeitung, 1.7.1940, S. 57–60, S. 58.

18 Ebd.

gleichen. In diesen Fällen sollte durch Direktzahlung an den Gläubiger oder Einzahlung auf ein Sperrkonto sichergestellt werden, dass das Geld nicht in die falschen Hände, die des Evakuierten, gelangte. Die weiterhin produzierenden, d.h. genehmigten Unternehmen stellten freilich die Hauptadressaten der Richtlinien dar. Auf das Genehmigungsverfahren, dem somit eine zentrale Rolle zukam, wird später einzugehen sein. Hier zeigt sich bereits die Ambivalenz staatlicher Hilfe für geräumte deutsche Unternehmen. Der Staat stellte Mittel zur Verfügung, aber er legte auch strenge Kriterien fest, nach denen die Betroffenen in den Genuss der Hilfe kamen oder eben nicht. Die Tatsache, dass jedes Unternehmen aus der roten Zone seine Produktionsstätte aufgrund eines militärischen Befehls, mithin höherer Gewalt, stillgelegt und verlassen hatte, war dabei nicht hinreichend.

Die Vorschussrichtlinien vom Juni 1940 markierten eine Zwischenetappe auf dem Weg zur endgültigen Regelung der Kriegsschäden. Sie erfolgte durch die Kriegssachschädenverordnung vom 30. November 1940, die Opfer von Plünderung und Requirierung dazu berechtigte, Entschädigung vom Deutschen Reich einzufordern. Während die bei Kriegsbeginn erlassene Feststellungsverordnung mit keinem Wort auf die Evakuierungsproblematik eingegangen war, schloss die Sachschädenverordnung vom November 1940 explizit „behördlich ganz oder teilweise freigemachte Gebiete“[19] ein. Auf juristischer Ebene ist somit eine Entwicklung erkennbar, im Zuge derer die Erfahrungen aus der roten Zone ihren Niederschlag fanden.[20] Diese Entwicklung betraf auch die im Sommer 1940 faktisch annektierten Departements Bas-Rhin und Moselle. Im Frühjahr 1941 dehnten Robert Wagner und Josef Bürckel als Chefs der Zivilverwaltung die Kriegssachschädenverordnung auf das Elsass und Lothringen aus. In beiden Gebieten konnten NSDAP-Instanzen Einspruch gegen einen gestellten Entschädigungsantrag erheben, wodurch sich das Verfahren in ein Instrument der politischen Kontrolle verwandelte.[21] Für elsässische und lothringische Unternehmen bildete die Entschädigungsfrage gleichsam eine Brücke von der Evakuierungsphase zur Annexionszeit ab 1940.

Was lässt sich zusammenfassend zu den nationalen Entschädigungsregelungen bezüglich requirierter oder geplünderter Produktionsmittel festhalten?

---

19 RGBl. I, 1940, Kriegssachschädenverordnung, 30.11.1940, S. 1548–1555, S. 1548.

20 Zur Rolle des Saarlandes als Präzedenzfall für die Entwicklung des Kriegsschädenrechts siehe: *Paul Keuth*, 50 Jahre Kriegs- und Nachkriegszeiten 1914–1964, in: Industrie- und Handelskammer des Saarlandes (Hrsg.), 100 Jahre Industrie- und Handelskammer des Saarlandes. Saarbrücken 1964, 137f.

21 Zum Elsass: *Lothar Kettenacker*, Nationalsozialistische Volkstumspolitik im Elsass. Stuttgart 1973, 139, zu Lothringen: *Dieter Wolfanger*, Die nationalsozialistische Politik in Lothringen (1940–1945): zugl. Diss. Universität Saarbrücken, 1976. Saarbrücken 1977, 78.

In beiden Ländern waren die Gesetzgeber auf die Evakuierungen unzureichend vorbereitet. Die im September 1939 gültigen Regelungen trugen den in den roten Zonen auftretenden Problemen keinerlei Rechnung. Erst später, französischerseits im März 1940, deutscherseits im Juni 1940, erließen die verantwortlichen Stellen Richtlinien, die explizit auf die Unternehmen aus den Räumungsgebieten abzielten. Diese zeitliche Verzögerung bedeutete für die geräumten Betriebe eine Bürde und Schlechterstellung. Im schlimmsten Fall standen sie ohne ihre zerstörten heimischen Produktionsmittel und gleichzeitig ohne finanziellen Ausgleich da, um neue Maschinen und Rohstoffe für die Wiedereröffnung im Landesinnern anzukaufen. Die nachteilige Rechtslage verringerte folglich die Handlungsspielräume der Unternehmen, d.h. ihre autonomen „Aktionsmöglichkeiten (...) zur Erhöhung ihres Umsatzes",[22] was insbesondere für wenig finanzkräftige Betriebe existenzbedrohende Züge annehmen konnte.

Ausgehend von diesen Ähnlichkeiten offenbaren sich nationale Unterschiede. Im Gegensatz zu den saarpfälzischen Unternehmen hatten ihre elsässischen und lothringischen Pendants das Recht, während des Sitzkrieges Entschädigung für requirierte Güter einzufordern. Zwar konnten sich die Verfahren, wie anhand der *sucrerie d'Erstein* gezeigt, über mehrere Monate hinziehen, jedoch erhielt die Zuckerfabrik im April 1940 immerhin einen Großteil der Summe. Diese Möglichkeit stand den geräumten deutschen Betrieben zum genannten Zeitpunkt erst gar nicht offen. Darüber hinaus bedachte der französische Staat, als er im März 1940 die Entschädigung für geplünderte Werte regelte, prinzipiell alle evakuierten Unternehmen, indem er keine speziellen Voraussetzungen an die Antragstellung knüpfte. Im Deutschen Reich offenbart sich hingegen bei der Vorschussrichtlinie vom Juni 1940 die Ambivalenz staatlicher Hilfsangebote für geräumte Betriebe. Diese Ambivalenz – Ausschüttung finanzieller Mittel bei gleichzeitiger Steuerung der Wirtschaft – ist charakteristisch für die Interaktion zwischen dem deutschen Staat und den saarpfälzischen Unternehmen.

War es einem Unternehmen gelungen, seine Maschinen und Vorräte unbeschadet ins Landesinnere zu bringen, stellte sich die Frage, wie der deutsche und der französische Staat seine Wiedereröffnung reglementierten. Tatsächlich galt in beiden Ländern eine Genehmigungspflicht. In Frankreich knüpfte das *décret-loi du 9 septembre 1939* die Eröffnung oder Erweiterung aller „entreprises industrielles, commerciales und artisanales"[23] an die Genehmigung des örtlich

---

22 *Christoph Buchheim*, Unternehmen in Deutschland und das NS-Regime 1933–1945: Versuch einer Synthese, in: Historische Zeitschrift 282, 2006, 351–390, 358.

23 „Industrie-, Handels- und Handwerksbetriebe", ADHR 391 W 3, Création, extension, réouverture et transfert d'entreprises, application du décret-loi du 9 septembre 1939 par l'administration et les tribunaux, S. 7.

zuständigen Präfekten. Er hatte dafür die Einschätzung der CCI einzuholen, bei negativem Bescheid konnten die Antragsteller Widerspruch beim Handelsminister einlegen. Die Genehmigungspflicht zielte darauf ab, eingezogene Firmeninhaber in ihrer Abwesenheit gegen aufkommende Konkurrenz zu schützen und gleichzeitig die Versorgung sicherzustellen. Es betraf Industrie, Handel und Handwerk, wobei es insbesondere auf Kleinbetriebe mit dünnerer Personaldecke abzielte. So bedeutete die Einberufung für den Schuster, der einen Einmannbetrieb führte, die sichere Stilllegung seines Geschäftes und die Gefahr erhöhter Konkurrenz nach seiner Rückkehr. Trat hingegen der Generaldirektor einer Firma mit einer 100-köpfigen Belegschaft den Dienst an der Waffe an, führte dies kaum zur Produktionseinstellung. Dennoch ist die Bedeutung des Dekrets auch für größere Betriebe nicht zu unterschätzen, etwa im Hinblick auf einen möglichen Personalengpass nach dem Zuzug eines Konkurrenten aus derselben Branche.

Prinzipiell galt die Genehmigungspflicht auch für die elsässischen und lothringischen Unternehmen, die evakuierungsbedingt ins Landesinnere gekommen waren. Wie war sie in diesem vom Dekret nicht ausgeführten Sonderfall anzuwenden? Darüber entspann sich ab Herbst 1939 eine lebhafte Diskussion, bei der u.a. die Straßburger Handelskammer und der elsässische Abgeordnete Henri Meck als Fürsprecher der geräumten Betriebe auftraten.[24] Sie plädierten gegenüber Camille Chautemps, Handelsminister Fernand Gentin und weiteren Regierungsmitgliedern für eine wohlwollende Rechtsauslegung, wenn nicht gar eine Ausnahmeregelung zugunsten der Evakuierten.

Im Sinne einer wohlwollenden Rechtsauslegung argumentierte auch Handelsminister Fernand Gentin in seinem Rundschreiben vom 30. Oktober 1939 an alle Präfekten. Darin gab er Umsetzungsanweisungen zum Dekret und erklärte, die Aufnahmegebiete stellten einen Sonderfall dar.[25] Die Anwesenheit der Elsässer und Lothringer bedinge einen höheren Bedarf an Konsumgütern, entsprechend seien dortige Wiedereröffnungsanträge von Händlern nur ausnahmsweise abzulehnen. Insgesamt gelte es, die Unternehmen aus dem Grenzgebiet im Hinblick auf die Wiederaufnahme ihrer Produktion zu unterstützen und die

24 Zum Engagement der Straßburger Handelskammer siehe die sehr wohlwollende und leicht übertriebene Darstellung bei *Pierre Eude*, La Chambre de commerce de Strasbourg pendant la guerre 1939–1944. Strasbourg 1949, 19. Henrik Meck (1897–1966), elsässischer Parlamentarier und hochrangiger Funktionär der christlichen Gewerkschaft Confédération française des travailleurs chrétiens, setzte sich während des Sitzkrieges für die evakuierten Bergleute und Unternehmen ein, siehe *Robert Mourer*, Mineurs de charbon lorrain dans l'histoire d'une région frontalière (1856–2004): L'empreinte du syndicalisme chrétien. Sarreguemines 2005, 280f.

25 ADBR 98 AL 290, Brief des Handelsministers Fernand Gentin an alle Präfekten, 30.10.1939, S. 6.

Einstellung evakuierter Belegschaftsmitglieder zu unterstützen. Die zweite Stoßrichtung Gentins – bevorzugte Genehmigung von Ausweichbetrieben, um Elsässer oder Lothringer in Lohn und Brot zu bringen – verweist auf die hohe Bedeutung, die Arbeit im Sinne von Tätigkeit und Beschäftigung für die Evakuierten zukam. Tatsächlich sahen französische Politiker in Arbeit ein probates Mittel, um die Evakuierten zu beschäftigen und zu verhindern, dass sie sich unzufrieden und tatenlos in den Aufnahmegebieten herumtrieben.[26]

Die designierten Aufnahmedepartements, an die sich die Aufforderung nach einer wohlwollenden Auslegung richtete, waren die Charente-Inférieure, die Charente und die Vienne (für die Moselle), die Haute-Vienne, die Dordogne und die Indre (für den Bas-Rhin) sowie der Lot-et-Garonne, das Gers und die Landes (für den Haut-Rhin). Um sicherzustellen, dass die dortigen Präfekten die elsässischen und lothringischen Anträge positiv beschieden, wandte sich Camille Chautemps im November 1939 mit einem weiteren Schreiben an sie. In seiner Antwort unterstrich Henri Moulonguet, Präfekt der Vienne, er habe die Ansinnen Evakuierter so großzügig wie möglich behandelt. Nach Rücksprache mit der Handelskammer in Poitiers habe er allen interessierten Händlern gestattet, ihr Geschäft wiederzueröffnen.[27]

Nun war bereits viel Tinte zur Genehmigungsfrage geflossen, trotzdem gab sich die Handelskammer Straßburg nicht mit dem Stand der Dinge zufrieden. Im Januar 1940 bat sie Camille Chautemps, dafür Sorge zu tragen, dass die elsässischen und lothringischen Eröffnungsanträge nicht nur im Aufnahmegebiet, sondern in ganz Frankreich eine wohlwollende Behandlung erführen. Speziell im Vogesen-Departement, in Nachbarschaft zur roten Zone gelegen, gäbe es Widerstand gegen die Ansiedlung elsässischer Unternehmen.[28] Den Wunsch lehnte der *Vice-Président du Conseil* mit dem Hinweis, das Argument des erhöhten Bedarfs lasse sich eben nicht auf alle Landesteile erweitern, ab.[29]

So blieb es bei der vom *décret-loi du 9 septembre 1939* und dem Rundschreiben des Handelsminister von Ende Oktober 1939 bestimmten Rechtslage. Am 22. April 1940 kodifizierte ein weiterer Erlass des neuen Handelsministers Louis Rollin die vorherige Praxis, nach der eine Unternehmensverlagerung als „créa-

26 ADBR 98 AL 280, Rapport sur l'hébergement des évacués et sur l'assistance aux réfugiés, undatiert, S. 5. Siehe auch: Kapitel 5.2, S. 262.

27 ADBR 98 AL 290, Brief des Präfekten der Vienne Henri Moulonguet an den Vice-Président du Conseil Camille Chautemps, 1.12.1939.

28 ADBR 98 AL 290, Brief der Handelskammer Straßburg an den Vice-Président du Conseil Camille Chautemps, 6.1.1940, S. 1.

29 ADBR 98 AL 290, Brief des Vice-Président du Conseil Camille Chautemps an die Handelskammer Straßburg, 12.1.1940.

tion dans le nouveau cadre local"[30] unter das Dekret vom 9. September 1939 fiel. Damit stand endgültig fest, dass die evakuierten Betriebe der Genehmigungspflicht unterlagen.

Das Engagement der Handelskammer und die umfangreiche Korrespondenz zum Thema verweisen darauf, für wie problematisch die geräumten Unternehmen die Anwendung des *décret-loi du 9 septembre 1939* in ihrem Fall hielten. Die gärende Unzufriedenheit übersetzten die Handelskammer und andere Akteure in politische Forderungen. Dem sei allerdings hinzugefügt, dass die Quellen sich darüber ausschweigen, wie häufig Präfekten Anträge ablehnten und somit eine Wiedereröffnung verhinderten oder welche Erfolgschancen einem Widerspruch beschieden waren. Klar ist, dass jeder elsässische und lothringische Betrieb, der im Landesinnern die Produktion aufnahm, zuvor die Genehmigung erhalten haben musste. Da dies die große Mehrheit betraf, verursachte das Dekret für die breite Masse wohl administrative Mühe, aber keine unlösbaren Probleme.

Welche Gründe einen Präfekten dazu bewogen, ein Gesuch abzulehnen, verdeutlicht der Fall des Pelzhändlers Léon Aboucaya. Aus Straßburg evakuiert, wollte er im Frühjahr 1940 einen Pelzladen in Vichy im Departement Allier eröffnen. Der Präfekt Louis Adam lehnte den Antrag ab und begründete seine Entscheidung mit der negativen Stellungnahme der Handelskammer.[31] Sie sah die Geschäftsinteressen von elf mobilisierten Händlern gefährdet, weshalb sich auch der Bürgermeister von Vichy gegen die Neueröffnung gestellt habe. Der Schutz eingezogener Geschäftsleute war also maßgeblich für die Absage, dabei ging Adam nicht näher darauf ein, wie ein neues Geschäft gleich elf alteingesessene Händler schaden könnte. Eventuell lagen der negativen Stellungnahme der Handelskammer nicht nur protektionistische Erwägungen zu Grunde. Aboucaya legte seinerseits Widerspruch gegen die als ungerechtfertigt empfundene Entscheidung ein. Zwar ging die Angelegenheit in den Wirren des deutschen Angriffs auf Frankreich im Mai 1940 unter, dennoch lassen sich an ihr die Mechanismen des *décret* nachvollziehen: Der Präfekt entschied nach Maßgabe der Auslastung über die Genehmigung und die Antragssteller konnten gegen einen in ihren Augen unzureichend oder fadenscheinig begründeten Bescheid vorgehen. Insgesamt ergibt sich so ein ausbalanciertes Bild der Genehmigungspflicht in der III. Republik.

---

30 „Gründung an anderer Stelle", ADHR 391 W 3, Création, extension, réouverture et transfert d'entreprises, application du décret-loi du 9 septembre 1939 par l administration et les tribunaux, S. 19.

31 ADBR 98 AL 284, Brief des Präfekten der Allier Louis Adam an den Vice-Président du Conseil Camille Chautemps, 29.5.1940.

Während das maßgebliche französische Dekret auf September 1939 datiert, führte Reichswirtschaftsminister Walther Funk die Genehmigungspflicht für evakuierte deutsche Unternehmen erst im Januar 1940 ein. Sie bezog sich auf jede Form der Wiedereröffnung im Landesinnern, etwa die Verlagerung in eine andere Filiale oder die Eröffnung eines neuen Werkes, aber auch die Erweiterung eines bereits gegründeten Ausweichbetriebes.[32] Funk betraute Carl Lüer mit der Entscheidung über die aus dem Bereich des Bezirkswirtschaftsamtes Wiesbaden stammenden Unternehmen, von der Saarbrücker Gießerei bis zur Pirmasenser Schuhfabrik. Carl Lüer (1897–1965) war Gauwirtschaftsberater des Gaus Hessen-Nassau und Präsident der IHK Frankfurt am Main. Der promovierte Wirtschaftsfachmann, seit 1927 NSDAP-Mitglied, galt als unternehmensfreundlicher, eher pragmatischer Nationalsozialist.[33] In seinem Werdegang ist keine persönliche Verbindung zur Saarpfalz erkennbar. Allerdings hatte das nahegelegene, stark industrialisierte Rhein-Main-Gebiet ab September 1939 viele saarpfälzische Unternehmen auf ihrer Suche nach einer Ausweichunterkunft angezogen. Als hessischer Gauwirtschaftsberater und Frankfurter IHK-Präsident sah sich Lüer demzufolge mit den Auswirkungen der Evakuierung konfrontiert. Vor seinem Aufstieg zur höchsten Instanz im Genehmigungsverfahren hatte der Wirtschaftsfachmann bereits einige Expertise im Umgang mit Betrieben aus der roten Zone gesammelt. Ab dem Sommer 1940 übernahm er schließlich in Kooperation mit der Zivilverwaltung um Josef Bürckel verschiedene Aufgaben bei der Eingliederung der lothringischen Wirtschaft in das Deutsche Reich.[34]

Die geräumten Unternehmen wandten sich mit ihrem Genehmigungsantrag an die IHK ihres Heimatbezirkes, beispielsweise die IHK Saarbrücken, nunmehr in Neustadt an der Weinstraße, oder ihre Schwesterkammer in Ludwigshafen. Diese leiteten das Gesuch mit einer Stellungnahme an Lüer weiter. Lüer war wiederum angehalten, nur solche Betriebe zu genehmigen, „deren Weiterfüh-

32 BArch Berlin R 2-29979, Merkblatt für die Meldung von Unternehmen aus dem freigemachten Gebiet, Januar 1940, fol. 175.

33 Er bekleidete darüber hinaus in den 1930er und 1940er Jahren zahlreiche hohe Posten bei privaten Unternehmen und in der Reichswirtschaftskammer, zu seiner Biographie siehe: *Joachim Lilla*, Statisten in Uniform. Die Mitglieder des Reichstags 1933–1945: Ein biographisches Handbuch. Düsseldorf 2004, 391f. In seiner Beurteilung als verhältnismäßig pragmatisch sind sich Ralf Ahrens und Ralf Banken einig: *Ralf Ahrens*, Die Dresdner Bank 1945–1957: Konsequenzen und Kontinuitäten nach dem Ende des NS-Regimes. München 2007, 20 und *Ralf Banken*, Edelmetallmangel und Großraubwirtschaft: Die Entwicklung des deutschen Edelmetallsektors im „Dritten Reich“. Berlin 2009, 209–212

34 Carl Lüer, Der neue Westen und die Kriegsaufgaben der Hessischen Wirtschaft, Frankfurt am Main, 1941, S. 6.

rung im Interesse der Volks- und Kriegswirtschaft erforderlich ist."[35] Bereits eröffnete Ausweichwerke erhielten, außer bei schweren wirtschaftlichen Bedenken, rückwirkend die Genehmigung. Unternehmen, die sich seiner Entscheidung widersetzten, konnte Lüer unter Druck setzen, indem er ihre Rohstoffkontingente strich oder sie bei der Erteilung öffentlicher Aufträge außer Acht ließ.

Was verbarg sich nun hinter dem zentralen Kriterium, dem „Interesse der Volks- und Kriegswirtschaft"? An ihm lässt sich die staatliche Tendenz zur kriegswirtschaftlichen Konzentration und Steuerung festmachen. Demzufolge mussten Unternehmen, die nicht als R- (Rüstungs-) oder W-Betriebe (wehrwirtschaftlich wichtig) eingestuft waren, um ihre Genehmigung bangen. So hatte das Reichswirtschaftsministerium über zwei Monate vor der Einführung des Genehmigungsverfahrens festgestellt:

> Am zweckmäßigsten erscheint es, vorläufig unter allen Umständen so schnell wie möglich die R-Betriebe wieder zu eröffnen, die übrigen W-Betriebe nur insoweit, als die Kapazität im übrigen Reich nicht ausreicht (...). Alle anderen Betriebe sollten, ehe nicht eine grundsätzliche Klärung der Gesamtlage eingetreten ist, <u>vorerst</u> keine Erlaubnis zur Wiederaufnahme der Arbeit erhalten.[36]

Als R-Betriebe galten Rüstungsfirmen, die Wehrmachtsaufträge ausführten und deshalb unter Betreuung eines Rüstungskommandos, mithin einer militärischen Stelle, standen.[37] Die von den Bezirkswirtschaftsämtern betreuten W-Betriebe verfügten über eine sonstige kriegswichtige Produktion oder fungierten als Zulieferer an R-Betriebe. Zu den gefährdeten zählten folglich insbesondere Unternehmen der Konsumgüterbranche, beispielsweise die pfälzischen Schuhfirmen, v.a. jene mit geringer Betriebsgröße, d.h. mit maximal 20 Beschäftigten. Im kleingewerblich geprägten Pirmasenser Schuhsektor machten sie mit drei Vierteln den Löwenanteil der Hersteller aus,[38] sodass hier durchaus von einer strukturellen Bedrohung gesprochen werden kann. Erstens zählte ihr Wirt-

---

35 BArch Berlin R 3101-32216, Brief von Reichswirtschaftsminister Walther Funk an Prof. Dr. Lüer und Oberregierungsrat Stöckinger, 5.1.1940, fol. 205v.

36 BArch Berlin R 3101-32215, Handaktenvermerk „Stand der Räumung am 15.10.1939", fol. 105, Hervorhebung im Original.

37 Zur Einordnung in R- und W-Betriebe: *Roland Peter*, Rüstungspolitik in Baden: Kriegswirtschaft und Arbeitseinsatz in einer Grenzregion im Zweiten Weltkrieg. München 1995, 19–26 und *Ralf Stremmel*, Kammern der gewerblichen Wirtschaft im „Dritten Reich": Allgemeine Entwicklungen und das Fallbeispiel Westfalen-Lippe. Dortmund 2005, 319–324. Der Einfachheit halber werden im Folgenden ausschließlich die Termini Rüstungskommando und Rüstungsinspektion verwendet, auch wenn die Dienststellen bis Dezember 1939 als Wehrwirtschaftsstellen und Wehrwirtschaftsinspektionen firmierten.

38 Stand von 1937: *Ernst Schuster*, Monoindustrielle Agglomeration, in: Ernst Schuster (Hrsg.), Monoindustrielle Agglomeration. Würzburg 1940, 2–30, 21.

schaftszweig, die Militärfertigung ausgenommen, nicht zu den kriegswichtigen. Innerhalb der Schuhbranche galten zweitens vor allem die Kleinbetriebe als technisch und wirtschaftlich weniger leistungsfähig.[39] Ab Januar 1940 verfügte Carl Lüer über ein rechtliches Instrument, mit dem er ihre Wiedereröffnung im Landesinnern verhindern, mithin die kriegswirtschaftliche Konzentration vorantreiben konnte. Das Instrument wäre freilich noch effektiver gewesen, hätte es bereits ab September 1939 gegolten. Die Evakuierung als günstige Gelegenheit für Eingriffe in die bestehende Wirtschaftsstruktur – diese Deutung setzte sich beim Reichswirtschaftsministerium erst ex post durch.

Ähnlich wie die französischen Quellen schweigen sich auch die deutschen über die Praxis des Genehmigungsverfahrens aus. Es ist unklar, ob Carl Lüer vornehmlich kriegswichtige Unternehmen genehmigte oder alle geräumten Betriebe unterstützte. Das gilt ebenso für die Frage, wie sich die Mitwirkung der IHKs auf das Verfahren auswirkte. Setzten sie sich zugunsten ihrer evakuierten Kammermitglieder ein oder orientierten sich ihre Stellungnahmen streng am ‚volks- und kriegswirtschaftlichen Bedarf'? Wenngleich die Frage unbeantwortet bleibt, muss grundsätzlich unterstrichen werden, dass den IHKs im NS-Wirtschaftssystem eine stabilisierende Funktion zukam. Beim Genehmigungsverfahren stellten sie das Wissen über ihre Kammermitglieder und die Verbindung zu ihnen als Ressourcen in den Dienst des Staates. Hierbei handelte es sich keineswegs um ein Novum, da der Gesetzgeber die Kammern bereits zuvor in die Umsetzung wirtschaftsrechtlicher Neuerungen eingebunden hatte. Beispielhaft sei das Einzelhandelsschutzgesetz von Mai 1933 genannt. Die IHKs übernahmen in diesem Zusammenhang die Aufgabe, Interessenten, die ein Einzelhandelsgeschäft eröffnen wollten, hinsichtlich des volkswirtschaftlichen Bedarfs vor Ort und ihrer kaufmännischen sowie politischen Eignung im nationalsozialistischen Sinne zu überprüfen.[40] In diese Tradition reihte sich die Gutachtertätigkeit während des Genehmigungsverfahrens ab Januar 1940 ein, sie ging in ihrer Tragweite weit über den technisch-geschäftlichen Bereich hinaus. Deshalb gilt: „Aus Sicht von Staat und Partei erwiesen sie [die Kammern, LS] sich als effizientes Instrument der Wirtschaftspolitik."[41]

Während der Rückkehr in die Saarpfalz ging das Genehmigungsverfahren in die zweite Runde, auch hier beteiligten sich die IHKs. In ihrem Aufruf „Betriebe im freigemachten Gebiet" knüpfte die saarpfälzische Gauleitung am 29.

39 *Lorenz Harth*, Produktions- und Betriebsprobleme der Pirmasenser Schuhindustrie, in: Ernst Schuster (Hrsg.), Monoindustrielle Agglomeration. Würzburg 1940, 133–196, 160–196.

40 *Ralf Stremmel*, Kammern der gewerblichen Wirtschaft im „Dritten Reich": Allgemeine Entwicklungen und das Fallbeispiel Westfalen-Lippe. Dortmund 2005, 360.

41 *Ralf Stremmel*, Kammern der gewerblichen Wirtschaft im „Dritten Reich": Allgemeine Entwicklungen und das Fallbeispiel Westfalen-Lippe. Dortmund 2005, 21.

Juni 1940 die Rückkehr der Betriebe an die Genehmigung durch Reichskommissar Josef Bürckel.[42] Bürckel setzte zu diesem Zweck in Analogie zu Carl Lüer erneut einen Sonderbeauftragten ein, nämlich den Direktor des gleichnamigen Kaiserslauterer Nähmaschinenherstellers Karl Pfaff. Auf Vorschlag Pfaffs, der wiederum eng mit den IHKs kooperierte, erteilte Bürckel den Unternehmen ihren Genehmigungsbescheid. Erst dann konnten sie auf ihre heimischen Werksgelände zurückkehren. Der Sonderbeauftragte orientierte sich bei seiner Entscheidung einerseits an praktischen Erwägungen, wie der Frage, welcher Betriebe es für die Reparatur und Wiederingangsetzung anderer bedurfte. Andererseits hatte er bezüglich der weiterverarbeitenden Industrie „kriegswirtschaftlichen Notwendigkeiten“[43] Rechnung zu tragen. Die Tatsache, dass es bei dieser recht vagen Umschreibung blieb, eröffnete Pfaff und Bürckel einen gewissen Interpretationsspielraum. Sie ermöglichte es, unliebsamen Unternehmen unter dem Deckmantel „kriegswirtschaftlicher Notwendigkeiten“ die Rückkehr zu verwehren.

Die deutsche Genehmigungspflicht setzte sich also bei der Rückkehr der saarpfälzischen Unternehmen im Sommer 1940 fort. Auch das Prozedere mit einem Sonderbeauftragten ähnelte dem Vorgängerverfahren. Im Gegensatz zu Carl Lüer, der über die Wiedereröffnung geräumter Betriebe im Landesinnern ab Januar 1940 oftmals ex post entschieden hatte, war Pfaffs Zustimmung der Rückkehr im Sommer 1940 zeitlich vorgelagert. Die Vorverlagerung, ein Lerneffekt aus der ersten Genehmigungsrunde, machte aus dem Nachfolgeverfahren ein effektiveres Kontroll- und Steuerungsinstrument.

Ab Juni 1940 fielen neben den saarpfälzischen auch die zurückkehrenden lothringischen Unternehmen in Bürckels Herrschaftsbereich als Chef der Zivilverwaltung. Ebenso wie im benachbarten Elsass waren die vormals evakuierten lothringischen Betriebe von der Genehmigungspflicht befreit, der alle sonstigen Neuerrichtungen von gewerblichen Betrieben unterlagen.[44] Freilich beschränkte sich die Besserstellung auf jene geräumten Unternehmen, die sich in lothringischem bzw. elsässischem Eigentum befanden. Die Enteignung von so genannten jüdischen und innerfranzösischen, sprich aus anderen Landesteilen als dem Elsass oder Lothringen stammenden, Geschäftsinhabern hatten die

42 Aufruf 2 der Gauleitung Saarpfalz „Betriebe im freigemachten Gebiet“, Saarpfälzische Wirtschaftszeitung, 1.7.1940, S. 51.
43 Walter Zorn, Die Wiederingangsetzung der freigemachten saarpfälzischen Betriebe der weiterverarbeitenden Industrie, Saarpfälzische Wirtschaftszeitung, 15.7.1940, S. 88–89, S. 88.
44 Siehe in den jeweiligen Verordnungsblättern der Chefs der Zivilverwaltungen die „Verordnung zur Sicherung des geordneten Aufbaues der Wirtschaft im Elsaß“, 28.9.1940 und ihr lothringisches Pendant vom 1.10.1940.

Chefs der Zivilverwaltungen zu diesem Zeitpunkt schon längst in die Wege geleitet.

Bei der Genehmigungspflicht bestätigt sich das Bild der nationalen Gesetzgeber, welche die Evakuierungen nicht ausreichend vorbereitet hatten. Deshalb kam es zu nachträglichen Regelungen, in der III. Republik im Oktober 1939 durch das Rundschreiben des Handelsministers und im Deutschen Reich im Januar 1940 in bester Polykratiemanier durch die Einsetzung von Sonderinstanzen. Während der französische Handelsminister die evakuierten Unternehmen als Sonderfall des geltenden Dekrets fasste, hob der Reichswirtschaftsminister eine völlig neue Regelung aus der Taufe. Darin äußerte sich der ausgeprägtere Anspruch des deutschen Staates, auch und gerade während der Evakuierung steuernd in die Wirtschaft einzugreifen. Er setzte sich im Sommer 1940 in der Genehmigungspflicht für die zurückkehrenden Unternehmen fort. Die Steuerung zugunsten kriegswichtiger Betriebe findet sich in Frankreich nicht wieder, was den elsässischen und lothringischen Unternehmen der Konsumgüterbranche größere Handlungsspielräume garantierte. Wurde der Antrag Léon Aboucayas, im Departement Allier ein Geschäft zu eröffnen, abgelehnt, stand es ihm offen, Widerspruch einzulegen oder sich einen anderen Standort zu suchen. Beschieden Carl Lüer oder Karl Pfaff einen Genehmigungsantrag negativ, so lagen dem grundsätzlichere Erwägungen, nämlich die Natur der Produktion selbst, zugrunde.

Mit der Entschädigung requirierter und geplünderter Produktionsmittel sowie der Genehmigungspflicht sind zwei zentrale rechtliche Rahmenbedingungen evakuierter Unternehmen vergleichend betrachtet worden. Sie werfen erstens ein Licht darauf, wie sich der deutsche und der französische Staat gegenüber den geräumten Betrieben positionierten. Zweitens wirkten sie sich unmittelbar auf die jeweiligen Räumungsvorgänge aus, indem sie unternehmerischen Handlungsspielräumen Grenzen setzten. Die rechtlichen Rahmenbedingungen stellen deshalb den Ausgangspunkt für die Handlungsoptionen grenznaher Unternehmen dar, die das folgende Unterkapitel nachzeichnet.

3.2 Handlungsoptionen von Unternehmen

Nach der Ausgabe des Evakuierungsbefehls standen die Maschinen der grenznahen saarpfälzischen, elsässischen und lothringischen Unternehmen in den ersten Septembertagen still. Sie mussten nun entscheiden, wie sie mit der erzwungenen Stilllegung und insbesondere ihren brachliegenden Produktionsmitteln umgehen sollten. Sollten bzw. durften sie sie in den Räumungsgebieten belassen, um dort die Produktion wiederaufzunehmen oder, der allgemeinen

Wanderungsbewegung folgend, eine Verlagerung ins Landesinnere anvisieren? Damit sind bereits zwei der Handlungsoptionen genannt, die sich den Betrieben auf beiden Seiten der Grenze eröffneten. Sie werden im Folgenden entlang der Schlagwörter Stilllegung-Weiterbetrieb-Verlagerung dargestellt, wobei eine strenge Trennung zwischen den einzelnen Optionen die Realität evakuierter Unternehmen nicht ausreichend widerspiegelte. In der Praxis ergaben sich oftmals Mischformen und dynamische Verschiebungen; Unternehmen wählten bisweilen mehrere Handlungsoptionen gleichzeitig. Dieses Baukastenprinzip, das den Handlungsoptionen zugrunde lag, tritt bei den zu behandelnden deutschen und französischen Fallbeispielen deutlich zu Tage.

Kern der Handlungsoptionen sind die Aushandlungsprozesse rund um die evakuierten Betriebe und ihre Produktionsmittel. Das Resultat, etwa die dauerhafte Stilllegung, war bisweilen lediglich ein Nebeneffekt und entsprach nicht zwangsläufig der Intention aller, die sich an den Aus- und Verhandlungen beteiligten. In diesem Sinne wird danach gefragt, welche Optionen welchen Unternehmen offen standen und wie verschiedene Akteure sie mit Leben füllten.

Basierend auf ähnlichen betriebswirtschaftlichen Überlegungen, gelten die Handlungsoptionen grundsätzlich gleichermaßen für deutsche und französische Unternehmen. Jedoch betteten sie sich in verschiedene nationale Kontexte ein. Diese beeinflussten die Entscheidungsmöglichkeiten von Unternehmen für oder gegen einen Weg durch die Evakuierung, schlussendlich ihre Handlungsspielräume, maßgeblich mit. Anhand der Handlungsoptionen lassen sich folglich sowohl übereinstimmende Mechanismen während der Unternehmensräumungen in der III. Republik und im Deutschen Reich als auch differente Momente aufzeigen.

3.2.1 Dauerhafte Stilllegung

Die Evakuierung brachte für einige Unternehmen dies- und jenseits der Grenze das endgültige Betriebsende mit sich. In die Kategorie der dauerhaften Stilllegung fallen all jene, die keinen Ausweichbetrieb im Landesinnern eröffneten und auch nach der Rückkehr in die roten Zonen geschlossen blieben – deren produktive Tätigkeit im September 1939 endete. Hierbei muss zwischen kleinen Unternehmen mit wenig Personal und größeren unterschieden werden. Zweifellos führte die Räumung zur Stilllegung vieler Einmannbetriebe, seien es Einzelhandelsgeschäfte in Straßburg oder Schuhhersteller in Pirmasens. Dies konnte folgenden, durchaus realistischen Umständen geschuldet sein: Der Inhaber wurde in die französische Armee bzw. Wehrmacht eingezogen und eröffnete durch Kriegswirren seinen Betrieb später weder am alten Standort noch anderswo wieder. Derartige, den Kriegsumständen zuzuschreibende Fälle kamen, wenn auch zahlenmäßig nicht belegt, mit Sicherheit vielfach vor.

Auf deutscher Seite ist darüber hinaus der politische Wille erkennbar, die Wiedereröffnung kleiner und nicht-kriegswichtiger Betriebe, insbesondere der pfälzischen Schuhindustrie, zu verhindern.[45] Die Gelegenheit der Evakuierung für eine wirtschaftliche „Flurbereinigung"[46] zu nutzen – diese Idee geisterte ab September 1939 durch Berliner Ministerien und Bewirtschaftungsstellen. In bestimmten Bereichen, etwa dem Einzelhandel, kamen ihnen dabei gültige nationalsozialistische Wirtschaftsregelungen wie das Einzelhandelsschutzgesetz zu Hilfe. Es erschwerte den evakuierten Geschäften ihre Wiedereröffnung an anderer Stelle.[47] Hier schließt außerdem die im Januar 1940 eingeführte Genehmigungspflicht an; sie zielte, wie oben ausgeführt, gerade darauf ab, lediglich die ‚volks- und kriegswirtschaftlich wichtigen' Betriebe zu genehmigen. Die III. Republik verfügte über kein vergleichbares repressives rechtliches Instrumentarium, sondern wirkte ganz im Gegenteil auf die wohlwollende Behandlung evakuierter Unternehmen aller Branchen und Größen im Zuge des Genehmigungsverfahrens hin. Auf politisch-rechtlicher Ebene offenbaren sich also nationale Unterschiede im Umgang mit kleinen und weniger kriegswichtigen Betrieben. Es sind allerdings Zweifel angebracht, ob der vage formulierte Plan, die Evakuierung der deutschen roten Zone für ökonomische Konzentrationsprozesse zu nutzen, konsequent zur Umsetzung kam. Die Tatsache, dass er erst einige Monate nach der Evakuierung durch die Genehmigungspflicht Gesetzesform annahm, spricht dagegen.

Im Folgenden liegt der Schwerpunkt weniger auf den beschriebenen kleinen, sondern auf größeren Unternehmen, deren Schließung von den Inhabern im September 1939 nicht intendiert war, sondern als Resultat aus den folgenden Aushandlungsprozessen hervorging. Die Mechanismen einer solchen Liquidation werden am Beispiel der Fenner Glashütte, einer saarpfälzischen Glasfabrik, nachvollzogen. Ihre Eigentümer verkauften die Unternehmensanteile und geräumten Fertigungsmaschinen an Konkurrenten, die Glasproduktion in Fenne gehörte damit ab September 1939 der Geschichte an. Hinter der vermeintlich einfachen Zusammenfassung verbergen sich freilich verschiedenste Interessenlagen. Um sie zu ergründen, wird zuerst die Fenner Glashütte vorgestellt und

45 BArch Berlin R 2-29979, Referat von Wilhelm Bötzkes, Mitglied des Beirats der Reichsbank über „Kreditfragen in den evakuierten Gebieten" auf der Sitzung des Kreditausschusses des Beirats der Deutschen Reichsbank, 11.12.1939, fol. 64.

46 *Lothar Meinzer*, Von der Dauerkrise in die Staatskonjunktur: Die pfälzische Industrie in der Zwischenkriegszeit, in: Gerhard Nestler/Hannes Ziegler (Hrsg.), Die Pfalz unterm Hakenkreuz. Landau 1993, 161–184, 173.

47 RGBl. I, 1933, Gesetz zum Schutze des Einzelhandels, 12.5.1933, S. 262–264.

anschließend ihr Ergehen während der Räumungsphase nachgezeichnet. Die sechs aus der Hütte stammenden Press- und Blasmaschinen dienen dabei als roter Faden. Sie standen im Zentrum der Aus- und Verhandlungen rund um das evakuierte Unternehmen. Eine abschließende Zusammenfassung ordnet die Schließung der Glashütte in größere Zusammenhänge ein und fragt nach ähnlich gelagerten Fällen in Deutschland und in Frankreich.

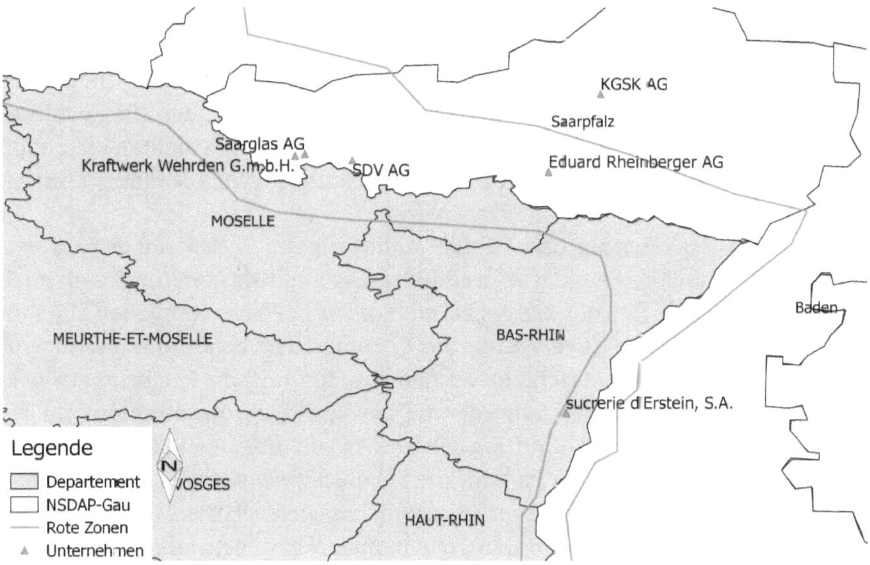

Abb. 3.1: Unternehmen zwischen Stilllegung, Weiterbetrieb und Verlagerung: die Kammgarnspinnerei (KGSK AG) in Kaiserslautern, das Kraftwerk Wehrden in Völklingen-Wehrden, Rheinberger in Pirmasens, die Saarbrücker Druckerei (SDV AG) in Saarbrücken, die Fenner Glashütte (Saarglas AG) in Völklingen-Fenne und die *sucrerie d'Erstein* in Erstein.

Die 1812 gegründete Glashütte befand sich in Fenne, einem Ortsteil von Völklingen auf dem linken Saarufer, fünf Kilometer von der Grenze entfernt (siehe Abbildung 3.1, S. 129). Sie war einer von vielen Glasherstellern, der sich im 19. Jahrhundert entlang der saarländisch-lothringischen Grenze angesiedelt hatte.[48] Nach dem Ersten Weltkrieg befand sich die umfangreiche Glasindustrie im Niedergang. Von der Vielzahl an Hütten blieben auf saarländischer Seite im Jahr 1939 lediglich drei übrig, die Glashütte in St. Ingbert, die zu V&B gehörige

48 Ausführlich zur Geschichte der Fenner Glashütte: *Peter Nest*, Die Fenner Glashütte, in: Peter Nest (Hrsg.), 200 Jahre Fenner Glashütte. Das Glaskarree Clarenthal, Forbach, Carlsbrunn, Fenne. Völklingen 2014, 45–139.

Cristallerie Wadgassen und die Fenner Glashütte. Doch auch die Fenner Hütte, die seit 1934 als Saarglas-Aktiengesellschaft Fenne-Saar firmierte, plagten wirtschaftliche Schwierigkeiten. Kurz nach der Saarabstimmung im Januar 1935 drohte ihr der Konkurs, wogegen der Reichskommissar für das Saarland Josef Bürckel, negative Stimmung fürchtend, intervenierte. Auf sein Betreiben hin erwarb das Deutsche Reich durch seinen Treuhänder Hermann Röchling, Geschäftsführer der Röchling'schen Eisen- und Stahlwerke GmbH (RESW), alle Aktien der Saarglas AG. Die Glashütte in Fenne lief weiter; 1937 übernahmen die RESW den Betrieb und verpflichteten sich, ihn wenigstens fünf Jahre lang mit einer mindestens 500-köpfigen Belegschaft aufrechtzuerhalten. Gleichwohl dauerten die geschäftlichen Schwierigkeiten an, die Hütte blieb für Röchlings ein Zuschussgeschäft. Am Vorabend des Zweiten Weltkrieges stellten die knapp 550 Beschäftigten Qualitätswaren, etwa aus Kristallglas, vor allem aber Massenartikel, wie Konservengläser, her.[49]

Nach der Evakuierung und Betriebsstilllegung am 3. September 1939 verlegte der Vorstand der Saarglas AG sein Büro nach Ludwigshafen, wo sich auch der vorübergehende Sitz der RESW befand. Vor Ort in Fenne verblieben alle Produktionsmittel. Wenige Tage später, am 6. September, befahl das Reichswirtschaftsministerium, die Maschinen zu demontieren und im Reichsinnern wiederaufzubauen.[50] Mit dieser Aufforderung bezog es sich insbesondere auf die sechs automatischen Press- und Blasmaschinen, die der Herstellung von Konservengläsern dienten. Ihnen kam für die Lebensmittelversorgung der Bevölkerung während des Krieges eine wichtige Rolle zu, weshalb das Ministerium auf ihre Weiternutzung drängte. In den Folgemonaten baute ein unternehmensexterner Ingenieur mit einer kleinen Gruppe Fenner Arbeiter die Maschinen ab. Anschließend räumten sie die Vorräte und schickten alle Produktionsmittel in ein Bergungslager nach Berlin, wo sie vorläufig brachlagen. In der Zwischenzeit bemühten sich Georg Hesse, alleiniger Vorstand der Saarglas AG, und die RESW als Aktionär darum, eine stillliegende Hütte außerhalb der roten Zone zu pachten oder zu erwerben und dort die Fertigung wiederaufzunehmen. Diese Bemühungen scheiterten ebenso wie die Versuche, die Maschinen an Konkurrenten zu verpachten.

Spätestens im November änderten Röchlings ihre Strategie und versuchten nunmehr, ihre Anteile an der Saarglas AG zu verkaufen.[51] Ein Konsortium von

---

49 *Carl Büch*, Die Fenner Glashütte 1812–1939, in: Die Schule. Zeitschrift für Erziehung, Unterricht und Heimatkunde 5, 1957, 94–106, 102.

50 *Peter Nest*, Die Fenner Glashütte, in: Peter Nest (Hrsg.), 200 Jahre Fenner Glashütte. Das Glaskarree Clarenthal, Forbach, Carlsbrunn, Fenne. Völklingen 2014, 45–139, 131.

51 Saarstahl-Archiv F-K011, Nr. 2130, Protokoll der Beiratssitzung der Kommanditgesellschaft Gebr. Röchling, 17.11.1939, S. 3f.

Hohlglasproduzenten[52] zeigte Interesse an den Fenner Produktionsmitteln. Es setzte sich aus drei Unternehmen zusammen: der AG für Glasindustrie, vormals Friedrich Siemens in Dresden, H. Heye, Glasfabrik in Annahütte in der Niederlausitz und der Vereinigten Böhmischen Glasindustrie AG in Zuckmantel bei Teplitz-Schönau im Sudetenland. Das Reichswirtschaftsministerium schaltete sich wiederum in die Kaufverhandlungen zwischen Saarglas AG und Konsortium ein und mahnte im Hinblick auf „die baldige Inbetriebnahme der Maschinen“[53] zur Eile. Im Februar 1940 unterzeichneten die Parteien den Kaufvertrag, durch den das Konsortium alle Aktien der Saarglas AG und die gesamten Produktionsmittel erwarb.[54] Die in Berlin eingelagerten Press- und Blasmaschinen wechselten somit den Eigentümer und kamen nach Dresden, Annahütte oder Zuckmantel. Der Vertrag entledigte die Erwerber ausdrücklich von der Pflicht, die Produktion in Fenne später wiederaufzunehmen. Das heimische Betriebsgelände verblieb bei den RESW, die darauf in den folgenden Kriegsjahren ein Zweigwerk einrichteten und Zwangsarbeiter unterbrachten. 1944 erfolgte die Löschung der Saarglas AG im Handelsregister.[55]

Als die Fenner Belegschaft im Sommer 1940 in die Saarpfalz zurückkehrte, fand sie das Werksgelände zwar unbeschädigt, jedoch bar aller Produktionsmittel vor. Da sie ihrer Arbeit in der Glashütte nicht mehr nachgehen konnte, kam ein Teil der Belegschaft in der nahegelegenen Cristallerie Wadgassen und ein anderer Teil bei den RESW unter. Das während der Evakuierung in die Wege geleitete Ende der Glashütte sorgte allerdings noch für Unfrieden, wollte sich doch der ehemalige Fenner Angestellte Josef Probst nicht damit zufrieden geben. Zwischen ihm und den RESW entbrannte Ende 1940 eine Auseinandersetzung um die Frage, wer die Schuld an der Schließung trage. Letztlich stand zur Diskussion, wie zwingend sich die Handlungsoption dauerhafte Stilllegung nach der Evakuierung gestellt hatte.

Seinen Standpunkt vertrat Probst, langjähriger Leiter der Exportabteilung der Glashütte, in der 17-seitigen, maschinengeschriebenen Denkschrift „Fenne 1811–1940. Das tragische Schicksal eines Glasmacher-Dorfes am Westwall“.[56]

52 Hohlglas bezeichnet alle Glasgefäße, die innen hohl sind und gefüllt werden können, etwa Konserven- oder Einmachgläser und Becher.

53 StA VK A 587, Brief des Reichswirtschaftsministers an die Wirtschaftsgruppe Glasindustrie, 9.2.1940, S. 3.

54 Zum Vertragsinhalt siehe Saarstahl-Archiv B-K007, Nr. 42, Geschäftsbericht Saarglas AG Fenne, 31.12.1940, S. 4f.

55 *Peter Nest*, Die Fenner Glashütte, in: Peter Nest (Hrsg.), 200 Jahre Fenner Glashütte. Das Glaskarree Clarenthal, Forbach, Carlsbrunn, Fenne. Völklingen 2014, 45–139, 45.

56 Zu Josef Probst (1890–1967) und seiner Tätigkeit in Fenne: *Karlheinz Helmich/Albert Faust/Dieter Leismann*, Familien im Umfeld der Glashütte(n), in: Peter Nest (Hrsg.), 200 Jahre Fenner

Probst verfasste sie im Dezember 1940 und sandte sie an verschiedene Behörden und NSDAP-Stellen; auch die Tagespresse rekurrierte auf sie. Die Denkschrift erlangte folglich eine gewisse regionale Bedeutung, die sich durch die Gegendarstellung, die sie provozierte, sogar noch verstärkte.

Probst, der als leitender Angestellter in der internen Unternehmenshierarchie eine gehobene Stellung innegehabt hatte, positionierte sich mit seinen Ausführungen als Sprachrohr der nunmehr gekündigten Fenner Belegschaft. In dieser Funktion forderte er, die Glashütte wiederzueröffnen und führte drei Gründe hierfür ins Feld. Er verwies erstens auf ihre hohe technische Leistungsfähigkeit und Produktivität. Um diese zu illustrieren, beschrieb er ausführlich die Produktionsanlagen der Hütte und nannte die „sechs vollautomatische[n] Press- oder Blasmaschinen".[57] Sie ermöglichten die automatisierte Herstellung von Konservengläsern, wodurch Fenne einen wichtigen Beitrag zum ‚Kampf dem Verderb' geleistet habe. Damit reihte Probst das Unternehmen in die staatliche Kampagne ‚Kampf dem Verderb' ein, die sich an die Bevölkerung gerichtet im Rahmen der Autarkiepolitik gegen die Verschwendung von Lebensmitteln einsetzte.[58] Der Verfasser unterstrich zweitens die moralische und soziale Verpflichtung gegenüber der Fenner Belegschaft, die in alle vier Winde zerstreut ihrer Arbeitsplätze beraubt worden sei. Drittens verwies er auf die positiven Zukunftsaussichten des Betriebes, maßgeblich gefördert durch den Zugewinn des elsässischen und lothringischen Absatzmarktes.

Wenn die Hütte trotzdem geschlossen worden sei, liege die Schuld dafür bei drei Stellen. So haben sich die RESW und Georg Hesse nicht ausreichend für die Saarglas AG und ihre Belange eingesetzt. Probst formulierte seine Kritik an Hermann Röchling vorsichtig und erwähnte auch dessen Verdienste um Fenne, dennoch lehnte er sich mit seinen Vorwürfen gegen den Völklinger Patriarchen weit aus dem Fenster. Vor allem aber sei die Konkurrenz für das Ende der Saarglas AG verantwortlich zu machen. Aufgrund des länger schwelenden Konfliktes zwischen dem Hohlglaskartell und Fenne über die Preisbindung hätten sich die im Kartell organisierten Glashersteller während der Evakuierung eines lästigen Konkurrenten entledigt.

Glashütte. Das Glaskarree Clarenthal, Forbach, Carlsbrunn, Fenne. Völklingen 2014, 317–546, 438. Eine Kopie seiner Denkschrift ist in der Dienstbibliothek des Stadtarchivs Völklingen einzusehen.

57 Josef Probst, Fenne 1811–1940. Das tragische Schicksal eines Glasmacher-Dorfes am Westwall, 1.12.1940, S. 4, Hervorhebung im Original.

58 *Frank Sperling*, „Kampf dem Verderb" mit allen Mitteln? Der Umgang mit ernährungsbezogenen Gesundheitsrisiken im „Dritten Reich" am Beispiel der chemischen Lebensmittelkonservierung. Stuttgart 2011, 46–50.

Dergestalt unterfüttert, forderte Probst Behörden und NSDAP-Dienststellen auf, die Wiedereröffnung der Fenner Glashütte in die Wege zu leiten. Um seine Adressaten zu überzeugen, bediente er sich eines emotionalen Tons, der sowohl inhaltlich als auch in der textlichen Gestaltung zum Ausdruck kommt. Auf inhaltlicher Ebene ist auf das reiche emotionale Vokabular „Leidenschaft", „Liebe", „Unglück", „das himmelschreiende Unrecht", „Trostlosigkeit" und „Empörung" zu verweisen. Es findet sich insbesondere im Geleitwort und verdeutlicht, in welchem Maße sich der Autor mit dem Betrieb und seinen Kollegen identifiziert. Für die Leser verlieh seine starke Identifikation Probst wiederum die nötige Autorität, die es ihm gestattete, in Sachen Fenne seine Stimme zu erheben. Während der Ton nach dem Geleitwort stellenweise sachlichere Züge annimmt, ziehen sich die textlichen Hervorhebungen wie Ausrufezeichen und Unterstreichungen als emotionale Marker durch die gesamte Denkschrift.

Probst machte des Weiteren deutliche Anleihen bei der nationalsozialistischen Kampfrhetorik, wobei der ‚Kampf dem Verderb' bereits zur Sprache kam. Angesichts der Adressaten ist das freilich weniger überraschend als die mehrfache, stark ausgeprägte Frontstellung gegen den Kapitalismus. Sie mündet in der Aufforderung, Fenne müsse leben, „denn der Kapitalismus hat nicht mehr das Recht, über lebende Menschen und volkswichtige Einrichtungen nach seinem Gutdünken das Todesurteil auszusprechen!"[59] Die nationalsozialistische Rhetorik bediente sich im Allgemeinen durchaus kapitalismuskritischer Elemente, ihre prominente Platzierung in der Denkschrift ist aber vermutlich einer Besonderheit der saarpfälzischen NSDAP um Josef Bürckel geschuldet. Dessen Herrschaftspraxis und Propaganda trug in der Tradition Gregor Strassers deutlich kapitalismuskritische und sozialrevolutionäre Züge.[60]

Die RESW ließen die Anschuldigungen Probsts nicht unerwidert. Ihre Rechtsabteilung verfasste eine Gegendarstellung, die sie im März 1941 dem Völklinger Bürgermeister Helmut Eder zusandte. Im Begleitschreiben nahm sie Bezug auf das durch die Denkschrift hervorgerufenen Medienecho und erklärte, dennoch nicht in die Debatte eingreifen zu wollen.[61] Vielmehr diene die Gegendarstellung der Richtigstellung und persönlichen Kenntnisnahme Eders. Röchlings waren darüber unterrichtet, dass Probst seine Ausführungen an verschiedene Behörden und NSDAP-Stellen geschickt hatte; die RESW selbst hatten kein

59 Josef Probst, Fenne 1811–1940. Das tragische Schicksal eines Glasmacher-Dorfes am Westwall, 1.12.1940, S. 15, Hervorhebungen im Original.

60 *Klaus-Michael Mallmann/Gerhard Paul/Hans-Henning Krämer*, Herrschaft und Alltag: Ein Industrierevier im Dritten Reich. Bonn 1991, 82–85 und *Wolfgang Freund*, Rassen- und Bevölkerungspolitik in einem expandierenden Gau: Rheinpfalz – Saarpfalz – Westmark, in: Jürgen John u.a. (Hrsg.), Die NS-Gaue. München 2007, 334–347, 337.

61 StA VK A 587, Brief der RESW an Bürgermeister Helmut Eder, 25.3.1941.

Exemplar erhalten. Es ist davon auszugehen, dass sie sich an den selben Adressatenkreis wie Probst wandten und Eder nur einer von mehreren Empfängern war.

Auf 33 maschinengeschriebenen Seiten mit Anlagen bemühten sich die RESW, Probsts Aussagen zu widerlegen und hoben das eigene Engagement für die Glashütte ab 1935 hervor. Darüber hinaus begründeten sie die in ihren Augen unausweichliche und unwiderrufliche Schließung von Fenne. Erstens habe sich die Glashütte bereits vor 1939 in ernsten wirtschaftlichen Schwierigkeiten befunden und nicht rentabel gearbeitet. Hierfür machten die Verfasser externe Faktoren wie Frachtkosten geltend, gingen aber auch auf die maschinellen Anlagen ein, die weniger leistungsfähig seien als in der Denkschrift behauptet. So handele es sich bei den Press- oder Blasmaschinen nicht um Voll-, sondern lediglich um Dreiviertelautomaten, gewisse Arbeitsschritte müssten immer noch von Hand erledigt werden.[62] Als zweiten Grund nannten die RESW den Druck, den das Reichswirtschaftsministerium nach der Evakuierung auf die Saarglas AG ausgeübt habe. Es habe darauf hingewirkt, die für die Herstellung von Konservengläsern unabdingbaren Maschinen so schnell wie möglich wieder in Betrieb zu nehmen. Da alle anderen Optionen wie der Ankauf einer stillliegenden Hütte gescheitert waren, habe das Ministerium darauf gedrängt, die Kaufverhandlungen mit dem Konsortium bis Ende Januar 1940 abzuschließen. Es habe gegenüber den RESW klar gemacht, dass „weitere Verzögerungen als Sabotage an ernährungswissenschaftlich wichtigen Planungen angesehen werden müssten."[63] Drittens gebe es nach der Eingliederung der nahegelegenen lothringischen Glasindustrie keine wirtschaftliche Notwendigkeit, die Fenner Hütte wieder in Betrieb zu nehmen. Hinzu komme, dass die evakuierten Maschinen andernorts im Einsatz seien und ihren Zweck erfüllten.

Diese Argumente trugen die RESW in einem rational geprägten Ton vor und untermauerten sie mit umfangreichen Gewinn- und Verlustrechnungen sowie Investitionszahlen. Somit begegneten Röchlings Probsts emotional geprägten Ausführungen mit professioneller Rationalität und hofften, ihre Adressaten durch ostentativ vernünftige Argumente zu überzeugen. Ähnlich wie der frühere Angestellte der Fenner Hütte bedienten auch sie sich nationalsozialistischer Rhetorik, indem sie einen recht überraschenden Vorschlag formulierten. Man könne die Fenner Facharbeiter nach Lothringen bringen und in der Glasindustrie einsetzen, um „dort den blutsmässig deutschen Menschenstamm in volkspolitischem Sinne zu verstärken."[64] Aus ideologischer Perspektive war es

62 StA VK A 587, Gegendarstellung, 18.2.1941, S. 12.
63 Ebd., S. 4.
64 Ebd., S. 30.

schwer möglich, dem zu widersprechen. Dass dies nicht im Sinne Probsts lag und dass die Facharbeiter vielleicht gar nicht nach Lothringen ziehen wollten, nahmen die RESW in Kauf. Letztlich spielte es für sie keine Rolle, ob die Idee zur Umsetzung kam oder nicht, wobei sie nicht völlig aus der Luft gegriffen war. Immerhin reihte sich der Vorschlag in die massive Ausweisung frankophoner Lothringer aus Lothringen und der anschließenden Ansiedlung Deutscher ein, die Gauleiter Josef Bürckel im November 1940 angewiesen hatte.[65]

Außerdem sei darauf hingewiesen, dass die RESW in ihrer Gegendarstellung nicht nur den in der Denkschrift vorgebrachten Argumenten widersprachen, sondern auch deren Verfasser diskreditierten. Zu diesem Zweck streuten sie Zweifel an Probsts Haltung während des Saarreferendums 1935, wobei sie diese nicht näher erläuterten. Im NS-Kontext konnte dies nur bedeuten, dass er sich 1935 für den Status quo oder, schlimmer noch, die Angliederung an Frankreich ausgesprochen hatte. Damit bewegten sich die RESW auf ein Terrain, in dem sie eigentlich nicht verlieren konnten, hatte sich doch Hermann Röchling als eine der Galionsfiguren der Deutschen Front klar für die Angliederung an das Deutsche Reich eingesetzt. Der intendierte Kontrast zwischen dem überzeugten Nationalsozialisten Hermann Röchling und dem politisch unbeschriebenen Blatt Josef Probst wurde dergestalt manifest.

Die aufwändige und nicht zuletzt seitentechnisch umfangreiche Reaktion der RESW deutet daraufhin, dass das Unternehmen die Angelegenheit Fenne sehr ernst nahm. Zwar mutet die Konfrontation zwischen Probst, dem ehemaligen Angestellten einer Glashütte, und Röchling, dem Großindustriellen und Patriarchen der Völklinger Hütte, auf den ersten Blick wie der Kampf von David gegen Goliath an. Doch gerade wegen der ungleich verteilten Rollen und weil die Röchling'sche Selbstdarstellung als für seine Belegschaft treusorgendes Unternehmen im Zweifel stand, konnte die Denkschrift nicht unerwidert bleiben. Entsprechend wenig glaubhaft wirkt die Aussage, die RESW verfolgten nicht das Ziel, in die Debatte um Fenne einzugreifen. Die Tatsache, dass die Rechtsabteilung sich so intensiv mit der Denkschrift auseinandersetzte, eine Gegendarstellung verfasste und an den Völklinger Bürgermeister sandte, zeugt vom Gegenteil. Die dauerhafte Stilllegung eines größeren evakuierten Betriebes stellte, das zeigt der Fall Fenne, ein Politikum dar, nach dem die Beteiligten nicht einfach wieder zur Tagesordnung übergehen konnten.

Die Angelegenheit Fenne trägt in mehrerlei Hinsicht die Züge einer sehr saarländischen Geschichte, die sich erstens in der Rettungsaktion der Saarglas

---

65 *Henri Hiegel*, Les expulsions et les transplantations en Moselle de 1940 à 1945, in: Mémoires de l'Académie nationale de Metz 1980–1981, 1982, 183–197, 185–191, *Uwe Mai*, „Rasse und Raum“: Agrarpolitik, Sozial- und Raumplanung im NS-Staat. Paderborn [u.a.] 2002, 243–247.

AG nach der Rückgliederung 1935 äußert. Zu diesem Zeitpunkt wollte Reichskommissar Josef Bürckel den drohenden Konkurs des Unternehmens aus propagandistischen Gründen unbedingt verhindern. Das verdeutlicht, welch politische Dimension dem Ökonomischen in dieser neuen Grenzregion des Deutschen Reichs innewohnte. Zweitens verband sich mit der Übernahme durch die RESW das Geschick der Fenner Glashütte mit einem der bekanntesten saarpfälzischen Industriellen, nämlich Hermann Röchling. Drittens ordnet sich ihre Schließung im Zuge der Evakuierung in den allgemeinen Niedergang der vormals bedeutenden regionalen Glasindustrie ein.

Bei der Frage, wer die Stilllegung Fennes verantwortete, muss auf die Verbindung dreier Faktoren verwiesen werden. Es handelt sich erstens um die Intervention des Reichswirtschaftsministeriums, das auf den schnellen Einsatz der Maschinen drängte, die für die Herstellung von Konservengläsern nötig waren. In welcher Form, ob in einem Ausweichbetrieb der Fenner Hütte oder bei einem anderen Glashersteller, spielte zumindest anfangs keine Rolle für das Ministerium. Das führt zum zweiten Faktor, nämlich der Nichtkooperation der Konkurrenten, die sich weigerten, die Maschinen pachtweise zu übernehmen. Zweifellos wäre dies mit höheren Investitionskosten und zeitlicher Unsicherheit verbunden. Ein Blick auf andere Branchen zeigt aber, dass derartige Vereinbarungen zwischen einem evakuierten Betrieb und Geschäftsfreunden im Reichsinnern durchaus vorkamen.[66] Als dritter Faktor kam hinzu, dass die RESW nach September 1939 nur ein begrenztes Engagement für die Fenner Hütte zeigten. Spätestens im November entschieden sie sich, ihre Anteile zu verkaufen und nahmen dabei das Ende der Saarglas AG in Kauf, was sie in ihrer Gegendarstellung wohlweislich verschwiegen. Das Zusammenspiel dieser Faktoren führte zum Ende der Glasherstellung in Fenne.

Im Zentrum der Aushandlungen zwischen der Saarglas AG, ihren Konkurrenten und dem Reichswirtschaftsministerium standen die Produktionsmittel aus Fenne, insbesondere die automatischen Press- und Blasmaschinen. Wegen ihrer Bedeutung für die Lebensmittelversorgung richtete das Ministerium seine Aufmerksamkeit auf sie. Ironischerweise verursachte also gerade die kriegswichtige Fertigung die Zwangslage der Saarglas AG. Nachdem die Alternativen, wie das Mieten einer stillliegenden Hütte, gescheitert waren, erhöhte das Ministerium den Druck auf das evakuierte Unternehmen und dessen Handlungsspielräume verringerten sich sukzessive. Am Ende blieb dem Aktionär nur noch der Verkauf, der allerdings auch im Interesse der RESW lag. Die kriegswichtige

66 Siehe etwa das geräumte Eisenwerk Fraulautern aus Saarlouis, das mit der Neuwalzwerk AG in Bösperde (Westfalen) und dem Eisenhüttenwerk AG Thale kooperierte: BArch Berlin R 2-16374, Entscheidung über den Kreditantrag der Eisenwerk Fraulautern AG, fol. 78v.

Produktion, und das ist eine der wesentlichsten Erkenntnisse aus der Angelegenheit Fenne, schützte geräumte Betriebe im Deutschen Reich nicht zwangsläufig vor der dauerhaften Stilllegung. Das Fallbeispiel der Glashütte führt außerdem die dynamische Entwicklung und das Ineinandergreifen verschiedener Handlungsoptionen vor Augen. Am 3. September 1939 standen der Saarglas AG mehrere Möglichkeiten offen, von der Produktionsaufnahme in einem Ausweichbetrieb bis zum Verleihen der Einrichtung an Konkurrenten. Die dauerhafte Stilllegung kristallisierte sich erst im Laufe der Monate als Resultat heraus. Vermutlich hatte keiner der Beteiligten diesen Ausgang der Dinge am 3. September 1939 bereits intendiert.

Welche Bedeutung kam der dauerhaften Schließung gegenüber anderen Handlungsoptionen saarpfälzischer Unternehmen zu? Anders gefragt: War die Glashütte ein Regel- oder Ausnahmefall? Es ist davon auszugehen, dass es sich um einen Ausnahmefall handelte. Die Einordnung stützt sich erstens auf die Mechanismen der Angelegenheit Fenne. Es bedurfte des oben geschilderten Zusammenspiels dreier Faktoren, um der Glasherstellung in Fenne ein Ende zu setzen. Somit lagen die Hürden für die dauerhafte Stilllegung verhältnismäßig hoch, denn es war gerade nicht die einfache Direktive aus dem Reichswirtschaftsministeriums, die zur Liquidation der Saarglas AG führte. Außerdem wohnte dem Politikum Fenne eine bedeutende propagandistische Dimension inne. Josef Probsts anklagende Feststellung,

> 500 bodenständige fleissige Arbeiter werden rücksichtslos ihrer Arbeitsstelle beraubt, während sie für das Vaterland das Opfer der Trennung von Heimat und Beruf brachten,[67]

stand in offensichtlichem Widerspruch zur offiziellen Rückkehrpropaganda. Sie hatte das Potential, Unfrieden bei den Saarpfälzern zu schüren, was nicht im Sinne der regionalen NSDAP-Stellen und der Wirtschaftselite lag. Zweitens ist kein anderer deutscher Betrieb bekannt, der im Zuge der Evakuierung in ähnlicher Weise die Produktion einstellte.

Gleiches gilt im Übrigen für die französische Seite, auch dort sind keine räumungsbedingten Stilllegungen großer Unternehmen überliefert. Das bedeutet nicht zwingend, dass es sie nicht gab, allerdings spricht einiges dafür, dass sie quantitativ hinter anderen Handlungsoptionen zurücktraten. Dazu trugen in beiden Ländern politische Erwägungen das Ihrige bei. In der Saarpfalz gingen diese hauptsächlich von der Gauleitung um Josef Bürckel und Wirtschaftsberater Wilhelm Bösing aus. Das industrielle Absterben ihres Gaues fürchtend, setzten sie sich während und nach der Evakuierung für den Erhalt seiner Wirt-

67 Josef Probst, Fenne 1811–1940. Das tragische Schicksal eines Glasmacher-Dorfes am Westwall, 1.12.1940, S. 1.

schaftsstruktur ein. So verhinderten sie die freiwillige Abwanderung von Betrieben ins Reichsinnere, worauf später zurückzukommen sein wird, und sorgten darüber hinaus dafür, dass evakuierte Betriebe im Sommer 1940 in die rote Zone zurückkehrten.[68] Diesem Engagement lag der Gaupartikularismus zugrunde, den Mittelinstanzen in Grenzgauen wie der Saarpfalz und Baden stärker als andere pflegten.[69]

Dass die Räumung auch in der III. Republik kaum zu Stilllegungen in großem Stil führte, mag damit zusammenhängen, dass zentralstaatliche Instanzen die Unternehmen aus der *zone rouge* als Arbeitgeber für Evakuierte schätzten. Wie sollten die geräumten Betriebe Elsässer und Lothringer beschäftigen, was expliziter Wunsch der Pariser Regierung war, wenn sie dauerhaft die Produktion einstellten? Diese Überlegung baut auf der Wahrnehmung der Evakuierten als Unsicherheitsfaktor auf, dem durch Arbeit entgegengewirkt werden könnte. Ob zentral formulierter Wunsch nach Beschäftigung für Evakuierte oder saarpfälzischer Gaupartikularismus – in beiden Ländern zeigten politische Entscheidungsträger Interesse daran, dass Unternehmen unbeschadet aus den Evakuierungen hervorgingen.

Schließlich verweist die quantitativ geringe Bedeutung der Handlungsoption dauerhafte Stilllegung darauf, dass es den saarpfälzischen, lothringischen und elsässischen Betrieben mehrheitlich gut gelang, sich den außergewöhnlichen Umständen anzupassen. Indem sie die ihnen zur Verfügung stehenden Ressourcen nutzten, bahnten sie sich ihre Wege durch die Evakuierung. So verschlungen diese sein mochten, in den wenigsten Fällen endeten sie im September 1939.

Abschließend führt nun ein Exkurs zu einem deutschen Sonderfall, bei dem es sich nicht um eine Betriebseinstellung im engeren Sinne handelte, der ihr jedoch gleichkam. Im Zuge der Rückkehr 1940 verhinderte die saarpfälzische Gauleitung den Weiterbetrieb der Saarbrücker Druckerei und Verlag AG (SDV AG). Als nachholender Akt der Gleichschaltung angelegt, setzte sie dem Wirken des konfessionellen Verlages und der Druckerei ein Ende. Derlei politisch moti-

---

68 Zur freiwilligen Abwanderung siehe 3.2.3, S. 175. Siehe außerdem die Gebrüder Adt AG, die ihr Werk in Ensheim an der Saar räumungsbedingt stilllegten und im Sommer 1940 auf Betreiben der Gauleitung in die Saarpfalz zurückkehren mussten: *Hans Adt*, Aus meinem Leben und aus der Geschichte der Firma Gebrüder Adt: Autobiografische Aufzeichnungen. Bad Orb 1978, 84.

69 *Michael Ruck*, Partikularismus und Mobilisierung – traditionelle und totalitäre Regionalgewalten im Herrschaftsgefüge des NS-Regimes, in: Sven Reichardt/Wolfgang Seibel (Hrsg.), Der prekäre Staat. Herrschen und Verwalten im Nationalsozialismus. Frankfurt am Main 2011, 75–120, 99.

vierte Zugriffe stellen eine deutsche Besonderheit dar und finden sich in der demokratisch verfassten III. Republik nicht wieder.

Die SDV AG (siehe Abbildung 3.1, S. 129) war eine katholische Verlagsanstalt mit Sitz in Saarbrücken, die religiöses Schrifttum druckte und die auflagenstarke, zentrumsnahe Saarbrücker Landes-Zeitung herausbrachte.[70] Sie firmierte als Aktiengesellschaft und beschäftigte bei Kriegsbeginn eine ca. 300-köpfige Belegschaft. Einige Jahre zuvor war sie im Zuge der Rückgliederung des Saarlandes an das Deutsche Reich zum Ziel verschiedener Angriffe, u.a. durch die saarpfälzische Gauleitung, geworden. Dabei spielte die Tatsache, dass Josef Bürckel selbst als Herausgeber der konkurrierenden Gau-Zeitung NSZ-Rheinfront fungierte, eine bedeutende Rolle. 1936 trennte sich die SDV AG unter Druck der Reichspressekammer von ihrem Flaggschiff, der Saarbrücker Landes-Zeitung.[71] Obwohl letztere nunmehr eine selbstständige GmbH war, bestanden weiterhin personelle Verbindungen mit der Verlagsanstalt.

Anfang September 1939 stellte die SDV AG ihren Betrieb in Saarbrücken ein.[72] In einem Lokal in Börrstadt bei Kirchheimbolanden in der Pfalz bezog die Abwicklungsstelle der Saarbrücker Landes-Zeitung Quartier, wohingegen die Verlagsanstalt nach Kaiserslautern weiterzog. Mithilfe demontierter Maschinen und abtransportierter Vorräte aus Saarbrücken nahm das Unternehmen dort sukzessive den Vertrieb sowie den Druck von Schulbüchern wieder auf und führte Druckaufträge vormaliger Kunden aus. Wenn auch eingeschränkt, gelang es ihm so, eine gewisse Geschäftstätigkeit aufrechtzuerhalten.

Während die Evakuierungsphase selbst aus Unternehmensperspektive recht glimpflich verlief, läutete die Rückkehr nach Saarbrücken im Sommer 1940 das faktische Ende der Verlagsanstalt ein. Gauleiter Josef Bürckel bediente sich vermutlich der Genehmigungspflicht für heimkehrende saarpfälzische Betriebe als Hebel und knüpfte die Rückkehr der SDV AG an Bedingungen.[73] Das religiöse Schrifttum sei in eine neue Gesellschaft auszugliedern und den Fremd-

70 Zur Geschichte der SDV AG siehe die kürzlich an der Universität Saarbrücken abgeschlossene Dissertation von Andreas Merl: Werden-Wachsen-Wollen - die Saarbrücker Druckerei und Verlag AG. Ein katholisches Unternehmen im Spannungsfeld einer bewegten Region: Vorgeschichte und Fusion - Die Jahre des Aufbaus (1884–1926). Herzlichen Dank an Andreas Merl für die zahlreichen Hinweise zur SDV AG.

71 *Andreas Merl*, Tagespresse im Saargebiet 1918–1945, in: Rainer Hudemann u.a. (Hrsg.), Medienlandschaft Saar von 1945 bis in die Gegenwart. München 2010, 37–59, 55f.

72 Zum Ablauf der Evakuierung siehe: LArch SB SDV AG 9, Gesellschaftsbericht der SDV AG für das Geschäftsjahr 1939/1940, 25.1.1941 und LArch SB SDV AG 210, Personalakte Georg Kiefer, Brief der SDV AG an den Angestellten Georg Kiefer, 23.11.1939.

73 LArch SB SDV AG 17, Restitutionsprozess einer Gruppe ehemaliger Aktionäre (1948–1951), Bericht des ehemaligen Vorstands der SDV AG Josef Hall über die Jahre 1935–1940, 15.3.1941, S. 28.

mietern im Verlagsgebäude zu kündigen. Gleichzeitig übte die NSZ-Rheinfront Verlags GmbH Druck auf die Aktionäre der SDV AG aus und kaufte deren Unternehmensanteile auf. Der einstmals einflussreichen katholischen Verlagsanstalt blieb lediglich die Funktion der Verwaltungsgesellschaft für ihre Immobilie. Außerdem stellte die Saarbrücker Landes-Zeitung im August 1940 – wahrscheinlich auf Anordnung Bürckels, der die Anzahl der Saarbrücker Zeitungen auf zwei reduzieren wollte – ihr Erscheinen ein. Die regelrechte Entkernung der Struktur und des Aufgabenbereichs der SDV AG führte dazu, dass Verlagsdirektor Josef Hall „einen wesentlichen Teil der dem Hause gestellten Lebensaufgaben als undurchführbar“[74] betrachtete. Die Hülle des Unternehmens blieb erhalten, seine ureigene Geschäftstätigkeit, das Verlegen von Presseartikeln, gehörte ab dem Sommer 1940 jedoch der Vergangenheit an. Hall zog daraus Konsequenzen, verließ den Betrieb und übernahm andernorts die Leitung einer Zeitung.

Hinter dieser Entwicklung schimmerte die Handschrift der saarpfälzischen Gauleitung bzw. des ihr nahestehenden NSZ-Rheinfront Verlages deutlich durch. Für sie stellte die Evakuierung die Gelegenheit dar, die ungeliebte SDV AG nach ersten Eingriffen infolge der Rückgliederung 1935 endgültig zu bändigen. Dem lagen politische Interessen, nämlich eine nachholende Gleichschaltung der Presse, zugrunde; laut Josef Hall trachtete die Gegenseite zudem nach dem modern eingerichteten Verlagsgebäude.[75] Die SDV-Abwicklung fiel im Sommer 1940 mit dem Machtzenit Bürckels zusammen. Nach innen bedeutete die im April 1940 erfolgte Zusammenlegung der pfälzischen mit der saarländischen Regierungsbehörde einen wichtigen Schritt in Richtung eines Reichsgaus Saarpfalz. Nach außen erfuhr Bürckels Einflussbereich durch die faktische Annexion Lothringens im Juni 1940 eine starke Ausdehnung, was sich in der folgenden Gründung des NSDAP-Gaues Westmark manifestierte.

Im Deutschen Reich kam es, das zeigt die SDV AG, zu politisch motivierten Eingriffen in evakuierte Unternehmen, die letztlich der Stilllegung des Betriebes gleichkamen. Sie stellten aber Ausnahmen dar. Dafür spricht erstens, dass keine ähnlichen Fälle bekannt sind. Zweitens hatte sich der Großteil der saarpfälzischen Unternehmen bereits vor der Evakuierung auf die nationalsozialistische Linie eingestellt oder war auf sie gebracht worden. Auch die SDV AG, das sei kurz erwähnt, um einer Schwarzweißmalerei vorzubeugen, hatte

74 LArch SB SDV 210, Personalakte Georg Kiefer, Brief von Verlagsdirektor Josef Hall an den Angestellten Georg Kiefer, 22.8.1940.

75 LArch SB SDV AG 17, Restitutionsprozess einer Gruppe ehemaliger Aktionäre (1948–1951), Bericht des ehemaligen Vorstands der SDV AG Josef Hall über die Jahre 1935–1940, 15.3.1941, S. 25.

sich im Vorfeld der Saarabstimmung, zumindest ab April 1934, bei der Berichterstattung in der Saarbrücker Landes-Zeitung vorauseilend gleichgeschaltet.[76] Nichtsdestotrotz war sie der Gauleitung im Jahr 1940 ein Dorn im Auge. Insgesamt taten verspätete Gleichschaltungen im Zuge der Evakuierung in Bürckels Augen vermutlich nur noch selten not. Stellten derartige Eingriffe im Deutschen Reich Ausnahmen dar, kamen sie französischerseits nicht vor. Dort mag es zu wirtschaftlich motivierten Stilllegungen gekommen sein, zu politisch begründeten hingegen nicht. Die SDV AG verweist in diesem Sinne auf die unterschiedlichen Zugriffe eines diktatorisch und eines demokratisch verfassten Regimes auf geräumte Unternehmen.

3.2.2 Weiterbetrieb in den roten Zonen

Einige Unternehmen konnten ihren Betrieb im deutschen und im französischen Evakuierungsgebiet fortführen: Sie transportierten die Produktionsmittel nicht nur ab, sondern nutzten sie vor Ort in der roten Zone im Rahmen einer Geschäftstätigkeit weiter. Diese Handlungsoption trat oftmals in Kombination mit anderen auf. So führten die immobilen Hütten- und Bergwerksgesellschaften ihren Betrieb in den roten Zonen eingeschränkt fort und gründeten gleichzeitig eine Abwicklungsstelle, wenn nicht gar einen Ausweichbetrieb im Landesinnern. Die Kombination verschiedener Handlungsoptionen erlaubte es ihnen, einerseits materielle Wertverluste auf dem heimischen Werksgelände zu minimieren und andererseits Umsatz zu generieren. Sie repräsentiert somit eine Strategie im Umgang mit der Ausnahmesituation Evakuierung.

Nach den militärischen Bewegungen der ersten Wochen, dem Vorstoß der französischen Armee auf deutsches Gebiet und ihrem Rückzug hinter die Maginot-Linie, stabilisierten sich die Frontlinien ab Oktober 1939. Damit stellten sich eine gewisse Sitzkriegsroutine und Normalisierung ein. Sie führten dazu, dass einige Unternehmen zurückkehrten und ihre Produktion wieder aufnahmen, bis der deutsche Angriff im Mai 1940 den Sitzkrieg beendete. Nimmt man die gesamte Evakuierungsphase in den Blick, tendierte die wirtschaftliche Aktivität der roten Zonen lediglich in den ersten Septembertagen gegen Null. In den Folgemonaten stieg die Anzahl der dort tätigen Unternehmen hingegen beständig an.

Die nach Kriegsbeginn andauernden Arbeiten am Westwall stellen in diesem Zusammenhang eine deutsche Besonderheit dar. Sie bedingten die Anwe-

---

76 *Andreas Merl*, Tagespresse im Saargebiet 1918–1945, in: Rainer Hudemann u.a. (Hrsg.), Medienlandschaft Saar von 1945 bis in die Gegenwart. München 2010, 37–59, 53.

senheit von Baufirmen und über 70 000 Westwallarbeitern im Evakuierungsgebiet.[77] Die Zahl veranschaulicht, in welchem Maße Zivilisten den vermeintlich leeren Raum der deutschen roten Zone konstituierten und prägten. Diese Feststellung lässt sich, wie zu zeigen sein wird, problemlos auf das französische Räumungsgebiet übertragen, wenngleich der Bau der Befestigungslinie hier bereits beendet war.

Wie gestaltete sich der Rahmen für Zivilisten, die sich in der roten Zone dies- oder jenseits der Grenze aufhielten? Dazu folgt nun ein kurzer Überblick über die administrativen Bestimmungen für das saarpfälzische Evakuierungsgebiet. Zwar unterschieden sich einzelne Entscheidungswege auf deutscher und französischer Seite, dennoch sind die Verhältnisse grundsätzlich auf Lothringen und das Elsass übertragbar. Ob im Deutschen Reich oder der III. Republik, die geräumten Gebiete befanden sich im militärischen Aufmarschgebiet bzw. der *zone des armées*, wo das jeweilige Militär ab September 1939 staatliche Hoheitsrechte ausübte. Dies wirkte sich dergestalt aus, dass sich Zivilisten nur mit Ausweis und nach vorheriger Einreisegenehmigung in der saarpfälzischen roten Zone aufhalten durften.[78] Wollte ein Betriebsleiter das heimische Werksgelände räumen, so waren der Freimachungsstab beim Wehrkreiskommando in Wiesbaden, das dortige Bezirkswirtschaftsamt, Rüstungskommandos und die Wirtschaftsbeauftragten F befugt, ihm die Einreise zu gestatten. Wollte er das heimische Werk wieder in Gang setzen, so musste er ein Gesuch an den Wirtschaftsbeauftragten F richten. Dieser leitete es an die Ortskommandantur weiter, von dort aus ging es an die Divisionskommandantur, das Korps-Kommando und schließlich an das Armeeoberkommando (AOK) 1.[79]

Neben dem offiziellen Dienstweg gab es Möglichkeiten, das Verfahren abzukürzen. Die in Zweibrücken beheimateten Dinglerwerke, auf die später zurück-

---

77 Die Schätzung stammt von Josef Bürckel, scheint aber weitgehend verlässlich: Die saarpfälzische Wirtschaft im Aufbau, Saarpfälzische Wirtschaftszeitung, 15.4.1941, S. 262. Der Arbeitsalltag der Westwallarbeiter, häufig Dienstverpflichtete und Reichsarbeitsdienstleistende aus allen Teilen des Reiches, war bereits vor September 1939 maßgeblich geprägt durch militärische Elemente wie straffe Lagerdisziplin, strenge Strafmaßnahmen und Appelle. Die Militarisierungstendenz verstärkte sich bei Kriegsbeginn. Aufgrund der besonderen Bedingungen, unter denen die Westwallarbeiter innerhalb der Organisation Todt arbeiteten, bleiben die Westwallarbeiter in dieser Arbeit unberücksichtigt. Ausführlicher zur Organisation Todt und dem Westwallbau siehe *Fabian Lemmes*, Arbeiten für das Reich: Die Organisation Todt in Frankreich und Italien, 1940–1945: zug. Diss. Europäisches Hochschulinstitut Florenz, 2009. in Vorb.

78 Amtsblatt des Reichskommissars für das Saarland Nr. 20, Bekanntmachung zur Polizeiverordnung über Ausweispflicht, 28.10.1939, S. 135–136. Das Amtsblatt ist in der Präsenzbibliothek des Stadtarchivs Neunkirchen einsehbar.

79 LArch Speyer T 88, Nr. 26010, Brief des Freimachungsstabs an den Wirtschaftsbeauftragten F in Neustadt an der Weinstraße, 5.2.1940.

zukommen sein wird, berichteten etwa, die saarpfälzische NSDAP-Gauleitung habe sie direkt an das AOK vermittelt.[80] Ob Josef Bürckel selbst intervenierte oder sein Wirtschaftsfachmann Wilhelm Bösing, muss offen bleiben. Die Wiederinbetriebnahme hing vom Plazet der obersten Kommandobehörde der ersten Armee, die am Westwall stationiert war, ab. Das AOK 1 besichtigte die Dingler'schen Produktionsstätten in der roten Zone und schätzte das militärische Risiko ab, erst dann erhielt der metallverarbeitende Betrieb die Genehmigung, die Fertigung partiell wiederaufzunehmen.

Den Betrieb im Räumungsgebiet, ob deutsch oder französisch, fortzuführen, bot den Unternehmen einige Vorteile, stellte sie allerdings auch vor diverse Herausforderungen. Attraktiv war für sie, dass ihnen keine Kosten für die Demontage ihrer Produktionsmittel und die Anmietung oder den Kauf eines neuen Betriebsgeländes entstanden. Darüber hinaus ermöglichte ihnen ihre physische Anwesenheit, Maschinen und Vorräte vor Witterungseinflüssen und Plünderung zu schützen. Diesen Argumenten stand die Herausforderung gegenüber, im Operationsgebiet der jeweiligen Armee, zu produzieren. Der Weiterbetrieb erfolgte in einem Areal, in dem Zivilisten grundsätzlich nicht vorgesehen waren; er musste sich in die militärische Umgebung und Hierarchie einordnen. Es handelte sich sowohl für die Unternehmensinhaber als auch für die Belegschaft um eine Sondersituation. Erstere konnten nicht mehr über ihr Werk und dessen Geschäftsgang autonom verfügen, letztere sich nicht mehr frei im Arbeitsumfeld bewegen und eigenständig mit Lebensmitteln versorgen. War die Genehmigung zur Wiederinbetriebnahme erteilt, traten Betriebsleiter und Personal in tägliche Aushandlungsprozesse mit verschiedenen militärischen Stellen, von der örtlichen Einheit bis zum zuständigen *État-Major* (Generalstab) oder AOK.

Um diese spannungsreiche Gemengelage näher zu beleuchten, wird im Folgenden erläutert, zu welchen drei Zwecken Unternehmen in den roten Zonen weiterliefen. Dabei zeigten sich die Zwecke Unterhaltung immobiler Anlagen und Versorgung der Armee in der III. Republik und im Deutschen Reich in ähnlichem Gewand. Im Anschluss an die ersten beiden Zwecke wird der dritte, die sonstige, nicht dem unmittelbaren Armeebedarf vor Ort dienende Produktion, anhand eines Fallbeispiels, der elsässischen Zuckerfabrik *sucrerie d'Erstein*, untersucht. In diesem Bereich ergeben sich nationale Unterschiede, die es abschließend einzuordnen gilt.

Die grenznahen lothringischen Bergwerksgesellschaften hielten ebenso wie die Saargruben ihren Betrieb nach den Evakuierungsbefehlen aufrecht. Notbe-

80 Kurt Ambrosius, Zweibrücken und Bierbach während der Freimachungszeit, Der Schönhof Nr. 1/2, Dezember 1940 / Januar 1941, S. 7–8, S. 7.

legschaften stellten die Bewetterung, also die Versorgung der Gruben mit frischer Luft, sicher. Des Weiteren kümmerten sie sich sich um die Wasserhaltung in den geräumten Schächten, die ansonsten vom eindringenden Grundwasser überflutet worden wären und versetzten Hohlräume, indem sie sie auffüllten und stabilisierten. Schließlich transportierten die Notbelegschaften Produktionsmittel, beispielsweise Kohle und Maschinen, ab.[81] Die Bergwerksgesellschaften gehörten somit zu jenen Unternehmen, die zur Unterhaltung ihrer Produktionsanlagen, dem ersten Zweck, in den roten Zonen weiterlaufen durften. Er beschränkte sich auf Betriebe mit immobilen Anlagen, denen ohne Wartung schwere materielle Schäden und hohe Instandsetzungskosten drohten. Außer den drei lothringischen Gesellschaften *Sarre et Moselle*, Wendel und Faulquemont sowie den Saargruben sind in diesem Zusammenhang die Saarhütten zu nennen. Von den sechs Hüttenwerken befanden sich vier, nämlich die Völklinger, die Dillinger, die Burbacher und die Halbergerhütte im Räumungsgebiet. Auch sie setzten Personal für die Instandhaltung ihrer wertvollen Produktionsanlagen ein.[82]

Die Notbelegschaften von *Sarre et Moselle* und Wendel mussten ihre Tätigkeit auf militärischen Befehl hin nach dem Rückzug der französischen Armee hinter die Maginot-Linie im Oktober 1939 einstellen. Die Bergleute, die im Gegensatz zu ihren Kollegen in Faulquemont vor der Verteidigungslinie gearbeitet hatten, zogen sich ins Landesinnere zurück. In den folgenden Monaten liefen die Schächte mit Grubenwasser voll. Sie blieben bis Juli 1940, als die Saargruben sie infolge des deutschen Sieges über Frankreich in Besitz nahmen, unberührt. Franz Waechter, der Generaldirektor der Saargruben, sah sich als kommissarischer Verwalter mit der Aufgabe konfrontiert, die Sümpfung der Schachtanlagen, d.h. ihre Entwässerung, in die Wege zu leiten. Um den entstehenden Kapitalbedarf abzudecken, beantragte er im September 1940 allein für die Wendel'schen Bergwerke in Petite-Rosselle einen reichsverbürgten Kredit von 5 900 000 RM.[83] Die Summe, wenngleich nicht ausschließlich für die Sümpfungsarbeiten vorgesehen, verdeutlicht, welche immensen Schäden den Anlagen durch die Nichtunterhaltung entstanden waren.

Der Unterhaltung der Bergwerke wohnte außerdem eine propagandistische Ebene inne, die nach der faktischen Annexion Lothringens zum Tragen kam,

---

81 Für die Bergwerke von Petite-Rosselle: AN 190 AQ 52, Journal de guerre des Houillères de Petite-Rosselle, S. 31–42, für Sarre et Moselle: *Houillères du Bassin de Lorraine* (Hrsg.), Cent ans de charbon lorrain: Sarre et Moselle. o.O. 1956, 6.

82 Beispielhaft für die Dillinger und die Halbergerhütte: *AG der Dillinger Hüttenwerke* (Hrsg.), 1685–1985: 300 Jahre Aktiengesellschaft der Dillinger Hüttenwerke. Ein Rückblick. Dillingen 1985, 66 und *Fritz Kloevekorn*, 200 Jahre Halbergerhütte 1756–1956. Saarbrücken 1956, 87.

83 HAC-500/30943-2001, Antrag auf Beteiligung an der Reichswirtschaftshilfe, 12.9.1940, S. 2.

als die Deutschen die Schächte wieder instandsetzten. Hier ordnet sich der Vorwurf Waechters ein, die lothringischen Betreiber hätten ihre Gruben während der Räumungsphase vernachlässigt. So stellte er im November 1940 in der Saarpfälzischen Wirtschaftszeitung fest:

> Gegenüber dem deutschen Bestreben, trotz Stillegung der Gruben durch Notbelegschaften die Sicherstellung der Substanz zu gewährleisten, beschränkte man sich auf der lothringischen Seite lediglich auf die direkte Räumung und verzichtete auf die in den ersten Monaten und auch später noch mögliche Unterhaltung des Grubengebäudes; sowohl die Wetterführung als auch die Wasserhaltung wurden eingestellt.[84]

Waechters Feststellung reiht sich in den weit verbreiteten deutschen Diskurs über die Vernachlässigung des lothringischen Bergbaus in der Zwischenkriegszeit ein. Nachdem die Franzosen deutsche Kapitalgesellschaften wie Saar und Mosel 1919 sequestriert hatten, sei die Erschließung neuer Kohlevorkommen zum Stillstand gekommen. Stattdessen habe Frankreich die saarländischen Gruben rücksichtslos ausgebeutet und den ‚Warndtkohlenraub', den Abbau von Kohle im deutschen Warndt unter der Grenze hinweg, betrieben.[85] In dieser Logik nimmt es nicht wunder, dass die Verantwortlichen die lothringischen Bergwerke Waechter zufolge im September 1939 der Überflutung preisgaben. Dass die lothringischen Notbelegschaften die Anlagen so lange unterhalten hatten, wie die militärische Situation vor der Maginot-Linie es erlaubte, verschwieg er dabei. Ebenfalls unerwähnt blieb die anschließende Besetzung von Petite-Rosselle und Forbach durch die deutschen Truppen und die Plünderung der dortigen Gruben (siehe Kapitel 2.3, S. 95). Sie steht im Widerspruch zu Waechters Behauptung, die Franzosen hätten das Grubengebäude auch in späteren Monaten unterhalten können. Der Artikel führt somit die propagandistische Dimension des Weiterbetriebes der Gruben klar vor Augen. Dieser Industriesektor eignete sich gerade wegen der engen historischen Verbindung zwischen saarländischem und lothringischem Bergbau und der ähnlichen Ausgangslage beider bei Kriegsbeginn für vereinfachte Gegenüberstellungen.

Die Arbeit der Notbelegschaften in den roten Zonen zeichnete sich durch einen hohen Grad an Disziplinierung und Militarisierung aus. Dieser ist beispielsweise im Kriegstagebuch der Bergwerke von Petite-Rosselle greifbar, wo-

84 Theodor Waechter, Lothringische Kohlegruben, Saarpfälzische Wirtschaftszeitung, 15.11.1940, S. 363–364, S. 363.

85 Dazu in nationalsozialistischer Diktion: *Fritz Hellwig*, Lothringen: Eine gemeinfassliche Wirtschaftskunde. Saarbrücken 1942, 42–46. Aus wissenschaftlicher Perspektive: *Hans-Walter Herrmann*, Bergrecht und Unternehmensssstruktur durch die Jahrhunderte, in: Hans-Walter Herrmann/Paul Wynants (Hrsg.), Acht Jahrhunderte Steinkohlenbergbau. Huit siècles de charbonnage. Namur 2002, 63–106, 86, 94f.

bei das Verfassen des Kriegstagebuches selbst bereits eine militärische Praxis darstellt.[86] Auf der anderen Seite der Grenze beschrieb Hermann Röchling die Bedingungen im Saargrubenkraftwerk Luisenthal, das nach September 1939 in Betrieb blieb, als „stark feldähnliches Dasein (...).“[87] Auf das in den Räumungsgebieten verbliebene Personal wird im fünften Kapitel, das die evakuierten Belegschaften in den Mittelpunkt rückt, zurückzukommen sein.

Gruben und Hüttenwerke repräsentierten nur eine Kategorie von Unternehmen, die über eine Geschäftstätigkeit im deutschen bzw. französischen Evakuierungsgebiet verfügten. Quantitativ stärker als sie fallen jene ins Gewicht, die nach der Stilllegung in die roten Zonen zurückkehrten, um den dortigen Armeebedarf abzudecken. Je länger der Sitzkrieg andauerte, umso mehr Betriebe waren aus diesem Grund insbesondere in den großen Militärstandorten Straßburg, Saarbrücken und Pirmasens tätig. Einzelhandelsgeschäfte, Gastwirtschaften und Brauereien versorgten Soldaten und Zivilisten, etwa Räumungspersonal oder Westwallarbeiter, mit Lebensmitteln und Dingen des täglichen Bedarfs.[88] Außerdem befriedigten Energieversorger auf beiden Seiten der Grenze den immensen Bedarf der Truppen an Strom und Gas. Notbelegschaften der Straßburger *société d'électricité Forclest*, der *société du gaz de Strasbourg, S.A.* und der Vereinigten Saar-Elektrizitäts-AG erhielten einen eingeschränkten Betrieb vor Ort aufrecht.[89] Schließlich führten – teilweise zivile – Werkstätten Reparaturen an Kraftfahrzeugen und weiterem Armeegerät aus.

Die Aufzählung versteht sich keineswegs als abschließend. Waren es lediglich einige wenige Bergbau- und Hüttenunternehmen, die ihren Betrieb parallel zu den Armeen in den roten Zonen fortführten, stellten die Soldaten für weitaus mehr Betriebe und Geschäfte die Hauptabnehmer sowie Geschäftsgrundlage dar. Die Anzahl der betroffenen saarpfälzischen, lothringischen und elsässi-

86 AN 190 AQ 52, Journal de guerre des Houillères de Petite-Rosselle.

87 Unternehmensarchiv der Röchling-Gruppe, Hermann Röchling: Die Hütte während des Krieges 1939/40, September 1941, S. 8. Luisenthal ist ein Ortsteil von Völklingen, das Kraftwerk befand sich ebenso wie die Völklinger Hütte auf dem rechten Saarufer.

88 Die Straßburger Handelskammer listete u.a. die Brauerei Schutzenberger, die Bäckerei Schwartzmann und die Brennerei Stein als in Schiltigheim bzw. Straßburg verblieben auf: Chambre de Commerce de Strasbourg, Liste des nouvelles adresses de commerçants et industriels du Bas-Rhin repliés et des nouveaux sièges des administrations, Schirmeck, April 1940, Einträge Schutzenberger, Schwartzmann und Stein, o.S. Für Pirmasens: LArch Speyer T 88, Nr. 26010, Liste „Geschäfte, die zum Zwecke der Truppenfürsorge in Pirmasens zugelassen wurden“, Stand 1.1.1940.

89 *René Meyer*, L'évacuation, une tragédie frontalière, in: Saisons d'Alsace 33, 1989, 35–133, 56f und *Thomas Herzig*, Geschichte der Elektrizitätsversorgung des Saarlandes unter besonderer Berücksichtigung der Vereinigten Saar-Elektrizitäts-AG: Ein Beitrag zur Wirtschaftsgeschichte des Saarlandes. Saarbrücken 1987, 216f.

schen Unternehmen ist schwer zu schätzen, wobei die Stadt Straßburg einen Eindruck vermitteln kann. Allein dort seien, so Eugène Riedweg, im Laufe des Sitzkrieges 16 Bäckereien, 27 Fleischereien, 12 Restaurants, zwei Hotels und weitere Lebensmittelgeschäfte, Kiosks, Apotheken, Werkstätten und eine Wäscherei wieder angelaufen.[90]

Insgesamt spielte die evakuierte Stadt Straßburg als *Strasbourg maintenu* (aufrechterhaltenes Straßburg) eine besondere Rolle im Imaginarium der III. Republik während des Sitzkrieges. Zum *Strasbourg maintenu* gehörten die oben aufgeführten Geschäfte ebenso wie die Soldaten und Zivilisten, ob städtische Beamte, Feuerwehrleute oder Schornsteinfeger, die sich in der elsässischen Hauptstadt aufhielten. Indem sie die Lebensmittelversorgung sicherstellten oder die dringlichsten Reparaturen an Gebäuden vornahmen, wachten sie über die evakuierte Stadt. Das Schlagwort *Strasbourg maintenu* hatte einerseits eine praktisch-deskriptive Bedeutung. Die Straßburger Handelskammer verwendete es beispielsweise in ihrer Adressenliste vom April 1940 als Anschrift für weiterlaufende Unternehmen.[91] Andererseits erlangte das Schlagwort eine propagandistische Bedeutung und findet sich in zahlreichen französischen Zeitungsberichten wieder. Im Gegensatz zur deutschen Presse, die nicht über die Evakuierung berichten durfte, reisten französische Reporter ab Herbst 1939 in die elsässische Hauptstadt und thematisierten sie in ausführlich bebilderten Artikeln. *Strasbourg endormi* (eingeschlafenes Straßburg) und *Strasbourg maintenu* waren dabei zwei Seiten einer Medaille, versinnbildlicht durch das Foto des menschenleeren und mit Sandsäcken bewehrten *place Kléber* voller Tauben.[92]

Schließlich liefen weitere Unternehmen wieder an, deren Fertigung nicht dazu diente, den unmittelbaren Armeebedarf in den roten Zonen zu befriedigen. Dies wird im Folgenden als sonstige Produktion gefasst und stellt den dritten Weiterbetriebszweck dar. Dabei interessieren vor allem Betriebe mit einer dauerhaft angelegten Geschäftstätigkeit, was unter anderem auf die elsässische Zuckerfabrik *sucrerie d'Erstein* zutrifft. Sie fand bereits im Zusammenhang mit ihren durch die Armee requirierten Produktionsmitteln Erwähnung und rückt nun als Fallbeispiel in den Mittelpunkt. Nach einer Vorstellung der *sucrerie* werden ihre Wiederinbetriebnahme und die damit einhergehenden Aushandlungen zwischen der Unternehmensleitung und staatlichen Instanzen nachgezeichnet.

---

90 *Eugène Riedweg*, Strasbourg: ville occupée 1939–1945: La vie quotidienne dans la capitale de l'Alsace durant la Seconde Guerre mondiale. Steinbrunn-le-Haut 1982, 35.

91 Chambre de Commerce de Strasbourg, Liste des nouvelles adresses des commerçants et industriels du Bas-Rhin repliés et des nouveaux sièges des administrations, Schirmeck, April 1940, Eintrag ALCOK, o.S.

92 Abgedruckt in: Strasbourg, ville endormie, in: Match, 9.11.1939, S. 9.

Abschließend erfolgt eine Einordnung des Fallbeispiels gegenüber anderen deutschen und französischen Unternehmen.

Die *sucrerie d'Erstein*, heute Teil des größten französischen Zuckerherstellers *Cristal Union*, befindet sich 25 km südlich von Straßburg, im Departement Bas-Rhin (siehe Abbildung 3.1, S. 129). Die Stadt Erstein, in unmittelbarer Nähe zum Rhein und damit zur Grenze, liegt darüber hinaus am Rhein-Rhône-Kanal, einem für die Zuckerfabrik wichtigen Transportweg. 1893 als Elsässische Zuckerfabrik gegründet, nahm sie 1920 die Form einer Aktiengesellschaft mit mehrheitlich belgischer Beteiligung an.[93] Fortan firmierte sie als *Société Anonyme des Sucreries et Raffineries d'Erstein*. Sie verarbeitete im Umland angebaute Zuckerrüben ebenso wie angelieferten Rohzucker und stellte daraus verbrauchsfertigen Raffinadezucker und andere Produkte für die Landwirtschaft her. Mit einer Verarbeitungskapazität von etwa 750 t Zuckerrüben pro Tag (Stand 1930) handelte es sich um eine eher kleine bis mittlere Fabrik, die am Vorabend des Zweiten Weltkrieges wirtschaftlich florierte.[94]

Im September 1939 befand sich lediglich der östlichste Ersteiner Ortsteil Krafft im Evakuierungsgebiet, der Rest der Stadt einschließlich der *sucrerie* lag knapp außerhalb der roten Zone.[95] Nichtsdestotrotz musste die 3,3 km von der Grenze entfernte Zuckerfabrik bei Kriegsbeginn den Betrieb einstellen. De facto sah sie sich mit denselben Problemen konfrontiert wie die Unternehmen im Räumungsgebiet, dessen Grenzen sich in der Praxis fließender gestalteten als auf dem Papier.

Bereits in den letzten Augusttagen hatte die Unternehmensleitung um Generaldirektor Charles Grégoire die Buchhaltung und das Archiv von Erstein nach Château-Thierry in die Picardie transportieren lassen.[96] Die Dokumente kamen bei der dortigen *sucrerie de Château-Thierry* unter, an der Erstein Aktienanteile hielt. Nach der Betriebseinstellung bei Kriegsbeginn requirierte die Armee zahlreiche Vorräte und Fertigprodukte. Die Stilllegung kam zu einem denkbar ungünstigen Zeitpunkt, stand doch die Rübenkampagne, d.h. die Ernte und Verarbeitung der Zuckerrüben aus der Region, unmittelbar bevor. Die Generaldirektion äußerte sich skeptisch bezüglich einer Wiederingangsetzung, musste sich aber dem Befehl der *Direction des services agricoles du Bas-Rhin* (Direktion

93 *Marie-Paule Martin*, Du sucre à Erstein: un siècle d'une aventure humaine et industrielle. Strasbourg 2001, 42.

94 *Marie-Paule Martin*, Du sucre à Erstein: un siècle d'une aventure humaine et industrielle. Strasbourg 2001, 45, 65.

95 *René Meyer*, L'évacuation, une tragédie frontalière, in: Saisons d'Alsace 33, 1989, 35–133, 122.

96 *Marie-Paule Martin*, Du sucre à Erstein: un siècle d'une aventure humaine et industrielle. Strasbourg 2001, 70.

der Landwirtschaftsdienste des Bas-Rhin), dem Vertreter des Landwirtschaftsministeriums auf Departementalebene, beugen.[97] Diese ordnete Mitte September an, die *sucrerie* trotz der Evakuierung pünktlich zur Rübenkampagne in Gang zu setzen. Sie begründete den Schritt damit, die Rüben müssten vor Ort verarbeitet werden. Des Weiteren sei die elsässische Landwirtschaft auf die Folgeprodukte, etwa als Futtermittel für in der Region verbliebenes Vieh, angewiesen. Schließlich trage die Kampagne dazu bei, die lokale Bevölkerung zu beschäftigen und somit zu beruhigen.[98] Waren die ersten beiden Argumente ökonomisch motiviert, ist beim letztgenannten die Hoffnung auf Arbeit als Beruhigungsmittel für die räumungsbedingt aufgewühlten elsässischen Gemüter erkennbar. Die Rübenkampagne diente in dieser Logik dazu, Alltag zu suggerieren und die öffentliche Ruhe aufrechtzuerhalten.

Im Oktober 1939 lief die *sucrerie* wieder an, die Rübenkampagne dauerte bis Januar 1940. Sie erfolgte in Kooperation zwischen dem nichtevakuierten Personal der Fabrik und der in der Region stationierten Fünften Armee. Die Generaldirektion stimmte sich aus diesem Grund eng mit dem Generalstab der Fünften Armee ab; Soldaten beteiligten sich etwa an der Ernte und übernahmen die Anlieferung der Rüben an das Ersteiner Betriebsgelände. Die Zusammenarbeit von Zivilisten und dem Militär verlief, einem Dankesschreiben der Unternehmensleitung an den Generalstab zufolge, recht reibungslos.[99] Die Bilanz der Kampagne fiel trotzdem durchwachsen aus, was der Präfekt des Bas-Rhin André Viguié mit dem niedrigen Zuckergehalt der diesjährigen Rüben, der mäßigen Ernte und der geringeren Auslastung der Fabrik begründete.[100]

Als die Rübenverarbeitung um die Jahreswende 1939/1940 dem Ende entgegenging, ordnete die *Direction des services agricoles du Bas-Rhin* der Zuckerfabrik an, die folgende Kampagne vorzubereiten und durchzuführen. Kurzfristig bedeutete dies, dass das Unternehmen das Saatgut gemäß der lokalen Tradition kostenlos an die elsässischen Bauern verteilte und seine Maschinen in Stand hielt. Außerdem galt es, die für die Gewinnung des Zuckers notwendigen Rohstoffe Kalk und Kohle anzukaufen. Diese Produktionsmittel sollten mittelfristig, nämlich im Zuge der Kampagne im Herbst 1940, zum Einsatz kommen. Der Be-

97 ADBR 98 AL 276, Note sur les Sucreries et Raffineries d'Erstein, 27.2.1940, S. 1.

98 *Marie-Paule Martin*, Du sucre à Erstein: un siècle d'une aventure humaine et industrielle. Strasbourg 2001, 60.

99 ADBR 98 AL 276, Brief der Ersteiner Zuckerfabrik an Commandant Preti vom Generalstab der Fünften Armee, 30.12.1939.

100 ADBR 98 AL 276, Brief des Präfekten des Bas-Rhin André Viguié an den Vice-Président du Conseil Camille Chautemps, 26.12.1939, S. 2. Die mäßige Ernte war der Tatsache geschuldet, dass lediglich ein kleiner Teil der in der roten Zone angebauten Rüben geerntet werden konnte. Der Rest verblieb ungenutzt auf den Feldern.

fehl führte zu intensiven Diskussionen zwischen der Unternehmensleitung, der Präfektur des Bas-Rhin, elsässischen Politikern und Pariser Ministerien. Sie dauerten von Dezember 1939 bis Mai 1940 an und kreisten um die außergewöhnlichen Fertigungsbedingungen der *sucrerie* in unmittelbarer Nähe der roten Zone.

Die Generaldirektion knüpfte die Vorbereitung der Rübenkampagne an drei Forderungen, die sie im Februar 1940 ausformulierte.[101] Sie zielten darauf ab, einerseits die Produktionskosten der Kampagne 1939 rückwirkend zu senken. Andererseits wollte Erstein das Investitionsrisiko mindern, das dem Unternehmen bei der Vorbereitung der angeordneten Folgekampagne drohte. So drängte die Generaldirektion erstens auf rückwirkende Preisnachlässe der SNCF für den An- und Abtransport von Produktionsmitteln und Fertigprodukten im Herbst 1939. Die geographische Lage und der Kriegskontext bedingten eine finanzielle Mehrbelastung der *sucrerie*, die vor dem Krieg bevorzugt den Rhein-Rhône-Kanal als Transportweg benutzt hatte. Zweitens müsse sie endlich, fast ein halbes Jahr nach Kriegsbeginn, die Entschädigung für die requirierten Zuckersäcke erhalten, um offene Verbindlichkeiten zu begleichen. Drittens verlangte die Unternehmensleitung staatliche Garantien in Höhe von 6 000 000 F für ihre Investitionen hinsichtlich der nächsten Rübenkampagne. Es gelte, das Saatgut an die Bauern zu verteilen, Maschinen zu reparieren sowie Kohle und Kalk für die Verarbeitung der Rüben zu kaufen. Damit stünden hohe Kosten ins Haus, bei denen offen sei, ob sie sich lohnten oder ob Kriegshandlungen sie zunichte machten. Die drei Forderungen, ausführlich mit Zahlen unterlegt und begründet, ermöglichen es, mit den Augen des betroffenen Unternehmens auf den Weiterbetrieb im Evakuierungsgebiet zu blicken. Die wirtschaftlichen Begleiterscheinungen in Gestalt von finanzieller Unsicherheit und höheren Fertigungskosten durch stark verteuerte Produktionsmittel treten dabei eindeutig zu Tage.

Der Generaldirektion war wenig Erfolg bei der Umsetzung ihrer Forderungen beschieden. Die SNCF weigerte sich, ihr weitere Preisnachlässe zu gewähren, die *sucrerie* bewege sich bereits auf der niedrigsten Tarifstufe.[102] Was die Requirierungen anging, erhielt das Unternehmen nach einem langen Entschädigungsverfahren im April 1940 immerhin den Großteil der Summe ausbezahlt. Gänzlich ungeklärt blieb die Frage der staatlichen Garantien für laufende und anstehende Investitionen. Zwar einigten sich die Präfektur und die Zuckerfabrik darauf, nicht die gesamten, sondern lediglich die durch die Evakuierung verursachten Mehrkosten abzusichern, 400 000 F anstelle der ursprünglich geforder-

101 ADBR 98 AL 276, Note sur les Sucreries et Raffineries d'Erstein, 27.2.1940, S. 1–3.
102 ADBR 98 AL 276, Brief des Transportministers Anatole de Monzie an den Vice-Président du Conseil Camille Chautemps, 7.5.1940, S. 1.

ten 6 000 000 F. Dann jedoch erklärte das Landwirtschaftsministerium, der Fall Erstein könne nicht losgelöst von einer interministeriellen Grundsatzentscheidung über staatliche Garantien für Unternehmen in derlei Ausnahmesituationen behandelt werden.[103] Diese Grundsatzentscheidung war bis zum Beginn der Aussaat im Frühjahr nicht getroffen. Das finanzielle Risiko für das Saatgut, traditionell den Bauern von der Zuckerfabrik zur Verfügung gestellt, trug deshalb allein das Unternehmen. Wenig später machte der deutsche Sieg über Frankreich alle weiteren Planungen zunichte.

Im Zuge der Aushandlungen fungierten die Präfektur des Bas-Rhin, der Senator des Haut-Rhin Paul Jourdain und die beim *Vice-Président du Conseil* Camille Chautemps angesiedelten *Services d'Alsace et de Lorraine* als Ansprechpartner der Zuckerfabrik. Das Engagement Jourdains, Spross einer elsässischen Industriellenfamilie, begründete sich weniger in seinem Amt als Senator, zumal Erstein außerhalb seiner geographischen Zuständigkeit lag, als in seiner Tätigkeit als Aufsichtsratsmitglied der *sucrerie*.[104] Jourdain, die Präfektur des Bas-Rhin und die *Vice-Présidence du Conseil* leiteten als Fürsprecher Ersteins die oben aufgeführten Forderungen wiederum an das Landwirtschafts- und Transportministerium weiter. Bei Betrachtung der Korrespondenz ergibt sich das Bild eines verzweigten Netzwerkes, in dessen Zentrum die rührige *Vice-Présidence* stand. Hier liefen die Fäden zusammen, wandten sich doch sowohl die elsässischen Akteure, d.h. die Zuckerfabrik, die Präfektur und Paul Jourdain, als auch die Pariser Ministerien an sie. Ihre zentrale Rolle in der Angelegenheit spiegelt ihre überragende institutionelle Bedeutung in Evakuierungsangelegenheiten wider. Zu diesem Zweck vereinte die *Vice-Présidence* unter ihrem Dach mehrere einschlägige Dienste, u.a. die *Services d'Alsace et de Lorraine*. Außerdem beschäftigte sie namhafte Persönlichkeiten, insbesondere den lothringischen Abgeordneten Robert Schuman ab März 1940 als *sous-secrétaire d'État aux réfugiés* (Unterstaatssekretär für Flüchtlinge).[105]

Welche Argumente und diskursiven Strategien prägten die Aushandlungen auf den verschiedenen Ebenen? Ausgangspunkt für deren Analyse sind die Ausführungen der Generaldirektion und Paul Jourdains, der dem Unternehmen als Aufsichtsratsmitglied am nächsten stand. Sie verwiesen erstens auf die außergewöhnliche Situation des Unternehmens und die damit einhergehende Mehrbelastung, die es im Dienste Frankreichs auf sich nehme. Neben dem Opfersta-

103 ADBR 98 AL 276, Brief des Landwirtschaftsministers Henri Queuille an den Vice-Président du Conseil Camille Chautemps, 6.2.1940, S. 1f.

104 *Société Générale Alsacienne de Banque* (Hrsg.), Annuaire des sociétés par actions du Bas-Rhin, du Haut-Rhin, de la Moselle et du Luxembourg. Strasbourg 1939, 78.

105 *François Roth*, Robert Schuman, 1886–1963: Une vie: du Lorrain mosellan au père de l'Europe. Ars-sur-Moselle 2010, 33.

tus, den sie sich selbst zuwiesen, unterstrichen die Akteure zweitens die Bedeutung der Produktion als „nécessaire au premier chef pour notre économie générale."[106]

Auf der nächsthöheren Ebene befanden sich die Präfektur des Bas-Rhin und die *Vice-Présidence*, die diese beiden Argumente nur teilweise übernahmen bzw. modifizierten. So widersprachen sie der Selbstviktimisierung, indem sie feststellten,

> que les sacrifices consentis par eux [les dirigeants de la sucrerie, LS], s'il y en a, sont compensés par le fait qu'ils maintiennent leur place sur le marché du sucre (...).[107]

Folglich hebelten sie die emotionalisierende Selbstviktimisierung der Zuckerfabrik durch eine rational-wirtschaftliche Entgegnung aus. Das zweite Argument hingegen, die wirtschaftliche Bedeutung der Zuckerherstellung in Erstein, findet sich auch auf dieser Ebene wieder. Die Präfektur und die *Vice-Présidence* erweiterten es sogar um eine moralische Dimension. Durch den Weiterbetrieb befänden sich zahlreicher Elsässer nahe der roten Zone in Lohn und Brot und seien somit zufrieden.[108] Dies konnte sich nur positiv auf die öffentlichen Ruhe und Ordnung der III. Republik auswirken, weshalb die Regionalinstanzen das Argument gegenüber den zentralen Pariser Stellen anbrachten.

Eben jene zentralen Stellen in Paris, das Landwirtschafts- und das Transportministerium, befanden sich auf der höchsten Ebene der Aushandlungen. An dieser Stelle war vom Opferstatus der Zuckerfabrik nichts übrig geblieben. Immerhin rekurrierte Landwirtschaftsminister Henri Queuille auf das zweite Argument, die wirtschaftliche Bedeutung, die dem Weiterbetrieb Ersteins innewohnte.[109] Nichtsdestotrotz verschleppte sein Ministerium die Angelegenheit unter Verweis auf die ausstehende Grundsatzdiskussion, sodass das Ergebnis aus Sicht der Unternehmensvertreter nicht befriedigen konnte. Obwohl sie sich an verschiedene staatliche Instanzen gewandt und ihr Netzwerk mobilisiert hatten, blieben zwei ihrer drei Forderungen unerfüllt. Einzig dem Anspruch der Generaldirektion auf Entschädigungszahlung für die Requirierungen wurde zu-

106 „Von überragender Notwendigkeit für unsere Gesamtwirtschaft." ADBR 98 AL 276, Brief des stellvertretenden Senatsvorsitzenden Paul Jourdain an den Service d'Alsace et de Lorraine, 5.2.1940.

107 „Dass die Opfer, denen sie [die Unternehmensleitung, LS] zugestimmt hat, wenn es denn welche gibt, dadurch ausgeglichen werden, dass sie ihren Platz auf dem Zuckermarkt aufrechterhält (...)." ADBR 98 AL 276, Brief des Vice-Président du Conseil Camille Chautemps an den Landwirtschaftminister Henri Queuille, 3.1.1940, S. 2.

108 Ebd., S. 1, 4.

109 ADBR 98 AL 276, Brief des Landwirtschaftsministers Henri Queuille an den Vice-Président du Conseil Camille Chautemps, 6.2.1940, S. 1.

mindest teilweise entsprochen. Dass dies die einzige Forderung war, mit der sie Erfolg hatte, verweist auf den Vorteil einer feststehenden rechtlichen Regelung für den betroffenen Betrieb. Zweifellos war es für die Unternehmensleitung höchst ärgerlich, dass sich das Entschädigungsverfahren über mehrere Monate hinzog. Dennoch lagen die Dinge hier, wo sie sich auf eine Rechtsgrundlage berufen konnte, deutlich günstiger als bei den staatlichen Garantien, die bis zum Ende des Sitzkrieges juristisch ungeklärt und damit nicht einforderbar waren.

Insgesamt zeigten die oberen staatlichen Instanzen gegenüber der *sucrerie* wenig Entgegenkommen. Von einer wohlwollenden Behandlung evakuierter Unternehmen – vom Handelsminister als Maxime für die Genehmigungsverfahren geräumter Betriebe ausgegeben – kann im Falle der Zuckerfabrik keine Rede sein. Dennoch verfügte sie aufgrund der guten wirtschaftlichen Situation bei Kriegsausbruch über ausreichend finanzielle Reserven, um die Rübenkampagne des Jahres 1939 durchzuführen und die des Folgejahres vorzubereiten. Ihre Forderungen, insbesondere die nach staatlichen Garantien, erscheinen in diesem Licht eher als Maximalforderungen denn als conditio sine qua non für den Weiterbetrieb.

Wie lässt sich die Ersteiner Zuckerfabrik in Relation zu anderen französischen Unternehmen setzen, die ihren Betrieb in der roten Zone zwecks sonstiger Produktion aufrechterhielten? Und was ist schließlich zu ihren deutschen Pendants festzuhalten? Das Fallbeispiel demonstriert erstens, dass die Zuckerherstellung, mithin eine kriegswichtige, aber keine Rüstungsproduktion einen hinreichenden Grund für den Weiterbetrieb darstellte. In der III. Republik musste die sonstige Fertigung nicht unbedingt die von Kriegsgerät sein, sondern war weiter gefasst und schloss sogar den Schokoladenhersteller Suchard in Straßburg mit ein.[110] In Kombination mit den ausbleibenden Kampfhandlungen an der Front erklärt das zweitens die hohe Anzahl an Fabriken, die während der Evakuierung wieder anliefen. Eugène Riedweg beziffert sie für Februar 1940 allein für die Stadt Straßburg auf 35.[111] Die Zahl ist mit Vorsicht zu betrachten; es kann jedoch davon ausgegangen werden, dass verhältnismäßig viele Unter-

110 Chambre de Commerce de Strasbourg, Liste des nouvelles adresses de commerçants et industriels du Bas-Rhin repliés et des nouveaux sièges des administrations, Schirmeck, April 1940, Eintrag S.A. des Chocolats Suchard, o.S.

111 Leider ohne Nachweis und deshalb auf wackligen Füßen: *Eugène Riedweg*, Strasbourg: ville occupée 1939–1945: La vie quotidienne dans la capitale de l'Alsace durant la Seconde Guerre mondiale. Steinbrunn-le-Haut 1982, 35. Meyer nennt keine Zahl, verweist aber ebenso auf die Wiederingangsetzung diverser Unternehmen, die, wie die der Zuckerfabrik, auf eigenes Risiko erfolgte: *René Meyer*, L'évacuation, une tragédie frontalière, in: Saisons d'Alsace 33, 1989, 35–133, 57.

nehmen innerhalb der französischen roten Zone ihre sonstige Produktion wieder aufnahmen.

Im Gegensatz dazu sind auf der anderen Seite der Grenze lediglich zwei saarpfälzische Betriebe bekannt, auf die das zutrifft. Es handelt sich um die RESW GmbH in Völklingen und die Zweibrücker Maschinenfabrik Dinglerwerke AG.[112] Die RESW setzten im Herbst 1939 verschiedene Anlagen in Gang, ehe sie im Dezember den ersten Hochofen der Völklinger Hütte anbliesen. Etwa zur selben Zeit nahm Dingler die Produktion in den geräumten Werken Zweibrücken und Bierbach wieder auf. Beide Unternehmen waren Rüstungsfirmen und als R-Betriebe klassifiziert.[113] Ausgehend von den RESW und Dingler ist gut vorstellbar, dass auf deutscher Seite ausschließlich Rüstungsproduzenten die Erlaubnis zur Fertigungsaufnahme in der roten Zone erhielten.

Über die Gründe für die strenge Handhabung kann nur spekuliert werden; ein Ansatzpunkt könnte in der Zuständigkeit der Rüstungsinspektion Wiesbaden liegen. Ihr, bzw. den ihr nachgeordneten Rüstungskommandos, oblag einerseits die Betreuung der saarpfälzischen R-Betriebe, u.a. der RESW und der Dinglerwerke, bei der Ausführung von Wehrmachtaufträge. Andererseits beteiligte sich die militärische Instanz maßgeblich an der Evakuierung von Unternehmen, indem sie Produktionsmittel abtransportieren ließ und den Zugang von Zivilisten zur roten Zone regulierte. Möglicherweise erhielten R-Betriebe aufgrund ihres kürzeren Dienstweges zur Rüstungsinspektion eher die Erlaubnis, ihre Produktion aufzunehmen als die von den zivilen Bezirkswirtschaftsämtern betreuten W-Betriebe. Die Konkurrenz zwischen militärischen und zivilen Dienststellen – sie kam im Zusammenhang mit der Durchführung der wirtschaftlichen Räumung ausführlich zur Sprache – mag das Ihrige dazu beigetragen haben.

Erklärt dies die geringe Anzahl betroffener deutscher Unternehmen, führte auf französischer Seite eine andere Überlegung dazu, dass verhältnismäßig viele Betriebe wieder anliefen. Das Bemühen, die Bevölkerung nahe der *zone rouge* zufriedenzustellen, tauchte mehrfach in den Aushandlungen um die *su-*

---

112 Zur Produktionsaufnahme bei den RESW: *Gerhard Seibold*, Röchling: Kontinuität im Wandel. Stuttgart 2001, 245f, bei Dingler *Hans Ludwig*, Die Industrialisierung Zweibrückens. „Die Dinglerwerke“: Zweibrücken (Pfalz), Bierbach (Saar), Ilsenburg (Harz) und Polysius (Sachsen-Anhalt). Ein Stück deutscher Industriegeschichte. Zweibrücken 1992, 408–410.

113 Keine Rüstungsfirma, jedoch Wehrmachtslieferant war die badische Trick-Zellstoff GmbH. Sie erhielt während des Sitzkrieges ihre Zelluloseproduktion im Kehler Hafen in Blickweite Straßburgs aufrecht: GLA Karlsruhe 465 d, Nr. 1206, Kriegsgeschichte der DAF-Kreisverwaltung Kehl und *Bundesminister für Vertriebene und Flüchtlinge und Kriegsgeschädigte* (Hrsg.), Dokumente deutscher Kriegsschäden Band 4. Helgoland, westliche Grenzprobleme, Kehl. Bonn 1971, 569.

crerie d'Erstein auf. Es lässt sich problemlos auf weitere Unternehmen übertragen, denn wenn die Zuckerfabrik Elsässern in der grünen Zone Lohn und Brot verhieß, dann galt dies in gleicher Weise für andere. Dass die Präfekturen, die Ministerien und die Armee eher gewillt waren, Betriebe im Evakuierungsgebiet weiterlaufen zu lassen, entsprang nicht nur wirtschaftlichen Erwägungen, sondern auch der Hoffnung, die grenznahe Bevölkerung zu beschäftigen.

Schließlich lässt sich am Fallbeispiel der Zuckerfabrik eine französische Besonderheit aufzeigen. Der Weiterbetrieb des Unternehmens entwickelte sich ab Herbst 1939 zu einem festen Bestandteil der medialen Berichterstattung aus der roten Zone. Ab November 1939 tauchte die *sucrerie* nicht namentlich genannt, aber eindeutig zu identifizieren, in mehreren Zeitungsartikeln und in der propagandistischen Wochenschau der Armee, dem *journal de guerre*, auf.[114] So hob eine Sonderausgabe des *journal de guerre* vom 29. November unter dem Titel *Vive l'Alsace!* die Beteiligung der Soldaten bei der Rübenverarbeitung hervor und zeigte die einzelnen Produktionsschritte auf dem Weg zum Raffinadezucker. Die Sendung stellte, analog zu den oben erwähnten Schlagwörtern des eingeschlafenen und aufrechterhaltenen Straßburg, die Armee als Hüterin des Elsass dar. Durch ihre Arbeit in der *sucrerie* hielt sie das elsässische Wirtschaftsleben, der Evakuierung zum Trotz, aufrecht. Die Zuckerfabrik ordnet sich in diese propagandistische Darstellung ein, wohingegen sich die deutsche Presse z.B. über den im Dezember angeblasenen Hochofen der RESW in Völklingen ausschwieg. Während des Sitzkrieges durfte sie auf Geheiß des Reichspropagandaministeriums nicht über den Weiterbetrieb saarpfälzischer Unternehmen, ebenso wie über alle sonstigen Vorgänge in der roten Zone, berichten. Folglich spiegelt die Gegenüberstellung der öffentlichen Berichterstattung zur *sucrerie d'Erstein* und den RESW die übergeordneten Presse- und Propagandarichtlinien beider Länder wider.[115]

Der Weiterbetrieb in den roten Zonen beschränkte sich auf eine klar umrissene Gruppe von Unternehmen mit zweckgebundenen Geschäftstätigkeiten. Dabei folgten die Unterhaltung immobiler Anlagen und die Deckung des unmittelbaren Armeebedarfs vor Ort in beiden Ländern übereinstimmenden Mechanismen, wohingegen sich bei der sonstigen Produktion Unterschiede abzeichneten. In der III. Republik umfasste sie, da nicht auf Rüstungsproduzenten be-

114 Beispielhaft dazu: Onze Novembre à l'Armée d'Alsace. Les soldats collaborent amicalement avec la population, in: Le Populaire, 17.11.1939 und L'Armée „romaine" en Alsace, in: L'Illustration, 27.4.1940. Für die Wochenschau: Etablissement de Communication et de Production Audiovisuelle de la Défense, Journal de guerre, 29.11.1939.

115 Siehe dazu die Dissertation von Maude Williams an den Universitäten Tübingen und Paris-Sorbonne: "Kommunikation in Kriegsgesellschaften. Das Beispiel der Evakuierung der deutsch-französischen Grenzregion 1939/1940".

grenzt, mehr Unternehmen als im Deutschen Reich. Nachdem Anfang September 1939 alle Räder stillgestanden hatten, entwickelten die roten Zonen so ein begrenztes, zugleich durchaus vielseitiges Wirtschaftsleben. Es sollte jedoch nicht darüber hinwegtäuschen, dass der Weiterbetrieb in den Evakuierungsgebieten ein Arbeiten im Ausnahmezustand bedeutete. Einerseits ermöglichte er es den Betrieben, kurzfristig Verlagerungskosten zu sparen, ihre Produktionsmittel auf dem heimischen Gelände zu nutzen und vor Witterungseinflüssen sowie Plünderung zu bewahren. Andererseits war der Arbeitsalltag der betroffenen Betriebe geprägt von der bisweilen komplizierten Interaktion mit regionalen Militärinstanzen; auch klagten sie grenzübergreifend über erhöhte Produktionskosten.[116] Weitaus mehr Unternehmen bauten ihre Produktionsmittel in den roten Zonen ab und verlegten sie ins Landesinnere. Sie wählten mit der Verlagerung die quantitativ bedeutsamste Handlungsoption geräumter Betriebe, die im Fokus des folgenden Unterkapitels steht.

3.2.3 Verlagerung ins Landesinnere

Auf beiden Seiten der Grenze beschränkte sich die Anzahl der Unternehmen, die ihren Betrieb im Zuge der Evakuierung dauerhaft einstellten, und jener, die in der roten Zone weiterliefen, auf eine überschaubare Gruppe. Stilllegung und Weiterbetrieb an Ort und Stelle traten gegenüber der dritten Handlungsoption zurück. Hierbei handelte es sich um die selbstbestimmte Verlagerung von Produktionsmitteln aus den Räumungsgebieten ins jeweilige Landesinnere. Ausgehend von dieser Definition werden die saarpfälzischen, elsässischen und lothringischen Unternehmen gemeinsam in den Blick genommen. Innerhalb ihrer nationalen Rahmenbedingungen standen sie im September 1939 vor ähnlich gelagerten Überlegungen: Wohin können Maschinen, Vorräte, Halbfertig- und Endprodukte vom potentiellen Kriegsschauplatz in Sicherheit gebracht werden? In welchem Maße kann der Betrieb wiederaufgenommen und das wirtschaftliche Überleben gesichert werden werden?

Auf diese Fragen fanden die Betriebe eine Vielzahl an Antworten, oder, wie ein Bericht der Deutschen Arbeitsfront (DAF)[117] im Dezember 1939 vermerkte:

---

116 Zur Ersteiner Zuckerfabrik: ADBR 98 AL 276, Note sur les Sucreries et Raffineries d'Erstein, 27.2.1940, S. 1 und zu den Dinglerwerken: BArch Berlin R 2-29985, Brief der Dinglerwerke AG an das Reichswirtschaftsministerium, 26.11.1940, fol. 38–40.

117 Die DAF, im Mai 1933 gegründet, war der Einheitsverband von Arbeitnehmern und -gebern. Zwar übernahm sie das Vermögen der zerschlagenen Gewerkschaften, verstand sich allerdings explizit als Gegenentwurf zu den Gewerkschaften. *Rüdiger Hachtmann*, Arbeit und Arbeits-

> Art und Umfang der Ausweichunterkünfte ist ausserordentlich verschieden, sie schwanken von dem Festlegen einer reinen Poststelle in irgendeinem Gasthof bis zur Errichtung eines neuen Betriebes durch Ankauf von Gebäulichkeiten.[118]

Diese Feststellung trifft auf die evakuierten Unternehmen auf beiden Seiten der Grenze zu und unterstreicht die multiplen Gesichter der Handlungsoption Verlagerung. Um sie zu fassen, dient die unternehmerische Aktivität am Ausweichstandort, von einer bloßen Verwaltungstätigkeit bis zur Produktionsaufnahme, als Leitfaden für die folgende Darstellung. Über die gesamte Räumungsphase betrachtet, gingen die einzelnen Aktivitäten ineinander über und bauten aufeinander auf, ebenso ergeben sich Verbindungen zu anderen Handlungsoptionen. Noch ehe das Ende der Fenner Glashütte beschlossene Sache war, brachte ihre Belegschaft die Maschinen nach Berlin. Die Saarhütten hatten nicht nur Notbelegschaften in der roten Zone im Einsatz, sondern gründeten gleichzeitig Abwicklungsstellen und erwarben Fabriken im Reichsinnern. Das Baukastenprinzip der Handlungsoptionen tritt so deutlich zu Tage.

Evakuierte Unternehmen nahmen im jeweiligen Landesinnern – als erste der hier zu behandelnden Aktivitäten – ihre Verwaltungstätigkeit, nicht aber ihre Produktion wieder auf. Das bedeutete, dass die Betriebe zentrale Buchhaltungs-, Vertriebs- und Personalunterlagen aus den roten Zonen ins Hinterland brachten und dort so genannte Notbüros oder Abwicklungsstellen gründeten. Sie wickelten den früheren Betrieb ab, indem sie ausstehende Verbindlichkeiten an und von Geschäftspartnern regelten, laufende Aufträge stornierten oder offene Gehaltsforderungen der Belegschaft beglichen. So vorhanden, froren die Abwicklungsstellen betriebliche Sozialkassen ein.

Kurzum, es galt, den von der Räumung so brüsk unterbrochenen Geschäftsgang geregelt abzuschließen. Eine der wichtigsten Aufgaben bestand deshalb darin, Kontakt zum Personal, zu Zulieferern und Kunden aufzunehmen und sich als neuen Anlaufpunkt des Unternehmens zu etablieren. Oftmals organisierten die Notbüros mit den zuständigen Stellen, etwa der CORTER Nr. 1 oder der Wiesbadener Rüstungsinspektion, die Räumung der Produktionsmittel und die Suche nach einer größeren Ausweichunterkunft. Abwicklungsstellen markierten deshalb für viele Unternehmen lediglich eine Zwischenetappe. So richtete sich der Pirmasenser Schuhhersteller Rheinberger ein provisorisches Notbüro in einem Mannheimer Hotel ein, ehe er den Ausweichbetrieb in Offenbach am Main bezog.[119] Die Abwicklungsstelle der Generaldirektion von V&B war einige

front: Ideologie und Praxis, in: Marc Buggeln/Michael Wildt (Hrsg.), Arbeit im Nationalsozialismus. München 2014, 87–106, 87–89.

118 GLA Karlsruhe 465 c, Nr. 16275, Bericht der DAF über die „Auswirkungen der wirtschaftlichen Räumung auf das nordbadische Gebiet“, 1.12.1939, S. 4.

Tage in Frankfurt am Main untergebracht, ehe sie nach Dresden verlegt wurde.[120] Die Abwicklungsstellen der immobilen Saarhütten und lothringischen Grubenbetreiber überdauerten hingegen die gesamte Evakuierungszeit. Das war erstens den immensen Betriebsgrößen und den entsprechend umfangreichen Verwaltungstätigkeiten geschuldet. Zweitens nutzten die genannten Unternehmen die Abwicklungsstellen für ihre Interessenvertretung. Drittens konnten sie ihre standortgebundene heimische Produktion in der Form gar nicht wieder im Landesinnern aufnehmen.

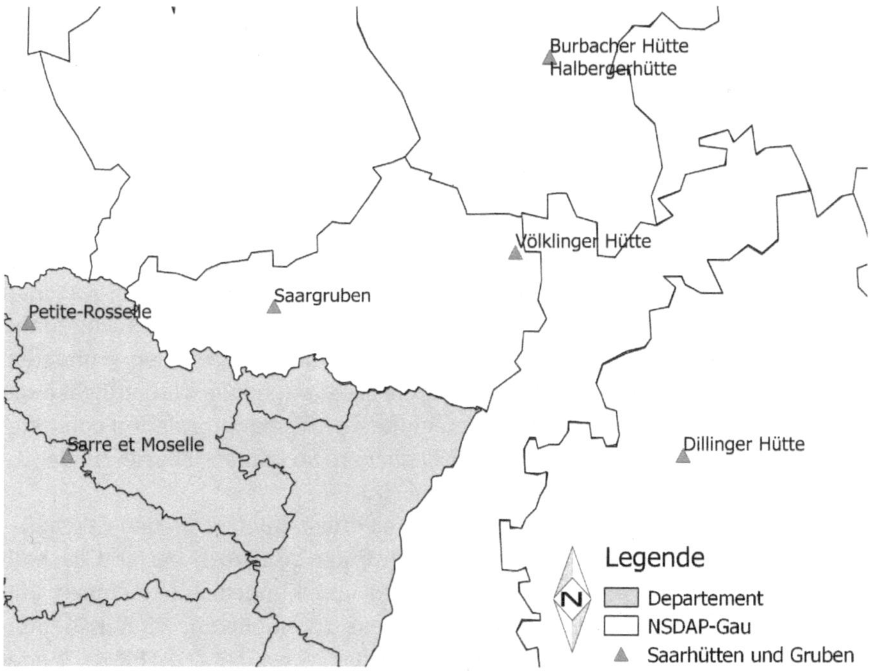

Abb. 3.2: Die Abwicklungsstellen standortgebundener Unternehmen: Saargruben, Saarhütten und lothringische Bergwerksgesellschaften.

Bei der Wahl ihres Ausweichstandortes (siehe Abbildung 3.2, S. 158) griff die Mehrzahl der Saarhütten, der Saargruben sowie der lothringischen Bergwerksbetreiber auf ihre bereits bestehende Unternehmensinfrastruktur zurück. Die *so-*

119 ...Nimmer sich beugen, kräftig sich zeigen (1. Fortsetzung), Rheinberger-Rundschau April 1940, S. 2–4, S. 2 .

120 UVBM 353, Berichte der Abwicklungsstelle der Generaldirektion und der Saarfabriken.

ciété des Houillères de Petite-Rosselle und die Völklinger Hütte platzierten ihre Abwicklungsstellen am jeweiligen Hauptstandort ihrer Gesellschaften in Hayange bzw. Ludwigshafen. Die Hauptverwaltung der Saargruben zog sich aus Saarbrücken zur Grube Bexbach in Höcherberg-Mittelbexbach zurück. Die Grube Bexbach blieb, da außerhalb der roten Zone gelegen, in Betrieb. Die Dillinger Hütte nutzte den Sitz eines Tochterunternehmens, der Saar-Luxemburg Eisen- und Stahlgesellschaft, in Stuttgart. Die Halbergerhütte hatte – möglicherweise vorsorglich – im März 1939 eine Immobilie in Frankfurt erworben. Es handelte sich um die Westenstraße 5; die vormaligen Eigentümer Jenny Dreschfeld, Margarethe Kunz und Fritz Tuch waren Juden.[121] Die Vermutung liegt nahe, dass sie zum Zeitpunkt des Vertragsabschlusses unter Druck standen und der Verkauf unter Wert erfolgte. Der Halberger Erwerb fiel mit der deutschen Besetzung der restlichen Tschechoslowakei Mitte März 1939 in eine Phase der außenpolitischen Spannungen. So die Generaldirektion den Kauf tatsächlich im Hinblick auf eine mögliche Evakuierung getätigt hatte, erwies sich ihre Vorsorge sechs Monate später als begründet. Im September 1939 nahm die Verwaltungsabteilung der Halbergerhütte Quartier in der Westendstraße 5 in Frankfurt.

Bei der Burbacher Hütte und der *société houillère Sarre et Moselle* ist keine frühere Verbindung zu ihren Ausweichstandorten ersichtlich. Burbach richtete seine Abwicklungsstelle ebenso wie die Halbergerhütte in Frankfurt, einem klassischen Ziel saarpfälzischer Betriebe, ein. *Sarre et Moselle* zog in die Kleinstadt Nomény im Departement Meurthe-et-Moselle, in etwa 75 km Entfernung vom Grenzgebiet. Eventuell galt die räumliche Nähe als Pluspunkt, um die Räumung organisieren und die Notbelegschaften zu koordinieren, ehe sie sich im Oktober 1939 zurückzogen.

Neben der Einrichtung von Abwicklungsstellen lässt sich eine Spannbreite weiterer Aktivitäten evakuierter Unternehmen aufzählen, denen gemein ist, dass sie nicht zwangsläufig mit der Produktionsaufnahme einhergingen. Einige deutsche und französische Betriebe lagerten ihre geräumten Produktionsmittel außerhalb der roten Zonen ein. Das war, wie bei der Fenner Glashütte, bisweilen eine Zwischenlösung bis zur Weiterverwendung der Maschinen, in diesem Fall durch das Käuferkonsortium. Bei anderen lagerten die Güter die gesamte Evakuierungsphase ungenutzt ein. Die Pirmasenser Schuhfabrik Ludwig Klesmann stellte etwa ihre Maschinen für die Dauer des Sitzkrieges im badischen Walldorf unter, während der nahegelegene Schuhhersteller Löchner & Düppe die evakuierten Halbfertigfabrikate verarbeitete.[122] Derlei Absprachen mit Geschäftspart-

121 IfS Frankfurt am Main Gutachterausschuss für Grundstücksbewertung 1.097.

122 GLA Karlsruhe 465 d, Nr. 1206, Bericht der DAF-Kreisverwaltung Heidelberg über den „Einsatz bei der Rückführung der Saarpfälzer im August und September 1939", 5.12.1940, S. 2.

nern waren durchaus üblich und verweisen auf die Vorteile eines gut ausgebauten Firmennetzwerkes. Auf ein solches griff die geräumte Eisenwerk Fraulautern AG aus Saarlouis in der Saarpfalz zurück. Sie nahm ihre Emailleproduktion im Reichsinnern nicht wieder auf, leitete aber ihre laufenden Wehrmachtaufträge gegen eine Umsatzrückvergütung von 5 % an die Neuwalzwerk AG Bösperde (Westfalen) und die Eisenhüttenwerk AG Thale weiter.[123] Die drei Werke waren über den Otto-Wolff-Konzern bzw. das Neunkircher Eisenwerk, an dem Otto Wolff Anteile hielt, miteinander verbunden. Obwohl Fraulautern räumungsbedingt selbst nicht produzierte, gelang es dem Eisenwerk auf diese Weise, Aufträge ausführen zu lassen und Umsatz zu generieren.

Ähnlich verfuhr auf der anderen Seite der Grenze der Straßburger Hefe- und Alkoholhersteller *Fabrique Alsacienne de Levures et Alcools* (Fala). Während er sein Ausweichwerk in Brazey-en-Plaine in der Bourgogne einrichtete und deshalb nicht produzieren konnte, sprangen verschiedene Konkurrenten ein. Er schloss u.a. einen Vertrag mit der in Saint-Ouen-l'Aumône im Pariser Umland gelegenen *Société Alcolevure*, demgemäß Letztere die Belieferung der vormaligen Fala-Kunden mit Backhefe übernahm.[124] Im Gegenzug erstattete die *Société Alcolevure* einen Teil des Umsatzes an den evakuierten Betrieb. Beide Vertragspartner waren geschäftlich über die *sucrerie d'Erstein* miteinander verbunden. Sie fungierte einerseits als Hauptzulieferin der Fala und andererseits als Großaktionärin der *Société Alcolevure*.

Die letzte hier zu thematisierende Aktivität, die Königsdisziplin, bestand darin, dass die geräumten Unternehmen in einem Ausweichbetrieb die Produktion wiederaufnahmen. Konzernbetriebe nutzten in der Regel ein anderes Zweig- oder das Hauptwerk, weil sie so auf eine bereits bestehende Infrastruktur und Räumlichkeiten zurückgreifen konnten. Diesen Startvorteil wusste auf französischer Seite beispielsweise die *Faïencerie de Sarreguemines* zu nutzen. Zur Aktiengesellschaft der *Faïenceries de Sarreguemines, Digoin et Vitry-le-François* gehörig, brachte sie ihre Maschinen ins Zweigwerk nach Digoin, wo die Produktion weiterlief.[125] Der Saarbrücker Konzernbetrieb des Elektroherstellers Brown, Boveri & Cie. (BBC) zog Personal und Maschinen ins Mannheimer

123 BArch Berlin R 2301-6492, Protokoll der Kreditausschußsitzung Kredithilfe für das Saarland, 16.4.1940, fol. 33 und BArch Berlin R 2-16374, Entscheidung über den Kreditantrag der Eisenwerk Fraulautern AG, 14.7.1941, fol. 78v.

124 CAEF B-0061354/1, Brief von Xavier Rudloff, Generaldirektor der Fala, an den Finanzminister, 21.1.1942, S. 2. Zu Kriegsbeginn war der Hefemarkt in der III. Republik kontingentiert, die Fala behielt trotz der Evakuierung ihren Produktions- und Verkaufsanteil.

125 AMS fonds Faïencerie, Procès-verbal de la séance du Conseil d'Administration, 6.11.1940 und *Charles J. Bolender*, La faïencerie de Sarreguemines dans la tourmente: 1935–1945. Sarreguemines 2010, 47, 77.

Schwesterwerk zurück. Dort nahm Saar-BBC die Fertigung wieder auf und erwarb aus Platzmangel weitere Immobilien in der Stadt. Dazu zählte das leerstehende Gelände der früheren Fabrik Wasserdichter Wäsche Lenel, Bensinger & Co, einem von den Nationalsozialisten als jüdisch deklarierten Unternehmen.[126]

Betriebe, die nicht über den Vorteil eines Zweigwerkes im Landesinnern verfügten, griffen auf andere geschäftliche Verbindungen zurück. Die Straßburger Konservendosenfabrik *société Hirschfeld*, deren Räumungsgeschichte das vorangegangene Kapitel nachgezeichnet hat, nahm ihre Produktion bei der *société d'emballages métalliques* in Boulogne-sur-Mer auf. Zwar wirtschafteten die beiden Unternehmen unabhängig voneinander, dennoch waren sie miteinander verbunden. Hirschfelds hielten die Aktienmehrheit an der *société d'emballages métalliques*, der Aufsichtsrat der beiden Gesellschaften rekrutierte sich aus denselben Personen.[127] Gleichzeitig mietete auf der anderen Seite der Grenze der Saarbrücker Maschinenbauer Ehrhardt & Sehmer von der Flottmann AG eine Produktionsstätte im oberfränkischen Marktredwitz und richtete einen Ausweichbetrieb ein.[128] Die Flottmann AG hielt die Aktienmehrheit der Maschinenbau-AG vormals Ehrhardt & Sehmer, wie ihr vollständiger Name lautete.

Mangelte es an derartigen geschäftlichen Verbindungen, begaben sich die Unternehmen auf sich allein gestellt auf die Suche nach einer Betriebsstätte und pachteten bzw. erwarben diese. So geschehen etwa bei der Schlossfabrik Sesa aus dem lothringischen Sarreguemines, die ihre Militärfertigung in Saint-Dié im Departement Vogesen wieder aufnahm. Die Suche und Einrichtung der Ausweichunterkunft gestaltete sich laut Wilhelm Schöttke, Inhaber der Sesa, als schwierig.[129] Auch das Pirmasenser Schuhunternehmen Rheinberger klagte über den steinigen Weg bis zum Erwerb eines ausreichend großen Fabrikgeländes. Er fand seinen Abschluss mit der Unterzeichnung des Kaufvertrages für Grundstück, Fabrik und Produktionsmittel der Herz AG in der Offenbacher Ber-

126 GLA Karlsruhe 465 c, Nr. 16275, Bericht der DAF über die „Auswirkungen der wirtschaftlichen Räumung auf das nordbadischen Gebiet", 1.12.1939, S. 4. Lenel, Bensinger & Co war bereits 1935 aufgelöst und als Abteilung in die Rheinische Gummi- und Celluloid-Fabrik eingegliedert worden. Zur Vernichtung der wirtschaftlichen Existenz von Adolf Bensinger, einem der Inhaber, während des Nationalsozialismus: *Monika Tatzkow*, „Praktisch zertrümmert": Die Kunstsammlung Adolf Bensinger, Mannheim, in: Christiane Fritsche/Johannes Paulmann (Hrsg.), „Arisierung" und „Wiedergutmachung" in deutschen Städten. Köln [u.a.] 2014, 261–283.

127 AN 19880165/95 - 19880165/97, Henri Lévy: Rapport sur les dommages de guerre subis par Hirschfeld frères à Strasbourg, S. 2.

128 BArch Berlin R 2-29984, Brief von Oberregierungsrat Hans Georg Dahlgrün an den Reichsjustizminister Otto Georg Thierack, 5.8.1943, fol. 260.

129 AMS fonds Sesa, Procès-verbal de l'Assemblée Générale, 27.4.1941, S. 263.

nardstraße im November 1939.[130] Zwei Jahre zuvor hatte der jüdische Großaktionär der Herz AG Eugen Kaufmann seine Anteile unter Wert an das Münchner Bankhaus August Lenz verkauft, ehe er das Deutsche Reich verließ.[131] Kaufmann legte außerdem seine Tätigkeit im Vorstand der Herz AG nieder. Lenz verteilte die Aktien in seinem Kundenkreis und setzte neue Vorstandsmitglieder ein. Das Kreditinstitut beharrte im Entschädigungsverfahren ab 1950 darauf, das Geschäft sei auch ohne den NS-Kontext zustande gekommen und verwies auf die wirtschaftlichen Schwierigkeiten der Herz AG zu Beginn der 1930er Jahre. Diese Argumentation überzeugte das Gericht nicht, im Zuge des Rückerstattungsverfahrens verurteilte es das Bankhaus zu einer Geldzahlung an die Erben Kaufmanns.

Rheinberger hatte, wie der vorangegangene Absatz verdeutlicht, nur mittelbar mit dem Aktienankauf von 1937 zu tun hatte. Dennoch trug sein Kaufobjekt ebenso wie das der Saar-BBC und der Halbergerhütte Spuren der wirtschaftlichen Existenzvernichtung der deutsche Juden durch die Nationalsozialisten in sich. An anderer Stelle interagierte Rheinberger direkt mit der jüdischen Eigentümerin eines Mietshauses in Offenbach. Im Februar 1939 erwarb Karoline Rheinberger, Schwägerin des Firmenleiters Gustav Rheinberger, von Clara Stern die Immobilie in der Frankfurter Straße 4, wobei der Kaufpreis von 115 000 RM „wesentlich unter dem Verkehrswert des Grundstückes“[132] lag. Ab September 1939 nutzte das Unternehmen die Immobilie, um evakuierte Belegschaftsmitglieder unterzubringen.

Mit dem Rheinberger'schen Ausweichbetrieb in Offenbach endet der Überblick über die Handlungsoption Verlagerung ins Landesinnere. Er vermittelte einen Eindruck von den vielfältigen Wegen, die Unternehmen bei ihrer Verlegung aus den roten Zonen beschritten. Diese Vielfalt trug zur hohen quantitativen Bedeutung der Handlungsoption bei, wobei es schwer ist, sie in absolute Zahlen zu fassen. An anderer Stelle ist bereits darauf verwiesen worden, dass, Josef Bürckel zufolge, die Zahl der „freigemachten Industrie- und Handelsbe-

---

130 *Eduard Rheinberger AG*, Rheinberger arbeitet wieder in der Heimat am Westwall. Nimmer sich beugen, kräftig sich zeigen: Ein Versuch, mit Worten und Bildern ein ereignisreiches Jahr einer großen Zeit in Erinnerung zu behalten. Frankfurt am Main, Pirmasens 1940, 8.

131 Siehe dazu das Rückerstattungsverfahren der Herz AG gegen Lenz und Rheinberger in: Hessisches Hauptstaatsarchiv Wiesbaden Abt. Z 460, WiK FFM, Nr. 998. Pikanterweise handelte es sich beim Bankhaus Lenz selbst um zuvor ein als jüdisch deklariertes Unternehmen. Seine Teilhaber Siegmund Hirsch und Siegfried Marx hatten das Kreditinstitut Anfang 1937 verlassen, ehe der frühere Prokurist August Lenz es übernahm. In diesem Zuge änderte sich der Name von den Gebr. Marx zum Bankhaus August Lenz & Co., siehe *Ingo Köhler*, Die „Arisierung“ der Privatbanken im Dritten Reich: Verdrängung, Ausschaltung und die Frage der Wiedergutmachung. München 2005, 365f.

132 Hessisches Hauptstaatsarchiv Wiesbaden Abt. 474/4, Nr. 410, Brief des Reichstatthalters in Hessen an Karoline Rheinberger, 30.6.1939.

triebe (...) bei 25185 gelegen [habe].“[133] Allerdings bezieht sich diese Angabe weniger auf Unternehmen, die ihre Produktionsmittel verlagerten als auf solche, die, da in der roten Zone ansässig, überhaupt von der Räumung betroffen waren. Bezüglich der Handlungsoption Verlagerung ist die Zahl von 25185 deshalb nur begrenzt aussagekräftig, zeigt aber aufgrund des Ausnahmecharakters der alternativen Handlungsoptionen eine grobe Richtung an.

Auch für die französische Seite mangelt es an einer überzeugenden Angabe, wie viele Unternehmen ihren Betrieb partiell oder ganz ins Landesinnere verlagerten. Die Straßburger Handelskammer listete, ohne Anspruch auf Vollständigkeit zu erheben, im April 1940 mehr als 2500 evakuierte Händler und Industrielle aus dem Bas-Rhin auf.[134] Die Liste schloss allerdings die in der roten Zone verbliebenen Unternehmen sowie zur Armee eingezogene Firmeninhaber mit ein. Wenngleich nicht zahlenmäßig belegt, entschied sich in der III. Republik ebenfalls die übergroße Mehrheit der Unternehmen dafür, Produktionsmittel zu verlagern, ohne dass dies die gleichzeitige Wahl einer anderen Option ausschloss.

An den Unternehmensverlagerungen manifestierten sich, das haben die vorangegangenen Seiten gezeigt, übergeordnete wirtschaftliche und gesamtgesellschaftliche Prozesse. Ein solcher Prozess war die von den Nationalsozialisten als ‚Arisierung‘ bezeichnete ökonomische Existenzvernichtung der Juden: ihre Verdrängung aus dem Berufsleben, die Vernichtung jüdischer Gewerbetätigkeit und schließlich die Enteignung jüdischen Vermögens.[135] Während jüdische Gewerbetreibende je nach Standort bereits ab 1933 unter Druck standen, attackierten die Nationalsozialisten, u.a. sekundiert von Kommunen, das Immobilienvermögen erst ab Ende 1938 im großen Stil.

Die Verlagerung der Halbergerhütte, des Saar-BBC-Werkes und von Rheinberger standen in direkter oder indirekter Verbindung mit der Vernichtung jüdischer Gewerbetätigkeit oder – im Falle der Frankfurter Westendstraße – der Enteignung jüdischen Vermögens. Das bedeutet selbstverständlich nicht, dass jedes Gelände, auf dem sich ein geräumter Betrieb niederließ, eine dunkle Vorgeschichte hatte. Dennoch folgte die Wechselwirkung zwischen der Ausplünde-

133 Die saarpfälzische Wirtschaft im Aufbau, Saarpfälzische Wirtschaftszeitung, 15.4.1941, S. 262.

134 Chambre de Commerce de Strasbourg, Liste des nouvelles adresses de commerçants et industriels du Bas-Rhin repliés et des nouveaux sièges des administrations, Schirmeck, April 1940.

135 Benno Nietzel hat überzeugend auf die problematische Verwendung des nationalsozialistischen Terminus ‚Arisierung‘ als Forschungsbegriff hingewiesen: *Benno Nietzel*, Die Vernichtung der wirtschaftlichen Existenz der deutschen Juden 1933–1945: Ein Literatur- und Forschungsbericht, in: Archiv für Sozialgeschichte 49, 2009, 561–613, 562–565.

rung jüdischen Vermögens und der Verlagerung saarpfälzischer Unternehmen einer unbestreitbaren Logik. Die Evakuierung generierte bei den Betrieben einen hohen Bedarf an Immobilien im Reichsinnern. Ein nicht unbedeutender Teil der auf dem Markt verfügbaren Immobilien stammte wiederum von jüdischen Eigentümern, die sich zum Verkauf gezwungen sahen und jenen, die das Deutsche Reich als ‚Volks- und Staatsfeinde' zuvor enteignet hatte.[136] Die entsprechenden saarpfälzischen Unternehmen zählten folglich zu den Nutznießern der Ausplünderung jüdischen Vermögens, wobei lediglich Fallstudien zu erhellen vermögen, ob und wie sie vom Druck, der auf dem Verhandlungspartner lastete, oder von Verkäufen unter Wert profitierten.

Fremdbestimmte Verlagerungen aus den roten Zonen

Die bis hierhin geschilderten Facetten der Handlungsoption Verlagerung basierten auf der Annahme einer selbstbestimmten Verlagerung aus den roten Zonen. Nun gilt es, sie um zwei Sonderfälle zu erweitern: einerseits um fremdbestimmte Verlagerungen aus den Räumungsgebieten und andererseits um Transfers von Produktionsmitteln aus den grünen Zonen. Beide werden im Hinblick auf die Phase des Sitzkrieges im Deutschen Reich und in der III. Republik in den Blick genommen.[137] Der deutsche und der französische Staat standen diesbezüglich vor folgenden Überlegungen: Sollten sie Produktionsmittel, im Zweifel gegen den Willen ihres Eigentümers, demontieren und in Sicherheit bringen? Waren Unternehmen außerhalb der roten Zonen, die selbstständig Maschinen und Vorräte ins Landesinnere transferieren wollten, zu unterstützen oder an diesem Vorhaben zu hindern? Dahinter verbirgt sich die Überlegung, wie frei saarpfälzische, lothringische und elsässische Betriebe in der Ausnahmesituation Evakuierung über ihr Eigentum verfügen konnten. In diesem Sinne markieren die Sonderfälle nationale Grenzen unternehmerischer Handlungsspielräume.

Dabei ist für eine fremdbestimmte Verlagerung von Produktionsmitteln weniger die Frage, ob das Unternehmen seine Maschinen selbst demontierte, erheblich. Legte man diesen Maßstab an, wäre jede Räumung durch eine französi-

136 *Wolf Gruner*, Die Grundstücke der „Reichsfeinde": Zur „Arisierung" von Immobilien durch Städte und Gemeinden 1938–1945, in: Irmtrud Wojak/Peter Hayes (Hrsg.), „Arisierung" im Nationalsozialismus. Frankfurt and New York 2000, 125–156, 135–138.

137 Die Evakuierung von französischen Wirtschaftsgütern im Zuge des deutschen Vormarschs im Mai und Juni 1940 bleibt somit außen vor. Siehe exemplarisch zur Verlagerung der Wendel'schen Werke nördlich von Metz ins Landesinnere: Archives d'ArcelorMittal 142/168 und Saarstahl-Archiv A-K009, Nr. 115, Bericht über die de Wendelschen Werke im Fenschtal vom 13.6.1940 bis 28.2.1941.

sche CORTER oder ein deutsches Rüstungskommando als fremdbestimmt zu bezeichnen. Entscheidend ist vielmehr, dass die Maschinen, ob die ursprünglichen Eigentümer dies wollten oder nicht, hinterher bei Dritten, im Zweifel bei der Konkurrenz, im jeweiligen Landesinnern zum Einsatz kamen. Fremdbestimmte Verlagerungen werden mithin als externe Zugriffe auf evakuierte Unternehmen und ihre materiellen Güter gefasst. Im Folgenden wird zuerst ein systematischer Zugriff auf eine ganze Branche, die saarpfälzische Schuhindustrie, thematisiert und anschließend auf Zugriffe punktueller Natur, nämlich einzelne Produktionsmittel geräumter Betriebe, eingegangen.

Die saarpfälzische Schuhindustrie, vor allem in und um die Stadt Pirmasens angesiedelt (siehe Abbildung 3.1, S. 129), wurde in den ersten Räumungswochen Ziel externer Zugriffe auf ihre Produktionsmittel. An ihnen wirkten einerseits Konkurrenten im Landesinnern und andererseits staatliche Instanzen mit. Trachteten die Schuhproduzenten aus dem Reichsinnern danach, die evakuierten Maschinen zu nutzen, so zielten Berliner Ministerien und Bewirtschaftungsstellen auf die Geschäftsgrundlage der Pirmasenser Firmen ab. Die Schuhproduktion war, jenseits der Militärschuhfertigung, auf den zivilen Markt ausgerichtet und wurde nicht erst ab Kriegsbeginn bei der staatlichen Ressourcenallokation benachteiligt. Als klassische Konsumgüterhersteller galten die Pirmasenser Schuhfirmen als weniger kriegswichtig als die metallverarbeitenden Betriebe entlang der Saar. Ressourcen waren knapp; Werkstoffe, wie das größtenteils aus dem Ausland importierte Leder, unterlagen bereits seit Mitte der 1930er Jahre der Kontingentierung durch Bewirtschaftsstellen.[138]

Bezüglich des Zugriffs von Konkurrenten aus dem Reichsinnern auf Pirmasenser Maschinen muss zuerst auf die Vorgeschichte, die auf die Sudetenkrise zurückgeht, verwiesen werden. Angesichts der außenpolitischen Spannungen im September 1938 hatte Gustav Rheinberger einen Verlagerungsplan ausgearbeitet, der den grenznahen Schuhherstellern einen Patenbetrieb im Reichsinnern zuordnete.[139] Hier sollten die evakuierten Belegschaften und Produktionsmittel unterkommen und die heimische Fertigung in Kooperation mit dem Aufnahmebetrieb wieder anlaufen. Der Rheinberger'sche Vorschlag bezog sich in erster Linie auf die großen, als W-Betriebe klassifizierten, Pirmasenser Schuhhersteller. Es ist unklar, ob er für mittlere und kleine evakuierte Schuhproduzenten ebenfalls Patenbetriebe vorsah. Die Vorteile für geräumte und aufneh-

138 *Anne Sudrow*, Der Schuh im Nationalsozialismus: Eine Produktgeschichte im deutsch-britisch-amerikanischen Vergleich. Göttingen 2010, 295.

139 Alexander Flöser zufolge ging die Initiative nicht ausschließlich von Gustav Rheinberger, sondern vom Pirmasenser Fabrikantenverein aus: *Alexander Flöser*, 100 Jahre Carl Semler 1863–1963: 200 Jahre Stadt Pirmasens 1763–1963. Pirmasens 1963, 29.

mende Firmen lagen auf der Hand. Erstere konnten auf diesem Wege trotz der Ausnahmesituation über ihre Belegschaft sowie ihre Produktionsmittel verfügen und begrenzt weiter produzieren. Zweitere konnten neue Maschinen nutzen, Aufträge sichern und ihr Personal, dessen Reihen sich ggf. durch die Mobilmachung im August gelichtet hatten, aufstocken.

Zwar ruhte der Plan zwischen Herbst 1938 und Sommer 1939, im August 1939 aber griffen staatliche Stellen ihn wieder auf.[140] Damit war die Vorbereitungszeit für eine Umsetzung auf breiter Basis bis zum Räumungsbefehl Anfang September zu kurz, dennoch wurde das Patenbetriebskonzept teilweise wirksam. So bezog die bei Kriegsausbruch geräumte Ludwig Kopp AG ein Notbüro bei der Medicus-Schuhfabrik in Nürnberg und die Peter Kaiser GmbH ging nach Bad Cannstatt, zur Mercedes Schuhfabriken AG.[141]

Im Zusammenhang mit externen Zugriffen auf evakuierte Maschinen interessieren freilich weniger die geglückten Patenschaftsverhältnisse als jene, die sich nicht im gegenseitigen Einvernehmen entwickelten. So geschehen bei der Eduard Rheinberger AG, dem größten geräumten Schuhhersteller. Ihr Patenbetrieb war die Salamander AG in Kornwestheim nördlich von Stuttgart. Dorthin begaben sich Pirmasenser Belegschaftsmitglieder in den ersten Septembertagen. Die Salamander AG weigerte sich allerdings, sie aufzunehmen, um kurz danach die Rheinberger'schen Militärmaschinen anzufordern, da sie „andernfalls Befugnis hätte, diese Maschinen zu beschlagnahmen."[142] Zwar hatte sie mit dieser Drohung keinen Erfolg, es blieb beim Versuch Salamanders, der Produktionsmittel aus der roten Zone habhaft zu werden. Statt die heimischen Güter nach Kornwestheim zu bringen, machte sich Rheinberger auf die Suche nach einer eigenen Ausweichunterkunft. Das Patensystem, von unternehmerischer Seite als Strategie im Umgang mit der Ausnahmesituation erdacht, entfaltete ambivalente Wirkungen: Stellte es für Kopp und Kaiser eine Ressource dar, war es im Falle Rheinbergers das Einfallstor für externe Zugriffe auf Produktionsmittel. Dabei war der größte pfälzische Schuhhersteller durchaus nicht der einzige, der sich derartiger Angriffe erwehren musste. Dass sich die Konkurrenten aus dem Reichsinnern insgesamt nicht sehr solidarisch zeigten, geht aus einer Notiz

140 *Hilde Rheinberger*, Gustav Rheinberger als Leiter des Reichsverbandes der deutschen Schuhindustrie 1930–1943, in: Gustav Rheinberger (Hrsg.), Geschichte des Hauses Eduard Rheinberger. Pirmasens 1962, 196–257, 241f.

141 StA Pirmasens, Rheinberger-Kiste 1, Unternehmensgeschichten der Ludwig Kopp AG und der Peter Kaiser GmbH, undatiert.

142 *Hilde Rheinberger*, Der 1. September 1939 und die Räumung des Betriebes in Pirmasens, in: Gustav Rheinberger (Hrsg.), Geschichte des Hauses Eduard Rheinberger. Pirmasens 1962, 165–177, 169.

der IHK Ludwigshafen vom 11. September 1939 hervor. Es müsse, so die IHK in alarmiertem Ton, eine

> Regelung gefunden werden, die Ausnutzung der Lage durch übrige Schuhindustrie zum Nachteil der saarpfälzischen Schuhindustrie verhindert.[143]

Eine Beschlagnahmung der Militärmaschinen, wie von Salamander angedroht, konnte ausschließlich von Hoheitsträgern ausgesprochen werden. Hier zeichnet sich eine Verbindung zwischen unternehmerischen und staatlichen Zugriffen auf die Pirmasenser Schuhindustrie ab. Tatsächlich versuchten das Reichswirtschaftsministerium und die Reichsstelle für Lederbewirtschaftung, die Evakuierung als Gelegenheit zu nutzen, um die grenznahe Schuhindustrie zu dezimieren.[144] Sie strichen den Pirmasenser Betrieben Anfang September die Rohstoffzuteilungen, entzogen ihnen die W-Aufträge (wehrwirtschaftlich wichtigen) und sprachen sich aufgrund der Ressourcenknappheit gegen ihren Wiederaufbau im Landesinnern aus. Schließlich erteilten sie rechtsrheinischen Schuhfirmen, wie Salamander, die Genehmigung, Fertigungsmaschinen aus der roten Zone zu beschlagnahmen. Ein Vertreter der Reichsstelle wird gar mit den Worten zitiert,

> daß es sich nach Ausscheiden der lästigen pfälzischen Grenzbetriebe wenigstens ermöglichen lasse, die übrige Industrie besser versorgen zu können.[145]

Von diesen Worten berichtete Hilde Rheinberger in einer Unternehmens- und Familiengeschichte, in der sie ihren Vater Gustav Rheinberger zum herausragenden Kämpfer für die Sache der pfälzischen Schuhindustrie stilisierte. Gewisse Vorsicht gegenüber der Verlässlichkeit des Zitats ist also geboten, dennoch besteht kein Zweifel an der negativen Einstellung von Ministerium und Reichsstelle gegenüber den evakuierten Schuhherstellern. Hinter ihrem Zugriff verbarg sich die Idee, die ohnehin knappen Ressourcen unter Ausschluss der geräumten Betriebe neu zu verteilen, mithin kriegswirtschaftliche Konzentrationsprozesse zu forcieren.

143 LArch Speyer T 88, Nr. 34162, Tagesbericht für den 9.9.1939, 11.9.1939, S. 1, Hervorhebung im Original.

144 LArch Speyer T 88, Nr. 34162, Vormerkung betreffs der Lage der saarpfälzischen Schuhindustrie, 18.9.1939 und *Lothar Meinzer*, Von der Dauerkrise in die Staatskonjunktur: Die pfälzische Industrie in der Zwischenkriegszeit, in: Gerhard Nestler/Hannes Ziegler (Hrsg.), Die Pfalz unterm Hakenkreuz. Landau 1993, 161–184, 173.

145 *Hilde Rheinberger*, Gustav Rheinberger als Leiter des Reichsverbandes der deutschen Schuhindustrie 1930–1943, in: Gustav Rheinberger (Hrsg.), Geschichte des Hauses Eduard Rheinberger. Pirmasens 1962, 196–257, 242.

Gegen diesen Zugriff setzten sich die betroffenen Betriebe, die Wirtschaftskammer Saarpfalz und die saarpfälzische NSDAP-Gauleitung zur Wehr. Im ersten Schritt erreichte Gustav Rheinberger nach Vorsprache beim Heeresbekleidungsamt die Erlaubnis für evakuierte Militärschuhhersteller, ihre Fertigung im Reichsinnern wiederaufzunehmen.[146] Kurz darauf gründeten Rheinberger, Semler und Lützel eine Gemeinschaftsfabrik in Offenbach am Main, in der sie Armeeschuhwerk produzierten. Sie war lediglich als Provisorium gedacht, jedoch eine wichtige Zwischenetappe. Die Genehmigung, darüber hinaus auch ziviles Schuhwerk herzustellen, erhielten Rheinberger & Co. erst später. Damit wurde zweitens die Beschlagnahmung der Produktionsmittel geräumter Unternehmen, zumindest der Militärlieferanten, ad acta gelegt.[147] Drittens erreichten die Wirtschaftskammer Saarpfalz und die Gauleitung, dass die in der nicht-evakuierten grünen Zone der Saarpfalz ansässigen Schuhhersteller bei der Zuteilung von Rohstoffen und der Auftragsvergabe bevorteilt wurden. Viertens versprachen die Unternehmer aus der roten Zone, darunter namhafte Schuhproduzenten, der Gauleitung um Josef Bürckel, nach dem Ende der Feindseligkeiten an ihren alten Standort zurückzukehren. Dies geschah in Gestalt einer ehrenwörtlichen Erklärung, die Gustav Rheinberger, Carl Semler, Ludwig Kopp, Peter Kaiser u.a. in den ersten Septembertagen bei der IHK Ludwigshafen abgaben.[148]

Die Fronten in der Auseinandersetzung um die Schuhindustrie verliefen nicht entlang einer Linie zwischen Politik und Wirtschaftsvertretern, sondern variierten gemäß der räumlichen Verankerung im Grenzgebiet oder in Berlin. So kam es zum Bündnis zwischen Pirmasenser Unternehmen und der saarpfälzischen Gauleitung, die als regionale Mittelinstanz ihren Herrschaftsbereich zu verteidigen suchte. Sie tat dies sowohl gegenüber zentralstaatlichen Stellen als auch gegenüber den Unternehmen selbst. Mit ihrem Engagement erweiterte sie einerseits die unternehmerischen Handlungsspielräume, verkleinerte sie an anderer Stelle aber zugleich. Indem sie Rheinberger &. Co aufforderte, zu versprechen, dass sie sobald wie möglich Pirmasens zurückkehrten, beschränkte die Gauleitung ihre räumliche Entscheidungsautonomie. Unabhängig von der rechtlichen Verbindlichkeit der Erklärungen dürften sich die Firmeninhaber

146 *Hilde Rheinberger*, Gustav Rheinberger als Leiter des Reichsverbandes der deutschen Schuhindustrie 1930–1943, in: Gustav Rheinberger (Hrsg.), Geschichte des Hauses Eduard Rheinberger. Pirmasens 1962, 196–257, 243.

147 LArch Speyer T 88, Nr. 34162, Vormerkung betreffs der Lage der saarpfälzischen Schuhindustrie, 18.9.1939, S. 1.

148 LArch Speyer T 88, Nr. 34162, Tagesbericht für den 7.9.1939, 9.9.1939, S. 1 und Tagesbericht für den 9.9.1939, 11.9.1939, S. 1.

sehr gut überlegt haben, ob sie ihr Ehrenwort brechen und sich mit Bürckel, einem der mächtigsten NSDAP-Gauleiter,[149] anlegen wollten.

Weder die Konkurrenten im Reichsinnern noch das Ministerium und die Reichsstelle konnten wie gewünscht auf Schuhmaschinen aus der roten Zone zugreifen. Zumindest dem Branchenprimus Rheinberger gelang es, fremdbestimmte Verlagerungen abzuwenden und selbst die Produktion wiederaufzunehmen. Er befand sich allerdings im Vergleich zu mittleren und kleinen Schuhherstellern, die ausschließlich für den zivilen Markt produzierten, in einer privilegierten Position. Wie gut es diesen Betrieben, die keinerlei Militäraufträge ausführten, gelang, sich gegenüber Zugriffen zu wehren, muss offen bleiben. Klar ist hingegen, dass die III. Republik auf derartige Zugriffe auf einen Wirtschaftssektor aus der *zone rouge* verzichtete. Es liegen keine Erkenntnisse vor, dass staatliche Stellen bestimmte Branchen aufgrund knapper Rohstoffe oder kriegswirtschaftlicher Erwägungen systematisch benachteiligten oder dezimierten. Bei der Frage, wie mit geräumten Konsumgüteproduzenten, deren Fertigung als nicht kriegswichtig galt, umzugehen sei – „Flurbereinigung"[150] oder nicht – zeigen sich deutliche Unterschiede zwischen dem Deutschen Reich und der III. Republik.

Mit der Pirmasenser Schuhindustrie ist ein systematischer Zugriff thematisiert worden, nun rücken punktuelle fremdbestimmte Verlagerungen in den Mittelpunkt. Drei Turbinen aus dem Kraftwerk Wehrden in der deutschen roten Zone wurden im Herbst 1939 Gegenstand einer solchen fremdbestimmten Verlagerung. Ihr Fall soll beispielhaft skizziert und anschließend in deutsch-französischer Perspektive eingeordnet werden.

Die Kraftwerk Wehrden GmbH, 1926 von den Röchling'schen Eisen- und Stahlwerken (RESW) und kommunalen Trägern gegründet, befand sich im Völklinger Stadtteil Wehrden, auf der linken Saarseite (siehe Abbildung 3.1, S. 129).[151] Das gemischtwirtschaftliche Unternehmen versorgte die RESW, die Stadt Saarbrücken und, ab 1932, die Vereinigte Saar-Elektrizitäts-AG mit Strom. Nach dem Evakuierungsbefehl stellte das nunmehr im Vorfeld der deutschen Stellungen gelegene Kraftwerk in den ersten Septembertagen seinen Betrieb ein. Wenige Wochen später, nämlich Ende September, lief es teilweise wieder

149 *Wolfgang Freund*, Rassen- und Bevölkerungspolitik in einem expandierenden Gau: Rheinpfalz – Saarpfalz – Westmark, in: Jürgen John u.a. (Hrsg.), Die NS-Gaue. München 2007, 334–347, 335.

150 *Lothar Meinzer*, Von der Dauerkrise in die Staatskonjunktur: Die pfälzische Industrie in der Zwischenkriegszeit, in: Gerhard Nestler/Hannes Ziegler (Hrsg.), Die Pfalz unterm Hakenkreuz. Landau 1993, 161–184, 173.

151 Zur Geschichte des Kraftwerks Wehrden: *Kraftwerk Wehrden G.m.b.H.* (Hrsg.), 25 Jahre Kraftwerk Wehrden G.m.b.H.. Saarbrücken 1951, 9–18.

an, um den weiterhin bestehenden Grundbedarf der Stadt Saarbrücken, der RESW und der Vereinigten Saar-Elektrizitäts-AG zu befriedigen. Interessanterweise stellten die begehrlichen Blicke von Konkurrenten auf die Kraftwerksmaschinen Hermann Röchling zufolge einen weiteren Beweggrund für die Wiederinbetriebnahme dar:

> In Berlin hatten sich allerhand habgierige Leute überlegt, daß die sehr wertvollen Maschinen in Wehrden, darunter die 12.000 Kilowatt-Hochdruckmaschine mit 150 Atm. Dampfdruck, viel zu gefährdet seien. Da die Völklinger Hütte ja doch zerstört würde, hätte es infolgedessen keinen Sinn, die Dampfturbinen dort stehen zu lassen, da man sie vielleicht selbst sehr gut gebrauchen könnte. Gegen solche Bestrebungen gab es zunächst nur ein Mittel: das Kraftwerk wieder in Betrieb zu setzen und so die Notwendigkeit, die Maschinen zu behalten, zu beweisen.[152]

Die Episode ist insofern mit Vorsicht zu betrachten, als sie sich perfekt in die Röchling'sche Selbstdarstellung des tatkräftigen Unternehmers, der sich dank Eigeninitiative gegen Widerstände durchzusetzen wusste, einfügt. Nichtsdestotrotz ist gut vorstellbar, dass die Sorge um die Maschinen unternehmensintern eine Rolle spielte, um gegenüber externen Stellen, wie dem Saarbrücker Rüstungskommando, die Wiederinbetriebnahme Wehrdens zu forcieren. Röchling kreierte in seiner Darstellung des Weiteren einen starken Kontrast zwischen RESW bzw. Kraftwerk und den „habgierigen Leuten“, zwischen uns und ihnen. Er mag diese Dichotomie im Hinblick auf die Adressaten seines Berichtes im engsten Familienkreis zugespitzt haben. Das ändert allerdings nichts an der Feststellung, Firmen im Reichsinnern hätten evakuierungsbedingte Schwierigkeiten saarpfälzischer Unternehmen bereitwillig ausgenutzt, um sich ihre Produktionsmittel anzueignen. Freilich nannte der Industrielle die „allerhand habgierigen Leute“ in Berlin nicht beim Namen, sodass seine Anschuldigung recht vage im Raum stehen bleibt.

Tatsächlich ordnete das Reichswirtschaftsministerium in Gestalt Hermanns von Hanneken, Leiter der Hauptabteilung II, wenige Tage nach der partiellen Inbetriebnahme den Ausbau von drei Turbinen aus dem Kraftwerk an.[153] In diesem Zusammenhang sei kurz daran erinnert, dass auch die Demontage der Maschinen in der Fenner Glashütte auf eine Anordnung aus dem Wirtschaftsministerium zurückging. Anfang Oktober begann eine Gruppe unter der Leitung ei-

---

152 Unternehmensarchiv der Röchling-Gruppe, Hermann Röchling: Die Hütte während des Krieges 1939/40, September 1941, S. 11f.

153 BA-MA RW 19-1768, Aktennotiz, 18.10.1939, fol. 76. Die Hauptabteilung II befasste sich seit einer Umstrukturierung im Frühjahr 1939 mit den Bereichen Industrielle Fachgebiete, Chemie, Mineralölwirtschaft, Ersatzrohstoffe sowie Bergbau-, Eisen- und Energiewirtschaft. Ab 1943 firmierte sie unter Allgemeine Wirtschaftspolitik.

nes unternehmensexternen Experten – ebenfalls eine Parallele zur Fenner Glashütte – mit dem Ausbau der ersten Turbine.[154] Es handelte sich um eben jene von Hermann Röchling hervorgehobene 12 000 kw-Hochdruckmaschine, die aus der roten Zone ins Hydrierwerk Welheim bei Bottrop gebracht wurde. Betreiber des Hydrierwerkes waren die Stinnes AG und die IG Farben; es belieferte die Wehrmacht mit Heizöl. Bis Dezember demontierte die Gruppe außerdem eine 10 000 kw-Turbine, die im Aluminiumwerk Heringen der Wintershall AG Verwendung fand, und einen 20 000 kw-Turbosatz, der in das Bitterfelder Werk der IG Farben kam.

Die Entscheidung für die Rüstungsbetriebe in Welheim, Heringen und Bitterfeld, deren Hintergründe im Dunkeln liegen, fiel nach der Ausbauanordnung durch das Wirtschaftsministerium. An der Wahl des Hydrierwerkes Welheim als Aufnahme- und Verwendungsort der Hochdruckmaschine war das Armeeoberkommando 1 beteiligt.[155] Zwar fällt auf, dass zwei der drei Turbinen in Werke mit IG-Farben-Beteiligung oder in IG-Farben-Besitz kamen. Eine Lobbyarbeit durch „allerhand habgierige Menschen" in Berlin, wie Hermann Röchling sie beschrieb, kann dennoch lediglich vermutet werden. Als das Kraftwerk Wehrden im Sommer 1940 seinen Betrieb in der wiederbesiedelten Saarpfalz wiederaufnahm, musste sich die Unternehmensleitung noch etwas gedulden, bis auch die Turbinen zurückkehrten. Erst 1943 stand die letzte der drei Maschinen wieder an Ort und Stelle.[156]

Welche Mechanismen lagen der fremdbestimmten Verlagerung von Produktionsmitteln aus dem Kraftwerk Wehrden zugrunde? Die Demontage der drei Turbinen erfolgte aufgrund einer Anordnung aus dem Reichswirtschaftsministerium. Es wollte, ähnlich wie bei der Fenner Glashütte, die wertvollen Produktionsmittel aus der roten Zone entfernen. Vermutlich lag dem Abbau und Abtransport, immerhin ein Eingriff ins Eigentumsrecht, eine Beschlagnahmung durch das Reich zugrunde. Aus Sicht des Unternehmens war die Beschlagnahmung freilich gegenüber anderen Formen des Besitzwechsels vorzuziehen, ermöglichte sie doch eine spätere Rückkehr der Turbinen nach Wehrden. Von der Anordnung des Reichswirtschaftsministerium profitierten anschließend die drei Werke in Welheim, Heringen und Bitterfeld. Sie bauten die Maschinen auf und setzten sie in der Folgezeit in ihrer kriegswichtigen Produktion ein. Nach dem Ende der Evakuierungsphase im Sommer 1940 gelang es den Aufnahmewerken,

154 Eine Aufstellung der ausgebauten Maschinen mit jeweiligem Zielort befindet in *Kraftwerk Wehrden G.m.b.H.* (Hrsg.), 25 Jahre Kraftwerk Wehrden G.m.b.H.. Saarbrücken 1951, 19.

155 BA-MA 21-54/1, Kriegstagebuch des Rüstungskommandos Saarbrücken, 26.10.1939, fol. 20.

156 *Kraftwerk Wehrden G.m.b.H.* (Hrsg.), 25 Jahre Kraftwerk Wehrden G.m.b.H.. Saarbrücken 1951, 21.

die Rückkehr der Turbinen hinauszuzögern, sodass die letzte erst 1943 wieder ihren angestammten Platz einnahm. Die Sichtweise des Betroffenen, der Kraftwerk Wehrden GmbH, auf die fremdbestimmte Verlagerung war recht klar. Eine Jubiläumsfestschrift von 1951 thematisierte die Turbinen als die „aus dem Werk entführten Maschinen"[157] und unterstreicht damit das subjektiv erlittene Unrecht.

Zwei Aspekte fallen beim Nachzeichnen des Falls Wehrden besonders auf. Erstens entwickelt er sich gegenläufig zu den lokalen militärischen Verschiebungen. Kurz nach der Ausbauanordnung zog sich die französische Armee Mitte Oktober aus dem zuvor von ihr besetzten deutschen Warndtgebiet zurück. Hatten sich die französischen Truppen bis zu diesem Zeitpunkt dem Kraftwerk und damit den Turbinen bis auf wenige Kilometer angenähert, war die unmittelbare Bedrohung danach passé. Angesichts der Verfestigung der Front, die ab Mitte Oktober einsetzte, leuchtet es nicht unbedingt ein, dass die Demontage der Maschinen weiterlief. Zweitens ist auf die Gleichzeitigkeit zweier Prozesse zu verweisen, die nicht recht zueinander passen wollen. Einerseits erfolgte im Herbst 1939 der Abbau der Wehrdener Turbinen, wogegen sich die RESW als Miteigentümer vehement gewehrt hatten. Andererseits liefen zur gleichen Zeit die ersten Völklinger Betriebsteile der RESW, die Sinteranlage und das Edelstahlwalzwerk, wieder an. Im Dezember 1939 erhielten die RESW sogar die Genehmigung, als einzige Saarhütte in der roten Zone Hochöfen anzublasen.[158] Dieser Ausnahmeposition zum Trotz zeigt der Fall Wehrden die Grenzen des Einflusses Röchlings in Berlin auf. Möglicherweise waren es gerade die Interessenlagen anderer, ebenfalls gut vernetzter Unternehmen wie der IG Farben, die diese Grenzen absteckten.

Die fremdbestimmte Verlagerung der Wehrdener Turbinen stellte, das ist verschiedentlich belegt, im Deutschen Reich keine Ausnahme dar. Rüstungsbetriebe aus dem Reichsinnern wandten sich vielfach an das Saarbrücker Rüstungskommando und bekundeten Interesse an verfügbaren Maschinen aus dem Evakuierungsgebiet.[159] Das Rüstungskommando stand seinerseits in Kontakt mit den saarpfälzischen Firmeninhabern und sorgte für den Abbau der angefragten Produktionsmittel. Diese kamen dann in der Rüstungsproduktion anderswo zum Einsatz, beispielsweise 23 Pressen aus den Saarwerken von V&B

157 *Kraftwerk Wehrden G.m.b.H.* (Hrsg.), 25 Jahre Kraftwerk Wehrden G.m.b.H.. Saarbrücken 1951, 21.

158 Saarstahl-Archiv F-K011, Nr. 2130, Bericht der Geschäftsführung und des Direktoriums der RESW über das Geschäftsjahr 1939, S. 2.

159 BA-MA RW 21-54/1, Kriegstagebuch des Rüstungskommandos Saarbrücken, Einträge vom 23.9., 25.9., 26.9. und 28.9.1939, Bl. 12–14.

beim Aufbau eines Pulverpressbetriebes im schlesischen Ludwigsdorf.[160] Die rechtliche Form, die dabei zum Tragen kam, variierte von Fall zu Fall zwischen Requirierung durch die Armee, Beschlagnahmung durch eine andere staatliche Instanz, Vermietung, Pacht oder Verkauf. Letztlich ging es für die betroffenen evakuierten Unternehmen, so auch das Kraftwerk Wehrden, darum, das Wie der fremdbestimmten Verlagerung zu beeinflussen, nicht mehr das Ob.

In Frankreich sind, wenn auch seltener, fremdbestimmte Verlagerungen von Produktionsmitteln aus der roten Zone nachgewiesen. Im westfranzösischen Limoges setzten Rüstungsproduzenten beispielsweise aus Straßburg geräumte Werkzeugmaschinen und Vorräte ein. Sie stammten von der Straßenbahngesellschaft *Compagnie des Tramways Strasbourgeois* (CTS).[161] Ob sich der Vorgang in einer Beschlagnahmung, Requirierung oder einem Mietvertrag begründete, bleibt für die CTS im Dunkeln. Hingegen schlüpfte die *Fonderie de Sarreguemines*, eine Gießerei aus dem lothringischen Sarreguemines, in die Rolle des potentiellen Nutznießers fremden Eigentums aus der roten Zone. Sie bemühte sich, in ihrem Ausweichbetrieb in Orléans, 120 km südlich von Paris, aus Sarreguemines geräumte Maschinen Dritter einzusetzen.

Zu diesem Zweck wandte sich Frank Stuhl, Leiter der Gießerei, im März 1940 an den Bürgermeister Sarreguemines', Nicolas Nicklaus. Er bat ihn, der Gießerei die evakuierten Maschinen der städtischen Gewerbeschule für die Herstellung von Projektilen im Ausweichbetrieb in Orléans zur Verfügung zu stellen.[162] Die Maschinen befänden sich ungenutzt in einem Lager in Lunéville im Departement Meurthe-et-Moselle. Nicklaus willigte ein und schlug vor, die *fonderie* solle zuerst das Material der Gewerbeschule von Lunéville nach Orléans bringen. Dort werde das Unternehmen gemeinsam mit städtischen Vertretern die Höhe der Miete und der Abnutzungskosten festlegen.[163] Obwohl Stuhl einwilligte, kam es nicht mehr zur Umsetzung des Plans, denn Nicklaus musste feststellen, dass sich die Maschinen, da in der Zwischenzeit requiriert, nicht mehr in Lunéville befanden. Sie waren bereits seit einigen Monaten im Einsatz

160 Siehe die ausführliche Einleitung zum Bestand 20918 Villeroy & Boch, Steingutfabrik Torgau im Staatsarchiv Leipzig. Einige Pressen verblieben noch mindestens bis zum Frühjahr 1942 in dem Rüstungsbetrieb: Auch Merzig baut, Keramos Nr. 4 April 1942, S. 3.

161 *Charles Spehner*, 75 années de transports en commun à Strasbourg, 1878–1953. Strasbourg 1953, 27.

162 AMS 3 H 31, Brief von Frank Stuhl, Leiter der Gießerei Sarreguemines, an den Bürgermeister von Sarreguemines, Nicolas Nicklaus, 12.3.1940.

163 AMS 3 H 31, Brief vom Bürgermeister von Sarreguemines, Nicolas Nicklaus, an den Leiter der Gießerei Sarreguemines, Frank Stuhl, 15.3.1940.

bei „Éts [Établissements, LS] auxquels elles [les machines, LS] ont été affectées pour les besoins de la Défense Nationale (...).“[164]

Bei den Maschinen aus der Gewerbeschule Sarreguemines handelte es sogar eine doppelte Weiternutzung durch Dritte: einerseits die geplante durch die Gießerei, andererseits die bereits laufende in anderen Rüstungsbetrieben. Der Fall führt somit die zentrale Motivation für fremdbestimmte Verlagerungen vor Augen, nämlich den materiellen Wert von Produktionsmitteln in den roten Zonen zu nutzen. Gleichzeitig charakterisierten sich die Aushandlungen zwischen der Stadt Sarreguemines und der Gießerei durch ein freundliches Miteinander, das im Gegensatz zu den aus dem Kraftwerk Wehrden „entführten Maschinen“ steht. Das sollte allerdings nicht überbewertet werden und bedeutet keineswegs, dass fremdbestimmte Verlagerungen in der III. Republik grundsätzlich einvernehmlich abliefen. Es ist, ganz im Gegenteil, davon auszugehen, dass auch innerfranzösische Konkurrenten in der Evakuierung eine günstige Gelegenheit sahen, um sich wertvoller Produktionsmittel elsässischer oder lothringischer Unternehmen zu bemächtigen. Dabei gereichte es letzteren zum Vorteil, dass sie tendenziell besser auf die Räumung vorbereitet waren als ihre saarpfälzischen Pendants. Verfügte der evakuierte Betrieb innerhalb kurzer Zeit über ein Ausweichwerk, fiel das Brachliegen der Maschinen als eines der wichtigsten Argumente für eine fremdbestimmte Verlagerung weg.

Verlagerungen aus den grünen Zonen

Beschreibt die fremdbestimmte Verlagerung aus den roten Zonen den einen Sonderfall, so umfasst der zweite den eigenständigen, von Unternehmen durchgeführten, Transfer von Produktionsmitteln ins Landesinnere. Dies betraf insbesondere die an die Räumungsgebiete anschließenden und nahe der Front gelegenen grünen Zonen.[165] Sowohl das Deutsche Reich als auch die III. Republik hatten die Räumung dieser Areale vorbereitet und in die Räumungsrichtlinien bzw. *instructions générales* einbezogen. Aufgrund der ruhigen Lage an der Front ordnete jedoch weder Adolf Hitler als deutscher Oberbefehlshaber noch der französische *État-Major* die Evakuierung der jeweiligen grünen Zone an. Dem-

---

164 „Unternehmen, denen sie [die Maschinen, LS] für die Fertigung im Dienste der Nationalen Verteidigung zugeteilt worden waren (...).“ AMS 3 H 31, Brief des Chef du District de Nancy du Service des Fabrications dans l'Industrie an Nicolas Nicklaus, 12.4.1940.

165 Der Begriff der grünen Zone war lediglich im Deutschen Reich geläufig, in der III. Republik wurde das an die rote Zone anschließende Gebiet als zone arrière (hintere Zone) bezeichnet. Im Folgenden wird der Terminus grüne Zone der Einfachheit halber für die deutsche und die französische Seite verwendet.

entsprechend agierten die Unternehmen aus Eigeninitiative und forderten auf diese Weise staatliche Instanzen zur Positionierung auf.

Eine sehr deutliche Rückmeldung seitens der Gauleitung um Josef Bürckel provozierte die Kammgarnspinnerei Kaiserslautern AG (KGSK) im Herbst 1939, als sie plante, Vorräte aus der Saarpfalz ins rechtsrheinische Gebiet zu bringen. Die in Kaiserslautern ansässige Spinnerei (siehe Abbildung 3.1, S. 129) war mit ihrer rund 2100-köpfigen Belegschaft (Stand 1939) eine der größten ihrer Zunft.[166] Sie verarbeitete, färbte und spann Rohwolle zu Garn. Großaktionärin der KGSK war die württembergische Textilfirma J.F. Adolff in Backnang.

Die Spinnerei und ihre zentralen Lager befanden sich in Kaiserslautern, im nichtgeräumten Teil der Saarpfalz, der im September 1939 vielen Evakuierten als Zwischenstation gedient hatte. KGSK-Direktor Hans Adolff war zweifellos im Bilde über den Exodus aus der roten Zone, als er dem Großaktionär J.F. Adolff im Oktober vorschlug, Produktionsmittel im Wert von 1500 000 RM zu verlagern.[167] Bei Fortgang des Krieges seien 200 Ballen Wolle, 250 000 kg Kammzug, einzelne Maschinenteile und andere Betriebsmaterialien aus Kaiserslautern ins rechtsrheinische Gebiet zu bringen, um ihrer Zerstörung vorzubeugen. Nach weiteren Absprachen stimmte der Aufsichtsrat dem Plan zu, worüber die KGSK die Kaiserslauterer NSDAP-Kreisleitung informierte. Diese setzte vermutlich die saarpfälzische Gauleitung in Kenntnis, die sich Mitte November direkt an Hans Adolff wandte und ihm die Verlagerung untersagte. Die KGSK bemühte sich anschließend, sich gegenüber Gauwirtschaftsberater Wilhelm Bösing zu rechtfertigen und ihm ihre Beweggründe nahezubringen. Spätestens Ende des Jahres 1939 waren die Verlagerungspläne vom Tisch.

Wilhelm Bösing bediente sich bei seinem recht rüde formulierten Verbot zweier Argumentationsstränge. Anfangs warf er der KGSK vor, ausschließlich die Bewahrung ihrer privaten Vermögenswerte zu betreiben, was dem Gebot der Zeit entgegenstehe. Schließlich „dürfte [es] langsam auch gesinnungsmässig Platz greifen, dass wir in erster Linie eine deutsche Volkswirtschaft zu pflegen haben."[168] Bösing spielte vermeintliche Partikular- gegen Kollektivinteressen aus und argumentierte für eine Politisierung des Ökonomischen. Im NS- und Kriegskontext sei es nicht mehr möglich, unternehmensinterne Entscheidungen nach rein betriebswirtschaftlichen Gesichtspunkten zu fällen. Als die KGSK entgegnete, das Ziel der Verlegung liege nun gerade in der Fortführung

166 Zur Geschichte der KGSK siehe *Kammgarnspinnerei Kaiserslautern* (Hrsg.), Einhundert Jahre Kammgarnspinnerei Kaiserslautern: 1857 – 1957. Darmstadt 1957. Herzlichen Dank an Berthold Gehm für die freundlichen Hinweise zur Spinnerei.

167 WABW 144, Nr. 560, Brief der KGSK an Direktor Ernst Häcker, Firma J.F. Adolff in Backnack, 7.10.1939.

168 WABW 144, Nr. 560, Brief von Wilhelm Bösing an Direktor Hans Adolff, 23.11.1939, S. 2.

des Betriebes, kam Bösing zum zweiten und zentralen Argument der Gauleitung gegen den Plan. Sie wollte das wirtschaftliche Ausbluten ihres durch die Evakuierung geschwächten Gaues um jeden Preis verhindern. In diesem Sinne berichtete Hans Adolff im Dezember an den Aufsichtsrat:

> Herr Bösing hat mir darauf erklärt, welche grossen Kämpfe stattgefunden hätten, zwischen der Wehrmacht einerseits, dem Reichswirtschaftsministerium andererseits und dem Gauleiter Bürckel, der sich die grössten Anstrengungen hätte machen müssen, um die Beschäftigung in seinem Gau aufrecht zu erhalten. Es hätte der grössten Anstrengungen des Gauleiters Bürckel bedurft, dass der Gau Saarpfalz durch die von verschiedenen Firmen [ergriffenen, LS] fluchtähnlichen Maßnahmen nicht zum Erliegen gekommen sei.[169]

Drei Aspekte schälen sich aus der Wiedergabe Adolffs und der KSGK-Angelegenheit insgesamt heraus. Sie ordnete sich erstens, das verdeutlicht das Zitat, in den Kontext des saarpfälzischen Gaupartikularismus ein. Er kam bereits im Zusammenhang mit der dauerhaften Schließung evakuierter Unternehmen zur Sprache. Aufgrund gaupartikularistischer Erwägungen verhinderte Wilhelm Bösing die Verlagerung von Vorräten der KGSK aus Kaiserslautern. Um die ohnehin schon dezimierte saarpfälzische Industriestruktur zu bewahren, tolerierte die Gauleitung keinen freiwilligen Unternehmenstransfer aus der grünen Zone.

Zweitens verweisen „die von verschiedenen Firmen [ergriffenen, LS] fluchtähnlichen Maßnahmen" darauf, dass die saarpfälzischen NSDAP-Granden durchaus Grund zur Sorge hatten. Neben der KGSK bemühten sich einige weitere nichtevakuierte Unternehmen in ihrem Gau im Herbst 1939 mehr oder weniger erfolgreich darum, Betriebsteile ins Landesinnere zu verlegen. Der Leiter des Saarbrücker Rüstungskommandos Major Hollidt berichtete etwa von einer verhinderten Räumung aus der grünen Zone, nämlich der des Werkes St. Ingbert des Saarbrücker Maschinenherstellers Schneider-Werke.[170] Lediglich einem anderen Betrieb aus St. Ingbert, der Firma Omlor, habe er aus Fertigungsgründen gestattet, Facharbeiter und einige wertvolle Maschinen ins pfälzische Kusel zu bringen. Da es sich in diesem Fall um eine Verlegung innerhalb der Saarpfalz handelte, stellte er die Gauleitung vor weniger Probleme als ein Transfer außerhalb ihres Einflussbereiches. Zwar liegen keine verlässlichen Angaben dazu vor, wie viele Unternehmen aus der grünen Zone abwandern wollten. Argwöhnisch von Bürckel und Co. beobachtet, war ihre Zahl jedenfalls ausreichend

169 WABW 144, Nr. 560, Brief von Hans Adolff an den stellvertretenden Aufsichtsratsvorsitzenden Sekler, 20.12.1939, S. 2.

170 BA-MA 21-54/1, Brief des Leiters der Wehrwirtschaftsstelle Saarbrücken Major Hollidt an die Wehrwirtschaftsinspektion XII, 18.11.1939, fol. 39.

groß, um auf die Tagesordnung zwischen Gauleitung, Wehrmachtstellen und Unternehmensvertretern zu rücken.

Drittens steht die KGSK-Angelegenheit in der Tradition der ‚Grenzlandnot', jenes Motivs, das bereits in den 1930er Jahren die Standortnachteile grenznaher Unternehmen beschrieben hatte. Die Evakuierung stellte die konsequente Fortführung und den Höhepunkt der ‚Grenzlandnot' dar, zwang sie die Werke doch zur Stilllegung und beraubte sie damit ihrer wirtschaftlichen Existenzgrundlage. Davon blieb die Kaiserslauterer Spinnerei verschont, sah aber ihre Produktionsmittel durch die Frontnähe als gefährdet an. Die Angelegenheit rund um die KGSK zeigt somit, in welchem Maße das Motiv der ‚Grenzlandnot' auch nach dem Räumungsbefehl in der grünen Zone weiterlebte.

Insgesamt gelang es der saarpfälzischen Gauleitung, die selbstinitiierte Abwanderung von Unternehmen aus ihrem Gau zu verhindern. Es ist kein Betrieb aus der grünen Zone bekannt, der im Zuge der Evakuierung seine Produktionsmittel dauerhaft ins Landesinnere verlagerte. Das bedeutet freilich nicht, dass es tatsächlich keine gab – insbesondere bei den R-Betrieben, den direkten Wehrmachtzulieferern, muss ein Fragezeichen gesetzt werden. Wirkte ein Rüstungskommando mit Verweis auf die unbedingt notwendige Rüstungsfertigung eines Werkes auf dessen Verlagerung ins Reichsinnere hin, so konnte die Gauleitung dem wenig entgegenhalten. Dass derartige Evakuierungen im benachbarten Baden zumindest geplant waren, belegt ein Bericht der DAF vom Dezember 1939. Er rekurriert auf „2 aus militärischen Gründen sofort vorzunehmenden Umsiedlungen"[171] aus der grünen Zone. Abgesehen von dieser Einschränkung waren Bürckel und Bösing mit ihrer Verhinderungspolitik den Unternehmen gegenüber recht erfolgreich. Mit den Kreisleitungen und den IHKs vernetzt, erhielten sie Informationen von der Basis und gingen gegen geplante Verlegungen vor. Die starke Stellung der Gauleitung verringerte, wie am Fallbeispiel der KGSK aufgezeigt, die Handlungsspielräume verlagerungswilliger Betriebe in der grünen Zone. Die Spinnerei konnte sich eben nicht mehr autonom für oder gegen den Transfer ihrer Vorräte entscheiden, sondern verabschiedete sich unter politischem Druck von ihrer Idee.

Mangels überlieferter französischer Fälle kann lediglich gemutmaßt werden, wie sich staatliche Instanzen gegenüber verlagerungswilligen Unternehmen außerdem des Evakuierungsgebietes positioniert haben könnten. Der französische Staat hatte bis zum Kriegsbeginn die Verlagerung kriegswichtiger Industrie aus dem Grenzgebiet ins Landesinnere forciert (siehe Kapitel 1.1, S. 35). Sein Vorgehen betraf so prominente Unternehmen wie den Autohersteller

171 GLA Karlsruhe 465 c, Nr. 16275, Bericht der DAF über die „Auswirkungen der wirtschaftlichen Räumung auf das nordbadischen Gebiet", 1.12.1939, S. 2.

Bugatti. Er verlegte sein Werk aus Molsheim im Bas-Rhin, 30 km westlich von Straßburg, auf Kosten des Staates nach Bordeaux, um dort Flugzeugteile herzustellen.[172] Die III. Republik blickte also auf bedeutende Industrieverlagerungen während der Zwischenkriegszeit zurück, außerdem verwandelte sich im September 1939 die vormals vage Bedrohung durch das Deutsche Reich in eine sehr greifbare. Warum sollte der französische Staat angesichts dessen von seiner Linie gegenüber kriegswichtigen Unternehmen abweichen? Die bis dato praktizierte Politik würde dafür sprechen, dass die staatlichen Instanzen verlagerungswilligen Betrieben aus der grünen Zone keine Steine in den Weg legten. Außerdem mangelte es französischerseits an starken, regional verankerten Mittelinstanzen wie dem saarpfälzischen Gauleiter, die sich einer Abwanderungsbewegung entgegenstellen konnten. Der ausgeprägtere Zentralismus als strukturelles Element mag seinen Teil zum Umgang der III. Republik mit freiwilligen Verlagerungen aus der grünen Zone beigetragen haben.

3.3 Der Produktionsfaktor Kapital

Im Fokus der Ausführungen standen mit den Produktionsmitteln evakuierter Unternehmen ihre materiellen Güter. Zwei rechtliche Rahmenbedingungen waren für die Betriebe von besonderer Bedeutung: die Entschädigungsansprüche, die ihnen aufgrund von Requirierung und Plünderung entstanden sowie die Genehmigungsverfahren für die Wiedereröffnung im Landesinnern. Sowohl die III. Republik als auch das Deutsche Reich regelten die Frage der requirierten bzw. geplünderten Produktionsmitteln verspätet, was den Betroffenen zum Nachteil gereichte. Hingegen offenbarte sich beim Genehmigungsverfahren der ausgeprägtere deutsche Wille zur Steuerung im Sinne einer kriegswirtschaftlichen Konzentration. Beide Staaten verfügten mit ihren jeweiligen rechtlichen Rahmenbedingungen über ein Instrumentarium, das es ihnen ermöglichte, evakuierte Unternehmen zu unterstützen oder ihnen Hilfe zu versagen. Ihre Handlungsoptionen müssen deshalb vor dem Hintergrund der entsprechenden *décrets* und Verordnungen gesehen werden.

Die Fenner Glashütte, die Saarbrücker Druckerei, die *sucrerie d'Erstein*, die Pirmasenser Schuhhersteller, das Kraftwerk Wehrden und die Kammgarnspinnerei Kaiserslautern dienten als Fallbeispiele, um die Handlungsoptionen Stilllegung, Weiterbetrieb und Verlagerungen nachzuvollziehen. Sie haben verdeutlicht, in welchem Maße die Betriebe zwischen autonomen Entscheidungen und

172 *Emmanuel Chadeau*, De Blériot à Dassault: Histoire de l'industrie aéronautique en France: 1900–1950. Paris 1987, 341.

externen Eingriffen oszillierten. Auf quantitativer Ebene stellten dauerhafte Betriebsstilllegungen elsässischer, lothringischer und saarpfälzischer Unternehmen Ausnahmen dar. Ebenfalls begrenzt, da klar umrissen, war die Gruppe derer, die in den roten Zonen weiterlaufen durften. Dies geschah auf beiden Seiten der Grenze für die Unterhaltung immobiler Anlagen und die Armeeversorgung. Hingegen liefen mehr elsässische und lothringische Unternehmen zum Zwecke der sonstigen Produktion wieder an, da sich dieser in der III. Republik nicht auf reine Rüstungsfertigung beschränkte. Zahlenmäßig am stärksten vertreten war die Handlungsoption Verlagerung ins Landesinnere, bei der französische und deutsche Betriebe in ähnlicher Weise auf Zweigwerke und Firmennetzwerke zurückgriffen.

Fremdbestimmte Räumungen in den roten Zonen und freiwillige Verlagerungen aus den grünen Zonen markierten zwei Sonderfälle der Handlungsoption Verlagerung. Sie erlangten einige quantitative Bedeutung und stellten keine einmaligen Vorkommnisse dar. Wenngleich stärker für das Deutsche Reich nachgewiesen, kam es sowohl in Deutschland als auch in Frankreich zu punktuellen fremdbestimmten Demontagen von Maschinen in verwaisten Produktionsstätten. Sie erfolgten in der Regel im Dienste der Kriegswirtschaft; die Maschinen kamen dann bei Rüstungsproduzenten und Armeelieferanten im jeweiligen Landesinnern zum Einsatz. Im Gegensatz dazu stellte der Versuch zentralstaatlicher Instanzen, die saarpfälzische Schuhindustrie im Zuge der Evakuierung zu dezimieren, eine deutsche Besonderheit dar. Der französische Staat enthielt sich derart systematischer Eingriffe. Außerdem hatten elsässische und lothringische Firmen aus der grünen Zone, die freiwillig Produktionsmittel verlagern wollten, mit weniger Gegenwind durch staatliche Instanzen zu rechnen als ihre saarpfälzischen Pendants. Die saarpfälzische Gauleitung beschnitt die Unternehmen in ihrem prinzipiell auch in der nationalsozialistischen Wirtschaftsordnung verbrieften Recht, frei über ihr Eigentum zu verfügen. Hier unterlagen die Produktionsmittel saarpfälzischer Betriebe folglich ausgeprägteren externen Zugriffen als die lothringischer und elsässischer.

Was motivierte welche staatlichen Instanzen, die Handlungsoptionen Stilllegung, Weiterbetrieb sowie Verlagerung mitzubestimmen und auf geräumte Betriebsmittel zuzugreifen? Drei, teilweise grenzüberschreitende, teilweise national spezifische Gründe treten hervor. Sowohl die III. Republik als auch das Deutsche Reich machten in Aushandlungen mit evakuierten Unternehmen kriegswirtschaftliche Gründe geltend. Das *Ministère de l'Agriculture* begründete damit den Befehl an die Ersteiner Zuckerfabrik, die Rübenkampagne im Herbst 1939 durchzuführen. Die Zugriffe, die das Reichswirtschaftsministerium mit kriegswirtschaftlichen Motiven begründete, reichten freilich weiter, wie die Pirmasenser Schuhhersteller, das Kraftwerk Wehrden und die Fenner Glashütte erfahren mussten. An zweiter Stelle tun sich deutscherseits politische Motive auf. Sie lagen der Intervention der saarpfälzischen Gauleitung bei der Saarbrücker Druckerei und Verlag AG zugrunde. Indem er ihren Aufgabenbereich im Zuge der Rückkehr im Sommer 1940 gewissermaßen entkernen ließ, nahm Bürckel sehr weitgehende Eingriffe in die Verlagsanstalt vor. Gaupartikularistische Motive umfassen schließlich den dritten Grund für Zugriffe regionalstaatlicher Instanzen auf Unternehmen und ihre Produktionsmittel im Deutschen Reich. Hier trat die saarpfälzische Gauleitung ein weiteres Mal als Akteur auf. Auf den Erhalt der Wirtschaftsstruktur ihres Herrschaftsbereiches abzielend, untersagte sie der Kammgarnspinnerei Kaiserslautern die freiwillige Verlagerung von Maschinen und Vorräten.

Insgesamt zeigten sich staatliche Stellen im Deutschen Reich wesentlich eher und umfassender dazu bereit, auf geräumte Unternehmen und ihre Handlungsoptionen einzuwirken als die der III. Republik. Dies hing einerseits mit der saarpfälzischen Gauleitung als Akteur und mächtiger regionaler Mittelinstanz zusammen, die ihre Interessen durchzusetzen wusste. Andererseits formulierten Bürckel, Bösing und Berliner Ministerien gegenüber den Betrieben einen höheren Anspruch darauf, sie sich für NS- und Kriegszwecke dienstbar zu machen. Am prägnantesten fasst dies das Schlagwort der Politisierung des Ökonomischen zusammen. Dass das Resultat, etwa die dauerhafte Schließung, durchaus im Sinne der Firmeninhaber liegen konnte, erhellt wiederum die Fenner Glashütte. Die ausgeprägteren staatlichen Eingriffe spiegeln letztlich die verschiedenen politischen Systeme, einerseits ein diktatorisch und andererseits ein demokratisch verfasstes Regime, wider.

4 Kleine Geographie der Verlagerung

„Ich aber konnte wieder arbeiten – an meiner Maschine, die auch aus Pirmasens ausgezogen war.“[1] Diese Worte einer anonymen Arbeiterin des Pirmasenser Schuhherstellers Rheinberger standen am Beginn des vorangegangen Kapitels und haben die Untersuchung des Produktionsfaktors Kapital eingeleitet. Sie wurden der Stepperin von ihrem Arbeitgeber in den Mund gelegt und stammen aus einer Unternehmensbroschüre, in der Rheinberger auf das Jahr 1940 zurückblickt. Kurz bevor die Frau ihre Freude, wieder an ihrer Maschine arbeiten zu können, zum Ausdruck brachte, nannte sie die Voraussetzung für diese Entwicklung. Es war dies die Betriebsverlagerung des Schuhherstellers von Pirmasens ins Rhein-Main-Gebiet: „Bald kam die Nachricht von Offenbach: Sie können hier arbeiten.“[2]

Das Zitat der Stepperin verweist auf den zweiten Produktionsfaktor, den Boden, dem sich dieses Kapitel zuwendet. Umfassten die Produktionsmittel die materiellen Werte evakuierter Unternehmen, kam dem Boden eine ebenso hohe Bedeutung zu, sahen sie sich doch durch den jeweiligen Räumungsbefehl gezwungen, ihren Standort zu verlassen. Hier setzt die Untersuchung an und führt zugleich die Handlungsoption Verlagerung fort, indem sie folgende Fragen stellt: Wie frei agierten französische und deutsche Betriebe bei der Verlagerung und welchen externen, insbesondere staatlichen Anreizen und Zwängen begegneten sie dabei? Wo siedelten sich sich im jeweiligen Landesinnern an und welche Gründe bewogen sie, sich bevorzugt in ein Gebiet zu bewegen? Der Produktionsfaktor Boden dient somit als weiteres Brennglas, durch das unternehmerische Handlungsspielräume während der Evakuierung betrachtet werden.

Im ersten Schritt werden die rechtlichen Rahmenbedingungen französischer und deutscher Unternehmen in Gestalt staatlicher Finanzierungshilfen umrissen. Die Evakuierung, d.h. der Abbau, Abtransport und Wiederaufbau an anderer Stelle, war für die Betriebe auf beiden Seiten der Grenze ein Kraftakt, der gewaltige geldliche Ressourcen band. Auf welche Erstattungs- und Finanzierungsangebote der III. Republik bzw. des Deutschen Reiches konnten sie zurückgreifen? Dabei interessiert insbesondere, inwiefern die externen Hilfen mit einer Steuerung zu Gunsten ausgewählter Branchen oder in bestimmte Gebiete einhergingen. Das zweite Unterkapitel analysiert die Ansiedlungstendenzen an-

1 *Eduard Rheinberger AG*, Rheinberger arbeitet wieder in der Heimat am Westwall. Nimmer sich beugen, kräftig sich zeigen: Ein Versuch, mit Worten und Bildern ein ereignisreiches Jahr einer großen Zeit in Erinnerung zu behalten. Frankfurt am Main, Pirmasens 1940, 10.

2 *Eduard Rheinberger AG*, Rheinberger arbeitet wieder in der Heimat am Westwall. Nimmer sich beugen, kräftig sich zeigen: Ein Versuch, mit Worten und Bildern ein ereignisreiches Jahr einer großen Zeit in Erinnerung zu behalten. Frankfurt am Main, Pirmasens 1940, 10.

https://doi.org/10.1515/9783110591897-005

hand von Landkarten. Es setzt anfangs einen räumlichen Schwerpunkt und fragt, inwiefern die designierten Aufnahmegebiete und die Areale nahe der roten Zonen elsässische und lothringische bzw. saarpfälzische Betriebe aufnahmen. Anschließend rückt mit der metallverarbeitenden Industrie und dem Maschinenbau eine Branche in den Mittelpunkt, an deren kriegswichtiger Fertigung beide Staaten spezielles Interesse hegten. Deshalb wird untersucht, inwiefern die Branchenvertreter den zuvor ausgeführten Ansiedlungstendenzen oder gesonderten Verlagerungsmechanismen folgten. Abschließend greift ein Fazit die Ergebnisse wieder auf und fasst zusammen, über welche Handlungsspielräume deutsche und französische Betriebe bezüglich des Produktionsfaktors Boden verfügten.

4.1 Rechtliche Rahmenbedingungen

Die Verlagerung ihrer Produktionsmittel ging für elsässische, lothringische und saarpfälzische Unternehmen mit erheblichen finanziellen Aufwendungen einher. Sie mussten das Personal, das die Maschinen abbaute, entlohnen und Gerätschaften für die Demontage anmieten. Der Abtransport per Zug oder Kraftwagen kostete ebenso Geld wie das Anmieten eines Lagers, um die geräumten Güter außerhalb der roten Zonen vorläufig unterzubringen. Hinzu kamen die Kosten für das Kaufen oder Pachten eines Ausweichgeländes sowie diverse Aufwendungen für den Aufbau des Betriebes. All dies fiel in einer Phase an, in der die Unternehmen evakuierungsbedingt nicht produzierten, keinen Ertrag generierten und Außenstände von geräumten Geschäftspartnern nur schwerlich eintreiben konnten. Es handelte sich um eine finanzielle Ausnahmesituation, in der das Barvermögen eines Betriebes maßgeblich mitbestimmte, in welchem Umfang er räumte und andernorts wiedereröffnete.

Externe Finanzierungshilfen, insbesondere durch den französischen oder den deutschen Staat, vergrößerten folgerichtig unternehmerische Handlungsspielräume. Die Erstattungs- und Kreditangebote stehen als rechtlich-finanzieller Rahmen für die Verlagerung im Fokus des Unterkapitels. Welche Angebote schufen die III. Republik und das Deutsche Reich, um elsässische und lothringische bzw. saarpfälzische Betriebe finanziell zu entlasten? Gingen die Angebote mit einer Steuerung einher, indem sie bestimmte Branchen privilegierten oder die Ansiedlung in ausgewählten Gebieten förderten? Wie nutzten Unternehmen die Hilfen? Soweit die Quellenlage dies erlaubt, wird die Perspektive der Betriebe auf die Angebote und die Vergabepraxis einbezogen. Die Untersuchung beschränkt sich auf externe Geldquellen für die Räumung und den Wiederaufbau, andere finanzielle Aspekte wie der Schutz evakuierter Schuldner bleiben außen vor.[3]

Seitens der III. Republik ist kein Dekret überliefert, demgemäß der französische Staat den elsässischen und lothringischen Unternehmen die Räumungskosten ersetzte. Liegt dies in einer Überlieferungslücke oder im bewussten Verzicht begründet? Klar ist, dass die Frage im Januar 1940 einer Regelung harrte. Zu diesem Zeitpunkt verwies Pierre Eude, Generalsekretär der Straßburger Handelskammer, in einem Bericht auf die „frais de transport exceptionnellement élevés",[4] die evakuierende Unternehmen schulterten. Sie seien ihnen nicht zuzumuten, vielmehr müsse der Staat sich solidarisch zeigen und einspringen. Interessanterweise übernahm die III. Republik an anderer Stelle die Räumungskosten: Wurde das *repliement* nicht von der Armee angeordnet, aber dazu geraten, konnten sich kriegswichtige Unternehmen bis zu 50 % der Verlagerungsaufwendungen ersetzen lassen.[5] Dieser Hinweis stammt allerdings aus dem Monat April 1940, die Ausgabe des Evakuierungsbefehls für die *zone rouge* lag mehr als sieben Monate zurück. Ob die Regelung bereits vor April 1940 gegolten hatte, muss offen bleiben. Auch handelte es sich um einen eher informellen Informationsweg, nicht über das *Journal Officiel*, sondern über einen kurzen Artikel im Informationsblatt des *Groupement des Industriels et Commerçants Alsaciens Repliés* (GICAR). Das GICAR war eine im November 1939 auf Betreiben der Straßburger Handelskammer und anderer regionaler Wirtschaftsakteure gegründete Interessenvereinigung evakuierter Industrieller und Händler aus dem Elsass.[6]

Es wird davon ausgegangen, dass die III. Republik keine Rechtsgrundlage schuf, die Betrieben aus der roten Zone die Erstattung ihrer Räumungskosten zusicherte. Ein Indiz, das darauf hindeutet, ist der Räumungsvertrag zwischen der *société Hirschfeld* und dem französischen Staat, auf den gleich zurückzukommen sein wird. Er legte fest, dass die III. Republik, um die kriegswichtige Produktion Hirschfelds zu sichern, die angefallenen und weiterhin anfallenden

3 Siehe zu den Schulden für Frankreich u.a. das Journal Officiel, 26.11.1939, Décret relatif aux conditions dans lesquelles pourront être accomplis les actes d'exécution en justice concernant les créances de l'État, des collectivités et établissements publics sur les personnes évacuées, 18.11.1939, S. 13393f. Für das Deutsche Reich: RGBl I, 1939, Verordnung über die Vertragshilfe des Richters aus Anlaß des Krieges, 30.11.1939, S. 2329–2338.

4 „Außergewöhnlich hohe Transportkosten", *Pierre Eude*, La Chambre de commerce de Strasbourg pendant la guerre 1939–1944. Strasbourg 1949, 22.

5 AVS 1 W 2435, Bulletin d'information du GICAR Nr. 2, April 1940, Extrait d'une lettre du Ministre de l'Armement Raoul Dautry, S. 25.

6 ADBR 98 AL 280, Brief des GICAR an den Vice-Président du Conseil Camille Chautemps, 25.1.1940, S. 1.

Abbau- sowie Transportkosten übernahm. Ein solcher Vertrag tat nur dann not, wenn es an einem grundsätzlichen, rechtlich geregelten Erstattungsanspruch mangelte.

Die allgemeingültige Rechtsetzung in Gestalt von Dekreten ist das eine, die individuelle Rechtsprechung das andere. Zog ein geräumtes Unternehmen vor Gericht und forderte staatlichen Ersatz für die ihm entstandenen Räumungskosten, so standen seine Erfolgschancen recht gut. Bei der Evakuierung liege nämlich, so der Jurist de Lavergne im GICAR-Informationsblatt, ein Sonderfall der höheren Gewalt vor, ein *Fait du Prince* (Akt des Fürsten).[7] Er geht auf die Entscheidung des Hoheitsträgers zurückgeht, der, wie im Falle eines Räumungsbefehls, ein Individuum nichts entgegensetzen kann. Laut Rechtstheorie verfügten die Betroffenen über ein Entschädigungsrecht für aufgrund des *Fait du Prince* entstandenen Verluste. Mithin obliege es dem Staat, den Betrieben die Aufwendungen für Abbau und Abtransport zu ersetzen. Nichtsdestotrotz verringerte die nicht vorhandene juristische Grundlage die Handlungsspielräume von Unternehmen, mangelte es ihnen doch an Rechtssicherheit. Wer mochte sich auf einen Prozess, der ja ebenfalls Geld kostete, in der Angelegenheit einlassen, wenn er zugleich damit beschäftigt war, das Ausweichwerk im Landesinnern aufzubauen? Tatsächlich ist kein Fall eines Betriebes bekannt, der sich die Erstattung seiner Evakuierungskosten durch den Staat vor Gericht zu erstreiten versuchte.

Anhand des oben erwähnten Hirschfeld'schen Räumungsvertrages lässt sich nachvollziehen, welchen Umfang die Aufwendungen für Abbau, Transport und Lagerung der Produktionsmittel annehmen konnten. Die Konservendosenfabrik *Hirschfeld frères* stammte aus Straßburg, sie stellte verschiedene Artikel, u.a. Feldflaschen, im Auftrag der Armee her. Ihre Räumungsgeschichte ist bereits ausführlich thematisiert worden (siehe Kapitel 2.2, S. 77). Ab September 1939 verlagerte die *société* ihren Betrieb nach Boulogne-sur-Mer ins Departement Pas-de-Calais, zur *société d'emballages métalliques*, an der Hirschfelds die Aktienmehrheit hielten.

Ende November 1939, fast drei Monate, nachdem der Evakuierungsbefehl ergangen war, schloss das Unternehmen einen Räumungsvertrag mit dem französischen Staat.[8] Demgemäß brachten Hirschfelds die Vorräte, Halb- und Fertigprodukte, Maschinen und Werkzeuge von Straßburg nach Boulogne-sur-Mer,

7 AVS 1 W 2435, Bulletin d'information du GICAR Nr. 1, März 1940, Situation des industriels et commerçants évacués des régions de l'Est au regard des engagements qu'ils avaient contractés avant l'évacuation, S. 15. Die Rechtsfigur des Fait du Prince, die kein deutsches Äquivalent hat, wird im Englischen als Act of State bezeichnet: *Jan Wouters*, Cases van internationaal recht. Antwerpen and Oxford 2005, 529.

8 Zum Inhalt des Vertrages siehe: AN 19880165107-109, Convention de liquidation au Contrat de repliement du 30 novembre 1939, 24.1.1947.

um dort die heimische Fertigung wiederaufzunehmen und die Heeresaufträge auszuführen. Ihr Vertragspartner ersetzte die dabei entstandenen Aufwendungen, sie betrugen laut einer Zusatzvereinbarung zum Räumungsvertrag rund 388 000 F. Den größten Posten machten Abbau, Verladen und Transport der Produktionsmittel in Straßburg mit 99 000 F aus, gefolgt vom Ausladen und dem Transport in Boulogne-sur-Mer mit 60 000 F. Hier schlugen vor allem die mit diesen arbeitsintensiven Prozessen einhergehenden hohen Personalkosten zu Buche. Zwar erhielten Hirschfelds eine Anzahlung durch die III. Republik, dennoch sollten bis zur vollständigen Begleichung noch einige Jahre vergehen. Der deutsche Überfall auf Frankreich im Mai 1940 und die folgende Besatzung verzögerten die Angelegenheit, sodass die *société* die ausstehende Summe erst im Jahr 1947 entgegennehmen konnte. In der IV. Republik vereinbarten das *Ministère de la Production Industrielle* und das Unternehmen schließlich die Auflösung des 1939 geschlossenen Räumungsvertrages.

Was bleibt zu den Hirschfeld'schen Evakuierungskosten festzuhalten? Die III. bzw. IV. Republik erstattete sie dem Unternehmen zwar spät, dann jedoch vollständig. Der Ersatz ging auf den während des Sitzkrieges geschlossenen Räumungsvertrag zurück, der sich wiederum in der kriegswichtigen Produktion der Straßburger Firma begründete. Ihre Funktion als Armeelieferantin vergrößerte die finanziellen Handlungsspielräume der *société* und ermöglichte es ihr, die getätigten Aufwendungen erstattet zu bekommen, teilweise während des Sitzkrieges, teilweise später. Nichtsdestotrotz musste der Konservendosenhersteller, wie jeder andere Betrieb aus der roten Zone, die Summe während des Räumungsprozesses vorstrecken, was eine gewisse Liquidität voraussetzte.

Ein Evakuierungsvertrag, wie der Hirschfeld'sche, war nur ein Finanzierungsweg, der sich kriegswichtigen Unternehmen für die Verlagerung ihrer Produktionsmittel eröffnete. Ein anderer bestand in staatlichen Krediten gemäß der *décrets relatifs au régime des avances* vom 9. September und 27. Oktober 1939.[9] Ihnen zufolge vergab die III. Republik Kredite im Gesamtumfang von 6 000 000 000 F an kriegswichtige Betriebe, „pour leur permettre de remplir immédiatement le rôle qui leur est dévolu pour le temps de guerre."[10] Die Dekrete formulierten den mit der Kreditvergabe verbundenen Zweck recht allgemein, wobei das Ziel der (Rüstungs-) Produktionssteigerung deutlich hervortrat. Die Rechtstexte nahmen keinerlei Bezug auf die Evakuierung, waren aber dennoch

9 Journal Officiel, 13.9.1939, Décret relatif au régime des avances, 9.9.1939, S. 11350 und Journal Officiel, 1.11.1939, Décret relatif au régime des avances, 27.10.1939, S. 12787f. Das französische Wort avances entspricht eigentlich den deutschen Vorschüssen, um die es sich aber nicht handelt, weil die Empfänger die Summen zurückzahlen mussten.

10 „Damit diese die Rolle, die ihnen in Kriegszeiten zugedacht ist, unverzüglich ausfüllen können." Journal Officiel, 13.9.1939, Décret relatif au régime des avances, 9.9.1939, S. 11350.

für kriegswichtige Unternehmen aus der roten Zone anwendbar und einschlägig.

Gemäß dem Dekret vom 27. Oktober übernahm der *Crédit National* die Kreditvergabe. Der *Crédit National*, 1919 für den Ausgleich von Kriegsschäden des Ersten Weltkriegs gegründet, hatte seitdem sowohl Aufgaben öffentlichen Interesses übernommen als auch private Bankgeschäfte getätigt.[11] Er bewegte sich zwischen staatlichem und privaten Bereich, wobei ersterer infolge des Kriegsbeginn im September 1939 an Bedeutung gewann, was im Dekret vom 27. Oktober zum Ausdruck kommt. Eine Nutznießerin des Kreditangebotes an kriegswichtige Betriebe war die aus Straßburg evakuierte *Fabrique Alsacienne de Levures et Alcools* (Fala). Der Hefe- und Alkoholhersteller erhielt ein staatliches Darlehen von 1 500 000 F, um sein Ausweichwerk, eine Fabrik in Brazey-en-Plaine in der Bourgogne, zu erwerben.[12] Auch wenn die vorliegenden Quellen es nicht zweifelsfrei belegen, liegt die Vermutung nahe, dass die Kreditvergabe im Rahmen der oben genannten *décrets* erfolgte.

Nach dem deutschen Sieg über Frankreich im Sommer 1940 konnten Betriebe weiterhin finanzielle Hilfen für die ihnen bei der Evakuierung 1939/'40 entstandenen Kosten erhalten. Das Angebot beschränkte sich aber auf jene, die nicht ins Elsass und Lothringen zurückgekehrt, sondern im Landesinnern, in der besetzten oder unbesetzten Zone, geblieben waren. Sie unterlagen der Gesetzgebung von Vichy. Hier schrieb ein Gesetz am 3. November 1940 die Dekrete vom Vorjahr fort und entschied über die Verwendung der verbleibenden Mittel aus dem Topf von 6 000 000 F.[13] Die *Crédit National* vergab sie in Form von Krediten an Unternehmen, die, wie das Gesetz formulierte, für den ökonomischen Wiederaufbau des Landes von Bedeutung waren. Ähnlich wie bei den vorangegangenen Dekreten blieb das Gesetz recht schwammig bezüglich des mit den Krediten verbundene Zweckes, in der Praxis zählten Betriebe aus dem Elsass und Lothringen zu den Nutznießern.[14]

Beispielhaft dafür sei der Fall des Straßburger Unternehmens *Oxygène liquide* ausgeführt, einem Hersteller von Gas, Grundchemikalien und Konsumgütern, beispielsweise Reinigungsmitteln. Es hatte sich im September 1939 nach Massiac im Departement Cantal, etwa 70 km südlich von Clermont-Ferrand, zu-

11 Zur Geschichte der Bank: *Patrice Baubeau/Arnaud Lavit d'Hautefort/Michel Lescure*, Histoire publique d'une société privée: Le Crédit National, 1919–1994. Paris 1994.

12 AN F/37/40, Note au sujet de la Fala, o.D., S. 2. Siehe die späteren Ausführungen zur Fala in Kapitel 4.2.2, S. 226.

13 Journal Officiel, 20.11.1940, Loi relative à l'utilisation, sous forme d'avances à certaines entreprises, des ressources prévues per le décret-loi du 27 octobre 1939, 3.11.1940, S. 5739.

14 Siehe die Sitzungsprotokolle der Kreditkommission: Archives de la Banque de France, 1060200001/547 und 1060200001/550.

rückgezogen. Im Sommer 1940 entschied sich der Eigentümer Paul Dousselin[15] gegen die Rückkehr ins faktisch von den Deutschen annektierte Straßburg, *Oxygène liquide* blieb in Massiac in der unbesetzten Südzone. Später erhielt die Firma 2 000 000 F als Darlehen vom *Crédit National* für die

> frais de repliement[,] de remontage des machines et de création d'une nouvelle clientèle (...) supportés par la trésorerie de la Société [Oxygène liquide, LS][16].

Der Gashersteller nutzte das Angebot des *Crédit National*, um die räumungsbedingten Kosten mit einiger zeitlicher Verzögerung auszugleichen. Allerdings musste er, anders als Hirschfelds, die Summe zurückzahlen, handelte es sich doch um ein Darlehen und keine Erstattung. Die Evakuierungsaufwendungen blieben grundsätzlich eine Angelegenheit der betroffenen Betriebe, denen der *État français* gegebenenfalls unter die Arme griff, ohne die Kosten vollständig zu übernehmen. Aufgrund der schwammigen Formulierung des Gesetzes vom 3. November 1940 ist unklar, ob die Darlehen ausschließlich ausgewählten Branchen zu Gute kamen. Tatsächlich hatte *Oxygène liquide* bis zur französischen Niederlage als kriegswichtiges Unternehmen Aufträge des *Ministère de Guerre* ausgeführt. Ob dies angesichts der veränderten Umstände bei der Kreditvergabe eine Rolle spielte, muss offen bleiben. Das Finanzierungsangebot richtete sich weniger an kleine und mittlere als an große Betriebe, deren Bedeutung für den ökonomischen Wiederaufbau Frankreichs a priori einfacher nachzuweisen war.

Neben den staatlichen Hilfsangebote konnten sich die geräumten Betriebe auf der Suche nach Geldquellen an ihre Hausbank, oftmals eine der Regionalbanken, wenden. Sie vergaben private Kredite, bei denen die *Banque de France*, die französische Zentralbank, indirekt intervenierte. Sie kaufte die Schuldscheine evakuierter Unternehmen von ihrer Hausbank ab und sicherte auf diese Weise deren Liquidität und die ihrer Kunden.[17] So sorgte die *Banque de France* dafür, dass Unternehmen, die vor Kriegsbeginn als kreditwürdig gegolten hatten, weiterhin Darlehen erhielten. Auf diese Finanzierungsmöglichkeit wies

---

15 Yad Vashem erklärte Paul Dousselin posthum zum Gerechten unter den Völkern, weil er sich zwischen 1940 und 1945 für René Weil, einen Angestellten jüdischen Glaubens, und dessen Familie eingesetzt und diese versteckt hatte: *Comité français pour Yad Vashem*, Dossier 9126: Dousselin Paul, Dousselin Jean-Michel. 2016. URL: http://www.yadvashem-france.org/les-justes-parmi-les-nations/les-justes-de-france/dossier-9126/.

16 „Kosten der Evakuierung[,] des Wiederaufbaus der Maschinen und der Schaffung einer neuen Kundschaft (...), welche die Gesellschaft [Oxygène liquide, LS] getragen hat" AN F/37/41, Note sur l'Oxygène liquide à Massiac, 7.7.1942, S. 3.

17 *Pierre Eude*, La Chambre de commerce de Strasbourg pendant la guerre 1939–1944. Strasbourg 1949, 23.

Georges-Raymond Clément, Direktor der Straßburger Filiale der Zentralbank, die sich ins nahegelegene Urmatt (Bas-Rhin) zurückgezogen hatte, im Informationsblatt des GICAR im April 1940 explizit hin.[18]

Was bleibt zusammenfassend zu den Verlagerungskosten elsässischer und lothringischer Betriebe und den entsprechenden externen Hilfen festzuhalten? Grundsätzlich verfügten sie über keinerlei Anspruch, sich die Aufwendungen, die durch den Räumungsbefehl entstanden waren, erstatten zu lassen, es sei denn, Sonderregelungen, wie im Fall Hirschfeld, kamen zum Tragen. Während des Sitzkrieges konnten sich Betriebe entweder um Kredite ihrer Hausbank bemühen oder, so sie kriegswichtiges Material fertigten, die staatlichen Darlehen des *Crédit National* nutzen. Das Angebot des *Crédit National* wurde nach der französischen Niederlage im Juni 1940 wiederaufgenommen und bestand im *État français* fort. Unternehmen, die nach dem Sommer 1940 im Landesinnern geblieben waren, griffen darauf zurück, um die Verlagerungskosten auszugleichen.

Damit ist ein zentrales Problem französischer Betriebe bei der Finanzierung ihrer Verlagerung genannt: die zeitliche Verzögerung. Sie mussten die Kosten in jedem Fall selbst vorstrecken und davon ausgehen, sie nicht ersetzt zu bekommen. Während der Sitzkrieges selbst erhielten nur kriegswichtige Betriebe staatliche Hilfen im großen Umfang, sodass die Frage einer staatlichen Steuerung zugunsten der *Défense Nationale* bejaht werden kann. Die Kreditangebote gingen mit keinerlei örtlichen Lenkung verlagernder Firmen in bestimmte Gebiete einher; sie übten demzufolge keinen Einfluss auf die unternehmensinterne Entscheidung aus, wo das Ausweichwerk zu eröffnen sei. Insgesamt aber setzte der Mangel an externen Finanzierungsangeboten den geldlichen Handlungsspielräumen geräumter Betriebe, insbesondere nicht kriegswichtiger, deutliche Grenzen.

Auf der anderen Seite der Grenze kamen die saarpfälzischen Unternehmen, gleich den elsässischen und lothringischen, vorläufig für die Kosten auf, die beim Abbau und Abtransport ihrer Produktionsmittel entstanden waren. Indes konnten sie später damit rechnen, dass das Deutsche Reich ihnen die Evakuierungsaufwendungen ersetzte. Im Folgenden wird zuerst auf die Erstattungsrichtlinien eingegangen, ehe zwei weitere staatliche Hilfsangebote zur Verlagerung sowie zur Unterhaltung der heimischen Anlagen in den Fokus rücken. Abschließend werden Kreditaktionen thematisiert, die, obwohl ohne Räumungsbezug konzipiert, saarpfälzischen Unternehmen ab September 1939 zu Gute kamen.

18 AVS 1 W 2435, Bulletin d'information du GICAR Nr. 2, April 1940, Extrait d'une lettre de Georges-Raymond Clément, S. 23.

Die Betriebsräumungen in der roten Zone begannen in den ersten Septembertagen. Zumindest die in Eigenregie durchgeführten, wie jene von V&B (siehe Kapitel 2.2, S. 80), erfolgten, das kam bereits zur Sprache, auf eigene Kosten. Drei Monate, nachdem der Evakuierungsbefehl ergangen war, tat der Reichswirtschaftsminister Walther Funk den ersten Schritt auf dem Weg zum Entschädigungsverfahren. Im Januar 1940 ordnete er die Durchführung einer Meldeaktion evakuierter Betriebe an. Die Umsetzung nahmen die IHKs aus der roten Zone in die Hand; im Falle der Saarpfalz waren dies die IHK Saarbrücken, nunmehr in Neustadt an der Weinstraße, und ihre Schwesterkammer in Ludwigshafen. Die Meldeaktion diente einerseits der Erfassung geräumter Unternehmen und ihrer Genehmigung, führte Walther Funk doch zugleich die Genehmigungspflicht für die Wiedereröffnung im Landesinnern ein. Dem „Merkblatt für die Meldung von Unternehmen aus dem freigemachten Gebiet“[19] entnahmen die Betriebe, dass sie nunmehr die Genehmigung von Carl Lüer einholen mussten, ehe sie ein Ausweichwerk im Landesinnern eröffneten (siehe Kapitel 3.1, S. 122). Andererseits diente die Meldeaktion der Bestandsaufnahme über die Kosten, die den Betrieben räumungsbedingt entstanden waren. Die Aufwendungen sollten sie ihrer Heimat-IHK mitteilen und die entsprechenden Belege beifügen. Diese Unterlagen bildeten die Grundlage für die spätere Erstattung.

Ehe die Kosten tatsächlich ersetzt wurden, vergingen freilich noch einige Monate; im April 1940 erließ Walther Funk die Richtlinien für die Erstattung von Freimachungskosten.[20] Bis zu diesem Zeitpunkt hatten die Betriebe die Aufwendungen allein getragen, weil erst die genannte Regelung festlegte, welche Aufwendungen der Staat in welchem Umfang ersetzte. Laut Richtlinien schloss dies Kosten ein, welche die Räumung unmittelbar verursacht hatte, etwa für Transport, Fracht, Lagerung und Personal. Explizit ausgenommen waren die Mittel für den Wiederaufbau an anderer Stelle. Prinzipiell konnte jeder Betrieb aus der roten Zone Ersatz für seine Räumungsaufwendungen erhalten. Allerdings wurden Frachtkosten nur für Strecken bis zu 350 km ersetzt, es sei denn, es handelte sich um ein Unternehmen, an dessen Produktion „ein volks- oder kriegswirtschaftliches Interesse“[21] bestand. Konnte ein solcher seine Fertigung nicht innerhalb des 350-km-Radius wiederaufnehmen, galt das Deutsche Reich

19 BArch Berlin R 2-22979, Merkblatt für die Meldung von Unternehmen aus dem freigemachten Gebiet, Januar 1940, fol. 174.

20 Die Angaben zu den Richtlinien beziehen sich auf: BArch Berlin R 2-29980, Richtlinien für die Erstattung von Freimachungskosten, fol. 6–8. Der entsprechende Runderlass des Reichswirtschaftsminister war auf den 1. April 1940 datiert, siehe ebenfalls den Kommentar in der SWZ: Erwin Schertz, Der Ersatz der Aufwendungen für die wirtschaftliche Freimachung (Räumungskosten), Saarpfälzische Wirtschaftszeitung, 30.5.1940, S. 7–9.

21 BArch Berlin R 2-29980, Richtlinien für die Erstattung von Freimachungskosten, fol. 6v.

auch längere Strecken ab. Das Verfahren sah vor, dass die Betriebe den Erstattungsantrag bei ihrer IHK stellten. Diese beurteilte den Antrag ausgehend von den im Zuge der Meldeaktion gemachten Angaben und leitete ihn an den zuständigen Landrat bzw. Oberbürgermeister weiter, der die Auszahlung anwies. Beträge über 20 000 RM, was wohl jedes größere Unternehmen betraf, musste das Bezirkswirtschaftsamt Wiesbaden genehmigen.

Das Deutsche Reich bevorteilte kriegswichtige Betriebe, indem es ihnen längere Frachtkosten ersetzte und größere finanzielle Handlungsspielräume als nichtkriegswichtigen zubilligte. Es griff somit steuernd ein, was aber während der Räumungsphase selbst keine Rolle spielte, weil die Richtlinien noch gar nicht in Kraft waren. Die Unternehmen bezogen sie bei ihrer Überlegung, wohin ins Reichsinnere sie sich zurückzogen, also nicht ein. Viele von ihnen suchten sich außerdem, darauf wird im folgenden Unterkapitel einzugehen sein, einen Ausweichstandort nahe der roten Zone und blieben innerhalb des 350-km-Radius. Die praktische Bedeutung des Frachtkostenpassus war begrenzt, dennoch zeigt sich hier der staatliche Wille, kriegswichtige Unternehmen und ihre Bewegungsfreiheit retrospektiv stärker zu unterstützen als andere.

Wie stark die Erstattung von Räumungskosten die Reichskasse belastete, ist nicht im Detail nachzuvollziehen. Allerdings bat der Wirtschaftsminister Walther Funk seinen Kollegen vom Finanzressort Anfang Juni 1940, kurz nach Inkrafttreten der Richtlinien, weitere 12 000 000 RM aus dem laufenden Haushalt für diesen Zweck zur Verfügung zu stellen.[22] Es handelte sich, darauf verweist das Wort weitere, um eine Teil- und nicht die Gesamtsumme. Von den 12 000 000 RM entfielen 5 000 000 RM auf Gruben sowie Hütten und 4 750 000 RM auf andere Industriebetriebe, sie machten den Löwenanteil aus. Funk zufolge ging das Bezirkswirtschaftsamt Wiesbaden, möglicherweise bereits die Rückkehr in die rote Zone einkalkulierend, für das folgende Haushaltsjahr mit einem Bedarf von über 27 000 000 RM aus.

Parallel zur Meldeaktion brachte der Reichswirtschaftsminister im Januar 1940 ein zweites Hilfsinstrument für verlagerte und verlagernde Betriebe auf den Weg. Am 5. Januar 1940 legte er die

> Grundsätze für die Gewährung von Reichszuschüssen und Reichsdarlehen an gewerbliche Betriebe zu ihrer Verlegung aus dem Grenzzonengebiet in das reichsinnere Gebiet[23]

---

22 BArch Berlin R 2-29980, Brief von Reichswirtschaftsminister Walther Funk an den Reichsfinanzminister Graf Schwerin von Krosigk, 5.6.1940, fol. 19.

23 BArch Berlin R 2-29980, Grundsätze für die Gewährung von Reichszuschüssen und Darlehen, 5.1.1940, fol. 10, Hervorhebung im Original. Die folgenden Angaben zur Reichshilfe beziehen sich, so nicht anders nachgewiesen, ebenfalls auf dieses Dokument.

vor. Demnach konnten Unternehmen aus der roten Zone, die andernorts ein Ausweichwerk aufgebaut hatten, finanzielle Hilfen vom Staat beantragen. Voraussetzung sei, dass die Produktionsfortführung im öffentlichen, sprich im „volks- und kriegswirtschaftlichen" Interesse liege. Laut Franz Leiner von der IHK Saarbrücken war dies zu bejahen, so der Antragsteller die Genehmigung zur Wiedereröffnung von Carl Lüer erhalten hatte.[24]

Die Grundsätze sahen die Vergabe von Zuschüssen an Betriebe für ihre Räumungskosten vor. Die Zuschüsse mussten nicht zurückgezahlt werden und stellten gewissermaßen die Schnellspurvariante der Räumungskostenerstattung dar, die im Januar 1940 noch ihrer Regelung harrte. Des Weiteren konnten Unternehmen Darlehen für den Wiederaufbau erhalten. Im Gegensatz zu den Zuschüssen waren sie in der Regel zurückzuzahlen, insgesamt boten die Darlehen aber recht günstige Konditionen. Die Betriebe reichten einen Antrag auf Reichshilfe mitsamt Rechnungsbelegen bei ihrer saarpfälzischen Heimat-IHK ein. Diese leitete ihn mit einer Stellungnahme zu den „sachlichen und persönlichen Voraussetzungen für die Gewährung der Reichshilfe"[25] an den Reichskommissar Josef Bürckel weiter. Bürckel entschied auf Grundlage des Gutachtens eines in seiner Dienststelle gebildeten Kreditausschusses, ob ein Unternehmen die beantragten Mittel erhielt.

Die Reichshilfe umfasste, nach der Erstattung der Verlagerungskosten, die zweite Möglichkeit von Unternehmen, ihre Verlegung ins Reichsinnere zu refinanzieren. Im Januar 1940 auf den Weg gebracht, war sie eines der wenigen staatlichen Angebote, auf die Betroffene noch während des Sitzkrieges selbst zurückgreifen konnten. Potentiell erweiterte sie die Handlungsspielräume von Betrieben „volks- und kriegswirtschaftlichen Interesses" in der Räumungsphase. Allerdings war die Reichshilfe als letzte Option für den Fall konzipiert, dass laufende Kreditaktionen keine Hilfe versprachen und andere Finanzierungswege versperrt blieben. Dieser Umstand erklärt den begrenzten Rahmen, in dem sich die Mittel bewegten: Walther Funk stellte im Januar 1940 vorläufig 1 500 000 RM für die Reichshilfe zur Verfügung, wovon 1 000 000 RM auf das Saarland und 500 000 RM auf die Pfalz entfielen.[26] Im Juli 1940 entschied der Kreditausschuss beim Reichskommissar über die ersten Gesuche,[27] weshalb sich die Reichshilfe in der Praxis erst nach der Räumungsphase auswirkte. Die Ursa-

24 Franz Leiner, Reichshilfe zur Wiederingangsetzung rückgeführter Betriebe, Saarpfälzische Wirtschaftszeitung, 15.6.1940, S. 26–28, S. 26.

25 Ebd., S. 28.

26 BArch Berlin R 2-29980, Brief des Reichswirtschaftsministers Walther Funk an den Reichskommissar für das Saarland Josef Bürckel, 5.1.1940, fol. 9.

27 Hans Hagenbruch, Die ersten Maßnahmen zur Wiedereinräumung der Wirtschaft, Saarpfälzische Wirtschaftszeitung, 15.7.1940, S. 81–83, S. 82.

chen für die Verzögerung liegen im Dunkeln – lag es an mangelnder Nachfrage oder organisatorischen Anlaufschwierigkeiten? Nach dem schleppenden Start lag die Gesamtsumme der Mittel, die im Rahmen der Reichshilfe an saarpfälzische Unternehmen gegangen waren, im April 1941 bei 800 000 RM.[28]

Festzuhalten bleibt, dass das Prozedere ein weiteres Mal die Beteiligung der IHKs vorsah, die sich als Bindeglied zwischen geräumten Unternehmen und staatlichen Instanzen etablierten. Die IHKs verbanden dabei Verwaltungstätigkeiten, etwa das Erstellen von Antragsformularen, mit steuernden, wie der Einschätzung, ob ein Antragsteller über die „persönlichen Voraussetzungen" für die Reichshilfe verfüge. Ihre Janusköpfigkeit lässt sich mit dem Schlagwort Steuern durch Bürokratie fassen. Darüber hinaus ist bemerkenswert, dass die Mittelvergabe dem Reichskommissar Josef Bürckel, einem staatlichen Akteur auf regionaler Ebene, oblag, wenngleich sich die Antragsteller, da im Reichsinnern, nicht mehr zwangsläufig in seinem Gebiet bewegten. Bürckel entwickelte sich zu einer festen Größe bei externen Finanzierungsangeboten an geräumte Betriebe und manifestierte so seinen Anspruch, die Wirtschaft seines Gaues am Leben zu erhalten.

Schließlich sei auf ein drittes finanzielles Hilfsinstrument hingewiesen, das der deutsche Staat für evakuierte Betriebe schuf. Anfang Juni 1940 legten Walther Funk und Johann Ludwig Graf Schwerin von Krosigk, der Wirtschafts- und der Finanzminister, die Richtlinien „über den Einsatz von Reichsmitteln zu Gunsten von Unternehmen der gewerblichen Wirtschaft im ehemals freigemachten Gebiet - Werkerhaltungshilfe"[29] vor. Die Mittel dienten streng genommen nicht der Räumung oder dem Wiederaufbau an anderer Stelle, sondern der Anlagenerhaltung in der roten Zone. Die Werkerhaltungshilfe wird hier trotzdem kurz umrissen, weil sie den staatlichen Angebotsfächer abrundete; außerdem war die Maßnahme, an der sich wiederum Josef Bürckel beteiligte, aus raumpolitischer Sicht von Interesse.

Die Werkerhaltungshilfe garantierte den saarpfälzischen Unternehmen die Erstattung der durch die Instandhaltung des verwaisten heimischen Betriebsgeländes entstandenen Kosten. Ebenso konnten sie auf diesem Wege Beihilfen für die Begleichung laufender Verbindlichkeiten erhalten, etwa um ehemaligen Be-

28 BArch Berlin R-29980, Vermerk des Reichsfinanzministers Johann Ludwig Graf Schwerin von Krosigk, 28.4.1941, fol. 109.

29 Hans Hagenbruch, Werkerhaltungshilfe! Reichsmittel zur Substanzerhaltung von Betrieben in und aus dem freigemachten Gebiet, Saarpfälzische Wirtschaftszeitung, 1.7.1940, S. 60–62, S. 60. Siehe für den entsprechenden Erlass: BArch Berlin R 2-29980, Erlass des Reichswirtschaftsministers und des Reichsfinanzministers auf Grund des §3 der Verordnung über den Einsatz von Reichsmitteln zu Gunsten von Unternehmen der gewerblichen Wirtschaft im freigemachten Gebiet - Verordnung über die Werkerhaltungshilfe, 4.6.1940, fol. 166–169.

legschaftsmitglieder ihre Pensionen fortzuzahlen. Voraussetzung hierfür war, dass die Erhaltung von Anlagen und Betrieb „volkswirtschaftlich gerechtfertigt“[30] erschien. Die Entscheidung darüber sei, wie die Saarpfälzische Wirtschaftszeitung feststellte, eine wirtschaftspolitische und obliege deshalb dem Reichskommissar für die Saarpfalz Josef Bürckel. Die Antragstellung erfolgte über die IHKs, welche die Unterlagen begutachteten und an den Reichskommissar weiterleiteten.

Aus der Werkerhaltungshilfe sprach deutlich die Sorge, das ökonomische Potential der Saarpfalz zu erhalten, worauf Bürckel und seine Entourage ausdauernd hinwirkten. Dabei stellte die Werkerhaltungshilfe das Zuckerbrot dar, das Unternehmen die Instandhaltung ihres heimischen Geländes und schlussendlich die Rückkehr versüßte. Zugleich griffen Bürckel, Bösing & Co. auf die Peitsche zurück, indem sie beispielsweise Druck auf die verlagerungswillige KSGK ausübten und der Adt AG im Sommer 1940 die Rückkehr nach Ensheim anordneten (siehe Kapitel 3.2.3, S. 175 und Kapitel 3.2.1, S. 138). Zuckerbrot und Peitsche, Anreize und Zwänge, waren gleichbedeutende Teile ihrer Strategie, das saarpfälzische Wirtschaftsleben über Evakuierung hinaus zu sichern.

Mit der Räumungskostenerstattung, der Reichshilfe für die Verlagerung und der Werkerhaltungshilfe sind die drei Instrumente umrissen, die das Deutsche Reich explizit für den Geldbedarf evakuierter Betriebe schuf. Mit Ausnahme der Reichshilfe wirkten sie erst ab dem Ende des Sitzkrieges und damit ex post. Wohl vermochten sie die durch die Räumung entstandenen Finanznöte nachträglich abzumildern, aber für den akuten Bedarf ab September 1939 kamen sie zu spät. Hierfür griffen Unternehmen auf Kreditaktionen ohne initialen Evakuierungsbezug zurück, bei denen der Staat im Hintergrund stand, die Abwicklung aber über Banken, private oder öffentliche, lief.

Ein reguläres Bankdarlehen zu erhalten, gestaltete sich für geräumte Betriebe insofern schwierig, als sie klassischerweise keine Sicherheiten vorweisen konnten. Welcher Kreditgeber akzeptierte schon eine Hypothek auf ein Grundstück in der roten Zone als Garantie? Auf ein weiteres Problem wies Wilhelm Bötzkes in einer Beiratssitzung der Reichsbank im Dezember 1939 hin, den Kapitalverlust der Unternehmen durch die Sachschäden und Gewinnausfälle: „Ausreichendes Eigenkapital ist aber Voraussetzung für jede Kreditgewährung; eine solche kann ihrerseits nicht notwendiges Eigenkapital ersetzen.“[31] Im Klar-

30 Hans Hagenbruch, Werkerhaltungshilfe! Reichsmittel zur Substanzerhaltung von Betrieben in und aus dem freigemachten Gebiet, Saarpfälzische Wirtschaftszeitung, 1.7.1940, S. 60–62, S. 61.

31 BArch Berlin R 2-29979, Referat von Wilhelm Bötzkes, Mitglied des Beirats der Reichsbank, über „Kreditfragen in den evakuierten Gebieten“ auf der Sitzung des Kreditausschusses des Beirats der Deutschen Reichsbank, 11.12.1939, fol. 67.

text bedeutete dies, dass Betriebe, die vor Kriegsbeginn über keinerlei finanzielles Polster verfügt hatten, kaum auf Darlehen hoffen konnten. Sie traf die Ausnahmesituation Evakuierung ungleich schwerer als finanzstarke Konkurrenten, denen die Banken noch dazu bereitwillig Kredite gaben. Im Zweifel entpuppten sich die Marktmechanismen als Nachteil kleiner und mittlerer Betriebe gegenüber großen. Oftmals sprengte die Evakuierung ihren ohnehin enger gesteckten geldlichen Rahmen und eine Hausbank, die ihnen in dieser unsicheren Situation die Verlagerungskosten vorstreckte, hatten sie auch nicht zwangsläufig.

Manch großer Konzern sah sich mit dem gegenteiligen Problem konfrontiert und machte sich nicht auf die Suche nach Kredit-, sondern nach Anlagemöglichkeiten. So erläuterte V&B gegenüber der Dresdner Filiale der Deutschen Bank, dass die Stilllegung der Saarwerke als Nebeneffekt dazu geführt habe, dass nun umfangreiche Mittel zur Verfügung ständen.[32] Sie plane die Geschäftsleitung in den Ankauf neuer Fabriken zu investieren. In dieser Phase bemühte sich Luitwin von Boch verstärkt, enteignete jüdische Betriebe zu erwerben, u.a. zwei Malzfabriken in Olmütz im Protektorat Böhmen und Mähren.[33] An anderer Stelle ist bereits auf die Katalysatorfunktion der Evakuierung für die wirtschaftliche Existenzvernichtung von Juden im deutschen Einflussbereich, die ‚Arisierung' verwiesen worden. Dieses Bild bestätigt sich hier, selbst wenn letztlich nicht der Mettlacher Keramikhersteller, sondern ein anderer Interessent die beiden Fabriken erwarb. In einer ähnlichen Situation wie V&B befanden sich die Röchling'schen Eisen- und Stahlwerke aus Völklingen. Sie hatten im Herbst 1939 einen Kredit über 5 000 000 RM von der Deutschen Industriebank erhalten, um die Verlegung der Edelstahlabteilungen nach Wetzlar zu finanzieren, wofür der Wetzlarer Grundbesitz als Sicherheit diente.[34] Die Summe nahmen sie nicht in Anspruch, denn, wie das Protokoll der RESW-Aufsichtsratssitzung im März 1940 festhielt: „Finanziell besteht infolge der eingetretenen Entwicklungen große Flüssigkeit, sodass es schwierig ist, geeignete Anlage zu finden."[35]

Derartige Fälle kamen vor, waren aber gewiss nicht die Regel, zumal sowohl V&B als auch die RESW auf den Aufbau eines neuen Werkes im Reichsin-

32 HSA Dresden 13131, Nr. 431, Brief der Dresdner Filiale der Deutschen Bank an die Zentrale, 10.1.1940.

33 *Susanne Heim/Ulrich Herbert/Hans-Dieter Kreikamp/Horst Möller/Gertrud Pickhan/Dieter Pohl/Hartmut Weber/Andreas Wirsching* (Hrsg.), Die Verfolgung und Ermordung der europäischen Juden durch das nationalsozialistische Deutschland, 1933–1945: Deutsches Reich und Protektorat Böhmen und Mähren, September 1939 – September 1941. München 2012, 654–656.

34 Saarstahl-Archiv F-K011, Nr. 2130, Protokoll über die Beiratssitzung der Kommanditgesellschaft Gebr. Röchling Eisenhandelsgesellschaft, 17.11.1939, S. 2.

35 AN BB/36/98, Protokoll über die Aufsichtsratssitzung der RESW, 29.3.1940, S. 2.

nern verzichteten. Die meisten Unternehmen suchten weniger nach Anlage- als nach Finanzierungswegen. Die Deutsche Gesellschaft für Öffentliche Arbeiten (Öffa), eine staatliche Bank, und die Deutsche Industriebank, ein privates Institut, boten mit ihren Kreditaktionen entsprechende Möglichkeiten.[36] Ab Kriegsbeginn gewährten beide Institute Darlehen an Unternehmen, um deren Umstellung auf die Kriegsproduktion zu unterstützen. Damit begrenzte sich auch der Kreis der potentieller Profiteure unter den saarpfälzischen Betrieben auf die kriegswichtigen. Öffa-Kredite waren kurzfristig ausgelegt, etwa auf die Überbrückung von Liquiditätsengpässen, ihre Vergabe erfolgte über ein drittes Geldinstitut und die Öffa übernahm bis zu 95 % des Ausfallrisikos. Die Industriebank vergab ihre Kredite selbst, sie hatten längerfristige Laufzeiten und dienten beispielsweise der Finanzierung umfangreicher Investitionen.

Im bereits erwähnten Mangel an Sicherheiten seitens saarpfälzischer Betriebe lag eines der Probleme für die Darlehensvergabe über die Öffa und die Industriebank. Ohne dass diesbezüglich belastbare Zahlen vorliegen, scheiterten daran manche Anträge und die erhoffte Finanzierungshilfe blieb aus.[37] Bei drei Unternehmen, zweifellos Rüstungsproduzenten, ist indes verbürgt, dass sie in den Genuss eines Öffa- oder Industriebankkredites kamen. Die RESW gedachten, wie bereits erwähnt, auf diesem Wege die Verlagerung ihrer Edelstahlabteilungen nach Wetzlar zu finanzieren. Ebenfalls einen Industriebankkredit erhielt das aus Saarbrücken stammende Saarländische Stahlwerk Dingler, Karcher & Cie., das mit den Mitteln sein Ausweichwerk in Worms umbaute.[38]

Schließlich sei auf die Schneider-Werke, ebenfalls in Saarbrücken und in der metallverarbeitenden Branche beheimatet, verwiesen.[39] Im Herbst 1939 verlagerten sie ihre Fertigung, u.a. Munitionskästen für die Wehrmacht, nach Frankfurt am Main. Um den durch die Räumung entstandenen finanziellen Eng-

---

36 Siehe LArch Speyer T 88, Nr. 34162, Merkblätter der IHK Ludwigshafen für verdrängte Gewerbetreibende Nr. 2, 15.2.1940, S. 3–4. Zur Öffa: *Wolfgang Benz/Hermann Graml/Hermann Weiss* (Hrsg.), Enzyklopädie des Nationalsozialismus. Stuttgart 1997, 421. Zur Industriebank: *Siegfried C. Cassier*, Unternehmerbank zwischen Staat und Markt 1924 – 1995: Der Weg der IKB Deutsche Industriebank AG. 3., überarbeitete und aktualisierte Aufl. Frankfurt am Main 1996, 70–77.

37 BArch Berlin R 2-29979, Referat von Wilhelm Bötzkes, Mitglied des Beirats der Reichsbank, über „Kreditfragen in den evakuierten Gebieten" auf der Sitzung des Kreditausschusses des Beirats der Deutschen Reichsbank, 11.12.1939, fol. 67.

38 HAC-500/22094-2001, Brief des Saarländischen Stahlwerkes Dingler, Karcher & Co GmbH an die Direktion der Filiale Saarbrücken der Dresdner Bank, z.Zt. in Kassel, 7.12.1939, S. 2. Auf Dingler, Karcher & Cie. wird bei den Ansiedlungstendenzen ausführlicher eingegangen, siehe Kapitel 4.2.2, S. 230.

39 Der Fall ist dokumentiert in: HAC-500/22447-2001, Kreditantrag der Niederlassung der Dresdner Bank in Frankfurt am Main, 18.11.1939.

pass zu überbrücken, baten die Schneider-Werke um einen Öffa-Kredit von der Kreissparkasse Saarbrücken, über den November 1939 noch nicht entschieden war. Des Weiteren erhielten sie ein Industriebankdarlehen über 150 000 RM für den Erwerb des Frankfurter Geländes sowie einen Betriebsmittelkredit über 300 000 RM von der Dresdner Bank.

Große Unternehmen wie die RESW, Dingler, Karcher & Cie. und die Schneider-Werke galten als kreditwürdig und bekamen hohe Summen als Darlehen, mit denen sie ihre Verlagerung finanziell abfederten. Dies begründete sich einerseits in ihrer kriegswichtigen Fertigung, aufgrund derer sie zur Zielgruppe von Öffa und Industriebank zählten. Andererseits waren sie auch jenseits staatlich unterstützter Kreditaktionen attraktive Geschäftspartner für Privatbanken, etwa die Dresdner Bank. Als Heereslieferanten konnten die Betriebe in der Regel umfangreiche, militärisch gestützte Sicherheiten, beispielsweise Wehrmachtsverpflichtungsscheine, für ihre Kreditgesuche bieten.

Die Grenzkredithilfe bot evakuierten Unternehmen eine weitere externe Geldquelle, welche die Finanzierungshilfen im Deutschen Reich abschließt. Im Zuge der Grenzkredithilfe beantragten Betriebe einen staatlich verbürgten Kredit bei einer Bank, wobei das Reich 85 % des Ausfallrisikos übernahm. Kreditausschüsse beim Reichskommissar für das Saarland Josef Bürckel und beim pfälzischen Regierungspräsidenten in Speyer entschieden, ob einem Gesuch stattgegeben wurde oder nicht. Nach der Zusammenlegung von saarländischer und pfälzischer Regierungsbehörde im April 1940 war nur noch ein Ausschuss beim Reichskommissar für die Saarpfalz Josef Bürckel zuständig. Aufgrund ihrer begrenzten Mittel richtete sich die Kreditaktion vor allem an kleine und mittlere Betriebe, deren Ausweichstandort sich, wie ein Merkblatt der IHK Ludwigshafen feststellte, nicht zwangsläufig innerhalb der Saarpfalz befinden musste.[40]

Dies war ein durchaus nützlicher Hinweis, weil die Grenzkredithilfe über einen klaren regionalen Bezug verfügte. Sie ging auf die Saarkredithilfe ab 1935 zurück, die kleine und mittlere Firmen bei der Bewältigung wirtschaftlicher Probleme infolge der Rückgliederung unterstützt hatte.[41] Die Saarkredithilfe leitete wenig später über in die Grenzkredithilfe. Sie zielte darauf ab, Gewerbetreibende in verschiedenen Grenzgebieten des Reiches – von der Bayerischen Ostmark bis zum Saarland – finanziell zu stützen. Das Angebot fußte also auf der höher

40 LArch Speyer T 88, Nr. 34162, Merkblätter der IHK Ludwigshafen für verdrängte Gewerbetreibende Nr. 2, 15.2.1940, S. 3.

41 *Fritz Hellwig*, Unternehmer und Unternehmungsform im saarländischen Industriegebiet, in: Jahrbücher für Nationalökonomie und Statistik 158, 1943, 402–430, 429. Zu den Auswirkungen der Rückgliederung auf das regionale Wirtschaftsleben: Kapitel 1.2, S. 49.

veranschlagten Hilfsbedürftigkeit grenznaher Firmen im Deutschen Reich, es ordnet sich in die so genannte Grenzlandproblematik ein. Für die Gauleitung um Josef Bürckel stellte die Kredithilfe ab 1935 eine willkommene Möglichkeit dar, das saarpfälzische Wirtschaftsleben anzukurbeln und für die Unternehmen ab September 1939, die Evakuierung finanziell zu schultern. So baten Betriebe, die vor Kriegsbeginn ein Darlehen aus der Saar- oder Grenzkredithilfe erhalten hatten, räumungsbedingt darum, die Kreditsumme zu erhöhen, die Rückzahlungsfrist zu verlängern oder die Zinsbelastung zu senken.[42]

Was bleibt abschließend zu den Möglichkeiten festzuhalten, die sich saarpfälzischen Unternehmen boten, um ihre Verlagerung ins Landesinnere zu finanzieren? Auf den vorangegangenen Seiten sind zuerst die evakuierungsspezifischen Angebote des Deutschen Reiches, die Erstattung von Räumungskosten, die Verlagerungs- und die Werkerhaltungshilfe, ausgeführt worden. Sie bevorteilten Betriebe „volks- und kriegswirtschaftlichen Interesses". Dieser schwammige Begriff schloss nicht nur Rüstungsproduzenten, sondern auch Firmen ein, die unverzichtbare Verbrauchsgüter für die Armee oder die Bevölkerung herstellten. Schlecht sah es für Konsumgüterproduzenten aus, die ausschließlich den zivilen Sektor bedienten. Die Angebote waren nicht auf sie ausgerichtet, was ihre Handlungsspielräume während der Räumung begrenzte, da sie über geringere geldliche Ressourcen verfügten. Die staatlichen Finanzierungsmöglichkeiten wirkten somit durchaus steuernd, wenngleich grundsätzlich alle saarpfälzischen Unternehmen, im Gegensatz zu den lothringischen und elsässischen, Anspruch darauf hatten, ihre Räumungskosten erstattet zu bekommen.

Indes wirkten die deutschen Richtlinien und Erlasse nicht im Sinne einer örtlichen Lenkung der evakuierenden Betriebe. Wie sollten sie auch, wenn die Maßnahmen erst nach einigen Monaten bzw. am Ende des Sitzkrieges in Kraft traten, als die Betroffenen ihre Ausweichstandorte längst gewählt und die Werke eingerichtet hatten? Die Entscheidung, wohin sie sich im Reichsinnern zurückzogen, trafen sie weitgehend autonom. Lediglich die Werkerhaltungshilfe diente dazu, die Anlagen in der roten Zone zu unterhalten und längerfristig als Anreiz, in die Saarpfalz zurückzukehren. Sie ordnete sich in die Bürckel'sche Strategie ein, Unternehmen mittels Anreizen und Zwängen in seinem Gau zu halten oder in diesen zurückzubringen.

Die Aktionen der Öffa und der Industriebank sowie die Grenzkredithilfe boten Finanzierungshilfen ohne initialen Räumungsbezug. Sie folgten der Logik kriegswirtschaftlicher Konzentration und kamen bevorzugt kriegswichtigen Unternehmen zu Gute. Entweder waren die Angebote explizit darauf ausgerich-

42 Siehe beispielhaft die auf der Kreditausschusssitzung vom 16.4.1940 besprochenen Fälle in: BArch Berlin R 2301-6492, Protokoll der Kreditausschusssitzung vom 16.4.1940, fol. 22–37.

tet, wie das der Öffa und der Kreditbank, oder die „volks- und kriegswirtschaftliche Bedeutung“ eines Unternehmens lief, wie bei der Grenzkredithilfe, als Voraussetzung für ein erfolgreiches Ansinnen implizit mit. Bei den semistaatlichen Kreditaktionen setzte sich die Steuerung zugunsten kriegswichtiger Hersteller fort. Sie profitierten in stärkerem Maße von den Angeboten, was ihre Handlungsspielräume vergrößerte. Ob ein Betrieb die Möglichkeit erhielt, seine Verlagerung und den Wiederaufbau aus externen Quellen zu (re-) finanzieren, war im Deutschen Reich eine Frage kriegswirtschaftlicher Prioritäten.

Die III. Republik und das Deutsche Reich wählten unterschiedliche Wege, Unternehmensverlagerungen aus der jeweiligen roten Zone rechtlich-finanziell einzurahmen. Der französische Staat verzichtete im Gegensatz zum deutschen darauf, die Räumungskosten grundsätzlich zu erstatten. Während des Sitzkrieges selbst war dies ohne Belang, aber als die deutsche Richtlinie im April 1940 in Kraft trat, bedeutete sie eine Besserstellung saarpfälzischer gegenüber lothringischen und elsässischen Betrieben. Überhaupt erließ die III. Republik keine Hilfsmaßnahme, die sich explizit an evakuierende Unternehmen richtete. Letztere konnten auf deutlich weniger externe Geldquellen, seien sie staatlich oder semistaatlich, zurückgreifen, wobei Betriebe im Dienste der *Défense Nationale* immerhin von den Krediten des *Crédit National* profitierten. Im Gegensatz dazu tat sich saarpfälzischen Unternehmen, vor allem den kriegswichtigen, ein umfangreicher Hilfsfächer, von Erstattungs- bis hin zu Darlehensmöglichkeiten, auf. Beiden Ländern ist gemein, dass sie mit ihren Finanzierungsangeboten die Handlungsspielräume kriegswichtiger Betriebe stärkten, was angesichts des erhöhten Produktionsbedarfs an Heeresgut im Kriegskontext nachvollziehbar erscheint. Stimmte die grundsätzliche Ausrichtung überein, so überrascht doch das unterschiedliche Ausmaß – warum boten sich französischen Firmen so wenige und deutschen so viele externe, staatlich geförderte, finanzielle Ressourcen?

Hierfür lassen sich vier komplementäre Erklärungen heranziehen. Die erste bewegt sich auf zeitlicher Ebene. Zwei seiner drei Hilfsangebote brachte das Deutsche Reich im April bzw. im Juni 1940 auf den Weg, als der Angriff der Wehrmacht auf die Benelux-Staaten und Frankreich kurz bevorstand bzw. bereits im Gang war. Sollte die III. Republik an ähnlich lautenden Dekreten gearbeitet haben, kam sie aufgrund der Kriegsentwicklung nicht mehr dazu, sie umzusetzen. Die französische Zurückhaltung korrespondiert darüber hinaus mit einem, im Vergleich zum Deutschen Reich, geringeren Verrechtlichungsgrad. So verzichtete der französische Gesetzgeber an anderer Stelle ebenfalls darauf, verbindliche Regelungen festzuschreiben, etwa in der Frage, ob das Arbeitsverhältnis zwischen evakuiertem Arbeitgeber und -nehmer andauerte (siehe Kapitel 5.1, S. 240). Indes modifizierte der deutsche Staat mittels Richtlinien die Ressourcenallokation geräumter Betriebe und offenbarte seinen ausgeprägteren Anspruch, wirtschaftliche Prozesse zu steuern. Hinter den diversen Finanzierungsangeboten, die sich kriegswichtigen saarpfälzischen Unternehmen boten, verbarg sich somit eine Lenkungsabsicht. Wenngleich die III. Republik ihr Kreditangebot grundsätzlich ähnlich ausrichtete, ging sie doch weniger weit.

Drittens kam im Deutschen Reich ein gaupartikularistisches und raumpolitisches Element zum Tragen, welche die Grenzkredit- und die Werkerhaltungshilfe motivierte. Die treibende Kraft dahinter war die saarpfälzische Gauleitung um Josef Bürckel, wohingegen es französischerseits an einer derart starken regionalen Mittelinstanz mangelte. Dieser Umstand führte nicht nur, wie im vorangegangenen Kapitel ausgeführt, dazu, dass staatliche Instanzen deutscherseits mehr und umfassender auf die Produktionsmittel evakuierter Betriebe zugriffen, sondern wirkte sich zugleich auf deren externen Geldquellen aus. Der vierte und letzte Erklärungsansatz hebt schließlich darauf ab, dass der deutsche Staat möglicherweise mehr Handlungsbedarf als der französische sah. Zwar stellten bei Kriegsbeginn im lothringischen Steinkohlebecken und in Straßburg zahlreiche Unternehmen ihre bisherige Produktion im Dienste der *Défense Nationale* ein. Das kriegswirtschaftliche Potential des Saartals auf der anderen Seite der Grenze war jedoch ungleich größer. Um dieses Potential trotz der Räumung zu nutzen, bedurfte es in den Augen staatlicher deutscher Instanzen eines höheren Maßes an Regelungen und Anreizen.

Damit sind die rechtlich-finanziellen Rahmenbedingungen abgesteckt, innerhalb derer sich elsässische und lothringische einerseits sowie andererseits saarpfälzische Betriebe bei ihrer Verlagerung bewegten. Die externen Geldquellen beeinflussten den Geschäftsgang geräumter Unternehmen, indem sie den Ankauf eines Werkes im jeweiligen Landesinnern oder Investitionen in neue Maschinen ermöglichten oder eben nicht. Sie hatten hingegen, das konnte festgestellt werden, keinen Einfluss auf die Ortswahl, die ein Unternehmen für sein Ausweichwerk traf. Die dabei zu Tage tretenden räumlichen Präferenzen sowie die ihnen zugrundeliegenden Erwägungen sind Themen des nun folgenden Unterkapitels.

4.2 Ansiedlungstendenzen

Wohin verlagerten die elsässischen, lothringischen und saarpfälzischen Betriebe ihre Fertigung im jeweiligen Landesinnern? Dieser grundlegenden Frage widmet sich das Unterkapitel; es nähert sich ihr aus der Vogelperspektive, u.a. mittels Landkarten. Dabei ist zu beachten, dass die Darstellung aufgrund des Datenmaterials keine qualitative Unterscheidung zwischen den verschiedenen

Aktivitäten am Ausweichstandort vornehmen kann. Die Landkarten sind folglich blind für die Diskriminierung zwischen einer Abwicklungsstelle und einem produzierenden Ausweichwerk. Dennoch spiegeln sie unternehmerische Handlungsspielräume wider, denn jedem Ausweichstandort, jedem Punkt auf der Karte liegen individuelle Entscheidungsprozesse zugrunde. Mancherorts treten gehäuft Punkte auf: Die geräumten Betriebe bildeten Cluster in Arealen, in denen stärkere Pull-Faktoren als anderswo wirkten. Als Pull-Faktoren gelten Gegebenheiten, die ein Gebiet in den Augen evakuierter Unternehmen für die Standortwahl attraktiv machten, etwa eine günstige Verkehrsanbindung. Umgekehrt mieden sie Gegenden, die ihnen keine optimalen Bedingungen für die Ansiedlung boten. Das Unterkapitel stellt die Ergebnisse unternehmerischer Entscheidungsprozesse kartographisch dar und zieht davon ausgehend Rückschlüsse auf ihre Handlungsspielräume.

Im Folgenden werden die Ansiedlungstendenzen französischer und deutscher Unternehmen parallel in den Blick genommen. Da sich die Quellenlage für das Elsass wesentlich günstiger als für die Moselle gestaltet, wird französischerseits in erster Linie auf Betriebe aus dem Bas-Rhin eingegangen. Ausgehend von einem räumlichen Schwerpunkt rücken zuerst jene Zonen in den Mittelpunkt, in denen ab September 1939 die evakuierten Elsässer, Lothringer und Saarpfälzer unterkamen. Es handelt sich erstens um die designierten Aufnahmegebiete für die Bevölkerung und zweitens um die Areale nahe der roten Zonen. Hierhin gingen viele Evakuierte, die den Weg ins Landesinnere gescheut hatten oder zurückkehrten, um bei Verwandten oder Freunden in der Nähe unterzukommen. In diesem Sinne stellte der Bürgermeister Neunkirchens, etwa 20 km nordöstlich von Saarbrücken gelegen, fest, die Bevölkerungszahl seiner Stadt habe sich nach der Räumung Saarbrückens ganz bedeutend erhöht.[43] Eine ähnliche Entwicklung verzeichneten Orte in der Moselle, dem Bas-Rhin und den angrenzenden Departements.[44] Folgten die Betriebe ihren Belegschaften in diese Gebiete? Im Anschluss wendet sich der Blick vertiefend einer einzelnen Branche, nämlich der metallverarbeitenden und dem Maschinenbau, zu. Da es sich hierbei um kriegswichtige Unternehmen handelte, wird untersucht, ob sich bei ihnen die bereits thematisierten Verlagerungsmuster bestätigen oder ob Spuren staatlicher Interventionen zu Tage treten.

---

43 StA Neunkirchen, Lagebericht des Bürgermeisters von Neunkirchen an den Landrat von Ottweiler, 1.4.1940.

44 Beispielhaft für die Moselle: *Daniel Deutsch*, Destins lorrains: Scènes de la vie rosselloise. Sarreguemines 1992, 102. Zu Saint-Dié im lothringischen Departement der Vogesen als Rückzugsort für Straßburger: AMS 3 H 39, Brief von Wilhelm Schöttke an den Bürgermeister von Sarreguemines Nicolas Nicklaus, 17.10.1939, S. 4.

4.2.1 Räumliche Ansiedlungstendenzen

Aufnahmegebiete der Bevölkerung

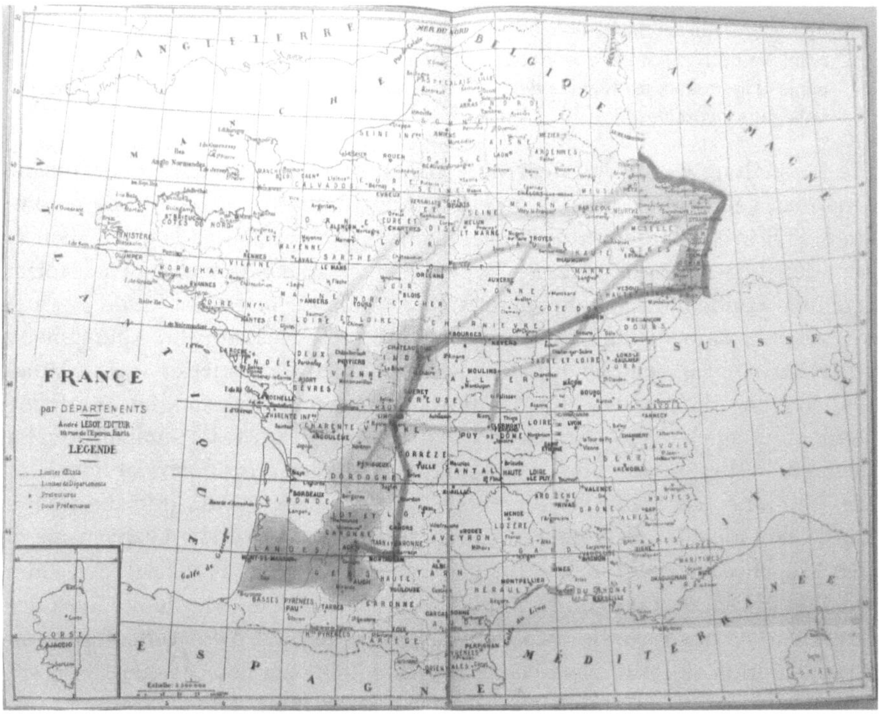

Abb. 4.1: Die geräumten Grenz- und ihre Aufnahmedepartements mit den jeweiligen Zugrouten: die Moselle, der Bas-Rhin und der Haut-Rhin. ADBR 98 AL 280, rapport d'enquête sur les évacuations du mois de Septembre 1939, annexe 2: carte des départements frontière en partie évacués et des départements de correspondance avec indication des itinéraires des trains d'évacuation, o.D. Die Charente-Inférieure, das dritte Aufnahmedepartement der Moselle im Westen der Charente, ist auf der Karte nicht markiert.

Als Aufnahmegebiete des Bas-Rhin fungierten die Departements Indre, Haute-Vienne und Dordogne in Zentral- und Südwestfrankreich (siehe Abbildung 4.1, S. 201). Périgueux, der Hauptort[45] der Dordogne, empfing im September 1939

45 Die zentralisierte französische Verwaltungsstruktur widerspiegelnd, verfügen die Departements lediglich über einen chef-lieu (Hauptort), wo die Präfektur ihren Sitz hat, und nicht über eine capitale (Hauptstadt). Um dem Rechnung zu tragen, wird der im Deutschen wenig gebräuchliche Ausdruck Hauptort verwendet.

die Straßburger Stadtverwaltung und andere öffentliche Institutionen aus dem Bas-Rhin. Im Gegensatz dazu siedelten sich, Pierre Eude, dem Generalsekretär der Straßburger Handelskammer, zufolge, kaum Unternehmen aus dem Bas-Rhin in Périgueux und der gesamten Dordogne an:

> [I]l apparut que le chef-lieu de la Dordogne ne constituerait jamals le centre de repli économique du Bas-Rhin et que les entreprises évacuées tendraient de préférence à se disséminer dans toutes les régions de la France où leur réinstallation bénéficierait de conditions plus favorables.[46]

Die Darstellung beruht auf dem starken Kontrast zweier Räume, der landwirtschaftlich geprägten Dordogne und dem industrialisierten Bas-Rhin. Er manifestiert sich insbesondere in der Gegenüberstellung von Périgueux, lediglich einem „chef-lieu" (Hauptort eines Departements), und Straßburg, einer stolzen „capitale régionale"[47] (Regionalhauptstadt). Damit schrieb sich Eude in einen verbreiteten Raumdiskurs der Elsässer ein, der die Heimat- und Aufnahmedepartements als in jederlei Hinsicht gegensätzlich konstruierte: vom urbanen und fortschrittlichen Bas-Rhin in die ländliche und rückständige Dordogne. Darüber hinaus taten sich Unterschiede im religiösen sowie im sprachlichen Bereich auf.[48] Hier das kirchlich geprägte Elsass, in dem das Konkordat noch galt, die Trennung von Staat und Kirche also nicht vollzogen war, dort die weitgehend säkularisierten *départements de correspondance*. Hier die Elsässer, die einen – noch dazu deutschen – Dialekt sprachen und des Französischen kaum mächtig waren, dort die frankophonen Aufnahmegebiete. Sowohl die Evakuierten selbst als auch externe Beobachter rekurrierten auf diese Differenzen und reproduzierten sie. Auf diese Weise bedienten sie sich des *Othering* als Erklärungs- und Identifikationsmusters, auf das interessanterweise jenseits der Grenze die Saarpfälzer ebenso zurückgriffen.[49] Für evakuierte Elsässer diente die

46 „Es stellte sich heraus, dass der Hauptort der Dordogne nie das Hauptziel der wirtschaftlichen Evakuierung aus dem Bas-Rhin würde und dass die geräumten Unternehmen dazu neigten, sich in allen Regionen Frankreichs zu verteilen, in denen sich die Umstände für ihre Wiederansiedlung günstiger gestalteten." *Pierre Eude*, La Chambre de commerce de Strasbourg pendant la guerre 1939–1944. Strasbourg 1949, 12.

47 *Pierre Eude*, La Chambre de commerce de Strasbourg pendant la guerre 1939–1944. Strasbourg 1949, 11.

48 *Shannon Lee Fogg*, The politics of Everyday Life in Vichy France: Foreigners, Undesirables, and Strangers. Cambridge, New York 2011, 58–62. Fogg bezieht sich auf die Haute-Vienne als Aufnahmegebiet.

49 *Nicholas Williams*, Von „Saarfranzosen" und „Zigeunervolk": Saarbrücker Evakuierte als „Opfer"?, in: Ruth Bauer/Hans-Christian Herrmann (Hrsg.), Widerstand, Repression und Verfolgung. Beiträge zur Geschichte des Nationalsozialismus an der Saar. Sankt Ingbert 2014, 279–312, 299f.

Dordogne dabei als Negativbild des Bas-Rhin; vermutlich wäre jedes andere Aufnahmegebiet in ähnlicher Weise konstruiert worden.

Tatsächlich war die Dordogne, das gilt im Übrigen auch für die anderen Aufnahmedepartements, agrarischer geprägt als der Bas-Rhin. Die größte Stadt Périgueux zählte ca. 38 000 Einwohner und hatte wenig mit einem industriellen Zentrum wie Straßburg gemein.[50] In der Wahl der Dordogne spiegelte sich die Entökonomisierung der Räumungsplanung wider: Sie orientierte sich an verfügbarem Platz für die evakuierte Bevölkerung und fragte weniger nach günstigen Voraussetzungen für Unternehmensansiedlungen. Ist Eude also bei seiner Feststellung zuzustimmen, die geräumten Betriebe aus dem Elsass hätten die Dordogne gemieden und sich stattdessen über ganz Frankreich verteilt?

Tab. 4.1: Die wichtigsten Aufnahmedepartements von Unternehmen aus dem Bas-Rhin.

Departement	Anzahl der Nennungen	Anteil
Bas-Rhin	94/359	26,2 %
Dordogne	81/359	22,6 %
Paris	26/359	7,2 %
Vogesen	20/359	5,6 %

Die Adressenliste der Straßburger Handelskammer vom April 1940 ermöglicht es, diese Frage zu beantworten.[51] Die Tabelle 4.1 (S. 203) und die Abbildung 4.2

50 Einwohnerstand 1936: *Alain David/Pierre Pageot*, Aperçu sur l'histoire du développement urbain en Dordogne, in: Mémoire de la Dordogne 10, 1997, 45–47, 46. Allgemein zur Wirtschaftsstruktur des Südwesten Frankreichs: *Alfred Sauvy*, Histoire économique de la France entre les deux guerres: Bd. 2. Paris 1984, 91f. Zur Landflucht aus den Gebieten: *Pierre George*, Les paysans, in: Alfred Sauvy (Hrsg.), Histoire économique de la France entre les deux guerres. Paris 1984, 159–178, 175.

51 Chambre de Commerce de Strasbourg, Liste des nouvelles adresses de commerçants et industriels du Bas-Rhin repliés et des nouveaux sièges des administrations, Schirmeck, April 1940. Die Zahlen beruhen auf der Auswertung des Buchstaben S, dieses cluster sample bildet die Grundlage für alle folgenden Angaben zu geräumten Unternehmen aus dem Bas-Rhin. Die Liste führt jeweils den Unternehmensnamen, die Branche, den Herkunfts- und Aufnahmeort auf. Die Stichprobe umfasst 359 Einträge und macht damit ca. 13,4 % der Gesamtliste mit ihren rund 2600 Einträgen aus. Der Buchstabe S wurde als umfangreichster gewählt, aufgrund der hier verzeichneten sociétés (Gesellschaften) ist von einer Verzerrung zugunsten größerer Unternehmen auszugehen. Allerdings hat die Handelskammer nicht konsequent alle sociétés unter S einsortiert, sodass im Vergleich zu anderen Buchstaben lediglich eine leichte Verzerrung vorliegt. Die Stichprobe kann nicht als repräsentativ gelten, mangelt es doch an dem Nachweis, dass bestimmte Merkmale, wie Evakuierungs- oder Aufnahmeort, in dem Sample genauso häufig vorkommen wie in der Grundgesamtheit, siehe zum Begriff der Repräsentativität und zum Repräsentanznachweis: *Rainer Schnell/Paul Bernhard Hill/Elke Esser*, Methoden der empirischen Sozialforschung. 8. Aufl. München [u.a.] 2008, 304–306. Dennoch wird grundsätzlich

(S. 204) zeigen die vier Departements, in denen sich die meisten Betriebe aus der Stichprobe ansiedelten. An erster Stelle steht der Bas-Rhin, in dessen nicht-evakuiertem Teil über ein Viertel der Unternehmen Quartier nahm, gefolgt von der Dordogne. Dahinter ordnen sich mit deutlichem Abstand das ökonomische Herz Frankreichs Paris und das Departement Vogesen ein. Bei gemeinsamer Betrachtung der Dordogne, der Haute-Vienne und der Indre, der drei *départements de correspondance* des Bas-Rhin, ergibt sich die Anzahl von 97 elsässischen Betrieben, was ca. 27 % entspricht. Mehr als ein Viertel der betrachteten Unternehmen folgte der Bevölkerung also in die offiziellen Aufnahmegebiete.

Abb. 4.2: Lage der wichtigsten Aufnahmedepartements von Unternehmen aus dem Bas-Rhin.

angenommen, dass sich die unter S verzeichneten Betriebe prinzipiell genauso verhielten wie jene unter T oder U. Das Sample umfasst auch Firmeninhaber, die den Dienst an der Waffe angetreten hatten, und Unternehmen, die in der roten Zone weiterliefen. Beide Gruppen wurden, da es sich nicht um Verlagerungen handelte, bei der Auswertung außer Acht gelassen. Einige Departements aus der Liste gibt es heute aufgrund veränderter Verwaltungsstrukturen nicht mehr, die entsprechenden Orte wurden ihren aktuellen Departements zugeordnet. Es wurde auf eine Nachkommastelle gerundet.

Tab. 4.2: Die häufigsten Aufnahmestädte von Unternehmen aus dem Bas-Rhin.

Stadt (Departement)	Anzahl der Nennungen	Anteil
Paris (Paris)	26/359	7,2 %
Périgueux (Dordogne)	22/359	5,3 %
Barr (Bas-Rhin)	9/359	2,5 %
Saverne (Bas-Rhin)	7/359	1,9 %

Die Bedeutung von Périgueux als Standort geräumter Betriebe geht aus der Tabelle 4.2 (S. 205) hervor. Sie listet die vier Städte auf, die in der Stichprobe am häufigsten als Verlagerungsort auftauchen. Hier gestaltet sich das Feld aufgrund der kleineren geographischen Einheit wesentlich zersplitterter als bei der Einteilung in Departements. Périgueux rangiert mit einem Anteil von etwa 5,3 % an zweiter Stelle nach Paris, deutlich vor den dritt- und viertplatzierten Städten Barr und Saverne im Bas-Rhin. Dass Paris die meisten geräumten Betriebe anzog, verwundert aufgrund der überragenden Rolle der Stadt in der zentralistischen III. Republik kaum. Dass Périgueux, dessen 38 000 Einwohner kaum mit dem kleinsten Pariser Arrondissement konkurrieren konnten, lediglich vier Unternehmen weniger beherbergte, erscheint umso bemerkenswerter. Ökonomische Faktoren können die Anziehungskraft von Périgueux nicht erklären, vielmehr machte sich hier die behördliche Festlegung als *ville de correspondance* Straßburgs bemerkbar.

Die hier aufgeführten Zahlen stehen im Widerspruch zu Pierre Eudes Feststellung, der Großteil der elsässisches Unternehmen habe Périgueux und die Dordogne als Verlagerungsort gemieden. Allerdings verschiebt sich das Bild, wenn sich der Aufmerksamkeit ausschließlich auf die für diese Studie zentralen Industriebetriebe richtet. Tatsächlich siedelten sich in der Dordogne in erster Linie evakuierte Einzelhändler und Handwerker, wie Lebensmittelhändler, Fleischer und Schneider, an, viele von ihnen Klein- und Kleinstbetriebe. Für sie galt der Primat des Ortes – einmal in der Dordogne angekommen, eröffneten sie zumeist ihr Geschäft in ihrer Aufnahmegemeinde wieder. Ihre Ausweichorte waren über zahlreiche kleine Gemeinden des gesamten Departements verteilt. So hielt sich Jeanne Speisser, Inhaberin eines Straßburger Lebensmittelgeschäftes, in Terrasson, einem kleinen Ort im äußersten Westen der Dordogne am Übergang zum benachbarten Departement Corrèze, auf. Es ist denkbar, dass sie hier keinerlei Geschäftstätigkeit ausübte und gegenüber der Handelskammer die postalische Adresse ihrer Gastgeber für Korrespondenzzwecke angegeben hatte. Genauso denkbar ist, dass sie ihr Geschäft wiedereröffnet hatte, etwa um den durch die Anwesenheit der Elsässer erhöhten Lebensmittelbedarf abzudecken. Die Genehmigungspflicht in Gestalt des *décret-loi du 9 septembre 1939* stellte in diesem Zusammenhang kein Hindernis dar. Wie bereits ausgeführt, waren die Präfekten der *départements de correspondance* angehalten, Genehmigungsanträge evakuierter Einzelhändler wohlwollend zu behandeln. Jeanne Speisser konnte damit rechnen, ihren Laden vor Ort ohne administrative Schwierigkeiten wiederzueröffnen.

Die Aufnahmegebiete übten Einzelhändlern gegenüber also eine gewisse Sogwirkung aus, was bei Industriebetrieben kaum der Fall war. In den ländlich geprägten Gemeinden der Dordogne, die, wenn überhaupt, nur wenige Hundert Einwohner zählten, mangelte es an Kapazitäten für ihre Ansiedlung. Beschränkte Aufnahmemöglichkeiten, Probleme mit der Energieversorgung und bei der Unterbringung der Belegschaft – so charakterisierte auf der anderen Seite der Grenze die Deutsche Arbeitsfront (DAF) die Verlagerung geräumter Unternehmen in den ländlichen Bereich Badens.[52] Die Phänomene gelten in ähnlicher Form für die Dordogne und erklären, weshalb Industriebetriebe, mit den Worten Pierre Eudes, dazu neigten, sich in ganz Frankreich zu verteilen.

Aufgrund ihrer strukturellen Homogenität zogen, ähnlich der Dordogne, die anderen acht *départements de correspondance* Einzelhändler und Handwerker, jedoch weniger Industriebetriebe an. Einige Einzelhändler eröffneten ihr Geschäft, begünstigt durch die Umsetzungsanweisungen zum *décret-loi du 9 septembre 1939*, in ihrem Aufnahmeort wieder, andere führten die heimische Tätigkeit nicht fort. Die Präsenz der Evakuierten aus dem Grenzgebiet wirkte sich in jedem Fall auf das lokale Wirtschaftsleben aus. Sichtbarer Ausdruck hiervon waren diverse lothringische und elsässische Cafés und Kneipen, die wie Pilze aus dem Boden schossen. In Périgueux eröffneten Etablissements, etwa *Au Rendez-vous des Alsaciens* (Zum Treffpunkt der Elsässer), und etablierten sich als Treffpunkte für die Evakuierten.[53]

Konzentrierten sich die französischen Aufnahmegebiete in Zentral- und vor allem Südwestfrankreich, verteilten sich die deutschen über den Süden, das Zentrum und den Norden des Reiches. Dies geht aus einem Planungsschreiben aus dem Stab des Stellvertreters des Führers von März 1939 hervor. Es richtete sich an die NSDAP-Gaue, die voraussichtlich Evakuierte beherbergen sollten: die Bayerische Ostmark, Franken, Halle-Merseburg, Kurhessen, Magdeburg-Anhalt, Mainfranken, Ost-Hannover, Schwaben, Südhannover-Braunschweig, Thüringen, Weser-Ems, Westfalen-Nord und Württemberg-Hohenzollern (siehe Abbildung 4.3, S. 207).

52 GLA Karlsruhe 465 c, Nr. 16275, Bericht der DAF über die „Auswirkungen der wirtschaftlichen Räumung auf das nordbadische Gebiet“, 1.12.1939, S. 6.

53 *Catherine Schunck/François Schunck*, D'Alsace en Périgord: Histoire de l'évacuation 1939–1940. Saint-Cyr-sur-Loire 2006, 111.

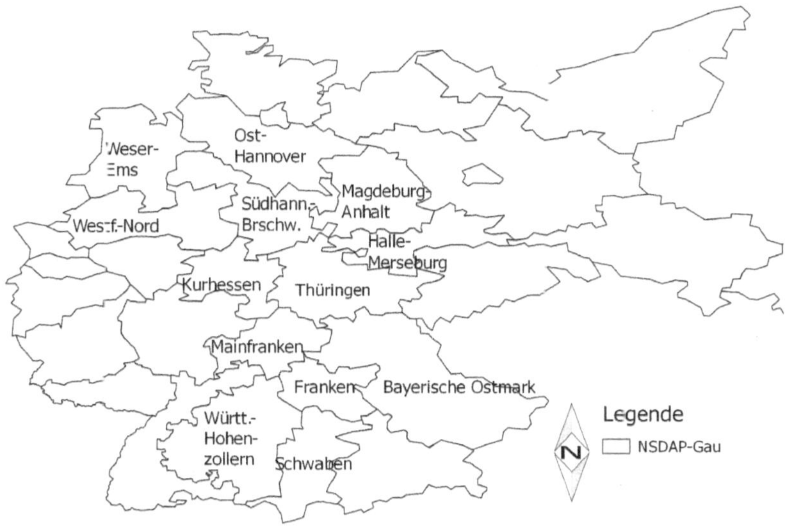

Abb. 4.3: Die NSDAP-Aufnahmegaue gemäß BArch Berlin NS 6-452, Brief des Stellvertreters des Führers, 14.3.1939, fol. 3.

Damit waren die anvisierten Aufnahmegebiete räumlich disparater und strukturell heterogener als ihre französischen Pendants. Außerdem stimmten sie, als Konsequenz aus der kurzfristigen und unzureichenden Räumungsplanung, nicht zwangsläufig mit jenen Gebieten überein, in denen die Saarpfälzer im September 1939 tatsächlich unterkamen. Sinnbildlich hierfür steht eine Begebenheit, welche die Teilnehmer einer Sitzung im Reichsinnenministerium am 7. September 1939 beschäftigte. Dabei berichtete ein Vertreter des Landesarbeitsamtes Rheinland, viele Leute aus der Gegend um Saarbrücken und Saarlouis seien aufgrund eines Missverständnisses nicht nach Hessen, sondern in die Stadt Essen gegangen.[54]

Laut Reichswirtschaftsministerium hielten sich Mitte Oktober 1939 Evakuierte in folgenden Regierungsbezirken auf: Stade, Mecklenburg, Hannover, Schaumburg-Lippe, Hildesheim, Braunschweig, Magdeburg, Potsdam, Erfurt, Kassel, Thüringen, Ober- und Mittelfranken, Niederbayern-Oberpfalz, Mainfranken, Württemberg, Schwaben, Oberbayern.[55] Die Auflistung war unvollständig

54 *Friedrich Hartmannsgruber*, Akten der Reichskanzlei. Die Regierung Hitler: Band VI: 1939. München 2012, 549.

55 BArch Berlin R 3101-32215, Liste „Tatsächliche Belegung im Laufe der Freimachung", o.D., fol. 83–90.

und übersah beispielsweise die in Sachsen untergekommenen Saarpfälzer. Sie vermittelt also eher einen groben Eindruck als exakte Angaben zur Verteilung über das Reichsgebiet. Folglich ist es schwer möglich, die deutschen Aufnahmegebiete so klar zu umreißen wie die französischen *départements de correspondance*. Dennoch zeichnet sich in der Liste des Reichswirtschaftsministeriums ab, dass sich die Pirmasenser vor allem über Niederbayern-Oberpfalz, Ober- und Mittelfranken sowie Mainfranken verteilten. Insbesondere Mainfranken empfing viele Evakuierte aus der pfälzischen Schuhstadt. In welchem Maße folgten die geräumten Pirmasenser Schuhherstellern dieser Bewegung und siedelten sich ebenfalls in dem Gebiet an?

Der vom Main durchquerte NSDAP-Gau Mainfranken, der nordwestliche Zipfel Bayerns, grenzte an Hessen und Thüringen (siehe Abbildung 4.4, S. 209). Er lag im Bereich des heutigen Unterfrankens, im Dreieck zwischen Würzburg, Aschaffenburg und Bamberg, wobei Bamberg bereits zum benachbarten Gau Bayerische Ostmark gehörte.[56] Gauleiter Otto Hellmuth stand nicht nur an der Spitze des NSDAP-Gaus, sondern fungierte zugleich als Regierungspräsident. Jenseits von Würzburg und Aschaffenburg war Mainfranken weitgehend ländlich geprägt, es verfügte kaum über nennenswerte (Schuh-) Industriestandorte.[57]

Tab. 4.3: Die Aufnahmegaue Saarpfalz und Mainfranken für evakuierte Schuhfirmen aus Pirmasens.

NSDAP-Gau	Anzahl der Nennungen	Anteil
Saarpfalz	65/289	22,5 %
Mainfranken	63/289	21,8 %

56 Zur Geschichte und zum von den Nationalsozialisten maßgeblich verbreiteten Terminus Mainfranken: *Herbert Schott*, Mainfranken. 2013. URL: http://www.historisches-lexikon-bayerns.de/artikel/artikel_44763.

57 *Axel Drecoll*, Der Fiskus als Verfolger: Die steuerliche Diskriminierung der Juden in Bayern 1933–1941/42. Berlin, Boston 2008, 55–59.

Abb. 4.4: Der NSDAP-Gau Mainfranken, in: *Hermann Hemmerich/Hanns Hubert Hofmann*, Unterfranken: Geschichte seiner Verwaltungsstrukturen seit dem Ende des Alten Reiches 1814 bis 1980. Würzburg 1981, o.S.

Im September 1939 gelangten mindestens 23 000 der rund 48 000 Einwohner von Pirmasens hierher.[58] Die von der Bezirksgruppe Saarpfalz der Fachgruppe Schuhindustrie herausgegebene Adressenliste informiert darüber, welche Pirmasenser Schuhhersteller sich in diesem Zuge in Mainfranken ansiedelten.[59] Auf den 15. Juni 1940 datiert, bildet sie den Stand unmittelbar vor der Rückkehr in die Saarpfalz ab. Von 289 gelisteten Schuhfirmen verfügten 63 über einen Ausweichstandort in Mainfranken, was rund 21,8 % entspricht (siehe Tabelle 4.3, S. 208). Der Großteil davon, nämlich neun Betriebe, gab als Adresse

58 BArch Berlin R 3101-32215, Liste „Tatsächliche Belegung im Laufe der Freimachung“, o.D., fol. 87–87v und StA Pirmasens A5, Volkszählung 1939: Stadtkreis Pirmasens, 27.5.1939.

59 Bezirksgruppe Saarpfalz der Fachgruppe Schuhindustrie, Anschriften-Liste der saarpfälzischen Schuh- und Hilfsindustrie aus dem Freimachungsgebiet, Stand nach dem 15. Juni 1940, Neustadt an der Weinstraße, Pirmasens, 1940, S. 5–16. Das Sample von 289 Einträgen umfasst ausschließlich Schuhhersteller aus Pirmasens. Schuhmodell- und Absatzfabriken, andere Zulieferer sowie Betriebe außerhalb der Stadt Pirmasens blieben bei der Untersuchung außen vor.

Marktheidenfeld an. In Würzburg kamen fünf Unternehmen unter, der Rest verteilte sich über Kleinstädte wie Königshofen im Grabfeld, Lohr am Main oder Wertheim am Main. Mainfranken empfing in erster Linie Hersteller geringer Betriebsgröße bis zu 20 Beschäftigten, die mit drei Vierteln den Löwenanteil Pirmasenser Schuhfirmen ausmachten.[60] Ähnlich wie die elsässischen Einzelhändler in der Dordogne eröffneten manche Betriebe wieder, andere gaben lediglich ihre Adresse für Korrespondenzzwecke an. Im Gegensatz zur französischen Seite drohten ihnen allerdings Schwierigkeiten beim Genehmigungsverfahren (siehe Kapitel 3.1, S. 112). Ihre Weiterführung stand oftmals im Widerspruch mit dem zentralen Kriterium Carl Lüers, dem ‚Interesse der Volks- und Kriegswirtschaft'.

Wie die Wiedereröffnung einer Pirmasenser Schuhfabrik in Mainfranken ablaufen konnte, zeigt das Beispiel Otto Schantz'.[61] Während sein Vater Jakob Schantz den Pirmasenser Familienbetrieb leitete, hatte Otto Schantz 1938 in derselben Stadt eine kleine Kinderschuhfabrik gegründet. Im Zuge der Räumung gelangte die Familie im September 1939 nach Mainfranken und entschied sich, in einem früheren Kurheim in Partenstein im Spessart die Schuhherstellung wiederaufzunehmen. Jakob Schantz erwarb das Gebäude, in der Maschinen aus der Fabrik seines Sohnes unterkamen. Ab Oktober führten hier knapp 30 Schuhmacher Reparaturen durch und stellten Kinderschuhe her. In den Folgemonaten steigerte sich die Produktion und die Belegschaft wuchs; Jakob und Otto Schantz stellten bevorzugt evakuierte Pfälzer ein, die mit dem Handwerk vertraut waren. Im Sommer 1940 kehrte Jakob Schantz zurück nach Pirmasens, sein Sohn führte die Partensteiner Fabrik fort. Zu ihren Hochzeiten in den 1950er Jahren beschäftigte sie über 170 Personen, ehe sie in den 1980er Jahren die Fertigung einstellte.

Im Falle Otto Schantz' stellte die Evakuierung den Ausgangspunkt für eine regionale Wirtschaftsverflechtung zwischen der Pfalz und dem Spessart dar. Sie ging einher mit einem Wissenstransfer von Pirmasens nach Partenstein; indem die Pfälzer ihre heimische Schuhproduktion dort fortführten, veränderten sie dauerhaft die Industriestruktur ihres Aufnahmegebietes. Drei Aspekte fallen beim Nachzeichnen der Schantz'schen Verlagerung besonders auf. Sie beruhte erstens auf der Mobilisierung eines familiären Netzwerkes als Ressource. Otto Schantz kooperierte u.a. mit seinem Vater und verfügte deshalb über mehr Mög-

60 Stand 1937: *Ernst Schuster*, Monoindustrielle Agglomeration, in: Ernst Schuster (Hrsg.), Monoindustrielle Agglomeration. Würzburg 1940, 2–30, 21.

61 Die folgenden Angaben zur Schuhfirma Schantz beziehen sich auf: *Andreas Henning*, Von der Pfalz in den Spessart – exemplarische Untersuchung der Zwangsevakuierung zu Beginn des 2. Weltkrieges: Facharbeit. Partenstein, 21–30.

lichkeiten, nicht zuletzt finanzieller Art. Zweitens ging Schantz, Inhaber einer kleineren Fabrik und selbst in das Gebiet evakuiert, wie selbstverständlich von Mainfranken als Ausweichstandort aus. Bei ihm galt der Primat des Ortes, beim Branchenprimus Rheinberger hingegen der des Unternehmens. Der größte geräumte Schuhhersteller suchte, darauf wird gleich zurückzukommen sein, reichsweit nach den besten Bedingungen für ein Werk. Ein dritter Aspekt betrifft die Konstruktion Partensteins und Pirmasens' als völlig gegensätzlich. Sie kommt in der zeitgenössischen und später reproduzierten Gegenüberstellung des armen Spessartdorfes und der „wohlhabenden Pfalz mit seiner (sic) Schuhmetropole Pirmasens“[62] zum Ausdruck. Gewiss gab es zwischen Pirmasens und Partenstein ein Stadt-Land-Gefälle, das maßgeblich beeinflusste, wie die Pfälzer ihren Aufnahmeort wahrnahmen. Unabhängig kamen sie allerdings von einem Notstandsgebiet ins nächste, galten doch sowohl die Pfalz als auch der Spessart als wirtschaftlich schwach und entwicklungsbedürftig.[63] Dieser Umstand verdeutlicht einmal mehr, dass das Deutungsmuster *Othering*, wie bei Straßburg und Périgueux ausgeführt, wenig mit strukturellen Gegebenheiten zu tun hatte und vielmehr universelle Gültigkeit reklamierte.

Die großen Pirmasenser Schuhunternehmen siedelten sich bevorzugt außerhalb von Mainfranken an. Rheinberger kam in Offenbach am Main unter, Emil Neuffer im thüringischen Saalfeld, Peter Kaiser in Stuttgart und Backnang. Insbesondere im hochindustrialisierten Rhein-Main-Gebiet, einem der Zentren der deutschen Schuhherstellung, fanden sie die Kapazitäten für die Eröffnung von Ausweichbetrieben. Die Rheinberger AG, die Militärschuhe fertigte, führte einen weiteren Grund für das Frankfurter Gebiet an, nämlich das dort ansässige Heeresbekleidungsamt. Im Gegensatz zu Berlin, ebenfalls Standort eines Heeresbekleidungsamtes, kam bei Frankfurt „die geringere Entfernung von Pirmasens und von Unterfranken, wo sich viele Arbeiter befanden,“[64] hinzu. In gewisser Weise schließt sich so der Kreis zu Mainfranken, das in diesen Erwägungen zumindest als Nebenargument auftauchte. Als Standort für das Ausweichwerk stand es für Rheinberger hingegen nicht zur Debatte. Offenbach zog nicht nur das größte Pirmasenser Unternehmen, sondern diverse weitere geräumte

62 *Andreas Henning*, Von der Pfalz in den Spessart – exemplarische Untersuchung der Zwangsevakuierung zu Beginn des 2. Weltkrieges: Facharbeit. Partenstein, 25.

63 *Ernst Schuster* (Hrsg.), Monoindustrielle Agglomeration: Die Schuhindustriestadt Pirmasens. Würzburg 1940, I und *Astrid Freyeisen*, „Verbohrt bis zuletzt“ – Gauleiter Dr. Otto Hellmuth und das Ende des Nationalsozialismus in Unterfranken, in: Mainfränkisches Jahrbuch 57, 2005, 280–328, 297f.

64 *Hilde Rheinberger*, Der 1. September 1939 und die Räumung des Betriebes in Pirmasens, in: Gustav Rheinberger (Hrsg.), Geschichte des Hauses Eduard Rheinberger. Pirmasens 1962, 165–177, 171.

Schuhhersteller an. Von den zwölf Firmen aus der roten Zone, die hier ansässig wurden, waren 11 Schuhproduzenten oder Zulieferer für die Schuhfertigung.[65]

Stellte Mainfranken damit im Kreise der Aufnahmegebiete eine Ausnahme oder die Regel dar? Angesichts der weiten Streuung über das Reichsgebiet kann diese Frage nicht umfassend, sondern lediglich punktuell beantwortet werden. Als Ausgangspunkt dient die evakuierte Stadt Saarbrücken. Ihre Einwohner kamen im September 1939 in erster Linie nach Thüringen und Kurhessen, wo sie sich auf diverse Landkreise verteilten. Kassel wurde zum Anlaufpunkt vieler Evakuierter, auch siedelten sich hier durchaus geräumte Unternehmen, z.B. die Saarbrücker Kisten- und Kettenfabrik, an.[66] Dies waren jedoch Ausnahmen, was die Saarbrücker Filialen der Deutschen sowie der Dresdner Bank und die Kreissparkasse Saarbrücken veranlasste, Anfang 1940 ihre jeweilige Ausweichstelle in Kassel zu verlassen. Sie zogen nach Frankfurt am Main um, weil „ein großer Teil der Saarbrücker Geschäftsleute"[67] und Firmenkunden ins Rhein-Main-Gebiet gegangen war. Den Kreditinstituten zufolge schlug das wirtschaftliche Herz der geräumten Stadt Saarbrücken also nicht in Kassel, sondern knapp 200 km südlich in Frankfurt. Die Aufnahmegebiete der Bevölkerung waren folglich nur bedingt identisch mit jenen der Unternehmen. Gerade größere Betriebe folgten, wie bei Rheinberger & Co. aufgezeigt, eigenen Wegen und orientierten sich dabei nur bedingt an ihren evakuierten Belegschaften.

Die Gebiete nahe der roten Zonen

Neben den Aufnahmegebieten im Südwesten Frankreichs und im Reichsinnern bewegten sich zahlreiche Evakuierte in die Areale nahe der roten Zonen. Ob und wenn ja, in welchem Maße die geräumten Betriebe es ihnen gleichtaten, steht im Fokus der folgenden Ausführungen. Zuerst wird die Binnenwanderung geräumter Unternehmen innerhalb eines Departements, des Bas-Rhin, als administrativer Einheit betrachtet. Danach erweitert sich der Radius auf die benachbarten Departements Moselle, Meurthe-et-Moselle, die Vogesen und den Haut-Rhin. Die Zweiteilung in einen engeren und einen weiteren Radius – innerhalb

65 Hessisches Wirtschaftsarchiv Darmstadt Abt. 10, Nr. 1022, Liste der in Offenbach ansässigen Firmen aus der geräumten Zone, o.D.

66 Zu Kassel als Aufnahmeort: *Doris Seck*, Saarländische Kriegsjahre: Es begann vor 40 Jahren. Saarbrücken 1979, 20, zur Saarbrücker Kisten- und Kettenfabrik: BArch Berlin R 3101-32216, Liste „Evakuierte Betriebe der saarpfälzischen Eisen- und Metall verarbeitenden (sic) Industrie", o.D., fol. 243.

67 *Fritz Kloevekorn/Erich Neu*, 100 Jahre Kreissparkasse Saarbrücken: 1858–1958. Saarbrücken 1958, 68.

des NSDAP-Gaues Saarpfalz und darüber hinausgehend – wird anschließend für die deutsche Seite übernommen.

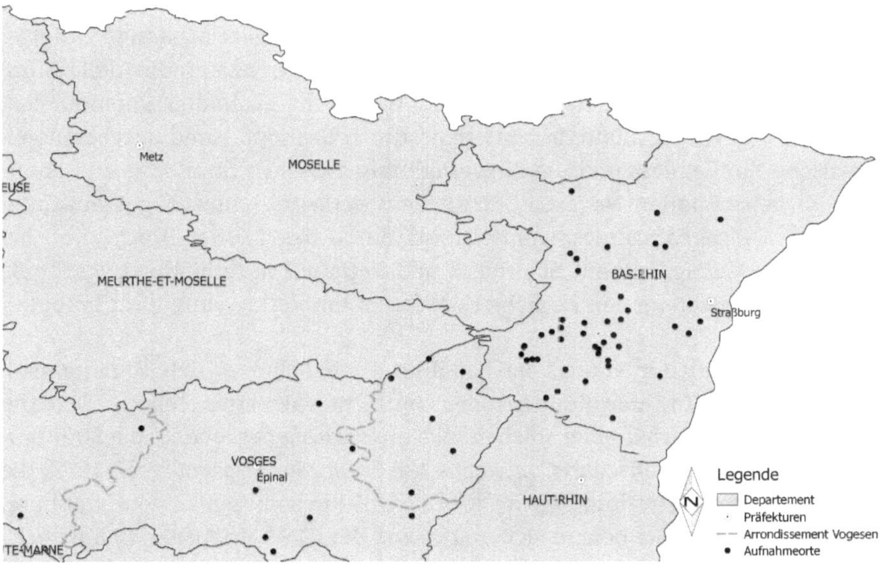

Abb. 4.5: Die Aufnahmedepartements Bas-Rhin und Vogesen, Mehrfachnennungen eines Ortes sind möglich.

Die Tabelle 4.1 (S. 203) und die Abbildung 4.5 (S. 213) zeigen den Umfang der Binnenwanderung evakuierter Unternehmen innerhalb des Bas-Rhin. Er vereint in der Liste der bevorzugten Departements mit 94 von 359 Nennungen über ein Viertel auf sich und steht damit an erster Stelle. Die vertretenen Branchen, vom Einzelhandel über Metallverarbeitung bis zur Textil- und Papierherstellung, waren dabei ebenso breitgefächert wie die Betriebsgrößen. Die Unternehmen verteilten sich im Straßburger Hinterland, wobei sie bis auf wenige Ausnahmen Haguenau, immerhin die zweitgrößte Stadt des Departements, aufgrund ihrer grenznahen Lage mieden. Stattdessen zogen sie in die Kleinstädte sowie ländlichen Gemeinden im Südwesten Straßburgs und bewegten sich damit in das Mittelgebirge der Vogesen, die „zone rurale pauvre d'Alsace (...)."[68] So charakte-

68 „Arme ländliche Zone des Elsass", *Michel Hau*, L'industrialisation de l'Alsace 1803–1939. Strasbourg 1987, 253.

risieren Hau und Vogler das Tal des Flusses Bruche, einen Ausläufer der Vogesen, in dem diverse geräumte Betriebe Quartier nahmen.

Die Anziehungskraft des Bas-Rhin begründete sich in folgenden vier Erwägungen. Erstens lockten die kurzen Wege beim Abtransport der Produktionsmittel. Die elsässischen Vogesen mochten wenig urban sein, trotzdem waren hier seit der zweiten Hälfte des 19. Jahrhunderts Textilhersteller ansässig.[69] Infolgedessen verfügte das Gebiet über eine, wenn auch begrenzte, industrielle Infrastruktur und gewisse Kapazitäten für die Ansiedlung geräumter Unternehmen. Zweitens war das Straßburger Hinterland durch das umfassend ausgebaute elsässische Straßennetz und die Zugverbindung zwischen Straßburg und Saint-Dié im benachbarten Vogesen-Departement verkehrstechnisch gut angebunden.[70] Die Eisenbahnstrecke führte direkt durch das Tal der Bruche und bediente u.a. Mutzig, Urmatt, Schirmeck und Rothau. Die Anbindung via Straße und Gleis erleichterte den Betrieben wiederum die Verlagerung ihrer Produktionsmittel.

Eine Ausweichunterkunft im Bas-Rhin ermöglichte es den Unternehmen drittens, weiterhin ihren Kundenstamm im nichtevakuierten Teil des Departements zu betreuen. Mit einer solchen lokalen Bindung begründete die Straßburger Straßenbahngesellschaft *Compagnie des Tramways Strasbourgeois* (CTS) die Verlegung ihrer Verwaltung nach Ottrott, ca. 35 km südwestlich von Straßburg. Der provisorische Sitz befand sich an der von der CTS betriebenen Bahnstrecke von Saint-Nabor nach Rosheim. Da die Verkehrsgesellschaft die Strecke aus militärischen Gründen nach der Mobilmachung weiterhin bedienen sollte, suchte ihre Verwaltung in der Nähe unterzukommen.[71] Der vierte und letzte Grund war administrativer Natur, es handelte sich um einen Nebeneffekt des *décret-loi du 9 septembre 1939*. Blieben die Unternehmen im Bas-Rhin, befassten sich der altbekannte Präfekt und die Straßburger *Chambre de Commerce et d'Industrie* (CCI), nunmehr im Bruche-Tal ansässig, mit der Genehmigung zur Wiedereröffnung. Entsprechend kurz gestalteten sich die Dienstwege. Außerdem konnten die Antragssteller damit rechnen, dass beide Instanzen ihre Wiedereröffnung förderten und ihr Gesuch wohlwollend behandelten.

Aufgrund des Zusammenspiels dieser vier Faktoren entschieden sich zahlreiche Unternehmen für eine Verlagerung innerhalb des Bas-Rhin. Sie kamen auch bei der Binnenwanderung lothringischer Betriebe innerhalb der benach-

---

69 *Walter Rinckenberger*, L'Alsace: Rempart français sur le Rhin. Paris 1946, 32.

70 *Jean Braun*, Histoire des routes en Alsace (des origines à nos jours). 2. Aufl. Strasbourg 1988, 116 und *Maurice Pardé*, La ligne de Saint-Dié à Saales et les autres lignes de raccordement entre l'Est et l'Alsace-Lorraine, in: Annales de Géographie 38, 1929, 291–292.

71 AVS 1 W 2441, Brief der CTS an den Unterpräfekten von Erstein, 23.8.1939, S. 1.

barten Moselle zum Tragen. Deshalb spricht einiges dafür, dass sich viele von ihnen ebenfalls im heimatlichen Departement niederließen. Zwei der aufgeführten Faktoren, die geringe Distanz zur roten Zone und die Weiterbetreuung des altbekannten Kundenstamms, gelten für alle weiteren im Kapitel 4.2.1 behandelten Gebiete und werden im Folgenden als gegeben angenommen.

Die Departements Moselle, Meurthe-et-Moselle, die Vogesen sowie der Haut-Rhin grenzen an den Bas-Rhin (siehe Abbildung 4.5, S. 213). Nahm die Verlagerung in diese Gebiete ähnlich umfangreiche Ausmaße wie die Binnenwanderung innerhalb des Bas-Rhin an? Sie blieb weit dahinter zurück, kamen hier doch insgesamt 48 Unternehmen, etwa halb so viele wie im Bas-Rhin, aus der Stichprobe unter. Die Verteilung auf die vier Departements geht aus der Tabelle 4.4 (S. 215) hervor, an deren Spitze die Vogesen liegen. Die geringere Anziehungskraft von Vogesen, Haut-Rhin, Meurthe-et-Moselle und Moselle war der Tatsache geschuldet, dass die oben aufgeführten Pull-Faktoren des Bas-Rhin zumindest teilweise entfielen.

Tab. 4.4: Nachbardepartements des Bas-Rhin mit Anzahl der evakuierten Unternehmen aus dem Bas-Rhin.

Departement	Unternehmen aus dem Bas-Rhin
Vogesen	20
Haut-Rhin	13
Meurthe-et-Moselle	11
Moselle	4

Nichtsdestotrotz sind die Nachbardepartements als Aufnahmeorte nicht zu vernachlässigen. Immerhin beherbergten die Vogesen nach dem Bas-Rhin, der Dordogne und Paris die meisten geräumten Unternehmen (siehe Tabelle 4.1, S. 203). Ein genauerer Blick lohnt sich also. Das Departement der Vogesen ist bereits kurz im Zusammenhang mit dem Genehmigungsverfahren erwähnt worden. Der dortige Präfekt Paul Dupuy und die CCI in Épinal und Saint-Dié zeigten sich, laut der Straßburger Handelskammer, gegenüber ihren geräumten Kammermitgliedern wenig entgegenkommend. Sie beklagte:

> Plusieurs de nos ressortissants nous ont signalé notamment l'opposition irréductible qui leur est faite dans le département des Vosges où ils désiraient s'installer.[72]

72 „Mehrere unserer Kammermitglieder haben uns insbesondere auf den unüberwindbaren Widerstand hingewiesen, dem sie im Departement der Vogesen begegnen, wo sie sich niederlassen wollten." ADBR 98 AL 290, Brief der Handelskammer Straßburg an den Vice-Président du Conseil Camille Chautemps, 6.1.1940, S. 1.

Zwar zeitigte die an den *Vice-Président du Conseil* Camille Chautemps gerichtete Klage keinerlei Konsequenzen. Die Tatsache, dass die Handelskammer die Angelegenheit bis in hohe Regierungskreise trug und dabei ausschließlich die Vogesen als Übeltäter benannte, zeugt allerdings vom Umfang, den das Problem in den Augen der Straßburger annahm. Trotz der derart beklagten Abwehrhaltung gaben 20 geräumte Unternehmen aus dem Bas-Rhin eine Ausweichadresse in den Vogesen an. Sie rekrutierten sich aus diversen Branchen, u.a. dem Einzelhandel, der Metallverarbeitung und der Textilherstellung.

Die evakuierten Betriebe gingen insbesondere in das Arrondissement Saint-Dié. Es liegt im Nordosten des Departements der Vogesen und grenzt an den Bas-Rhin. Der Hauptort Saint-Dié mit seinen 20 000 Einwohnern zog vier evakuierte Unternehmen an, sieben weitere verteilten sich über sonstige kleine Gemeinden im Arrondissement (siehe Abbildung 4.5, S. 213). Sie kamen aus verschiedenen Branchen, beispielsweise der Metallverarbeitung, der chemischen Industrie sowie dem Transportwesen. Dabei zeichnet sich keine Branchenanziehung ab: Keiner der Neuankömmlinge aus dem Bas-Rhin gehörte dem vor Ort wichtigsten Industriezweig, der Textilherstellung, an.[73] Außer Textilfirmen prägte vor allem der metallverarbeitende Sektor die Industriestruktur der Stadt Saint-Dié, immerhin zwei Blechwaren- bzw. Konservendosenhersteller aus Straßburg siedelten sich dort und in der Umgebung an.

Welche Gründe veranlassten Betriebe, in großer Zahl nach Saint-Dié und Umgebung zu gehen? Erstes lockte die, zumindest in Friedenszeiten, gute Anbindung durch die bereits erwähnte SNCF-Linie von Straßburg nach Saint-Dié. Zweitens blickten die elsässische Industrie und die Vogesen auf eine jahrzehntelange Tradition der Wirtschaftsverflechtung und des Transfers zurück.

Nach 1871 waren Unternehmer, vor allem Textilhersteller, aus dem nunmehr annektierten Reichsland Elsass-Lothringen hierher gekommen und hatten Werke eröffnet. So konnten sie die Zollgrenze umgehen und weiterhin den französischen Markt bedienen. Als „colonie industrielle de l'Alsace"[74] charakterisierte Marcel Beaumont folgerichtig das Gebiet um Saint-Dié. Die Zollproblematik erledigte sich mit der Wiedereingliederung des Elsass an Frankreich 1919, dennoch blieben die Verbindungen bestehen. Als die Unternehmen in der roten Zone ihre Produktionsstätten im September 1939 verlassen mussten, entsann sich manches unter ihnen eben jener Verbindungen. Die in den Vogesen stark vertretene Textilverarbeitung hatte drittens mehr als andere Industriezweige an

73 Zur Industriestruktur des Gebietes um Saint-Dié: *Marcel Beaumont*, L'industrie dans la région de Saint-Dié, in: Annales de Géographie 46, 1937, 247–259.

74 „Industrielle Kolonie des Elsass", *Marcel Beaumont*, L'industrie dans la région de Saint-Dié, in: Annales de Géographie 46, 1937, 247–259, 249.

den Folgen der Weltwirtschaftskrise gelitten, allein in Saint-Dié schlossen in den 1930er Jahren drei Werke.[75] Im Jahr 1939 fanden die evakuierten Unternehmen also eine industrielle Infrastruktur und ungenutzte Räumlichkeiten vor, was die Wiedereröffnung erleichterte.

Mit dem Bas-Rhin und den Vogesen sind zwei Areale nahe der roten Zone betrachtet worden. In vielerlei Hinsicht figurierten die Vogesen als Fortsetzung des erstgenannten Departements. Beide Gebiete zogen Unternehmen verschiedenster Branchen an, wobei die Binnenwanderung innerhalb des Bas-Rhin umfangreichere Dimensionen annahm. Im Gegensatz zum Bas-Rhin entfiel in den Vogesen der administrative Vorteil des *décret-loi du 9 septembre 1939*, elsässische Betriebe mussten mit hier mit stärkerem Gegenwind durch die Präfektur und die CCI rechnen. Dass dennoch zahlreiche Unternehmen aus der roten Zone in die Vogesen gingen, liegt in der auf das Jahr 1871 zurückgehenden Verbindung zwischen der elsässischen Industrie und dem Gebiet begründet. Das Konglomerat all dieser Faktoren führte dazu, dass geräumte Industriebetriebe im engen und weiteren Radius um das Evakuierungsgebiet das wichtigste Ansiedlungscluster bildeten.

Deutscherseits dient die Saarpfalz als Ausgangspunkt, um zu untersuchen, inwiefern sich evakuierte Betriebe bevorzugt einen Standort in der Nähe der roten Zone suchten. Zuerst wird die Binnenwanderung evakuierter Unternehmen innerhalb des NSDAP-Gaus[76] betrachtet. Laut der Adressenliste der Fachgruppe Schuhindustrie verfügten 65 der 289 Pirmasenser Schuhhersteller über eine Ausweichunterkunft im nichtgeräumten Teil der Saarpfalz (siehe Tabelle 4.3, S. 208). Damit lag ihr Anteil bei 22,5 %, leicht über dem Mainfrankens.

Die Firmen hatten sich fast ausschließlich in der Pfalz niedergelassen und das näher an der Grenze gelegene Saarland gemieden. Das Ziel der größtmöglichen Entfernung von der Front vor Augen, umgingen sie des Weiteren das direkte Pirmasenser Umland. Zwar war dort die Schuhindustrie traditionell stark vertreten, doch das zog nur wenige geräumte Betriebe an. Stattdessen gingen sie bevorzugt nach Frankenthal (sieben Nennungen), Speyer (sechs Nennungen), Kaiserslautern (fünf Nennungen), Ludwigshafen und Bad Dürkheim (je viermal vertreten); andere verteilten sich über kleine Gemeinden des ländlichen Pfälzer Gebietes (siehe Abbildung 4.6, S. 218).

75 *François Roth*, Le temps des guerres mondiales (1914–1945), in: Michel Parisse (Hrsg.), Histoire de la Lorraine. Toulouse 1977, 419–443, 427.

76 Zur Verschränkung von Partei- und Staatsgewalt in der Saarpfalz: Thema und Schauplatz der Untersuchung, S. 9.

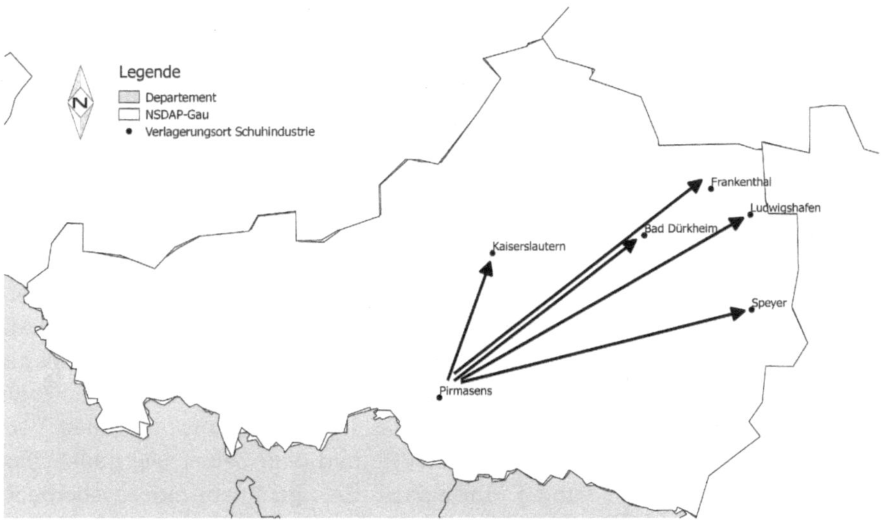

Abb. 4.6: Die häufigsten Verlagerungsorte der Pirmasenser Schuhindustrie innerhalb des NSDAP-Gaues Saarpfalz.

Die Saarpfalz zog, ähnlich wie Mainfranken, vor allem kleine und mittlere Schuhhersteller an, aber auch Vertreter anderer Wirtschaftszweige. Ottweiler, etwa 30 km nordöstlich von Saarbrücken, empfing 23 geräumte Firmen, in erster Linie Einzel- und Großhändler sowie Handwerker aus Saarbrücken, Völklingen und Püttlingen. Sie brachten der Stadt, wie ihr Chronist zufrieden vermerkte, rund 80 000 RM Mehreinnahmen an Gewerbesteuer.[77] Hingegen ging die Gebrüder Wildberger KG, eine Lebensmittel-Großhandlung aus der saarländischen Hauptstadt, ins pfälzische Kusel. In dem Gebiet hielten sich zahlreiche Evakuierte aus der nahegelegenen roten Zone auf, weshalb Wildberger „von behördlicher Seite gebeten worden [war], die Versorgung dieser Bevölkerung so gut wie irgend möglich aufrecht zu erhalten."[78]

Die Liste der Unternehmen, die in der Saarpfalz unterkamen, lässt sich durchaus verlängern, beispielsweise um die ausführlich betrachtete Saarbrücker Druckerei und Verlag AG mit ihrem Ausweichstandort in Kaiserslautern. Außerdem blieben zahlreiche, darunter größere, Betriebe der metallverarbeitenden Branche in Bürckels Gau, was an späterer Stelle thematisiert wird. Insgesamt ergibt sich das Bild einer großen Bandbreite an Branchen, deren Vertreter

77 *Dieter Bettinger*, Die Kriegs- und Soldatenchronik der Stadt Ottweiler. Ottweiler 2005, 189f.
78 HAC-500/49971-2001, Brief der Saarbrücker Filiale der Dresdner Bank an die Berliner Filiale, 19.9.1939, S. 2.

in der Nähe der roten Zone blieben und die Saarpfalz zu einem der wichtigsten Aufnahmegebiete machten. Was bewog Betriebe, diese Ortswahl zu treffen?

Dass sie in Städte wie Ludwigshafen, Frankenthal oder Kaiserslautern gingen, mag weniger überraschen, verfügten diese doch über eine gut ausgebaute industrielle Infrastruktur. In den ländlichen Gemeinden der Saarpfalz konnte davon hingegen keine Rede sein. Hier bewirkte gerade die Bevölkerungszunahme durch die Evakuierten einen höheren Bedarf an Lebensmitteln, Kleidung sowie anderen Produkten und eröffnete Unternehmen der Konsumgüterbranche eine Nische. Das verdeutlicht der Fall der Saarbrücker Lebensmittel-Großhandlung Wildberger, die auf Anfrage der Behörden die in der Gegend von Kusel stark angewachsene Bevölkerung versorgte. Wildbergers Bedeutung für die ‚Volks- und Kriegswirtschaft' stand somit außer Frage. Da sie für staatliche Instanzen nicht als Last, sondern als Ressource für die Versorgung figurierte, gestaltete sich die Interaktion zwischen Behörden und der Großhandlung konstruktiv. So berichtete die Firma, die Landesbauernschaft Kaiserslautern habe ihr die nötigen Lagerräume bei Kusel besorgt.[79]

Schließlich wirkten, einer Beobachtung des Reichswirtschaftsministeriums zufolge, regionale Instanzen auf die Wiederinbetriebnahme geräumter Unternehmen in der Saarpfalz hin:

> Vor allem die örtlichen Stellen in den F-Gebieten [Freimachungs-, LS] und den dahinter liegenden Zonen haben die starke Tendenz, möglichst viele der Betriebe, die vor der Räumung in den roten Zonen gelegen haben, wieder zu eröffnen und weiterzuführen. Dabei wird besonderer Wert darauf gelegt, dass dies <u>innerhalb</u> des Gaues geschieht.[80]

Zwar definierte der Bericht die „örtlichen Stellen" nicht genauer, allerdings weist die Ausrichtung auf Gauebene darauf hin, dass es sich um die saarpfälzische NSDAP-Gauleitung und ihr nachgeordnete Stellen handelte. Konkrete Maßnahmen, wie sie die Ansiedlung geräumter Betriebe förderten, sind nicht nachvollziehbar. Möglicherweise erhielten die Kreisleiter und Kreiswirtschaftsberater die Order, bei der Suche nach Ausweichunterkünften oder in administrativen Angelegenheiten zu helfen. Die Unterstützung von Betrieben, die in der Saarpfalz wiedereröffnen wollten, reihte sich in die Zuckerbrotstrategie der Gauleitung ein. Sie äußerte sich darüber hinaus in den bereits thematisierten Finanzierungsangeboten, die Grenzkredithilfe und die Werkerhaltungshilfe. Ihr stand als Peitsche die Verhinderungspolitik gegenüber verlagerungswilligen Unternehmen, wie der Kammgarnspinnerei Kaiserslautern, gegenüber. Diese

---

79 Ebd.

80 BArch Berlin R 3101-32215, Handaktenvermerk des Reichswirtschaftsministeriums, 15.10.1939, fol. 105, Hervorhebung im Original.

Anreize und Zwänge konstituierten das Vorgehen Bürckels, maßgeblich durch gaupartikularistische Erwägungen geprägt.

Umfasste die Saarpfalz den engeren Radius um die rote Zone, so bildeten die angrenzenden Areale der NSDAP-Gaue Koblenz-Trier, Hessen-Nassau und Baden den weiteren. Auch in diese Gebiete zogen sich diverse geräumte Unternehmen zurück, wenngleich die Binnenwanderung innerhalb von Bürckels Gau weitaus umfangreicher war. Den 65 Pirmasenser Schuhfirmen mit einer Ausweichunterkunft in der Saarpfalz standen 15 gegenüber, die sich in max. 100 km Entfernung von Pirmasens in Koblenz-Trier, Hessen-Nassau oder Baden ansiedelten. Von den genannten 15 Firmen entfielen allein acht auf Mannheim, gegenüber von Ludwigshafen auf der rechten Rheinseite befindlich. Insgesamt zählte die DAF 40 geräumte Betriebe in der nordbadischen Stadt,[81] auf die im Folgenden stellvertretend für die Gebiete im weiteren Radius um das Evakuierungsgebiet einzugehen ist. Mannheim entwickelte sich zu einem Anziehungspunkt für geräumte Unternehmen. Die vertretenen Branchen reichten von der Schuhfertigung über die Elektroindustrie, das Baugewerbe und Transportwesen bis hin zur Metallverarbeitung. Die Stadt nahm damit sowohl Vertreter der Konsumgüterbranche als auch ausgesprochen kriegswichtige Industrie aus allen Teilen der roten Zone auf.

Mannheim bot ihnen als „wirtschaftlicher Schwerpunkt des Landes [Baden, LS]“[82] gute strukturelle Voraussetzungen für die Ansiedlung. Es verfügte über Büro- sowie Lagerräume und, via den Rhein, eine gute Anbindung in andere Teile des Reiches. Darüber hinaus nutzten Konzernbetriebe wie Saar-BBC und das Saarbrücker Werk von Siemens ihre Niederlassungen in der Stadt; die Heinrich Lanz AG, ein Maschinenbauunternehmen, verlegte ihr Zweigwerk aus Zweibrücken in die Mannheimer Zentrale.[83] Derartige Verbindungen waren angesichts der Evakuierung äußerst nützlich, ermöglichten sie es doch, die Geschäfte verhältnismäßig rasch wieder in geregelte Bahnen zu lenken.

Bei der Aufnahme evakuierter Betriebe lag Mannheim in Nordbaden unangefochten an der Spitze. Dieser Umstand begründete sich u.a. in der regionalen Wirtschaftsstruktur, die jenseits des Mannheimer Raumes, was Heidelberg und Weinheim einschließt, ländlich geprägt war. Die „kleinen Städte des nordbadi-

81 Stand Dezember 1939: GLA Karlsruhe 465 c, Nr. 16275, Bericht der DAF über die „Auswirkungen der wirtschaftlichen Räumung auf das nordbadische Gebiet“, 1.12.1939, S. 3.

82 *Roland Peter*, Rüstungspolitik in Baden: Kriegswirtschaft und Arbeitseinsatz in einer Grenzregion im Zweiten Weltkrieg. München 1995, 93.

83 StA Kreisstadt Neunkirchen Bestand Depositum Saarstahl AG Altakten, Nr. 226-9-7-39-44, Brief der BBC an das Neunkircher Eisenwerk, 19.9.1939, Brief der Siemens & Halske AG an die Kundschaft, 5.9.1939 und Anschriften-Liste ausgewichener Firmen der Industrie- und Handelskammer Ludwigshafen, 26.9.1939, S. 4.

schen Hinterlandes“[84] kamen für größere Industriebetriebe wiederum kaum als Ausweichstandorte in Frage; die Nachteile im Bereich Anbindung, Räumlichkeiten und Energie sind bereits erwähnt worden. Folglich war es die Kombination aus relativer räumlicher Nähe und den strukturellen Vorteilen eines Industriezentrums, die zahlreiche Unternehmen dazu bewog, ihre Produktionsmittel aus der roten Zone nach Mannheim zu verlagern.

4.2.2 Kriegswichtige Industrie

An den räumlichen Schwerpunkt, den das Unterkapitel bisher setzte, schließt nun eine branchenspezifische Betrachtung des eisen- und metallverarbeitenden Sektors an.[85] Der evakuierungsbedingte Fertigungsausfall in diesem Bereich musste staatlichen Instanzen in Deutschland und Frankreich aufgrund seiner zentralen Bedeutung für die Rüstungsproduktion höchst problematisch erscheinen. Davon ausgehend wird danach gefragt, ob metallverarbeitende Betriebe den bereits dargelegten Ansiedlungstendenzen oder anderen – möglicherweise staatlich beeinflussten – Wegen folgten.

Französischerseits besteht das Sample aus 43 evakuierten Aktiengesellschaften aus dem elsässischen Departement Bas-Rhin. Sie sind den Rubriken Metallverarbeitung und Maschinenbau des von der *Société Générale Alsacienne de Banque* herausgegebenen Handbuchs für Aktiengesellschaften entnommen.[86] Die dazugehörigen Rückzugsorte stammen aus der Adressenliste der Handelskammer Straßburg, sie bilden den Stand von April 1940 ab. Es handelte sich, darauf weist die gewählte Rechtsform Aktiengesellschaft hin, in erster Linie um größere Unternehmen. Einige von ihnen, etwa die *société Hirschfeld* und der Straßburger Autohersteller Mathis, führten mit Sicherheit Heeresaufträge aus, bei den anderen ist prinzipiell ebenfalls davon auszugehen. Im Januar 1940 arbeiteten 1 100 000 der 1 200 000 Beschäftigten in der Metallgewinnung

84 GLA Karlsruhe 465 c, Nr. 16275, Bericht der DAF über die „Auswirkungen der wirtschaftlichen Räumung auf das nordbadische Gebiet“, 1.12.1939, S. 6.

85 Dies umfasst auf französischer Seite Unternehmen der Metallverarbeitung und des Maschinenbaus, auf deutscher Seite den gesamten eisen- und metallverarbeitenden Bereich, der u.a. auch die Elektro-Industrie beinhaltet. Der Einfachheit halber werden sie alle als metallverarbeitend bezeichnet bzw. dem metallverarbeitenden Sektor zugeordnet. Siehe dazu die Quellendiskussion im folgenden Abschnitt.

86 *Société Générale Alsacienne de Banque* (Hrsg.), Annuaire des sociétés par actions du Bas-Rhin, du Haut-Rhin, de la Moselle et du Luxembourg. Strasbourg 1939.

und -verarbeitung, dem Arbeitgeberverband *Union des Industries Métallurgiques et Minières* zufolge, für die *Défense Nationale*.[87]

Die deutsche Datengrundlage ist mit 80 Betrieben wesentlich umfangreicher als ihr französisches Pendant. Sie speist sich aus einer von der saarpfälzischen Wirtschaftskammer im März 1940 an das Reichswirtschaftsministerium versandten Liste.[88] Die darin vertretenen Rechtsformen gehen von Aktiengesellschaften bis hin zu GmbHs. Ähnlich wie in Frankreich ist von einigen Betrieben, wie den Dinglerwerken und dem Saarländischen Stahlwerk Dingler, Karcher & Cie., bekannt, dass sie Rüstungsaufträge ausführten. Grundsätzlich kann gleiches von den anderen angenommen werden. Die folgenden Ausführungen, die auf diesen Daten beruhen, erheben keineswegs den Anspruch, die Ansiedlungstendenzen der metallverarbeitenden Industrie vollständig darzustellen. Hingegen vermögen sie, die Wege einer kriegswichtigen Branche aus den roten Zonen ins jeweilige Landesinnere exemplarisch darzustellen.

Abb. 4.7: Evakuierte Unternehmen der metallverarbeitenden Branche in Frankreich.

87 AN 307 AP 119, Main-d'œuvre des usines privées et établissements de l'État dépendant du Ministère de l'Armement, o.D., S. 2.

88 BArch Berlin R 3101-32216, Liste „Evakuierte Betriebe der saarpfälzischen Eisen- und Metall verarbeitenden (sic) Industrie“, o.D., fol. 239–243. Die Liste enthält insgesamt 101 Einträge, hiervon wurden die nicht lesbaren und die unbekannt verzogenen abgezogen.

Tab. 4.5: Die häufigsten Aufnahmedepartements der metallverarbeitenden Branche aus dem Bas-Rhin.

Departement	Anzahl der Ausweichunterkünfte
Bas-Rhin	8
Paris	7
Vogesen	7
Gironde, Haute-Vienne, Haut-Rhin u.a.	je 2

Die Abbildung 4.7 (S. 222) zeigt die Ausweichstandorte von 43 metallverarbeitenden Unternehmen aus dem Bas-Rhin. Entsprechend der elsässischen Industriestruktur stammten fast alle aus dem Straßburger Einzugsgebiet, lediglich die *Société Nouvelle de Sondages „Bonne Espérance“* aus Bischwiller. Die drei Hauptaufnahmedepartements waren der Bas-Rhin, wo acht evakuierte Aktiengesellschaften unterkamen, sowie die Vogesen und Paris mit je sieben (siehe Tabelle 4.5, S. 223). Bezüglich des Bas-Rhin sei auf eine Besonderheit verwiesen, nämlich die weiterhin in Schiltigheim in der roten Zone tätigen *Établissements Staub*. Der Rohr- und Dachpappehersteller verfügte außerdem über einen Ausweichbetrieb im nahegelegenen Kirchheim. Die übrigen Unternehmen verteilten sich über diverse weitere Departements, vom Pas-de-Calais im Norden Frankreichs, wo die Konservendosenfirma *société Hirschfeld* unterkam, bis zur Gironde im Südwesten, deren Hauptort Bordeaux unter anderem den Autohersteller Matford aufnahm. Auf der Karte ist ein deutliches Nord-Süd-Gefälle erkennbar, der wirtschaftlich stärkere Norden Frankreichs übte eine höhere Anziehungskraft als der Süden aus. Der Nordosten des Landes erwies sich mit 20 Ausweichunterkünften als wichtigstes Aufnahmegebiet. Die metallverarbeitenden Unternehmen gingen gleichermaßen in ländliche Kommunen mit wenigen Hundert Einwohnern, etwa Davum ins elsässische Neuviller, wie in die Großstädte Paris und Bordeaux.

Die Karte bestätigt drei bereits thematisierte (Nicht-) Ansiedlungstendenzen. Das Cluster im Nordosten Frankreichs unterstreicht erstens die zentrale Rolle, die den Gebieten nahe der roten Zone auch bei der Aufnahme metallverarbeitender Betriebe zukam. Insgesamt 20 Aktiengesellschaften zogen hierher, von denen 15 auf den Bas-Rhin und die Vogesen entfielen, die restlichen fünf auf den Haut-Rhin, die Meurthe-et-Moselle und das Territoire de Belfort. Kurze Transportwege, die Weiterbetreuung der nahegelegenen Kundschaft und, zumindest im Bas-Rhin, administrative Nebenwirkungen des *décret du 9 septembre 1939* – diese Faktoren wirkten auch auf kriegswichtige Unternehmen als Anreiz, sich in der Nähe des Evakuierungsgebietes anzusiedeln. Hier beschritt die metallverarbeitende Branche also ähnliche Wege wie andere Industriesektoren.

Zweitens gingen nur einige wenige Aktiengesellschaften in die offiziellen Aufnahmegebiete der Bevölkerung: Baco und *La Voltampère* in den Hauptort der Haute-Vienne Limoges, drei weitere nach Angoulême, Saintes sowie Royan in der Charente und der Charente-Inférieure. Sie bewegten sich in die industrialisiertesten Gegenden der *départements de correspondance* und mieden die Dordogne. Limoges war für seine Porzellanherstellung bekannt, Angoulême beherbergte u.a. eine staatliche Sprengstofffabrik, die *poudrerie nationale d'Angoulême*. Da die Charente und die Charente-Inférieure in erster Linie evakuierte Lothringer und weniger Elsässer empfingen, ergaben sich vor Ort Verbindungen zwischen den geräumten Departements. So stellte der aus der Straßburger Agglomeration stammende Maschinenhersteller Comessa in seinem Ausweichwerk in Saintes (Charente-Inférieure) 131 Lothringer ein.[89] Die einzelnen *départements de correspondance* beherbergten nicht mehr und nicht weniger metallverarbeitende Unternehmen als ein beliebiges anderes, etwa die Gironde und das Pas-de-Calais. Damit sind sie als Ausweichstandorte nicht völlig zu vernachlässigen, dennoch kam es hier zu keiner Clusterbildung wie im Nordosten oder in Paris.

Damit ist bereits auf die dritte Ansiedlungstendenz verwiesen, nämlich die Bewegung in das administrative, wirtschaftliche und politische Zentrum Frankreichs, Paris. Die Stadt steht in der Tabelle der wichtigsten Aufnahmedepartements (siehe Tabelle 4.1, S. 203) an dritter Stelle, sie nahm u.a. sieben Aktiengesellschaften der metallverarbeitenden Branche auf. Davon hingen freilich drei zusammen: Die *Société Alsacienne des Carburants* und die *Société des huiles Antar* waren Tochtergesellschaften des in Pechelbronn ansässigen Erdölunternehmens *Société Anonyme d'Exploitations Minières*.[90] Sie gehörten zum Pechelbronner Distributionsnetz; die evakuierten Straßburger Filialen der *Société Alsacienne des Carburants* und der *Société des huiles Antar* kamen in Paris unter derselben Adresse unter. Die Stadt diente geräumten Unternehmen, darauf deuten Antar & Co. hin, in erster Linie als Verwaltungs- und nicht als Produktionsstandort. Die Verteilung entspricht der Rolle Paris' als administratives Zentrum des Landes und den Platzverhältnissen in der Stadt.

Jenseits des Nordostens und Paris' sowie der offiziellen Aufnahmegebiete verteilen sich auf der Karte die elf verbleibenden Aktiengesellschaften auf zehn Departements. Zwar bildeten sie hier keine Cluster, sondern siedelten sich vereinzelt an, nichtsdestotrotz wogen auch sie das Für und Wider ihres anvisierten

89 *René Meyer*, L'évacuation, une tragédie frontalière, in: Saisons d'Alsace 33, 1989, 35–133, 74.

90 Zur Geschichte des Pechelbronner Erdölunternehmens: *René Walther*, Pechelbronn: à la source du pétrole, 1735–1970. Strasbourg 2007.

Standortes ab. Da die Unternehmen nicht zwangsläufig ihre Geschäftstätigkeit wieder aufnahmen, begründete sich die Wahl bisweilen eher mit dem Aufenthaltsort des Inhabers als mit geschäftlichen Überlegungen. Die Straßburger Eisenwarenhandlung *Quincaillerie Centrale*, deren Buchhaltungsabteilung sich in Paris befand, gab als zweite Adresse das nordfranzösische Lisieux (Departement Calvados) an. Dort sei sie „p.a. (pour adresse, LS) M. Rueff"[91] erreichbar. Dabei ist unklar, ob M. Rueff der Eigentümer der Eisenwarenhandlung oder dessen Gastgeber war. In jedem Fall liegt die Vermutung nahe, dass die *Quincaillerie* in Lisieux nicht wiedereröffnete, sondern sich lediglich eine postalische Adresse zugelegt hatte.

Klar ist hingegen, dass sich die Konservendosenfabrik Hirschfeld mit dem Ziel nach Boulogne-sur-Mer im Pas-de-Calais zurückzog, ihre Rüstungsfertigung bei der *société d'emballages métalliques* fortzuführen. Familie Hirschfeld hielt, das kam bereits zur Sprache, die Aktienmehrheit an der *société d'emballages.* Derartige geschäftliche Verbindungen lenkten ebenfalls den Autohersteller Matford, aus dem Zusammenschluss des Straßburger Unternehmens Mathis und Ford hervorgegangen, nach Bordeaux. Im Hauptort der Gironde befand sich ein Werk von Matford, es lieferte Teile für den Flugzeugbau. Mathis selbst wiederum zog sich nach Athis de l'Orne in der Normandie zurück, wo Émile Mathis in Vorahnung eines deutsch-französischen Konfliktes in den 1930er Jahren ein Produktionsgelände erworben hatte.[92] Mathis' Infrastruktur, die sich während der Evakuierung als äußerst praktisch erwies, ging somit auf die vorausschauende Umorientierung grenznaher Industrieller ins Landesinnere aufgrund der Glacislage des Elsass zurück. Hirschfelds, Matford und Mathis verfügten über persönliche Motive für die Wahl ihrer Ausweichorte; darüber hinaus mögen bei ihnen oder anderen Unternehmen externe, d.h. staatliche Steuerungselemente hinzugetreten sein.

Über staatliche Lenkung können lediglich die Evakuierungsgeschichten der einzelnen Betriebe Auskunft erteilen, sie lässt sich nicht an Punkten auf der Karte festmachen. Ein Hinweis darauf findet sich bei der Straßburger Fala. Die *Fabrique Alsacienne de Levures et Alcools* war mitnichten in der metallverarbeitenden Branche beheimatet, sondern stellte Hefe und Alkohol her. Ihre Räumung beschrieb Xavier Rudloff, der Firmendirektor, rückblickend wie folgt:

91 „Unter der Adresse von M. Rueff", Chambre de Commerce de Strasbourg, Liste des nouvelles adresses de commerçants et industriels du Bas-Rhin repliés et des nouveaux sièges des administrations, Schirmeck, April 1940, o.S.

92 *Michel Hau*, Les entreprises alsaciennes et les changements d'espace douanier de 1871 et de 1918, in: Ilja Mieck/Pierre Guillen (Hrsg.), Nachkriegsgesellschaften in Deutschland und Frankreich im 20. Jahrhundert / Sociétés d'après-guerre en France et en Allemagne au 20e siècle. München 1998, 27–48, 29.

> L'usine ayant été mobilisée par le Ministère de la Guerre, le matériel en entier de la fabrique (...), ainsi que l'appareillage de la distillation (...), ont été repliés par ordre du Ministère mentionnée, à Brazey-en-Plaine, au début de la guerre, où il a été emmagasiné dans une distillerie désaffectée réquisitionnée.[93]

Später habe die Fala das Gelände erworben, ehe der deutsche Überfall auf Frankreich die Wiederinbetriebnahme in Brazey, südlich von Dijon, verhinderte. Interessant daran ist, dass sich die Straßburger in einer zuvor vom *Service des Poudres* requirierten Fabrik niederließen. Der *Service* war jene militärische Instanz, welche die Versorgung der Armee mit Spreng- sowie Kraftstoff und anderen chemischen Produkten sicherstellte. Hatte das Militär die leerstehende Produktionsstätte in Brazey ausgesucht und die Fala dorthin beordert oder ging der Standort auf einen Vorschlag des Hefeherstellers zurück? Die Quellen lassen beide Interpretationen zu, die staatlich-militärische Implikation in Gestalt des requirierten Geländes ist in jedem Fall bemerkenswert.

Ein ähnlicher Hinweis findet sich bei der Textilfirma *Nouvelle Manufacture de Draps* aus dem elsässischen Bischwiller. Sie wusste folgendes über den Kriegsbeginn zu berichten: „[L]'autorité militaire française a fait évacuer toutes nos matières premières (...) à l'intérieur (Bourges et Romorantin)."[94] In dieser Darstellung kontrastiert die Militärautorität als handelnder Akteur, der die Räumung durchführen lässt und die Ausweichorte in Zentralfrankreich festlegt, mit der seltsam passiven *Manufacture*.

Die Räumungsepisoden der Fala und der *Manufacture de Draps* zeugen von einer externen Steuerung gen Ausweichstandort, wobei das genaue Ausmaß offen bleibt. Wichtiger als die Frage, ob der Anstoß für Brazey-en-Plaine vom Hefehersteller oder vom Kriegsministerium kam, ist, dass die staatliche Implikation dem geräumten Unternehmen als Ressource diente. Auf dem Wege der Requirierung sicherte das Ministerium der Fala eine Unterkunft und erwartete im Gegenzug, dass die Straßburger ihre kriegswichtige Produktion wiederaufnahmen. Ähnliche Vereinbarungen mögen sich hinter manchem Rückzugsort einer metallverarbeitenden Aktiengesellschaft auf der Karte verbergen. Mit Sicherheit lenkte eine solche externe Intervention auf der anderen Seite der

93 „Da die Fabrik durch das Kriegsministerium mobilisiert worden war, wurde das gesamte Fabrikmaterial (...) ebenso wie die Destillationsapparatur (...) auf Anordnung des genannten Ministeriums bei Kriegsbeginn nach Brazey-en-Plaine evakuiert. Dort wurde es in einer leerstehenden requirierten Destillerie eingelagert." CAEF B-0061354/1, Brief der Fala an das Finanzministerium, M. Berteau, 30.11.1941, S. 1. Ähnlich in: AN F/37/40, Note au sujet de la Fabrique Alsacienne de Levure et alcools, o.D., S. 2.

94 „Die französische Militärautorität hat unsere gesamten Rohstoffe (...) ins Landesinnere (Bourges und Romorantin) evakuieren lassen." ADBR BAD 1195/1, Bulletin de la Chambre de Commerce et d'Industrie de Strasbourg, 1946, S. 80.

Grenze die Wege des Saarländischen Stahlwerks Dingler, Karcher & Cie. Darauf wird zurückzukommen sein, wenn nun die Ansiedlungstendenzen der metallverarbeitenden Branche aus der Saarpfalz in den Mittelpunkt rücken.

Abb. 4.8: Evakuierte Unternehmen der metallverarbeitenden Branche im Deutschen Reich, auf die Nennung der Rechtsform wurde in der Regel verzichtet.

Die Karte 4.8 (S. 227) zeigt, wohin sich 80 dieser Betriebe innerhalb des Deutschen Reiches zurückzogen. Knapp die Hälfte von ihnen, nämlich 38, kamen aus Saarbrücken, weitere aus dem Saarbrücker Umland sowie Beckingen, Dillingen, Luisenthal, Saarlouis und Völklingen. Die der Karte zugrundeliegende Liste enthält, die Industriestruktur der roten Zone abbildend, deutlich mehr saarländische Unternehmen, immerhin fünfzehn waren allerdings in der Pfalz, v.a. in Pirmasens und Zweibrücken, beheimatet. Auf der Karte sind zwei Betriebe, nämlich Wagenbrenner & Co. und Karl Mathieu im Evakuierungsgebiet verzeichnet. Laut Liste hielten sie sich, vermutlich aufgrund fortdauernden Maschinenabbaus, „z.Zt. noch“[95] in Zweibrücken und Saarbrücken auf.

95 BArch Berlin R 3101-32216, Liste „Evakuierte Betriebe der saarpfälzischen Eisen- und Metall verarbeitenden (sic) Industrie“, o.D., fol. 240, 241.

Tab. 4.6: Die häufigsten Aufnahmegaue der metallverarbeitenden Branche aus der Saarpfalz.

NSDAP-Gau	Anzahl der Ausweichunterkünfte
Saarpfalz	23
Hessen-Nassau	21
Baden	10
Koblenz-Trier	8

Die metallverarbeitende Branche siedelte sich bevorzugt im Südwesten des Reiches an, sie bildete ein Cluster in der Saarpfalz, Baden, Hessen-Nassau und Koblenz-Trier. Tatsächlich nahmen die vier Gaue, die Saarpfalz an der Spitze, die meisten Gießereien, Maschinenfabriken usw. auf. Insgesamt kamen hier 62 von 80, also über 75 % unter (siehe Tabelle 4.6, S. 228). Die übrigen Betriebe verteilten sich über Köln-Aachen, Westfalen-Nord und -Süd, Kurhessen, Magdeburg-Anhalt, Sachsen, die Bayerische Ostmark, Württemberg-Hohenzollern und Schlesien. Den Norden des Reiches mieden sie weitgehend, das nördlichste Ziel war Bad Salzuflen. Es ist keine bevorzugte Bewegung in Industriegebiete auszumachen, das Ruhrgebiet und Schlesien waren ebenso vertreten wie das Erzgebirge.

Die Wege des metallverarbeitenden Sektors deckten sich in dreierlei Hinsicht mit den bereits besprochenen Ansiedlungstendenzen. Erstens neigten die kriegswichtigen Betriebe, ebenso wie die Pirmasenser Schuhhersteller, dazu, ihre Produktionsmittel innerhalb der Saarpfalz zu verlagern. Auf der Beliebtheitsskala folgten Hessen-Nassau, Baden und Koblenz-Trier, wo sich insbesondere die Städte in den an die Saarpfalz angrenzenden Arealen, etwa Worms, Mannheim und Idar-Oberstein, als attraktiv erwiesen.

Unter den benachbarten NSDAP-Gauen kam Hessen-Nassau, genauer gesagt dem Frankfurter Gebiet, zweitens eine besondere Rolle zu. Mit der Halbergerhütte, der Gesellschaft für Förderanlagen Ernst Heckel, den Schneider-Werken, Heinrich Will, Vicari & Co, Burger & Zebe und B. Seibert empfing die Stadt so viele metallverarbeitende Betriebe wie keine andere auf der Karte. Ihre Anwesenheit lockte wiederum, darauf wurde bereits verwiesen, die geräumten Filialen der Deutschen sowie der Dresdner Bank nach Frankfurt. Sie hofften auf Geschäfte mit den Unternehmen – durchaus zu Recht, wie sich herausstellte. So erhielt die Schneider-Werke G.m.b.H. im November 1939 von der Frankfurter Filiale der Dresdner Bank einen Kredit in Höhe von 300 000 RM, um ihre Fabrikation wiederaufzunehmen. Das Unternehmen belieferte die Wehrmacht mit Munitionskästen und Geräten für die Heeresbäckerei. Unter Verweis auf die laufenden Heeresaufträge könne sie, so die Dresdner Bank, die „Hilfe für diesen kriegswichtigen Betrieb nicht versagen."[96] Ob sich das Kreditinstitut allein vom Willen leiten ließ, den Schneider-Werken zu helfen, kann getrost bezweifelt werden. Tatsächlich war die Kreditvergabe durch einen Wehrmachtsverpflichtungsschein und Heeresaußenstände aus Sicht der Dresdner Bank gut abgesichert.

Während die Frankfurter Banken den hohen Kapitalbedarf deckten, der durch die Verlagerungen entstanden war, erhielten ihre Kollegen in Kassel weniger derartige Anfragen. Lediglich ein Betrieb, nämlich die Saarbrücker Kisten- und Kettenfabrik, verortet sich auf der Karte in Kurhessen, einem offiziellen Aufnahmegebiet der Saarpfalz. Damit bestätigt sich ein dritter (Nicht-) Ansiedlungstrend: Ähnlich wie die großen Vertreter der Pirmasenser Schuhindustrie Mainfranken mieden, bewegte sich auch die metallverarbeitende Branche unabhängig von ihren Belegschaften. Sie folgte ihnen nur in sehr beschränktem Maße in die Aufnahmegebiete.

Welche autonomen oder weniger autonomen Entscheidungsprozesse verbergen sich hinter den Markierungen auf der Karte? Einige handlungsleitende Motive, die in diesem und im vorangegangenen Unterkapitel zur Sprache kamen, finden sich hier wieder. So griffen mehrere Betriebe auf ihre bestehenden Firmennetzwerke zurück. Ein solches lag beispielsweise den Ausweichstandorten der Eisenwerk Fraulautern AG in Bösperde und der Saarmetallwerke AG in Siegen zugrunde. Während erstere bei der Neuwalzwerk AG unterkam, die ebenso wie sie zum Otto-Wolff-Konzern gehörte (siehe Kapitel 3.2.3, S. 160), zog sich zweitere zu ihrer Stammfirma Dango & Dienenthal zurück. Derartige Geschäftsverbindungen lassen sich vielfach auf der Karte ausmachen; dabei tritt eine saarlandspezifische, nämlich eine Traditionslinie aus der Mandatszeit, hervor. Der in Beckingen ansässige Schraubenhersteller Karcher, Roth & Co. hatte 1921 die Süddeutschen Schraubenwerke in Waiblingen gegründet, um während der Mandatszeit den deutschen Markt zu bedienen.[97] Als 1935 infolge der Rückgliederung die Zollgrenze zwischen dem Saarland und dem Reich entfiel, blieb das Werk in Württemberg bestehen. Vier Jahre später nutzten Karcher, Roth & Co. das Erbe aus der Mandatszeit und verlegten ihre Produktionsmittel nach Waiblingen. Ähnlich verfuhren die nicht auf der Karte verzeichneten Röchling'schen Eisen- und Stahlwerke. Sie verlagerten Teile ihrer Völklinger Federfabrik nach Wetzlar, in die Stahlwerke Röchling Buderus, ebenfalls eine rechtsrheinische Gründung der 1920er Jahre.

---

96 HAC-500/22447-2001, Kreditantrag der Niederlassung der Dresdner Bank in Frankfurt am Main, 18.11.1939.

97 *Karcher Schraubenwerke G.m.b.H.* (Hrsg.), 100 Jahre Karcher 1869–1969. Mannheim 1969, 16.

Schließlich zeugen mindestens zwei Ausweichstandorte metallverarbeitender Betriebe von externen Interventionen. Eine solche lag bei der Verlagerung des Saarländischen Stahlwerkes Dingler, Karcher & Cie. von Saarbrücken nach Worms vor. Die Entscheidung für die südhessische Stadt hatte die Wehrmacht getroffen, wie das Unternehmen der Dresdner Bank mitteilte:

> Durch Verfügung des O.K.H. vom 10. Oktober 1939 erfolgte die Einweisung des Werkes nach Worms mit der Maßgabe, in 6 Wochen die Fertigung wieder aufzunehmen. (...) Im Wormser Werk sollen die wehrwirtschaftlich wichtigen Aufträge zur Ausführung kommen.[98]

Dingler, Karcher & Cie. erwarb das Gelände eines ehemaligen Wassergasschweißwerkes, baute es, u.a. mit finanzieller Unterstützung des OKH, um und setzte eine Gießerei in Gang. Darüber hinaus intervenierte das OKH bei den Saarmetallwerken, nachdem diese sich zu Dango & Dienenthal nach Siegen zurückgezogen hatten. Es schaltete sich in Verhandlungen zwischen dem geräumten Betrieb und den Weberwerken, einer Siegener Firma, ein. Sie kreisten um die Überlassung einer halben Gießereihalle, in der die Saarmetallwerke ihre Fertigung teilweise wieder aufnehmen sollten. Im November 1939 kam es unter dem Druck des OKH zu einer Einigung.[99]

Die Parallelen zwischen den beiden saarpfälzischen Unternehmen und der Fala sowie der *Nouvelle Manufacture de Draps* auf der anderen Seite der Grenze zeichnen sich deutlich ab. Das staatliche bzw. militärische Eingreifen stellte für die Betriebe eine Ressource in logistischer und finanzieller Hinsicht dar. Es verkürzte die Suche nach Fabrikationsräumen, eröffnete, wie bei Dingler, Karcher & Cie., Finanzierungswege und sicherte volle Auftragsbücher nach der Wiederingangsetzung. Angesichts dessen nahmen die Betroffenen vermutlich bereitwillig in Kauf, dass im Gegenzug externe Instanzen den Ausweichort festlegten, mithin in unternehmerische Handlungsspielräume eingriffen. Mittelfristig erweiterte der externe Eingriff ihre Handlungsspielräume, weil er es ermöglichte, zeitliche und finanzielle Mittel, die ansonsten gebunden gewesen wären, anderweitig einzusetzen.

98 HAC-500/22094-2001, Brief des Saarländischen Stahlwerkes Dingler, Karcher & Co GmbH an die Direktion der Saarbrücker Filiale der Dresdner Bank, z.Zt. in Kassel, 7.12.1939, S. 1.

99 Siehe dazu die Einträge im Kriegstagebuch des Rüstungskommandos Gießen in: BA-MA RW 21-22/1, Eintrag vom 23.11.1939, fol. 24 und BA-MA RW 21-22/2, Eintrag vom 29.2.1940, fol. 40.

4.3 Der Produktionsfaktor Boden

Die kleine Geographie hat sich mit dem Produktionsfaktor Boden in Gestalt der Verlagerung elsässischer, lothringischer sowie saarpfälzischer Unternehmen und ihren Standorten im jeweiligen Landesinnern befasst. Die III. Republik und das Deutsche Reich unterstützten die Betroffenen mit Finanzierungsangeboten für Abbau, Verlagerung und Wiederaufbau in unterschiedlichem Ausmaß – die III. Republik begrenzt, das Deutsche Reich durchaus umfangreich. Beide Staaten verzichteten auf eine örtliche Steuerung und richteten ihre Hilfen vor allem an kriegswichtige Unternehmen, deren Handlungsspielräume sie damit vergrößerten.

Die staatlich vorgesehenen französischen und deutschen Aufnahmegebiete erwiesen sich aus strukturellen Gründen als unattraktiv für große Industriebetriebe auf der Suche nach einem Ausweichstandort. Allerdings siedelten sich hier, dem Primat des Orts folgend, zahlreiche evakuierte Einzelhändler, Handwerker und kleine Unternehmen an. Weitaus bedeutender als Ziele waren die Areale nahe der roten Zonen, in erster Linie innerhalb des geräumten Departements bzw. Gaues, aber auch in den benachbarten Gebieten. Die metallverarbeitende Branche schloss sich diesen beiden Verlagerungstendenzen an und bildete weitere Cluster in den Verwaltungs- und Industriezentren Paris und Frankfurt am Main. Innerhalb ihrer nationalen Kontexte folgten die saarpfälzischen, lothringischen und elsässischen Betriebe weitgehend übereinstimmenden Verlagerungswegen.

Sie wogen die Vor- und Nachteile eines Standortes, etwa Distanzen oder die Industriestruktur, in ähnlicher Weise ab und machten sich die gleichen Netzwerke zunutze. Zugleich bettete sich ihre Entscheidung in unterschiedliche nationale Mechanismen ein. Dazu zählten externe Einflüsse wie das *décret-loi du 9 septembre 1939* und das Bemühen der saarpfälzischen Gauleitung, die evakuierten Betriebe innerhalb ihres Gaues zu halten. Außerdem wirkten Traditionslinien, wie die elsässische Vogesen- und die saarländische Mandatszeitverbindung, als interne Entscheidungshilfen sowie Ressourcen für Unternehmen. Letzteren gereichte es angesichts der Ausnahmesituation zum Vorteil, auf bereits bekannte Örtlichkeiten und Infrastrukturen zurückzugreifen. Bei ihren Ansiedlungserwägungen orientierten sich elsässische, lothringische und saarpfälzische Unternehmen an den in beiden Ländern geltenden marktwirtschaftlichen Prinzipien.

Französische und deutsche Unternehmen verfügten bezüglich des Produktionsfaktors Boden über große Handlungsspielräume. Sie trafen die Entscheidung, wo sie sich *à l'intérieur de la France* bzw. im Reichsinnern ansiedelten, in der Regel autonom und gemäß eigener Prioritäten. Einzelne Armeelieferanten auf beiden Seiten der Grenze bildeten hiervon Ausnahmen und nutzten militärisch zugewiesene Flächen. Im Allgemein aber griffen die Staaten nicht in die Ortswahl ein, weder durch Finanzierungsangebote noch durch andere Instrumente. Welche Faktoren führten zu dieser staatlichen Zurückhaltung?

Sie begründet sich darin, dass sowohl die III. Republik als auch das Deutsche Reich die jeweilige Evakuierung zum Schutze der Bevölkerung durchführten. Wirtschaftliche Ressourcen und damit Unternehmen spielten lediglich eine untergeordnete Rolle. Die *instructions générales* hatten zwar die Bergung kriegswichtiger ökonomischer Ressourcen aus der Moselle, dem Bas-Rhin und dem Haut-Rhin vorgesehen, waren aber bezüglich ihrer Weiternutzung im Landesinnern recht vage geblieben. Die französischen Betriebe stießen im September 1939 in eine planerische Leerstelle vor. Ihr Ausmaß trat im Laufe des Sitzkrieges zu Tage, zumal erst die bei Kriegsbeginn nicht absehbare andauernde Ruhe an der deutsch-französischen Front die Möglichkeit eröffnete, Produktionsmittel in großem Maßstab zu demontieren und abzutransportieren. Welchen Umfang die Verlagerungen und Wiedereröffnungen an anderer Stelle annehmen sollten, ergab sich im Laufe der folgenden Monate, getragen durch die Eigeninitiative der betroffenen Unternehmen. Das gilt ebenso für das Deutsche Reich, wo die Räumungsvorbereitung und -durchführung insgesamt chaotischer verlaufen waren. Deutsche staatliche Instanzen realisierten das wirtschaftliche Potential der roten Zone und die mit der Evakuierung einhergehenden Steuerungsmöglichkeiten erst ex post. Zu gegebenem Zeitpunkt versuchten sie, das ökonomische Potential durch das Genehmigungsverfahren sowie Erstattungs- und Kreditrichtlinien zu lenken. Die Ortswahl konnten sie nicht mehr beeinflussen, denn zu diesem Zeitpunkt hatten die Firmeninhaber die Leerstelle bereits genutzt und sich eigenständig einen Ausweichstandort gesucht.

Als sich die deutschen und französischen Betriebe in den ersten Wochen Ausweichstandorte suchten, schufen sie vollendete Tatsachen. Dabei hatten sie das Heft des Handelns in der Hand, was auch in der Natur des Produktionsfaktors Boden liegt. Staatlichen Instanzen auf beiden Seiten der Grenze fiel es leichter, auf Kapital und Arbeit in Gestalt von evakuierten Produktionsmitteln und Belegschaften zuzugreifen, indem sie Maschinen requirierten oder ein Belegschaftsmitglied an anderes Werk vermittelten. Auf den Produktionsfaktor Boden einzuwirken, mithin auf die individuelle Entscheidung eines jeden Firmeninhabers in Deutschland und Frankreich, wohin er verlagern sollte, erwies sich in den ersten Kriegsmonaten als nicht durchführbar.

Auf den vorangegangenen Seiten kamen zahlreiche Motive zur Sprache, die Betriebe dazu brachten, sich in ein bestimmtes Gebiet zurückzuziehen. Zugleich gilt es, ob der Vogel- und der Makroperspektive die individuellen Wege und Beweggründe jedes geräumten Unternehmens nicht aus den Augen zu verlieren. Jeder einzelnen Ansiedlung im Landesinnern lagen spezifische Aushandlungen zwischen evakuierter Firma, staatlicher Verwaltung, militärischen und vielen weiteren Akteuren zugrunde. Sie erschließen sich nur aus der Mikroperspektive. Diesen Erwägungen folgend, schließt das Kapitel, indem es beispielhaft die Aushandlungen nachzeichnet, die zum Erwerb der Offenbacher Herz AG durch die Eduard Rheinberger AG aus Pirmasens führten.

Innerhalb der ungeliebten, weil weniger kriegswichtigen, Schuhbranche verfügte Rheinberger über eine privilegierte Position. Das Unternehmen war der größte Hersteller in Pirmasens, nach Beschäftigtenzahlen der sechstgrößte im Deutschen Reich,[100] und stellte u.a. Militärschuhe her. Des Weiteren bekleidete Gustav Rheinberger als Leiter des Reichsverbandes der deutschen Schuhindustrie einen hohen Posten in der Branche. Nachdem sich die Option, zum Patenbetrieb Salamander nach Kornwestheim zu gehen, in den ersten Septembertagen zerschlagen hatte (siehe Kapitel 3.2.3, S. 166), entschied sich Rheinberger mit zwei anderen geräumten Firmen, die Militärschuhfertigung in einer Gemeinschaftsfabrik in Offenbach fortzuführen. Für das Rhein-Main-Gebiet sprachen, wie bereits thematisiert, seine industriellen Kapazitäten, das in Frankfurt ansässige Heeresbekleidungsamt sowie die kurze Entfernung nach Pirmasens und Mainfranken. Die Pirmasenser mieteten leerstehende Räumlichkeiten in Offenbach an, wo evakuierte Pfälzer die Arbeit aufnahmen. Bald litten sie unter Platzmangel und sahen sich nach weiteren Fabrikgebäuden für die Zivilschuhherstellung um.

In dieser Situation vermittelte das Bankhaus Lenz, das zwei Jahre zuvor die Aktienmehrheit an der Herz AG von Eugen Kaufmann erworben hatte, Rheinberger an die Herz AG.[101] Der Erwerb der Herz AG gestaltete sich kompliziert, erst nach zwei Verhandlungsrunden war das Geschäft Mitte November 1939 unter Dach und Fach. Anfangs wollte das Pirmasenser Unternehmen einen Teil der Herz-Fabrikgebäude pachten, um dort seine Produktion aufzunehmen. An dem Geschäftsabschluss beteiligten sich nicht nur Gustav Rheinberger und Otto Höltermann, Betriebsleiter und Vorstandsmitglied der Herz AG. Vielmehr griffen auch die NSDAP-Kreisleitung von Offenbach, die DAF, das örtliche Arbeitsamt und Vertreter der Herz-Belegschaft, nämlich ihr ‚Betriebsobmann' und die

100 Stand 1928: *Anne Sudrow*, Der Schuh im Nationalsozialismus: Eine Produktgeschichte im deutsch-britisch-amerikanischen Vergleich. Göttingen 2010, 209.

101 Zur Vorgeschichte der Herz AG siehe Kapitel 3.2.3, S. 152. Zur Anbahnung der Übernahme durch Rheinberger siehe Hessisches Staatsarchiv Darmstadt N 1, Nr. 447.

‚Vertrauensmänner' ein.[102] Sie wirkten auf die Übernahme der Herz-Belegschaft hin, was Rheinberger unter Verweis auf seine Pirmasenser Belegschaft ablehnte. Am 2. November scheiterte deshalb die erste Verhandlungsrunde.

Kurz darauf appellierte das Bankhaus Lenz an die NSDAP-Kreisleitung Offenbach, sich erneut mit Rheinberger an einen Tisch zu setzen. Und tatsächlich kam es wenige Tage später zur zweiten Verhandlungsrunde, an deren Ende das evakuierte Unternehmen die Immobilie, die Einrichtungsgegenstände, die Halbfabrikate und die Markenrechte der Herz AG für 281 250 RM erwarb.[103] Auf Drängen der Gauleitung verpflichtete es sich, die gesamte Offenbacher Belegschaft zu übernehmen. Diese arbeitete auch nach der Auszahlung der Herz-Aktionäre im Frühjahr 1940 und der Liquidierung der Aktiengesellschaft durch Rheinberger in dem Werk weiter.

Was lässt sich abschließend zur Verlagerung des größten Pirmasenser Schuhherstellers nach Offenbach festhalten? Es handelte sich erstens insofern um eine spezielle Konstellation, als Rheinberger kein ungenutztes Gelände, sondern ein bestehendes Unternehmen mit laufender Produktion, Belegschaft und Maschinen erwarb. Nur vor diesem Hintergrund ist verständlich, dass derart viele Akteure, von der NSDAP-Kreisleitung bis zum Arbeitsamt, in der Angelegenheit intervenierten. Dabei fällt zweitens das Engagement des Bankhauses Lenz auf. Für das Kreditinstitut stellte das Geschäft mit Rheinberger die Gelegenheit dar, den Aktienankauf von 1937 zu versilbern, lösten die Pirmasenser die Anteilseigner doch bei 114 % des notierten Börsenwertes aus.[104] Mit der Auflösung der Herz AG ging folglich auch ein Kapitel in der wirtschaftlichen Existenzvernichtung der deutschen Juden zwischen 1933 und 1945 zu Ende. Drittens ist auf die zentrale Rolle zu verweisen, die der Belegschaftsfrage bei den Aushandlungen um die Übernahme zukam. Sie stellte den Dreh- und Angelpunkt dar; erst nachdem Rheinberger hier Konzessionen gemacht hatte, konnte das Unternehmen das anvisierte Gelände kaufen. In diesem Sinne führt der Fall die Wechselwirkungen zwischen den untrennbar miteinander verbundenen

102 Der Betriebsobmann vertrat die DAF innerhalb des Betriebes. Der Vertrauensrat, in dem die Vertrauensmänner, zumeist die Betriebsobleute, zusammenkamen, folgte dem abgeschafften Betriebsrat nach. Das nationalsozialistische Arbeitsrecht schränkte die Befugnisse des Vertrauensrates zur Interessenvertretung der Belegschaft erheblich ein: *Rüdiger Hachtmann*, Atomisierung, Entmündigung, Zwangsorganisation: Arbeitsrecht und Arbeitsverfassung im Dritten Reich, in: Christian Amann (Hrsg.), Weichenstellungen im Arbeits- und Sozialrecht der Bundesrepublik. Geldern 2013, 64–94, 65.

103 HHStAW Abt. Z 460, WiK FFM, Nr. 998, Beschluß in der Rückerstattungssache, 3.5.1956, fol 276.

104 HHStAW Abt. Z 460, WiK FFM, Nr. 998, Brief von Leonhard Goebel an das Landgericht Frankfurt am Main, 20.10.1950, fol. 98.

Produktionsfaktoren Kapital, Boden und Arbeit vor Augen. Davon ausgehend widmet sich das folgende Kapitel den evakuierten Belegschaften in Frankreich und Deutschland.

5 Die evakuierten Belegschaften

„Ich aber konnte wieder arbeiten – an meiner Maschine, die auch aus Pirmasens ausgezogen war.“[1] Nachdem diese Worte einer anonymen, beim Schuhhersteller Rheinberger beschäftigten Stepperin die vorangegangenen Kapitel über das Kapital und den Boden eingeleitet haben, stehen sie nun auch am Beginn der Untersuchung des dritten Produktionsfaktors. Er verbirgt sich im Zitat hinter dem Personalpronomen „ich“ und den Verben „konnte arbeiten“. Es handelt sich um den Produktionsfaktor Arbeit in Gestalt eben jener Stepperin mitsamt ihrer Arbeitskraft und ihrem Wissen rund um die Schuhfertigung. Er wird nun als letzter der Trias aus Kapital, Boden und Arbeit betrachtet. Damit rücken die im jeweiligen Landesinnern zerstreuten Belegschaften aus der Saarpfalz, Lothringen und dem Elsass ins Blickfeld. Für ihre früheren Arbeitgeber waren sie von großer Bedeutung, bedurfte es doch ihrer Arbeitskraft, ebenso wie der anderen beiden Produktionsfaktoren, um Güter hervorzubringen und somit zu wirtschaften. Das heimische Personal verfügte über Expertise in seinem Bereich, sodass alles dafür sprach, es im Ausweichbetrieb oder spätestens nach der Rückkehr in die roten Zonen im Sommer 1940 wieder zu beschäftigen. Ganz abgesehen davon konnten die Betriebe angesichts des Arbeitskräftemangels auf beiden Seiten der Grenze kaum darauf hoffen, neue Belegschaftsmitglieder in großem Stil einzustellen.

Wie viele und welche Arbeiter, Angestellte und Beamte mussten bei Kriegsbeginn ihr Zuhause entlang der deutsch-französischen Grenze verlassen? Hierfür sei zuerst auf zwei strukturelle Elemente verwiesen, einerseits die Einberufungspraxis, andererseits der national spezifische Anteil berufstätiger Frauen. Am 1. September 1939 standen bei der Wehrmacht ca. 4 500 000 Männer unter Waffen, bei einer Gesamtbevölkerung des Deutschen Reiches von 76 000 000 Einwohnern; bei der französischen Armee waren es mehr als 5 000 000 Männer.[2] Frankreich, das mit 41 000 000 deutlich weniger Einwohner als Deutschland zählte,[3] mobilisierte folglich von Ende August bis Anfang September 1939

1 *Eduard Rheinberger AG*, Rheinberger arbeitet wieder in der Heimat am Westwall. Nimmer sich beugen, kräftig sich zeigen: Ein Versuch, mit Worten und Bildern ein ereignisreiches Jahr einer großen Zeit in Erinnerung zu behalten. Frankfurt am Main, Pirmasens 1940, 10.

2 Zur Wehrmacht: *Rüdiger Overmans*, Deutsche militärische Verluste im Zweiten Weltkrieg. 3. Aufl. Berlin, Boston 2009, 223 und zur Gesamtbevölkerungszahl: *Rüdiger Overmans*, Deutsche militärische Verluste im Zweiten Weltkrieg. 3. Aufl. Berlin, Boston 2009, 219. (Stand 1938). Zur französischen Armee: *Jean-Louis Crémieux-Brilhac*, Les Français de l'an 40: La guerre oui ou non?. Saint-Amand 1990, 456.

3 *Georges Mauco*, La situation démographique de la France de 1939 à 1945, in: Annales de Géographie 294, 1945, 117–122, 122. (Stand 1.9.1939).

https://doi.org/10.1515/9783110591897-006

einen wesentlich höheren Anteil der männlichen Bevölkerung. Prozentual dienten mehr Elsässer und Lothringer in der französischen Armee als Saarpfälzer in der Wehrmacht. Die eingezogenen Männer entfallen aus der Gruppe der Evakuierten, da sie, als die Räumung erfolgte, die jeweilige rote Zone bereits verlassen hatten. Im Vergleich zu Friedenszeiten waren Kinder, Jugendliche, ältere Personen beiden Geschlechts und Frauen bei den evakuierten Bevölkerungsgruppen überproportional vertreten. Diese zählten natürlich ebenfalls Männer, entweder, weil sie vom Militärdienst befreit waren oder weil ihre Einberufung erst später erfolgte.

Der niedrige Männeranteil änderte nicht nur die Gesamtzusammensetzung derer, die ihr Zuhause aufgrund der Räumungsbefehle verließen, sondern auch deren Beschäftigungsstruktur. Daher interessiert nun, wie viele evakuierte Frauen einer Erwerbstätigkeit nachgingen, die – für den Arbeitgeber interessant – vor der Mobilmachung gefeit waren. Diesbezüglich mangelt es an Zahlen für die Saarpfalz, Lothringen und das Elsass, jedoch lassen sich nationalspezifische Überlegungen anwenden. Entgegen der von den Nationalsozialisten propagierten Rolle der Frau als Mutter waren Frauen in den 1930er Jahren durchaus erheblich auf dem deutschen Arbeitsmarkt vertreten. Im Jahr 1939 arbeiteten über die Hälfte der 15- bis 60-Jährigen, insgesamt etwa 14 000 000 Frauen, die zum Großteil in der Landwirtschaft tätig waren; auf die Industrie entfielen lediglich 2 700 000.[4] In Frankreich befand sich die weibliche Erwerbstätigkeit schon länger auf dem Vormarsch, bei diesem Prozess kam dem Ersten Weltkrieg die Rolle eines Katalysators zu. 1918 hatten Frauen 46 % aller französischen Erwerbstätigen ausgemacht.[5]

Unabhängig von nationalen Unterschieden schwankte in beiden Ländern zu Beginn des Zweiten Weltkrieges der Anteil beschäftigter Frauen extrem von einer Branche zur nächsten. Im Keramiksektor, bei der *Faïencerie* im lothringischen Sarreguemines sowie bei Villeroy & Boch auf der anderen Seite der Grenze, und bei Pirmasenser Schuhherstellern arbeiteten zahlreiche Frauen. Sie übernahmen in der Regel niedrig qualifizierte und gering vergütete Tätigkeiten, Männer besetzten die Posten der Vorgesetzten.[6] Fast ausschließlich maskulin geprägt waren dagegen zwei andere wichtige Wirtschaftsbereiche in den roten

4 *Adam Tooze*, Ökonomie der Zerstörung: Die Geschichte der Wirtschaft im Nationalsozialismus. München 2007, 417.

5 Zum Vergleich: Im Deutschen Reich lag der Anteil zur selben Zeit bei 36 %. *Catherine Omnès*, Le travail féminin et les guerres, in: Pietro Causarano u.a. (Hrsg.), Le XXe siècle des guerres. Paris 2004, 197–210, 200.

6 Beispielhaft für die Steingutfabrik in Sarreguemines: *Philippe Hamman*, Une grande famille: Métiers de la céramique et stratégies industrielles à la faïencerie de Sarreguemines (1890–1940), in: Politix 45, 1999, 57–86, 70–72.

Zonen, nämlich der Bergbau und die Eisenverhüttung. Die Arbeiten in den lothringischen Bergwerken und den Saargruben sowie an den Hochöfen der Saarhütten führten Männer aus; sie machten damit die übergroße Mehrheit der Belegschaften aus. Frauen besetzten hier vorrangig Posten in den Verwaltungsabteilungen.

Die Quellen schweigen sich darüber aus, wie viele Erwerbstätige in den ersten Septembertagen 1939 aus den Grenzgebieten ins Innere Deutschlands und Frankreichs kamen. Aber es liegen Zahlen vor, die indirekt eine ungefähre Einordnung ermöglichen. So hatten sich bei Arbeitsämtern im Reichsinnern bis Mitte Oktober insgesamt 126 883 Evakuierte zwecks Arbeitsvermittlung gemeldet.[7] Bei dieser Zahl fehlen die erwerbstätigen Saarpfälzer, die trotz des Meldezwangs nicht beim Arbeitsamt ihres Aufnahmeortes vorstellig wurden, ebenso wie jene, die sich selbstständig eine Tätigkeit suchten. Für die französische Seite mangelt es an einer derart umfassenden Angabe, dafür trat Jean-Louis Crémieux-Brilhac mit folgender branchenspezifischer Schätzung hervor: „Les évacués d'Alsace et de Lorraine? 20 000 sont intégrés aux industries de guerre. On peut au mieux espérer doubler ce nombre."[8] Woher die Zahlen stammen, bleibt offen. Ebenso ist unklar, ob es sich um Personen handelt, die bereits zuvor in der Rüstungsproduktion tätig gewesen waren und nunmehr in Ausweichbetrieben arbeiteten oder ob sie aus anderen Bereichen kamen.

Die Evakuierungen auf beiden Seiten der Grenze führten zu einer außergewöhnlichen Situation auf dem jeweiligen Arbeitsmarkt. Wenige Tage zuvor hatten die Mobilmachungen die Personalreihen landesweit ausgedünnt, weshalb deutsche und französische Unternehmen Ersatz suchten. Anfang September verloren die grenznahen Betriebe mit einem Schlag ihre gesamten Belegschaften. Sie zerstreuten sich in alle Winde und konnten ihre Arbeitskraft andernorts einsetzen. Dementsprechend brachten die Evakuierten, als sie in den Aufnahmegebieten im Reichsinnern und in Südwestfrankreich ankamen, Bewegung in die, bis dato weitgehend leergefegten, dortigen Arbeitsmärkte. Ihre früheren Arbeitgeber hegten, das kam bereits zur Sprache, großes Interesse daran, sich ihr Personal und deren Knowhow zu sichern, sei es für das aufzubauende Ausweichwerk oder für die Rückkehr. Dabei begrenzten oder erweiterten, je nach eigener Agenda, insbesondere zwei andere Akteure die unternehmerischen Handlungsspielräume in dieser Angelegenheit. Es handelte sich um staatliche

7 BArch Berlin R 3101-32215, Stand des Einsatzes von Arbeitskräften aus den Freimachungsgebieten im Westen, 11.10.1939, fol. 156.

8 „Die Evakuierten aus dem Elsass und aus Lothringen? 20 000 sind in der Kriegsfertigung untergekommen. Man kann maximal hoffen, die Zahl zu verdoppeln." *Jean-Louis Crémieux-Brilhac*, Les Français de l'an 40: Ouvriers et soldats. Paris 1991, 145.

Instanzen und das Objekt der Begierde selbst, die Belegschaften, stellte Arbeit doch den eigenwilligsten, da einzigen lebendigen, Produktionsfaktor in der Trias dar.

Auf einen weiteren Akteur, nämlich das Militär beider Länder, sei an dieser Stelle kurz eingegangen. Die deutsche bzw. französische Armee interagierte insofern mit den saarpfälzischen bzw. lothringischen und elsässischen Betrieben, als sie ihre Arbeiter einberief. Im Zuge der jeweiligen Mobilmachung im August 1939 musste beispielsweise die Völklinger Hütte 1200 Männer ihrer 10000-köpfigen Belegschaft ziehen lassen, die lothringische Bergwerksgesellschaft *Petite-Rosselle* ca. 2500 von ebenfalls rund 10000.[9] Die Unternehmen gingen personell geschwächt in die Räumung, die französischen aufgrund der umfangreicheren Einberufungspraxis noch reduzierter als die deutschen. Auch im Laufe des Sitzkrieges traten Saarpfälzer, Lothringer und Elsässer ihren Armeedienst an. So wurde Winfried Kaiser, der vor Kriegsbeginn als kaufmännischer Angestellter auf der Völklinger Hütte und ab September 1939 im Landratsamt seines Aufnahmeortes Haldensleben gearbeitet hatte, Anfang Mai 1940 zur Wehrmacht einberufen.[10] Vereinzelt tauchen in der Evakuierungsüberlieferung derartige Hinweise auf den Heeresdienst auf, sie sind jedoch verstreut und ermöglichen es nicht, Aushandlungsprozesse zwischen Unternehmen und Armee längerfristig nachzuvollziehen. Das deutsche und französische Militär wird infolgedessen nicht als separater Akteur thematisiert, jedoch dann in Erscheinung treten, wenn es im Wechselspiel mit evakuierten Unternehmen und Belegschaftsmitgliedern stand. Die Einberufungen vor sowie nach Kriegsbeginn und die daraus resultierende Personalnot der Betriebe sind dabei stets präsent.

Um den Produktionsfaktor Arbeit zu fassen werden im ersten Schritt die rechtlichen Rahmenbedingungen, d.h. die Arbeitsmarktpolitik des Deutschen Reichs und der III. Republik sowie das jeweilige Evakuierungsarbeitsrecht, umrissen. Anschließend wird gefragt, wie die Staaten sich bemühten, die Arbeitskraft Evakuierter in den Aufnahmegebieten und insbesondere die einer äußerst kriegswichtigen Berufsgruppe, nämlich der Bergleute, zu nutzen und zu lenken. Diese allgemeinen Mobilisierungsversuche rahmen die Zugriffe saarpfälzischer, lothringischer und elsässischer Unternehmen auf ihr eigenes Personal ein, die im dritten Unterkapitel behandelt werden. Danach führt ein Fazit die gesponnenen Fäden zusammen und ordnet die Belegschaften abschließend im deutsch-französischen Vergleich ein.

9 Zur Völklinger Hütte: BA-MA RW 21/54-1, Bericht des Rüstungskommandos Saarbrücken über die Lage am 30.8.1939, fol. 33. Zu Petite-Rosselle: AN 190 AQ 52, Journal de guerre des Houillères de Petite-Rosselle, S. 4.

10 Siehe die Personalakte in StA Haldensleben K 12.

Die Untersuchung begrenzt sich auf das Personal privat- oder gemischtwirtschaftlicher Unternehmen. Beamte, für die andere Regeln galten, bleiben weitgehend außen vor. Die Frage von männlicher und weiblicher Erwerbstätigkeit kam bereits auf, die Quellenlage erlaubt es leider nicht, sie ausführlicher zu thematisieren. Dennoch läuft sie im Hintergrund mit, wenn später ausführlich auf die unternehmerischen Mobilisierungsversuche der Belegschaften eingegangen wird.

5.1 Rechtliche Rahmenbedingungen

Um die Zugriffe auf die Belegschaften einzuordnen, bedarf es einer Vorstellung der arbeitsrechtlichen Rahmenregelungen, innerhalb derer sich staatliche Instanzen, geräumte Betriebe und ihr Personal bewegten. Hierfür werden zuerst die zentralen Züge der Arbeitsmarktpolitik des Deutschen Reiches und der späten III. Republik skizziert. Anschließend rücken Verrechtlichungstendenzen im Zusammenhang mit der Räumung in den Blick: Hoben die Gesetzgeber ein spezifisches Evakuierungsarbeitsrecht aus der Taufe? Wenn ja, in welchem Maße band es, das ist die wohl interessanteste Frage für die Betriebe, die Belegschaften an ihren vormaligen Arbeitgeber? Eine starke Bindung figurierte für die geräumten Unternehmen als Ressource im Bemühen, das Knowhow ihrer Belegschaften im Ausweichbetrieb zu nutzen. Hingegen bedeutete eine lose konzipierte Bindung eine Schlechterstellung und Begrenzung der Handlungsspielräume gegenüber Konkurrenten, die auf der Suche nach Personal waren.

Der nationalsozialistischen Arbeitsverfassung und Arbeitsmarktpolitik lag ein Verständnis von Arbeit als „Pflicht gegenüber der Betriebsgemeinschaft, der Untereinheit der Volksgemeinschaft“[11] zugrunde. Folglich waren Arbeit und die ‚Volksgemeinschaft‘, das für den NS zentrale Konzept zur (Neu-) Ordnung der deutschen Gesellschaft, untrennbar miteinander verbunden.[12] Arbeit bestimmte über In- und Exklusion, indem sie markierte, wer zur Gemeinschaft gehörte und wer nicht. Diese fatale Verbindung kam nirgendwo stärker zum Ausdruck als in

11 *Martin Becker*, Die Betriebs- und Volksgemeinschaft als Grundlage des „neuen“ NS-Arbeitsrechts: Arbeitsrechtsideologie im NS-Rechtssystem, in: Marc Buggeln/Michael Wildt (Hrsg.), Arbeit im Nationalsozialismus. München 2014, 107–122, 112.

12 Siehe die in den letzten Jahren intensiv geführten Debatten um die ‚Volksgemeinschaft‘ als Forschungsbegriff: *Ian Kershaw*, Volksgemeinschaft: Potenzial und Grenzen eines neuen Forschungskonzepts, in: Vierteljahrshefte für Zeitgeschichte 59, 2011, 1–17 und *Michael Wildt*, „Volksgemeinschaft“: Eine Antwort auf Ian Kershaw, in: Zeithistorische Forschungen/Studies in Contemporary History, Online-Ausgabe 8, 2011. URL: http://www.zeithistorische-forschungen.de/16126041-Wildt-1-2011.

der propagandistischen Wertschätzung so genannter deutscher Arbeit, welche die ,Vernichtung durch Arbeit' kontrastierte. Sie erwartete KZ-Häftlinge, also jene, die nicht zur ,Volksgemeinschaft' gehörten. Darüber hinaus stand Arbeit im nationalsozialistischen Gedankengebäude in engem Zusammenhang mit Krieg. Dieser Konnex äußerte sich in der militaristischen Terminologie, von den ,Soldaten der Arbeit' über die ,Arbeitsschlacht' bis zum ,Arbeitseinsatz'.

Damit einhergehend wertete der Gesetzgeber den Gemeinschaftsgedanken, als Gegenentwurf zu den klassenkämpferischen Auseinandersetzungen der Weimarer Republik, zur Grundlage das Arbeitsrechts auf. Prominentester Ausdruck dessen war zweifellos das ,Gesetz zur Ordnung der nationalen Arbeit' (AOG) vom Januar 1934.[13] Gemäß dem AOG bildeten Unternehmensinhaber und Personal gemeinsam die ,Betriebsgemeinschaft', jedoch stärkte das Gesetz die Rolle des ,Betriebsführers' gegenüber seiner ,Gefolgschaft'. Es schränkte die innerbetriebliche Mitbestimmung der Arbeitnehmer ein, die überbetriebliche durch Gewerkschaften war zu diesem Zeitpunkt schon längst ausgeschaltet. Das NS-Regime zielte, wie Rüdiger Hachtmann zusammenfassend festhält, auf die

> Atomisierung und zugleich eine repressive wie sozialpaternalistische Integration der Arbeitnehmerschaft in eine rassistische definierte ,deutsche Volks- und Leistungsgemeinschaft'[14]

ab. Hierfür griff es insbesondere auf die auf den Trümmern der Gewerkschaften errichtete Deutsche Arbeitsfront (DAF), den Einheitsverband von Arbeitnehmern und -gebern, als Instrument zurück. Die DAF kontrollierte einerseits die Belegschaften in den Betrieben vor Ort und organisierte andererseits durch ihre Unterorganisation ,Kraft durch Freude' Erholungsreisen für Arbeitnehmer.

In der Arbeitsmarktpolitik erweiterten die Nationalsozialisten die Kompetenzen der Arbeitsämter ab 1933 erheblich und machten sie zur zentralen Instanz der Arbeitsvermittlung. Die Ämter gehörten zur Reichsanstalt für Arbeitsvermittlung und Arbeitslosenversicherung, die 1938 dem Arbeitsministerium zugeordnet wurde, ehe sie ab 1942 dem Generalbevollmächtigten für den Arbeitseinsatz Fritz Sauckel unterstand. Während der NS-Zeit verwandelten sich die Arbeitsämter, Friedrich Syrup, dem Leiter der Reichsanstalt für Arbeitsver-

---

13 *Martin Becker*, Die Betriebs- und Volksgemeinschaft als Grundlage des „neuen" NS-Arbeitsrechts: Arbeitsrechtsideologie im NS-Rechtssystem, in: Marc Buggeln/Michael Wildt (Hrsg.), Arbeit im Nationalsozialismus. München 2014, 107–122, 113–119.

14 *Rüdiger Hachtmann*, Atomisierung, Entmündigung, Zwangsorganisation: Arbeitsrecht und Arbeitsverfassung im Dritten Reich, in: Christian Amann (Hrsg.), Weichenstellungen im Arbeits- und Sozialrecht der Bundesrepublik. Geldern 2013, 64–94, 64

mittlung, zufolge, in „zivile Wehrkreiskommandos (...).“[15] Die Militarisierung schlug sich nicht nur in der Terminologie, sondern auch in der Praxis nieder, die sich von der Arbeitsvermittlung zum ‚Arbeitseinsatz‘ verschob. Ab 1934 beschränkten Gesetze den eigenständigen Arbeitswechsel und die Freizügigkeit in bestimmten Gebieten. Darüber wachten die Arbeitsämter ebenso wie über die 1935 eingeführte Arbeitsbücher.[16] Jeder Arbeitnehmer musste ein solches führen, es beinhaltete Angaben über berufliche Qualifikationen und bisherige Arbeitsverhältnisse. Diese Angaben machten das Arbeitsbuch zu einem einzigartigen Instrument der Kontrolle und Lenkung; im Juni 1938 waren etwa 22 Millionen Arbeitsbücher ausgegeben.

1935 legte außerdem ein Gesetz das Monopol der Arbeitsämter über die Arbeitsvermittlung, Berufsberatung und Lehrstellenvermittlung fest. Ab 1938 durften die Arbeitsämter mittels der Dienstverpflichtung Arbeitnehmer aus ihren Arbeitsverträgen lösen und ihnen zeitlich begrenzt einen anderen Arbeitsplatz zuweisen.[17] Die erste Dienstpflichtverordnung, anlässlich des Westwallbaues beschlossen, stellte eine wichtige Zäsur bei der voranschreitenden Militarisierung des Arbeitsmarktes dar. Bis zum Ende des Jahres 1939 sprachen die Arbeitsämter etwa 1 300 000 Dienstverpflichtungen aus, wovon 400 000 auf den Westwallbau und 500 000 auf Industrieumstellungen bei Kriegsbeginn entfielen.[18] Die Arbeitsämter wirkten, wie der kurze Überblick gezeigt hat, in erster Reihe an der Militarisierung des Arbeitsmarktes und der -bedingungen mit. Deshalb überrascht es kaum, dass sie sich im Zuge der Räumung mit der „Zuführung der arbeitsfähigen Bevölkerung in den Arbeitsprozess“[19] befassten, also damit, die Arbeitskraft der Saarpfälzer im Reichsinnern weiterhin zu nutzen.

In der NS-Arbeitspolitik zeichnete sich, das sei abschließend festgehalten, ein grundlegender Konflikt ab. Zwischen dem propagandistischen Lobpreis der ‚Betriebsgemeinschaft‘ und einer Arbeitnehmerschaft, die in der Praxis im Dienste der Kriegswirtschaft beliebig manövriert werden sollte, klaffte eine ge-

---

15 Zitiert nach: *Hans-Walter Schmuhl*, Arbeitsmarktpolitik und Arbeitsverwaltung in Deutschland 1871 – 2002: Zwischen Fürsorge, Hoheit und Markt. Nürnberg 2003, 244.

16 Zum Arbeitsbuch und seinem bislang kaum ausgeschöpften Potential als Quelle für die historische Forschung: *Mark Adamo/Harald Degner/Stefanie Werner*, Hitlers gläserne Arbeitskräfte: Das Arbeitsbuch als Quelle von Mikrodaten für die historische Arbeitsmarktforschung, in: Jahrbuch für Wirtschaftsgeschichte 52, 2011, 175–191.

17 *Karsten Linne*, Von der Arbeitsvermittlung zum „Arbeitseinsatz“: Zum Wandel der Arbeitsverwaltung 1933–1945, in: Marc Buggeln/Michael Wildt (Hrsg.), Arbeit im Nationalsozialismus. München 2014, 53–70, 59f.

18 *Michael Schneider*, Unterm Hakenkreuz: Arbeiter und Arbeiterbewegung 1933 bis 1939. Bonn 1999, 320.

19 HStAD R 1 B, Nr. 21571, Brief des Landrates von Lauterbach an die Bürgermeister, 12.9.1939.

waltige Lücke.[20] Sie vergrößerte sich zum Ende der 1930er Jahre und mit dem voranschreitenden Krieg. Der Gegensatz sollte auch und gerade während der Evakuierung, welche die betroffenen Betriebe ihrer Arbeitskräfte beraubte, zum Tragen kommen.

Auf der anderen Seite der Grenze prägten die Reformen der Volksfrontregierung das Arbeitsrecht und die Beziehungen zwischen Arbeitgebern und -nehmern in der späten III. Republik. Als größte Errungenschaft aus Sicht der Arbeiter galten die Matignon-Abkommen von 1936. Sie stärkten ihre betriebsinterne Mitbestimmung und führten die 40-Stunden-Arbeitswoche sowie den bezahlten Urlaub ein.[21] Während die Arbeitnehmer die Beschlüsse feierten, bedeuteten sie doch eine enorme Verbesserung ihrer Situation, bekämpften die Arbeitgeber die *Accords de Matignon* umso erbitterter. Die 40-Stunden-Woche entwickelte sich dabei zum Symbol der Auseinandersetzungen. In welchem Maße sich diese politisiert hatten, verdeutlicht die Äußerung eines in einem staatlichen Rüstungsbetrieb tätigen Gewerkschafters aus dem Jahr 1938: „Je suis prêt à me faire tuer pour la Défense Nationale, mais je suis prêt à me faire tuer aussi pour les 40 heures."[22]

Keine zwei Jahre nach den Matignon-Abkommen, im April 1938, brach die Volksfront endgültig auseinander, auf Léon Blum folgte Édouard Daladier als Regierungschef. „Remettre la France au travail"[23] – so formulierte Daladier sein Ziel und lockerte in den Folgemonaten die Regelungen zur 40-Stunden-Woche. Im November 1938 reagierte die Regierung mit aller Härte auf den von den Gewerkschaften organisierten Generalstreik. Der Streik scheiterte, die Arbeitgeber triumphierten und der *Front Populaire* war endgültig beerdigt. Unter dem Eindruck der äußeren Bedrohung bewegten sich die Beziehungen zwischen Arbeitgebern, Arbeitnehmern und dem Staat ab Kriegsbeginn in scheinbar ruhigeren Bahnen. Dennoch trugen sie deutlich sichtbar die Spuren vorangegangener Konflikte in sich. Mehr noch, die sozialen Spannungen verschärften sich sogar während des Sitzkrieges, was im Verbot des *Parti Communiste Français* Ende

20 *Karsten Linne*, Von der Arbeitsvermittlung zum „Arbeitseinsatz": Zum Wandel der Arbeitsverwaltung 1933–1945, in: Marc Buggeln/Michael Wildt (Hrsg.), Arbeit im Nationalsozialismus. München 2014, 53–70, 69.

21 *Olivier Dard*, Les années 30: Le choix impossible. Paris 1999, 111–120.

22 „Ich bin bereit, mich für die Nationale Verteidigung töten zu lassen, aber ich bin auch bereit, mich für die 40-Stunden-Woche töten zu lassen." Zitiert nach: *Jean-Louis Crémieux-Brilhac*, Les Français de l'an 40: Ouvriers et soldats. Paris 1991, 229.

23 „Frankreich wieder zum Arbeiten zu bringen", *Jean-Pierre Azéma*, De Munich à la libération: 1938–1944. 2. Aufl. Paris 2002, 25.

September und der anschließenden Repression der Kommunisten zum Ausdruck kam.[24]

Die aufeinanderfolgenden französischen Regierungen nahmen wesentlich weniger dirigistische Eingriffe in den Arbeitsmarkt vor als ihr deutsches Pendant, die Arbeitsvertragsfreiheit blieb grundsätzlich erhalten. Allerdings schuf die Regierung unter Daladier mit dem *loi sur l'organisation de la nation en temps de guerre* (Gesetz über die Organisation der Nation in Kriegszeiten) vom 11. Juli 1938 das Lenkungsinstrument der *réquisition civile*. Das Gesetz ermöglichte es den Präfekten, kriegswichtige Arbeitskräfte zu requirieren, entweder individuell per *réquisition individuelle* oder in Form ganzer Belegschaften (*réquisition collective*).[25] Die *réquisition collective*, die auch Frauen einschloss, band die Betroffenen an ihre aktuellen Tätigkeiten, indem sie ihnen Arbeitsplatzwechsel untersagte. Hingegen richtete sich die *réquisition individuelle* ausschließlich an Männer. Sie konnten auf diesem Wege an ihren Arbeitsplatz gebunden oder in die kriegswichtige Fertigung eines anderen Betriebes versetzt werden. Die Requirierung schützte nicht vor der Mobilmachung. Neben der *réquisition* sah das Gesetz vom 11. Juli 1938 weitere Formen der Arbeitskräftemobilisierung, etwa ein freiwilliges Engagement, vor.[26]

Die Belegschaften französischer Betriebe zerfielen im September 1939 in vier Gruppen: die regulär Beschäftigten, die *requis* (Requirierten), die *mobilisés*, die zur Armee Eingezogenen, und schließlich die *affectés spéciaux*. Letztere waren aufgrund ihrer kriegswichtigen, für das Funktionieren des Betriebes unabdingbaren, Tätigkeit vom Dienst an der Waffe freigestellt. Sie entsprachen den unabkömmlich-Gestellten (uk-Gestellten) auf deutscher Seite.

Arbeit kam in der späten III. Republik, insbesondere während des Sitzkrieges, eine große propagandistische Bedeutung zu, wenngleich sie weniger grundlegend war als für das nationalsozialistische Deutsche Reich. Das Motiv von Arbeit als notwendigem Dienst am Vaterland findet sich beispielsweise in einem Rundschreiben wieder, das die Präfektur der Charente-Inférieure im Dezember 1939 an die Unterpräfekten und Bürgermeister des Departements richtete. In der Charente-Inférieure, einem der neun Aufnahmedepartements, hielten sich zu diesem Zeitpunkt zahlreiche Evakuierte aus dem Grenzgebiet auf. An sie richtete das Rundschreiben der Appell, wieder zu arbeiten, nicht zuletzt weil dies „aujourd'hui le devoir impérieux de tous les Français“[27] darstelle.

24 *Julian Jackson*, France: The dark years, 1940–1944. Oxford and New York 2003, 113–118.

25 *Danièle Fraboulet*, Quand les patrons s'organisent: Stratégies et pratiques de l'Union des industries métallurgiques et minières, 1901–1950. Villeneuve-d'Ascq 2007, 270.

26 AMS 3 H 39, Acte d'engagement (décret du 5 janvier 1939).

27 „Heute die unbedingte Pflicht aller Franzosen“, AMS 3 H 41, Rundschreiben der Präfektur der Charente-Inférieure, 26.12.1939.

Einige Monate später, im Sommer 1940, stellte Philippe Pétain Arbeit an die Spitze der von der Vichy-Regierung ausgerufenen Devise „Travail, Famille, Patrie" („Arbeit, Familie, Vaterland"). Auch dieser Dreiklang fand seinen Vorläufer im Frankreich der 1930er Jahren, ging er doch auf die *Croix-de-Feu*, eine rechtsextreme Liga, zurück.[28] Die nicht zuletzt propagandistische Erhöhung von Arbeit unter Vichy war keineswegs eine Neuerung, sondern reihte sich in eine Traditionslinie der III. Republik ein, wenngleich die *Croix-de-Feu* nicht für den politischen Mainstream der 1930er Jahre, sondern für ein politisches Extrem standen.

Die nationalen Regelungen, von der Dienstverpflichtung bis zur *réquisition*, steckten den rechtlichen Rahmen ab, in dem sich evakuierte Arbeitgeber und -nehmer bewegten. Jedoch traten ab September 1939 neue juristische Fragen auf die Tagesordnung; etwa, ob der Arbeitsvertrag zwischen dem Betrieb und seinem evakuierten Personal fortbestand. Weder das Deutsche Reich noch die III. Republik hatten diese Probleme vorausschauend behandelt. Deren Tragweite realisierten sie erst, nachdem die Maschinen der Produktionsstätten in den roten Zonen zum Stillstand gekommen waren. Die späte Erkenntnis und Klärung des Problems führt einmal mehr vor Augen, dass die Räumungen vor allem dem Schutz der Bevölkerung dienten; die Sicherung wirtschaftlicher Ressourcen stand lediglich an zweiter Stelle.

Im Deutschen Reich ging die Evakuierung mit zahlreichen rechtlichen Regelungen einher, die sich explizit mit dem Arbeitsverhältnis zwischen dem Betrieb und Personal aus der roten Zone befassten. Sie gipfelten in der über 120 Seiten langen Abhandlung „Die arbeitsrechtliche Stellung des rückgeführten Gefolgschaftsmitgliedes" beim Stand vom 1. August 1940.[29] Das Buch erschien in der vom profilierten NS-Arbeitsrechtsprofessor Wolfgang Siebert herausgegebenen Reihe „Schriften zum Arbeitsrecht" und trat als offizielle Handreichung zu der Problematik auf. Gustav Bulla, stellvertretender Leiter des Amts für Rechtsberatungsstellen der DAF, gab darin einen Überblick über die Grundlagen des Evakuierungsarbeitsrechts. Er behandelte grundlegende Aspekte wie den Bestand des Arbeits- oder Lehrverhältnisses und spezielle, von verbleibenden Urlaubsansprüchen bis hin zu Familienheimfahrten. Davon ausgehend kann die Frage nach Verrechtlichungstendenzen infolge der Räumung für die deutsche Seite zweifellos mit ja beantwortet werden. Doch welche Schritte lagen auf dem Weg zur juristischen Einrahmung?

---

28 *Albert Kéchichian*, Les Croix-de-Feu à l'âge des fascismes: Travail, famille, patrie. Seyssel 2006, 7.

29 Gustav Bulla (Hrsg.), Die arbeitsrechtliche Stellung des rückgeführten Gefolgschaftsmitgliedes (nach dem Stande vom 1.8.1940), Berlin, Leipzig, Wien, 1940.

Den betroffenen Betrieben schwante bereits kurz nach der Evakuierung, dass sie Grund hatten, um ihre in alle Winde verwehte Belegschaft zu fürchten. Ein unternehmensinternes Schreiben des Keramikherstellers V&B zeugt von der Sorge, das evakuierte Stammpersonal dauerhaft an andere Betriebe zu verlieren. Mitte September 1939 sandte die Abwicklungsstelle, in Frankfurt angesiedelt, einen Brief an die Steingutfabrik Torgau, ebenfalls zu V&B gehörig. Die Absenderin bat um schnellstmögliche Rückmeldung, wie die Torgauer die angeforderten saarländischen Arbeiter unterzubringen gedächten,

> [w]eil Gefahr besteht, dass die Gefolgschaftsmitglieder unserer Saarfabriken von den für die Bergungskreise zuständigen Arbeitsämtern in kriegswichtige und andere Betriebe vermittelt werden (...).[30]

In dem Schreiben tritt die unternehmensinterne Notwendigkeit, angesichts der „Gefahr" der Vermittlung schnell zu handeln, klar zu Tage. Es verdeutlicht die Problemlage für V&B, vor allem seine schlechtere Ausgangsposition gegenüber Rüstungsproduzenten und weiteren kriegswichtigen Betrieben.

In den folgenden Monaten zog die Belegschaftsfrage über die unternehmensinterne Ebene hinaus weitere Kreise. So fanden sich im Oktober 1939 Vertreter des Reichsarbeitsministerium, der Reichsgruppe Industrie, der saarpfälzischen DAF, der Bezirkswirtschaftskammer Saarpfalz und der saarpfälzische Reichstreuhänder für die Arbeit Gustav Böhm zu einer Sitzung im Arbeitsministerium zusammen.[31] Böhm beklagte die Rechtsunsicherheit von geräumten Betrieben und ihren Belegschaften bezüglich ihres Arbeitsverhältnisses und forderte, es während der Evakuierung fortzuführen. Die DAF und die Reichsgruppe Industrie unterstützten Böhms Forderung im Sinne einer „psychologischen Maßnahme zur Beruhigung der Gefolgschaftsmitglieder."[32] Das Reichsarbeitsministerium war, wie es abschließend bekannt gab, bereits mit einer Verordnung befasst, gemäß der das Arbeitsverhältnis zwischen Personal und Betrieben, ähnlich wie bei Einberufenen, lediglich ruhen sollte. Allerdings gingen

---

30 StA Leipzig 20918, Nr. 066, Brief der Abwicklungsstelle der Generaldirektion an die Steingutfabrik Torgau, 14.9.1939, fol. 100.

31 BArch Berlin R 3101-32215, Vermerk über die Besprechung im Reichsarbeitsministerium, Oktober 1939, fol. 187. Die Reichstreuhänder für die Arbeit, vom AOG dauerhaft eingesetzt, waren die oberste tarifpolitische Instanz ihres Wirtschaftsbezirkes. Sie standen den Arbeitgebern näher als den -nehmern: *Rüdiger Hachtmann*, Atomisierung, Entmündigung, Zwangsorganisation: Arbeitsrecht und Arbeitsverfassung im Dritten Reich, in: Christian Amann (Hrsg.), Weichenstellungen im Arbeits- und Sozialrecht der Bundesrepublik. Geldern 2013, 64–94, 65–69, 86–94.

32 BArch Berlin R 3101-32215, Vermerk über die Besprechung im Reichsarbeitsministerium, Oktober 1939, fol. 187.

noch einige Monate ins Land, bis das Ministerium seinen Worten Taten folgen ließ und die entsprechende Verordnung in Kraft setzte.

In der Zwischenzeit etablierte sich, einem Artikel der Wirtschaftszeitschrift Der deutsche Volkswirt vom November 1939 zufolge, in der Praxis ein „Vorzugsanspruch“[33] der evakuierten Betriebe auf ihre Arbeiter. Er gelte auch, wenn die Arbeiter unterdes anderswo in Lohn und Brot gekommen seien, es sei denn, sie arbeiteten in der kriegswichtigen Produktion eines anderen Unternehmens. Der Artikel warnte die geräumten Betriebe vor Eigeninitiative und forderte sie stattdessen auf, sich stets an das zuständige Arbeitsamt zu wenden, um ihr Personal in ihr Ausweichwerk zu rufen. Der Deutsche Volkswirt, der diese Zeilen veröffentlichte, war eine renommierte wirtschaftspolitische Zeitschrift, in der sich auch prominente Industrielle wie Hermann Röchling zu Wort meldeten.

Der Artikel verweist auf das überregionale publizistische Interesse an der Belegschaftsfrage und des Weiteren auf ein Spezifikum deutscher Berichterstattung über die Evakuierung. Sie stellte zwar den Ausgangspunkt für den Text dar, dennoch benennt er an keiner Stelle die rote Zone beim Namen. Die betroffenen Areale entlang der deutsch-französischen Grenze bleiben gewissermaßen anonym, wodurch die Publikation den Pressevorgaben des Propagandaministeriums entsprach. Sie untersagten es grundsätzlich, über die Evakuierung zu berichten. Wenn ein Artikel, wie der vorliegende, den Charakter einer Bekanntmachung trug, dann galt es, so wenig wie möglich auf den Räumungsvorgang selbst einzugehen. Dem trug die Veröffentlichung im Deutschen Volkswirt dergestalt Rechnung, dass sie Umfang und Größe der roten Zone verschwieg. Dies lässt den Artikel, in dessen Fokus immerhin ein sehr praktisches Problem steht, seltsam entrückt und abstrakt erscheinen.

Die Belegschaftsfrage war, das haben die vorangegangenen Absätze gezeigt, ab September 1939 auf unternehmerischer, politischer und publizistischer Ebene präsent. Von da an wirkte die Wirtschaftskammer Saarpfalz, ihre evakuierten Kammermitglieder vertretend, gemeinsam mit der saarpfälzischen Gauleitung auf eine für die geräumten Unternehmen günstige Rechtslage hin. Ihr Bemühen fand im April 1940 mit der „Verordnung über das Fortbestehen des Arbeitsverhältnisses bei Räumung oder Freimachung von gefährdeten Gebieten“[34] ein Ende. Vom Reichsarbeitsminister Franz Seldte erlassen, galt sie rückwirkend ab dem 1. September 1939 für die Betriebe der privaten Wirtschaft, nicht aber für den öffentlichen Dienst.

---

33 Arbeitskräfte aus dem Räumungsgebiet, Der Deutsche Volkswirt, November 1939, S. 236–237, S. 236.

34 RGBl 1940, I, Verordnung über das Fortbestehen von Arbeitsverhältnissen bei Räumung oder Freimachung von gefährdeten Gebieten, 9.4.1940, S. 624–625.

Die Verordnung stellte einleitend fest, dass ein evakuierter Arbeiter, gleich einem zur Armee Einberufenen, einen Anspruch darauf habe, in seinen alten Betrieb zurückzukehren. Letzterer müsse sich ebenso auf die Rückkehr seiner früheren Belegschaft verlassen können. Folglich ruhe ihr Arbeitsverhältnis lediglich für die Dauer der Evakuierung und sei nicht gelöst. Der ruhende Status stelle kein Hindernis für die Aufnahme einer neuen Tätigkeit dar. Wollte ein geräumtes Unternehmen ein Belegschaftsmitglied, das inzwischen anderswo Arbeit gefunden hatte, wiedereinstellen, beschrieb die Verordnung das Prozedere wie folgt: Das Unternehmen wandte sich an sein Arbeitsamt und forderte die Person an. Das Arbeitsamt wandte sich wiederum an das für den neuen Betrieb zuständige Arbeitsamt, welches das Ansinnen „aus zwingenden Gründen des Arbeitseinsatzes“[35] ablehnen konnte. Das geräumte Unternehmen konnte die Rückkehr auch gegen den Willen des betroffene Arbeiters durchsetzen. Die Tätigkeitsaufnahme im alten Betrieb hatte die Lösung des neuen Arbeitsverhältnis und das Wiederaufleben des alten, vormals ruhenden, zur Folge.

Es kam gewiss vor, dass sich Arbeiter dagegen wehrten, ihre Tätigkeit beim vormaligen Arbeitgeber wiederaufzunehmen. Von größerer quantitativer Bedeutung war aber zweifellos die Klausel, die es Arbeitsämtern erlaubte, die Rückkehr „aus zwingenden Gründen des Arbeitseinsatzes“ zu verhindern. Anfang Juni 1940, etwa zwei Monate, nachdem die Verordnung im Reichsgesetzblatt erschienen war, definierte Franz Seldte eben jene „zwingenden Gründe“ in einem Schreiben an die Landes- und Arbeitsämter.[36] Sie lägen erstens vor, wenn die kriegswichtige Produktion des neuen Betriebes einer höheren Dringlichkeitsstufe angehöre als die des alten. Zweitens sei davon auszugehen, wenn, bei gleichrangiger kriegswichtiger Bedeutung, der Arbeiter nun eine qualifiziertere Tätigkeit als zuvor ausübe. War einer dieser Umstände gegeben, konnten die Arbeitsämter die Rückkehr in den früheren Betrieb untersagen.

Als die Arbeitsämter das Schreiben mit den Ablehnungsgründen erhielten, war der Frankreichfeldzug bereits im Gange; er endete mit dem Waffenstillstand zwischen Deutschland und Frankreich am 22. Juni 1940. Angesichts der bevorstehenden Wiederbesiedlung der roten Zone grenzte Franz Seldte Anfang Juli die „zwingenden Gründe“ weiter ein. Sie seien nur noch anzunehmen, wenn die umworbene Person inzwischen in einem Betrieb mit „besonders bedeutsamen Aufgaben“[37] arbeite. Bei einem solchen hänge die Rückkehr von nötigenfalls per Dienstverpflichtung zu rekrutierendem Ersatzpersonal ab. Der Arbeits-

35 Ebd., S. 625.

36 IfS Frankfurt am Main Magistratsakten 3.805, Brief des Reichsarbeitsministers Franz Seldte an die Landes- und Arbeitsämter, 6.6.1940, fol. 153.

37 Rückführung der Arbeitskräfte, Saarpfälzische Wirtschaftszeitung, 15.7.1940, S. 93.

minister behielt es sich vor, die „besonders bedeutsamen Aufgaben“ gesondert zu definieren. Den entsprechenden Erlass blieb er bis Anfang August 1940, Stichtag für Gustav Bullas Abhandlung zum Evakuierungsarbeitsrecht, schuldig.

Kehrten Unternehmen ab dem Sommer 1940 auf ihr verwaistes Gelände in der roten Zone zurück und wollten in dem Zuge ihre Belegschaft zusammenführen, so hatten sie sich folglich weiterhin an ihr Arbeitsamt zu wenden. Das in der Verordnung vom 9. April festgelegte Prozedere blieb unverändert. Die Saarpfälzische Wirtschaftszeitung warnte die Betriebe sogar explizit vor Alleingängen, d.h. vor Rückrufen unter Umgehung der Arbeitsämter.[38] Letztere mussten außerdem auf dem Heimkehrerausweis des Evakuierten, seiner Eintrittskarte in die rote Zone, bescheinigen, dass gegen dessen Rückkehr keine Einwände bestünden. Damit fand die Verordnung über die Beschränkung des Arbeitsplatzwechsels vom 1. September 1939 auch bei der Rückkehr ins vormals evakuierte Gebiet Anwendung. Sie hatte festgelegt, dass jede Kündigung eines Arbeitsverhältnisses und jede Neueinstellung der Zustimmung des örtlichen Arbeitsamtes bedurfte.[39] Die Ämter waren damit in zweifacher Hinsicht in die Wiederbesiedlung der roten Zone involviert. Sie mussten sowohl den rückkehrwilligen Saarpfälzern als auch den Betrieben, die ihre Arbeiter wieder beschäftigen wollten, ihr Plazet geben. Die doppelte Einbindung unterstreicht den Anspruch der Arbeitsämter, den Arbeitsmarkt angesichts der Evakuierung zu kontrollieren und zu lenken.

Was lässt sich zu Form und Inhalt des deutschen Evakuierungsarbeitsrechts festhalten? Auf formaler Ebene sei auf den späten Zeitpunkt der Verordnung hingewiesen. Sie erging im April 1940, als die Räumung sieben Monate zurücklag; die Anweisung des Reichsarbeitsministers an die Arbeitsämter datiert sogar erst vom Juni 1940. Die Verordnung legitimierte und kodifizierte die Praxis des „Vorzugsanspruchs“ geräumter Betriebe auf ihre Belegschaften, die der Artikel im Deutschen Volkswirt im November 1939 beobachtet hatte. Sie bot Unternehmen den großen Vorteil der Rechtssicherheit, von nun an konnten sie sich in ihrem Bemühen um ihr versprengtes Personal auf eine juristische Grundlage berufen. Außerdem wussten sie ab Juni, unter welchen Umständen die Arbeitsämter ihr Ansinnen ablehnen durften. Die Verordnung und die folgenden Anweisungen legitimierten nicht nur einen Status quo, sondern schrieben zugleich die Bevorzugung kriegswichtiger Unternehmen im Landesinnern fest.

---

38 Einige wichtige Hinweise zur Frage des Arbeitseinsatzes im Räumungs- bezw. Ausweichbetrieb, Saarpfälzische Wirtschaftszeitung, 15.8.1940, S. 148.

39 RGBl. 1939, I, Verordnung über die Beschränkung des Arbeitsplatzwechsels, 1.9.1939, S. 1685–1686.

Den Ex-Post-Charakter teilte die Verordnung vom 9. April mit anderen, bereits ausführlich thematisierten evakuierungsspezifischen Rechtsgrundlagen. Auch das Genehmigungsverfahren für die Wiedereröffnung im Landesinnern und die Richtlinien für die Entschädigung geplünderter Produktionsmittel traten erst Anfang bzw. Mitte des Jahres 1940 in Kraft (siehe Kapitel 3.1, S. 112). Hier bestätigt sich das Bild eines kaum vorbereiteten deutschen Gesetzgebers, der anschließend die Gelegenheit der Evakuierung bereitwillig nutzte, um die kriegswirtschaftliche Konzentration voranzutreiben. Darüber hinaus verzeichnete das Evakuierungsarbeitsrecht einen Lernprozess zwischen September 1939 und Juni 1940. Während es den Räumungsvorgang ex post einrahmte, erfolgte die Rückkehr von vornherein unter Aufsicht der Arbeitsämter. Auf eine ähnliche Entwicklung blickte das Genehmigungsverfahren zwischen der ersten Runde im Januar 1940 und der zweiten im Juni 1940 zurück (siehe Kapitel 3.1. S. 125).

Auf inhaltlicher Ebene figurierte die Belegschaftsverordnung für die geräumten Unternehmen insofern als Ressource, als sie von einer starken Bindung zwischen evakuiertem Arbeitgeber und -nehmer ausging. Sie materialisierte sich in Gestalt des lediglich ruhenden und nicht gelösten Arbeitsverhältnisses. Jedoch konnten die Betriebe, der Verordnung zufolge, ihren Anspruch auf ihr früheres Personal nicht gegenüber kriegswichtigeren Unternehmen durchsetzen. De facto musste die Konsumgüterbranche aus der roten Zone, vom Schuh- bis zum Keramikhersteller, damit rechnen, im Zuge der Räumung dauerhaft Arbeiter abzugeben. Zwar hätten Villeroy & Boch und Co. auch unter normalen Kriegsumständen Arbeitnehmer verloren, sei es durch Einberufung oder anderweitige Dienstverpflichtung. Dem hätten sie aber stärker entgegensteuern können, beispielsweise indem sie Abteilungsleiter unabkömmlich stellten und damit vor dem Militärdienst bewahrten; der Evakuierungsumstand machte V&B gewissermaßen angreifbarer.[40] Das Evakuierungsarbeitsrecht schrieb also die Ambivalenz staatlicher Ressourcen für geräumte Unternehmen fort. Diese Ambivalenz – Unterstützung der Unternehmen bei gleichzeitiger Steuerung – ist bereits im Zusammenhang mit der Entschädigung geplünderter Güter und bei Finanzierungsangeboten thematisiert worden. Sie stellt ein grundlegendes Charakteristikum der Interaktion des deutschen Staates mit den evakuierten Betrieben dar.

Was bedeutete das Ganze nun für die Belegschaften? Einerseits bildete das Anrecht des Arbeiters auf seinen früheren Arbeitsplatz, seine Unkündbarkeit, den Ausgangspunkt der Verordnung vom 9. April. Das entsprach im Regelfall dem Wunsch der Evakuierten. Es gab ihnen juristische Sicherheit sowie die Ge-

40 Auf diese Problemlage wies interessanterweise auch die zeitgenössische Presse hin: Wie die Saarwirtschaft der Kriegszone auswich, Frankfurter Zeitung, 13.7.1940, S. 5.

wissheit, perspektivisch wieder in ihrem Beruf und gemäß ihrer Qualifikation zu arbeiten. Andererseits ordneten die Rechtstexte im weiteren Verlauf die Wünsche des Arbeitnehmers denen des alten Betriebes bzw. Arbeitsamtes und denen des neuen Betriebes bzw. Arbeitsamtes konsequent unter. So konnte der Arbeiter gezwungen werden, zum vormaligen Unternehmen zurückzukehren, aber auch, weiterhin beim aktuellen Arbeitgeber zu verbleiben. Zwar hatten die Arbeitsämter grundsätzlich „die persönlichen Wünsche des Gefolgschaftsmitgliedes und seine sozialen Verhältnisse (...) zu berücksichtigen“[41], was ihnen einigen Ermessensspielraum zuwies. Auch schweigen sich die Quellen darüber aus, wie häufig Arbeiter tatsächlich gegen ihren Willen bleiben oder gehen mussten. Jenseits dieser praktischen Erwägungen ist dennoch wichtig, dass das Evakuierungsarbeitsrecht dem Personal und seinen Belangen die geringste Bedeutung beimaß.

Welche Konsequenzen diese Rechtslage für evakuierte Arbeiter und Betriebe zeitigte, verdeutlicht abschließend exemplarisch das Gerangel um den Völklinger Hüttenarbeiter Friedrich Felder.[42] Bis September 1939 hatte er bei den Röchling'schen Eisen- und Stahlwerken (RESW) gearbeitet und kam nach der Räumung Völklingens bei den Reichswerken Hermann Göring (RHG) in Braunschweig unter. Wie es Felder hierher verschlug, ob auf eigene Faust oder im Rahmen der Vereinbarung zwischen den RESW und den RHG (siehe Kapitel 5.3, S. 292), ist unklar. Klar ist, dass ihn die Reichswerke bzw. das Arbeitsamt Braunschweig im Sommer 1940, als seine Familie nach Hause ging, nicht freigab. Aus diesem Grund zogen seine Frau und die beiden Kinder wieder nach Braunschweig, ehe Felder auf Betreiben der RESW doch nach Völklingen zurückkehrte. Ab Februar 1941 arbeitete er wieder auf der Völklinger Hütte, wo im Juni 1941 schließlich die gesamte Familie vereint war.

Der Fall verweist erstens auf die zentrale Bedeutung der Arbeitskraft Felders für die individuelle Evakuierungserfahrung seiner Familie. Die „zwingenden Gründe des Arbeitseinsatzes“ führten dazu, dass für Felders die Evakuierung erst im Juni 1941, ein Jahr nach dem Rückkehraufruf, ein Ende fand. Es lässt sich nur erahnen, wie es der Familie dabei erging. Aus Unternehmersicht illustriert der Fall die Schwierigkeiten, die mit der Wiederingangsetzung der Produktionsstätten in der roten Zone einhergingen. Oder, wie die Frankfurter Zeitung, eine renommierte, überregionale Zeitung, im Juli 1940 überraschend pessimistisch-realistisch prophezeite:

---

41 Wiedereinsatz rückgeführter saarpfälzischer Gefolgschaftsmitglieder, Saarpfälzische Wirtschaftszeitung, 1.7.1940, S. 62.

42 Alle Angaben zu Felder beziehen sich auf StA Völklingen A 2686, wo der Fall dokumentiert ist.

> Vor allem die Facharbeiter von der Saar sind aus den rückwärtigen Rüstungsbetrieben nur schwer wieder herauszulösen und es scheint, als werde die Sammlung der Belegschaften eine noch schwierigere Aufgabe sein, als die Wiederauffüllung der entblößten Läger, als der Wiedereinbau der rückgeführten Maschinen und das Wiedereinspielen des Marktverkehrs.[43]

Hinter der kurzen Textpassage verbirgt sich ein deutlicher Hinweis auf die Schwierigkeiten, denen die zurückkehrenden Betriebe begegneten. Die pessimistische Prognose der Frankfurter Zeitung überrascht insofern, als sich der Artikel ansonsten des allgemeinen Propagandaduktus bediente, wozu Komplikationen bei der Heimkehr in die rote Zone nicht recht passen wollen. Wenn die RHG Felder letztlich doch gen Völklingen ziehen lassen mussten, so lag dies darin begründet, dass die RESW ein R-Betrieb waren. Als solcher verfügten sie über eine deutlich bessere Ausgangsposition und Argumentationsgrundlage gegenüber den Arbeitsämtern als weniger kriegswichtige Unternehmen, beispielsweise V&B.

Das im Zuge der Evakuierung entwickelte deutsche Arbeitsrecht war über den Sommer 1940 hinaus gültig. Es entfaltete seine Wirkung einerseits für Areale wie die Saarpfalz, aus denen die gesamte Bevölkerung evakuiert wurde, andererseits für gefährdete Gebiete, die lediglich bestimmte Gruppen, etwa Frauen und Kinder, verlassen mussten.[44] Hier tut sich eine juristische Traditionslinie zwischen der Räumung 1939/1940 und späteren Bevölkerungs- und Industriemigrationen des Zweiten Weltkriegs auf. Diese betrafen deutsche Wirtschaftszentren wie das Ruhrgebiet, die ab 1943 zunehmenden alliierten Bombardierungen ausgesetzt waren.

Während die Belegschaftsfrage im Deutschen Reich Anlass juristischer Abhandlungen und über die Evakuierung hinaus präsent war, führte sie in der III. Republik zu keinem derartigen Verrechtlichungsschub. Tatsächlich nahm das Thema französischerseits bedeutend weniger Raum ein, es findet sich kaum in den Quellen wieder. Immerhin diskutierte das monatliche Informationsbulletin des *Groupement des Industriels et Commerçants Alsaciens Repliés* (GICAR), eine Interessenvertretung evakuierter Unternehmer aus dem Elsass, die Frage im März 1940. Das GICAR, aus der CCI Straßburg hervorgegangen, stellte in seinem Bulletin zentrale Rechtsgrundlagen sowie andere wichtige Informationen für seine Mitglieder, geräumte Betriebe, zusammen und schickte sie ihnen zu. Es bemühte sich, die drängenden unternehmerischen Probleme abzubilden und zu behandeln. Dient das Informationsblatt als Gradmesser, so stellten die Requirie-

43 Wie die Saarwirtschaft der Kriegszone auswich, in: Frankfurter Zeitung, 13.7.1940, S. 5.
44 Gustav Bulla (Hrsg.), Die arbeitsrechtliche Stellung des rückgeführten Gefolgschaftsmitgliedes (nach dem Stande vom 1.8.1940), Berlin, Leipzig, Wien, 1940, S. 12.

rungen ein weitaus größeres Problem dar als die in alle Winde zerstreute Belegschaften; zumindest nahmen erstere mehr Raum ein.

Nichtsdestotrotz befasste sich ein Jurist, Monsieur de Lavergne, in der ersten Bulletin-Ausgabe im März 1940 mit den vertraglichen Vereinbarungen geräumter Unternehmen, die auf die Zeit vor Kriegsbeginn zurückgingen.[45] Die Evakuierung, so de Lavergne, erfülle die Merkmale für höhere Gewalt. Der Artikel 1148 des *Code Civil* befreit wiederum Vertragspartner von der Erfüllung ihrer Pflichten, wenn höhere Gewalt sie an der Ausführung hindert. Diesen Grundsatz auf die evakuierten Betriebe anwendend, führte der Jurist drei Optionen aus. Die erste bestand darin, dass das Unternehmen kein Ausweichwerk im Landesinnern eröffnete, dann seien die Arbeitsverträge *ipso facto* gelöst. Option zwei sah vor, dass die Fertigung im verlagerten Betrieb weiterlief, wo die Beschäftigten, die den entsprechenden Wunsch äußerten, ihre Arbeit wiederaufnehmen konnten. In diesem Fall dauerten ihre Arbeitsverträge an. Die dritte Variante bestand darin, dass die Produktion im Ausweichwerk weiterlief, die Arbeiter willens waren, dort ihre Tätigkeit wiederaufzunehmen, aber das Unternehmen sie aufgrund der Umstände nicht beschäftigen konnte. Verklagte der Arbeitnehmer in dieser Situation seinen früheren Arbeitgeber, so könne sich zweiterer auf höhere Gewalt berufen. Der Richter habe zu entscheiden, ob die veränderten Umstände den Betrieb tatsächlich daran hinderten, das Arbeitsverhältnis fortzuführen, mithin Artikel 1148 des *Code Civil* zum Tragen komme.

Soweit der Auslegungsvorschlag de Lavergnes zu Arbeitsverträgen evakuierter Unternehmen. Er führt vor Augen, dass die III. Republik die Angelegenheit im Rahmen bereits bestehender Gesetze behandelte, was in Kontinuität zu anderen rechtlichen Rahmenbedingungen wie dem Genehmigungsverfahren, dem *décret-loi du 9 septembre 1939*, steht (siehe Kapitel 3.1, S. 119). Frankreich hob keine spezielle Belegschaftsverordnung aus der Taufe und setzte sich damit deutlich vom umfangreichen deutschen Evakuierungsarbeitsrecht ab. Für die elsässischen und lothringischen Betriebe ging dies mit einer gewissen juristischen Unsicherheit einher, denn sie verfügten über keine räumungsspezifische Rechtsgrundlage. In diesem Sinne machte de Lavergne lediglich einen Vorschlag, wie der Ausnahmefall Evakuierung mit geltendem Gesetz zu fassen sei. Andere Juristen vertraten andere Standpunkte, weshalb des GICAR-Bulletin im März 1940 versprach, auch sie zu Wort kommen zu lassen. Jedoch ging weder

45 Zu den folgenden Ausführungen: AVS 1 W 2435, Bulletin de documentation Nr. 1, März 1940, S. 15–17. Hinter Monsieur de Lavergne könnte sich Bernard Lavergne, Professor für Rechtswissenschaften in Lille, verbergen, aber das ist lediglich eine Vermutung. Zu Lavergne: *Katja Marmetschke*, Feindbeobachtung und Verständigung: Der Germanist Edmond Vermeil (1878–1964) in den deutsch-französischen Beziehungen. Köln [u.a.] 2008, 208.

die April- noch die Maiausgabe ausführlich auf das Thema ein. Alles in allem erhitzte die Belegschaftsfrage die Gemüter in Frankreich weniger als andere Probleme, etwa die bereits angesprochenen Requirierungen.

De Lavergne konzipierte die Verbindung zwischen evakuiertem Arbeitgeber und -nehmer als verhältnismäßig lose. Während das Arbeitsverhältnis im deutschen Fall lediglich ruhte, war es in zwei der drei im GICAR-Bulletin ausgeführten Optionen gelöst. Folglich verfügte der Beschäftigte über einen eingeschränkten Anspruch auf seinen alten Arbeitsplatz. Interessanterweise ließ der Jurist die Frage nach dem Anspruch von Betrieben auf ihr Personal unbeantwortet. Ob sie Belegschaftsangehörige gegen deren Willen auf ihren alten Arbeitsplatz zurückrufen konnten, behandelte er überhaupt nicht. War es nicht nötig, darauf einzugehen, weil derartige Zwangsmaßnahmen in der Praxis nicht nottaten? Oder ging de Lavergne davon aus, dass die evakuierten kriegswichtigen Betriebe via den zuständigen Präfekten ohnehin Druckmittel wie die *réquisition civile* nutzten?

Diese Fragen müssen ebenso offen bleiben wie jene nach der praktischen Bedeutung des dritten Szenarios: Wie häufig passierte es, dass ein Arbeiter seinen früheren Arbeitsplatz einzuklagen versuchte, weil sein Unternehmen ihn nicht im Ausweichwerk beschäftigen wollte oder konnte? Derartige Prozesse dürften angesichts des Arbeitskräftemangels kaum die Regel gewesen sein. Normalerweise gestalteten sich die Kontakte zwischen evakuiertem Arbeitgeber und -nehmer friedlich, was eine Bekanntmachung der *Faïencerie de Sarreguemines* vom 21. September 1939 beispielhaft zeigt. Darin informierte das Direktorium der Steingutfabrik das Personal aus Sarreguemines, nunmehr in der Charente, dass es vorläufig nicht möglich sei, evakuierte Arbeiter in großem Stil im Zweigwerk in Digoin anzustellen.[46] Dort laufe die Fertigung mobilisierungsbedingt nur eingeschränkt; sobald Personal aus Sarreguemines benötigt werde, erhalte es eine Benachrichtigung.

Wie ein geräumtes Unternehmen es in der Praxis mit den Arbeitsverträgen hielt, verdeutlicht die *Compagnie des Tramways Strasbourgeois* (CTS). Die Straßenbahngesellschaft kündigte bei Kriegsbeginn fast allen Beschäftigten, von den 1200 waren nur etwa 40 weiterhin für die CTS tätig.[47] Die massenhafte Entlassung führte dazu, dass die betriebliche Rentenkasse zusammenbrach und die Rentner kein Geld mehr aus der betrieblichen Altersversorgung erhielten. Zwar handelte es sich hierbei um einen von der Leitung nicht intendierten Nebeneffekt, dennoch regte sich bei der aktuellen und ehemaligen Belegschaft,

46 AMS 3 H 39, Bekanntmachung der Faïenceries de Sarreguemines, Digoin et Vitry-le-François, 21.9.1939.

47 AVS 1 W 596, Situation des agents retraités, 9.10.1939, S. 2.

die jahrelang in die Kasse eingezahlt hatte, verständlicherweise Unmut. Unabhängig von den Auseinandersetzungen um die betriebliche Sozialversicherung baute die CTS, da standortgebunden, keinen umfangreichen Ausweichbetrieb im Landesinnern auf. Damit fiel sie in die erste der drei Kategorien de Lavergnes, weshalb seiner Auslegung zufolge die ausgesprochenen Kündigungen zurecht erfolgten. Die Quellen schweigen sich darüber aus, ob andere elsässische und lothringische Unternehmen ihr Personal in ähnlicher Weise präventiv entließen. Klar ist hingegen, dass dieser Weg ihren saarpfälzischen Pendants versperrt blieb. Rückwirkend zum Kriegsbeginn erklärte die deutsche Verordnung vom 9. April 1940 einseitige Kündigungen durch den evakuierten Arbeitgeber oder -nehmer für nichtig.

Das Deutsche Reich und die III. Republik fanden auf die Frage, wie das Arbeitsverhältnis von dem geräumten Betrieb und der Belegschaft juristisch einzurahmen sei, unterschiedliche Antworten. Während das Deutsche Reich, wo das Thema sehr präsent war, ein umfangreiches Evakuierungsarbeitsrecht ausarbeitete, verzichtete die III. Republik darauf. Die in Frankreich eher nebenbei diskutierte Belegschaftsfrage fiel nicht in den Bereich der Rechtsetzung, sondern in den der Rechtsprechung. Wie sind diese verschiedenen Umgangsweisen zu erklären?

Der geringere Grad der Verrechtlichung könnte französischerseits daher rühren, dass die geräumten Unternehmen nicht auf entsprechende Verordnungen hinwirkten, weil sie den Status quo als unproblematisch empfanden. Die elsässischen und lothringischen Betriebe hatten eine grobe Idee bezüglich des Aufenthaltsortes ihrer Belegschaften, da diese größtenteils im Gemeindeverband evakuiert worden waren. Dadurch konnten sie ihr Personal recht unkompliziert kontaktieren und über den Standort des Ausweichwerkes informieren. Demzufolge bedurften sie möglicherweise keiner Dekrete, um festzuschreiben, ob das Arbeitsverhältnis fortdauerte. Die saarpfälzischen Betriebe wirkten indes sehr aktiv auf eine Verordnung hin, fürchteten sie doch die Konkurrenz um ihr Personal, insbesondere durch die Arbeitsämter. Die Arbeitsämter befanden sich als alleinige Arbeitsvermittlungsinstanzen, noch dazu explizit beauftragt, die Evakuierten zum ‚Arbeitseinsatz' heranzuziehen, in einer deutlich stärkeren Position als die französischen *Offices publics de placement*. Zwar erhielten auch sie im Zuge der wirtschaftlichen Mobilmachung mehr Kompetenzen,[48] dennoch nahmen sie bei weitem nicht die zentrale Rolle ein, die den Arbeitsämtern zukam. So führte deutscherseits die starke Konkurrenz um die Belegschaften zu

48 *Guillemette de Larquier*, Émergence des services publics de placement et construction des marchés du travail français et britannique au XXe siècle, in: Travail et Emploi 84, 2000, 33–45, 41.

einem hohen unternehmerischen Bedürfnis nach Verrechtlichung und entsprechender Lobbyarbeit. Darin spiegelt sich folglich der Versuch wieder, die Handlungsspielräume saarpfälzischer Unternehmen bezüglich ihres Personals zu erweitern.

Die vom Deutschen Reich vorgenommene Einrahmung der Belegschaften bestätigt schließlich die These von Johannes Bähr und Rolf Banken, wonach Recht ein wirksames Steuermedium der NS-Diktatur darstellte.[49] Letztere bediente sich, um ihre Ziele zu erreichen, unter anderem wirtschaftsrechtlicher Regelungen. Sie konzipierte das Evakuierungsarbeitsrecht dergestalt, dass es einerseits die saarpfälzischen Unternehmen bei der Wiederaufnahme ihrer Fertigung unterstützte, indem es ihr früheres Personal grundsätzlich an sie band. Andererseits endete diese Bindung bei dritten Betrieben, deren Produktion als kriegswichtiger galt. Somit fungierte die Belegschaftsverordnung als Steuermedium zugunsten der kriegswirtschaftlichen Konzentration. Die im Titel des Sammelbandes von Bähr und Banken postulierte „Wirtschaftssteuerung durch Recht im Nationalsozialismus" findet sich in der Belegschaftsfrage ebenso wieder wie beim Genehmigungsverfahren. Im Gegensatz dazu verzichtete die III. Republik auf derartige rechtliche Steuerungsinstrumente. Auf diese Weise garantierte sie den nichtkriegswichtigen elsässischen und lothringischen Betrieben größere Handlungsspielräume als ihre saarpfälzischen Pendants besaßen.

Des Weiteren konzipierte der deutsche Gesetzgeber die Bindung zwischen früherem Arbeitgeber und -nehmer als sehr eng, worauf der französische verzichtete. Die deutschen Evakuierten traten als eingefrorene Arbeiter ihres alten Betriebes, bzw. aus Sicht des neuen als Arbeiter auf Abruf auf. Diese Konstellation lag in zwei Faktoren begründet. Erstens trug die Verordnung vom 9. April, wie die Saarpfälzische Wirtschaftszeitung kommentierte, dem „Gedanke[n] der die Freimachung überdauernden Betriebsgemeinschaft"[50] Rechnung. Den Gemeinschaftsgedanken aufwertend, hatte das AOG die ‚Betriebsgemeinschaft' zur Grundlage der innerbetrieblichen Beziehungen gemacht. Ihr zufolge waren der ‚Betriebsführer' und seine ‚Gefolgschaft' nicht bloß vertraglich, sondern vielmehr durch die gegenseitige Treue- und Fürsorgepflicht miteinander verbunden. Das Arbeitsevakuierungsrecht führte dies fort, indem es die Verbindung zwischen Betrieb und Personal die Räumung überdauern ließ. In Frankreich, wo das Arbeitsrecht nicht auf dem Gemeinschaftsgedanken fußte,

49 *Johannes Bähr/Ralf Banken*, Wirtschaftssteuerung durch Recht im „Dritten Reich": Einleitung und Forschungsstand, in: Johannes Bähr/Ralf Banken (Hrsg.), Wirtschaftssteuerung durch Recht im Nationalsozialismus. Frankfurt am Main 2006, 3–32, 5.

50 Zur Frage des Wiedereinsatzes der rückgeführten Gefolgschaftsmitglieder im Räumungs- bzw. Ausweichbetrieb, Saarpfälzische Wirtschaftszeitung, 30.5.1940, S. 5.

sondern prinzipiell einen liberalen Arbeitsmarkt vorsah, entfiel diese Ausrichtung.

Bei der Entscheidung des Reichsarbeitsministeriums, die Arbeitsvertragsparteien eng aneinander zu binden, spielten zweitens raumpolitische Erwägungen eine Rolle. Laut Bulla war „das Interesse (...) der Grenzlandwirtschaft zu beachten, später mit der Rückkehr der früheren Gefolgschaften rechnen zu können."[51] Demzufolge musste die Verordnung sicherstellen, dass die Belegschaften nach der Freigabe der roten Zone wieder ihre Vorkriegsarbeitsplätze einnahmen. Freilich lag die Saarpfalz im August 1940, als Bulla seine Materialsammlung veröffentlichte, gar nicht mehr im Grenzgebiet, nahm doch das de facto annektierte Lothringen diese Rolle ein. Darauf ging der Jurist in seiner Veröffentlichung allerdings mit keiner Silbe ein, was dem Schweigen offizieller deutscher Stellen über die faktisch, nicht jedoch staatsrechtlich erfolgte Annexion des Elsass und Lothringens entsprach. Trotz der territorialen Verschiebung verwies Bulla auf das Grenzlandmotiv, um die saarpfälzischen Personalansprüche zu begründen. In diesem Sinne zeugt oben genanntes Zitat von der andauernden Wirkungsmacht der Raumkonstruktion Grenzgebiet.

5.2 Staatliche Zugriffe

Innerhalb der rechtlichen Rahmenbedingungen griffen staatliche Instanzen und Unternehmen beider Länder auf Belegschaften zu, wobei unter Zugriffen Versuche gefasst werden, die Arbeitskraft eines Evakuierten zu lenken und zu nutzen. Wie mobilisierten Staat und Unternehmen Personal, sei es das eigene oder fremdes, in Deutschland und Frankreich? Diese Frage sollen die zwei folgenden Unterkapitel beantworten und betrachten dabei auch die Reichweite von Zugriffen: An wen richteten sie sich und wie viel Erfolg war ihnen beschieden? Dabei sind stets drei Akteure, nämlich Staat, Unternehmen und Belegschaft, mit ihrer bisweilen konvergierenden, bisweilen divergierenden Agenda, einzubeziehen.

Anfangs werden die staatlichen Zugriffe auf die evakuierten Bevölkerungsgruppen in den Aufnahmegebieten und auf eine Berufsgruppe, die der Bergleute, thematisiert. Wie das Deutsche Reich und die III. Republik die Arbeitskraft Evakuierter zu nutzen trachteten, interessiert ausschließlich da, wo ihr Vorgehen unternehmerische Interessen einrahmte und berührte. Die Aufmerksamkeit richtet sich mithin in erster Linie auf frühere Belegschaftsmitglieder. Das fol-

51 Gustav Bulla (Hrsg.), Die arbeitsrechtliche Stellung des rückgeführten Gefolgschaftsmitgliedes (nach dem Stande vom 1.8.1940), Berlin, Leipzig, Wien, 1940, S. 15.

gende Unterkapitel untersucht, auf welche Weise die geräumten Betriebe selbst auf ihr eigenes Personal zugriffen.

Die Zugriffsinstanzen, das sei einleitend noch erwähnt, interagierten miteinander. Auf der einen Seite bedurften die Betriebe bei ihren Mobilisierungsversuchen häufig staatlicher Instrumente wie der Dienstverpflichtung oder der *réquisition*. Auf der anderen lenkten staatliche Akteure evakuierte Belegschaftsmitglieder in Unternehmen, seien es geräumte oder dritte im Landesinnern. Deshalb wird im Folgenden insbesondere nach den Mitteln des Zugriffs, nach ihrer Ambivalenz und dem Grad des Zwanges gegenüber den Mitarbeitern gefragt.

Zugriffe auf die Evakuierten in den Aufnahmegebieten

Das Deutsche Reich und die III. Republik verfolgten gleichermaßen das Ziel, die Evakuierten in den Aufnahmegebieten gemäß NS-Diktion zum ‚Arbeitseinsatz' heranzuziehen bzw. ihnen eine Tätigkeit zu vermitteln. Das Ansinnen richtete sich vor allem an jene Saarpfälzer, Lothringer und Elsässer, die bereits vor Kriegsbeginn einer hauptberuflichen Beschäftigung nachgegangen waren. Oftmals hatte die Räumung sie aus einem bestehenden Arbeitsverhältnis gerissen, das der geräumte Arbeitgeber zu einem späteren Zeitpunkt gern wiederaufleben lassen wollte. Hier zeichnet sich eine Konfliktlinie zwischen staatlichen und unternehmerischen Zugriffen ab. Deshalb wird nun dargelegt, worauf genau das Deutsche Reich und die III. Republik in Sachen Erwerbstätigkeit der Evakuierten hinwirkten und welche staatlichen Instanzen sich damit befassten, das erklärte Ziel umzusetzen.

> F-Bevölkerung [Freimachungs-, LS] soll so schnell wie möglich im B-Gebiet [Bergungs-, LS] in Arbeit vermittelt werden. (...) Auch Verdrängte, die nicht zu den Mangelberufen gehören (Einzelhandel u. dgl.), müssen einer Beschäftigung zugeführt werden (...). Wesentlich ist, die brachliegenden Kräfte zu beschäftigen.[52]

Diese Worte stammen aus einem Vermerk des Reichsinnenministeriums, das keinen Zweifel daran lässt, worauf staatliche Stellen im Deutschen Reich hinwirkten. Vor dem Hintergrund des herrschenden Arbeitskräftemangels sollten die Saarpfälzer ihre Erwerbstätigkeit im Aufnahmegebiet schnell wiederaufnehmen. Dies ermöglichte es den dort ansässigen Unternehmen, die Lücken, welche die Einberufungen in ihre Personalreihen gerissen hatte, zu schließen. Au-

52 BArch Berlin R 3101-32215, Vermerk über Freimachungsfragen (Erfahrungen aus dem bisherigen Ablauf der Freimachung), o.D., fol. 124v-125, Hervorhebung im Original.

ßerdem galt es, wie der Vermerk festhielt, auch Angehörige der für die Rüstungsfertigung weniger wichtigen Berufsgruppen, im wahrsten Sinne des Wortes, zu beschäftigen. Arbeit diente in dieser Logik dazu, von Sorgen abzulenken, und, aus Sicht des Innenministeriums von Bedeutung, das Unruhepotential an der Heimatfront zu verringern. Lässt das oben aufgeführte Zitat weitgehend offen, wo genau die Saarpfälzer bevorzugt arbeiten sollten, so äußerte sich Friedrich Syrup, Leiter der Reichsanstalt für Arbeitsvermittlung, klarer. Sie seien in erster Linie von kriegswichtigen Betrieben einzustellen, gegebenenfalls auch außerhalb ihres Aufnahmeortes.[53]

In der Praxis übernahmen es die Arbeitsämter vor Ort, die Neuankömmlinge in Arbeitsverhältnisse bei den Firmen in der Umgebung zu platzieren. Hierfür kooperierten sie mit den Landräten, sodass die Ämter im Idealfall kurz nach Ankunft und Unterbringung mit dem ‚Arbeitseinsatz' der Evakuierten begannen. Beispielsweise waren in Haldensleben, nordwestlich von Magdeburg gelegen, von den 280 erwerbsfähigen evakuierten Männern bis Mitte September 195 beim örtlichen Arbeitsamt vorstellig geworden, von denen letzteres wiederum 134 vermittelt habe.[54] Wenige Tage später, am 25. September, verpflichtete der Reichsarbeitsminister Franz Seldte per Erlass die Saarpfälzer, die vor Kriegsbeginn hauptberuflich tätig gewesen waren, sich beim zuständigen Arbeitsamt zu melden.[55] Diejenigen, die vor September 1939 keiner Erwerbstätigkeit nachgegangen waren, was Frauen in stärkerem Maß als Männer betraf, mussten hingegen nicht beim Arbeitsamt erscheinen. Damit verzichtete der deutsche Staat darauf, Frauenarbeit im Sinne einer „Mobilisierung der ‚verborgenen Arbeitskraftreserven'"[56] evakuierungsbedingt zu fördern und fordern. Bislang erwerbslose Personen waren durch den Räumungsfamilienunterhalt abgesichert. Das freilich nützte den geräumten Unternehmen nichts, fiel ihr früheres Personal doch a priori unter den Erlass des Reichsarbeitsministers vom 25. September und sollte demgemäß schnell wieder eine Tätigkeit aufnehmen.

Wie gut gelang es den Arbeitsämtern, über das Beispiel Haldensleben hinaus, auf die Evakuierten überall im Reich zuzugreifen? Hinter dieser Frage verbergen sich eigentlich zwei, nämlich erstens: Wie viele von denen, die sich melden sollten, erschienen tatsächlich beim Arbeitsamt? Wie hoch lag zweitens die Vermittlungsquote bei jenen, die sich gemeldet hatten? Hinsichtlich der zweiten

53 ThHStA Weimar ThIMin W 13, Brief von Friedrich Syrup an die Landesarbeitsämter, 17.9.1939, S. 5.

54 StA Haldensleben Rep VI 667c, Brief an den Landrat von Haldensleben, 13.9.1939, S. 2.

55 Gustav Bulla (Hrsg.), Die arbeitsrechtliche Stellung des rückgeführten Gefolgschaftsmitgliedes (nach dem Stande vom 1.8.1940), Berlin, Leipzig, Wien, 1940, S. 95f.

56 *Hans-Walter Schmuhl*, Arbeitsmarktpolitik und Arbeitsverwaltung in Deutschland 1871 – 2002: Zwischen Fürsorge, Hoheit und Markt. Nürnberg 2003, 252.

Frage sei auf die einleitend erwähnte Statistik verwiesen, derzufolge sich bis Mitte Oktober 126 883 Evakuierte bei Arbeitsämtern im Reichsinnern gemeldet hatten (siehe Kapitel 5, S. 238). Von ihnen hatten die Ämter, der Aufstellung zufolge, 95 592 vermittelt.[57] Damit lag die Vermittlungsquote bei etwa 75 %, was anderthalb Monate nach der Räumung ein durchaus gutes Ergebnis darstellte.

Deutlich schwieriger ist es, die erste Frage zu beantworten, also nachzuvollziehen, wie engmaschig und damit erfolgreich sich die Erfassung durch die Arbeitsämter gestaltete. Für eine weitgehend lückenlose Erfassung sprechen die Kooperation zwischen Landräten und Ämtern sowie die weiten Machtbefugnisse letzterer. Sie verfügten, wie bereits erwähnt, über ein Monopol bei der Arbeitsvermittlung und überwachten seit dem 1. September 1939 alle Kündigungen und Einstellungen, mithin jede Arbeitsmarktbewegung, in ihrem Bereich. Gegen eine engmaschige Erfassung durch die Arbeitsämter spricht das organisatorische und räumliche Chaos der ersten Räumungswochen. Die Saarpfälzer landeten in den verschiedensten Teilen des Reiches, wo sie auf unvorbereitete Verwaltungseinheiten trafen. Noch dazu führte kaum jemand von ihnen sein Arbeitsbuch mit sich, sodass dieses Kontrollinstrument angesichts der Ausnahmesituation Evakuierung verpuffte. Fast kein Arbeitgeber hatte seiner Belegschaft vor dem Verlassen der roten Zone die Arbeitsbücher ausgehändigt, einerseits mangels Planung, andererseits wohl auch, um Arbeitsplatzwechsel zu verhindern.[58] Darüber hinaus gab es, dem Alleinvertretungsanspruchs der staatlichen Arbeitsvermittlung zum Trotz, nach wie vor individuelle Wege der Erwerbsaufnahme. Dennoch kann davon ausgegangen werden, dass es den mächtigen Arbeitsämtern, nachdem sich das anfängliche Durcheinander gelegt hatte, größtenteils gelang, die Evakuierten ihres Bereichs zu erfassen. Sie platzierten viele im Zuge des ‚Arbeitseinsatzes' in neuen Arbeitsverhältnissen, während andere sich selbst eine Stelle suchten oder eigenständig umzogen und dem örtlichen Amt auf diese Weise ein Schnippchen schlugen. Trotz dieser Einschränkungen stellten die Arbeitsämter zweifellos jene staatliche Instanz dar, welche die Handlungsspielräume der Unternehmen gegenüber ihren früheren Belegschaften am stärksten einschränkte.

Hatte ein Saarpfälzer im Aufnahmegebiet eine neue Arbeitsstelle angetreten, so fiel er als Teil der ‚Betriebsgemeinschaft' nunmehr in den Aufgabenbereich der DAF. Sie befasste sich mit der Betreuung der Evakuierten und be-

57 BArch Berlin R 3101-32215, Stand des Einsatzes von Arbeitskräften aus den Freimachungsgebieten im Westen, 11.10.1939, fol. 156.

58 Gustav Bulla (Hrsg.), Die arbeitsrechtliche Stellung des rückgeführten Gefolgschaftsmitgliedes (nach dem Stande vom 1.8.1940), Berlin, Leipzig, Wien, 1940, S. 28 und BArch Berlin R 3101-32215, Vermerk über die Besprechung im Reichsarbeitsministerium, Oktober 1939, fol. 187.

mühte sich, ihre Unterbringung und materielle Versorgung zu sichern. So kursierte im April 1940 DAF-intern ein Bericht über die „Betreuung der im Volkswagenwerk beschäftigten Rückgeführten und ihrer Familien",[59] die als vorbildlich galt. In welcher Form und wie stark sich die Arbeitsfront in Sachen Evakuierte engagierte, unterschied sich von Gau zu Gau. Generell sah sie sich eher regionalen Interessen verpflichtet als den neu ankommenden Unternehmen aus dem Grenzgebiet. Das musste beispielsweise der aus Pirmasens evakuierte Schuhhersteller Rheinberger erfahren, als er die Herz AG in Offenbach am Main als Ausweichbetrieb erwerben wollte. Im Zuge der Verhandlungen wirkte die örtliche DAF im Herbst 1939 mit höchster Priorität darauf hin, dass die Pirmasenser die Belegschaft der Herz AG vollständig übernahmen.[60]

Ehe der Blick auf die andere Seite der Grenze wandert, sei kurz auf einen weiteren, semistaatlichen Akteur im Deutschen Reich verwiesen, nämlich die saarpfälzische Gauleitung rund um Josef Bürckel.[61] Passend zu den Bemühungen, die geräumten Betriebe mitsamt ihrer Produktionsmittel im Gau zu halten, ordnete Bürckel an, auch die Belegschaften hier soweit als möglich unterzubringen.[62] Tatsächlich kamen viele Evakuierte bei Freunden und Verwandten in der Nähe der roten Zone unter, ebenso entschieden sich zahlreiche Betriebe für einen Ausweichstandort in der Saarpfalz. Dennoch hätte der Gau mangels Kapazitäten niemals alle Belegschaften aufnehmen können, zumal die Personen, einmal im Reichsinnern angekommen, erneute Umzüge scheuten. So standen Bürckels Beharren, die Saarpfälzer im eigenen Gau weiter zu beschäftigen und die Mobilisierungsversuche der reichsweiten Arbeitsämter eher in einem theoretischen Konkurrenzverhältnis zueinander. Praktisch zeitigte Bürckels Anordnung wenig Konsequenzen – so wenig, dass sie in der Überlieferung und Sekundärliteratur, abgesehen von Werners Verweis, keine Rolle spielt. Die Gauleitung verfügte, im Gegensatz zu den lokalen Arbeitsvermittlungsstellen, de facto über keinerlei Zugriffsmöglichkeiten auf Saarpfälzer, die es irgendwo in das ländliche Gebiet Thüringens verschlagen hatte. Wenn es um die Belegschaften ging, mussten Bürckel, Bösing & Co. gegenüber den Arbeitsämtern zurücktreten.

---

59 BArch Berlin R 11-73, Bericht der Volkswagenwerk GmbH, April 1940, fol. 155.

60 HStAD N 1, Nr. 447, Aktennotiz der NSDAP-Kreisleitung Offenbach, 31.10.1939.

61 Siehe zur Verschränkung von Partei- und Staatsgewalt im NSDAP-Gau Saarpfalz: Kapitel Thema und Schauplatz der Untersuchung, S. 9.

62 *Wolfgang Franz Werner*, „Bleib übrig!": Deutsche Arbeiter in der nationalsozialistischen Kriegswirtschaft. Düsseldorf 1983, 64. Zeitpunkt und Adressat der Anordnung sind bedauerlicherweise unklar.

Auf der anderen Seite der Grenze wirkten staatliche Instanzen ebenfalls darauf hin, dass die Elsässer und Lothringer in Südwestfrankreich schnell wieder einer Arbeit nachgingen. So stellte der *Service des réfugiés*, das mit der Evakuierung befasste zentrale Pariser Gremium unter Camille Chautemps, Ende September in einem Rundschreiben an alle Präfekten fest:

> Les réfugiés ont le devoir de rechercher, par le travail, l'amélioration de leur situation et de celle de leurs familles, de coopérer à la vie nationale, à ses moyens de défense (...).[63]

Die Grundinteressen des Deutschen Reiches und der III. Republik überschnitten sich, was angesichts des in beiden Ländern herrschenden Arbeitskräftemangels einleuchtet. Des Weiteren verwies auch Camille Chautemps darauf, dass es wichtig sei, die Evakuierten zu beschäftigen, damit sie nicht in „schädlichen Müßiggang“[64] verfielen. Sowohl für deutsche als auch für französische staatliche Akteure diente Arbeit, oder allgemeiner Beschäftigung, dazu, von den Sorgen über das zurückgelassene Zuhause abzulenken.

Chautemps' Rundschreiben von Ende September 1939 legte im Weiteren fest, wer die Verantwortung dafür trug, die Elsässer und Lothringer im lokalen Arbeitsmarkt zu integrieren. Es sei dies die Verwaltung in den Aufnahmegebieten.[65] Die so angesprochenen Präfekturen, die Unterpräfekturen sowie die Bürgermeister erfassten nach Aufforderung des Innenministeriums ab Ende September die Evakuierten in ihrem Bereich namentlich. Die entsprechenden Fragebögen enthielten Angaben zur beruflichen Qualifikation, was die Stellenvermittlung erleichtern sollte. Darüber hinaus leiteten die Verwaltungsinstanzen Personalgesuche von Unternehmen weiter. So informierte die Präfektur der Charente die Unterpräfekten und Bürgermeister im Dezember 1939, dass die Pulverfabrik in Angoulême Personal benötige und Lothringer einstellen könne.[66] Verweigerte ein evakuierter Familienvater eine zumutbare Beschäftigung ohne triftigen Grund, war die Verwaltung gehalten, die Flüchtlingsunterstützung für ihn und seine Familie zu streichen. Der Präfekt verfügte außerdem, gemäß dem Gesetz vom 11. Juli 1938, über das Recht, Evakuierte als Arbeits-

63 „Die Evakuierten sind verpflichtet, ihre Situation und die ihrer Familie durch Arbeit zu verbessern, zum nationalen Leben, zur Verteidigung beizutragen (...).“ ADHR AL/200387, Instruction relative au régime des réfugiés dans les départements d'accueil définitif, 20.9.1939 S. 2.

64 „Oisiveté nuisible“, AMS 3 H 41, Rundschreiben des Service des réfugiés an alle Präfekten, 20.12.1939, S. 2.

65 ADHR AL/200387, Instruction relative au régime des réfugiés dans les départements d'accueil définitif, 20.9.1939 S. 2.

66 AMS 3 H 39, Brief der Präfektur der Charente an die Unterpräfekten von Confolens und Cognac und die Bürgermeister des Departements, 19.12.1939.

kräfte zu requirieren. Die Präfekturen im Südwesten und der *Service des réfugiés* in Paris diskutierten den Einsatz solcher Zwangsmittel gegenüber den Elsässern und Lothringern, wobei offen ist, in welchem Umfang sie zur Anwendung kamen.

Neben der alteingesessenen Verwaltung fungierten die Bürgermeister geräumter Gemeinden als Schnittstellen für die Arbeitsvermittlung. Der Bürgermeister von Sarreguemines, Nicolas Nicklaus, nunmehr in Chasseneuil in der Charente, korrespondierte einerseits mit Evakuierten. Sie erkundigten sich beispielsweise bei ihm, wohin sich ihr früherer Betrieb, bei dem sie wieder arbeiten wollten, zurückgezogen habe.[67] Andererseits stand er in Kontakt mit Arbeitgebern in der Nähe und dem *Office départemental de placement* in Angoulême, der staatlichen Arbeitsvermittlungsinstanz der Charente. Ihnen sandte er Listen erwerbsloser Lothringer in den umliegenden Gemeinden, potentieller Arbeitskräfte, zu.

Außerdem befassten sich die *Inspecteurs divisionnaires du travail et de la main d'œuvre* damit, den *évacués* neue Tätigkeiten zu vermitteln. Die Inspektoren, denen das Gesetz vom 11. Juli 1938 weitgehende Kompetenzen bei der Arbeitskräfteverteilung zugesprochen hatte,[68] waren dem Arbeitsministerium unterstellt. Sie und die ihnen nachgeordneten *Inspecteurs départementaux* agierten auf regionaler bzw. departementaler Ebene, wo sie den Elsässern und Lothringern Arbeit vermitteln sollten.[69] Schließlich wandten sich auch Evakuierte selbst an die Inspektoren und erkundigten sich bei ihnen nach nahegelegenen Erwerbsmöglichkeiten.

Vom Präfekten bis zum *Inspecteur divisionnaire* – in der III. Republik bemühten sich diverse Akteure, die Elsässer und Lothringer im Südwesten in Beschäftigung zu bringen. Ihre Aktivitäten spiegeln nationale Eigenheiten der Arbeitsvermittlung wider, insbesondere einen geringeren Grad an Zentralisierung als das deutsche Arbeitsämtermodell. Durch die dezentrale Organisation kam den Bemühungen einzelner Akteure wie Nicolas Nicklaus, des Bürgermeisters von Sarreguemines, wiederum ein hoher Stellenwert zu. Wie viel Erfolg war nun den französischen Instanzen bei der Mobilisierung evakuierter Arbeiter beschieden? Diese Frage kann in Ermangelung von Gesamtzahlen nicht abschließend beantwortet werden; jedoch drängen sich einige Überlegungen auf. Kamen die *évacués* in den Aufnahmegebieten und nicht anderswo bei Freunden

67 AMS 3 H 39, Anfrage von Jean-Pierre Bour an Nicolas Nicklaus, 23.9.1939.

68 *Michel Cointepas*, La mise en œuvre de la Charte du travail pas les inspecteurs du travail, in: Denis Peschanski/Jean-Louis Robert (Hrsg.), Les Ouvriers en France pendant la Seconde Guerre mondiale. Paris 1992, 181–191, 181.

69 ADHR AL/200387, Brief von Arbeitsminister Charles Pomaret an die Inspecteurs divisionnaires, 30.9.1939, S. 5.

oder Familie unter, konnten sie, allein um die Flüchtlingsunterstützung zu erhalten, den Kontakt zur örtlichen Verwaltung kaum vermeiden. Nach einer gewissen Zeit waren die Präfekturen im Bilde, wo sich erwerbslose Elsässer und Lothringer aufhielten. Durch die *réquisition* und den Entzug der Flüchtlingsunterstützung verfügten die Präfekten außerdem über rechtliche Instrumente, sie zum Antreten einer Arbeitsstelle zu zwingen. In der Regel bedurfte es dieses Zwangs allerdings nicht, weil sich viele Evakuierte selbstständig eine Beschäftigung suchten. Waren sie im ländlichen Gebiet untergebracht, arbeiteten sie oftmals in der Landwirtschaft, auf den Feldern ihres Gastgebers oder in der Nachbarschaft.[70] Eine Schwierigkeit, mit der sich staatliche Instanzen bei der Arbeitsvermittlung konfrontiert sahen, lag in der vorwiegend agrarischen Wirtschaftsstruktur der Aufnahmedepartements, die niemals allen Elsässern und Lothringern Arbeit hätten bieten können.[71]

Dies erwies sich für die geräumten Unternehmen, sobald sie ihre frühere Belegschaft für ihre Zwecke mobilisieren wollten, tendenziell als Vorteil. Ihre Ausgangssituation ähnelte der ihrer Pendants auf der anderen Seite der Grenze. Dennoch tut sich ein qualitativer Unterschied auf, denn keine französische Instanz vereinte so viele Lenkungs- und Kontrollbefugnisse auf sich wie die deutschen Arbeitsämter. Folglich sahen saarpfälzische Betriebe ihre Handlungsspielräume gegenüber ihren Belegschaften durch staatliche Zugriffe in den Aufnahmegebieten stärker eingeschränkt als elsässische und lothringische.

Zugriffe auf Bergleute

Das Deutsche Reich und die III. Republik wirkten, das haben die vorangegangenen Ausführungen dargelegt, darauf hin, den Evakuierten in den Aufnahmegebieten Arbeitsstellen zu vermitteln. Zwar verfügten die Aufnahmegebiete im jeweiligen Landesinnern über die räumlichen Kapazitäten, die Saarpfälzer, Lothringer und Elsässer aufzunehmen, nicht jedoch über die Industriestruktur der roten Zonen. Die Neuankömmlinge konnten nicht damit rechnen, ihrer bisherigen Beschäftigung weiterhin nachzugehen. Davon ausgehend wird nun untersucht, ob und wie staatliche Instanzen auf bestimmte Berufsgruppen zugriffen.

---

70 *Christine Odent-Guth*, Le déroulement des évacuations en Moselle en 1939/40, in: Fabian Lemmes u.a. (Hrsg.), Evakuierungen im Europa der Weltkriege – Les évacuations civiles dans l'Europe des guerres mondiales – Civilian Evacuations in World War Europe. Berlin 2014, 81–94, 90.

71 *Benoît Laurent*, L'évacuation de 1939–1940 pour les départements du Bas-Rhin, du Haut-Rhin et de la Moselle: étude juridique, économique et sociale. Dissertation. Strasbourg: Université de Strasbourg 2011, 197.

Im oben zitierten Vermerk des Reichsinnenministers Wilhelm Frick hatte dieser auf die so genannten Mangelberufe hingewiesen (siehe Kapitel 5.2, S. 258). Nach ihnen herrschte erstens von Seiten der Industrie eine große Nachfrage, zweitens kam ihnen eine hohe Bedeutung für die Kriegswirtschaft zu, was den von Frick beispielhaft benannten Einzelhandel ausschloss. Bemühten sich staatliche Instanzen im Deutschen Reich und in der III. Republik, Angehöriger bestimmter Berufsgruppen nicht irgendwo, sondern weiterhin in ihrem Sektor zu beschäftigen? In beiden Ländern lassen sich derartige Bemühungen vor allem in Bezug auf zwei Gruppen feststellen, erstens landwirtschaftliche Arbeiter und zweitens Bergleute. Auf erstere sei an dieser Stelle lediglich kurz verwiesen, da sich die Untersuchung, ihrem Fokus gemäß, vor allem mit Industriebetrieben und -arbeit befasst.

Sowohl die deutsche als auch die französische Landwirtschaft litten Ende der 1930er Jahre an Personalnot, einerseits als Folge der mittel- und langfristigen Landflucht, andererseits als Konsequenz der Mobilmachung im August 1939. Zugleich legten staatliche Stellen Wert darauf, dass Viehzucht, Aussaat und Ernte geregelt fortliefen, um die Lebensmittelversorgung im Krieg sicherzustellen. Deshalb lag es nahe, die evakuierten Bauern und Landarbeiter weiterhin in der Agrarwirtschaft zu beschäftigen. Deutscherseits wies Friedrich Syrup die Landesarbeitsämter im September 1939 darauf hin, dass „für den Einsatz in der Landwirtschaft geeignete Kräfte“[72] unbedingt ebendort unterzubringen seien. Mitte Oktober waren unter den von den reichsweiten Arbeitsämtern vermittelten 95 600 Evakuierten etwas mehr als 8 200 im Agrarbereich tätig.[73] Bedenkt man, dass viele Evakuierte in ländlichen Gebieten untergekommen waren, hielt sich der Zugriffserfolg also in Grenzen. Die Vermittlungsstatistik trägt allerdings jenen Saarpfälzern keine Rechnung, die selbstständig Arbeit auf dem Hof ihres Gastgebers oder in der Nachbarschaft gefunden hatten.

Auf der anderen Seite der Grenze bemühten sich staatliche Instanzen vor allem im Februar und März 1940, Elsässer und Lothringer in der im Südwesten Frankreichs stark vertretenen Landwirtschaft zu beschäftigen. Gemäß dem *décret-loi* vom 23. Februar 1940, das auch für die Evakuierten galt, unterlagen alle *agriculteurs* der Requirierung und durften nur in Ausnahmefällen außerhalb des Agrarsektors tätig sein.[74] Das Dekret ging einher mit anderen Maßnahmen, wie der Rückkehr zahlreicher Bauern von der Front auf die heimatliche Scholle

72 ThHStA Weimar ThIMin W 13, Brief von Friedrich Syrup an die Landesarbeitsämter, 17.9.1939, S. 3.

73 BArch Berlin R 3101-32215, Stand des Einsatzes von Arbeitskräften aus den Freimachungsgebieten im Westen, 11.10.1939, fol. 156.

74 ADHR AL/200387, Rundschreiben des Service des réfugiés, Instructions générales pour le reclassement au travail, 30.3.1940, S. 7.

ab Februar. Es ordnet sich somit in die breitere gesellschaftlich-politische Debatte um den Stellenwert der Landwirtschaft im Krieg und den „Unmut der Bauern“[75] in der III. Republik ein. Er entzündete sich daran, dass im Zuge der Mobilmachung deutlich mehr Industriearbeiter als *affectés spéciaux* in den Fabriken verblieben waren als Landwirte auf den Feldern. Diesen Umstand beklagten Bauernvertreter im Laufe des Sitzkrieges immer stärker und forderten die Gleichstellung ihrer Klientel.

Die zweite Berufsgruppe, der staatliche Instanzen beider Länder ihre Aufmerksamkeit zuwandten, war in einem Bereich tätig, dem eine hohe Bedeutung für die Rüstungsproduktion und die Kriegswirtschaft schlechthin innewohnte. Es handelte sich um die evakuierten Bergleute. Im Folgenden wird zuerst ausgeführt, wie das Deutsche Reich die Saarbergleute zu lenken versuchte und was dies für ihren früheren Arbeitgeber, die Saargruben AG, bedeutete. Danach rücken die lothringischen Bergleute in den Mittelpunkt, ehe beide staatlichen Zugriffe abschließend gemeinsam und vergleichend betrachtet werden.

Die deutschen Arbeitsämter wirkten während der ersten Räumungswochen darauf hin, die Saarbergleute ins Ruhrgebiet zu bringen und bei den dortigen Zechen zu beschäftigen. In einem Schreiben von Mitte September erklärte Friedrich Syrup diesen Zugriff gegenüber den Landesarbeitsämtern gar zur Chefsache. Unmittelbar nach den einleitenden Worten ging er an erster Stelle auf die Bergleute ein: „Zunächst ist der Einsatz der Bergarbeiter (sowohl aus dem Kohlen- wie aus dem Erzbergbau) vordringlich.“[76] Wie viele Bergleute kamen von der Saar ins Reichsinnere und auf wie viele hofften die Ruhrgebietszechen? Das Reichsarbeitsministerium ging davon aus, dass die Evakuierung über 13 000 Bergarbeiter betroffen hatte,[77] wovon 8 000 ins Ruhrgebiet kommen sollten.[78] Die Zahlen variierten stark; Ende September rechnete die Bezirksgruppe Steinkohlenbergbau Ruhr nur noch mit 4 000 bis 5 000 Saarpfälzern.[79]

Die Saargruben selbst konnten das Personal ihrer evakuierten Gruben in der Regel nicht weiterbeschäftigen, eröffneten sie doch als standortgebundenes Unternehmen keinen Ausweichbetrieb an anderer Stelle. Zwar liefen einige Bergwerke in der grünen Zone weiter und tatsächlich kehrten zwischen

75 „Grogne paysanne“, *Jean-Louis Crémieux-Brilhac*, Les Français de l'an 40: La guerre oui ou non?. Saint-Amand 1990, 467.

76 ThHStA Weimar ThIMin W 13, Brief von Friedrich Syrup an die Landesarbeitsämter, 17.9.1939, S. 2.

77 *Hans-Christoph Seidel*, Der Ruhrbergbau im Zweiten Weltkrieg. Essen 2009, 183.

78 StA Münster OP 5175, Brief der Bezirksgruppe Steinkohlenbergbau Ruhr an Gauleiter Josef Terboven, 22.9.1939, fol. 2.

79 *Hans-Christoph Seidel*, Der Ruhrbergbau im Zweiten Weltkrieg. Essen 2009, 182.

September und Dezember Bergleute zurück, um dort auf eigenen Wunsch zu arbeiten.[80] Der entsprechende Personalbedarf hielt sich aber in Grenzen und hätte niemals 13 000 Arbeiter umfasst. Staatlicher und unternehmerischer Mobilisierungsanspruch standen in keinem ernsthaften Konkurrenzverhältnis zueinander. Die Saargruben dürften den Zugriff der Arbeitsämter registriert und mitverfolgt haben, hegten aber kein ökonomisches Interesse an der Übernahme ihrer Bergleute durch die Ruhrgebietszechen. Die staatliche Saargruben AG und die in privater Hand befindlichen Ruhrbergwerke waren nicht unter dem Dach desselben Konzerns organisiert. Allerdings erwies es sich als Vorteil für das evakuierte Unternehmen, Teile der Belegschaft versammelt an einem Ort zu wissen, um gegebenenfalls selbst auf sie zuzugreifen. Die Rechnung ging freilich nur unter der Voraussetzung auf, dass die rheinisch-westfälischen Arbeitsämter, auf deren Bezirke sich die Ruhrgebietszechen verteilten, sie dann auch ziehen ließen.

Mit der Frage, wie die Bergleute ins Ruhrgebiet zu bringen seien, befassten sich die Arbeitsämter erst, nachdem die Räumung erfolgt war. In der vorangegangenen Planung hatte sie keine Rolle gespielt, wenngleich die Idee einer zielgerichteten Evakuierung ausgewählter Berufsgruppen zirkulierte. So verwies der Präsident des Landesarbeitsamtes Rheinland in einem Brief an das Reichsarbeitsministerium auf ein Verfahren, das er im Juni 1939 erstmalig vorgeschlagen habe.[81] Es zielte darauf ab, bestimmte Facharbeiter nicht erst in die Aufnahmegebiete, sondern direkt ins rheinisch-westfälische Industrierevier zu bringen. Der Vorschlag beschränkte sich auf den Bezirk des Landesarbeitsamtes Rheinland, auf die Facharbeiter aus den zu evakuierenden Gebieten um Euskirchen, Düren, Eschweiler, Aachen, Erkelenz und Kempen. Er zeitigte keinerlei Konsequenzen, sodass sich die Arbeitsämter im September 1939 fieberhaft bemühten, den Transfer der Saarbergleute aus den Aufnahmegebieten ins Ruhrgebiet zu organisieren. Anfang September richtete das Landesarbeitsamt Rheinland im Essener Amt eine Verteilungsstelle ein und besetzte sie mit Regierungsrat Schlagkamp. Er war zuvor im Saarbrücker Amt tätig gewesen und sollte nun evakuierte Berg- und Metallarbeiter über den rheinischen und westfälischen Bergbau und die Schwerindustrie verteilen.[82] Wenige Tage später änderte sich die Zuständigkeit und Friedrich Syrup erklärte das Landesarbeitsamt Westfalen

80 ThHStA Weimar ThIMin W 14, Brief des Oberbürgermeisters von Arnstadt an den Reichsstatthalter von Thüringen betreffs der Fahrgeldgewährung für zurückgekehrte Bergleute aus St. Ingbert, 6.12.1939.

81 StA Münster OP 5273, Brief des Präsidenten des Landesarbeitsamts Rheinland an den Reichsarbeitsminister, z.H. des Ministerialdirigenten Dr. Rachner, 8.9.1939, fol. 5.

82 Ebd., fol. 6v, ebenso in: *Friedrich Hartmannsgruber*, Akten der Reichskanzlei. Die Regierung Hitler: Band VI: 1939. München 2012, 549.

in Dortmund als federführend in Sachen Saarbergleute. Die reichsweiten Arbeitsämter hatten nach Dortmund zu melden, wie viele evakuierte Bergleute in ihrem Bereich angekommen waren, damit Dortmund sie unmittelbar in den Ruhrbergbau dienstverpflichten konnte.[83] Keinesfalls sei den Steigern, Hauern usw. eine Tätigkeit außerhalb des Bergbaus zu vermitteln.

Die wichtigsten Akteure des Zugriffes waren folglich die Arbeitsämter, einerseits die rheinischen und westfälischen, andererseits die zur Kooperation aufgerufenen Zweigstellen im gesamten Reichsgebiet. Außerdem engagierte sich der Essener Gauleiter Josef Terboven in der Angelegenheit. Er forcierte gegenüber Berliner Ministerien den Transfer der Saarbergleute an die Ruhr und bemühte sich, deren Unterbringung zu organisieren.[84] Weder die potentiellen Empfangszechen noch die Saargruben zeigten besondere Eigeninitiative – es handelte sich um einen staatlichen Mobilisierungsversuch, von dem die privatwirtschaftlichen Unternehmen an der Ruhr gegebenenfalls gern profitierten. Tatsächlich blieb es beim gegebenenfalls, denn der Zugriff verlief weitgehend im Sande. Mitte Oktober arbeiteten 1410 Saarbergleute auf den Ruhrgebietszechen, davon 1190 im Landesarbeitsamtsbezirk Rheinland und 220 in Westfalen.[85] Ihre Zahl erreichte im November den Höchststand von etwa 2000 und nahm in den Folgemonaten beständig ab, ehe die verbliebenen Bergleute im Sommer 1940 an die Saar zurückkehrten.[86]

Der quantitative Misserfolg des Zugriffs begründete sich zuvorderst darin, dass es an vorausschauenden Maßnahmen mangelte und die Organisation erst nach der Räumung einsetzte. Folgerichtig waren die Saarbergleute nicht direkt im Ruhrgebiet angekommen, sondern hielten sich vorläufig in Thüringen und anderswo auf. Dies stellte, dem Präsidenten des westfälischen Landesarbeitsamtes zufolge, das zentrale Problem dar, das es bei einer eventuellen Räumung der grünen Zone unbedingt zu umgehen gelte. In einem Brief an den Reichsarbeitsminister Seldte fordert er, „daß die Bergarbeiter der grünen Zone auf dem unmittelbaren Wege in den Ruhrbergbau gebracht werden müßten."[87]

83 ThHStA Weimar ThIMin W 13, Brief von Friedrich Syrup an die Landesarbeitsämter, 17.9.1939, S. 2.

84 Siehe dazu Terbovens Korrespondenz in StA Münster OP 5175 und OP 5199.

85 BArch Berlin R 3101-32215, Einsatz der Arbeitskräfte aus den Freimachungsgebieten im Westen, 11.10.1939, fol. 156.

86 *Hans-Christoph Seidel*, Der Ruhrbergbau im Zweiten Weltkrieg. Essen 2009, 183 und *Wolfgang Franz Werner*, „Bleib übrig!": Deutsche Arbeiter in der nationalsozialistischen Kriegswirtschaft. Düsseldorf 1983, 66.

87 StA Münster OP 5199, Brief des Präsidenten des Landesarbeitsamtes Westfalen an den Reichsarbeitsminister Franz Seldte, Oktober 1939, fol. 14.

Der Umweg über die Aufnahmegebiete führte einerseits dazu, dass der Zugriff nur gelang, wenn die dortigen Arbeitsämter kooperierten. Sie aber konnten die Neuankömmlinge im eigenen Bezirk gut gebrauchen und zogen es vor, sie in den nahegelegenen Bergbau, in Niedersachsen etwa die Erzgruben der Reichswerke Hermann Göring, oder in andere Tätigkeiten zu vermitteln.[88] Andererseits führte der Umweg über Thüringen etc. zu einer höheren Abhängigkeit vom Objekt des Zugriffs selbst, den Bergleuten. Nannten diese gegenüber dem örtlichen Arbeitsamt einen anderen Beruf, gab es mangels Arbeitspapieren keine Möglichkeit, ihre Angaben nachzuvollziehen. Außerdem waren sie wenig motiviert, ihren Aufnahmeort zu verlassen und erneut umzuziehen, zumal sie allein ins Ruhrgebiet gehen sollten. Aufgrund der angespannten Unterbringungslage durften sie ihre Familien nicht mitnehmen, vereinzelt kam es sogar zur Abschiebung mitgereister Familienmitglieder.[89] Die erzwungene Trennung wirkte sich negativ auf die Erfolgschancen des Mobilisierungsversuches aus, weshalb das Innenministerium darauf drängte, den Familiennachzug anders zu regeln:

> Es ist unbedingt notwendig, wenn man Bergarbeiter im Ruhrgebiet braucht, dafür zu sorgen, dass sie und ihre Familienangehörigen dort oder in der Nähe der Arbeitsstätten untergebracht werden, sodass zum Mindesten die Möglichkeit besteht, zum Wochenende die Familien zusammenzuführen. (...) Andernfalls Vermittlung der Saarbergleute in Ruhrbezirk aussichtslos.[90]

Die Feststellung des Innenministeriums liest sich fast wie eine staatliche Bankrotterklärung gegenüber den Bergleuten. Sie beantwortet auf ihre Weise die Frage, ob organisatorische Gründe, d.h. die kooperationsunwilligen Arbeitsämter, oder der Eigensinn der Bergleute schwerer für den erfolglosen Mobilisierungsversuch wogen. Indem das Innenministerium eine gemeinsame Unterbringung der evakuierten Familien forderte, erkannte es ihren Eigensinn als schwerwiegender an. Dem Eindruck ist beizupflichten. Tatsächlich gelang es den Saarbergleuten, so sie es wollten und eigenständig organisierten, im Ruhrgebiet unterzukommen. So berichtete Jakob Kipper, aus dem geräumten Ludweiler stam-

---

88 *Wolfgang Franz Werner*, „Bleib übrig!": Deutsche Arbeiter in der nationalsozialistischen Kriegswirtschaft. Düsseldorf 1983, 65. Im Landesarbeitsamtsbezirk Niedersachsen arbeiteten Mitte Oktober 1939 über 1220 Saarpfälzer im Bergbau, damit etwas als im Bezirk Rheinland und deutlich mehr als in Westfalen: BArch Berlin R 3101-32215, Einsatz der Arbeitskräfte aus den Freimachungsgebieten im Westen, 11.10.1939, fol. 156.

89 StA Münster OP 5175, Brief von Josef Terboven an die Landesregierung Lippe und die Regierungspräsidenten in Minden sowie Osnabrück, 27.10.39, fol. 10–10v.

90 BArch Berlin R 3101-32215, Vermerk über Freimachungsfragen (Erfahrungen aus dem bisherigen Verlauf der Freimachung), o.D., fol. 124v-125.

mend, ein Bekannter habe ihm Arbeit auf der Schachtanlage Bergmannsglück in Gelsenkirchen vermittelt.[91] Ende September sei er mit seiner Familie von Thüringen an die Ruhr gekommen, habe eine Wohnung in Gelsenkirchen gefunden und kurz darauf die Stelle bei der Hibernia AG angetreten. Kipper hatte, das sei quellenkritisch angemerkt, keinen Grund, die individuelle Erwerbsaufnahme vorzuschützen und eine Vermittlung durch das Arbeitsamt zu leugnen. Was dem Landesarbeitsamt Dortmund nicht gelang, nämlich die Saarbergleute per Dienstverpflichtung ins Ruhrgebiet zu bringen, funktionierte in diesem Fall, weil die individuellen Interessen der Familie Kipper mit den staatlichen übereinstimmten.

Der Eigensinn wog damit auch schwerer als die staatlichen Zwangsmittel, denn selbst die Dienstverpflichtung bot keine Gewähr dafür, dass die Saarbergleute bei den Ruhrgebietszechen ihre Tätigkeit aufnahmen und dort blieben. Das Deutsche Reich verfügte in der Ausnahmesituation Evakuierung nur über begrenzte Zugriffsmöglichkeiten auf die Bergleute aus der roten Zone. Hinzu kommt, dass es davon absah, Zwangsmaßnahmen gegen Evakuierte, wo dies möglich war, konsequent durchzusetzen. Die Rücksichtnahme war der Sorge vor dem Unruhepotential der im gesamten Reichsgebiet verteilten und schwer zu kontrollierenden Saarpfälzer geschuldet. Sie schimmert durch, wenn das Innenministerium in dem oben zitierten Vermerk davor warnte, die vorhandenen Druckmittel vollständig auszuschöpfen:

> Vermittlung unter Trennung von Angehörigen stösst auf Widerstand, Mittel wie Dienstverpflichtung, polizeilicher Abschub nachgereister Familienmitglieder, Entziehung des Familienunterhalts sind unzulänglich und gefährlich.[92]

Nicht alle staatlichen Stellen teilten diese Sorge und einige der Mittel, etwa die Dienstverpflichtung, kamen, obwohl als „unzulänglich und gefährlich" gebrandmarkt, zum Einsatz. Dennoch ist die Rücksichtnahme, die das Innenministerium im Umgang mit den Saarbergleuten und anderen evakuierten Arbeitern anmahnte, bemerkenswert.

Zeitlich verortet sich diese Rücksichtnahme vor der Spirale zunehmend rücksichtsloser Ausbeutung aller Ressourcen für die Rüstungsproduktion. Sie drehte sich insbesondere ab 1942 und führte, neben sich radikalisierenden Formen der Zwangsarbeit, auch zum „Raubbau im Innern"[93], nämlich erhöhtem

---

91 BArch Berlin R 2-29979, Meldung des Bergmanns Jakob Kipper beim Stadtoberinspektor von Gelsenkirchen, 6.12.1939, fol. 105–105v.

92 BArch Berlin R 3101-32215, Vermerk über Freimachungsfragen (Erfahrungen aus dem bisherigen Ablauf der Freimachung) o.D., fol. 124v.

93 *Tim Schanetzky*, „Kanonen statt Butter": Wirtschaft und Konsum im Dritten Reich. München 2015, 222.

Arbeitsdruck und stärkeren Zugriffen auf deutsche Belegschaften. Davor schreckten staatliche Instanzen 1939/1940 zumindest teilweise noch zurück. Die Saargruben zählten wiederum zu den Profiteuren des Eigensinns ihres evakuierten Personals: Spätestens im Sommer 1940 kehrten die Bergleute aus dem Ruhrgebiet bereitwillig nach Hause, in die freigegebene rote Zone, zurück und setzten dem staatlichen Zugriff ein Ende. Er hatte dem geräumten Unternehmen unter dem Strich wenig gebracht, aber auch nicht geschadet.

Auf der anderen Seite der Grenze wirkte der französische Staat ebenfalls darauf hin, dass Bergleute aus der Moselle ihre kriegswichtige Arbeit im Landesinnern fortsetzten. Es handelte sich insbesondere um das Personal der beiden größten Bergbaugesellschaften entlang der deutsch-französischen Grenze, der *société Sarre et Moselle* und der *Houillères de Petite-Rosselle*. Die III. Republik brachte die *mineurs* in andere Bergbaureviere, wo die dortigen Unternehmen sie einstellten. Ihr Mobilisierungsversuch zerfällt in verschiedene Einzelzugriffe, die sich über die gesamte Sitzkriegszeit erstreckten. Am Anfang stand im September 1939 die Evakuierung der Bergleute aus dem lothringischen Steinkohlenbecken ins Nord/Pas-de-Calais sowie nach Zentral- und Südfrankreich, in die Gruben bei Blanzy, Saint-Étienne und Carmaux. Wenige Wochen später kamen die Mitglieder der Notbelegschaften, nachdem ihre Tätigkeit in der roten Zone im Oktober 1939 geendet hatte, ins Nord/Pas-de-Calais.[94] In den Folgemonaten rekrutierten die Zechen im Landesinnern weitere Lothringer aus den Aufnahmedepartements um die Charente. Darüber hinaus empfingen sie das Personal der Erzgruben entlang der französisch-luxemburgischen Grenze, u.a. aus Volmerange-les-Mines, Rédange und Hettange-Grande.[95] Die Gemeinden, im Nordwesten der Moselle gelegen, wurden zwischen Oktober 1939 und Februar 1940 evakuiert.

Der staatliche Mobilisierungsversuch von Bergleuten dauerte damit deutlich länger an als im Deutschen Reich. Noch im Mai 1940, angesichts des *exode*, bemühte sich die III. Republik, den französischen, belgischen, luxemburgischen und niederländischen Flüchtlingen, Bergleuten und andere Berufsgruppen, schnell wieder Arbeit zu vermitteln.[96] Zwar gingen diese Bemühungen in Anbetracht der französischen Niederlage unter, dennoch ordnet sich die Eva-

94 Für Petite-Rosselle: ADM CAIT 103 HBL 40, Liste des employés et ouvriers affectés à l'équipe de sauvegarde et qui sont mutés aux mines de la Clarence, o.D.

95 ADM 5 R 592, Evacuation et transfert de mineurs, 22.2.1940. Zur Grube Charles-Ferdinand in Hettange-Grande siehe die umfangreiche Korrespondenz in Archives d'ArcelorMittal 177/29.

96 ADHR AL/200387, Brief des Arbeitsministers Charles Pomaret an die Inspecteurs divisionnaires et départementaux du Travail und an die Offices départementaux de placement, 15.5.1940.

kuierung lothringischer Bergleute bei Kriegsbeginn acht Monate zuvor in diesen Zugriffszusammenhang ein.

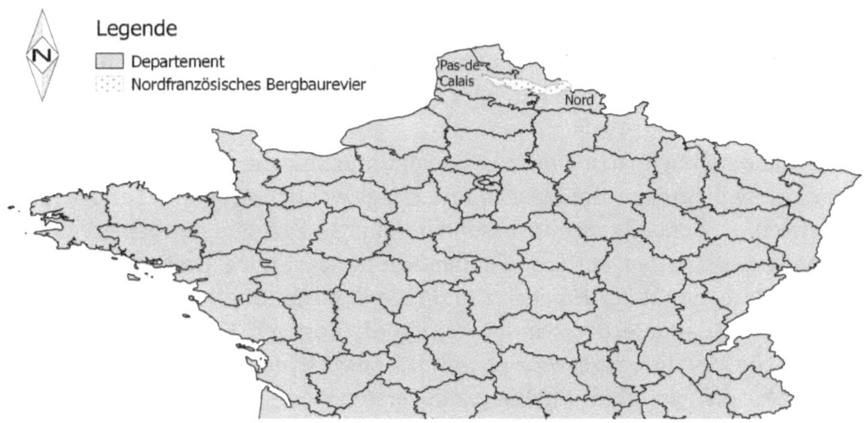

Abb. 5.1: Lage des nordfranzösischen Bergbaureviers.

Im Folgenden beschränkt sich die Untersuchung mit dem Transfer der *mineurs* aus der Moselle ins Nord/Pas-de-Calais auf jenes Revier, das im September 1939 die meisten Evakuierten aufnahm.[97] Das Nord/Pas-de-Calais befindet sich im Nordosten Frankreichs (siehe Abbildung 5.1, S. 272), es grenzt an die Nordsee und das Nachbarland Belgien. Das dicht besiedelte Steinkohlenbecken beheimatete die bedeutenden Zechen von Courrières, Lens und Béthune sowie zahlreiche weitere. Am Vorabend des Ersten Weltkrieges hatten sie zusammen rund drei Viertel der nationalen Steinkohleproduktion erbracht,[98] ehe ihre Anlagen zwischen 1914 und 1918 schwere Schäden erlitten. Auf den Krieg folgte der Wiederaufbau, der sich bis weit in die 1920er Jahre hineinzog.

1939 kamen hier, einer Liste der Metzer Präfektur zufolge, etwa 12 000 der über 21 000 evakuierten lothringischen Kumpel unter; die übrigen 9 000 verteil-

97 Der Einfachheit halber werden die Departements Nord und Pas-de-Calais gemeinsam als nordfranzösisches Revier betrachtet, wenngleich sie auf eine durchaus unterschiedliche Entwicklung zurückblickten: *Nathalie Piquet*, Charbon, Travail forcé, Collaboration: Der nordfranzösische und belgische Bergbau unter deutscher Besatzung, 1940 bis 1944. Essen 2008, 29f. Das Pas-de-Calais, das seit Anfang des 20. Jahrhunderts mehr und größere Kohlegruben zählte, nahm bei Kriegsbeginn mehr Lothringer auf als der Nord.

98 *Serge Dormard*, L'économie du Nord-Pas-de-Calais: Histoire et bilan d'un demi-siècle de transformations. Villeneuve-d'Ascq 2001, 29.

ten sich über Reviere in Zentral- und Südfrankreich.[99] Bei den genannten Zahlen ist gewisse Vorsicht geboten. Sie scheinen zu hoch gegriffen, gehen sie doch davon aus, dass mit über 21 000 fast alle Bergleute aus dem geräumten grenznahen Steinkohlenbecken auf direktem Wege zu Bergbaugesellschaften im Landesinnern gekommen waren. Nicolas Provot schätzte die Anzahl der ins nordfranzösische Revier evakuierten Familien auf 7 000, insgesamt 30 000 Personen.[100] Im Anschluss daran wird davon ausgegangen, dass zwischen 8 000 und 10 000 Bergleute aus der Moselle während des Sitzkrieges in den nordfranzösischen Gruben arbeiteten.

Die Bergbaugesellschaften im Nord/Pas-de-Calais und die lothringische *société Sarre et Moselle* waren miteinander verbunden. Nach dem Ersten Weltkrieg hatte die III. Republik die Saar-und-Mosel-Bergwerksgesellschaft, unter Beteiligung von Stinnes und Thyssen und nunmehr auf französischem Territorium befindlich, unter Sequester gestellt, mithin beschlagnahmt und zwangsverwaltet. Das Konzessionsgebiet von Saar und Mosel rund um Merlebach sprach sie der neugegründeten Aktiengesellschaft *Sarre et Moselle* zu, deren Anteilseigner sich aus den nordfranzösischen Bergbaugesellschaften rekrutierten.[101] Die Zechen von Lens, Courrières, Dourges, Béthune u.a. erhielten die Konzession von *Sarre et Moselle* als Ausgleich für die starken Zerstörungen ihrer Anlagen während des Ersten Weltkrieges. Durch diese besondere Verbindung kamen die Bergleute im September 1939 von *Sarre et Moselle* zu deren Anteilseignern. Letztere hegten ein Interesse daran, die räumungsbedingten Abbauausfälle im deutsch-französischen Grenzgebiet auszugleichen. Hier zeichnet sich des Weiteren eine Traditionslinie zwischen Erstem und Zweitem Weltkrieg sowie eine deutsch-französische Ver- und Entflechtung ab. 1919 war die *société Sarre et Moselle* auf die sequestrierte Saar-und-Mosel-Bergwerksgesellschaft gefolgt, 20 Jahre später verließen die Kumpel die Moselle angesichts des bevorstehenden Krieges gegen das Deutsche Reich. Nach der faktischen Annexion des Elsass und Lothringens im Sommer 1940 übernahmen die Saargruben die Treuhänderschaft für *Sarre et Moselle* und bauten bis 1944/1945 die Kohle ab. Das Kriegsende brachte das Ende für diese von Konflikten und Inhaberwechseln geprägte deutsch-französische Wirtschaftsverflechtung.

Die lothringische Bergwerksgesellschaft *Petite-Rosselle* verfügte über weniger Verbindungen mit dem nordfranzösischen Bergbau. Immerhin zählten die

99 ADM 5 R 592, Evacuation et transfert de mineurs, 22.2.1940.

100 *Nicolas Provot*, L'évacuation de Saint-Avold (suite et fin): La vie des mineurs naboriens dans les départements du Pas-de-Calais et de la Loire, in: Les Cahiers Naboriens 3, 1986, 84–116, 86.

101 *René Haby*, Les Houillères lorraines et leur région: Band 1. Paris 1965, 97.

Mines de la Clarence und die *Mine de Crespin*, im Nord/Pas-de-Calais gelegen, ebenfalls zu den Wendel'schen Firmen.[102] Anders als Saargruben und Ruhrgebietszechen waren die evakuierten Bergbaugesellschaften aus Lothringen ökonomisch mehr oder weniger stark mit jenen verquickt, die ihre Belegschaften aufnehmen sollten.

In der Räumungsplanung hatte der Transfer bestimmter Berufsgruppen, insbesondere der Bergleute, in andere Industriegebiete, bereits vor 1939 eine Rolle gespielt. Die bei Kriegsbeginn gültige *instruction générale* (siehe Kapitel 1.1, S. 1.1) war explizit darauf eingegangen und hatte die Mechanismen festgelegt. Als staatliche Instanzen die Evakuierung der Bergleute ins Nord/Pas-de-Calais in die Tat umsetzen, konnten sie auf die bereits getätigten Überlegungen und Planungen zurückgreifen. Demzufolge erreichten die *mineurs* und ihre Familien in den ersten Septembertagen gemeinsam mit dem Rest der Bevölkerung die Sammelzentren außerhalb der roten Zone, in Delme, Dieulouard, Pont-à-Mousson und Thiaucourt. Nach Auswahl durch eine Kommission kamen die Bergarbeiterfamilien nicht nach Südwesten, sondern mit Zügen in den Nordosten. Welche Kriterien die Kommissionen, die sich u.a. aus Leitungspersonal der Bergwerksgesellschaften rekrutierten, dabei anlegte, ist unklar. Sie schickten, Unternehmensvertretern von *Petite-Roselle* zufolge, lediglich die *affectés spéciaux*, aufgrund ihrer kriegswichtigen Tätigkeit vom Militärdienst befreite Bergleute, und ihre Familien, auf den Weg in andere Industriereviere.[103] M. Crumbach, ein Angestellter von *Petite-Rosselle*, berichtete hingegen, am 3. und 4. September habe sich das gesamte verfügbare Grubenpersonal in Delme für die Weiterfahrt ins nordfranzösische Revier versammelt.[104]

Mit Zügen erreichten die Lothringer Lens im Nord/Pas-de-Calais, wurden vorläufig untergebracht und dort sowie in den benachbarten Städten erfasst. Die Registrierung übernahmen Abordnungen der lokalen Bergwerksgesellschaften im Falle Crumbachs der *mines de Dourges*; hier wirkte u.a. ein Ingenieur von *Sarre et Moselle* mit.[105] Nach der Erfassung kamen die Evakuierten, bis auf einige Ausnahmen, in der ihnen zugeteilten Bergbausiedlung unter. Entweder wurden sie bei anderen Familien einquartiert, die nun zusammenrücken mussten, oder, was seltener der Fall war, sie bezogen leerstehende Wohnungen. Die Siedlungen gehörten den *Compagnies*, auf dem Grund und Boden der *mines de*

102 AN 190 AQ 16, Note de François de Wendel à Monsieur le Ministre des Travaux Publics, 9.5.1940, S. 1.
103 AN 190 AQ 16, Note sur l'évacuation, o.D. und AN 190 AQ 52, Journal de guerre des Houillères de Petite-Rosselle, S. 9, 39.
104 AN 190 AQ 52, M. Crumbach, Rapport sur l'évacuation de Petite-Rosselle, 21.9.1939, S. 2.
105 Ebd., S. 4.

Lens logierten Mitte September rund 5 220 Lothringer.[106] Kurz darauf stellten die Bergbaugesellschaften die Neuankömmlinge ein. Dabei behielt sich die staatliche Bergbauverwaltung, der *Service des Mines* vor Ort, ein Vetorecht vor. Wenn die Produktion dies erfordere, so der *Ingénieur en Chef des Mines*, werde er die Bergleute zu einem späteren Zeitpunkt neu verteilen.[107] Die *Compagnies* von Lens, Béthune und Aniche stellten im September mit Sicherheit Evakuierte ein, bei Bruay, Carvin, Courrières, Dourges, Liévin, Marles und Nœux ist davon auszugehen. Bei den *Mines de la Clarence* und in Crespin kamen indes bei Kriegsbeginn keine Lothringer an, worüber sich François de Wendel bei Anatole de Monzie, *Ministre des Travaux Publics*, bitter beschwerte.[108] Die Verteilung ging in erster Linie auf die periphere Lage der Wendel'schen Bergwerke im Westen und Osten des Reviers zurück. Nach ihrer Ankunft in Lens, im Herzen des Abbaugebietes, stellten vor allem die nahegelegenen, zentralen Zechen die Bergleute ein.

In der Regel verbrachten sie die gesamte Sitzkriegsphase im nordfranzösischen Bergbaugebiet. Einige von ihnen flohen im Mai 1940 vor den herannahenden deutsche Truppen, andere blieben in dem Gebiet, das nach dem Waffenstillstandsabkommen im Juni dem Militärbefehlshaber von Belgien und Nordfrankreich unterstand. Im August organisierten die deutschen Besatzer die Heimkehr der Evakuierten in die Moselle, in diesem Zuge kehrten fast alle Bergleute nach Lothringen zurück. Der staatliche Zugriff der III. Republik, die nunmehr der Vergangenheit angehörte, auf die *mineurs lorrains* fand dergestalt ein Ende.

Welche Spuren haben die evakuierten Bergleute und ihre Familien in den Archiven der Präfekturen sowie der Bergbaugesellschaften im Nord/Pas-de-Calais hinterlassen? Tatsächlich treten in ihren Unterlagen diverse Probleme zu Tage. So litten die Lothringer unter mangelhafter Unterbringung, Konflikten mit den Einheimischen, der niedrigen Einstufung bei der Einstellung und finanziellen Engpässen. Dass die Dokumente insbesondere von Schwierigkeiten berichten, liegt allerdings in einem Überlieferungsbias begründet. Die Evakuierten wandten sich vor allem dann an die Präfektur oder ihren neuen Arbeitgeber, wenn Probleme auftraten oder sie sich ungerecht behandelt fühlten. Es liegt in der Natur der Sache, dass die negativen Aspekte stärker überliefert sind als Zufriedenheit und gedeihliches Miteinander zwischen Gastgebern und lothringi-

106 CHML L 1421, Réfugiés lorrains logés par la Société des Mines de Lens, 15.9.1939.
107 CAMT 1994 056 0562, Brief des Ingénieur en Chef des Mines an den Direktor der Bergwerksgesellschaft von Béthune, 7.9.1939.
108 AN 190 AQ 16, Note de François de Wendel à Monsieur le Ministre des Travaux Publics, 9.5.1940, S. 1–2.

schen Familien. Interessanterweise beschrieben die Bergleute von *Sarre et Moselle* und *Petite-Rosselle* die Arbeitsweise im nordfranzösischen Revier als völlig gegensätzlich zu jener, die sie aus der Moselle kannten. Sie stellten die veralteten Abbaumethoden und unzureichende Sicherheits- sowie Hygienevorkehrungen des Nordens der vorangeschrittenen Mechanisierung und dem zeitgemäßen Arbeitsschutz Lothringens gegenüber.[109] Jenseits tatsächlicher Unterschiede, die mit mangelnden Investitionen der Zechen und der Natur des Kohlevorkommens zu tun hatten, handelt es sich um eine Form des *Othering*. Ebenso wie in der Dordogne oder auf der anderen Seite der Grenze in Mainfranken, bestimmte es auch im Nord/Pas-de-Calais, wie Evakuierte ihre Erlebnisse konstruierten und erzählten.

Zweifellos ging der Aufenthalt der Lothringer im nordfranzösischen Revier mit Problemen im Arbeitsleben und im sonstigen Alltag einher. Viele Schwierigkeiten waren freilich als Produkt von Migrationsbewegungen und des erzwungenen Aufeinandertreffens verschiedener Bevölkerungsgruppen kaum zu vermeiden. Sie traten in ähnlicher Form in allen Aufnahmegebieten auf, sodass das Nord/Pas-de-Calais keine Ausnahme darstellte. Hier konnten Neuankömmlinge immerhin schnell wieder ihre altbekannte Tätigkeit aufnehmen. In diesem Sinne beschrieb Nicolas Provot die Lebensumstände der Bergleute trotz allem vorsichtig positiv:

> Mais le fait d'avoir pu obtenir rapidement un travail, donc un revenu à peu près correct, le fait aussi que peu à peu syndicats, églises et associations s'organisèrent, contribua à adoucir leur sort.[110]

Neben den Bergleuten, dem Ziel des Zugriffes, beteiligten sich vier Akteursgruppen an dem Mobilisierungsversuch. Es handelte sich erstens um die staatliche Bergbauverwaltung im Nord/Pas-de-Calais. Der örtliche *Service des Mines* wachte über die Verteilung der Lothringer auf die Gesellschaften. Dies geschah, indem er sich entweder, wie oben erwähnt, ein Vetorecht vorbehielt oder selbst die Aufteilung vornahm. Die zweite Option kam insbesondere bei späteren Transfers von Evakuierten aus den Aufnahmedepartements im Südwesten zum

109 *Nicolas Provot*, L'évacuation de Saint-Avold (suite et fin): La vie des mineurs naboriens dans les départements du Pas-de-Calais et de la Loire, in: Les Cahiers Naboriens 3, 1986, 84–116, 89 und *Nathalie Piquet*, Charbon, Travail forcé, Collaboration: Der nordfranzösische und belgische Bergbau unter deutscher Besatzung, 1940 bis 1944. Essen 2008, 209.

110 „Aber die Tatsache, schnell wieder Arbeit, und somit ein mehr oder minder korrektes Gehalt, zu bekommen, und die Tatsache, dass sich Gewerkschaften, Kirchen und Vereine allmählich wieder organisierten, trugen dazu bei, ihr Schicksal abzumildern." *Nicolas Provot*, L'évacuation de Saint-Avold (suite et fin): La vie des mineurs naboriens dans les départements du Pas-de-Calais et de la Loire, in: Les Cahiers Naboriens 3, 1986, 84–116, 86.

Tragen.[111] Zweitens waren mit den Präfekturen des Nord und des Pas-de-Calais weitere staatliche Instanzen in der Angelegenheit involviert. Sie stellten den Anlaufpunkt für administrativen Anfragen von Lothringern und Bergbaugesellschaften rund um Flüchtlingsunterstützung, Unterbringung und materielle Zuwendungen dar.[112] In der Praxis übernahm nicht der *Service des Mines*, sondern die dritte Akteursgruppe, die aufnehmenden Zechen, die Verteilung der *mineurs* Anfang September. Sie sorgten außerdem für die Unterbringung in den Bergbausiedlungen. Viertens wirkten die früheren Arbeitgeber, die *société Sarre et Moselle* und *Petite-Rosselle*, an der Evakuierung ihres Personals mit. Sie beteiligten sich an der Weiterleitung aus den Sammelzentren gen Norden und an der Registrierung der in Lens und Umgebung angekommenen Lothringer. Im weiteren Verlauf des Sitzkrieges standen sie in ständigem Kontakt mit den drei zuvor genannten Akteuren, dem *Service des Mines*, den Präfekturen und den anderen *Compagnies minières*. Dabei ging es beispielsweise um die Erfassung der Bergleute, Ersatzpersonal für die Notbelegschaften in der roten Zone oder ausstehende Lohnzahlungen.

Insgesamt war der III. Republik bei dem Versuch, die kriegswichtige Arbeitskraft der Bergleute während der Evakuierung zu nutzen, Erfolg beschieden. Dem französischen Staat gelang es deutlich besser als dem Deutschen Reich, das Personal von *Sarre et Moselle* und *Petite-Rosselle* bei Kriegsbeginn zielgerichtet in andere Industriereviere zu bringen. Gemäß konservativer Schätzung erreichten 8 000 lothringische Bergleute im September 1939 das Nord/Pas-de-Calais, hinzu kommen die anderen Bergbaureviere in Zentral- und Südfrankreich. Insgesamt kann davon ausgegangen werden kann, dass über die Hälfte, vermutlich bis zu zwei Drittel der 20 000 *mineurs lorrains* ihren Beruf auch während der Evakuierung ausübten. Von diesen Zahlen war der Saarbergbau weit entfernt.

Woher rührt der Erfolg des französischen Modells? Er begründet sich erstens in der frühzeitigen Zugriffsplanung, die den direkten Transfer in die anderen Bergbaugebiete ermöglichte. Zweitens arbeiteten die oben genannten Akteure und die Instanzen in den Aufnahmedepartements insgesamt reibungslos zusammen. Gewiss gab es Querelen, jedoch schoss keiner der Akteure quer, ganz im Gegensatz zu den Arbeitsämtern in den deutschen Aufnahmegebieten, die erfolgreich verhinderten, dass Saarbergleute aus ihrem Bezirk ins Ruhrgebiet abwanderten. In Frankreich gelang es, Bergarbeiter, auch nachdem sie im

---

111 CAMT 1994 056 0032, Sitzungsprotokoll der Chambre des Houillères du Nord et du Pas-de-Calais, 7.10.1939, S. 3.

112 Siehe dazu die umfangreiche Korrespondenz der Präfektur des Pas-de-Calais und ihrer Unterpräfekturen in: ADPdC 1 Z 699.

Südwesten angekommen waren, für einen erneuten Umzug in ein Bergbaurevier zu gewinnen. Nicht zuletzt zeigten die *Compagnies* dabei mehr Initiative als die Ruhrgebietszechen. Sie schickten Abordnungen nach Angoulême, um potentielle Arbeiter anzuwerben und medizinisch zu untersuchen. Der wichtigste Grund für den Erfolg liegt schließlich darin, dass die staatlichen Instanzen Frankreichs und die neuen Arbeitgeber den Eigensinn der Evakuierten stärker berücksichtigen als ihre deutschen Pendants. Am prägnantesten kommt dies in der Familiennachzugs- und Unterbringungspolitik zum Ausdruck. Die III. Republik ging grundsätzlich davon aus, dass die evakuierten Familien zusammenblieben, was stark zur Zufriedenheit der Lothringer beitrug, wohingegen die Saarbergleute allein an die Ruhr kommen sollten. Hätten die *mineurs* es gewollt, wäre es ihnen zweifellos gelungen, sich dem Zugriff zu entziehen, das Nord/Pas-de-Calais zu verlassen und irgendwo in Frankreich unterzukommen. Allein – es kam zu keinerlei Abreisen im großen Stil. Trotz diverser Probleme blieben die Bergleute und ihre Familien bereitwillig im nordfranzösischen Revier und trugen auf diese Weise zum Erfolg des Mobilisierungsversuchs bei.

Bei alldem blieben die Interessen der evakuierten Unternehmen *Sarre et Moselle* und *Petite-Rosselle* im Hintergrund bestehen. Für das Gelingen des Zugriffs kam ihnen, gegenüber den eben aufgezählten Faktoren, eine geringere Bedeutung zu, dennoch half die Kooperation zwischen geräumten und aufnehmenden Bergwerksgesellschaften. Die Verbindungen zwischen *Sarre et Moselle* und den Gruben des Nord/Pas-de-Calais mögen des Weiteren ein stärkeres Engagement letztgenannter in der Angelegenheit bedingt haben. Von der Stilllegung der Bergwerke im lothringischen Grenzgebiet waren sie durch ihre Aktienbeteiligungen indirekt mitbetroffen und hegten ein Interesse daran, die drohenden Verluste zumindest teilweise auszugleichen. Dem standen auf deutscher Seite die privaten Ruhrgebietszechen gegenüber, die auf die staatlichen Saargruben als Konkurrenz blickten.

Auf den vorangegangenen Seiten sind die Zugriffe des Deutschen Reiches und der III. Republik auf die Saarbergleute und die lothringischen Kumpel ausgeführt worden. Dem Deutschen Reich, das diesen Mobilisierungsversuch unzureichend vorbereitet hatte, gelang es nicht, die Bergarbeiter unter Zwang ins Ruhrgebiet zu bringen. Im Gegensatz dazu evakuierte die III. Republik die *mineurs lorrains* nach jahrelangem Planungsvorlauf ins Nord/Pas-de-Calais. Dabei kamen zwar keine Instrumente wie die *réquisition* zum Einsatz, dennoch stellte die Auswahl durch die Kommissionen in den Sammelzentren eine, wenn auch minder strenge, Zwangsmaßnahme dar. Die Bergleute entschieden nicht autonom, ins nordfranzösische Revier zu gehen, sondern der Staat legte dies für sie fest. Freilich konnten sie sich der Steuerung problemlos entziehen – wer wollte in den Sammelzentren mit abertausenden Personen schon kontrollieren, ob sich jemand in einen Zug gen Norden oder Südwesten setzte? In Schlagworte gefasst, kennzeichneten den deutschen Zugriff eine unzureichende Planung, starker Zwang gegenüber den Bergleuten und geringer Erfolg, den französischen längerfristige Vorbereitung, geringerer Zwangseinsatz und größerer Erfolg.

Der unterschiedliche Planungsvorlauf entspricht der Räumungsvorbereitung in beiden Ländern: in Frankreich organisch gewachsen, in Deutschland kurzfristiger und von stärkeren Verschiebungen geprägt. Ausführlicher soll nun auf den zweiten Punkt, die Zwangsausübung und damit die staatliche Bewertung des Eigensinns Evakuierter, eingegangen werden. Die Geringschätzung, die staatliche Instanzen im Deutschen Reich den individuellen Interessen der Saarpfälzer entgegenbrachten, folgte der Logik des ‚Arbeitseinsatzes'. Die Arbeitsämter sahen in den Saarpfälzern in erster Linie Arbeitskräfte, die es im Dienste der Kriegswirtschaft einzusetzen galt. Nicht der Saarbergmann sollte mit seiner Familie ins Ruhrgebiet gehen, sondern seine Arbeitskraft. Die Ämter betrachteten Arbeiter letztlich als Ware, diese Perspektive führte zur Geringschätzung des menschlichen Eigensinns. Indes berücksichtigte die III. Republik die individuellen Interessen der Elsässer und Lothringer in größerem Maße und erkannte sie als grundlegend für den Zugriffserfolg an. Hier schimmert der grundsätzlich freie Arbeitsmarkt durch, der, weniger militarisiert als in Deutschland, die Arbeitsvertragsfreiheit garantierte. Allerdings soll dem Eindruck entgegengewirkt werden, dass die III. Republik aus philanthropischen Gründen die Bergmannsfamilien gewähren ließ wie sie wollten. Das war durchaus nicht der Fall. Die Präfekturen, der *Service des Mines* und die Zechen schickten etwa lothringische Familien, bei denen niemand Arbeit in einer Grube gefunden hatte, aus dem Nord/Pas-de-Calais in die Aufnahmedepartements.[113] Dennoch evakuierte die III. Republik Arbeiter mit individuellen Bedürfnissen und keine auf ihre Arbeitskraft reduzierten Arbeiter, wie die deutschen Arbeitsämter.

Indem Frankreich den Eigensinn der Elsässer und Lothringer einkalkulierte, war es besser gewappnet im Umgang mit der in beiden Ländern herrschenden Ausnahmesituation. Die Evakuierungsumstände gaben den deutschen und französischen Arbeitern gleichermaßen die Gelegenheit, sich den an sie gerichteten Mobilisierungsversuchen zu entziehen. Während die Saarbergleute die Möglichkeit nutzten und die Arbeit im Ruhrgebiet verweigerten, gin-

113 CHML L 1421, Instructions, train C (Charente) et train D (Vienne), 26.10.1939 und ADPdC 1 Z 699, Brief des Präfekten des Pas-de-Calais an den Vice-Président du Conseil Camille Chautemps, 5.12.1939.

gen die *mineurs lorrains* ins Nord/Pas-de-Calais und blieben dort. Aufgrund der höheren Wertschätzung individueller Interessen erwies sich das anreizorientierte im Vergleich zum zwangsbasierten System als fähiger, Belegschaften zu lenken. Davon ausgehend stellt sich die Frage, ob die Arbeiter und ihr Eigensinn in ähnlicher Weise mitbestimmten, wie erfolgreich ein Unternehmen auf sein evakuiertes Personal zugriff. Welche anderen Faktoren begrenzten oder erweiterten die unternehmerischen Handlungsspielräume gegenüber ihren Belegschaften? Diese und weitere Fragen rücken im folgenden Unterkapitel in den Mittelpunkt.

5.3 Unternehmerische Zugriffe

Saarpfälzische, lothringische und elsässische Unternehmen versuchten vielfach und auf unterschiedlichste Weise, die Arbeitskraft ihrer heimischen Belegschaft zu nutzen. Sie alle bemühten sich, ihr Personal entweder in der roten Zone oder im Landesinnern, in einem Schwesterwerk oder im Ausweichbetrieb, zu beschäftigen. Darüber, wie dies geschah, geben nun Mobilisierungsgeschichten ausgewählter Betriebe Auskunft, die auf folgende Fragen eingehen: Welcher Ressourcen bedienten sich die Betriebe, inwiefern setzten sie auf Zwang gegenüber der Belegschaft oder auf deren Freiwilligkeit? War der Zugriff quantitativ bzw. qualitativ erfolgreich? Welche Handlungsspielräume verbergen sich hinter den Mobilisierungsgeschichten, d.h. wie frei agierten die Betriebe, wenn sie ihr Personal zu lenken versuchten? Und schließlich: Stellte der Zugriff einen Sonderfall dar oder kam, ganz im Gegenteil, auch bei anderen evakuierten Unternehmen in ähnlicher Form zum Einsatz?

Es folgen mehr deutsche als französische Mobilisierungsgeschichten, was sich in der dichteren Überlieferungslage auf deutscher Seite begründet. Sie ermöglicht es, die Instrumente und das Gelingen der Zugriffe umfassender und besser zu greifen. Auch die Liste französischer Unternehmen, die ihr heimisches Personal im Landesinnern wiedereinstellten, ist lang. Sie umfasst die Schlossfabrik Sesa und die *Faïencerie*, beide im lothringischen Sarreguemines beheimatet, ebenso wie den Autohersteller Mathis, die Koservendosenfabrik Hirschfeld und den Tabakhersteller *Manufacture des Tabacs*, alle aus Straßburg stammend. Wie genau sie dabei vorgingen und wie viel Erfolg ihnen beschieden war, muss offen bleiben.

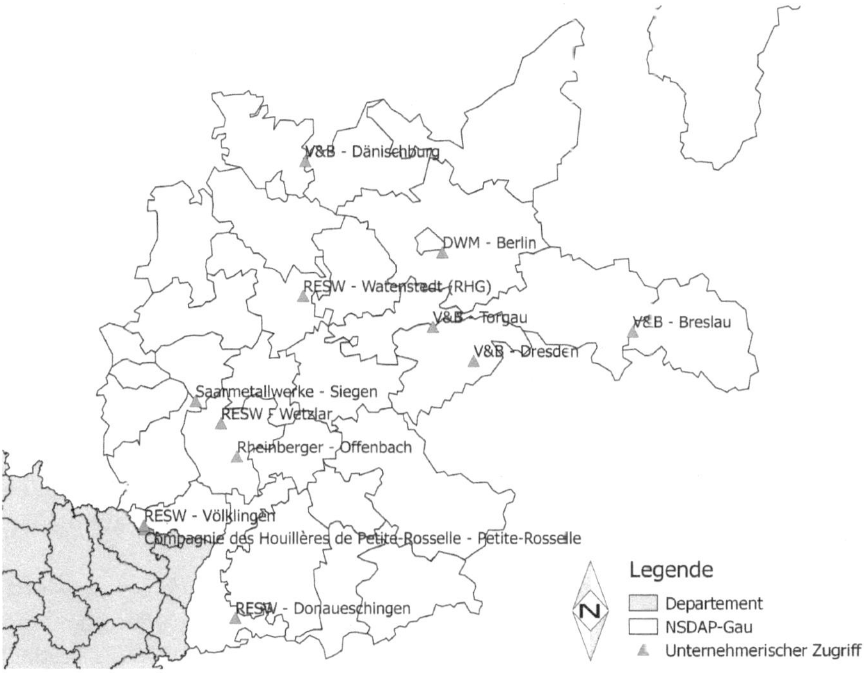

Abb. 5.2: Orte ausgewählter unternehmerischer Zugriffe auf die Belegschaften im Deutschen Reich und in der III. Republik.

Die *Houillères de Petite-Rosselle*

Die erste Mobilisierungsgeschichte befasst sich mit der Wendel'schen Bergwerksgesellschaft, deren Konzessionsgebiet sich rund um das lothringische Petite-Rosselle, unmittelbar an der Grenze zum Deutschen Reich, befand. Zwar musste die *Compagnie* ihre Förderung bei Kriegsbeginn einstellen, jedoch beschäftigte sie von Anfang September bis Mitte Oktober 1939 Notbelegschaften im geräumten Steinkohlenbecken (siehe Abbildung 5.2, S. 281). Die *équipes de sauvegarde* unterhielten die Wendel'schen Anlagen über sowie unter Tage, transportierten Produktionsmittel ab und bauten Unterstände für die Armee sowie Absperrungen. Im Rahmen der Handlungsoption Weiterbetrieb in den roten Zonen griff die lothringische Bergwerksgesellschaft auf ihr Personal zu, indem sie es im Vorfeld der französischen Befestigungen, zwischen den Verteidigungslinien, einsetzte. Für die Notbelegschaften bedeutete dies ein Arbeiten im Ausnahmezustand, fernab der Familie, in Anwesenheit der eigenen Armee und in nächster Nähe der feindlichen Truppen. Sie bewegten sich in der *zone des ar-*

mées. Hier übten nicht mehr zivile staatliche Instanzen, sondern das Militär die Hoheitsrechte aus. Es oblag denn auch den regionalen Kommandostellen zu entscheiden, ob die *équipes de sauvegarde* arbeiten durften oder ihre Tätigkeit einstellen mussten. Vor diesem Hintergrund bemühte sich Roger Cadel, Generaldirektor der *Houillères* und Chef der Notbelegschaften, um einen engen Kontakt mit dem vor Ort stationierten Militär:

> Dès l'arrivée des nouvelles troupes Monsieur Cadel prend contact avec leurs chefs et expose (...) la mission de la Houillère, le but des équipes de sauvegarde, l'importance de la Houillère dans l'Économie Nationale (...) de façon à ce qu'une décision éventuelle d'abandon de la Houillère ne soit prise par l'Armée qu'en toute connaissance de cause.[114]

Die Ereignisse in und um die Bergwerke von Anfang September bis Mitte Oktober 1939 hielt Marcel Monpeurt in einem Kriegstagebuch fest.[115] Es diente als Bericht an die Wendel'schen Chefetagen, die über die Entwicklung ihrer exponierten Filiale im Grenzgebiet informiert sein wollten. Monpeurt gehörte als Ingenieur zum Führungspersonal der Notbelegschaften, sein Blick auf die eingesetzten Bergleute war der eines Vorgesetzten.

Der Zugriff auf die *équipes de sauvegarde* beruhte rechtlich auf der durch den Präfekten ausgesprochenen *réquisition civile* und auf der *affectation spéciale*, die durch das Militär erfolgen musste. Die Sudetenkrise 1938 als Testlauf nutzend, hatte das Unternehmen gemeinsam mit der staatlichen Bergwerksverwaltung und dem Militär die Mitglieder der Notbelegschaften im Vorfeld festgelegt. Die im Laufe des Jahres 1939 aktualisierten Listen enthielten die Namen von 283 Männern, hauptsächlich Bergleuten, einigen wenigen Angestellten und dem 15-köpfigen Führungspersonal, bestehend aus Generaldirektor Roger Cadel und mehreren Ingenieuren. Die Bergleute waren fast alle requiriert worden, aufgrund von Krankheiten o.ä. vom Militärdienst befreit und im Schnitt 53 Jahre alt. Tatsächlich hatte sich die Armee in Sachen *affectations spéciales* unkooperativ gezeigt und stattdessen den Einsatz von requirierten Arbeitern durchgesetzt. Infolgedessen rekrutierten sich die Notbelegschaften weniger aus jungen, potentiell wehrpflichtigen Männern, sondern vielmehr aus altgedienten „Fami-

114 „Sobald neue Truppen ankommen, nimmt Herr Cadel Kontakt mit ihren Führern auf und legt (...) die Aufgabe der Bergwerksgesellschaft, das Ziel der Notbelegschaften, die Bedeutung der Bergwerke für die Volkswirtschaft (...) dar, damit die mögliche Entscheidung, die Bergwerke aufzugeben, durch die Armee nur bei völliger Sachkenntnis getroffen wird." AN 190 AQ 52, Journal de guerre des Houillères de Petite-Rosselle, S. 24.

115 AN 190 AQ 52, Journal de guerre des Houillères de Petite-Rosselle. So nicht anders angegeben, beziehen sich die folgenden Informationen und Zitate auf das Kriegstagebuch.

lienväter[n] und größtenteils Großväter[n] (...).“[116] Die *affectation spéciale* kam vor allem beim Leitungspersonal, den Ingenieuren wie Marcel Monpeurt, zum Einsatz. Sie verblieben als *spécialistes indispensables* auf ihrem zivilen Posten und mussten nicht zum Militär gehen.

In der letzten Augustwoche 1939 erhielten die betroffenen Männer ihren Requirierungsbefehl; außerdem erging an alle Mitglieder der *équipes de sauvegarde* die Anweisung, im Falle einer Evakuierung vor Ort zu bleiben. Die Notbelegschaften fanden sich am 27. August bei den ihnen zugeteilten Gruben zusammen und nahmen, parallel zum normalen Betrieb, ihre Arbeit auf. Sie beruhte, ausgehend von der *réquisition*, auf der Verpflichtung der Bergleute, ihre Arbeitskraft zur Verfügung zu stellen. Dieses Zwangsmoment war Monpeurt durchaus bewusst, er hielt es als solches im Kriegstagebuch fest: Es gelte, das Personal so wenig Risiko wie möglich auszusetzen – „tout en astreignant chaque membre de l'équipe à accomplir le travail qui lui était assigné (...)“[117] Nun stellte die Requirierung die rechtliche Grundlage für den unternehmerischen Zugriff auf die Belegschaft dar. Wie aber erfolgte ihre alltägliche Disziplinierung in der roten Zone? Sie beruhte im Foucault'schen Sinne auf Hierarchisierung, Kontrolle und Sanktionierung durch das Leitungspersonal.

Bezüglich der Hierarchisierung sei darauf verwiesen, dass der Bergbau auch unter Friedensbedingungen stark hierarchisch geordnet und organisiert war. Eine Bergbaugesellschaft vereinte in der Rangordnung von oben nach unten Ingenieure, Angestellte und Arbeiter, wobei ihre Tätigkeits- und Lebenswirklichkeiten kaum etwas gemein hatten.[118] Hier die Ingenieure, Absolventen einer der *grandes écoles*, theoretisch bewandert, in der Regel frankophon und nicht gebürtig aus dem Steinkohlenbecken, da die Bergleute mit niedrigem Bildungsabschluss, aber praktischem Wissen um den lokalen Abbau, Dialektsprecher und zumeist aus der Region oder der Arbeit halber aus Polen oder Italien migriert. Die Gruppe der Arbeiter selbst gliederte sich wiederum in verschiedene hierarchische Ebenen, an deren Spitze der Obersteiger stand. Er stellte das Bindeglied zu den Ingenieuren dar. Insgesamt gestalteten sich die Arbeitsbezie-

---

116 L'équipe de sauvegarde à Rosselle. Derniers échos de chez nous, Notre beau métier, avril 1940, S. 4.

117 „Und zugleich jedes Mitglied der Belegschaft zu zwingen, die Arbeit auszuführen, die im zugeteilt worden war (...).“ S. 74. Das Verb astreindre kann sowohl mit zwingen als auch mit verpflichten übersetzt werden.

118 *Catherine Roth*, 24 heures sur 24 à la mine: Porion et ingénieur: le travail comme art de vivre, in: Terrain 39, 2002, 79–92, 81–83. Angestellte waren in den Notbelegschaften kaum vertreten und entfallen deshalb aus der folgenden Betrachtung.

hungen im Bergbau, auch als Grubenmilitarismus umschrieben, roh, konfrontativ und autoritär.[119]

Die Sondersituation der Bergwerke in der roten Zone bewirkte einerseits eine Egalisierung des dortigen Personals, der Ingenieure und Bergleute, nach außen. Sie waren die einzigen Zivilisten in militärischem Gebiet und arbeiteten aufgrund der geringen Belegschaftszahl enger und unmittelbarer zusammen. Anders als zuvor glichen sich ihre Lebenswirklichkeiten nun weitgehend. Die Bergleute und ihre Vorgesetzten empfanden wohl gleichermaßen Angst angesichts der nahen Front und Sorge um die Familie im Landesinnern. Mit der Egalisierung nach außen ging eine Stärkung der internen Hierarchie einher. Im Kriegstagebuch kommt sie formal darin zum Ausdruck, dass sein Autor die Arbeiter und das Leitungspersonal getrennt aufführte, letzteres übrigens in sich von oben nach unten geordnet, vom Generaldirektor über den Verwaltungschef bis zu den Ingenieuren.[120] Vor Ort in Petite-Rosselle waren sowohl der Arbeitsalltag als auch die Freizeit hierarchisch organisiert. So hielt sich rund um die Uhr in jeder Grube mindestens ein Ingenieur auf, um die dortige Notbelegschaft zu beaufsichtigen. Außerdem waren die Bergleute und ihre Vorgesetzten getrennt untergebracht. Während erstere bei den Schachtanlagen, nämlich in Büros und und einer Kantine schliefen, kamen die Ingenieure im St.-Barbara-Krankenhaus in Forbach unter. Hier organisierten sie eine *popote*, eine Militärkantine, in der keine Bergleute, aber höherrangige Armeeangehörige wie Offiziere verkehrten.[121]

Ausgehend von der hierarchischen Ordnung kontrollierte das Leitungspersonal die Bergleute bei ihrer Arbeit und in ihrer Freizeit. Die 24-stündige Wache der Ingenieure in den Gruben kam bereits zur Sprache. Sie sollte es einerseits ermöglichen, die Bergleute bei einem unerwarteten deutschen Angriff schnell zu verständigen und in Sicherheit zu bringen. Andererseits diente sie der Kontrolle der Notbelegschaften. Um dem Nachdruck zu verleihen, erbat sich die Bergwerksgesellschaft Anfang September von der Armee vier Gendarmen, einen pro *équipe partielle*, die sie den diensthabenden Ingenieuren zur Seite stellte. Ihre Funktion beschrieb Monpeurt euphemistisch-doppeldeutig:

119 *Nathalie Piquet*, Charbon, Travail forcé, Collaboration: Der nordfranzösische und belgische Bergbau unter deutscher Besatzung, 1940 bis 1944. Essen 2008, 51.
120 S. 33.
121 S. 77.

> Ils [les gendarmes, LS] sont à la disposition complète des Ingénieurs pour rappeler éventuellement leurs devoirs de requis à ceux des membres qui risqueraient de les oublier.[122]

Die vier Gendarmen blieben bis Mitte Oktober auf ihrem Posten, sie zogen sich mit ihrer Einheit einige Tage vor den Notbelegschaften hinter die Maginot-Linie zurück. Zwar kamen sie nie zum Einsatz, mussten keinen Bergmann an seine Pflichten als Requirierter erinnern, dennoch steht ihre Anwesenheit für die Militarisierung der Arbeitsverhältnisse in der roten Zone. Schließlich kontrollierten die Ingenieure auf Drängen der Armee, wie und wohin sich die Notbelegschaftsmitglieder bewegten. Sie durften nur zwischen ihrem Schlafquartier und der Arbeitsstätte zirkulieren; wollten sie sich von ihrer Grube entfernen, bedurfte es der schriftlichen Genehmigung ihres Vorgesetzten.

Den Bergleuten, die sich dem Arbeitsregime gegenüber widerständig zeigten, drohten Sanktionen. Der soeben erwähnte Wachdienst der Gendarmen kam einer Sanktionsdrohung gleich, wobei das Kriegstagebuch es der Fantasie des Lesers überließ, sich auszumalen, wie die Armeeangehörigen pflichtvergessene Notbelegschaften an ihre Aufgaben zu erinnern gedachten. Darüber hinaus meldete das Unternehmen die Namen jener Bergleute, die entgegen der Anordnung in den ersten Septembertagen mit den Evakuierten ins Landesinnere gegangen waren, an das Militär. Dies betraf 14 der 283 Männer; „la plupart déserteurs plus ou moins conscients et quelques malades inaptes“[123]. Einen von ihnen, im Sinne der militarisierten Arbeitsverhältnisse als Deserteur bezeichnet, brachte die Armee am 21. September zurück nach Petite-Rosselle. Sein Fernbleiben tolerierte die *Compagnie* ebenso wenig wie die eigenständige Abreise zweier Obersteiger. Sie hatten sich Mitte September ohne Absprache mit ihren Vorgesetzten auf den Weg von Petite-Rosselle nach Lens (Pas-de-Calais) gemacht. Als sie zwei Tage später zurückkehrten – ob aus eigenen Stücken oder unter Zwang, bleibt offen – erwartete sie eine nicht näher definierte „sanction exemplaire“.[124] Die Strafmaßnahme sei, wie Monpeurt unterstrich, vom gesamten Personal vor Ort begrüßt worden. Die *vox populi* dient hier dazu, die Sanktionierung als finales Disziplinierungsinstrument nach der Hierarchisierung und Kontrolle demokratisch zu legitimieren.

Der Wendel'sche Zugriff auf die Notbelegschaften gestaltete sich mit kleinen Einschränkungen als erfolgreich. Dies lag erstens in der frühzeitigen

---

122 „Sie [die Gendarmen, LS] stehen den Ingenieuren zur vollständigen Verfügung, um gegebenenfalls jene Mitglieder, die Gefahr laufen, ihre Pflichten als Requirierte zu vergessen, an dieselben zu erinnern." S. 34.

123 „Der Großteil mehr oder minder bewusste Deserteure und einige arbeitsunfähige Kranke." S. 32.

124 „Exemplarische Strafe“. S. 35.

Planung begründet, die dazu führte, dass die Notbelegschaften ihre Tätigkeit bereits Ende August 1939 aufnahmen und im September nahtlos fortführten. Zweitens ist auf den rechtlichen Zwang in Gestalt der *réquisition individuelle* der Bergleute und damit einhergehend drittens die alltäglichen Disziplinierungsmaßnahmen durch die Ingenieure zu verweisen. Quantitativ betrachtet, gelang es der *Compagnie*, das Personal größtenteils wie geplant einzusetzen, obwohl sich einige Arbeiter dem entzogen. Zahlenmäßig betraf dies jedoch lediglich eine kleine Minderheit, nämlich 16 von 283, rund 6 %. Ihre eigenständige Abreise Anfang bzw. Mitte September, aus unternehmerischer Perspektive der Entzug ihrer Arbeitskraft, ist als Ausdruck ihres Eigensinns und der Selbstbestimmung zu werten. Auf qualitativer Ebene erfüllten die *équipes* ihre Aufgaben, wie die ausführlichen technischen Darlegungen im Kriegstagebuch festhielten. Zwar zeigten sich hier und da Probleme bei der Ausführung, etwa beim Versetzen von Hohlräumen in einem besonders kurvigen Schacht, das misslang. Jedoch bewegten sich diese Schwierigkeiten im normalen Bereich, sie stellten den Sinn der Notbelegschaftsarbeit nicht in Frage. Als sich die französischen Truppen im Oktober hinter die Maginot-Linie zurückzogen, reagierten die Bergleute verunsichert und wollten nicht mehr in die Gruben einfahren.[125] Kurz danach stellten die *équipes* auf militärischen Befehl hin ihre Arbeit ein und zogen sich selbst hinter die Verteidigungslinie zurück. Die Schächte, die sie bis dahin instand gehalten hatten, liefen nun innerhalb kürzester Zeit voll Wasser. So fanden sie die Deutschen im Zuge ihres Grenzübertritts ab Dezember 1939 (siehe Kapitel 2.3, S. 100) oder spätestens bei der Besetzung im Juni 1940 vor.

Bei der Frage, welche Handlungsspielräume dem Zugriff der Bergbaugesellschaft auf ihre Notbelegschaften zugrunde lagen, gilt es, zwischen zwei Ebenen zu differenzieren: Einerseits der streng reglementierte Arbeitsalltag im Evakuierungsgebiet, der sich nicht nur aus Sicht der Bergleute, sondern auch aus der ihres Arbeitgebers durch seine umfassende Einrahmung kennzeichnete. Die militärische Umgebung und Befehlshoheit schränkten die unternehmerische Verfügungsgewalt über die eigenen Anlagen, mithin die Handlungsspielräume, ein. Andererseits zeugt die Natur des Zugriffs selbst, nämlich der Einsatz der *équipes de sauvegarde* im Vorfeld der Verteidigungslinie, von den großen Handlungsspielräumen, welche die III. Republik den *Houillères* als kriegswichtigem Betrieb zubilligte. Sie erhielten die Erlaubnis, ihre Gruben in der roten Zone, wo eine Produktionsfortführung in den ersten Kriegswochen die absolute Ausnahme darstellte, zu unterhalten. Das dafür nötige Personal konnten sie auf dem Wege der Requirierung verpflichten. Es waren dies die Vorrechte eines Unternehmens, dessen Anlagen es im Dienste der *Défense Nationale* so lange

125 S. 40.

wie möglich zu erhalten galt. Die bloße Tätigkeit der Notbelegschaften in den Gruben von *Petite-Rosselle* und *Sarre et Moselle* zeugt von den größeren Handlungsspielräumen, die diese Unternehmen im Vergleich zu weniger kriegswichtigen in Frankreich genossen.

War der Wendel'sche Zugriff auf sein Personal der Ausnahme- oder der Regelfall inner- und außerhalb der roten Zone Frankreichs sowie Deutschlands? Bei der benachbarten lothringischen Bergwerksgesellschaft *Sarre et Moselle* lief der Einsatz der *équipes de sauvegarde* ähnlich ab.[126] Zwar ist diesbezüglich die Quellenlage dünner, dennoch wird analog zu *Petite-Rosselle* angenommen, dass auch ihr Arbeiten dem Bergwerksalltag in kondensierter und militarisierter Form entsprach und dass *Sarre et Moselle* ebenfalls auf die juristische Ressource *réquisition* zurückgriff.

Anders gestaltete sich die Situation bei den Saargruben auf der anderen Seite der Grenze, nicht zuletzt, weil die Notbelegschaften teilweise außerhalb der roten Zone wohnten und von dort aus in die geräumten Gruben einfuhren. Die Saarbergleute derart engmaschig einzurahmen wie in Petite-Rosselle war demzufolge unmöglich. Aufgrund der höheren Belegschaftszahl und den damit verbundenen Schwierigkeiten, die Belegschaft unterzubringen, gilt das auch für die Röchling'schen Eisen- und Stahlwerke. Auf dem Völklinger Hüttengelände beschäftigten sie gegen Ende des Sitzkrieges knapp 4 400 Arbeiter und Angestellte, die sowohl in Völklingen als auch im nicht geräumten Gebiet wohnten.[127] Die Rosseler Arbeitsverhältnisse sind somit nicht auf die roten Zonen in ihrer Gesamtheit übertragbar, wenngleich sich alle dort tätigen Unternehmen als zivile Akteure in eine militärische Umgebung einordnen mussten. Noch weniger lassen sie sich auf die Betriebe im Landesinnern übertragen, verorteten diese sich doch außerhalb des Sonderraumes Evakuierungsgebiet, das die Arbeitsweise der *équipes de sauvegarde* maßgeblich prägte. In diesem Sinne stellte der Wendel'sche Zugriff auf die Notbelegschaften insgesamt eine Ausnahme dar, weniger in Bezug auf seine rechtliche Grundlage, der *réquisition*, als vielmehr hinsichtlich seiner praktischen Ausgestaltung.

---

126 *René Haby*, Les Houillères lorraines et leur région: Band 1. Paris 1965, 147.
127 AN BB/36/98, Hermann Röchling, „Die Räumung des Saarlandes im September 1939 und die Wiederaufnahme der Arbeit auf der Völklinger Hütte“, 14.6.1943, S. 4.

Die Röchling'schen Eisen- und Stahlwerke

Auch in der saarpfälzischen roten Zone unterhielten Notbelegschaften die immobilen Bergbau- und Hüttenanlagen. Eine von ihnen war auf der zu den RESW gehörigen Völklinger Hütte tätig (siehe Abbildung 5.2, S. 281). Um sie dreht sich die folgende Mobilisierungsgeschichte, wobei ihr Einsatz im Evakuierungsgebiet nur einen von mehreren parallelen Zugriffen auf die knapp 11000-köpfige Hüttenbelegschaft darstellte. Ein weiterer, nämlich der Transfer von Arbeitern aus Völklingen zu den Reichwerken Hermann Göring nach Salzgitter, rückt anschließend in den Mittelpunkt. Neben den RESW griffen andere große Betriebe auf beiden Seiten der Grenze ebenfalls simultan in verschiedenen Weisen auf das eigene Personal zu. Die Röchling'schen Mobilisierungsgeschichten stehen für die vielgestalten unternehmerischen Versuche, ihre Belegschaft in diversen Kontexten und Orten zu beschäftigen.

Unmittelbar nach der Evakuierung nahm die Notbelegschaft auf der Völklinger Hütte ihre Arbeit auf, die den gesamten Sitzkrieg überdauerte. Anfangs hielt das Personal in erster Linie die Anlagen instand und transportierte Produktionsmittel ab. Doch bereits Ende September 1939 begann es, Reste in verschiedenen Betriebsteilen aufzuarbeiten, zuerst in der Thomasmühle und in der Sinteranlage. Das Sintergut ging zur Weiterverarbeitung an die einzige noch laufende Saarhütte, das Neunkircher Eisenwerk. In Völklingen gingen in den nächsten Monaten außerdem das Edelstahlwalzwerk, Teile der Kokerei, Mitte Dezember die ersten Hochöfen und im März 1940 das Thomasstahlwerk sowie weitere Walzstraßen wieder in Betrieb.[128] Die sukzessive Wiederinbetriebnahme erfolgte, wenngleich in der Außendarstellung patriotischen Motive überwogen, aufgrund betriebswirtschaftlicher Abwägungen, welche die Röchling'schen Chefetagen intern vornahmen. Die Mitglieder des Aufsichtsrats wogen Selbstkosten und zu erwartende Erlöspreise miteinander ab, gaben entsprechende Gutachten in Auftrag und kamen zu dem Ergebnis, dass sich ein Teilbetrieb mehr lohne als das Stillliegen der gesamten Produktionsanlage.[129] Die Tätigkeiten der Röchling'schen Belegschaft waren weitaus umfangreicher als die ihrer Kollegen auf den anderen Saarhütten. Der Unterschied mag daher rühren, dass Hermann Röchling in Berlin gut gelitten und dass die Völklinger Hütte die einzige ohne ausländische Kapitalbeteiligung war. Dadurch stand bei ihr, anders als bei der Dillinger, der Burbacher und der Halbergerhütte, keine Zwangsver-

128 Zur Abfolge der Betriebsteile: Unternehmensarchiv der Röchling-Gruppe, Hermann Röchling: Die Hütte während des Krieges 1939/40, September 1941, S. 11–15.

129 Saarstahl-Archiv F-K011, Nr. 2131, Aufsichtsratssitzung der RESW, 16.1.1940, S. 2f und Aufsichtsratssitzung der RESW, 29.3.1940, S. 2.

waltung im Raum. Diese eindeutigen Eigentumsverhältnisse machten es leichter in Völklingen zu agieren.

Die Arbeit der Röchling'schen Belegschaft dauerte des Weiteren deutlich länger an als der Einsatz der *équipes de sauvegarde* in Petite-Rosselle. Führte der Rückzug der französischen Truppen im Oktober 1939 dazu, dass die lothringischen Bergwerksgesellschaften die Unterhaltung ihrer Gruben einstellen mussten, zeitigte er auf der anderen Seite der Front die entgegengesetzten Konsequenzen. Hier genehmigte das AOK 1 den RESW infolgedessen, mehr Anlagen in Betrieb zu nehmen, um die Restarbeiten in größerem Maßstab fortzuführen.[130] Diese Entwicklung spricht auch aus den Belegschaftszahlen. Nachdem sich in den ersten Septembertagen lediglich einige Dutzend Personen auf der Hütte aufgehalten hatten, stieg die Belegschaftsstärke in den folgenden Monaten beständig an. Um die Jahreswende 1939/1940 beschäftigten die RESW bereits wieder rund 2400, Ende März 1940 ca. 3400 und zum Ende der Evakuierungszeit 4400 Personen in der roten Zone.[131]

Beim Heranziehen des evakuierten Hüttenpersonals kam den Röchling-Werken zu Gute, dass sie über dessen Aufenthaltsorte gut informiert waren. Kurz vor der Räumung hatte die Betriebsleitung Postkarten an die Belegschaft verteilt, die an das Notbüro in Ludwigshafen adressiert waren. Die Hüttenarbeiter sollten ihren Namen und die neue Anschrift im Reichsinnern vermerken und die Karte nach Ludwigshafen schicken. Diese vorbereitende Maßnahme erwies sich als recht erfolgreich, weshalb die RESW nicht, wie andere Unternehmen, ihr Personal via Rundfunk und Presse ausrufen lassen mussten.[132] Bemerkenswerterweise konnten sich die Röchling-Werke an der Stelle auf die Kooperation des Hüttenpersonals verlassen, denn ohne deren Bereitschaft, die Postkarten ausgefüllt zurückzuschicken, wäre die Maßnahme zum Scheitern verurteilt gewesen.

Wusste nun der alte Arbeitgeber, wo sich ein Hüttenarbeiter aufhielt und wollte diesen in Völklingen beschäftigen, so erhielt er eine entsprechende postalische Aufforderung. Aus Röchling'scher Sicht sah der Idealfall so aus, dass die umworbene Person entweder keiner Erwerbstätigkeit nachging oder ih-

130 BA-MA RW 20-12/1, Brief der Rüstungsinspektion XII an den Chef des Wehrwirtschafts- und Rüstungsamtes im OKH Georg Thomas, 9.12.1939, fol. 106.

131 Saarstahl-Archiv F-K011 Nr. 2132, Zwischenbericht für die Zeit vom 1.1.40 bis 30.9.40 für Mitglieder des Aufsichtsrates, der Geschäftsführung und des Direktoriums der RESW, 9.12.40, S. 2.

132 Unternehmensarchiv der Röchling-Gruppe, Hermann Röchling: Die Hütte während des Krieges 1939/40, September 1941, S. 15. Die Postkarten sind ebenfalls erwähnt in: AN BB/36/98, Hermann Röchling: „Die Räumung des Saarlandes im September 1939 und die Wiederaufnahme der Arbeit auf der Völklinger Hütte", 14.6.1943, S. 1.

ren derzeitigen Betrieb problemlos verlassen konnte und der Aufforderung bereitwillig folgte. So gab der kaufmännische Hüttenangestellte Konrad Stephan, mit Frau und Sohn im thüringischen Vitzeroda untergekommen, als die RESW ihn im Oktober zurückriefen, seine aktuelle Tätigkeit im Kalischacht in Springen auf.[133] Er ging nach Völklingen und erfasste dort das versandbereite Ziehereimaterial, ehe er nach Vitzeroda zurückkehrte. In weniger ideal gelagerten Fällen kam es zu Auseinandersetzungen mit dem neuen Arbeitgeber und den Arbeitsämtern im Aufnahmegebiet. Sie umschrieb Hermann Röchling, die militaristische Wortwahl der deutschen Arbeitsmarktpolitik übernehmend, in martialischer Weise: „Daraus ergab sich ein Kampf um jeden Mann, den die Firmen, bei denen unsere Leute im Bergungsgebiet beschäftigt waren, nicht loslassen wollten."[134]

Wenngleich nicht namentlich erwähnt, ist davon auszugehen, dass die Völklinger Hütte hierfür auf Dienstverpflichtungen zurückgriff, die das zuständige Arbeitsamt aussprach.[135] Dabei gereichte es der Hütte zum Nachteil, dass ihre Einstufung als kriegswichtiger Betrieb erst einige Monate nach Kriegsbeginn erfolgte. Andere Mitglieder der Notbelegschaft, beispielsweise Alfons Biesch, Rangierer bei der Hütteneisenbahn, mussten aufgrund einer vor Kriegsbeginn ausgesprochenen uk-Stellung nicht zur Wehrmacht.[136] Dies betraf allerdings nur einen kleinen Teil des Röchling'schen Personals in der roten Zone. Immerhin beschwerte sich ein Unternehmensvertreter rückblickend, die Völklinger Hütte und andere Saarwerke litten deutlich stärker unter Einberufungen; sie lägen beim Doppelten des Reichsdurchschnitts.[137] Dies war eine Folge der Räumung, weil es den Unternehmen zwischen September 1939 und Juni 1940 kaum möglich war, Einberufungen zu verhindern, etwa wenn sie den Aufent-

---

133 Schriftliche Auskunft von Walter Stephan, 27.10.2013. Die postalische Anforderung Konrad Stephans ist abgedruckt in: *Luitwin Bies/Günter Isberner/Roland Isberner/Horst Kunkel/Alois Reichert* (Hrsg.), Völklingen im 2. Weltkrieg. Völklingen 1995, 34.

134 Unternehmensarchiv der Röchling-Gruppe, Hermann Röchling: Die Hütte während des Krieges 1939/40, September 1941, S. 17.

135 Der Arbeitsamtsbezirk Saarbrücken war, bis auf zwei Nebenstellen, fast vollständig geräumt worden. Der Leiter des Saarbrücker Arbeitsamtes, Regierungsrat Dr. Olb, nunmehr in Neunkirchen, fungierte als Ansprechpartner für „Sammelfragen des Arbeitseinsatzes im Saargebiet", StA Münster OP 5273, Besprechung zwischen Vertretern der Arbeitsämter Neunkirchen, Koblenz und Saarlautern, des Landesarbeitsamtes Rheinland und einem Vertreter des CdZ in Wiesbaden, 10.9.1939, fol. 10.

136 *Carola Stahl*, Die Eidechse: Die Lebensgeschichte eines Arbeiters der Völklinger Hütte 1939–1986. Saarbrücken 2005, 11, 64.

137 AN BB/36/106, Brief von Hans-Lothar von Gemmingen an die Hüttenverwaltung Westmark G.m.b.H., 27.9.1941, S. 1.

haltsort des betroffenen Arbeiters nicht kannten oder diesen aktuell nicht beschäftigen konnten.

Anders als in Petite-Rosselle mangelt es an Quellen, die den Arbeitsalltag der Notbelegschaft auf der Völklinger Hütte schildern. Doch auch für sie galten strenge Sicherheitsvorkehrungen, bewegten sich ihre Mitglieder doch als Zivilisten im militärischen Bereich, in unmittelbarer Nähe der Front.[138] Bei aller Gewöhnung an die Umstände und trotz der hohen Belegschaftszahl blieb es somit ein Arbeiten im Ausnahmezustand. Im Gegensatz zu *Petite-Rosselle* war das Röchling'sche Personal zumindest gegen Ende des Sitzkrieges nicht einheitlich untergebracht. Als bereits wieder 4 000 Leute auf der Hütte arbeiteten, pendelten 1 000 davon aus dem nicht geräumten Gebiet ein. Die übrigen 3 000 wohnten in Völklingen, der Großteil davon in Gemeinschaftsquartieren in Krankenhäusern. Einige höhere Beamte hatten die Wohnung eines Kollegen bezogen, darüber hinaus durften „einzelne zuverlässige Leute"[139] in ihren eigenen vier Wänden schlafen. Die Unterbringung staffelte sich folglich nach hierarchischen Gesichtspunkten; es galt als Auszeichnung, den – aus unternehmerischer und militärischer Perspektive besser zu kontrollierenden – Massenquartieren fernbleiben zu dürfen. Individuelles Wohnen blieb höheren Angestellten und „zuverlässigen Leuten" vorbehalten. Gefragt war hier nicht zuletzt politische Zuverlässigkeit, eine nationalsozialistische Überzeugung, damit es zu keinen Sabotageakten oder gar Grenzübertritten gen Frankreich kam. Hermann und seine Frau Theodora Röchling bewohnten nach zwischenzeitlicher Abwesenheit ab Dezember 1939 wieder ihre Völklinger Villa.

Wie gut gelang es den RESW, ihr Personal für die Notbelegschaft zu mobilisieren? Das Unternehmen selbst bezeichnete den Zugriff als erfolgreich:

> Mit der stetigen weiteren Inbetriebnahme von Betriebsabteilungen konnten wir einen grossen Teil dieser bei fremden Firmen arbeitenden Gefolgschaftsmitglieder wieder zurückrufen und bei uns einsetzen. Mit Freude können wir feststellen, dass unserem Ruf allseitig sofort Folge geleistet wurde.[140]

In seinem familieninternen Bericht über das Ergehen der Völklinger Hütte im ersten Kriegsjahr schloss sich Hermann Röchling dieser Lesart an. Er habe nie an der Rückkehr seiner Belegschaft gezweifelt, schließlich fühle letztere sich der Betriebsleitung durch deren soziales Engagement, etwa beim Bau von

---

138 Siehe zur administrativen Einrahmung des Arbeitens im Operationsgebiet: Kapitel 3.2.2, S. 142.

139 AN BB/36/98, Hermann Röchling, „Die Räumung des Saarlandes im September 1939 und die Wiederaufnahme der Arbeit auf der Völklinger Hütte", 14.6.1943, S. 4.

140 Saarstahl-Archiv F-K011, Nr. 2130, Bericht der Geschäftsführung und des Direktoriums über das Geschäftsjahr 1939, S. 3.

Wohnsiedlungen, verpflichtet. Des Weiteren wirke „der Magnet der Heimat“[141] auf die Saarländer. Die Äußerung ist insofern mit Vorsicht zu genießen, als sich die darin geschilderte fortdauernde Verbundenheit des Hüttenpersonals mit den RESW in die Röchling'sche Selbstdarstellung als Firmenpatriarch einordnet. Weigerte sich ein Arbeiter nach Völklingen zurückzukehren, kratzte dies am Bild der dem Patriarchen treu ergebenen Belegschaft, weshalb Röchling es kaum in dem Bericht thematisiert hätte.

Unabhängig von diesen quellenkritischen Überlegungen sind keine Fälle bekannt, in denen ein Hüttenarbeiter sich der Firmenaufforderung, in die rote Zone zurückzukehren, widersetzte. Das bedeutet selbstverständlich nicht, dass es keine derartigen Fälle gab. Insgesamt gelang es den RESW, außergewöhnlich viele Arbeiter für die Instandhaltung und die Produktion in Völklingen zu mobilisieren. Die dortige Notbelegschaft hatte sowohl von ihrer Größe her als auch bezüglich des Aufgabenbereiches kein Äquivalent bei den geräumten Hütten und Gruben auf beiden Seiten der Grenze. Deshalb ist der erste Röchling'sche Zugriff auf das Personal als erfolgreich zu bezeichnen. Anhand der Quellen kann vermutet, aber nicht belegt werden, dass dabei neben der Freiwilligkeit auch Zwang in Gestalt von Dienstverpflichtungen zum Tragen kam. Zwar legte Röchling als Firmenpatriarch Wert darauf, dass die Belegschaft bereitwillig und aus eigenen Stücken zurückgekehrt war. Nichtsdestotrotz stellte die Dienstverpflichtung eines der wenigen Instrumente dar, um Hüttenarbeiter gegen den Willen der Betriebe, die sie zwischenzeitlich eingestellt hatten, aus ihrem neuen Arbeitsverhältnis zu lösen. Dass dies durchaus nötig werden konnte, illustriert der ausführlich geschilderte Fall Friedrich Felders (Kapitel 5.1, S. 251).

Der zweite Röchling'sche Zugriff, der nun thematisiert wird, zielte im Gegensatz zum ersten darauf ab, Belegschaftsmitglieder zu einem anderen Betrieb zu dirigieren, sie mithin unternehmensextern einzusetzen. Es handelte sich um den Transfer von evakuierten Hüttenarbeitern zu den Reichswerken Hermann Göring (RHG) nach Salzgitter und Umgebung (siehe Abbildung 5.2, S. 281).[142] Dort wollte der Staatskonzern sie für die Dauer der Räumung im Erzabbau und in der Eisenverhüttung beschäftigen.

Anfang August 1939 hatte alle deutschen Hüttenwerke eine Anfrage der RHG erreicht, ob sie Personal abgeben könnten.[143] Angesichts der anstehenden

141 Unternehmensarchiv der Röchling-Gruppe, Hermann Röchling: Die Hütte während des Krieges 1939/40, September 1941, S. 15.

142 Einführend zu den RHG: *Harald Wixforth/Dieter Ziegler*, Die Expansion der Reichswerke „Hermann Göring“ in Europa, in: Jahrbuch für Wirtschaftsgeschichte 49, 2008, 257–278, 257–261.

143 StA Kreisstadt Neunkirchen Bestand Depositum Saarstahl AG Altakten, Nr. 226-9-7-39-44, Anfrage des Vereins Deutscher Eisenhüttenleute an alle Hochofenwerke, 5.8.1939.

Inbetriebnahme der ersten Hochöfen in Watenstedt bei Salzgitter benötigte der staatliche Konzern personelle Verstärkung. Davon ausgehend vereinbarten die RESW und die RHG Ende August gewissermaßen einen Arbeiterverleih: Im Falle einer Evakuierung des Grenzgebietes sollten die Reichswerke Völklinger Hüttenarbeiter einstellen und mitsamt ihrer Familien unterbringen.[144] Laut Arbeitsamtsschätzungen erwarteten die RHG 2700 Röchling-Arbeiter; reichswerkeintern rechnete man zu Kriegsbeginn gar mit der Ankunft von 4000, nicht ausschließlich aus Völklingen stammenden, Saarländern.[145] Für die RESW bot das Arrangement den Vorteil, dass sich ein Teil ihres Personals, den sie evakuierungsbedingt sowieso nicht beschäftigen konnten, geschlossen an einem Ort versammelte, von wo es, so die Hoffnung, später gegebenenfalls besser zurückzuholen wäre. Den Reichswerken ermöglichte es, vermeintlich unkompliziert an Facharbeiter zu kommen und die Lücken, welche die Mobilmachung Ende August in die Belegschaftsreihen gerissen hatte, zu stopfen.

Die Details zum Ablauf des geplanten Transfer des Hüttenpersonals von Völklingen nach Salzgitter liegen weitgehend im Dunkeln. Die betroffenen Arbeiter waren mit gelben Ausweisen ausgestattet, um sich zu identifizieren. Nachdem sich bis Mitte September nur sehr wenige von ihnen in Watenstedt gemeldet hatten, schalteten sich Arbeitsämter, insbesondere die Landesarbeitsämter Niedersachsen und Mitteldeutschland, unterstützend ein.[146] Letztlich nahmen 600 bis 700 Evakuierte, größtenteils Röchling'sches Personal, die Arbeit auf der Hütte auf. Weitere 400, davon 200 gelernte Bergleute, kamen bei den Erzgruben der Reichswerke unter.[147] Damit blieben die Zahlen nicht nur weit hinter den Erwartungen zurück, auch gestaltete sich die Arbeitsaufnahme alles andere als unkompliziert. Beim „Einsatz der Räumlinge aus dem Saargebiet“[148] ergäben sich Schwierigkeiten, wie ein internes Rundschreiben an alle Abteilungen der RHG Ende September 1939 festhielt. Es sei nicht feststellbar, ob

144 Unternehmensarchiv der Röchling-Gruppe, Hermann Röchling: Die Hütte während des Krieges 1939/40, September 1941, S. 2.

145 StA Münster OP 5273, Besprechung zwischen Vertretern der Arbeitsämter Neunkirchen, Koblenz und Saarlautern, des Landesarbeitsamtes Rheinland und einem Vertreter des CdZ in Wiesbaden, 10.9.1939, fol. 10v und NWA 2, Nr. 1498, Bericht H.A. Brassert & Co., Bauleitung Watenstedt, Abt. Statistik, zum Stand der Bauarbeiten auf der Hütte Braunschweig am 1.9.1939, S. 6.

146 StA Münster OP 5273, Besprechung zwischen Vertretern der Arbeitsämter Neunkirchen, Koblenz und Saarlautern, des Landesarbeitsamtes Rheinland und einem Vertreter des CdZ in Wiesbaden, 10.9.1939, fol. 11.

147 NWA 2, Nr. 1500, Bericht H.A. Brassert & Co., Bauleitung Watenstedt, Abt. Statistik, zum Stand der Bauarbeiten auf der Hütte Braunschweig am 1.10.1939, S. 6 und NWA 2, Nr. 3182, Bericht der RHG über die Arbeiten im Bereich der Abt. Erzbergbau, 5.10.1939, S. 8.

148 HSA Hannover Hann. 275, Nr. 426, Rundschreiben Nr 90, 21.9.1939, fol. 13.

das Röchling'sche und anderes Personal tatsächlich die Arbeit aufgenommen habe, weshalb die Abteilungen angehalten waren, die Neuzugänge in Vordrucken zu erfassen und zurückzumelden.

Da das Zugriffsszenario weitgehend im Dunkeln liegt, kann auch die Frage, inwiefern die RESW und die RHG gegenüber den Arbeitern auf Zwang setzten, nur ansatzweise beantwortet werden. Waren die Hüttenarbeiter einmal in der Gegend um Salzgitter angekommen und hatten sich beim örtlichen Arbeitsamt gemeldet, so wies dieses ihnen eine Stelle in einem Betrieb in der Umgebung zu. Folgerichtig bezeichnete das reichswerkeinterne Rundschreiben die Evakuierten als „die den Firmen zugewiesenen Kräfte (...).“[149] Einen zugewiesenen Arbeitsplatz abzulehnen, war nicht ohne Weiteres möglich; es handelte sich um ein der deutschen Arbeitsvermittlung inhärentes Druckmittel. Es verpuffte allerdings, wenn die Völklinger Salzgitter erst gar nicht erreichten, sondern sich anderswo im Reichsinnern verteilten.

Ob unter Zwang oder freiwillig – der Zugriff entpuppte sich, wie die oben genannten Zahlen belegen, als quantitativ erfolglos. Dies lag erstens daran, dass die Arbeiter nicht gemeinsam und auf dem direkten Wege von Völklingen zu den RHG kamen. Nachdem sie mit ihren Familien Quartier im Aufnahmegebiet genommen hatten, sank die Bereitschaft, erneut umzuziehen, zumal, zweitens, die Unterbringung bei Salzgitter spartanischer war als angekündigt. Die Saarpfälzer wohnten zumindest teilweise getrennt von ihren Familien in Lagern der Reichswerke.[150] Drittens mussten sie Lohneinbußen hinnehmen. So stufte die auf der RHG-Hütte Watenstedt tätige Firma Louis Eilers die Evakuierten, weil ohne Arbeitspapiere, als Montagearbeiter ein und zahlte ihnen einen Stundenlohn von 65 Reichspfennig. Darüber beschwerten sich Ende September sieben saarpfälzische Arbeiter und baten um Abhilfe, „damit wir auch unseren Familien noch etwas zukommen lassen können.“[151] Die Beschwerdeführer leiteten die Information mit großer Gewissheit an ihre Familien in den Aufnahmegebieten weiter. Die niedrige Entlohnung machte in Evakuiertenkreisen schnell die Runde und dürfte andere Hüttenarbeiter davon abgehalten haben, sich später bei den Reichswerken zu melden.

Der Versuch der RESW, Personal aus Völklingen während der Räumung bei den RHG einzusetzen, erscheint in zweierlei Hinsicht singulär. Erstens aufgrund der geplanten Größenordnung von 2700 Hüttenarbeitern, zweitens, weil es sich

---

149 Ebd.

150 *Gudrun Pischke*, „Europa arbeitet bei den Reichswerken“: Das nationalsozialistische Lagersystem in Salzgitter. Salzgitter 1995, 311f.

151 HSA Hannover Hann. 275, Nr. 426, Brief von Georg Schmidt u.a. an die Firma Louis Eiler, 29.9.1939, fol. 11.

bei den Reichswerken um einen fremden Konzern handelte, von dessen Produktion die Röchlingwerke nicht unmittelbar profitierten. Es steht zu vermuten, dass sich hinter dem Zugriff nicht zuletzt der Wille Röchlings, auf spätere Vorteile hoffend, verbarg, sich gegenüber dem größten staatlichen Unternehmen kooperationsbereit zu zeigen. Es war dies nicht die erste Gelegenheit, bei der Röchling sich für die Reichswerke engagierte. Bei ihrer Gründung im Jahr 1937 war es zu einer Kraftprobe zwischen Staat und privaten Montankonzernen gekommen, die um die Enteignung von in privater Hand befindlichen Erzfeldern bei Salzgitter kreiste. Röchling positionierte sich hier als einer von wenigen Industriellen bereits frühzeitig auf Seiten der Reichswerke.[152]

Mobilisierungsversuche, die darauf abzielten, Belegschaftsmitglieder in nahestehende Betriebe zu vermitteln, etwa solche, an denen das geräumte Unternehmen Anteile hielt, sind auf deutscher Seite hingegen mehrfach nachgewiesen. Die RESW schickten beispielsweise ihr Technisches Büro während der Evakuierung nach Donaueschingen, um einen Hochofen für die Doggererzgesellschaft zu planen (siehe Abbildung 5.2, S. 281). Die Gesellschaft, ein Gemeinschaftsprojekt der fünf Saarhütten, baute Doggererze, in Südbaden vorkommende Eisenerzarten, ab.[153] Außerdem kamen Edelstahlarbeiter von der Völklinger Hütte bei der Stahlwerke Röchling Buderus AG in Wetzlar unter, bei denen die RESW mit 50 % beteiligt waren. Ähnlich verhielt es sich bei den Dinglerwerken, ebenfalls in der Stahlbranche tätig und aus dem geräumten Zweibrücken stammend. Ihr Personal arbeitete teilweise „bei befreundeten Werken in Eberswalde und Siegen“[154], wo es die Dingler'sche Produktion eingeschränkt fortführte.

Was lässt sich abschließend zu den beiden Röchling'schen Zugriffen, den sie strukturierenden Handlungsspielräumen und dem Erfolg, festhalten? Der bloße Einsatz einer Notbelegschaft in Völklingen ab den ersten Kriegstagen stellte, analog zu den *Houillères de Petite-Rosselle* auf der anderen Seite der Grenze, bereits ein Vorrecht kriegswichtiger Unternehmen dar. Der deutsche Staat bzw. die Wehrmacht ließen die RESW ihre Anlagen in der roten Zone unterhalten und gewährten ihnen damit größere Handlungsspielräume als nicht

152 *Tim Schanetzky*, „Kanonen statt Butter“: Wirtschaft und Konsum im Dritten Reich. München 2015, 156f.

153 Zum Zugriff: Unternehmensarchiv der Röchling-Gruppe, Hermann Röchling: Die Hütte während des Krieges 1939/40, September 1941, S. 11. Die Geschichte des Doggererzabbaus ordnet sich in die nationalsozialistische Autarkiepolitik ein, das Projekt war aufgrund des niedrigen Eisengehaltes der Erze in Südbaden unrentabel: *Roland Peter*, Rüstungspolitik in Baden: Kriegswirtschaft und Arbeitseinsatz in einer Grenzregion im Zweiten Weltkrieg. München 1995, 85f.

154 Rückschau, Der Schönhof Nr. 1/2, Dezember 1940/Januar 1941, S. 3–4, S. 4.

kriegswichtigen Betrieben. Die Initiative lag eindeutig beim Unternehmen, so stellte ein Wehrmachtsvertreter im Januar 1940 fest,

> dass Völklingen von militärischer Seite nicht der Befehl, sondern die Erlaubnis zum Arbeiten erteilt worden sei, weil Völklingen sich aus patriotischem Antrieb hierzu bereit erklärt habe.[155]

Die Völklinger Hütte stach außerdem die anderen Saarhütten aus, durfte sie doch als die einzige im Laufe des Sitzkrieges ihre Produktion in beträchtlichem Umfang wiederaufnehmen. Gegenüber ihren Konkurrenten aus derselben Branche nahmen die RESW folglich die Rolle des *primus inter pares* ein. Der zweite Zugriff, der Transfer von Hüttenarbeitern nach Salzgitter, beschäftigte in erster Linie die Reichswerke und nur in zweiter die RESW, die davon in geringerem Maße profitierten. Aus diesem Prozess hielt sich der Staat, abgesehen von Interventionen der Arbeitsämter, weitgehend heraus. Vielmehr beschränkte das Hüttenpersonal selbst durch eigensinniges Agieren die unternehmerischen Handlungsspielräume beim Zugriff auf ihre Arbeitskraft.

Es gelang den RESW deutlich besser, ihr Personal firmenintern, nämlich in der Notbelegschaft, als extern, durch die Vermittlung zu den RHG, zu mobilisieren. Das Hüttenpersonal zeigte sich eher willens im heimatlichen Völklingen, im militärischen Gebiet, getrennt von den Familien zu arbeiten, als in Niedersachsen, zwar fernab der Front, jedoch unter unattraktiven Wohn- und Entgeltbedingungen. Einige Gründe für den Misserfolg des zweiten Zugriffs wurden bereits angeführt. Darüber hinaus fühlte sich die Belegschaft dem eigenen Betrieb stärker verpflichtet als einem fremden. Sie kehrte nach Aufforderung freiwillig in die rote Zone zurück, was sich nicht zuletzt in der starken Bindung zwischen Arbeitgeber, den RESW, und Arbeitnehmer begründet. Wenngleich Hermann Röchling diese Bindung im Zuge der Selbstkonstruktion als Firmenpatriarch überhöhen mochte, besteht kein Zweifel, dass er bei seiner Belegschaft einen positiven Ruf als Geschäftsführer und Wohltäter genoss. In welchem Maß seine gute Reputation bis in die jüngste Zeit nachwirkt, verdeutlicht die Debatte um die Umbenennung des Stadtteils Hermann-Röchling-Höhe im Jahr 2013. In den Medien und im Völklinger Stadtrat ausgetragen, traten bei ihr konkurrierende Deutungen von Röchling als großem Unternehmer oder Kriegsverbrecher zu Tage.[156] Die Identifikation mit dem Unternehmen, Berufsstolz, die Zusammenarbeit mit altbekannten Kollegen, sichere Lohnverhältnisse und die

155 Saarstahl-Archiv F-K011, Nr. 2130, Bericht über die Sitzung der RESW mit dem Neunkircher Eisenwerk, 10.1.1940, S. 3.

156 Beispielhaft zur öffentlichen Diskussion: *Dieter Gräbner*, Wer war Hermann Röchling?. St. Ingbert 2013.

Möglichkeit, zu Hause nach dem Rechten zu schauen, bewogen die Hüttenarbeiter, in die rote Zone gehen.

Im Gegensatz dazu zeigte der Transfer des Röchling'schen Personals zu den Reichswerken die Grenzen unternehmerischer Zugriffe auf. Wenn die evakuierten Belegschaftsmitglieder nicht beim Zielbetrieb arbeiten wollten, gab es in den chaotischen Tagen der Räumung de facto keine Wege sie dazu zu zwingen. Mangelnde Übersicht über die Aufnahmeorte, geringe Kooperationsbereitschaft der saarpfälzischen Arbeiter sowie ihrer neuen Arbeitsämter erschwerten die Umsetzung des Zugriffs. Dabei gilt: Hätten die Hüttenarbeiter es gewünscht und forciert, wären sie mit Sicherheit bei den Reichswerken an- und untergekommen.

Villeroy & Boch und Rheinberger

Die nun folgende Mobilisierungsgeschichte dreht sich ebenfalls um ein aus der Saarpfalz evakuiertes Großunternehmen, das allerdings einer weit weniger kriegswichtigen Branche als die RESW entstammte: den Keramikhersteller Villeroy & Boch. Ab September 1939 versuchte V&B, die Belegschaften seiner vier Saarfabriken in Schwesterwerken im Reichsinnern zu beschäftigen (siehe Abbildung 5.2, S. 281). Darauf wirkte es insbesondere in den ersten Räumungsmonaten hin, der Zugriff endete mit der Rückkehr in die rote Zone im Sommer 1940.

Als zehn Monate zuvor der Evakuierungsbefehl für das Grenzgebiet ergangen war, hatte dieser große Teile des Keramikkonzerns betroffen. Er legte bei Kriegsbeginn nicht nur die Mosaik- und die Steingutfabrik in Mettlach, das Mosaikplattenwerk in Merzig sowie die Kristallfabrik Wadgassen still, sondern verlagerte auch die Generaldirektion von Mettlach nach Dresden. Luitwin von Boch, Generaldirektor und geschäftsführender Gesellschafter, trat im Zuge der Mobilmachung den Militärdienst an. Die Belegschaften aus Mettlach, Merzig und Wadgassen, insgesamt etwa 4500 Personen, verteilten sich im Reichsinnern; viele von ihnen kamen nach Thüringen, in den Harz oder an die Ostsee.[157] Die Schwesterwerke, die für die Übernahme der Evakuierten in Frage kamen, waren die Steingutfabriken in Dresden und Torgau, der Wandplattenbetrieb in Dänischburg, heute zu Lübeck gehörig, sowie die Mosaikplattenfabrik in Breslau. Sie hätten auf diese Weise die Einberufungen und Dienstverpflichtungen in

157 Siehe auch die im zweiten Kapitel geschilderte Räumungsepisode des Keramikherstellers, Kapitel 2.2, S. 80. Zu den Aufenthaltsorten: Josef Mohr, Von hüben nach drüben, Keramos Nr. 1, Januar 1943, S. 4. Der Einfachheit halber wird im Folgenden übergreifend von der V&B-Belegschaft im Singular geredet, sie schließt alle vier Produktionsstandorte ein.

Rüstungsbetriebe ausgleichen können. Letztere betrafen aufgrund des nahegelegenen Mitteldeutschen Industriereviers vor allem das Torgauer Werk; es verlor bei Kriegsbeginn knapp die Hälfte seiner 1100-köpfigen Belegschaft.[158] Außerdem hegte V&B, nicht zuletzt mit Blick auf die perspektivische Rückkehr in die Saarpfalz, ein Interesse daran, auch zukünftig über das Personal aus der roten Zone verfügen zu können.

Ähnlich wie die RESW ergriff auch der Mettlacher Keramikhersteller in den letzten Augusttagen vorbereitende Maßnahmen für den Fall einer Räumung. Am 26. und 27. August erhielt die Belegschaft eine Lohnabschlagszahlung bis zum 3. September.[159] Anders als die RESW versäumte V&B es, Kommunikationswege, wie die Röchling'schen Postkarten, einzurichten, über die der Arbeitgeber erfahren konnte, wohin es seine Arbeitnehmer im Reichsinnern verschlagen hatte. Das Unternehmen tappte, was die Aufenthaltsorte seines Personals anging, also länger im Dunkeln. Dies bekam vor allem jene firmeninterne Instanz, die den Zugriff auf die evakuierte Belegschaft koordinierte, die Abwicklungsstelle in Frankfurt am Main, zu spüren. Sie bemühte sich, Adressen herauszufinden und zu sammeln, verwahrte die Arbeitsbücher aus Mettlach, Merzig sowie Wadgassen und besprach mit den nichtgeräumten V&B-Betrieben ihren Personalbedarf sowie Unterbringungsmöglichkeiten. Wollten die Werke einen Evakuierten einstellen, so erhielt er einen Brief mit der Aufforderung, sich nach Dresden, Torgau, Dänischburg oder Breslau zu begeben. Ihnen stand frei, ihre Angehörigen mitzubringen, allerdings herrschte mancherorts Wohnraummangel, sodass der Familiennachzug in der Praxis nicht immer gewährleistet war.

Parallel zur Abwicklungsstelle taten sich weitere Zugriffswege auf. So kontaktierte der Merziger Bürgermeister Bauer, durch die Evakuierung nach Quedlinburg im Harz gekommen, Ende September das nächstgelegene Werk des Keramikherstellers, die Steingutfabrik Torgau. In Quedlinburg, so der Bürgermeister, hielten sich über 100 evakuierte Merziger und Mettlacher auf. Sie seien bis Kriegsbeginn bei V&B tätig gewesen und könnten nun in Torgau eingesetzt werden, weshalb Bauer um Rückmeldung bat.[160] In seiner Antwort präzisierte der Torgauer Direktor Wilhelm Schäfer, an welchen Berufsgruppen Bedarf bestehe, u.a. an Sanitär- und Kleingeschirrgießern; nur deren Unterbringung könne er sicherstellen.[161] Dass sich die Belegschaftsmitglieder tatsächlich auf den Weg

158 UVBM 353, Niederschrift über die Konferenz in der Steingutfabrik Dresden, 25.-26.9.1939, S. 3.

159 StA Leipzig 20918, Nr. 059, Rundschreiben an alle Niederlassungen, 4.9.1939, fol. 377.

160 StA Leipzig 20918, Nr. 066, Brief des Merziger Bürgermeisters Bauer an Villeroy & Boch, Torgau, 21.9.1939, fol. 94.

161 StA Leipzig 20918, Nr. 066, Brief der Steingutfabrik Torgau an den Merziger Bürgermeister, 23.9.1939, fol. 92.

vom Harz an die Elbe machten, ist angesichts der gleich folgenden Zahlen unwahrscheinlich.

Ende September 1939 waren nur wenige der angeforderten Arbeiter in Dresden und Torgau angekommen; Dänischburg und Breslau hatten sich, da aktuell weniger von Personalnot betroffen, bisher um keine bemüht. Zu diesem Zeitpunkt richtete die Unternehmensleitung ihr Augenmerk darauf, lediglich fleißige Belegschaftsmitglieder und keine „Drückeberger"[162] bei den Fabriken im Reichsinnern zu übernehmen. Der damit geäußerte Wunsch, das Personal gemäß Arbeitseifer auszuwählen, ging weit an der Realität vorbei: Mitte November 1939 beschäftigten die Werke in Dresden, Torgau, Dänischburg und Breslau lediglich 200 der insgesamt 4 500 Evakuierten.[163] Wiederum zwei Monate später, Mitte Januar 1940, zogen die Direktoren der V&B-Werke eine ernüchternde Bilanz.[164] Die Breslauer Mosaikplattenfabrik habe keine, die Dresdner Steingutfabrik kaum, die Torgauer immerhin 50 Saarpfälzer übernommen. Aufgrund der auswärtigen Unterbringung – in der Stadt selbst herrschte Wohnungsmangel – beklagten diese aber die langen Fahrtwege von anderthalb Stunden und hielten andere Evakuierte davon ab, sich in Torgau zu melden. In Dänischburg arbeiteten 80 Belegschaftsmitglieder aus der roten Zone, die sich sowohl mit ihrer Tätigkeit als auch mit der Unterbringung zufrieden zeigten. Auch der Fabrikdirektor Pangels äußerte sich zufrieden mit der personellen Verstärkung. Davon ausgehend sollte die Abwicklungsstelle versuchen, noch mehr Saarpfälzer nach Dänischburg zu bringen. Damit war dies das einzige Werk, dem die Direktoren im Januar 1940 positive Aussichten in Sachen evakuiertes Personal zusprachen. Bei keinem anderen gingen sie davon aus, die Anzahl der saarpfälzischen Arbeiter steigern zu können.

Warum war dem Zugriff des Keramikherstellers auf sein Personal aus der roten Zone quantitativ so wenig Erfolg beschieden? Wilhelm Schäfer, Direktor des Torgauer Werkes, führte im Oktober 1939 in einem Feldpostbrief an Luitwin von Boch eine Reihe von Gründen dafür an, dass kaum Evakuierte an die Elbe gekommen waren:

> Die Abwicklungsstelle in Frankfurt hat sich zu Beginn zuviel Zeit gelassen, oder vielleicht hat es zu lange Zeit in Anspruch genommen, die Adressen der einzelnen Mettlacher Gefolgschaftsmitglieder zu ermitteln, jedenfalls ist es zurzeit so, dass die meisten andere Ar-

162 UVBM 353, Niederschrift über die Konferenz in der Steingutfabrik Dresden, 25.-26.9.1939, S. 9.

163 StA Leipzig 20918, Nr. 059, Rundschreiben 46 der Generaldirektion an alle Stellen der Firma, 10.11.1939, fol. 364.

164 StA Leipzig 20918, Nr. 059, Niederschrift über die Direktorenkonferenz, 10.1.1940, fol. 317–320.

> beit gefunden haben, in der sie vielleicht sogar mehr verdienen als sie in der Steingutindustrie verdient haben; andere haben vielleicht auch eine sehr ordentliche Unterkunft gefunden, eine bessere als ihnen hier in der Umgebung von Torgau geboten werden kann, u. dergl. mehr. Ein Hauptgrund ist aber wohl der, dass die Saarländer alle zusammenbleiben wollen.[165]

Einerseits verwies Schäfer auf interne Organisationsprobleme, vor allem auf die lange Anlaufzeit der Frankfurter Abwicklungsstelle. Das Verhältnis zwischen ihr und den V&B-Werken im Reichsinnern, darunter Torgau, zeichnete sich durch Querelen aus und war insgesamt wenig harmonisch. Schäfers Vorwurf, durch die langsame Arbeit der Frankfurter ständen die Saarpfälzer dem Konzern nicht mehr zur Verfügung, weil anderweitig in Lohn und Brot, müssen auch vor dem Hintergrund dieser internen Auseinandersetzungen gesehen werden. Andererseits nannte der Torgauer Direktor ein Bündel individueller Gründe, aufgrund derer die Evakuierten es ablehnten, in einer V&B-Filiale zu arbeiten. Dazu zählten eine anderweitige Beschäftigung mit höheren Verdienstmöglichkeiten, eine komfortable Unterbringung und der Wunsch, mit Familie und Freunden zusammenzubleiben. Das Unternehmen konnte diesen eigensinnigen Beweggründen nichts entgegensetzen; das Instrument der Dienstverpflichtung blieb ihm, da kein Rüstungsproduzent, verwehrt. Selbst wenn Evakuierte in der Torgauer Fabrik angefangen hatten, war sich der Keramikhersteller ihrer nicht dauerhaft gewiss. Viele reisten, wie Schäfer unzufrieden bemerkte, bereits nach kurzer Zeit wieder ab, was V&B gegenüber seiner Belegschaft fast machtlos aussehen ließ.[166] Zwar war jeder Arbeitsplatzwechsel ab September 1939 der Genehmigung des örtlichen Arbeitsamtes unterworfen. Das musste aber kein Hinderungsgrund sein; entweder, weil das Amt zustimmte, oder, die wahrscheinlichere Variante, die Saarpfälzer fielen durch das Raster bzw. ignorierten die Verordnung über die Beschränkung des Arbeitsplatzwechsels vom 1. September 1939.

Das Unternehmen hing vom guten Willen seiner früheren Arbeitnehmer ab. Die schwache Ausgangsposition begründete sich in erster Linie darin, dass der in der weniger kriegswichtigen Keramikbranche beheimatete Konzern über keinerlei Zwangsmittel gegenüber seinem Personal verfügte. Darüber hinaus spielten das Chaos der ersten Evakuierungstage, mangelnde unternehmerische Übersicht und schließlich die Macht des Faktischen eine Rolle. Waren die Evakuierten in einem anderen Betrieb, eventuell gar in der Rüstungsproduktion, untergekommen, gab es kein Herankommen mehr. Die Belegschaftsverordnung,

165 StA Leipzig 20918, Nr. 051, Brief von Wilhelm Schäfer an Luitwin von Boch-Galhau, 19.10.1939, fol. 67.

166 Ebd.

die erst im April 1940 in Kraft trat, leistete V&B aufgrund der zeitlichen Verzögerung keine Dienste, zumal sie, als sie schließlich erschien, die Personalbelange des Keramikherstellers jenen der Rüstungsindustrie unterordnete.

Dem erfolglosen V&B-Zugriff steht der gelungene Mobilisierungsversuch eines anderen saarpfälzischen Konsumgüterproduzenten gegenüber, der Eduard Rheinberger AG aus Pirmasens. Der Schuhhersteller zielte ebenfalls darauf ab, das Pirmasenser Personal firmenintern in einem anderen Zweigwerk bzw. im neugegründeten Ausweichbetrieb zu beschäftigen. Als sich die Evakuierungszeit ihrem Ende zuneigte, beschäftigte er in seinem Offenbacher Ausweichwerk, der vormaligen Herz AG, 800 der ehemals 2300 Belegschaftsmitglieder aus der evakuierten Schuhstadt (siehe Abbildung 5.2, S. 281). In Offenbach stellten die Pirmasenser damit über 60 % des Personals. Hier arbeiteten im Juni 1940 insgesamt etwa 1300 Personen, wobei die Belegschaft der übernommenen Herz AG die übrigen 500 stellte.[167]

Neun Monate zuvor, unmittelbar nach der Räumung im September 1939, hatte sich das Rheinberger-Büro, d.h. die Verwaltungs- und die kaufmännische Abteilung, bemüht die Adressen der Belegschaft zu ermitteln. Hierfür griff es auf Kuriere, Zeitungsanzeigen, Radiosendungen, den Kontakt zu Stadtverwaltungen sowie Arbeitsämtern und Mund-zu-Mund-Propaganda zurück.[168] Die früheren Arbeiter hielten sich u.a. in Mainfranken, der Oberpfalz, Thüringen und im Kasseler Gebiet auf; insbesondere in Mainfranken waren viele untergekommen (siehe Kapitel 4.2.1, S. 209). Über die eben genannten Kanäle erfuhr ihr alter Arbeitgeber, wohin es sie verschlagen hatte und forderte sie per Brief auf, sich nach Offenbach zu begeben. Im Zuge der Herz-Übernahme verbot die Gauleitung von Hessen-Nassau dem Schuhhersteller im November 1939, seine Werksangehörigen in den Aufnahmegebieten weiterhin anzuwerben und zum Ausweichbetrieb zu bringen.[169] Die Auflage war der angespannten Wohnraumsituation im Rhein-Main-Gebiet geschuldet. Auch wollte die Gauleitung sichergehen, dass Rheinberger die ehemalige Herzbelegschaft vollständig übernahm. Mittelfristig änderte das Verbot aber nichts am Zuzug der Saarpfälzer, sodass

---

167 Zur Übernahme der Herz AG durch Rheinberger siehe Kapitel 4.3, S. 234. Zur Personalzusammensetzung im Offenbacher Ausweichbetrieb: 3 Monate Aufbauarbeit im Heimatbetrieb, Rheinberger-Rundschau Nr. 5, November 1940, S. 2–5, S. 3. Ähnliche Zahlen in: Eduard Rheinberger AG. Ein vorbildlicher Betrieb der deutschen Schuhindustrie, Offenbacher Monatsrundschau, September 1941, S. 32–47, S. 45.

168 ...Nimmer sich beugen, kräftig sich zeigen (1. Fortsetzung), Rheinberger-Rundschau Nr. 1, April 1940, S. 2–4, S. 2 und *Hilde Rheinberger*, Der Rheinberger-Betrieb in Offenbach, in: Gustav Rheinberger (Hrsg.), Geschichte des Hauses Eduard Rheinberger. Pirmasens 1962, 177–196, 177.

169 HStAD N 1, Nr. 447, Bedingungen für die Übernahme der Herz AG durch Rheinberger, 6.11.1939.

der Schuhhersteller, wie oben erwähnt, im Juni 1940 etwa 800 Pirmasenser in Offenbach beschäftigte.

Neben Rheinberger und V&B versuchten zahlreiche geräumte Unternehmen auf beiden Seiten der Grenze, ihr Personal in einem anderen Zweig- oder im neugegründeten Ausweichwerk zu beschäftigen. Dies betraf den Konservendosenhersteller Hirschfeld aus Straßburg und die Schlossfabrik Sesa aus dem lothringischen Sarreguemines ebenso wie die Saarbrücker Filiale des Elektrokonzerns BBC und das Maschinenbauunternehmen Heinrich Lanz aus Zweibrücken. Grundsätzlich handelte es sich um den am weitesten verbreiteten Zugriff evakuierter Betriebe auf ihre Belegschaft, dessen konkrete Ausgestaltung freilich variierte.

Warum gestaltete sich nun der Rheinberger'sche Versuch, das evakuierte Personal zu mobilisieren, so viel erfolgreicher als der von V&B? Dabei ist zu beachten, dass beide Betriebe Konsumgüter herstellten und, da keine dezidierten Rüstungsproduzenten, mit geringer staatlicher Unterstützung rechnen mussten. Ihre Ausgangssituation und Handlungsspielräume glichen sich weitgehend. Jedoch gelang es dem Schuhhersteller Anfang September, bessere Kommunikationswege einzurichten und die Aufenthaltsorte der Belegschaft schneller in Erfahrung zu bringen. Des Weiteren war Mainfranken, das Hauptaufnahmegebiet der Pirmasenser, agrarisch geprägt und verfügte über keine nennenswerten Industriestandorte, wohingegen der Harz, Rückzugsort der meisten Mettlacher und Merziger, viele Rüstungsproduzenten beherbergte. In Mainfranken drohten aus Sicht Rheinbergers also keine Dienstverpflichtungen in nahegelegene Betriebe, die Kriegsgerät herstellten und den Evakuierten höhere Verdienstmöglichkeiten als die Schuhbranche boten. Der Mangel an attraktiven Alternativen erwies sich als Vorteil für Rheinberger und vergrößerte seine Handlungsspielräume beim Versuch, das Personal nach Offenbach zu bringen. Das verdeutlicht, in welchem Maße der Eigensinn der Arbeiter und die Struktur des Arbeitsmarktes in den Aufnahmegebieten über das Gelingen eines Zugriffes bestimmte – sei es, dass sich das Rheinberger-Personal aus den eben genannten Gründen zu großen Teilen bereiterklärte, im Ausweichwerk zu arbeiten oder eben, dass die V&B-Belegschaft sich dem verweigerte.

Die Saarmetallwerke und die Deutschen Waffen- und Munitionsfabriken

Verfügten evakuierte deutsche Unternehmen über die Möglichkeit, die heimischen Belegschaftsmitglieder per Dienstverpflichtung an das Ausweichwerk zu binden, griffen sie bereitwillig darauf zurück. Der Einsatz des Druckmittels ging oftmals mit Problemen einher, von denen die aus Saarbrücken evakuierte Saarmetallwerke AG berichtete. Sie hatte am Standort ihrer Stammfirma Dango & Dienenthal im westfälischen Siegen ein Gelände gekauft, um die Produktion wiederaufzunehmen (siehe Abbildung 5.2, S. 281). Im Februar 1940 lief die Fertigung teilweise. Die Saarmetallwerke setzten hierfür dienstverpflichtete Saarbrücker Arbeiter ein, die getrennt von ihren Familien leben mussten, weil in Siegen Wohnraummangel herrschte. Der Umstand stellte

> eine Belastung für den Betrieb insofern (...)[dar, LS], als die Arbeitsfreudigkeit dieser Arbeiter sehr zu wünschen übrig lässt, und die Firma bei weitem nicht mehr die Leistungen zu verzeichnen hat, die sie vor Kriegsausbruch gewohnt war.[170]

Ähnliches berichteten die vor Kriegsbeginn in Karlsruhe ansässigen Deutschen Waffen- und Munitionsfabriken (DWM). Die badische Stadt war zu Kriegsbeginn teilweise geräumt worden, das Unternehmen verlagerte kurz darauf die Herstellung von Pistolenmunition ins DWM-Werk nach Berlin-Borsigwalde (siehe Abbildung 5.2, S. 281).[171] Das dienstverpflichtete Karlsruher Personal war gezwungen, in die Hauptstadt zu folgen. In den folgenden Monaten äußerten die Arbeiter ihren Unmut über die gesteigerten Lebenshaltungskosten, was sich auf ihre Arbeit auswirkte. Sie reagierten, wie die DWM feststellten, mit verstärkten Krankmeldungen und heimlichen Fahrten nach Karlsruhe.[172] Als Rüstungshersteller verfügten die Saarmetallwerke und die DWM über mehr Handhabe gegenüber ihren Belegschaften als Konsumgüterproduzenten. Ihre Zugriffe gestalteten sich quantitativ erfolgreich, es gelang ihnen, das nötige Personal zu den Ausweichstandorten zu bringen. Hier mussten sie aber qualitative Einbußen in Gestalt von geringer Arbeitsmotivation und häufigen Krankmeldungen hinnehmen. Zwang gegenüber evakuierten Arbeitskräften führte nur bedingt zu Erfolg.

Nachdem das Unterkapitel nachgezeichnet hat, wie geräumte Unternehmen auf ihr Personal zugriffen, werden ihre Mobilisierungsgeschichten nun noch einmal kurz aufgegriffen, ehe das Fazit folgt. Es wird detaillierter auf die Handlungsspielräume eingehen, über die deutsche und französische Betriebe im Umgang mit ihren Belegschaften verfügten. Die lothringische Bergwerksgesellschaft *Petite-Rosselle* setzte in den ersten Kriegswochen Bergleute in ihren Notbelegschaften in der roten Zone ein. Die frühzeitige Planung, der Zwang gegenüber dem Personal und die Sondersituation des Arbeitens im militärischen Gebiet

170 BA-MA RW 21-22/2, Lagebericht Nr. 8 des Rüstungskommandos Gießen für die Zeit vom 18. bis 24.2.1940, fol. 35–36.

171 *Roland Peter*, Rüstungspolitik in Baden: Kriegswirtschaft und Arbeitseinsatz in einer Grenzregion im Zweiten Weltkrieg. München 1995, 98.

172 BArch Berlin R 2-29979, Brief der DWM an das Reichsjustizministerium, 6.12.1939, fol. 340v.

trugen zum Erfolg des Zugriffs bei. Wenige Kilometer entfernt, auf der anderen Seite der Grenze, unterhielt ebenfalls eine Notbelegschaft die Anlagen der Völklinger Hütte, wo außerdem im Laufe des Sitzkrieges eine begrenzte Produktion wieder anlief. Die RESW setzten darauf, dass ihr Personal freiwillig in die rote Zone kam, andernfalls wandten sie Zwang in Gestalt von Dienstverpflichtungen an. Der Erfolg des Mobilisierungsversuches begründete sich insbesondere in den stabilen Kommunikationswegen zwischen evakuiertem Arbeitgeber und -nehmern und der hohen Bereitschaft letzterer, nach Völklingen zu gehen. Indes brachte der Transfer Völklinger Hüttenarbeiter zu den RHG nach Salzgitter zu Beginn der Räumung nicht die gewünschten Ergebnisse. Es erwies sich als unmöglich, die Evakuierten, die sich im gesamten Reichsgebiet verteilt hatten, gegen ihren Willen nach Niedersachsen zu bringen. Die Versuche von V&B und Rheinberger, ihr jeweiliges Personal in anderen Zweig- bzw. im Ausweichwerk zu beschäftigen, zeitigten unterschiedliche Ergebnisse. Während dem Keramikhersteller wenig Erfolg beschieden war, gelang es der Schuhfirma, zahlreiche Pirmasenser nach Offenbach zu bringen. Die Evakuierten entschieden aufgrund ihrer individuellen Lebensumstände, ob sie dem Aufruf ihres früheren Arbeitgebers folgten. Während V&B und Rheinberger als Konsumgüterproduzenten auf Zwang gegenüber den Belegschaften verzichten mussten, griffen die Saarmetallwerke und die DWM als Rüstungshersteller zu Dienstverpflichtungen. Somit gelang es ihnen, ihr Personal an die Ausweichbetriebe zu binden. Die damit verbundenen Umstände wirkten sich aber negativ auf die Arbeitsmotivation der Saarbrücker und der Karlsruher aus.

5.4 Der Produktionsfaktor Arbeit

Der Produktionsfaktor Arbeit in Gestalt des Personals geräumter Betriebe stand im Mittelpunkt der vorangegangenen Ausführungen. Zuerst wurden die rechtlichen Rahmenbedingungen dargelegt. Das Deutsche Reich entwickelte ein umfangreiches Evakuierungsarbeitsrecht, das den saarpfälzischen Unternehmen einen Anspruch auf ihre früheren Belegschaften zusprach und ihre Handlungsspielräume juristisch erweiterte. Gleichzeitig benachteiligte es nicht kriegswichtige Unternehmen, denn diese mussten damit rechnen, Belegschaftsmitglieder „aus zwingenden Gründen des Arbeitseinsatzes“[173] dauerhaft zu verlieren. Das Evakuierungsarbeitsrecht diente folglich in erster Linie Betrieben mit kriegswichtiger Fertigung als Ressource und vergrößerte ihre Handlungsspielräume

173 RGBl 1940, I, Verordnung über das Fortbestehen von Arbeitsverhältnissen bei Räumung oder Freimachung von gefährdeten Gebieten, 9.4.1940, S. 624–625, S. 625.

gegenüber Arbeitsämtern, Konkurrenten im Landesinnern und Personal. Der französische Gesetzgeber verzichtete hingegen darauf, räumungsspezifische Regelungen auszuarbeiten. Er sprach den elsässischen und lothringischen Unternehmen weder ein Anrecht auf ihre Belegschaften zu, noch erkannte er es ihnen ab. Er beeinflusste ihre Handlungsspielräume in der Angelegenheit also weder im positiven noch im negativen Sinne.

Bezüglich der staatlichen Zugriffe auf die Evakuierten und ihre Arbeitskraft bleibt festzuhalten, dass beide Staaten darauf hinwirkten, sie in den Aufnahmegebieten schnell wieder zu nutzen. Deutscherseits taten sich hier die Arbeitsämter als zentrale Instanz hervor, während sich in Frankreich mehr Akteure, z.B. die Präfekturen, mit der Arbeitsvermittlung befassten. Deutliche Unterschiede taten sich beim jeweiligen Mobilisierungsversuch der Bergleute auf. Der III. Republik gelang es dank frühzeitiger Planung und Anerkennung individueller Interessen die lothringischen *mineurs* im nordfranzösischen Revier zu beschäftigen. Indes scheiterte das Deutsche Reich mit dem Versuch, die Saarbergleute ins Ruhrgebiet zu bringen. Der Misserfolg begründete sich in der unzureichenden Vorbereitung und dem Unwillen der Bergleute, dem Zugriff zu folgen. Der zentrale Faktor, der über Erfolg des französischen Modells und Misserfolg des deutschen bestimmte, war der Eigensinn der Arbeiter oder vielmehr die Frage, inwiefern die Staaten diesen einkalkulierten. Angesichts des Primats der Ausnahmesituation in beiden Ländern zeigten staatliche Zwangsmittel nur begrenzte Wirkung; letztlich kam es darauf an, ob die umworbenen Bergleute sich mobilisieren lassen wollten oder nicht.

Betriebe auf beiden Seiten der Grenze griffen auf verschiedene Weise auf ihr Personal zu. Die Mobilisierungsgeschichten des dritten Unterkapitels haben vor Augen geführt, wie ausgewählte Unternehmen, aufgrund der Überlieferungslage mehr deutsche als französische, dabei vorgingen. Ob saarpfälzisch, elsässisch oder lothringisch, sie verfolgten gleichermaßen das Ziel, das Know-how ihrer Belegschaften in der roten Zone, in einer Filiale oder im Ausweichwerk im Landesinnern zu nutzen. Inwiefern und welche Form des Zwangs sie gegenüber den Arbeitern anwandten und wie viel Erfolg ihnen beschieden war, unterschied sich von Fall zu Fall. Wie frei agierten deutsche und französische Unternehmen bei ihren Zugriffen im Vergleich? Unterschieden sich ihre Handlungsspielräume, wenn sie die jeweilige Belegschaft mobilisierten?

Saarpfälzische Unternehmen standen bezüglich ihres Personals stärker unter Druck als lothringische und elsässische, mussten sie sich doch gegenüber den Arbeitsämtern behaupten. Diese waren noch dazu explizit beauftragt, den Evakuierten Arbeitsstellen zu vermitteln. Die Ämter kontrollierten den deutschen Arbeitsmarkt in weitaus größerem Umfang als die staatliche Arbeitsverwaltung es in Frankreich vermochte. So benötigte ein saarpfälzischer Betrieb, der ein früheres Belegschaftsmitglied, das zwischenzeitlich woanders eine Tätigkeit aufgenommen hatte, wiedereinstellen wollte, die Genehmigung zweier Arbeitsämter. Sowohl das seine als auch das des neuen Betriebes mussten zustimmen, während der Arbeitsplatzwechsel französischerseits, abgesehen von *réquisitions*, eine Angelegenheit zwischen Arbeitgeber und -nehmer blieb. Wie französische Präfekten kriegswichtiges Personal requirierten, wie autonom sie dabei entschieden und agierten, kann mangels empirischer Studien nur vermutet werden. Wurden Beschäftigte einer gesamten Branche per Dekret requiriert, so geschehen bei den Bergleuten im Oktober 1939, waren den Präfekten die Hände gebunden. Allerdings ist klar, dass durchaus nicht alle *mineurs lorrains*, ihrer kollektiven Requirierung zum Trotz, ihrem Beruf während der Evakuierung treu blieben. Hier offenbaren sich die evakuierungsbedingten Grenzen der staatlichen Arbeitsmarktlenkung. Was die elsässischen sowie lothringischen Betriebe angeht, so garantierte der prinzipiell freie Arbeitsmarkt ihnen geringere staatliche Eingriffe und größere Handlungsspielräume als ihren saarpfälzischen Pendants.

Von diesem Status ausgehend schied das Deutsche Reich die geräumten Unternehmen in kriegswichtige und nicht kriegswichtige und billigte Ersteren mehr Handhabe gegenüber ihrem Personal zu. Sie konnten Belegschaftsmitglieder auf dem Wege der Dienstverpflichtung an sich binden, so geschehen bei den Saarmetallwerken und den DWM. V&B und Rheinberger stand diese Möglichkeit nicht offen. Außerdem garantierte die Verordnung vom 9. April 1940 den Rüstungsherstellern aus der roten Zone, dass ihr gesamtes Personal, unabhängig davon, wo es zwischendurch Arbeit gefunden hatte, in den Betrieb zurückkehrte. Beide Faktoren garantierten den RESW eine bessere Ausgangsposition und größere Handlungsspielräume ihre Hüttenarbeiter einzufordern als V&B seine Keramiker. So glatt, wie das in der Theorie klingt, funktionierte es in der Praxis freilich nicht immer, denn die Arbeitsämter verfügten weiterhin über Ermessensspielräume. Hinter jeder Arbeitsaufnahme eines Hüttenarbeiters bei der Notbelegschaft in Völklingen lagen, so die RESW und der Arbeiter den offiziellen Amtsweg beschritten, Aushandlungsprozesse zwischen dem heimischen und dem neuen Arbeitsamt. Allein die Dauer der Angelegenheit Friedrich Felder, des Völklinger Arbeiters, dessen Familie sich erst im Juni 1941 vollzählig zu Hause zusammenfand (siehe Kapitel 5.1, S. 251), vermittelt einen Eindruck vom Umfang des Tauziehens hinter den Kulissen.

Die staatlich garantierten größeren Handlungsspielräume kriegswichtiger Betriebe bedeuteten freilich nicht, dass sie erfolgreicher auf ihr Personal zugriffen. Rheinberger konnte keinen Zwang gegenüber seiner Belegschaft einsetzen und reüssierte trotzdem, wohingegen der Zwangseinsatz bei den Saarmetallwerken zu Qualitätseinbußen in der Fertigung führte. Obwohl dienstverpflichtet, gingen die Saarbergleute nicht ins Ruhrgebiet und brachten den Mobilisierungsversuch ihrer Arbeitskraft zum Scheitern. Innerhalb des Akteursdreiecks von Staat, Unternehmen und Belegschaft bestimmte in der Ausnahmesituation das saarpfälzische Personal und sein Eigensinn am stärksten über das Gelingen eines Zugriffs. Greift man auf das Dreiecksmodell Bauds van Schendels (siehe Kapitel 1, S. 9) zur Untersuchung von Machtbeziehungen in *borderlands* zurück, so verfügte die grenznahe Bevölkerung, und nicht die dortige Elite oder der Zentralstaat, über den größten Einfluss.

Auch die III. Republik gestand kriegswichtigen Unternehmen größere Handlungsspielräume zu als nicht kriegswichtigen. Infolgedessen durfte die Bergwerksgesellschaft *Petite-Rosselle* ihre Anlagen in unmittelbarer Nähe der Front unterhalten und hierfür Bergleute requirieren. Die Möglichkeit der *réquisition*, ob in der roten Zone oder im Landesinnern, bot sich lediglich kriegswichtigen Betrieben, die somit über mehr Handhabe gegenüber ihrem Personal verfügten. Dennoch wogen, ähnlich wie im Deutschen Reich, die individuellen Interessen der Belegschaftsmitglieder für die Mobilisierungsversuche ihrer Arbeitskraft schwerer als staatliche Druckinstrumente. In beiden Ländern gilt: Wenn sich ein Arbeiter einem Zugriff entziehen wollte, gelang ihm das in der Regel.

Davon ausgehend stellt sich die Frage, ob sich deutsche und französische Betriebe dem Eigensinn ihres Personals, etwa dem Wunsch, mit der Familie zusammenzubleiben, unterschiedlich näherten. Grundsätzlich wussten Betriebsinhaber auf beiden Seiten der Grenze, dass eine gemeinsame Unterbringung von Personal und Familie die Zufriedenheit förderte und im Interesse des Unternehmens lag. So brachte der Schuhhersteller Rheinberger mehrere Pirmasenser Familien in dem Haus in der Frankfurter Straße 4 in Offenbach unter, das Karoline Rheinberger im Februar 1939 erworben hatte (siehe Kapitel 3.2.3, S. 162).[174] Auf der anderen Seite der Grenze bat der aus Saint-Louis im Haut-Rhin stammende Elektroheizungshersteller Sauter den *Vice-Président du Conseil* Camille Chautemps im November 1939 um finanzielle Unterstützung. Sauter hatte sich bei Kriegsbeginn nach Claye-Souilly ins Pariser Umland zurückgezogen. Er benötige Hilfe, um die Unterbringung der Belegschaft mit ihren Familien, insgesamt 250 Personen, in Claye-Souilly sicherzustellen, so Geschäftsführer Cuaz.[175]

Derartige Beispiele finden sich sowohl im Deutschen Reich als auch in der III. Republik. Unbenommen davon ist denkbar, dass deutsche Unternehmen

174 *Hilde Rheinberger*, Der Rheinberger-Betrieb in Offenbach, in: Gustav Rheinberger (Hrsg.), Geschichte des Hauses Eduard Rheinberger. Pirmasens 1962, 177–196, 185.

175 ADBR 98 AL 276, Brief des Sauter-Geschäftsführers Cuaz an den Vice-Président du Conseil Camille Chautemps, 14.11.1939, S. 1.

eher als französische dazu neigten, die Wünsche ihres Personals zu übergehen. Sie hatten die nationalsozialistische Umgestaltung des Arbeitsmarktes seit 1933 miterlebt, die darauf hinwirkte, die Arbeitnehmer beliebig im Dienste der Kriegswirtschaft zu verschieben und zu manövrieren.[176] Inwiefern sich diese Transformation mentalitätsbildend auf Unternehmer auswirkte, kann nur vermutet werden. In jedem Fall griffen sie bereitwillig auf Zwangsinstrumente, die ihnen die staatliche Arbeitsverwaltung zur Verfügung stellte, zurück. Da der französische Arbeitsmarkt auf keine Militarisierung in dieser Form zurückblickte, verfügten die dortigen Betriebe weniger selbstverständlich über die Arbeitskraft ihrer Belegschaft, ohne deren Eigensinn Rechnung zu tragen.

Anhand eines Zitats aus Franz Neumanns „Behemoth" sollen nun einige abschließende Überlegungen zum Produktionsfaktor Arbeit im Deutschen Reich und in der III. Republik angestellt werden. Neumann stellte in seiner Strukturanalyse des nationalsozialistischen Regimes fest:

> Der Nationalsozialismus unterscheidet sich am schärfsten durch die Kontrolle des Arbeitsmarktes von einer demokratischen Gesellschaft. Der Arbeiter besitzt keine Rechte. Die potentielle und aktuelle Macht des Staates über den Arbeitsmarkt ist so umfassend, wie sie nur sein kann.[177]

Neumann zufolge lag gerade in der Kontrolle des Arbeitsmarktes ein Wesenszug des autoritären deutschen Systems. Dieser grenzte es von demokratischen Regimen, wie dem französischen, ab, wobei dahingestellt sei, ob es sich hierbei tatsächlich um das wichtigste Unterscheidungsmerkmal handelt. Unabhängig davon erhoben die deutschen Arbeitsämter den Anspruch, Arbeiter, im Herbst 1939 insbesondere die aus der Saarpfalz evakuierten, zu lenken und im Dienste der Kriegswirtschaft zu nutzen. Die aktuelle Macht des Staates über den Arbeitsmarkt stieß aber während der Räumung an ihre Grenzen, denn es gelang weder Arbeitsämtern noch Unternehmen, beliebig über Belegschaften zu verfügen. Migrationsbewegungen, im Zuge derer Hunderttausende – kaum nachvollziehbar – ihren Wohnort wechselten, stellten den Anspruch des Deutschen Reiches, seine Bevölkerung umfassend zu kontrollieren und einzurahmen, auf die Probe.

---

176 *Rüdiger Hachtmann*, Arbeit und Arbeitsfront: Ideologie und Praxis, in: Marc Buggeln/ Michael Wildt (Hrsg.), Arbeit im Nationalsozialismus. München 2014, 87–106, 89.

177 *Franz Neumann*, Behemoth: Struktur und Praxis des Nationalsozialismus 1933–1944. Köln [u.a.] 1977, 395. Es handelt es sich um die posthum erschienene deutsche Erstausgabe des 1942 in englischer Sprache publizierten Buches. Zur Einordnung der Pionierstudie Neumanns: *Armin Nolzen*, Franz Leopold Neumanns „Behemoth": Ein vergessener Klassiker der NS-Forschung, Version 1.0. 2011. URL: http://docupedia.de/zg/Neumann.2C_Behemoth?oldid=106459.

Der französische Arbeitsmarkt war prinzipiell frei, die III. Republik nahm lediglich einige wenige dirigistische Eingriffe vor. Ihre potentielle Macht über den Arbeitsmarkt war, mit Neumann gesprochen, zweifellos geringer als die des Deutschen Reiches. Zugleich übte die III. Republik eine umfassendere aktuelle Macht über den räumungsspezifischen Arbeitsmarkt aus als ihr totalitärer Nachbar. Es gelang ihr, die lothringischen Bergleute in andere Reviere zu bringen, wobei ihr Geheimnis darin lag, individuelle Wünsche der Evakuierten einzukalkulieren. Das anreizorientierte System erwies sich als erfolgreicher im Umgang mit der Räumung, in der Zwang nur eine begrenzte Wirkung hatte. Angesichts der Ausnahmesituation gelang es der III. Republik besser als dem Deutschen Reich, den Produktionsfaktor Arbeit zu nutzen, mithin die Kriegsgesellschaft zu mobilisieren.

6 Epilog: Sommer 1940 bis 1944/1945

In der Nacht vom 9. auf den 10. Mai 1940 endete die „trügerische Stille“[1] des Sitzkrieges an der deutsch-französischen Front: Die Wehrmacht begann ihren Westfeldzug. Sie griff die Niederlande, Belgien, Luxemburg sowie Nordfrankreich an und verzeichnete, über die Ardennen vorstoßend, schnelle Geländegewinne; die alliierten Armeen hatten ihr kaum etwas entgegenzusetzen. Die Kampfhandlungen und der deutsche Vormarsch setzten massive Bevölkerungsbewegungen, den so genannten *exode*, in Gang. Mehrere Millionen Belgier, Niederländer, Luxemburger und Franzosen flohen gen Süden und befanden sich ab Mitte Mai auf den Straßen Frankreichs.[2] Außerdem erlebten die Departements Moselle, Bas-Rhin und Haut-Rhin eine zweite Evakuierungswelle, bei der über 130 Gemeinden geräumt wurden und knapp 126 000 Anwohner ihr Zuhause verließen.[3] Auch auf deutscher Seite kam es zu einer erneuten Räumung, die vor allem das badische Gebiet, die Orte entlang des Rheins, betraf.[4] Viele der im September 1939 evakuierten Badener waren in der Zwischenzeit zurückgekehrt und mussten nun erneut ihre Koffer packen. Diesmal dauerte ihre Abwesenheit allerdings nur wenige Tage.

Angesichts der herannahenden deutschen Truppen verließ die französische Regierung am 13. Juni Paris und ging nach Bordeaux. Paul Reynaud, Daladiers Nachfolger als *Président du Conseil*, trat wenige Tage später zurück, um Philippe Pétain das Feld zu überlassen.[5] Pétain bat am 17. Juni um den Waffenstillstand, den die Kriegsgegner am 22. Juni bei Compiègne besiegelten. Der Vertrag teilte das französische Staatsgebiet in verschiedene Zonen (siehe Abbildung 6.1, S. 311).[6] Nördlich der Demarkationslinie befand sich das von den Deutschen besetzte Gebiet einschließlich Paris, wobei das Nord/Pas-de-Calais an den Militärbefehlshaber in Brüssel ging. Südlich der Linie lag das unbesetzte Gebiet mit Vichy als Regierungssitz. Hier residierte der seit dem 10. Juli mit den *pleins pou-*

---

1 „Calme trompeur“, *Georges-Raymond Clément*, Avec l'Alsace en guerre, 1940–1944. Paris and Strasbourg 1945, 19.

2 Allgemein zur Fluchtbewegung: *Hanna Diamond*, Fleeing Hitler: France 1940. Oxford and New York 2007, zu den Alpes-Maritimes als Aufnahmedepartement: *Dominique Olivesi*, La France du repli: Les réfugiés dans le Midi, 1940. L'exemple des Alpes-Maritimes, in: Max Lagarrigue (Hrsg.), 1940, la France du repli. L'Europe de la défaite. Toulouse 2001, 143–154.

3 *René Meyer*, L'évacuation, une tragédie frontalière, in: Saisons d'Alsace 33, 1989, 35–133, 114.

4 Siehe beispielhaft GLA Karlsruhe 465 d, Nr. 1206, Bericht der NSDAP-Kreisleitung Kehl über die „Freimachung der Stadt und des Landkreises Kehl“, o.D., S. 5. Es liegen keine Angaben zum Gesamtausmaß dieser Evakuierung vor.

5 *Julian Jackson*, France: The dark years, 1940–1944. Oxford and New York 2003, 126.

6 *Hans Umbreit*, Der Militärbefehlshaber in Frankreich 1940–1944. Boppard am Rhein 1968, 53–83.

https://doi.org/10.1515/9783110591897-007

voirs (unbeschränkten Vollmachten) ausgestattete Staatschef Philippe Pétain. Während die vom Militärbefehlshaber in Paris erlassenen Verordnungen lediglich im besetzten Gebiet Gültigkeit hatten, galten Vichys Gesetze sowohl in der Südzone als auch im Norden, sodass der Anschein französischer Souveränität erhalten blieb.

Frankreich unter deutscher Besatzung 1940–1944

Abb. 6.1: Die Einteilung Frankreichs in besetzte, unbesetzte und annektierte Zone, *Henry Rousso*, Vichy: Frankreich unter deutscher Besatzung 1940 – 1944. München 2009, 147.

In der besetzten Zone erklärten die Deutschen große Areale im Norden sowie im Osten zur verbotenen Zone und untersagten den von hier geflohenen Bewohnern die Heimkehr. Kein Wort verlor der Vertrag von Compiègne zur Moselle, zum Bas-Rhin und zum Haut-Rhin. De jure gehörten die Departements weiterhin zu Frankreich, de facto erhielten sie deutsche Zivilverwaltungen. Das Elsass unterstand ab Juni dem badischen Gauleiter Robert Wagner, Lothringen dem saarpfälzischen Gauleiter und Reichskommissar Josef Bürckel, die die Gebiete in Personalunion verwalteten. Bis zum Kriegsende unterblieb die staatsrechtliche Eingliederung des Elsass und Lothringens ins Deutsche Reich, trotz andauernder Proteste musste Vichy die *annexion déguisée* (verschleierte Annexion) akzeptieren.

Diese Entwicklung ging der Wiederbesiedlung der roten Zonen voraus. Sie bestimmte maßgeblich mit, wie frei saarpfälzische, lothringische und elsässische Unternehmen bei ihrer Rückkehr agierten. Die Wege der Unternehmen, zwischen September 1939 und Juni 1940 parallel verlaufen, verflochten sich aufgrund des deutschen Sieges im weiteren Kriegsverlauf miteinander. Das Kapitel widmet sich eben jener Nachgeschichte der Evakuierung und fragt im ersten Schritt nach den Rahmenbedingungen, die evakuierte Unternehmen bei ihrer Rückkehr im Sommer 1940 vorfanden. Anschließend wird nachgezeichnet, wie drei exemplarische Unternehmen, ein saarpfälzisches und zwei lothringische, an ihren alten Standort zurückkehrten. Im zweiten Schritt befasst sich das Kapitel mit dem Kriegsende 1944/1945 in den deutsch-französischen Grenzgebieten und geht auf die erneute Räumung wirtschaftlicher Ressourcen angesichts der nahenden alliierten Front ein.

Die Untersuchung beschränkt sich im Weiteren auf Lothringen, der Einfachheit halber weiterhin als Moselle bezeichnet, das Elsass als zweites annektiertes Gebiet taucht lediglich am Rande auf. In ihrer grundsätzlichen ökonomischen Ausrichtung stimmten beide Chefs der Zivilverwaltung (CdZ) – Bürckel für Lothringen und Wagner für das Elsass – überein.[7] Da Lothringen ab dem Sommer 1940 in Bürckels Machtbereich fiel, bildete es einen gemeinsamen Wirtschaftsraum mit der Saarpfalz. Lothringische Unternehmen interagierten *nolens volens* in vielfältiger Weise mit saarpfälzischen. Ökonomische Verflechtungen zwischen Altreich und annektiertem Territorium lassen sich folglich am Beispiel der Saarpfalz und Lothringen ausgezeichnet nachvollziehen.

7 Grundlegend zur Wirtschaftspolitik im Elsass: *Lothar Kettenacker*, Nationalsozialistische Volkstumspolitik im Elsass. Stuttgart 1973, 150–162, in Lothringen: *Dieter Wolfanger*, Die nationalsozialistische Politik in Lothringen (1940–1945): zugl. Diss. Universität Saarbrücken, 1976. Saarbrücken 1977, 196–208. Insgesamt hat die Forschung, sowohl die deutsche als auch die französische, die ökonomischen Aspekte der Annexion bislang vernachlässigt, es liegt keine Überblicksdarstellung jüngeren Datums zu dem Thema vor. Kurz nach Kriegsende veröffentlichte Walter Rinckenberger seine – klar profranzösisch geprägte – Dokumentation zum Elsass zwischen 1940 und 1944, in der er ausführlich auf die ökonomischen Rahmenbedingungen einging: *Walter Rinckenberger*, L'Alsace: Rempart français sur le Rhin. Paris 1946, 117–224.

6.1 Die Rückkehr in die roten Zonen, Sommer 1940

Der deutsche Sieg über Frankreich im Juni 1940 läutete das Ende der Evakuierungsphase für die Saarpfälzer, Lothringer und Elsässer ein. Freilich erfolgte die Rückkehr in einerseits die Saarpfalz und andererseits nach Lothringen unter völlig verschiedenen Vorzeichen, die im Folgenden umrissen seien.

Am 25. Juni 1940, drei Tage nach dem Waffenstillstand, verkündete Adolf Hitler den saarpfälzischen Evakuierten, dass die „Stunde der Rückkehr in die heimatlichen Städte und Dörfer gekommen“[8] sei. Die Organisation der Heimkehr übernähmen die gleichen Instanzen, welche die Räumung der roten Zone im Herbst 1939 verantwortet hätten. Bis zu ihrer tatsächlichen Rückkehr mussten sich die Saarpfälzer allerdings noch etwas gedulden. Zuerst entminten Soldaten und Handwerker die rote Zone, behoben die gröbsten Gebäudeschäden und setzten die Wasser-, Strom- sowie Gasversorgung wieder in Gang. Ab Juli 1940 erfolgte die propagandistisch stark eingerahmte Wiederbesiedlung in Etappen; sie zog sich bis ins Jahr 1941, teilweise noch länger, hin. Das Reichskommissariat für die Saarpfalz erklärte viele grenznahe Dörfer zu so genannten ‚Neuordnungsgemeinden‘.[9] Hier ordnete Bürckels Behörde, in der Regel ohne das Wissen der Bewohner, den Abriss von evakuierungs- oder kriegsbeschädigten Häusern an, um die Orte im Sinne nationalsozialistischer Raumplanung umzugestalten.

Parallel zur Bevölkerung bereiteten die evakuierten Unternehmen im Reichsinnern die Wiederinbetriebnahme ihrer angestammten, seit zehn Monaten verwaisten Produktionsgelände vor. Ihre Rückkehr erfolgte etappenweise unter Leitung des Reichskommissars für die Saarpfalz sowie des zuständigen Landrats oder Oberbürgermeisters. Hans Hagenbuch von der IHK Saarbrücken resümierte die Situation der Unternehmen aus der roten Zone im Juli 1940 überaus positiv:

> Im Gegensatz zur Freimachung stehen heute bei der Heimkehr die normalen Transportmittel, ein geordneter Arbeitseinsatz, ein klares und bis in alle Einzelheiten hinein vorgeplantes Einräumungsziel und Wiederaufbauprogramm jedem Betrieb zur Verfügung.[10]

---

8 Aufruf von Adolf Hitler vom 25.6.1940, Saarpfälzische Wirtschaftszeitung, 1.7.1940, S. 49.

9 Beispielhaft zu den Neuordnungsgemeinden im Landkreis Bergzabern: BArch Berlin R 4601-1961. Allgemein zur Raumplanung in der Saarpfalz und ab 1940 in Lothringen: *Uwe Mai*, „Rasse und Raum“: Agrarpolitik, Sozial- und Raumplanung im NS-Staat. Paderborn [u.a.] 2002, 223–283.

10 Hans Hagenbuch, Kostenerstattung für die Wiedereinräumung der Wirtschaft, Saarpfälzische Wirtschaftszeitung, 15.7.1940, S. 87–88, S. 87.

Abgesehen davon, dass Hagenbuch der Evakuierungsdurchführung im September 1939 nebenbei ein vernichtendes Urteil ausstellte, malte er die Lage angesichts der Rückkehr in etwas zu rosigen Farben. Die Unternehmen brauchten bisweilen mehrere Jahre, bis sie wertvolle Maschinen, die während des Sitzkrieges bei der Konkurrenz zum Einsatz gekommen waren, zurückerhielten. Das Kraftwerk Wehrden musste etwa bis 1943 warten, ehe alle drei bei Firmen im Reichsinnern aufgestellten Turbinen wieder an Ort und Stelle waren (siehe Kapitel 3.2.3, S. 169). Auch gestaltete es sich als schwierig, alle Belegschaftsmitglieder wiedereinzustellen. In Ausnahmefällen dauerte es mehrere Monate oder gar Jahre, bis der Arbeitgeber, bei dem sie in der Zwischenzeit untergekommen waren, bzw. das zuständige Arbeitsamt sie ziehen ließen.[11]

Nichtsdestotrotz standen, da ist Hagenbuch zuzustimmen, die saarpfälzischen Unternehmen im Sommer 1940 vor der Rückkehr ins Altbekannte – im Gegensatz zur Evakuierung ins Unbekannte zehn Monate zuvor. Hinzu kommt, dass ihnen die Annexion des Elsass und Lothringens ungeahnte Absatz- und Expansionsmöglichkeiten eröffnete. Sie erhielten erstens Zugang zu jenem Absatzmarkt, der durch das Saarreferendum 1935 verloren gegangen war. Zweitens übernahmen zahlreiche saarpfälzische Betriebe die Treuhänderschaft für eine von der Zivilverwaltung beschlagnahmte lothringische Firma.[12] Sie zählten damit zu den Profiteuren der NS-Wirtschaftspolitik in den eingegliederten Gebieten.

Anders als die saarpfälzischen Betriebe standen die lothringischen im Sommer 1940 vor einer Rückkehr ins Unbekannte. Entschieden sie sich, auf ihr altes Gelände zurückzugehen, bewegten sie sich in ein Gebiet, dessen Ordnung weit von jener entfernt war, die im September 1939 gegolten hatte. Zwar sollten die zentralen Züge der nationalsozialistischen Ordnung erst in den folgenden Monaten zu Tage treten, jedoch herrschte bei den Zurückkehrenden kein Zweifel am Charakter der Annexion *de fait* Lothringens. Dies bewog zahlreiche Firmeninhaber, vor allem innerfranzösische oder jüdischen Glaubens, in der besetzten oder unbesetzten Zone Frankreichs zu bleiben. Sie hätten, ähnlich wie die Industriellenfamilie de Wendel, zu deren Konzern die Bergwerksgesellschaft von Petite-Rosselle gehörte, ohnehin nicht nach Lothringen einreisen dürfen.

11 Siehe die Rückkehr des Völklinger Hüttenarbeiters Friedrich Felder, Kapitel 5.1, S. 251. Als V&B Anfang 1941 die Werkszeitung der Saarfabriken Keramos ins Leben rief, richtete sie sich explizit an die Belegschaftsmitglieder, die für die Rüstungsfertigung im Reichsinnern geblieben waren: Theander Michael, Werkszeitung ..., Markstein auf dem Wege sozialer Aufbauarbeit in der Firma Villeroy & Boch, Keramos Nr. 1, Januar 1941, S. 2.

12 ADM 468 W 16, Brief des Leiters des OBIP in Metz Mouchonnat an den Leiter der Finanz- und Wirtschaftsabteilung beim französischen Hochkommissariat in Baden-Baden, 17.2.1950, fol. 8641.

Ebenfalls ausgewiesen wurden Léon und Édouard Meysembourg, Eigentümer des Tresorherstellers Haffner aus Sarreguemines, die am Ausweichort Cirey-sur-Vezouze (Meurthe-et-Moselle) verharrten.[13]

Ein ähnliches Bild bot sich im benachbarten Elsass. Paul Dousselin, Inhaber von *Oxygène liquide*, einem Gas- und Chemikalienhersteller, entschied sich, nicht nach Straßburg zurückzukehren, sondern den Ausweichbetrieb in Massiac in der unbesetzten Zone fortzuführen (siehe Kapitel 4.1, S. 187). Mitglieder der Familie Hirschfeld, Leiter und Eigentümer der *société Hirschfeld*, einer Konservendosenfabrik aus der elsässischen Hauptstadt, flohen vor den Deutschen in die USA, wohin auch Émile Mathis, Gründer des Automobilherstellers Mathis aus Straßburg, im Sommer 1940 ging.[14]

Sehr schnell zeichnete sich das zentrale Ziel der deutschen Zivilverwaltung, die umfassende und rücksichtslose Germanisierung Lothringens, ab.[15] Auf administrativer Ebene ersetzte der CdZ die französischen Gebietskörperschaften durch Stadt- und Landkreise, anstelle der ausgewiesenen Unterpräfekten traten Stadt- und Landkommissare. Die Zivilverwaltung nahm ihren Sitz in Metz. Wichtige Bestimmungen für Lothringen gingen allerdings von Saarbrücken aus, weil Bürckel nicht nur als CdZ von Lothringen, sondern auch als Reichskommissar für die Saarpfalz, ab 1941 als Reichsstatthalter in der Westmark, fungierte. Die französischen Straßen- und Ortsbezeichnungen verschwanden, aus Sarreguemines wurde Saargemünd und aus Thionville Diedenhofen.

Auf bevölkerungspolitischer Ebene wirkte sich die Germanisierung gravierend aus.[16] Ab August 1940 rollten die Züge heimkehrender Evakuierter in Richtung der Moselle, bis Februar 1941 kehrten über 183 000 Evakuierte zurück. In einem Durchgangslager in Saint-Dizier selektierten die Deutschen nach nationalsozialistischen Maßstäben. So genannte ‚unerwünschte Personen' wurden entweder in Saint-Dizier abgewiesen oder, falls außerhalb der roten Zone wohnhaft, von dort ausgewiesen. Als ‚unerwünscht' galten Innerfranzosen, also

---

13 CAEF B-0061355/1, Brief von Édouard Meysembourg an das Wirtschaftsministerium, 13.2.1945, S. 1.

14 Zu Hirschfelds: *Gilbert Roos*, Les neuf patries du petit-fils de Yankev-Lev de Galgocz. Strasbourg o.D. URL: http://judaisme.sdv.fr/histoire/document/temoin/groos/groos.htm. Ihre Konservendosenfabrik war im September 1939 nach Boulogne-sur-Mer (Pas-de-Calais) verlegt worden: Kapitel 2.2, S. 77. Zu Mathis: *Michel Hau*, Les entreprises alsaciennes, in: Alain Beltran u.a. (Hrsg.), La vie des entreprises sous l'Occupation. Paris 1994, 237–249, 240.

15 Eine lothringische Abrechnung mit der Germanisierungspolitik findet sich in: Jules Annéser, Vautours sur la Lorraine, Metz, 1948, S. 55–93.

16 Die folgenden Angaben beziehen sich auf: *Dieter Wolfanger*, Die nationalsozialistische Politik in Lothringen (1940–1945): zugl. Diss. Universität Saarbrücken, 1976. Saarbrücken 1977, 71, 146–177 und *Henri Hiegel*, Les expulsions et les transplantations en Moselle de 1940 à 1945, in: Mémoires de l'Académie nationale de Metz 1980–1981, 1982, 183–197.

Franzosen, die nach 1918 in die Moselle gekommen waren, eingebürgerte Franzosen, frankophone und jüdische Lothringer, Maghrebiner sowie katholische Geistliche. Während der Annexionszeit mussten insgesamt über 100 000 Opfer von *expulsions* ihr Zuhause gen besetztes oder unbesetztes Gebiet verlassen.[17]

Auf ökonomischer Ebene zielte die Zivilverwaltung darauf ab, Lothringen so schnell wie möglich ins deutsche Wirtschaftsgebiet zu integrieren. Die Verschiebung der Zollgrenze auf die Reichsgrenze von 1871 markierte einen ersten Schritt in diese Richtung, wenig später ersetzte die Reichsmark den *Franc* als Währung. Das deutsche Arbeits-, Handels- und Aktienrecht erlangte *peu à peu* Geltung, ebenso wurden die Selbstverwaltungsorgane der Wirtschaft aus der Taufe gehoben.[18] Die neugegründete IHK Metz gehörte zur Wirtschaftskammer Saarpfalz, 1941 in Wirtschaftskammer Westmark umgetauft.

Bürckels Dienststelle griff mittels einer Reihe von Verordnungen in die Eigentumsrechte von lothringischen Unternehmen ein.[19] Mit der ‚Anordnung über volks- und reichsfeindliches Vermögen‘ vom 7. August 1940 beschlagnahmte sie das genannte Vermögen zu Gunsten des Reiches. Als ‚volks- und reichsfeindlich‘ galten u.a. Juden, Innerfranzosen und Angehörige von Staaten, die sich im Krieg mit dem Deutschen Reich befanden. Ihre Vermögen, seien es Geldreserven, ein Grundstück oder eine Firma in der Moselle, fielen der Zivilverwaltung zu. Letztere setzte gemäß der bereits Ende Juli 1940 erlassenen ‚Durchführungsverordnung zur Geschäftsführungsverordnung‘ kommissarische Verwalter für beschlagnahmte Betriebe ein. Die Verwalter übernahmen als Treuhänder die vorläufige Geschäftsleitung. Ab Dezember 1941 konnte die Zivilverwaltung die sequestrierten Betriebe „einer endgültigen Verwaltungsform“[20] zuführen, sprich sie verkaufen.

Um das Vorgehen der Zivilverwaltung, die Beschlagnahme lothringischer Unternehmen, einzuordnen, sei an dieser Stelle Eigentum als Kategorie der Wirtschaftsgeschichte eingeführt und umrissen.[21] Demgemäß zerfällt das Eigentumsrecht in Verfügungs- und Handlungsrechte. Die Kapitalgeber, etwa die Aktionäre, haben die Verfügungsrechte inne; sie können über ihre Unternehmensanteile verfügen, sie verkaufen oder vererben. Die Handlungsrechte liegen hin-

17 *Wolfgang Freund*, Rassen- und Bevölkerungspolitik in einem expandierenden Gau: Rheinpfalz – Saarpfalz – Westmark, in: Jürgen John u.a. (Hrsg.), Die NS-Gaue. München 2007, 334–347, 345.

18 *Fritz Hellwig*, Lothringen: Eine gemeinfassliche Wirtschaftskunde. Saarbrücken 1942, 37f.

19 Siehe für die grundlegenden Rechtstexte: ADM 468 W 1.

20 *Fritz Hellwig*, Lothringen: Eine gemeinfassliche Wirtschaftskunde. Saarbrücken 1942, 36.

21 Die folgenden Ausführungen stützen sich auf Ulrike Schulz' ausgezeichnete Einführung in die Analysekategorie Eigentum: *Ulrike Schulz*, Simson: Vom unwahrscheinlichen Überleben eines Unternehmens 1856–1993. Göttingen 2013, 13–18.

gegen beim Leitungspersonal, beispielsweise Fabrikdirektor oder Abteilungsleiter, die Werksanlagen gebrauchen und nutzen können. Als die Zivilverwaltung lothringische Betriebe sequestrierte, hinderte sie deren Eigentümer ohne vertragliche Regelung oder Gegenleistung in Form von Entschädigung daran, ihre Verfügungs- oder Handlungsrechte auszuüben. Davon ausgehend gelten im Folgenden die Beschlagnahmung durch die Bürckels Behörde als Enteignung und die betroffenen Unternehmen als enteignet. Wie schwebend sich die Eigentumsverhältnisse für die zeitgenössischen französischen Akteure gestalteten, geht aus den Berichten hervor, die der Generaldirektor der *Houillères de Petite-Rosselle* Roger Cadel im Sommer 1940 an François de Wendel schickte. Cadel war von Wendels beauftragt, die Bergwerksanlagen in Petite-Rosselle zu besichtigen und eine Bestandsaufnahme über die während der Evakuierungszeit eingetretenen Witterungs- und Kriegsschäden zu machen.[22] Vor Ort traf er auf Vertreter der Saargruben AG, des treuhänderischen Verwalters. Ohne die vormaligen Inhaber über eine Veränderung der Eigentumsverhältnisse in Kenntnis zu setzen, gingen die Saargruben, wie Cadel im Juli 1940 aufmerksam beobachtete, daran, die Gruben in Petite-Rosselle wieder in Betrieb zu nehmen.

Es liegen keine Angaben dazu vor, wie viele lothringische Unternehmen als ‚volks- und reichsfeindliches Vermögen‘ der Beschlagnahme anheimfielen. Klar ist, dass die großen Fische betroffen waren: Die vier Bergwerksgesellschaften des Steinkohlenbeckens kamen unter die treuhänderische Verwaltung der Saargruben, *Petite-Rosselle* ging im Jahr 1941 an die Reichswerke Hermann Göring. Die kommissarische Leitung der etwas weiter im Westen gelegenen Hüttenwerke übernahmen verschiedene Montankonzerne, darunter die Reichswerke, Flick, Röchling und das Neunkircher Eisenwerk.[23] Nach Kriegsende bezifferte die Entschädigungsstelle, das *Office des Biens et Intérêts Privés* (OBIP) in Metz, die aufzubringende Entschädigungssumme für Industriematerial in der Moselle auf 3 500 000 000 F.[24] Die Zahl schloss sowohl Enteignungsfälle als auch Schäden durch Kriegseinwirkungen ein. Im benachbarten Elsass hatte die Zivilverwaltung, einer zeitgenössischen deutschen Schätzung zufolge, ab dem Sommer 1940 etwa 10 % der Industrie- und 35 % der Einzelhandelsbetriebe enteignet.[25] Die Zahlen variierten je nach Branche, so kamen 60 von 170 elsässi-

---

22 Die Berichte befinden sich in: AN 190 AQ 52.

23 *Françoise Berger*, Die Beziehungen zwischen der französischen und der deutschen Eisen- und Stahlindustrie während des Krieges, in: Zeitschrift für Unternehmensgeschichte 50, 2005, 159–180, 162.

24 *Bernard Meddahi*, L'immédiat après-guerre en Moselle, in: Les cahiers lorrains 4, 1983, 305–327, 315.

25 *Albert Bleicher*, Elsaß und Lothringen wirtschaftlich gesehen. Potsdam and Berlin 1942, 302.

schen Maschinenbaufirmen, insbesondere die größeren, in treuhänderische Verwaltung.[26]

Es war dies der politisch-wirtschaftliche Rahmen, in dem sich die Rückkehr saarpfälzischer und lothringischer Unternehmen aus dem jeweiligen Landesinnern vollzog. Wie autonom agierten Betriebe, als sie ihre heimischen Anlagen wieder in Besitz nahmen? Die Rückkehrgeschichten dreier Unternehmen bieten exemplarische Antworten auf diese Frage. Zuerst rückt mit Rheinberger ein saarpfälzischer Schuhfabrikant in den Blickpunkt, der sein Pirmasenser Produktionsgelände wieder in Betrieb nahm. Anschließend werden die Schlossfabrik Sesa und die *Faïencerie*, beide aus dem lothringischen Sarreguemines stammend, betrachtet. Während sich an den Eigentumsverhältnissen der erstgenannten nichts änderte, erklärte der CdZ die *Faïencerie* zu ‚volks- und reichsfeindlichem Vermögen'. Die Rückkehr nach Sarreguemines erfolgte unter der kommissarischen Leitung Luitwin von Bochs, des Generaldirektors von Villeroy & Boch.

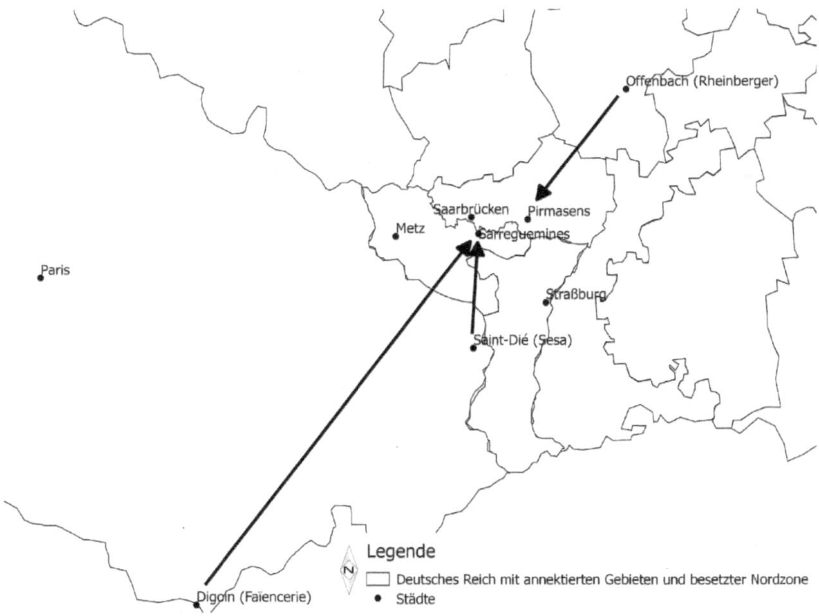

Abb. 6.2: Die Rückkehr ausgewählter Unternehmen nach Pirmasens (Saarpfalz) und Sarreguemines (Lothringen).

26 *Alain Peter*, Les tribulations de l'industrie alsacienne: Exode, spoliations, rachats, in: Saisons d'Alsace 114, 1991, 103–112, 106.

Rheinberger – „Nix wie hääm no Bermesens"

Die Eduard Rheinberger AG, den größten Schuhhersteller aus der roten Zone, hatte es im Herbst 1939 nach Offenbach am Main verschlagen. Auf dem Gelände der von ihr erworbenen Herz AG hatte sie ihren Ausweichbetrieb eingerichtet. Nach dem deutsch-französischen Waffenstillstand kehrte Rheinberger im Sommer 1940 in sein Stammwerk zurück (siehe Abbildung 6.2, S. 318). Damit löste die Betriebsleitung um Gustav Rheinberger die ehrenwörtliche Erklärung ein, die sie gegenüber der IHK Ludwigshafen abgegeben hatte. In den ersten Septembertagen 1939 hatte Rheinberger versprochen, nach dem Ende der Kampfhandlungen die Fertigung am alten Standort wiederaufzunehmen.[27] Abgesehen von der Erklärung, über deren Verbindlichkeit sich gewiss streiten ließe, sprachen praktische Gründe für den Umzug. Die Produktionsbedingungen in Offenbach gestalteten sich ungünstiger als im Stammwerk, der Ausweichbetrieb war deutlich kleiner als der Pirmasenser. In keinem Fall hätte er die gesamte evakuierte Belegschaft, die es darüber hinaus aus privaten Gründen nach Hause zurückzog, und die Vorkriegsproduktion aufnehmen können. Die Rückkehr stand demzufolge außer Frage. Das Offenbacher Werk führte Rheinberger mit dem früheren Herzpersonal, das während der Evakuierungszeit dort weiterhin beschäftigt worden war, als Herrenschuhfabrik nahtlos fort.

Die zehnmonatige Abwesenheit hatte auf dem Pirmasenser Gelände Spuren hinterlassen, es waren Witterungs-, aber keine Kriegsschäden zu verzeichnen. Anfang Juli 1940 begannen Belegschaftsmitglieder und Handwerker mit den Aufräum- und Reparaturarbeiten. Da Handwerker im Zuge der Wiederbesiedlung überall in der roten Zone gebraucht wurden und kaum verfügbar waren, warb Rheinberger Anstreicher aus Offenbach und Frankfurt am Main an.[28] Während sie das geräumte Gelände wieder herrichteten, baute die Belegschaft die Produktionsmittel im Ausweichbetrieb ab und verlud sie. Insgesamt machten sich 160 Waggons und 140 Lastwagen mit 2000 Maschinen auf den Weg gen Südwesten.[29]

---

27 LArch Speyer T 88, Nr. 34162, Tagesbericht für den 9.9.1939, 11.9.1939, S. 1. Siehe dazu auch Kapitel 3.2.3, S. 168.

28 3 Monate Aufbauarbeit im Heimatbetrieb, Rheinberger-Rundschau Nr. 5, November 1940, S. 2–5, S. 3.

29 *Hilde Rheinberger*, Der Rheinberger-Betrieb in Offenbach, in: Gustav Rheinberger (Hrsg.), Geschichte des Hauses Eduard Rheinberger. Pirmasens 1962, 177–196, 193. Die Rheinberger-Rundschau spricht von insgesamt 160 Waggons und 100 Lastzügen für Maschinen und sonstige Produktionsmittel: 3 Monate Aufbauarbeit im Heimatbetrieb, Rheinberger-Rundschau Nr. 5, November 1940, S. 2–5, S. 4.

Der Umzug von Offenbach nach Pirmasens stellte einen logistischen Kraftakt dar; für den Abtransport der größten Maschinen bedurfte es schwerer Gerätschaften und Mauerdurchbrüche. Gleichzeitig war es für Rheinberger die Gelegenheit, das heimische Werk im Dienste einer Produktivitätssteigerung umzugestalten und die Maschinen neu aufzustellen. Am 9. August stellte die Militärschuhabteilung im Ausweichbetrieb die Arbeit ein, ab Mitte August ging die Belegschaft nach Pirmasens.[30] Am 19. August lief die Militärschuhfertigung im Stammwerk wieder an. Dort fand am 26. August, fast ein Jahr nach Kriegsbeginn, der erste Betriebsappell mit Gustav Rheinberger und dem Personal, so inzwischen aus dem Reichsinnern zurückgekehrt, statt. Ende 1940 beschäftigte die Pirmasenser Fabrik wieder 1550 Personen, in der Offenbacher arbeiteten knapp 400.[31] Damit lag die Gesamtbelegschaftszahl deutlich unter dem Vorkriegsstand von 2300 Personen.

Die Rückkehr nach Pirmasens figurierte in der Firmenchronologie als zentrales Ereignis des Jahres 1940, das es festzuhalten und zu feiern galt. Folgerichtig betitelte der Schuhhersteller einen an die Belegschaft und an Geschäftsfreunde gerichteten Rückblick auf das Jahr 1940 mit „Rheinberger arbeitet wieder in der Heimat am Westwall“. Die Broschüre war aufwändig illustriert, die Fotos stammten u.a. von der Frankfurter Bildagentur Paul Wolff & Tritschler.[32] Zwei Fotos bilden den Abtransport aus Offenbach ab, auf ihnen sind ein mit Maschinen beladener Lastwagen und Waggons zu sehen (siehe Abbildung 6.3, S.321). Sie sind mit Blumen, dem Firmenlogo sowie Spruchbändern in pfälzischer Mundart, „Nix wie hääm no Bermesens“, versehen.

30 Für dieses und die folgenden Daten: *Eduard Rheinberger AG*, Rheinberger arbeitet wieder in der Heimat am Westwall. Nimmer sich beugen, kräftig sich zeigen: Ein Versuch, mit Worten und Bildern ein ereignisreiches Jahr einer großen Zeit in Erinnerung zu behalten. Frankfurt am Main, Pirmasens 1940, 20.

31 *Eduard Rheinberger AG*, Das Buch vom Schuh: Den Freunden unseres Hauses aus Anlass des 75jährigen Firmenjubliläums gewidmet. Pirmasens 1957, 148.

32 *Eduard Rheinberger AG*, Rheinberger arbeitet wieder in der Heimat am Westwall. Nimmer sich beugen, kräftig sich zeigen: Ein Versuch, mit Worten und Bildern ein ereignisreiches Jahr einer großen Zeit in Erinnerung zu behalten. Frankfurt am Main, Pirmasens 1940, 31. Paul Wolff gilt als Pionier der Kleinbildfotografie. Er und Tritschler hielten vor allem Industrieanlagen und Großveranstaltungen fotografisch fest, etwa die Olympischen Spiele: *Paul Wolff*, Was ich bei den Olympischen Spielen 1936 sah. Berlin 1936.

Abb. 6.3: Die Rückkehr nach Pirmasens, *Eduard Rheinberger AG*, Rheinberger arbeitet wieder in der Heimat am Westwall. Nimmer sich beugen, kräftig sich zeigen: Ein Versuch, mit Worten und Bildern ein ereignisreiches Jahr einer großen Zeit in Erinnerung zu behalten. Frankfurt am Main, Pirmasens 1940, 26.

Es handelte sich um gestellte Szenen, selbstverständlich machten sich die meisten Lastwagen und Waggons ungeschmückt auf den Weg nach Pirmasens. Die Tatsache, dass der Schuhfabrikant den Abtransport visuell festhalten ließ und für die Broschüre die bekannten Fotografen Wolff & Tritschler engagierte, verdeutlicht, welch hohe Bedeutung er der Rückkehr für die Unternehmenskommunikation nach innen und außen zuschrieb. Tatsächlich fanden die beiden Fotos verschiedentlich Verbreitung, neben dem Jahresrückblick in der Firmenzeitschrift Rheinberger-Rundschau sowie in Unternehmens- und Familienfestschriften späterer Jahre.[33]

33 Sie sind abgedruckt in: 3 Monate Aufbauarbeit im Heimatbetrieb, Rheinberger-Rundschau Nr. 5, November 1940, S. 2–5, S. 5 und *Eduard Rheinberger AG*, Das Buch vom Schuh: Den

Der Schuhhersteller musste beim Reichskommissar Josef Bürckel bzw. dessen Sonderbeauftragten Karl Pfaff die Genehmigung beantragen, das Pirmasenser Werk wiederzueröffnen (siehe Kapitel 3.1, S. 122). Angesichts der Betriebsgröße und der Rheinberger'schen Militärfertigung war das Einholen der Genehmigung kein ernstes Hindernis, sondern lediglich eine Formsache. Darüber hinaus ersetzte das Reich den saarpfälzischen Unternehmen die beim Rücktransport der Produktionsmittel angefallenen Kosten. Der entsprechende Erlass von Reichswirtschaftsminister Walther Funk vom 5. Juli 1940 setzte die Räumungskostenregelung (siehe Kapitel 4.1, S. 189) nahtlos fort. Demnach schossen die Unternehmen die Mittel für Demontage, Abtransport sowie Wiederaufbau vor und der Staat ersetzte sie später.[34] Auch wenn kein Dokument es schwarz auf weiß belegt, ist davon auszugehen, dass Rheinberger vom Anspruch, die Rückkehrkosten ersetzt zu bekommen, Gebrauch machte.

Ab Juli 1940 führte der deutsche Staat eine Kreditaktion, die Reichswirtschaftshilfe (RWH), durch, um die Wirtschaft in der roten Zone wieder in Gang zu bringen.[35] In dem Zuge konnten sich die zurückkehrenden Unternehmen um einen reichsverbürgten Kredit bemühen. Sie reichten einen entsprechenden Antrag bei ihrer Bank ein, anschließend entschied ein Ausschuss beim Reichskommissar Bürckel über das Ansinnen. Gegenüber der kreditgebenden Bank trug das Reich entweder das gesamte Ausfallrisiko oder übernahm es größtenteils. Auf diese Weise hoffte der Staat, den Geldverkehr in der Saarpfalz wieder anzukurbeln und die gewerbliche Wirtschaft mit dem nötigen Kapital für den Wiederaufbau auszustatten. Es muss offen bleiben, ob Rheinberger einen RWH-Kredit beantragte. Klar ist, dass die in den Ausschusssitzungen bewilligten Summen von wenigen Tausend für Kleingewerbe bis hin zu mehreren Millionen RM für industrielle Großbetriebe gingen. So erhielt die Maschinenbau-AG, vormals Ehrhardt und Sehmer, im September 1941 einen Kredit über 5 900 000 RM, um die Wiederinbetriebnahme des Saarbrücker Werkes zu refinanzieren.[36]

Das Prozedere orientierte sich an der 1935 durchgeführten Saarkredithilfe, die das Reich mit dem Ziel durchgeführt hatte, mittelständische Unternehmen

---

Freunden unseres Hauses aus Anlass des 75jährigen Firmenjubliläums gewidmet. Pirmasens 1957, 148 und *Hilde Rheinberger*, Der Rheinberger-Betrieb in Offenbach, in: Gustav Rheinberger (Hrsg.), Geschichte des Hauses Eduard Rheinberger. Pirmasens 1962, 177–196, 192.

34 Hans Hagenbuch, Kostenerstattung für die Wiedereinräumung der Wirtschaft, Saarpfälzische Wirtschaftszeitung, 15.7.1940, S. 87–88.

35 Zur RWH in der Saarpfalz, im Elsass und in Lothringen ab 1940: *Luise Stein*, Kredite für den Wiederaufbau: Die Reichswirtschaftshilfe in der Saarpfalz, in Lothringen und im Elsass, 1940–1942, in: Jahrbuch für Wirtschaftsgeschichte 57, 2016, 275–297, 278–282.

36 BArch Berlin R 2-16375, Vorbericht zur Maschinenbau-Aktiengesellschaft vormals Ehrhardt und Sehmer auf der vierten Gaukreditausschusssitzung, 23.9.1941, fol. 3–3v.

nach der Rückgliederung finanziell zu unterstützen (siehe Kapitel 1.2, S. 49). Außerdem stand die RWH in der Saarpfalz in der Tradition früherer RWH-Aktionen, ab 1938 in Österreich sowie dem Sudetenland und nach dem Sieg der Wehrmacht 1939/1940 in Polen. Schließlich muss die Darlehensvergabe für saarpfälzische Unternehmen ab 1940 im Kontext der parallel durchgeführten Kreditaktionen im annektierten Elsass und in Lothringen gesehen werden. Für Ehrhardt und Sehmer sowie die anderen Antragsteller stellte die RWH eine externe Ressource dar, um die Folgen der Evakuierung zu bewältigen, mithin ihre finanziellen Handlungsspielräume zu erweitern.

Wie frei agierte Rheinberger bei der Rückkehr zum Pirmasenser Stammsitz? Insgesamt verlief der Umzug recht reibungslos. Soweit ersichtlich, hinderten keine externen Akteure das Unternehmen bei seinem Ansinnen, die Produktion in der Saarpfalz wiederaufzunehmen. Im Sinne Hagenbuchs kehrte der Schuhproduzent ins Bekannte zurück. Das verwaiste Betriebsgelände hatte zwar in den vorangegangenen Monaten gelitten, musste aber immerhin nicht erst erworben werden. Waren im September 1939 zentrale Fragen ungeklärt gewesen – dauerten die Arbeitsverträge mit der Belegschaft an, wer kam für die Transportkosten und die geplünderten Produktionsmittel in der roten Zone auf? – standen die Rahmenbedingungen im Juli 1940 fest. Als der Schuhhersteller die Maschinen in Offenbach demontieren ließ, wusste er, dass das Reich die Frachtkosten übernehmen würde; diese Rechtssicherheit vergrößerte seine Handlungsspielräume. Auch das Genehmigungsverfahren, mithin das zentrale Zugriffsinstrument Bürckels auf zurückkehrende Betriebe, passierte Rheinberger wohl problemlos.

Die Tatsache, dass der Schuhhersteller insgesamt weitgehend autonom agieren konnte, hing mit zwei Faktoren zusammen. Erstens stimmten Rheinbergers Ziele mit denen der saarpfälzischen Gauleitung überein, das Unternehmen wollte an seinen alten Standort zurückkehren. Folglich sahen Bürckel, Bösing & Co. keinen Grund, einzugreifen. Dass dies durchaus anders laufen konnte, beweist der Fall der Gebrüder Adt AG (siehe Kapitel 3.2.1, S. 138). Die Gebrüder Adt AG musste ihren Firmensitz im Sommer 1940 gegen ihren Willen aus dem hessischen Wächtersbach zurück nach Ensheim verlegen. Außerdem befand sich Rheinberger als größte Pirmasenser Schuhfabrik sowie Wehrmachtlieferant in einer privilegierten Position und musste kaum Hinderungsversuche durch staatliche oder militärische Instanzen fürchten. Bei anderen Konsumgüterproduzenten, insbesondere geringer Größe, etwa Einmannschuhhersteller, gestaltete sich die Situation anders. Für die Saarbrücker Druckerei und Verlags AG ging die Rückkehr gar mit dem faktischen Betriebsende einher. Hier nutzte Bürckel die Genehmigungspflicht, um in den Geschäftsbereich der unliebsamen katholischen Verlagsanstalt einzugreifen und diese endgültig zu bändigen (siehe Kapitel 3.2.1, S. 139).

Der relativ glatten Rheinberger'schen Rückkehrerzählung zum Trotz wirkte die Evakuierung bei den betroffenen Betrieben durchaus noch einige Zeit nach. Als sie ihre heimischen Werke wieder in Gang setzten oder, wie der Pirmasenser Schuhproduzent, umgestalteten, machten sich oftmals Materialengpässe durch die Kontingentierung bemerkbar. Von solchen Schwierigkeiten berichtete der Keramikhersteller Villeroy & Boch, der des Weiteren unter Personalmangel litt, nicht zuletzt dadurch verursacht, dass im Reichsinnern dienstverpflichtete Belegschaftsmitglieder vorläufig nicht an die Saar zurückkehren konnten.[37] Walter Decker von der IHK Saarbrücken fasste die mittelfristigen Probleme vormals evakuierter Firmen wie folgt zusammen:

> Immer mehr zeigt sich zum Beispiel, wie viel stärker die saarländischen Betriebe von Arbeitskräften entblößt sind als gleichgeartete Unternehmen im übrigen Reich, wie außerordentlich nachteilig sich die erzwungenen Räumung der industriellen und Handelsläger bemerkbar macht, da sie infolge der Mangellage oder der Verkehrsverhältnisse nicht ersetzt werden können (...), so daß die Gefahr geminderter Leistungsfähigkeit über kurz oder lang auftreten wird.[38]

Etwa ein Jahr nach Hans Hagenbuchs überaus euphorischer Lagebeschreibung setzte Decker deutlich andere Akzente. Er malte die Situation der saarpfälzischen Betriebe in düsteren Farben, wohl auch im Sinne von Lobbyarbeit, nämlich um die Dringlichkeit staatlicher Hilfe herauszustellen. In Bezug auf Rheinberger schweigen sich die Quellen darüber aus, mit welchen konkreten negativen Evakuierungsfolgen der Schuhproduzent zu tun hatte. Unterm Strich ging er jedoch nicht dauerhaft geschwächt aus der Räumung hervor. Vielmehr entpuppte sich die erzwungene Stilllegung des heimischen Standortes im September 1939 als unfreiwillige Expansionsgelegenheit, behielten die Pirmasenser das Offenbacher Werk doch nach dem Sommer 1940 bei. Zwar brannte es infolge eines Bombentreffers im März 1944 völlig aus und lag bis Kriegsende brach.[39] Nach 1945 baute Rheinberger die Offenbacher Fabrik aber wieder auf und fertigte hier bis in die 1970er Jahre Schuhe. Erst im Zuge der allgemeinen

37 Hans Bodler, Mosaikfabrik Mettlach, Keramos Nr. 2, Februar 1941, S. 1–3, S. 3 und Theander Michael, Werkszeitung ..., Markstein auf dem Wege sozialer Aufbauarbeit in der Firma Villeroy & Boch, Keramos Nr. 1, Januar 1941, S. 2.

38 Walter Decker, Der Wirtschaftsraum Westmark als Aufgabe der wirtschaftlichen Selbstverwaltung, Westmark-Wirtschaft, 5.8.1941, S. 519–521, S. 519.

39 *Mitarbeiter der Rheinberger AG*, Lehr- und Merkbuch für tüchtige Schuhverkäufer. Pirmasens 1952, 129.

Krise der deutschen Schuhindustrie schloss das Werk 1973 dauerhaft seine Tore, womit ein Stück Evakuierungsgeschichte zu Ende ging.

Sesa – Wandeln auf schmalem Grat

Während Rheinberger im Sommer 1940 in bekanntes Territorium zurückging, wagte sich die Sesa bei ihrer Rückkehr ins lothringische Sarreguemines in de facto annektiertes Gebiet. Im Herbst 1939 hatte der Schlosshersteller ein Zweigwerk in Saint-Dié in den Vogesen eröffnet und das Produktionsprogramm aus Sarreguemines, wenn auch eingeschränkt, fortgeführt. Im Juni 1940 stellte der Ausweichbetrieb die Fertigung kriegsbedingt vorübergehend ein, nach dem Waffenstillstand begann die Rückführung gen Moselle (siehe Abbildung 6.2, S. 318). Die Sesa, nunmehr als Schlossfabrik und Spritzgusswerk AG Saargemünd firmierend, führte das Werk in den Vogesen fort. Außerhalb des annektierten Territoriums gelegen, konnte sie so weiterhin den französischen Markt bedienen; außerdem hatte das Rüstungskommando Metz darauf gedrängt, den Standort Saint-Dié beizubehalten.[40]

Die Rückführung der Produktionsmittel erfolgte unter der Leitung von Wilhelm Schöttke, Gründer, Direktor, Hauptaktionär und *administrateur unique* (alleiniger Vorstand) der Sesa. Schöttke, 1884 in Trier geboren, dessen Unternehmen seit 1925 in Sarreguemines ansässig war, hatte in den 1930er Jahren die französische Staatsbürgerschaft angenommen. In den Augen der deutschen Zivilverwaltung war er damit eine höchst suspekte, als frankophil zu bezeichnende Persönlichkeit, zumal Schöttke überdies Mitglied einer Freimaurerloge war.[41] Im Laufe der Annexionsphase übernahm, darauf wird später ausführlicher eingegangen, sein Sohn Georg Schöttke, 1914 in Petite-Rosselle geboren, die väterlichen Posten im Unternehmen.

Obwohl das Rüstungskommando Metz die Schlossfabrik bei der Rückverlegung unterstützte, verlief der Prozess schleppend. Mangelnde Transportmittel, knappe Finanzen und der langsame Wiederaufbau sorgten dafür, dass er sich bis weit ins Jahr 1941 hineinzog. Im September 1941 beschäftigte die Sesa in Sarreguemines 26 Personen, gegenüber einer Belegschaftsstärke von knapp 120 zu

40 ADM 468 W 191, Brief von Georg Schöttke an die Überleitungsstelle für das volks- und reichsfeindliche Vermögen beim CdZ, 18.8.1942, fol. 27.

41 ADM 469 W 191, Brief des CdZ an Anton Dunckern, Befehlshaber der Sicherheitspolizei und des SD in Metz, 3.10.1941, fol. 7. Ob die Deutschen über die Freimaurerei im Bilde waren, muss offen bleiben. Sie ist nicht aktenkundig und geht auf einen freundlichen Hinweis von Didier Hemmert, Stadtarchivar von Sarreguemines, an die Autorin vom 29.6.2016 zurück.

Kriegsbeginn; die Neufertigung lief erst im Dezember 1941 an.[42] Das Unternehmen musste, im Gegensatz zu den saarpfälzischen Betrieben, die Rückverlagerungskosten allein tragen und bemühte sich um externe Geldquellen. Es stellte einerseits im November 1940 einen RWH-Kreditantrag über 300 000 RM und knüpfte andererseits geschäftliche Bande zur Metzer Filiale des Geldhauses Papenberg.[43]

Beide Bemühungen trugen erst Ende 1941 Früchte, dann erhielt die Sesa einen RWH-Kredit über 237 000 RM und ein Darlehen der Papenberg-Bank von 250 000 RM. Die Mittel flossen in erster Linie in den Wiederauf- und Umbau des Werkes sowie in die Neuanschaffung von Maschinen. Ende 1942 beschrieb Georg Schöttke die Lage der Sesa auf der Hauptversammlung verhalten positiv: Trotz aller Anlaufschwierigkeiten in Sarreguemines führe die Schlossfabrik als W-Betrieb nun vor allem vordringliche Aufträge für die Wehrmacht aus, das Arbeitsprogramm sei auf Monate festgelegt.[44] In den folgenden Jahren fertigte sie Granatzünder sowie anderes Kriegsgerät.

Bei der Rückkehr nach Sarreguemines sah sich die Sesa-Chefetage um Wilhelm Schöttke, wie gerade ausgeführt, mit materiellen, technischen und finanziellen Schwierigkeiten konfrontiert. Letzteren trat sie durch die Kreditanträge bei der RWH und der Papenberg-Bank entgegen. Auf diesen Aspekt, nämlich die Frage, wer die Mittel dafür bereitstellte, dass die Betriebe ihr Werk in der Moselle wieder in Gang setzten, soll kurz eingegangen werden. Indem das Reich saarpfälzischen Unternehmen die Rückkehrkosten erstattete, nicht aber lothringischen, beschränkte es die finanziellen Handlungsspielräume der Sesa. Dies soll nicht darüber hinwegtäuschen, dass die Zivilverwaltung durchaus großes Interesse daran hatte, die Wirtschaft in der vormaligen *zone rouge* wiederzubeleben. Um das ökonomische Potential des annektierten Gebietes zu nutzen, forderte der CdZ Josef Bürckel lothringische Unternehmensleiter mehrfach auf, ihre geräumten Produktionsmittel zurückzubringen.[45] Nichtsdestotrotz ist denk-

42 Zum Ablauf der Rückkehr nach Sarreguemines: AMS Bestand Sesa, Geschäftsbericht über das Geschäftsjahr 1941, 18.1.1843. Zu den Belegschaftszahlen: ADM 469 W 191, Brief der Außenstelle Metz der Wirtschaftskammer Westmark an die Überleitungsstelle für das volks- und reichsfeindliche Vermögen beim CdZ, 30.9.1941, fol. 4 und BArch Berlin R 2-16386, Vorbericht zur Sesa auf der vierten Kreditausschusssitzung, 21.11.1940, fol. 78.

43 BArch Berlin R 2-16386, Vorbericht zur Sesa auf der vierten Kreditausschusssitzung, 21.11.1940, fol. 78–82 und AMS Bestand Sesa, Bericht des Vorstandes zur Hauptversammlung der Sesa, 16.11.1942, S. 3.

44 AMS Bestand Sesa, Bericht des Vorstandes zur Hauptversammlung der Sesa, 16.11.1942, S. 3.

45 AN F/37/40, Communiqué paru dans la Metzer Zeitung traduit de l'allemand, 11.3.1941.

bar, dass das Reich die Nichtkostenübernahme als Instrument nutzte, um indirekt zu steuern, welcher Betrieb in die Moselle zurückkehrte.

Die Überlegung drängt sich umso mehr auf, als die Zivilverwaltung darauf verzichtet hatte, der Wiedereröffnung ein Genehmigungsverfahren vorzuschalten, dieses Kontrollinstrument also entfiel. Zugleich lenkte Bürckels Behörde die Unternehmensansiedlung nach bedarfsorientierte Gesichtspunkten, wobei sie es sich vorbehielt, den entsprechenden Bedarf festzulegen. So wirkte sie darauf hin, dass sich die Vertreter einer bestimmten Branche, sei es die Herstellung landwirtschaftlicher Maschinen oder der Schuhhandel, nur in begrenzter Anzahl in derselben Stadt ansiedelten.[46] Dabei mussten allerdings eher Einzelhändler, Handwerker und Konsumgüterproduzenten um ihr Geschäft bangen. Bürckels Dienststelle zielte keinesfalls darauf ab, einen metallverarbeitenden und kriegswichtigen Betrieb wie die Sesa an der Wiedereröffnung zu hindern.

Die Tatsache, dass die Zivilverwaltung daran interessiert war, dass die Sesa in Sarreguemines wiedereröffnete, hinderte sie nicht daran, auf das Unternehmen zuzugreifen. Die Metzer Behörde richtete ihre Aufmerksamkeit auf Wilhelm Schöttke, den *administrateur unique* und Hauptaktionär der Schlossfabrik, der in der Zwischenkriegszeit die französische Staatsbürgerschaft angenommen hatte. Zwar konnte Schöttke, im Gegensatz zu anderen Evakuierten, im Sommer 1940 wieder nach Lothringen einreisen, dennoch fürchtete die Sesa im Folgenden, vom CdZ als ‚volks- und reichsfeindliches Vermögen‘ eingestuft zu werden. Dann drohte die kommissarische Verwaltung durch einen Dritten. Um diesem Eingriff zu entgehen und die eigenen Handlungsspielräume zu wahren, entschied die Unternehmensleitung im Herbst 1941, sich personell neu aufzustellen. Die Zivilverwaltung, genauer gesagt das Damoklesschwert der Treuhänderschaft, prägte das Vorgehen der Sesa mithin als treibender Faktor.

Ausgangspunkt des Prozesses war, dass die Metzer Filiale der *Banque nationale pour le commerce et l'industrie*, nunmehr zur Dresdner Bank gehörig, eine Schuldnerin der Sesa, das Unternehmen an die Zivilverwaltung als ‚volks- und reichsfeindlich‘ meldete.[47] Im Anschluss daran stellte die Zivilverwaltung ab September 1941 Nachforschungen über die Schlossfabrik und ihren Inhaber an.

46 Siehe beispielhaft die Diskussionen im RWH-Ausschuss zur Gewährung von Krediten an einen Hersteller landwirtschaftlicher Maschinen aus Rohrbach-lès-Bitche und einen Schuhmacher aus Bouzonville: BArch Berlin R 2-16383, Ergebnis zum Kreditgesuch von Emil Joder aus Rohrbach auf der ersten Kreditausschusssitzung, 9.10.1940, fol. 97–98 und BArch Berlin R 2-16385, Ergebnis zum Kreditgesuch von Balthasar Schmitt aus Busendorf auf der dritten Kreditausschusssitzung, 12.11.1940, fol. 180.

47 ADM 468 W 191, Formblatt 1 für die Anmeldung von volks- und reichsfeindlichem Vermögen.

Anton Dunckern, Befehlshaber der Sicherheitspolizei und des SD in Metz,[48] sammelte Informationen über Wilhelm Schöttkes Familienstammbaum sowie seine Biographie und verhörte ihn im Oktober 1941. Kurz danach verließ Schöttke auf eigenen Wunsch das annektierte Gebiet und ging nach Saint-Dié, offiziell, weil die dortige Filiale seine Anwesenheit als Geschäftsführer erforderte. Inoffiziell begab er sich außer Reichweite der deutschen Zivilverwaltung in Lothringen. Ende Oktober 1941 zog sich Schöttke Senior vom Posten des *administrateur unique* der Sesa zurück, die Gesellschafter wählten Georg Schöttke zu seinem Nachfolger.[49] Er übernahm darüber hinaus die Betriebsleitung in Sarreguemines. Einige Monate später übereignete Schöttke Senior seinen gesamten Aktienbesitz per Schenkung an Schöttke Junior, der auf diesem Wege zum Hauptanteilseigner wurde.[50]

Mithin änderte sich die Anteils- und Leitungsstruktur der Sesa ab Herbst 1941 maßgeblich. Einerseits kamen Schöttkes tatsächlich einer kommissarischen Verwaltung zuvor, wurde Wilhelm Schöttke doch wenig später zum ‚Volks- und Reichsfeind' erklärt.[51] Zu diesem Zeitpunkt standen die ersten Interessenten für die Treuhänderschaft bereits in den Startlöchern. Andererseits erfolgte die Aktienschenkung an Georg Schöttke auf Drängen des RWH-Ausschusses. Er hatte die Zustimmung zum Kreditansinnen davon abhängig gemacht, dass Wilhelm Schöttke seine Unternehmensanteile an seinen Sohn abtrat – eine zutiefst politisierte Forderung des Gremiums. Nachdem die Schenkung erfolgt war, erhielt die Sesa Ende 1941 die erhoffte Finanzspritze.

Insgesamt gelang es Schöttkes durch interne Absprachen, ihre Handlungsspielräume aufrechtzuerhalten, die familiären Firmenanteile zu wahren sowie die Leitung sicherzustellen. Sie konnten eine kommissarische Verwaltung abwenden, weil sie sich auf dem Papier den Vorstellungen der Zivilverwaltung, wer aus rassistischen oder persönlichen Gründen geeignet sei, ein Unternehmen zu leiten, anpassten. Hierbei handelte es sich zweifellos um einen Balanceakt. So wandelte die Schlossfabrik zwischen 1940 und 1944 auf einem schmalen Grat zwischen befürchteter Enteignung und Kooperation, zwischen persönlicher Verfolgung und der Fertigung für die Wehrmacht.

48 Zu Dunckern und seiner Tätigkeit in Lothringen: *Astrid Gehrig*, Im Dienste der nationalsozialistischen Volkstumspolitik in Lothringen: Auf den Spuren meines Großvaters. Münster 2014, 70–79.

49 AMS Bestand Sesa, Protokoll der Generalversammlung der Sesa, 28.10.1941, S. 272–273.

50 ADM 468 W 191, Brief von Georg Schöttke an den Landrat von Saargemünd, 19.8.1942, fol. 31.

51 ADM 468 W 191, Brief von Anton Dunckern, Befehlshaber der Sicherheitspolizei und des SD, an den Chef der Zivilverwaltung, 9.3.1942, fol. 24v.

Die Sesa steht in mehrerlei Hinsicht exemplarisch für die Wege nicht-enteigneter lothringischer Unternehmen unter deutscher Annexion. Viele von ihnen kämpften, als sie ihre Produktionsmittel in die Moselle zurückführten, mit den erwähnten materiellen, technischen und finanziellen Schwierigkeiten. Sie alle mussten sich mit den neuen Herrschern, der Zivilverwaltung um Josef Bürckel, arrangieren, mit ihr interagieren und bis zu einem gewissen Grad kooperieren. Wie schmal der Grat sein konnte, hat die Sesa vor Augen geführt. Gegenüber nicht-kriegswichtigen Unternehmen befand sie sich als W-Betrieb zweifellos in einer privilegierten Position. Das Rüstungskommando Metz und der Landkommissar für Saargemünd Eduard Kern zählten zu ihren Unterstützern. Kern unterstrich gegenüber dem RWH-Ausschuss die überragende Bedeutung des Betriebes für das örtliche Wirtschaftsleben.[52] Bei allen Vorbehalten gegenüber Wilhelm Schöttke stellte die Zivilverwaltung die Existenzberechtigung der Schlossfabrik niemals in Frage. Der Umgang deutscher Instanzen, sei es Zivilverwaltung oder Rüstungskommando, mit Georg Schöttke war weniger von einem Sippenhaftgedanken – immerhin galt sein Vater als ‚Volks- und Reichsfeind' – als von Pragmatismus geprägt. Die Kriegsproduktion und die Beschäftigung von Zwangsarbeitern sind folglich auch Teil der Sesageschichte unter deutscher Annexion.[53]

Von der *Faïencerie de Sarreguemines* zur Steingutfabrik Saargemünd

Nach der Sesa rückt mit der *Faïencerie* (Steingutfabrik) ein weiterer Betrieb aus Sarreguemines in den Fokus. Sie gehörte zur Aktiengesellschaft der *Faïenceries de Sarreguemines, Digoin et Vitry-le-François* mit Sitz in Paris.[54] Jean Cazal fungierte als Vorsitzender des Verwaltungsrates und als Direktor des Werkes in Sarreguemines. Bei Kriegsbeginn stellte die *Faïencerie*, der größte Arbeitgeber der lothringischen Stadt, ihre Produktion ein. Sie transportierte Produktionsmittel aus der roten Zone in die Zweigstelle nach Digoin, wo auch einige Belegschaftsmitglieder unterkamen (siehe Abbildung 6.2, S. 318). Als die Deutschen Sarreguemines im Juni 1940 besetzten, fanden sie eine Steingutfabrik vor, deren An-

52 BArch Berlin R 2-16386, Vorbericht zur Sesa auf der vierten Kreditausschusssitzung, 21.11.1940, fol. 82.

53 AMS Bestand Sesa, Berichte u.a. 1944, Brief des Arbeitsrings Druckguss an den Sonderring Metallguss, 24.10.1944 und AMS Bestand Sesa, Berichte und Ausweisungen 1944, Personalliste ab April 1943. Die Abkürzung O steht für Ostarbeiter, Kgf. für Kriegsgefangener.

54 Zur Entwicklung der Steingutfabrik: *Philippe Hamman*, Une grande famille: Métiers de la céramique et stratégies industrielles à la faïencerie de Sarreguemines (1890–1940), in: Politix 45, 1999, 57–86, 57–59.

lagen durch Witterung, Plünderung und Kampfhandlungen einigen Schaden genommen hatten. Die Abteilungen hatten unterschiedlich stark gelitten, doch, wie Marcel Buhr, Laborleiter der Steingutfabrik, in einem Bericht festhielt, überall waren Strom- und Wasserleitungen zerstört und die Dächer beschädigt, sodass die Einrichtungsgegenstände faulten.[55] Treibriemen, Werkzeuge, Motoren und Maschinen waren entweder abtransportiert oder verschwunden.

Kurz nach der Annexion erklärte die Metzer Zivilverwaltung die *Faïencerie* aufgrund der innerfranzösischen Kapitalbeteiligung zu ‚volks- und reichsfeindlichem Vermögen'. Bürckels Behörde beschlagnahmte das Werk im Namen des Deutschen Reiches und entzog es der Verfügungsgewalt seiner Eigentümer. Die Zivilverwaltung lobte den Posten eines kommissarischen Verwalters aus, der die Fabrik treuhänderisch leiten und wiederaufbauen sollte. Trotz der materiellen Schäden bekundeten Unternehmer aus verschiedenen Teilen des Reiches Interesse. Im Oktober 1940 bestellte Bürckel Luitwin von Boch, Generaldirektor von V&B, zum kommissarischen Verwalter der Steingutfabrik in Sarreguemines. Ludwig Erhard, der Bürckel bei Wirtschaftsfragen in Lothringen beriet und sich später einen Namen als Vater der sozialen Marktwirtschaft machen sollte, hatte sich für Luitwin von Boch als Treuhänder eingesetzt. Er blieb in den folgenden Jahren in diversen Angelegenheiten ein Ansprechpartner für den Keramikhersteller.[56]

Von Bochs Aufgabe bestand, seinem Ernennungsbrief vom 28. Oktober 1940 zufolge, darin,

> als Treuhänder des genannten Unternehmens seine ordnungsmässige Verwaltung zu gewährleisten, alle Maßnahmen zu treffen, die sich (...) zur Sicherung des Betriebes ergeben und seinen Aufbau (...) vorzunehmen.[57]

Der Brief legte im Weiteren fest, welche Betriebsteile in Gang gesetzt werden und welche geschlossen bleiben sollten. Die Zivilverwaltung untersagte es von Boch, das Werk in Sarreguemines zu schließen und behielt sich das Recht vor, die kommissarische Verwaltung regelmäßig auf ihre Wirtschaftlichkeit zu überprüfen. Der Treuhänder verpflichtete sich, in der Fabrik 1 000 Personen einzu-

55 UVBM 312.7.4, Marcel Buhr, Bericht über die Porzellan- und Hartsteinfabrik zwecks eines schnellen Wiederaufbaus, o.D., S. 1.

56 Siehe die umfangreiche Korrespondenz zwischen V&B und Ludwig Erhard in UVBM 312.7.4, 312.7.5 und 312.7.6. Erhard hatte Bürckel bereits bei wirtschaftlichen Fragen in Österreich ab 1938 beraten: *Uwe Mai*, „Rasse und Raum“: Agrarpolitik, Sozial- und Raumplanung im NS-Staat. Paderborn [u.a.] 2002, 234. Seine Tätigkeit in Lothringen ist wissenschaftlich unumstritten, harrt aber noch einer ausführlichen Untersuchung.

57 ADM 468 W 36, Brief des CdZ in Lothringen Josef Bürckel an Luitwin von Boch-Galhau, 28.10.1940, fol. 15.

stellen, Kündigungen bedurften der Zustimmung des CdZ. Die laufenden Betriebskosten übernahm das Reich, wobei sich das Werk zumindest teilweise selbst tragen sollte, indem V&B die vorhandenen und nicht zerstörten Lagervorräte verwertete.[58] Aus der *Faïencerie de Sarreguemines* wurde die Steingutfabrik Saargemünd.

Was bewog Bürckel, V&B gegenüber anderen Interessenten, etwa der Steingutfabrik Colditz AG,[59] zu bevorzugen und was machte die *Faïencerie* in Sarreguemines für den Mettlacher Keramikhersteller attraktiv? Für Bürckel war V&B die naheliegende Wahl, wollte er die ökonomischen Verbindungen zwischen der Saarpfalz und Lothringen stärken und einen zusammenhängenden Wirtschaftsraum Westmark schaffen. Dies entsprach seinem Wunsch, die Saarpfalz und Lothringen zu einer Verwaltungseinheit, dem nie verwirklichten Reichsgau Westmark, zusammenzuführen.

V&B blickte wiederum auf eine gemeinsame Geschichte mit der lothringischen Steingutfabrik zurück, hatten die Mettlacher doch bis 1919 Aktienpakete an ihr gehalten. Nach dem Ende des Ersten Weltkrieges beschlagnahmte der französische Staat die Unternehmensanteile, die geschäftlichen Verbindungen zwischen V&B und der *Faïencerie* wurden gekappt.[60] Wichtiger als alte Unternehmensverbindungen war für die Mettlacher Generaldirektion wohl die räumliche Nähe zwischen ihren Saarfabriken und Sarreguemines. Es galt zu verhindern, dass sich Konkurrenten in unmittelbarer Nachbarschaft ansiedelten.[61] Die Treuhänderschaft ermöglichte es den Mettlachern außerdem, mit begrenztem Aufwand die Produktpalette stark zu erweitern und ihre Position auf dem Keramikmarkt zu stärken. Letztlich zielte von Boch darauf ab, das Werk nicht nur treuhänderisch für das Reich zu verwalten, sondern als Eigentum übertragen zu bekommen. Im Dezember 1941 wurde dies durch eine Verordnung der Zivilverwaltung möglich, sodass kurz darauf die Verkaufsverhandlungen begannen.

---

58 UVBM 712.7.4, Brief von Luitwin von Boch-Galhau an die Aufsichtsratsmitglieder, 2.11.1940, S. 2–3. In seinem Ernennungsbrief hatte Bürckel auf eine perspektivische Beteiligung von V&B an den Verwaltungs- und Betriebskosten für Sarreguemines verwiesen: ADM 468 W 36, Brief des CdZ in Lothringen Josef Bürckel an Luitwin von Boch-Galhau 28.10.1940, fol. 19.

59 UVBM 712.7.4, Exposé der Steingutfabrik Colditz über die Besichtigung der Fayenceries de Sarreguemines, Digoin & Vitry-le-Francois vorm. Utzschneider & Cie., Sarreguemines, 16.9.1940. Es ist bemerkenswert, dass sich dieses Exposé im V&B-Archiv befindet. Die Colditzer Steingutfabrik dürfte kein Interesse daran gehabt haben, das Dokument ihrem Konkurrenten V&B zuzuleiten.

60 *Philippe Hamman*, Une entreprise de mobilisation patriotique: la production de la faïencerie de Sarreguemines (1871–1918), in: Genèse 47, 2002, 140–161, 160.

61 UVBM 712.7.4, Brief von Luitwin von Boch-Galhau an die Aufsichtsratsmitglieder, 2.11.1940, S. 3.

Sie endeten im Juli 1942. V&B erwarb die *Faïencerie*, die inzwischen in die Heeresproduktion eingestiegen war, für 2 000 000 RM von der Zivilverwaltung.[62]

Die Rückkehr der Steingutfabrik vollzog sich vor dem soeben skizzierten Hintergrund; dabei verfügte das frühere Leitungspersonal um Jean Cazal über sehr begrenzte Handlungsspielräume. Cazal hielt außerdem Anteile an der Aktiengesellschaft der *Faïenceries de Sarreguemines, Digoin et Vitry-le-François*. Folglich fielen bei ihm Handlungs- und Verfügungsrechte, die beiden Ausprägungen des Eigentumsrechts, zusammen. Als Fabrikdirektor verfügte er über Handlungsrechte bezüglich der *Faïencerie* in Sarreguemines; sie ermöglichten es ihm, die dortigen Anlagen zu nutzen und zu gebrauchen. Als Aktionär, mithin Kapitalgeber, hatte er Verfügungsrechte inne, er konnte seine Anteile an der Aktiengesellschaft veräußern oder vererben. Im Folgenden wird die Rückführung nach Sarreguemines aus Perspektive Cazals und der anderen früheren Eigentümer in Paris und Digoin betrachtet.

Auf juristischer Ebene beschnitt die Metzer Zivilverwaltung ihre Verfügungsrechte, indem sie das Werk beschlagnahmte und treuhänderisch verwalten ließ, ohne die Eigentümer hierfür zu entschädigen. Cazal & Co. konnten nicht mehr über die *Faïencerie* verfügen, etwa ihre Unternehmensanteile verkaufen oder vom in Sarreguemines erwirtschafteten Gewinn in Gestalt von Dividende profitieren. Gegen die Enteignung vorzugehen, war angesichts der politischen Situation aussichtslos. Zwar protestierte Jean Cazal im Namen der *Faïenceries de Sarreguemines, Digoin et Vitry-le-François* im September 1942 bei der *Délégation française pour les affaires économiques* bei der Waffenstillstandskommission gegen den Verkauf der Steingutfabrik an V&B.[63] Dennoch machte sich der Pariser Verwaltungsrat keine ernsthaften Hoffnungen, während der Annexion wieder über das Werk in Sarreguemines verfügen zu können. Entsprechend lakonisch liest sich die Feststellung, die er auf den jährlichen Generalversammlungen ab 1940 wiederkehrend tätigte: „Nous ne pouvons, en ce qui concerne Sarreguemines, vous donner aucun renseignement nouveau."[64]

Auf personeller Ebene entschied sich Jean Cazal gegen eine Rückkehr ins annektierte Gebiet und blieb stattdessen in Paris. Ähnlich verfuhren, Marcel

62 Eine französische Version des Kaufvertrages ist abgedruckt in: *Charles J. Bolender*, La faïencerie de Sarreguemines dans la tourmente: 1935–1945. Sarreguemines 2010, 231–233.

63 AN F/37/40, Brief von Jean Cazal an Jacques Berthoud vom Office des Changes im Finanzministerium, 14.9.1942. Berthoud leitete die Protestnote an Yves Bréart de Boisanger, den Leiter der französischen Delegation für Wirtschaftsfragen bei der Waffenstillstandskommission, weiter.

64 „Bezüglich Sarreguemines können wir Ihnen keine neuen Informationen geben." AMS Bestand Faïencerie, Assemblées Générales, Bericht des Verwaltungsrats auf der Generalversammlung, 25.11.1942, S. 2.

Buhrs Bericht über die Steingutfabrik zufolge, neun weitere leitende Angestellte, u.a. der stellvertretende Direktor und mehrere Abteilungsleiter.[65] Wenn sie versucht hätten, in die Moselle einzureisen, wären zumindest diejenigen unter ihnen, die ein V&B-Vertreter in dem Bericht handschriftlich als „Frz", Franzosen, gekennzeichnet hatte, ausgewiesen worden. Ihnen verblieb schlechterdings keine andere Handlungsoption, als aus der Ferne zu beobachten, wie der Mettlacher Keramikhersteller die *Faïencerie* übernahm. Doch nicht das gesamte Führungspersonal blieb Sarreguemines fern, so zählt Buhrs Bericht neun leitende Angestellte auf, die zurückgekehrt waren, darunter er selbst, der Leiter des Labors und der Mühlen.

Buhr und seine Kollegen befanden sich im treuhänderisch verwalteten Werk in einer delikaten Situation. Einerseits waren ihre Kenntnisse der Anlagen, des Betriebsablaufs sowie des Personals unverzichtbar, damit V&B die Fabrik wieder in Gang setzen und leiten konnte. Andererseits traten die Mettlacher den lothringischen Abteilungsleitern gegenüber misstrauisch auf. Hier mochten Zweifel an ihrer Loyalität gegenüber V&B eine Rolle spielen, ebenso die Tatsache, dass sich die Lothringer in neuen Hierarchien wiederfinden mussten. Nach 1945 zurückblickend, unterstrich Buhr das Misstrauen von Bochs ihm gegenüber und machte einen starken Antagonismus zwischen Lothringern und Deutschen auf.[66] Darin schimmert die lothringische Selbstkonstruktion als Opfer der Nationalsozialisten durch, die Darstellung ist entsprechend mit Vorsicht zu genießen. Aus den Quellen geht hervor, dass die Mettlacher das lothringische Leitungspersonal bei allem Abstand sehr schätzten und ihm beispielsweise Fortbildungsreisen zu V&B-Werken im Reichsinnern ermöglichten.[67] Von der weiteren Belegschaft kehrte ebenfalls der Großteil ab dem Sommer 1940 nach Sarreguemines zurück. Da der Treuhänder nicht alle Anlagen der *Faïencerie* wieder in Betrieb nahm, herrschte, wenigstens vorläufig, kein Personalmangel. Für V&B war es ein großer Vorteil, auf eine gut ausgebildete und eingespielte Stammbelegschaft zurückgreifen zu können, die, ebenfalls wenigstens vorläufig, nicht zur Wehrmacht eingezogen wurde. Das änderte sich im August 1942 mit der Einführung der Wehrpflicht in Lothringen und der Einberufung der *malgré-nous* (wider unseren Willen).[68]

---

65 UVBM 312.7.4, Marcel Buhr, Bericht über die Porzellan- und Hartsteinfabrik zwecks eines schnellen Wiederaufbaus, o.D., S. 4.

66 *Eugène Heiser*, La Tragédie lorraine: Ecartelés aux 4 vents, 1939–1945. Sarreguemines 1979, 36.

67 UVBM 312.7.5, Brief von Luitwin von Boch an Erich Strassburger, 4.11.1940 und Brief von Luitwin von Boch an Manfred Engel, 12.6.1941.

68 So die retrospektive französische Bezeichnung für die elsässischen und lothringischen Wehrmachtssoldaten, zur Einordnung: *Francis Kœrner*, Les „malgré-nous" alsaciens et mosel-

Was die materielle Ebene, die Rückführung der Produktionsmittel nach Sarreguemines, angeht, so verstanden es die früheren Eigentümer der *Faïencerie*, den Prozess von Paris und Digoin zu beeinflussen. Sie hielten Informationen über den Umfang des nach Digoin verbrachten Industriematerials zurück, trieben ein Katz-und-Maus-Spiel mit den Deutschen und benannten mit Vorliebe abwesende Kollegen als Ansprechpartner.[69] Insgesamt zielten Cazal & Co. darauf ab, die Rückführung zu verzögern; sie ganz zu verhindern, vermochten sie nicht. Bis Juni 1941 machten sich, laut einer französischen Schätzung, Produktionsmittel im Wert von 7 600 000 F auf den Weg nach Sarreguemines.[70]

Dennoch war die Rückführung zwischen 1940 und 1942 für V&B ein wiederkehrendes Thema. Unternehmensintern beklagte man sich über ihren schleppenden Verlauf, unternehmensextern entwickelte sich das Thema zum Streitpunkt in der Interaktion mit den vormaligen Eigentümern. Noch im Januar 1942, vermutlich auch darüber hinaus, befand sich, der Werksleitung in Sarreguemines zufolge, Räumungsgut in Digoin.[71] Zwar nutzten Cazal & Co. ihren Wissensvorsprung gegenüber dem Treuhänder, um den Abtransport hinauszuzögern, dennoch verfügten sie in der Angelegenheit nicht über unbegrenzte Handlungsspielräume. V&B untermauerte seinen Anspruch auf die Produktionsmittel und setzte die früheren Eigentümer unter Druck. Dies geschah beispielsweise schriftlich, in Gestalt scharf formulierter Briefe, oder praktisch, indem ein Polizist, mithin eine staatliche Instanz, den Auftrag erhielt, zwei leitende Angestellte aus Digoin zurück nach Sarreguemines zu bringen.[72]

Auf den vorangegangenen Seiten ist betrachtet worden, wie Rheinberger, die Sesa und die *Faïencerie de Sarreguemines* ab dem Sommer 1940 in die Saarpfalz bzw. nach Lothringen zurückkehrten. Darüber hinaus sind ihre weiteren Wege, insbesondere die der lothringischen Betriebe unter deutscher Annexion, angerissen worden. Als Rheinberger die heimische Fabrik wieder in Gang setze, agierte der größte Pirmasenser Schuhhersteller und Wehrmachtslieferant weit-

---

lans sur le front nord-oriental: le siège de Leningrad: 1943–1945, in: Guerres mondiales et conflits contemporains 234, 2009, 39–51, 39–41.

69 UVBM 312.7.4, Bericht des Polizeimeisters und Kommandoführers über die Rückführung von Maschinen der Fayenceries, Saargemünd, 19.9.1940, S. 1–3.

70 AN F/37/40, Brief der Délégation générale du gouvernement français dans les territoires occupés, Anhang 5, 13.6.1941.

71 ADM 468 W 36, Brief der Steingutfabrik Saargemünd an den Chef der Zivilverwaltung, 15.1.1942, fol. 207.

72 Für die Korrespondenz UVBM 312.7.4, Brief der Steingutfabrik Saargemünd an Jean Cazal, 18.7.1941. Beachte insbesondere die handschriftliche Notiz Luitwin von Bochs: „Schlechter Ton macht schlechte Musik." Für die Polizeiaktion: UVBM 312.7.2, Erster Bericht des Treuhänders der Steingutfabrik Saargemünd an den CdZ, 11.11.1940, S. 2.

gehend eigenständig und ungehindert. Mit der Rückkehr stellte Rheinberger seinen Vorkriegszustand gewissermaßen wieder her und verfügte, als zentrale Veränderung und wichtigstes Erbe der Evakuierungszeit, zudem über ein weiteres Werk in Offenbach. Wie frei die Eigentümer lothringischer Unternehmen agieren konnten, hing hingegen maßgeblich davon ab, ob die Zivilverwaltung ihr Werk beschlagnahmte. Die als ‚volks- und reichsfeindlich' eingestufte *Faïencerie* übernahm V&B als kommissarischer Verwalter, zwei Jahre später erwarben die Mettlacher die Fabrik. Die früheren Eigentümer verfügten de facto über keinerlei Handhabe, den Vorgang zu verhindern, bemühten sich aber, die Rückführung der Maschinen nach Sarreguemines herauszuzögern. Im Gegensatz dazu gelang es der Sesa dank interner Absprachen, eine kommissarische Verwaltung abzuwenden, die Verfügungs- und Handlungsrechte verblieben bei Schöttkes. Das wirtschaftliche Überleben sicherten sie, indem die Sesa im großen Stil Wehrmachtsaufträge ausführte.

Die Klammer zwischen Schuhhersteller einerseits und Schloss- sowie Steingutfabrik andererseits bildete Josef Bürckel, Reichskommissar für die Saarpfalz und CdZ in Lothringen zugleich, mit seiner Entourage. Bürckel berief wiederum Hermann Röchling, Geschäftsführer der RESW und Treuhänder der Carlshütte in Thionville, zum Präsidenten der neugegründeten IHK Metz. Die Liste personeller Verbindungen von Saarpfalz und Lothringen zwischen 1940 und 1944/1945 ließe sich beliebig fortsetzen. Auf diesen Aspekt kann hier aufgrund des Untersuchungsschwerpunktes 1939/1940 nur kurz verwiesen werden. Er ist, ebenso wie die Interaktion der Treuhänder mit den vormaligen Eigentümern bzw. der Belegschaft vor Ort, Teil einer umfassenden Wirtschaftsgeschichte des annektierten Elsass und Lothringens, die noch geschrieben werden muss.

6.2 Das Kriegsende 1944/1945

Die militärische Lage des Deutschen Reiches, so blendend sie sich nach dem Sieg über Frankreich darstellte, wandelte sich in den folgenden Monaten und Jahren zum Negativen. Insbesondere der Dezember 1941 markierte einen Wendepunkt. Einerseits scheiterte der deutsche Vorstoß auf Moskau, andererseits traten die USA auf Seiten auf Seiten der Alliierten in den Krieg ein, was das militärisch-wirtschaftliche Kräfteverhältnis der Kontrahenten dramatisch veränderte.[73] Angesichts der alliierten Landung in Nordafrika entschied das OKW im November 1942, die Südzone Frankreichs zu besetzen; ab 1943 zog sich die

73 *Adam Tooze*, Ökonomie der Zerstörung: Die Geschichte der Wirtschaft im Nationalsozialismus. München 2007, 12, 15.

Wehrmacht an verschiedenen Fronten zurück. Im Juni 1944 landeten amerikanische, kanadische und britische Truppen in der Normandie. Während die rote Armee in Osteuropa vorrückte, begann mit dem *D-Day* der Vormarsch in Nordfrankreich. Im August 1944 befreiten die Alliierten Paris und näherten sich danach dem Schauplatz dieser Untersuchung, den deutsch-französischen Grenzgebieten, an.

Ende August 1944 befahl Josef Bürckel den Reichsdeutschen, Lothringen vor den herannahenden amerikanischen Truppen zu verlassen. Er handelte dabei eigenmächtig und widersprach Hitlers Vorgaben, was seinen Niedergang besiegelte. Anfang September schickte die NSDAP-Parteikanzlei Willy Stöhr in die Saarpfalz. Er übernahm den Posten des Bevollmächtigten für den Stellungsbau und galt bereits als Bürckels Nachfolger.[74] Bürckel selbst starb Ende September, offiziell an den Folgen einer Lungenentzündung. Die genauen Todesumstände bleiben ungeklärt. Bürckels Ehefrau Hilde behauptete nach Kriegsende, er sei zum Selbstmord gezwungen worden, wobei sie zu diesem Zeitpunkt ein lebhaftes Interesse daran hatte, ihren Mann als „‚Opfer' des NS-Regimes"[75] darzustellen. Die im August 1944 angeordnete Räumung Lothringens vollzog sich unter sowohl materiell – Mangel an Transportmitteln und -wegen – als auch befehlstechnisch chaotischen Umständen. Sie treten in einem Bericht zu Tage, den die Hüttenverwaltung Westmark der Reichswerke Hermann Göring Ende des Jahres 1944 über ihre Kriegsschäden verfasste:

> Die Räumung Lothringens Ende August 1944 erfolgte derart überstürzt, dass es den lothringischen Betrieben nicht möglich war, auch nur einen kleinen Teil der transportfähigen Sachwerte zu bergen. (...) Der Kreisleiter in Diedenhofen erklärte noch am 31.8.1944 abends um 20.30 Uhr in einer Kreisamtsleiterbesprechung, eine Evakuierung Lothringens, abgesehen von Frauen mit kleinen Kindern, käme nicht in Frage. Etwa eine Stunde später erging der Befehl, Lothringen bis Mitternacht vollständig zu räumen.[76]

Ähnlich chaotisch verlief die Räumung der Sesa, die ihr Werk in Sarreguemines nach 1939/1940 ein zweites Mal verlassen musste. Anders als fünf Jahre zuvor bewegte sie sich diesmal allerdings nicht ins Landesinnere Frankreichs, sondern ins Deutsche Reich. Das Ergehen der Sesa sei hier exemplarisch für die

---

74 *Dieter Wolfanger*, Populist und Machtpolitiker. Josef Bürckel: Vom Gauleiter der Pfalz zum Chef der Zivilverwaltung in Lothringen, in: Gerhard Nestler/Hannes Ziegler (Hrsg.), Die Pfalz unterm Hakenkreuz. Landau 1993, 63–86, 78.

75 *Dieter Wolfanger*, Populist und Machtpolitiker. Josef Bürckel: Vom Gauleiter der Pfalz zum Chef der Zivilverwaltung in Lothringen, in: Gerhard Nestler/Hannes Ziegler (Hrsg.), Die Pfalz unterm Hakenkreuz. Landau 1993, 63–86, 80.

76 BArch Berlin R 2-17874, Bericht „Die Kriegsschäden der Hüttenverwaltung Westmark G.m.b. H. der Reichswerke Hermann Göring", 15.12.1944.

zweite Evakuierung grenznaher Unternehmen in den letzten Kriegsmonaten geschildert.[77] Da sich Georg Schöttke krankheitsbedingt in einem Sanatorium im Elsass aufhielt, oblag in der zweiten Jahreshälfte 1944 nicht ihm, sondern Heinrich Folmer die Betriebsleitung. Es war denn auch in erster Linie Folmer, der die Räumung der Schlossfabrik durchführte.

Anfang September informierte die Saarbrücker Rüstungsinspektion die Betriebe ihres Bereiches, darunter die Sesa, die militärische Lage habe sich gefestigt, alle bereits begonnenen Räumungsvorgänge seien einzustellen.[78] Damit konterkarierte sie den Evakuierungsbefehl Bürckels, wies die Unternehmen aber zugleich an, Lähmungs- und Räumungsmaßnahmen vorzubereiten. Die Lähmung zielte darauf ab, „dass die gelähmten Betriebe durch den Gegner während der Operationen nicht mehr nutzbar gemacht werden können."[79] Um dies zu erreichen, hatte die Sesa den Ausbau oder die Zerstörung zentraler Anlagenteile vorzusehen. Darüber hinaus war sie gehalten, die Räumung mittels eines Räumungskalenders vorzubereiten, der Verantwortlichkeiten, den Umfang des abzutransportierenden Materials sowie die Reihenfolge festlegte.[80] Beide Vorgänge, Lähmung und Räumung, erfolgten, wie die Rüstungsinspektion explizit festhielt, ausschließlich auf ihren Befehl.

Mitte September drängte die Sesa gegenüber der Rüstungsinspektion darauf, ihr Werk wegen der Bombenangriffe und Frontnähe zu räumen.[81] Als Ausweichstandort nannte sie – ohne dessen Wissen – einen Geschäftspartner, die Karl Schmidt KG, ein Aluminumschmelzwerk in Vaihingen bei Stuttgart. Am 17. September erhielt die Schlossfabrik die Räumungsanordnung. Als Karl Schmidt dem Schlosshersteller wiederum wenige Tage später platzbedingt absagte,[82] befanden sich die ersten Produktionsmittel bereits auf dem Weg nach Vaihingen. In der Zwischenzeit hatte die Rüstungsinspektion eine Kehrtwende vollzogen

77 Siehe zur Räumung der Dillinger Hütte: *AG der Dillinger Hüttenwerke* (Hrsg.), 1685–1985: 300 Jahre Aktiengesellschaft der Dillinger Hüttenwerke. Ein Rückblick. Dillingen 1985, 67, der Halbergerhütte: *Fritz Kloevekorn*, 200 Jahre Halbergerhütte 1756–1956. Saarbrücken 1956, 92 und der Kreissparkasse Saarbrücken: *Fritz Kloevekorn/Erich Neu*, 100 Jahre Kreissparkasse Saarbrücken: 1858–1958. Saarbrücken 1958, 74.

78 AMS Bestand Sesa, Korrespondenz Rüstungskommando, Information Nr. 2 der Rüstungsinspektion XIIb, 2.9.1944.

79 AMS Bestand Sesa, Korrespondenz Rüstungskommando, Grundsätze für die Vorbereitung und Durchführung der Lähmung von Betrieben im Bereich der Rü In XIIb, 7.9.1944, S. 2.

80 AMS Bestand Sesa, Korrespondenz Rüstungskommando, Grundsätze für die Vorbereitung und Durchführung der Räumung von Betrieben im Bereich der Rü In XIIb, 10.9.1944, S. 5.

81 AMS Bestand Sesa, Korrespondenz Rüstungskommando, Brief der Sesa an die Rüstungsinspektion XIIb, 14.9.1944.

82 AMS Bestand Sesa, Korrespondenz Rüstungskommando, Brief der Karl Schmidt KG an die Sesa, 22.9.1944.

und angesichts der immer näher rückenden Front die Lähmung gegenüber der Räumung an erste Stelle gerückt.[83] Dieser Prioritätenwechsel kam für die Sesa zu spät und zeitigte keine nennenswerten Auswirkungen. Sie bemühte sich stattdessen, die Verlagerungskosten von 50 000 RM wenigstens teilweise von der Rüstungsinspektion erstattet zu bekommen.[84]

Die Sesa-Leitung sah sich einerseits damit konfrontiert, dass sich Belegschaftsmitglieder entzogen und weigerten, dem geräumten Betrieb zu folgen. Andererseits scheiterte sie in ihrem Bemühen, eine neue Ausweichunterkunft in oder bei Vaihingen zu finden.[85] Das Stuttgarter Umland hatte schon zahlreiche Unternehmen aufgenommen, die den Bombenangriffen auf die württembergische Hauptstadt entgehen wollten, und verfügte daher über keinerlei Kapazitäten. Die Produktionsmittel der Sesa lagen folglich in letzten Kriegsmonaten in Unterständen brach, waren auf Bahngelände der Witterung ausgesetzt oder kamen auf verschlungenen Wegen zu anderen Firmen in verschiedenen Ecken des Reiches. Anfang Dezember erreichten amerikanische Truppen Sarreguemines, in der Umgebung dauerten die Kämpfe zwischen Alliierten und Wehrmacht bis zum Januar 1945 an. Als sich die Sesa nach dem Kriegsende auf die Suche nach ihrem Material machte, fand sie es in Vaihingen, Plochingen, Villingen, Burgkunstadt, Berlin und Dillingen vor.[86] Wilhelm und Georg Schöttke, beide nach Sarreguemines zurückgekehrt, bemühten sich, die Produktionsmittel zurückzubekommen und die von Kampfhandlungen und Bombenangriffen schwer beschädigte Fabrik wiederaufzubauen.

Es waren dies die letzten Kriegsmonate der Sesa, ihre Stilllegung in Sarreguemines und die chaotische Räumung, an deren Ende nicht, wie erhofft, die Fertigungsaufnahme an anderer Stelle stand. In ihrer erneuten Evakuierung treten erstens Traditionslinien zur Räumung 1939/1940 zu Tage. So brachten die militärischen Verantwortlichen erneut die Lähmung auf – sie hatte bereits vor Kriegsbeginn als komplementäres Konzept zur Evakuierung eines Betriebes im Raum gestanden (siehe Kapitel 1.2, S. 50). Außerdem interagierte die Schlossfabrik im Herbst 1944 mit der Saarbrücker Rüstungsinspektion, einem der

83 AMS Bestand Sesa, Korrespondenz Rüstungskommando, Anweisung Nr. 8 von der Rü In XIIb, 20.10.1944, S. 1.

84 AMS Bestand Sesa, Korrespondenz Rüstungskommando, Einschreiben der Sesa an die Rüstungsinspektion XIIb, 16.11.1944. Angesichts der allgemeinen Kriegsumstände und der Räumung Saarbrückens, die zwei Wochen später erfolgte, ist es unwahrscheinlich, dass die Inspektion zur Auszahlung schritt.

85 AMS Bestand Sesa, Berichte 1936–1942 (sic), Bericht von Heinrich Folmer über seine Reise nach dem Altreich, 6.11.1944.

86 Siehe u.a. ADM 468 W 191, Brief der Sesa an den Service de la production industrielle in Metz, 9.9.1946.

zentralen saarpfälzischen Räumungsakteure des Herbstes 1939. Als die Sesa um die Erstattung ihrer Verlagerungskosten bat, rekurrierte sie schließlich auf Regelungen, die im Zuge der ersten Evakuierung 1939/1940 in Kraft getreten waren. Was saarpfälzische, lothringische und elsässische Unternehmen 1944/1945 erlebten, stand in struktureller, organisatorischer und rechtlicher Kontinuität zu 1939/1940. Dabei ist insbesondere auf die transnationale Komponente eines Unternehmens wie der Sesa, deren Räumung sich 1939/1940 im französischen und 1944/1945 im deutschen Rahmen vollzog, zu verweisen.

Zweitens ordnen sich die Wege der Sesa in die umfangreichen industriellen Migrationsbewegungen der letzten Kriegsmonate im Deutschen Reich ein. Betriebsverlagerungen waren zum wichtigsten Mittel geworden, um Kriegsbedrohungen, sei es durch Bomben oder die Front, zu entgehen und die Produktion fortzuführen. Dies betraf bei Weitem nicht nur die in der Saarpfalz, in Lothringen und im Elsass beheimateten Unternehmen. Zwar mangelt es an Gesamtzahlen, jedoch ist belegt, dass Ende 1944 reichsweit mindestens 628 000 Männer und Frauen ihrem Arbeitgeber an dessen Ausweichort gefolgt waren.[87] Sie bewegten sich vor allem in die ländlichen, weniger bombenbedrohten Gebiete in Brandenburg, Sachsen, Württemberg-Hohenzollern und Niederschlesien.

Roland Peter hat überzeugend argumentiert, dass luftkriegsbedingte Verlagerungen für Unternehmer nicht unbedingt ein Übel, sondern durchaus eine Chance darstellten, um die Produktionsfläche zu erweitern und neue Belegschaftsmitglieder zugewiesen zu bekommen.[88] An den industriellen Migrationsbewegungen offenbart sich die Ambivalenz des Deutschen Reiches in seinen letzten Kriegsmonaten. Einerseits führten Staat und Wirtschaft den längst verlorenen Krieg, trotz der sich auflösenden gesellschaftlichen Ordnung, unter einer ungeheuren Kraftanstrengung fort. Andererseits nutzten die reichsdeutschen Unternehmen die Verlagerungen ihrer betriebswirtschaftlichen Vorteile wegen und planten bisweilen bereits über das Kriegsende hinaus, etwa indem sie einen „nicht allzu weit östlich“[89] gelegenen Ausweichort wählten.

Doch zurück zum Schauplatz dieser Arbeit, den deutsch-französischen Grenzgebieten, wo der Krieg, je nach Lage, zwischen September 1944 und März 1945 zu Ende ging. Im September 1944 erreichen amerikanische Truppen die Moselle und besetzten diese in den folgenden Monaten etappenweise. Der saarpfälzisch-lothringischen Grenze näherten sie sich im November an, sodass Gau-

87 *Wolfgang Franz Werner*, „Bleib übrig!“: Deutsche Arbeiter in der nationalsozialistischen Kriegswirtschaft. Düsseldorf 1983, 287.

88 *Roland Peter*, Rüstungspolitik in Baden: Kriegswirtschaft und Arbeitseinsatz in einer Grenzregion im Zweiten Weltkrieg. München 1995, 167–172.

89 *Tim Schanetzky*, „Kanonen statt Butter“: Wirtschaft und Konsum im Dritten Reich. München 2015, 238.

leiter Willy Stöhr am 30. November die Räumung des linken Saarufers und Saarbrückens anordnete.[90] Zur gleichen Zeit hissten die Alliierten etwa 100 km südöstlich davon die französische Flagge auf dem Straßburger Münster.[91] Noch bis zum März 1945 fanden im Elsass erbitterte Gefechte zwischen der amerikanischen Armee und der sich zurückziehenden Wehrmacht statt. Am 20. März marschierten die Alliierten in Saarbrücken, einer fast menschenleeren Stadt, ein, kurz darauf in Pirmasens. Knapp anderthalb Monate vor der deutschen Kapitulation war der Zweite Weltkrieg in den deutsch-französischen Grenzgebieten vorbei.

Im Sinne der chronologischen Einordnung folgt nun ein abschließender Ausblick auf die unmittelbaren Nachkriegsmonate und -jahre in den deutsch-französischen Grenzgebieten. Nach dem alliierten Vormarsch in der Moselle, dem Bas-Rhin und dem Haut-Rhin kehrten die drei Departements zu Frankreich zurück. Die französische Souveränität, Rechtshoheit und Verwaltungsstruktur wurden wiederhergestellt. Die Präfekten kehrten zurück und der *Franc* ersetzte die Reichsmark.[92] Die Deutschen, darunter jene, die wenige Jahre zuvor die Bauernhöfe ausgewiesener Lothringer und Elsässer übernommen hatten, wurden ausgewiesen und mussten die Departements innerhalb kürzester Zeit verlassen.

Bombenangriffe und Kriegshandlungen hatten schwere materielle Schäden in den drei Grenzdepartements hinterlassen, die außerdem einen starken Bevölkerungsrückgang verzeichneten. So zählte die Moselle 1946 knapp 622 000 Einwohner, gegenüber rund 696 000 im Jahr 1936, was einem Verlust von 11 % entspricht.[93] Unter der Ägide der 1946 gegründeten IV. französischen Republik bauten die Verwaltungen die Departements wieder auf, brachten die Wirtschaft wieder in Gang und ersetzten Kriegsschäden. Das Erbe der Annexionszeit war dabei omnipräsent. Auf materieller Ebene entschädigten die *Offices des Biens et Intérêts Privés* (OBIP) in Metz und Straßburg die lothringischen und elsässischen Opfer von Enteignungen bzw. sicherten die Rückgabe ihrer Güter ab.[94] Doch der Umgang mit der Annexionszeit, dem Sonderweg der drei von den

90 *Hans-Walter Herrmann*, Saarbrücken unter der NS-Herrschaft, in: Rolf Wittenbrock (Hrsg.), Geschichte der Stadt Saarbrücken. Saarbrücken 1999, 243–338, 336.

91 *René Fuchs/Henri Nonn/Francis Rapp*, L'entre-deux-guerres, l'occupation nazie et la Libération (1919–1945), in: Georges Livet/Francis Rapp (Hrsg.), Histoire de Strasbourg des origines à nos jours. Strasbourg 1982, 411–502, 489.

92 Zur Rückkehr René Pairas, des zukünftigen Präfekten des Haut- und anschließend des Bas-Rhin: *René Paira*, Affaires d'Alsace: Souvenirs d'un préfet alsacien. Strasbourg 1990, 153–196.

93 *Bernard Meddahi*, L'immédiat après-guerre en Moselle, in: Les cahiers lorrains 4, 1983, 305–327, 307.

94 Zur Geschichte der nach dem Ersten Weltkrieg gegründeten OBIP: *Claude Lorentz*, La France et les restitutions allemandes au lendemain de la seconde guerre mondiale (1943–1954). Paris 1998, 115.

Deutschen annektierten Departements, erwies sich als weitaus komplexer und ließ wiederholt innerfranzösische Risse hervortreten. Besonders deutlich wurde dies, als sich die Justiz im Jahr 1953 im Prozess von Bordeaux mit dem von Mitgliedern der Waffen-SS im Juni 1944 begangenen Massaker von Oradour-sur-Glane (Departement Haute-Vienne) beschäftigte. In Oradour hatten sich sowohl unter den Tätern als auch unter den Opfern Elsässer befunden, einerseits *malgré-nous*, andererseits Evakuierte, die in der Haute-Vienne geblieben waren. „Oradour: L'Alsace en procès" (Oradour: Das Elsass vor Gericht)[95] – so betitelte René Paira im Jahr 1990 ein Kapitel, in dem er sich mit dem Prozess von Bordeaux beschäftigt. Es führt vor Augen, welche Emotionen die Frage von Opfer- vs. Täterschaft, von Zwang vs. Wahlmöglichkeit, 45 Jahre nach Kriegsende im Elsass und im Rest Frankreichs hervorrief.

In der Saarpfalz hatte wiederum die amerikanische Armee die unmittelbaren Nachkriegsmonate geprägt, ehe französische Besatzungstruppen sie im Sommer 1945 ablösten.[96] Das Gebiet wurde zuerst Teil der französischen Besatzungszone, dann trennten sich die Wege des Saarlandes und der Pfalz, vormals im nationalsozialistischen Raumgebilde Saarpfalz zusammengeführt. Während die Pfalz im Bundesland Rheinland-Pfalz aufging, löste Frankreich das Saarland, im Nordwesten territorial erweitert, im Jahr 1946 aus seiner Besatzungszone heraus.[97] 1947 erfolgte die Gründung des halbautonomen Saarstaats in enger Anbindung sowie in Wirtschafts- und Währungsunion mit Frankreich.

Das Saarland war nunmehr Teil des französischen Wirtschaftsgebietes und durch eine Zollgrenze von Deutschland getrennt. Französische Verwalter übernahmen saarländische Schlüsselindustrien, etwa die *Régie des Mines de la Sarre* den Steinkohlenbergbau.[98] Georges Thédrel fungierte als Verwalter und Generaldirektor der Völklinger Hütte und des Neunkircher Eisenwerkes. Die Geschichte der wirtschaftlichen Verbindungen zwischen den Grenzgebieten setzte sich in den Nachkriegsjahren unter veränderten Vorzeichen, nämlich französischer Dominanz, fort. Die Vorzeichen änderten sich infolge der Referendums im Oktober 1955, bei dem sich eine deutliche Mehrheit der Saarländer gegen das europäische Saarstatut aussprach. Stattdessen trat das Saarland der Bundesre-

95 *René Paira*, Affaires d'Alsace: Souvenirs d'un préfet alsacien. Strasbourg 1990, 225.

96 *Hans-Christian Herrmann*, Vom Wiederaufbau zur Landeshauptstadt, Europastadt und Grenzmetropole (1945–74), in: Rolf Wittenbrock (Hrsg.), Geschichte der Stadt Saarbrücken. Saarbrücken 1999, 339–452, 340.

97 *Rainer Hudemann/Armin Heinen*, Das Saarland zwischen Frankreich, Deutschland und Europa 1945–1957: Ein Quellen- und Arbeitsbuch. Saarbrücken 2007, 40.

98 Zur Wirtschaftspolitik Frankreichs an der Saar: *Armin Heinen*, Bürokratische Entscheidungsfindung im politischen Raum: Zur französischen Wirtschaftspolitik an der Saar, in: Rainer Hudemann u.a. (Hrsg.), Die Saar 1945–1955. München 1992, 159–174.

publik Deutschland bei und erlebte die vierte und vorerst letzte Verschiebung seiner Zollgrenze seit 1935.

Damit ist die bewegte Vorkriegs- bis zur Nachkriegszeit beschrieben, in die sich die Evakuierungen der deutsch-französischen Grenzgebiete 1939/1940 einordneten. Der Kontext schließt die 1930er bis in die 1950er Jahre ein, von einer Saarabstimmung zur nächsten oder, aus elsässischer und lothringischer Sicht, von der III. Republik über die faktische Eingliederung ins Deutsche Reich bis zur Rückkehr zu Frankreich. Die grenznahe Lage figurierte als Kontinuum und vereinendes Element der saarpfälzischen, lothringischen und elsässischen Unternehmen. Das Fazit wird die konkreten Auswirkungen der Räumungen für die betroffenen Betriebe und Wirtschaftsräume anhand der Optionen Intermezzo, Verflechtung und *brain drain* umreißen. Eine Schwierigkeit beim Messen der Evakuierungsauswirkungen, das sei hier bereits erwähnt, besteht darin, dass diese nur schwerlich von anderen Prozessen, insbesondere kriegsbedingten, getrennt werden können.[99] Dennoch hinterließen die Räumungen ihre Spuren bei den grenznahen Betrieben und ökonomischen Strukturen. Sie sind essentieller Bestandteil dieser Geschichte des Zweiten Weltkrieges, die das Geschehen weniger aus der Perspektive des Zentrums als von der Peripherie her denkt.

---

99 *Marcel Boldorf*, Die Bewältigung der wirtschaftlichen Krise infolge der Evakuierung Lothringens (1939/40), in: Fabian Lemmes u.a. (Hrsg.), Evakuierungen im Europa der Weltkriege – Les évacuations civiles dans l'Europe des guerres mondiales – Civilian Evacuations in World War Europe. Berlin 2014, 221–235, 223.

7 Fazit

Der Räumung der roten Zonen im September 1939 war in der III. Republik und im Deutschen Reich eine mehrjährige Planungsphase unterschiedlichen Ursprungs vorausgegangen. Französischerseits ging sie auf den Ersten Weltkrieg zurück, während des Krieges war die III. Republik von wichtigen Industrierevieren im Norden und Osten des Landes abgeschnitten. Dies führte dazu, dass die Frage, wie ökonomische Ressourcen in Grenznähe zu schützen seien, im Jahr 1919 auf die politische Tagesordnung rückte. Die ersten *plans de repliement* und *instructions générales*, von Generalstab und Ministerien entwickelt, zielten darauf ab, wirtschaftliche Güter im Falle eines Krieges in Sicherheit zu bringen. Im Laufe der 1930er Jahre veränderten sich die Prioritäten. Angeregt durch den Bau der Maginot-Linie und die Erfahrung der Sudetenkrise im September 1938 rückte die Evakuierung der Bevölkerung an erste Stelle. Bei der wirtschaftlichen Räumung war die planerische und praktische Vorarbeit in manchen Bereichen indes weit gediehen, etwa bei der Evakuierung kriegswichtiger Spezialisten in andere Industriegebiete oder beim Einsatz von Notbelegschaften in den lothringischen Bergwerken. Nicht zuletzt hatten sich einige grenznahe Unternehmen, sei es aus eigenen Stücken oder auf Druck staatlicher Instanzen, bereits deutlich vor Kriegsbeginn Ausweichunterkünfte im Landesinnern gesucht.

Deutscherseits begründete sich die Evakuierungsplanung nicht in den Erfahrungen des Ersten Weltkrieges, sondern im Volkskriegskonzept, mit dem die Reichswehr in einem zukünftigen Krieg gegen Frankreich und Polen bestehen wollte. Aus dem Jahr 1924 stammend, verfügte das Konzept über eine starke ökonomische Komponente, sie dominierte die Räumungsplanung bis in die Mitte der 1930er Jahre. Erst mit der Räumungsrichtlinie vom Juni 1939 kam es zur Kehrtwende. Nach dem Bau des Westwalls und der Sudetenkrise, die gezeigt hatte, dass die Bevölkerung bei drohendem Krieg das grenznahe Gebiet im Zweifel eigenständig verließ, erhielt die Evakuierung der Zivilisten die oberste Priorität. So konnte die Bevölkerung einerseits vor drohenden Kampfhandlungen geschützt werden und machte andererseits freie Bahn für den Aufmarsch der Truppen. In der Richtlinie erschien die wirtschaftliche Räumung demgegenüber sekundär, hinsichtlich ihrer Durchführung verloren militärische Instanzen gegenüber zivilen an Kompetenzen. Im Gegensatz zu elsässischen und lothringischen Unternehmern konnten die deutschen ihre Güter vor Kriegsbeginn nicht offen in weniger gefährdetes Terrain verlagern. Sie riskierten, sich des Vorwurfs mangelndem Patriotismus' auszusetzen, als „Kofferpatrioten“ diffamiert zu werden. Nichtsdestotrotz waren saarpfälzische Wirtschaftskreise unru-

https://doi.org/10.1515/9783110591897-008

hig und verfolgten die politische Entwicklung, die dazu führen konnte, dass sie sich plötzlich in vorderster Front wiederfanden, aufmerksam.

Wenngleich die französische und die deutsche Evakuierungsplanungen den Prozess der Entökonomisierung teilten, verliefen die Unternehmensräumungen ab September 1939 auf beiden Seiten der Grenze unterschiedlich. In der französischen *zone rouge* übernahmen die *Commissions Régulatrices de Transports d'Évacuation et de Repliement* (CORTER), die unter militärischer Leitung standen, sich aber auch aus Zivilisten rekrutierten, den Abtransport der ökonomischen Güter. Die Unternehmen wandten sich an die CORTER und trugen die Frachtkosten in der Regel selbst. In der deutschen roten Zone konkurrierten militärische Instanzen, die Rüstungskommandos, mit zivilen, den Wirtschaftsbeauftragten; darüber hinaus beteiligten sich NSDAP-Gliederungen und die betroffenen Unternehmen am Abtransport. Da die Kostenfrage noch nicht geregelt war, mussten auch die saarpfälzischen Betriebe vorläufig für die beim Transport entstandenen Summen aufkommen. Ein gemeinsames Phänomen beider Evakuierungsgebiete waren die Plünderungen durch die eigenen Truppen. Sie betrafen u.a. wirtschaftliche Güter und richteten bei zahlreichen Unternehmen erhebliche finanzielle Schäden an. Er wurde verstärkt durch die Requirierung von Produktionsmitteln auf stillgelegten Werksgeländen, zu der beide Armeen in großem Umfang schritten. Weder der französische noch der deutsche Gesetzgeber hatte präventiv Entschädigungsregelungen für Plünderungen und Requirierungen festgelegt. Das volle Ausmaß des Problems offenbarte sich erst im Laufe des Sitzkrieges und beeinflusste die finanziellen Handlungsspielräume der betroffenen Unternehmen in negativer Weise.

Im September 1939 standen die elsässischen und lothringischen Betriebe vor drei Handlungsoptionen. Entweder sie stellten ihre Fertigung dauerhaft ein, erhielten dieselbe im Evakuierungsgebiet zumindest eingeschränkt aufrecht oder verlagerten ihre Produktionsmittel ins Landesinnere. Fälle von dauerhaften Stilllegungen größerer Betriebe sind nicht überliefert, die Produktionsfortführung in der *zone rouge* stand lediglich einer begrenzten Gruppe kriegswichtiger Produzenten und Armeelieferanten offen. Die meisten Unternehmen brachten ihre Maschinen außerhalb des Gefahrenbereiches. Bei den Aushandlungen rund um diese Optionen griff der französische Staat aufgrund kriegswirtschaftlicher Erwägungen in die unternehmerischen Handlungsspielräume ein. Dies geschah etwa, indem das Landwirtschaftsministerium der Ersteiner Zuckerfabrik anordnete, die Rübenkampagne im Herbst 1939 durchzuführen oder indem Maschinen der Straßburger Straßenbahngesellschaft CTS bei Rüstungsproduzenten im Limoges zum Einsatz kamen. Jenseits dieser zielgerichteten Eingriffe agierten die Betriebe bezüglich ihrer Handlungsoptionen weitgehend autonom.

Ausgehend von betriebswirtschaftlichem Kalkül siedelten sich die geräumten französischen Unternehmen bevorzugt in Arealen nahe der roten Zone an, im nichtgeräumten Teil ihres oder im benachbarten Departement. Außerdem bildeten sie einen Cluster im politischen und ökonomischen Zentrum des Landes, Paris. Die agrarisch geprägten, wenig industrialisierten offiziellen Aufnahmegebiete im Südwesten des Landes zogen aus strukturellen Gründen fast ausschließlich Einzelhändler, Handwerker und Kleinbetriebe aus der roten Zone an. Da die III. Republik den Betrieben die Räumungskosten grundsätzlich nicht ersetzte, mussten diese die Summen, die bei Demontage, Abtransport und Wiederaufbau entstanden waren, selbst tragen. Die Entscheidung für oder gegen einen Ausweichstandort fällten die Betriebe in der Regel eigenständig. In Einzelfällen wiesen ein Ministerium oder das Militär ein Gelände zu, so geschehen beim Straßburger Hefehersteller Fala, der auf Anordnung nach Brazey-en-Plaine, südlich von Dijon, ging. Auch dieser Art des Eingriffs in unternehmerische Handlungsspielräume lagen kriegswirtschaftliche Erwägungen, etwa laufende Lieferverträge mit der Armee, zugrunde.

Elsässische und lothringische Unternehmen versuchten auf verschiedene Weise, ihre Belegschaften für ihre Zwecke zu mobilisieren und sich ihrer Arbeitskraft zu versichern. So setzte die Bergwerksgesellschaft von Petite-Rosselle mehrere Hundert Bergleute in den Notbelegschaften in der roten Zone ein. Der Erfolg ihres Zugriffs beruhte auf frühzeitiger Planung, juristischem Zwang in Gestalt der *réquisition civile* und den militarisierten Arbeitsbedingungen im Vorfeld der Maginot-Linie. Gegenüber ihrem Personal agierten die Betriebe prinzipiell eigenständig, der freie Arbeitsmarkt sowie die dezentrale Arbeitsvermittlung der III. Republik garantierten ihnen verhältnismäßig große Handlungsspielräume. Um den Personalbedarf kriegswichtiger Unternehmen zu stillen, konnten Präfekten Belegschaftsmitglieder für sie requirieren, so geschehen bei den *Houillères de Petite-Rosselle*. Nicht-kriegswichtigen Betrieben blieb dieses staatliche Steuerungsinstrument verwehrt, sie mussten eher fürchten, auf diesem Wege Personal zu verlieren. Neben den Unternehmen griff auch der französische Staat auf die Arbeitskraft Evakuierter zu; es gelang ihm, lothringische Bergleute bei Gruben im Nord/Pas-de-Calais sowie in anderen Industrierevieren unterzubringen. Der Erfolg dieses Zugriffs lag in der frühzeitigen Planung sowie darin begründet, dass die III. Republik und die aufnehmenden *compagnies* den individuellen Wunsch der lothringischen Bergleute nach Familienzusammenführung einkalkulierten.

Auf der anderen Seite der Grenze glichen die Handlungsoptionen, die sich den saarpfälzischen Unternehmen im September 1939 eröffneten, jenen ihrer lothringischen und elsässischen Pendants. Sie standen ebenfalls vor der Wahl zwischen dauerhafter Fertigungseinstellung, Produktionsfortführung oder Verlagerung der Maschinen ins Reichsinnere, wobei die letztgenannte Option die quantitativ bedeutsamste war. Anders als die III. Republik griffen staatliche Instanzen im Zuge der Aushandlungen jedoch umfangreicher auf die geräumten Produktionsmittel zu. Die Interventionen erfolgten, ebenso wie in Frankreich, aufgrund kriegswirtschaftlicher Erwägungen, so geschehen bei der Schließung der Fenner Glashütte. Für die saarpfälzische Gauleitung um Josef Bürckel kamen politische und gaupartikularistische Motive hinzu. Gerieten Unternehmen, wie die Saarbrücker Druckerei und Verlags AG, ins Schussfeld von Bürckel, Bösing & Co., verringerte dies ihre Handlungsspielräume dramatisch.

Die saarpfälzischen Unternehmen zeigten ähnliche Ansiedlungstendenzen wie die lothringischen und elsässischen. Sie bewegten sich in die Gebiete nahe der roten Zone, größere Firmen zog es in industrielle Zentren im Reichsinnern, beispielsweise das Rhein-Main-Gebiet. Die Aufnahmegebiete der Bevölkerung nahmen, ähnlich wie in Frankreich, aus strukturellen Gründen vor allem Kleinbetriebe auf. Etwa 20 % der größtenteils kleingewerblichen Pirmasenser Schuhhersteller siedelten sich im ländlichen Mainfranken an, wo ein Gutteil der Pirmasenser Bevölkerung untergekommen war. Die großen Schuhproduzenten wie Rheinberger gingen hingegen in andere, industrialisiertere Gebiete. Gemäß der Richtlinien vom April 1940 ersetzte der deutsche Staat den Unternehmen die ihnen ab September 1939 entstandenen Räumungskosten. Hier waren die saarpfälzischen Betriebe besser gestellt als die lothringischen und elsässischen, denen die III. Republik es versagte, ihre Evakuierungskosten grundsätzlich zu erstatten. Was die Wahl des Ausweichstandortes betraf, stellten Geländezuweisungen in Deutschland durch das Militär, ebenso wie in Frankreich, eher die Ausnahme dar. In ihrer großen Mehrheit entschieden saarpfälzische Unternehmen nach eigenen Maßgaben, wohin sie im Reichsinnern auswichen.

Die deutsche Belegschaftsverordnung vom April 1940 legte fest, dass das Arbeitsverhältnis zwischen evakuiertem Arbeitgeber und -nehmer lediglich ruhe und nicht gelöst sei. Damit verfügten saarpfälzische Betriebe, im Gegensatz zu elsässischen und lothringischen, über den rechtlichen Anspruch, ihre Belegschaftsmitglieder wiedereinzustellen. Einerseits vergrößerte dies die juristischen Handlungsspielräume kriegswichtiger deutscher Unternehmen. Andererseits schrieb die Verordnung die Benachteiligung nicht-kriegswichtiger Betriebe fest. Sie mussten davon ausgehen, dauerhaft Personal zu verlieren. Wegen der weitreichenden Kompetenzen der Arbeitsämter mussten die evakuierten deutschen Betriebe ohnehin stärker um ihre Belegschaften fürchten als die französischen. Vermittelte ein Arbeitsamt die in seinem Bezirk angekommenen Saarpfälzer in die dortigen Rüstungsbetriebe, konnten sich ihre früheren Arbeitgeber bis April 1940 kaum dagegen wehren. Andersherum konnten die Arbeitsämter ihre Befugnisse aber auch nutzen, um geräumte Unternehmen zu unterstützen, indem sie ihnen ihre Belegschaften sicherten. Wie gut es saarpfälzischen Betrieben gelang, ihr Personal zu mobilisieren, hing in erster Linie vom Eigensinn der Belegschaftsmitglieder ab. Gleiches mussten staatliche Instanzen bei ihrem Versuch feststellen, die Saarbergleute ins Ruhrgebiet zu bringen und dort zu beschäftigen. Dieser Zugriff scheiterte aufgrund seiner unzureichenden Planung und der Tatsache, dass er den persönlichen Interessen der Bergleute, die ohne ihre Familien ins Ruhrgebiet gehen sollten, zuwider lief. Sowohl in Deutschland als auch in Frankreich galt im Kontext der Ausnahmesituation: Wenn sich ein Arbeiter einem Mobilisierungsversuch entziehen wollte, so gelang ihm das.

Im Mai 1940 griff die Wehrmacht die westlichen Nachbarn des Deutschen Reiches an, mit dem deutschen Sieg über Frankreich im Juni 1940 endeten die Evakuierungsphasen in den Grenzgebieten. Die Moselle, der Bas-Rhin und der Haut-Rhin wurden de facto vom Deutschen Reich annektiert und die roten Zonen ab dem Sommer wiederbesiedelt. Saarpfälzische Unternehmen agierten bei ihrer Rückkehr normalerweise eigenständig, wobei es bei einigen von ihnen, wie der Saarbrücker Druckerei und Verlags AG, zu staatlichen Eingriffen kam. Wie groß die Handlungsspielräume zurückkehrender lothringischer Unternehmen waren, hing hingegen maßgeblich davon ab, ob die Zivilverwaltung sie als ‚volks- und reichsfeindliches Vermögen' beschlagnahmte. Die dann eingesetzten kommissarischen Verwalter waren oftmals saarpfälzische Industrielle, sodass sich die Saarpfalz und Lothringen wirtschaftlich wieder eng miteinander verbanden. Zu Kriegsende 1944/1945 verließen viele saarpfälzische, lothringische und elsässische Unternehmen ihre Produktionsstätten erneut, ehe in der Nachkriegszeit ein neues Kapitel in der Geschichte ökonomischer Verflechtungen in den Grenzgebieten geschrieben wurde.

Nachdem der Inhalt der bisherigen Kapitel damit rekapituliert worden ist, folgt nun eine Untersuchung sowie Einordnung der französischen sowie der deutschen Räumung auf drei Ebenen. Zuerst rücken die Unternehmen selbst in den Mittelpunkt, ehe auf die Wirtschaftsräume Saarpfalz, Lothringen und Elsass eingegangen wird. Das Fazit schließt mit Überlegungen zu den betroffenen Staaten und Kriegsgesellschaften.

Unternehmen

Die Einordnung der Evakuierungen bezüglich der Hauptakteure dieser Studie, der grenznahen Unternehmen, erfolgt anhand zweier Fragen. Erstens, verfügten deutsche oder französische Unternehmen während der Räumung über größere Handlungsspielräume? Und, zweitens, welche Bedeutung kam den Evakuierungen in den Augen grenznaher Betriebe kurz- und mittelfristig zu? Die kurzfristige Betrachtung schließt die Jahre von 1939 bis 1945 ein, die mittelfristige die 1930er bis in die 1950er Jahre, die Zwischenkriegs- bis zur Nachkriegszeit.

In Sachen Handlungsspielräume muss zuerst festgehalten werden, dass beide Komparanden innerhalb des kriegswirtschaftlichen Kontextes agierten, was mit einer besseren Ausgangslage für Rüstungsproduzenten und andere kriegswichtige Industrie einherging. Das Deutsche Reich und die III. Republik bevorteilten sie bei der Ressourcenallokation und versuchten, ihren Personalbedarf durch die Dienstverpflichtung sowie die *réquisition* zu decken. Banken waren eher bereit, ihnen Kredite zu geben als nicht-kriegswichtigen Betrieben, die in der Folgezeit mit leeren Auftragsbüchern rechnen mussten. Diese Umstände galten in beiden Staaten, sie bildeten den Rahmen, innerhalb dessen die geräumten Unternehmen sich bewegten.

Davon ausgehend zeigten die evakuierten Firmen in Deutschland und Frankreich, so sie nach eigenen Maßgaben agierten und keinerlei externe Akteure intervenierten, übereinstimmende Entscheidungsmuster. Sie alle überlegten nach betriebswirtschaftlichen Maßgaben, wo sie sich im jeweiligen Landesinnern ansiedelten und bildeten Cluster in der Nähe der roten Zonen sowie in industriellen Zentren. Unternehmerische Eigeninitiative war, damit ist die zweite Gemeinsamkeit genannt, sowohl im Deutschen Reich als auch in der III. Republik zentraler Bestandteil und Motor der wirtschaftlichen Evakuierung. Dies ging darauf zurück, dass beide Staaten die Unternehmensräumungen gegenüber dem Schutz der Zivilbevölkerung als zweitrangig eingestuft und planerische Leerstellen gelassen hatten. Die Priorisierung führte dazu, dass die Betriebe weniger anhand eines festgelegten Plans, sondern vielmehr eigeninitiativ agierten. Eine weitere Gemeinsamkeit, die an späterer Stelle wieder aufgegriffen wird, liegt in der Tatsache, dass die persönlichen Interessen der Belegschaften die unternehmerischen Handlungsspielräume klar begrenzten. Der individuelle Eigensinn war sowohl in Deutschland als auch in Frankreich im Kontext der Ausnahmesituation ein maßgeblicher Faktor, den weder die Unternehmen noch die Staaten ignorieren konnten.

Neben diesen Gemeinsamkeiten sind in der Rekapitulation der Kapitel deutliche Unterschiede zu Tage getreten. Das Deutsche Reich intervenierte bei den geräumten Unternehmen mehr und umfassender als die III. Republik. Die ausgeprägtere Bereitschaft staatlicher deutscher Instanzen, auf Produktionsmittel und Belegschaften aus der Saarpfalz zuzugreifen, ist allerdings nicht zwangsläufig mit geringeren Handlungsspielräumen der betroffenen Unternehmen gleichzusetzen. Stattdessen bewirkte sie zwei gegenläufige Tendenzen, sie lassen sich anhand der Rechtsetzung nachvollziehen. Die zahllosen deutschen Verordnungen rund um die Evakuierung zielten darauf ab, die Handlungsspielräume kriegswichtiger Betriebe zu erweitern und die nicht-kriegswichtiger zu verringern. Dahinter verbarg sich die Idee Berliner Ministerien, die Räumung als Katalysator für kriegswirtschaftliche Konzentrationsprozesse zu nutzen. Freilich kam der Gedanke erst ex post auf, was dazu führte, dass seine Umsetzung deutlich an Effektivität einbüßte. Hierin lag wiederum die Chance für evakuierte Konsumgüterproduzenten ohne kriegswichtige Fertigung: Bisweilen schufen sie vollendete Tatsachen, denen der Staat im Nachhinein nur schwerlich etwas entgegensetzen konnte. Hinzu kommt, dass manche externen Interventionen in Handlungsspielräume aus Sicht des Unternehmens durchaus willkommen waren. Als das OKH dem Saarländischen Stahlwerk Dingler, Karcher & Cie. ein Ausweichgelände in Worms zuwies, sorgte es zwar dafür, dass dieses nicht mehr autonom über seinen Standort verfügen konnte. Zugleich ermöglichte es aber eine schnelle Wiederaufnahme der Produktion, was im Sinne des Unternehmens lag, sodass es sich hierbei um einen fördernden Eingriff handelte.

Im Gegensatz dazu übte sich der französische Gesetzgeber in Zurückhaltung: Entweder fasste er die Evakuierung als Sonderfall bestehender Regelungen oder verzichtete auf eine rechtliche Klärung. Jenseits der bereits bestehenden kriegswirtschaftlichen Regelungen erweiterte er folglich weder die Handlungsspielräume der einen, noch begrenzte er die anderen. Die III. Republik wirkte sich mit ihrem Vorgehen, im Vergleich zum Deutschen Reich, nivellierend auf alle Unternehmen aus, wobei auch sie vereinzelt in fördernder Weise intervenierte und Ausweichgelände zuwies. Während der deutsche Staat auf Anreize und Zwänge mit ambivalenten Folgen für die unternehmerischen Handlungsspielräume setzte, griff der französische zwar ausnahmsweise darauf zurück, beeinflusste die Handlungsspielräume aber insgesamt in deutlich geringerem Maße. In diesen unterschiedlichen Herangehensweisen finden sich die stärker dirigistisch ausgerichtete deutsche Wirtschaftspolitik und die französische Laissez-Faire-Politik wieder. Die Gegenüberstellung bestätigt gängige Sichtweisen, die beispielsweise bei Talbot Imlay zum Ausdruck kommen. Er kontrastiert die wirtschaftliche Mobilmachung 1939/1940 in der III. Republik gemäß liberaler Prinzipien und in Großbritannien, die auf zentraler „Wirtschaftsplanung“[1] fußte.

Auf Ebene der Unternehmen bedeutet dies, dass sich die RESW grundsätzlich in einer komfortableren Position befanden als die *Houillères de Petite-Rosselle*. Zumindest gegen Ende des Sitzkrieges verfügten sie über eine größere Rechtssicherheit, sie wussten, dass das Deutsche Reich ihre Evakuierungskos-

1 „Economic planning“, *Talbot C. Imlay*, Facing the Second World War: Strategy, politics, and economics in Britain and France, 1938–1940. Oxford, New York 2003, 263.

ten übernahm und dass sie frühere Belegschaftsmitglieder zurückfordern konnten. Dadurch erweiterten sich ihre finanziellen und personellen Aktionsmöglichkeiten, letztlich der Bereich, innerhalb dessen sie autonom entschieden. Auch gegenüber nicht-kriegswichtigen, vor allem kleinen, deutschen Firmen befanden sich die RESW in einer besseren Ausgangsposition. Die räumungsbedingten Regelungen bevorteilten die Völklinger Hütte und ignorierten bzw. sanktionierten die Pirmasenser Einmannschuhbetriebe. Letztgenannte verfügten im Umkehrschluss zugleich über geringere Handlungsspielräume als nicht-kriegswichtige Unternehmen aus dem Elsass und Lothringen, die von der III. Republik nicht aktiv gefördert, aber auch nicht behindert wurden. In diesen Gegenüberstellungen zeichnen sich allerdings lediglich Tendenzen ab, sie sind nicht zu verabsolutieren. Die sekundäre Bedeutung, welche die Planungsinstanzen beider Länder der wirtschaftlichen Evakuierung zugewiesen hatten, führte dazu, dass die Unternehmen vorläufig auf eigene Faust handelten. Ihre Handlungsspielräume hingen sehr viel stärker von konkreten Gegebenheiten und Zufällen ab als von allem anderen.

Wie ordneten sich die Evakuierungen für die betroffenen Unternehmen in kurz- und mittelfristiger Perspektive ein? Welche Bedeutung kam ihnen gegenüber anderen historischen Prozessen zu? Auf die Verflechtungen, die sich räumungsbedingt zwischen Betrieben aus den Grenzgebieten und dem jeweiligen Landesinnern bildeten, wird, das sei vorangestellt, später unter der Überschrift Wirtschaftsräume eingegangen. Kurzfristig müssen die Evakuierungen auf beiden Seiten der Grenze zuvorderst im Kriegskontext betrachtet werden. Sie bildeten die Ouvertüre für das weitere Kriegsgeschehen, das in seiner Bedeutung die Räumungen überlagern sollte. Bei den saarpfälzischen Unternehmen wirkte die Evakuierung nach der Rückkehr durchaus einige Zeit nach. Sie klagten angesichts von im Reichsinnern verbliebenen Belegschaftsmitgliedern über Personalnot und über kriegsbedingte Materialengpässe beim Wiederauffüllen der Lager. Dennoch erfolgte der Wiederaufbau grundsätzlich geregelt und die Betriebe nahmen ihren Platz in der Kriegswirtschaft ein. Die Folgen der Räumung verblassten im Laufe der Zeit, wohingegen die allgemeinen Tendenzen der deutschen Wirtschaft im Zweiten Weltkrieg auch in der Saarpfalz immer deutlicher spürbar wurden: zunehmender Rückgriff auf Zwangsarbeit und Raubbau gegenüber dem eigenen Personal durch erhöhten Arbeitsdruck, längere Arbeitszeiten und stärkere Sanktionierung jener Belegschaftsmitglieder, die nicht mehr mithielten. Ab 1943 gerieten deutsche Industriezentren immer mehr ins Visier alliierter Bombenangriffe, schwere materielle Zerstörungen waren die Folge.

Während sich die Entwicklung der saarpfälzischen Unternehmen ab dem Sommer 1940 dem Reichsinnern anpasste, bedeutete die Annexion *de fait* im Elsass und Lothringen eine scharfe Zäsur. Für die Departements Moselle, Bas-

Rhin und Haut-Rhin handelte es sich um das folgenreichste Ereignis des Kriegsverlaufs, dessen massive Auswirkungen die Räumung überlagerten. Die evakuierten französischen Unternehmen standen vor der Wahl, entweder auf unbestimmte Zeit im Landesinnern zu bleiben oder zurückzukehren und sich mit den deutschen Zivilverwaltungen zu arrangieren. Angesichts dessen kam es zu einer kuriosen Wendung bzw. Neubewertung der Räumung im September 1939. Sie entpuppte sich für die Unternehmen, die sich entschieden, im Landesinnern zu verharren, im Nachhinein fast als Glück im Unglück. Dadurch, dass sie ihre Güter bereits im Herbst 1939 verlagert hatten, verfügten sie gegenüber jenen Betrieben, die ihre Arbeitsstätten innerhalb weniger Tage während des chaotischen *exode* im Mai 1940 verließen, über technisch-logistische Vorteile. Sie hatten bereits eine Ausweichunterkunft, ihre Produktionsmittel waren vor Ort und prinzipiell konnte ihre Fertigung im nunmehr besetzten oder unbesetzten Gebiet einfach weiterlaufen. Allerdings sahen sich evakuierte jüdische Firmeninhaber vor allem in der Nord-, aber auch in der Südzone, in den folgenden Jahren schweren Repressionen ausgesetzt.

Soweit zur Einordnung der Evakuierungen in das Kriegsgeschehen. Die Räumungen 1939/1940 ordneten sich für die saarpfälzischen, lothringischen und elsässischen Betriebe mittelfristig betrachtet in die bewegte Zwischen- bis zur Nachkriegszeit ein. In dem Zusammenhang ist auf die Jahre 1935, 1940, 1946 und 1955 zu verweisen. Sie markieren jeweils einen Wechsel, offiziell oder inoffiziell, in der Staatszugehörigkeit eines der beiden Grenzgebiete. Dies bedeutete für die Wirtschaftsakteure, dass sich die Zollgrenze verschob. Sie tauschten ihre alte gegen eine neue Währung ein, mussten ihr Produktsortiment teilweise umstellen und verloren schließlich gewachsene Absatzmärkte sowie Geschäftsbeziehungen. Saarpfälzische Unternehmen, vor allem die kleinen und mittelständischen, sahen die Zäsuren von 1935 und 1955 als besonders geschäftsschädigend an, elsässische und lothringische jene von 1935, 1940 und 1955. Bisweilen standen die ökonomischen Akteure auf beiden Seiten der Grenze im selben Moment vor ähnlichen Problemen, bisweilen war das Gegenteil der Fall. Die Annexion des Elsass und Lothringen führte ab dem Sommer 1940 ebendort zu Beschlagnahmungen und Ausweisungen, wohingegen der Vorgang für die saarpfälzische Wirtschaft eine Expansionsmöglichkeit darstellte. Die wechselnden staatlichen Zugehörigkeiten sind ebenso wie die Evakuierungen Teil der geteilten und getrennten, aber stets aufeinander bezogenen Unternehmenswege in den Grenzgebieten.

Wirtschaftsräume

Während der bewegten Zwischen- bis zur Nachkriegszeit prägten grenznahe Betriebe verschiedene Termini, um ihre Lage zu beschreiben. In den 1930er Jahren beklagten die elsässischen und lothringischen Unternehmen die Nachteile ihrer *position de glacis*, die saarpfälzischen ihre „Grenzlandlage“. Den Begriff „Grenzlandschicksal“ münzte ein deutscher Wirtschaftsakteur im Jahr 1940 gleichermaßen auf das Saarland und Lothringen. Sie nutzten die Termini, um, ausgehend von ihrer räumliche Position, ihre Situation zu umreißen und ihre Agenda durchzusetzen, zumeist externe Unterstützung einfordernd. Indem sie sich in der *position de glacis* oder im „Grenzland“ verorteten, wurde eine räumliche Konfiguration, die Nähe zur Staatsgrenze, zur Grundlage ihrer jeweiligen unternehmerischen Selbstkonstruktion.

Jenseits der diskursiven Ebene stellt sich die Frage nach der Bedeutung der Evakuierungen für die Wirtschaftsräume Saarpfalz, Lothringen und Elsass. Wie veränderten sie sich kurz- und mittelfristig durch die Vorgänge? Die kurzfristige Betrachtung schließt, wie gehabt, die Jahre von 1939 bis 1945 ein, die mittelfristige die 1930er bis in die 1950er Jahre, die Zwischenkriegs- bis zur Nachkriegszeit. Im Laufe des Sitzkrieges zwischen September 1939 und Juni 1940 stellte sich die Situation in den Gebieten beiderseits der Grenze ähnlich dar. Durch die jeweilige Räumung entstanden in Deutschland und Frankreich Verbindungen zwischen roter Zone und dem Landesinnern, die lediglich in eine Richtung, nämlich aus dem Grenzgebiet heraus kommend, funktionierten. Die Unternehmen transferierten Güter, Wissen und ökonomisches Potential zu ihren Ausweichstandorten, während das Wirtschaftsleben im Evakuierungsgebiet weitgehend brachlag. Was die Entwicklung der Wirtschaftsräume über den Sommer 1940 hinaus angeht, so zeichnen sich drei Optionen ab. Die Räumung konnte erstens die Gestalt eines kurzen Intermezzos annehmen, d.h. die Betriebe kehrten im Sommer 1940, sei es mit einigen Neuerungen im Gepäck, zurück, stellten aber im Prinzip den Vorkriegszustand wieder her. Zweitens konnte sie zu dauerhaften Verflechtungen zwischen roter Zone und Landesinnern führen: Die Unternehmen nahmen ihr angestammtes Werk wieder in Besitz und behielten die Ausweichunterkunft bei. Als dritte Option steht schließlich der *brain drain*, der dauerhafte Wegzug aus dem Grenzgebiet, dessen wirtschaftliches Potential auf diesem Wege gemindert wurde.

Die Evakuierung nahm für den Wirtschaftsraum Saarpfalz zwei der drei genannten Formen an. Sie entpuppte sich insofern als kurzes Intermezzo, als sich die Industriestruktur der roten Zone nach der Räumung in groben Zügen mit jener vor Kriegsbeginn deckte. Die Deckungsgleichheit ist u.a. auf das Betreiben der saarpfälzischen Gauleitung zurückzuführen, die darauf hinwirkte, dass geräumte Unternehmen an ihren alten Standort zurückkehrten. Außerdem kam es zu dauerhaften ökonomischen Verflechtungen zwischen dem Evakuierungsgebiet und verschiedenen Arealen innerhalb des Reiches. Dies betraf einerseits die Saarpfalz und das Reichsinnere, wo größere evakuierte Unternehmen ihre Ausweichwerke nach dem Sommer 1940 fortführten oder erworbene Kapitalanteile beibehielten. Manche dieser Verbindungen endeten 1945/1946, verursacht durch die Teilung Deutschlands in Besatzungszonen. So wurden die Produktionsmittel im Dingler'schen Ausweichwerk in Ilsenburg im Harz sowie in den V&B-Fabriken in Torgau und Dresden demontiert und als Reparationsleistungen in die Sowjetunion geschickt, die Fabriken wenig später in VEB umgewandelt.[2] In den westalliierten Besatzungszonen erschwerte es die 1946 eingerichtete Zollgrenze, Verbindungen zwischen dem Saarland und dem Rest aufrechtzuerhalten, was allerdings nicht unbedingt zum Abbruch führte. So bleibt festzuhalten, dass die Räumung das Grenzgebiet mit anderen Industriezentren im Landesinnern mindestens bis Kriegsende, bisweilen auch darüber hinaus, zusammenführte. Es handelte sich um breitgefächerte, räumlich disparate Verflechtungen, hatten sich die Betriebe während des Sitzkriegs doch nicht in einem fest umrissenen Areal, sondern in verschiedenen Ecken des Reiches angesiedelt.

Andererseits förderte die Räumung wirtschaftliche Verbindungen innerhalb der Saarpfalz selbst, nämlich zwischen dem geräumten und dem nichtgeräumten Teil. Zahlreiche Unternehmen, darunter kleine und mittlere, waren während des Sitzkrieges in der Nähe der roten Zone verblieben und behielten den Ausweichstandort oder die Geschäftskontakte nach ihrer Rückkehr im Sommer 1940 bei. Demzufolge verband die Evakuierung die strukturell unterschiedlichen Raumkomposita Saarland und Pfalz – sie schuf den temporären Wirtschaftsraum Saarpfalz. Es liegt eine gewisse Ironie darin, dass die Räumung, die Josef Bürckel als eine der größten Bedrohungen seines Herrschaftsbereiches ansah, die Saarpfalz auf ökonomischer Ebene mehr als alles andere zusammenwachsen ließ. Die 1946 errichtete Zollgrenze kappte den Großteil der wenige Jahre zuvor entstandenen Verflechtungen, was einmal mehr verdeutlicht, dass die Evakuierungen nicht losgelöst von anderen historischen Prozesse in den Grenzregionen betrachtet werden können.

2 Siehe *Hans Ludwig*, Die Industrialisierung Zweibrückens. „Die Dinglerwerke“: Zweibrücken (Pfalz), Bierbach (Saar), Ilsenburg (Harz) und Polysius (Sachsen-Anhalt). Ein Stück deutscher Industriegeschichte. Zweibrücken 1992, 402 sowie den historischen Abriss in der Einleitung zum Bestand 20918 Villeroy & Boch, Steingutfabrik Torgau im Staatsarchiv Leipzig.

Wendet man sich den Wirtschaftsräumen Bas-Rhin und Moselle zu, so muss vor allem die faktische Annexion durch das Deutsche Reich im Sommer 1940 einbezogen werden. Kurzfristig, mit Perspektive bis zum Kriegsende 1944/1945, stellte die Evakuierung für das Elsass und Lothringen insofern ein kleines Intermezzo dar, als die Unternehmen im Sommer 1940 mehrheitlich an ihren alten Standort zurückkehrten. Zugleich verblieben Firmeninhaber freiwillig oder erzwungenermaßen im Landesinnern. In den folgenden Monaten gingen die deutschen Zivilverwaltungen in Straßburg und Metz daran, lokale ökonomische Gegebenheiten u.a. nach bedarfsorientierten Gesichtspunkten zu beeinflussen. Infolgedessen veränderte sich die Wirtschaftsstruktur der *zone rouge* während und nach der Räumung stärker als die der deutschen roten Zone.

Hingegen konnte sich die Evakuierung französischerseits bis 1944/1945 nicht in andauernden Verflechtungen zwischen geräumten Departements und dem Landesinnern auswirken. Dies war eine Folge der Annexion und der neu errichteten Zollgrenze, wobei es Ausnahmen gab, etwa die Sesa in Sarreguemines, die ihr Zweigwerk in Saint-Dié in den Vogesen fortführte. Stattdessen sorgte die Eingliederung ins Deutsche Reich dafür, dass sich das Elsass nunmehr in einem Wirtschaftsraum mit Baden und Lothringen mit der Saarpfalz wiederfand. Es kam zu, bisweilen altbekannten, in die Reichslandphase zwischen 1871 und 1918 zurückgehenden, personellen, geschäftlichen und organisatorischen Verbindungen zwischen Altreich und annektiertem Departement. Sehr deutlich wirkte sich die Evakuierung in Verbindung mit der anschließenden Annexion im Elsass und Lothringen als *brain drain* aus. Durch das freiwillige Verbleiben im Landesinnern sowie die Ausweisungen gingen dem Grenzgebiet umfangreiche fachliche Expertise, technische Erfahrungen sowie materielle Werte verloren, was sein ökonomisches Potential erheblich minderte.

Das Ausmaß des Verlustes ist, wie die wirtschaftlichen Evakuierungsfolgen überhaupt, schwer zu bemessen, da sie kaum sauber von anderen kriegsbedingten Prozessen zu trennen sind.[3] Eine Möglichkeit, sich ihnen anzunähern, besteht darin, die annektierte Moselle zwischen 1940 und 1944/1945 in den Blick zu nehmen und den geräumten sowie den nichtgeräumten Teil miteinander zu vergleichen. Als die Deutschen Lothringen besetzten, fanden sie im Evakuierungsgebiet erstens einen geringeren Kapitalstock als im übrigen Departement vor. Der massive Abtransport von Produktionsmitteln, Witterungseinflüsse, die Nichtunterhaltung und -nutzung der Anlagen hatten die Wirtschaftskraft der

3 Zu dieser Einschätzung kommt auch Marcel Boldorf: *Marcel Boldorf*, Die Bewältigung der wirtschaftlichen Krise infolge der Evakuierung Lothringens (1939/40), in: Fabian Lemmes u. a. (Hrsg.), Evakuierungen im Europa der Weltkriege – Les évacuations civiles dans l'Europe des guerres mondiales – Civilian Evacuations in World War Europe. Berlin 2014, 221–235, 223, 234.

zone rouge auf nahezu null reduziert. Zwar verließen einige der im restlichen Lothringen ansässigen Unternehmen ihren Standort im Zuge des *exode* im Mai und Juni 1940. Zu einem derart umfassenden Kapitalabfluss wie aus dem Grenzgebiet ab September 1939 kam es, nicht zuletzt aus zeitlichen Gründen, aber nicht mehr. Zweitens fand die deutsche Zivilverwaltung im geräumten Teil Lothringens, bedingt durch die Abwesenheit der Anwohner, ein regelrechtes Vakuum vor. Im nichtgeräumten Teil gewahrte sie sowohl die Bevölkerung als auch im Kern funktionsfähige Verwaltungsstrukturen. Dies bot Josef Bürckel & Co. mehr Bewegungsfreiheit in der *zone rouge*, ein Testfeld, in dem sie ihre politischen und ökonomischen Vorstellungen rasch umsetzen konnten. Im Grenzgebiet agierte die Zivilverwaltung ungestörter und fing gewissermaßen bei null an, musste dabei allerdings von der, gegenüber dem nichtevakuierten Gebiet, deutlich geringeren Kapitalkraft ausgehen.

Damit sind Tendenzen aufgezeigt worden; eine ausführliche Untersuchung der Räumungsfolgen bleibt empirischen Studien zur Wirtschaftsgeschichte des annektierten Elsass und Lothringens zwischen 1940 und 1944/1945 vorbehalten. Als die alliierten Truppen 1944/1945 in die Departements vorrückten und die französische Souveränität wiederherstellten, bedeutete dies einen massiven Bruch. Er markiert den Übergang von der kurz- zur mittelfristigen Perspektive. Bei letzterer gestaltet es sich freilich noch schwieriger, die konkreten Auswirkungen der Evakuierung und der Annexionszeit voneinander zu trennen.

Mittelfristig kehrten die Unternehmer bzw. Unternehmen, die dem Elsass und Lothringen 1940 ferngeblieben waren, mehrheitlich an ihren Vorkriegsstandort zurück. Familie Hirschfeld ging nach dem Kriegsende zurück nach Straßburg, Wilhelm Schöttke nach Sarreguemines und Wendels nahmen die Zeche von Petite-Rosselle wieder in Besitz, ehe sie 1946 verstaatlicht wurde. Als kurzes Intermezzo kann ihre bis zu sechsjährige Abwesenheit wohl kaum noch bezeichnet werden; nichtsdestotrotz ist wichtig, dass sie dem Grenzgebiet nicht dauerhaft den Rücken kehrten. Nunmehr bildeten sich Verflechtungen zwischen Bas-Rhin sowie Moselle und dem Landesinnern. 1939 gegründete Ausweichbetriebe, beispielsweise das des elsässischen Hefeproduzenten Fala in Brazey-en-Plaine, wurden nach 1945 fortgeführt. Evakuierung und Krieg minderten außerdem das ökonomische Potential des grenznahen französischen Wirtschaftsgebietes dauerhaft. Einige Unternehmen kehrten nach 1944/1945 nicht an ihren früheren Sitz zurück; andere, wie der bedeutende Straßburger Autohersteller Mathis, mussten in den folgenden Jahren ihre Geschäftstätigkeit einstellen. Hierbei handelte es sich allerdings oftmals eher um allgemeine Kriegs- als um spezifische Evakuierungsfolgen, die in ähnlicher Form auf der anderen Seite der Grenze auftraten. Auch in der Saarpfalz bewirkten der Verlust von Menschenleben, von Arbeitskraft sowie Expertise, und materielle Zerstörungen, dass sich manche Unternehmen nach Kriegsende nicht mehr erholten.

Was lässt sich abschließend zu den Auswirkungen der Evakuierungen auf die Wirtschaftsräume Saarpfalz sowie das Elsass und Lothringen festhalten? Die Phänomene, welche die Räumungen mit sich brachten, ähnelten sich, jedoch traten sie, abhängig von den politischen Entwicklungen, zeitlich verschoben auf. Während französischerseits die Verflechtungen zwischen dem Grenzgebiet und dem Landesinnern erst nach 1944/1945 zum Tragen kamen, setzte das Kriegsende bzw. die Zollgrenze 1946 eben diesen auf deutscher Seite teilweise ein Ende. Eine Besonderheit liegt im Verlust an ökonomischem Potential, den das Elsass und Lothringen durch das freiwillige oder erzwungene Fernbleiben von Firmeninhabern im Sommer 1940 erfuhren. Mittelfristig ging dieser Effekt allerdings in die allgemeinen Kriegsfolgen wie materielle Schäden durch Bombardierungen über, sie waren in auf beiden Seiten der Grenzen gleichermaßen präsent. Über kurz oder lang hinterließen die Evakuierungen ihre Spuren in der Saarpfalz, der Moselle und dem Bas-Rhin. Sie führten zu disparaten Verflechtungen mit dem jeweiligen Landesinnern oder schufen neue regionale Wirtschaftsräume. Ihr Werden und Vergehen ist wichtiger Bestandteil der gemeinsamen und getrennten Geschichte der Grenzgebiete.

Staaten und Kriegsgesellschaften

Nachdem die Evakuierungen bezüglich der betroffenen Unternehmen und Wirtschaftsräume eingeordnet worden sind, rückt mit den Staaten und Kriegsgesellschaften die übergeordnete und letzte Ebene in den Fokus. Sie wird anhand dreier Fragen und Schwerpunkte bearbeitet. Zuerst wird vergleichend zusammengefasst, wie gut es dem Deutschen Reich und der III. Republik gelang, geräumte ökonomische Ressourcen zu mobilisieren. Dann schließen sich Überlegungen dazu an, was die Unternehmensevakuierungen über die deutsche und die französische Kriegsgesellschaft aussagen. Zu guter Letzt werden die Vorgänge in den deutsch-französischen Grenzgebieten in andere Bevölkerungs- und Industriemigrationen des Zweiten Weltkrieges eingeordnet.

Wie erfolgreich waren die beiden Staaten darin, ökonomische Ressourcen während der Räumungen zu mobilisieren? Um die erste Frage zu beantworten, gilt es, zuerst den gemeinsamen Ausgangspunkt in Deutschland und Frankreich in Erinnerung zu rufen. In beiden Ländern orientierte sich die Evakuierung im September 1939 in erster Linie am Schutz der Bevölkerung, lediglich in zweiter an der Sicherung wirtschaftlicher Güter. Keines der beiden Länder hatte den Unternehmen Ausweichgebiete oder Aufnahmebetriebe vorgeschrieben. Es gab, das betrifft Deutschland noch stärker als Frankreich, kurz gesagt, keinen Plan, was mit all den Betrieben aus der roten Zone geschehen sollte. Dieser Ausgangspunkt muss bei der Einordnung von staatlichem Erfolg oder Misserfolg stets mitbedacht werden.

Unabhängig davon stellt sich die Frage, wie der Mobilisierungserfolg überhaupt gemessen werden kann. Ein mögliches objektives Kriterium liegt im Wert der Wirtschaftsgüter, die aus dem Evakuierungsgebiet ins Landesinnere kamen, in RM oder F. Hierbei treten zwei Probleme auf. Erstens mangelt es an überzeugenden Gesamtangaben und zweitens, selbst wenn sie vorlägen, stellten sie keine sinnvollen Kennzahlen für den Mobilisierungserfolg dar. Aus der roten Zone gebracht, bedeutete nicht, dass die Maschinen an anderer Stelle zum Einsatz kamen. Manche von ihnen wurden für den Rest der Sitzkriegszeit eingelagert, schlimmstenfalls minderte sich ihr Wert durch mangelnde Wartung; von Mobilisierung kann hier keine Rede sein. Der Umfang der Produktionsfortführung, also die Anzahl an Ausweichbetrieben, stellt ein zweites objektives Kriterium dar. Doch auch hier mangelt es an Überblickszahlen; außerdem ist offen, ob jede Firmenverlagerung im Interesse der Staaten lag. Damit ist ein subjektives Kriterium, anhand dessen sich der Mobilisierungserfolg messen lässt, indirekt bereits angesprochen. Tatsächlich ist es vielversprechender, nach den konkreten Zielen zu fragen, die zentralstaatliche Instanzen, mit evakuierten Unternehmen interagierend, verfolgten. Sie definierten sich, gewissermaßen als *work in progress*, erst im Laufe der Räumungsphase.

Die Berliner Ministerien zielten darauf ab, im Zuge der Evakuierung kriegswirtschaftliche Konzentrationsprozesse zu forcieren. Deshalb wirkten sie einerseits darauf hin, kriegswichtige Ressourcen zu nutzen. Sie unterstützten die entsprechenden Unternehmen dabei, ihre Fertigung wieder aufzunehmen und griffen auf bestimmte Berufsgruppen sowie Produktionsmittel zu. Andererseits bemühten sie sich, nicht-kriegswichtige Branchen zu dezimieren, indem sie ihnen die Unterstützung versagten, sie sanktionierten und ihre Handlungsspielräume verkleinerten. Mit dieser ambivalenten Zielsetzung waren die staatlichen Akteure teilweise erfolgreich. Wenn man davon ausgeht, dass sie grundsätzlich damit gerechnet hatten, dass die Wirtschaftskraft aus der roten Zone völlig wegfiel, entpuppte sich das Ausmaß unternehmerischer Aktivität im Reichsinnern durchaus als positive Überraschung. Was nun die konkrete Steuerung zugunsten kriegswichtiger und zuungunsten anderer Unternehmen anging, so sahen sich die Berliner Ministerien mit zwei Hindernissen konfrontiert. Erstens agierten sie ex post, und zwar dann, als evakuierte Betriebe und ihr Personal bereits Fakten geschaffen hatten. Zweitens tangierten ihre Bemühungen, die pfälzische Schuhindustrie als nicht-kriegswichtigen Konsumgütersektor zu dezimieren, die Interessen der regionalen Mittelinstanz Josef Bürckel. Die saarpfälzische

Gauleitung bemühte sich aktiv, die Wirtschaftsstruktur ihres Herrschaftsbereiches zu sichern und wirkte, so sie nicht selbst bei Betrieben intervenierte, manchen Zugriffen entgegen.

Die Pariser Ministerien zielten ebenso wie die Berliner darauf ab, kriegswichtige Ressourcen aus der *zone rouge* zu nutzen. Zu diesem Zwecke halfen sie Unternehmen beim Ausweichen ins Landesinnere und griffen auf einzelne Berufsgruppen sowie Maschinen, beispielsweise durch Requirierungen, zu. Als unterstützenswert galten in der III. Republik Rüstungsproduzenten, in der Moselle und im Bas-Rhin in geringerem Maße vertreten als in der Saarpfalz, ausgewählte Konsumgüterproduzenten sowie Einzelhändler, die dazu beitrugen, die Evakuierten in den Aufnahmedepartements mit Lebensmitteln zu versorgten. Im Gegensatz zu den staatlichen deutschen Instanzen verzichteten die französischen darauf, dieses Ziel mit einem weiteren zu verknüpfen, insgesamt agierten sie damit weniger ambivalent. Ihre Bemühungen waren teilweise von Erfolg gekrönt, insbesondere gelang es ihnen deutlich besser als der deutschen Seite, die kriegswichtige Arbeitskraft der evakuierten Bergleute zu nutzen. An anderen Stellen traten hingegen Probleme zu Tage; sie lassen sich am Straßburger Hefehersteller Fala zeigen. Neben Hefe produzierte er im Auftrag der Armee Chemikalien. Obwohl die Fala im September 1939 staatlicherseits ein Ausweichgelände in Brazey-en-Plaine zugewiesen bekommen hatte, gelang es bis zum Sommer 1940 nicht, die kriegswichtige Fertigung wieder in Gang zu bekommen. Es handelt sich zwar um einen Einzelfall, zudem sind die Gründe für die Verzögerung nicht nachvollziehbar. Dennoch verdeutlicht die Fala, dass auch die französische Mobilisierungsbilanz nicht durchweg positiv, sondern gemischt erscheint.

Als sie die Ressourcen evakuierter Unternehmen zu mobilisieren suchten, bedienten sich deutsche und französische Instanzen verschiedener Mittel. Während die deutschen ein umfängliches Arsenal an Anreizen und Zwängen schufen, nutzten die französischen beides lediglich im Rahmen bereits bestehender kriegswirtschaftlicher Rahmenbedingungen. Dafür konnte sich die III. Republik in stärkerem Maße auf einen Planungsvorlauf verlassen. Bereits in den 1930er Jahren hatte sie die Evakuierung von Bergleuten vorbereitet und darauf hingewirkt, dass sich grenznahe Unternehmen Rückzugsmöglichkeiten im Landesinnern suchten. Diese Herangehensweise beruhte auf den Erfahrungen des Ersten Weltkrieges. Im Gegensatz dazu erhielten saarpfälzische Unternehmen keine staatliche Unterstützung, wenn sie präventiv Güter verlagern wollten. Bereits bestehende Infrastrukturen erleichterten es der III. Republik, ab September 1939 Wirtschaftsgüter aus dem Grenzgebiet zu nutzen.

Nachdem ausgeführt worden ist, wie erfolgreich das Deutsche Reich und die III. Republik evakuierte ökonomische Ressourcen mobilisierten, wird nun der Frage nachgegangen, was die Unternehmensräumungen über beide Gesellschaften aussagen. Sie ermöglichen es erstens, Hypothesen zu individuellen Handlungsspielräumen in einem diktatorischen und einem demokratischen Regime aufzustellen. Die Logik geht weniger dahin, dass die Akteure in einem demokratischen System prinzipiell eigenständiger entscheiden konnten als in einem diktatorischen. Das Deutsche Reich zeigte sich im Sinne einer Politisierung des Ökonomischen eher als die III. Republik bereit, in unternehmerische Entscheidungsbereiche einzugreifen. Dabei hatten seine Interventionen einen spreizenden Effekt, es erweiterte die Handlungsspielräume einer Gruppe auf Kosten der anderen.

Diese Verbindung war ein grundlegendes Charakteristikum des NS-Staats und machte den Nationalsozialismus in den Augen der deutschen Mehrheitsgesellschaft attraktiv. Das staatliche Versprechen von individuellem Wohlstand und Konsum ging stets damit einher, dass andere davon ausgeschlossen wurden. Teilhabe und Ausschuss, In- und Exklusion bedingten einander und sicherten die Loyalität derjenigen, die sich auf Seiten der ‚Volksgemeinschaft' befanden. Interessant ist das konkrete Verhältnis zwischen staatlichen Anreiz- und Zwangsmomenten während der Evakuierung. Es gestaltete sich relativ ausgewogen, die Waage senkte sich weder zugunsten der einen noch zugunsten der anderen Seite. Die Räumung des Grenzgebiets fungierte damit als Scharnier zwischen Vorkriegs- und Kriegszeit, in dessen weiterem Verlauf der deutsche Staat verstärkt Zwang gegenüber der eigenen Bevölkerung einsetzte. Die Vorsicht, die er in den ersten Kriegsmonaten gegenüber den Saarpfälzern zumindest teilweise an den Tag gelegt hatte, gehörte dann der Vergangenheit an.

Im Rahmen ihrer kriegswirtschaftlichen Regelungen intervenierte die III. Republik lediglich punktuell in die Entscheidungsbereiche elsässischer und lothringischer Betriebe. Insgesamt wirkte sich ihr Vorgehen sich, im Vergleich zum Deutschen Reich, nivellierend auf die unternehmerischen Handlungsspielräume aus. Dem sei hinzugefügt, dass der französische Staat zu Beginn des Krieges die Grundrechte seiner Bürger eingeschränkt hatte, sodass nur noch bedingt von einem rechtsstaatlichen, republikanischen System die Rede sein kann. Zwar näherten sich die französische und die deutsche Kriegsgesellschaft damit partiell einander an, dennoch zeigen die Evakuierungen ihre fundamental verschiedenen Funktionsweisen. Der Unterschied liegt nicht darin, dass die Akteure eines Regimes grundsätzlich autonomer oder weniger autonom handelten, sondern darin, wie sehr die Regime die Handlungsspielräume der einen auf Kosten anderer zu vergrößern suchten.

Die Evakuierungen ermöglichen es zweitens, Aussagen zu Machtverhältnissen in der deutschen und der französischen Gesellschaft bei Kriegsbeginn zu treffen. Hierfür wird auf das in der Einleitung thematisierte Dreiecksmodell von Michiel Baud und Willem van Schendel zurückgegriffen (siehe Abbildung 1,

S. 9). Das Dreieck setzt sich aus drei, jeweils im Wechselspiel miteinander stehenden Akteursgruppen zusammen, den zentralstaatlichen Instanzen in Berlin und Paris, der grenznahen, evakuierten Elite sowie Bevölkerung. Wie stark die Position einer dieser Akteursgruppen, mithin wie mächtig sie war, bemisst sich im Weiteren an ihrer Fähigkeit, ihre Interessen während der Evakuierung durchzusetzen und dabei gegebenenfalls auf einen anderen Mitspieler zuzugreifen.

Sowohl im Deutschen Reich als auch in der III. Republik hatte die Bevölkerung aus der roten Zone die stärkste Position im Dreieck inne. Zwar stellte bereits der Ausgangspunkt, das angeordnete Verlassen der Grenzgebiete, einen Akt hoheitlicher Gewalt und eine Zwangssituation dar, der die Bevölkerung ausgesetzt war. Im Anschluss an die Evakuierungsbefehle erwies es sich jedoch als unmöglich, die Saarpfälzer, Lothringer und Elsässer einer vollständigen externen Kontrolle und Lenkung gegen ihren Willen zu unterwerfen. Dabei spielte das Staatssystem, ob diktatorisch oder autokratisch, keine Rolle; vielmehr entpuppte sich die überragende Bedeutung des individuellen Faktors als Gesetzmäßigkeit der Ausnahmesituation. Darin lag der Schlüssel zum Erfolg; erkannten zentralstaatliche Instanzen oder regionale Eliten dies an, gelang es ihnen, auf die evakuierte Bevölkerung zuzugreifen. Indem Frankreich den Wunsch der lothringischen Bergleute, mit ihren Familien zusammenzubleiben, einkalkulierte, konnte es ihre kriegswichtige Arbeitskraft im Nord/Pas-de-Calais nutzen. Als das Deutsche Reich im Gegensatz dazu versuchte, die Saarbergleute mittels Zwang und alleine ins Ruhrgebiet zu bringen, entzogen sie sich.

Deutscherseits besetzte die grenznahe Elite die zweithöchste Machtposition im Dreieck, staatliche Zentralbehörden waren die schwächsten Akteure. Die Elite rekrutierte sich aus saarpfälzischen Unternehmern und, das ist eine Besonderheit gegenüber dem französischen Vergleichsfall, der regionalen Verwaltung, nämlich der NSDAP-Gauleitung bzw. dem Reichskommissariat um Josef Bürckel. Zwar hatte Bürckel als Reichskommissar eine zentralstaatliche Position inne, dennoch agierte er während der Evakuierung zuvorderst als regionaler Elitenvertreter. Um seinen Einflussbereich zu verteidigen, bemühte er sich entweder, Berliner Zugriffe auf die geräumte Wirtschaft zu verhindern oder ließ sich darin einbinden und lenkte sie auf diese Weise. Zahlreiche in Berlin konzipierte Steuerungsmechanismen, wie das Genehmigungsverfahren für geräumte Betriebe, die im Landesinnern wiedereröffneten, liefen über das Reichskommissariat. Der Reichskommissar machte sich sein zentralstaatliches Amt für die Wahrung regionaler Interessen zu Nutze. In Bürckels Doppelfunktion aus zentraler und regionaler, aus staatlicher und Parteifunktion, lag, im Anschluss an die neuere Polykratiedebatte, ein mobilisierendes Moment.[4] Dadurch verfügten Vertreter der grenznahen Elite über eine größere Lobbygruppe in Berlin. So förderte der von Unternehmerkreisen aus der roten Zone formulierte Wunsch nach Rechtssicherheit die Rechtsetzung rund um die wirtschaftliche Evakuierung, die allerdings zugleich als staatliches Zugriffsinstrument fungierte. In den Verhandlungen mit Berlin konnte die grenznahe Elite außerdem auf die kriegswichtige Bedeutung der geräumten Industrie verweisen, was ihre Position stärkte. Schließlich ermöglichte ihr die unzureichende Berliner Planung, die Leerstelle in Sachen Unternehmensräumungen zu nutzen, eigenständig zu agieren und dem Staat zuvorzukommen.

An dritter Stelle befanden sich im Deutschen Reich zentralstaatliche Behörden, vor allem die Berliner Ministerien. Während der Evakuierung verfügten sie im Vergleich zur grenznahen Elite und Bevölkerung über den geringsten Einfluss. Sie waren erstens unzureichend auf die Evakuierung vorbereitet. Als in den ersten Räumungswochen in verschiedensten Teilen des Reiches Fakten geschaffen wurden, konnten sie das Geschehen lediglich aus der Hauptstadt beobachten. Der zweite Grund, nämlich das Handeln des saarpfälzischen Reichskommissars als grenznahe Elite, ist bereits zur Sprache gekommen. Von Michael Ruck stammt der Hinweis, dass regionale Akteure wie Bürckel in grundsätzlichen Verwaltungsfragen gegenüber den Berliner Zentralbehörden regelmäßig den Kürzeren zogen.[5] Als Beispiel führt er an, dass es Bürckel bis zu seinem Tod im Jahr 1944 nicht gelang, seine Herrschaftsbereiche Saarland, Pfalz und Lothringen in einer Verwaltungseinheit zusammenzuführen. So korrekt diese Einschätzung für den administrativen Bereich ist, so anders lagen die Dinge angesichts der Evakuierung. Hier agierte die saarpfälzische Regionalinstanz deutlich schneller als Berlin, sie war näher dran am Geschehen und vermochte ihre Ziele in größerem Umfang durchzusetzen als die Zentralbehörden.

Anders als im Deutschen Reich befanden sich französischerseits zentralstaatliche Instanzen an zweiter Position, die grenznahe Elite musste sich mit dem dritten Platz und dem geringsten Einfluss begnügen. Die zentralstaatlichen Behörden setzten sich aus den Pariser Ministerien sowie den Präfekturen, der elsässischen und der lothringischen, zusammen. Die Präfekturen handelten als Gesandte von Paris; trotz ihrer regionalen Verankerung in Straßburg und Metz

4 *Sven Reichardt/Wolfgang Seibel*, Radikalität und Stabilität: Herrschen und Verwalten im Nationalsozialismus, in: Sven Reichardt/Wolfgang Seibel (Hrsg.), Der prekäre Staat. Herrschen und Verwalten im Nationalsozialismus. Frankfurt am Main 2011, 7–27, 9.

5 *Michael Ruck*, Partikularismus und Mobilisierung – traditionelle und totalitäre Regionalgewalten im Herrschaftsgefüge des NS-Regimes, in: Sven Reichardt/Wolfgang Seibel (Hrsg.), Der prekäre Staat. Herrschen und Verwalten im Nationalsozialismus. Frankfurt am Main 2011, 75–120, 90f.

erfüllten sie vor allem eine administrative Funktion. Zwar setzten sie sich für ihre Departements ein, jedoch verteidigten sie die Interessen des Elsass und Lothringens in Paris nicht annähernd so vehement wie Bürckel dies für die Saarpfalz in Berlin tat. In der Selbstzuordnung der Präfekturen als zentralstaatliche Akteure spiegelt sich der französische Zentralismus ebenso wider wie in der Existenz verschiedener Pariser Behörden wie des *Service central des réfugiés* und der *Services d'Alsace et de Lorraine*. Sie waren, da bisweilen deutlich vor 1939 aus der Taufe gehoben, eingespielt, fungierten in verschiedenen Angelegenheiten als Ansprechpartner für die Evakuierten und entfalteten insgesamt eine rege Tätigkeit. Die starke Stellung zentralstaatlicher Instanzen in der III. Republik begründete sich darüber hinaus in ihrem längeren Planungsvorlauf bei der Räumung sowie darin, dass sie Individualinteressen der evakuierten Elsässer und Lothringer berücksichtigten.

Im Verhältnis zur Bevölkerung aus der roten Zone und dem Zentralstaat befand sich die regionale Elite, die Unternehmer aus der Moselle und dem Bas-Rhin, in der schwächsten Position. Ihre Lobbygruppe in Paris war recht klein, gerierten sich die Präfekturen doch in erster Linie als zentralstaatliche Instanzen. Zwar befanden sich in den Reihen der geräumten Betriebe einige mit kriegswichtiger Produktion, es waren jedoch deutlich weniger als auf der deutschen Seite. Die überragende Bedeutung der Industrie aus der *zone rouge* für die *Défense Nationale* entfiel also als Verhandlungsargument gegenüber den Ministerien. Folglich ist die mangelnde Rechtsetzung rund um die Evakuierung auch als Ausdruck der schwachen Position regionaler Elitenvertreter zu sehen. Bis zum Ende des Sitzkrieges harrte die Frage, wer für die Frachtkosten aufzukommen habe, einer Klärung, weshalb die räumenden Unternehmen selbst zahlten. Das Problem war aus Pariser Sicht schlicht nicht dringlich genug und blieb deshalb ungeklärt. Andersherum war die Gründung einer Interessenvertretung evakuierter Unternehmer wie des *Groupement des Industriels et Commerçants Alsaciens Repliés* (GICAR) ein Versuch, dieser Position der Schwäche zu entkommen. Ein explizites Ziel des GICAR bestand darin, die geräumte elsässische Industrie und ihre Forderungen gegenüber politischen Entscheidungsträgern zu vertreten.

Die Evakuierungen haben einerseits einen gemeinsamen Wesenszug der deutschen und französischen Gesellschaft bei Kriegsbeginn aufgedeckt. In beiden Ländern kam dem individuellen Faktor, der Bevölkerung aus der roten Zone, die überragende Bedeutung im Machtgefüge der Ausnahmesituation zu. Andererseits offenbaren sich in der Konstellation zwischen regionaler Elite und Zentralstaat Differenzen, war erstgenannter Akteur im Deutschen Reich dominant, so war es in der III. Republik der zweitgenannte.

Die Evakuierungen führen drittens vor Augen, dass Zwangsmobilität von Zivilisten und Unternehmen eine der frühesten europäischen Erfahrungen des Zweiten Weltkrieges war. Noch ehe die Wehrmacht die polnische Armee besiegte, hatten die Thüringer und Hessen den Krieg durch die Ankunft saarpfälzischer Evakuierter erfahren. Lange bevor die französischen Soldaten an der Maginot-Linie kämpften, hatten Elsässer und Lothringer den Krieg gewissermaßen in den Südwesten des Landes gebracht. Dies leitet über zum letzten Schwerpunkt, nämlich der Frage, wie sich die Vorgänge in den Grenzgebieten in die Bevölkerungs- und Industriebewegungen des Zweiten Weltkriegs einordneten.

Die Evakuierungen der Saarpfalz, Lothringens und des Elsass waren nicht die einzigen Bevölkerungsmigrationen der ersten Kriegstage und -wochen. Während Bewohner und Unternehmen die deutsch-französischen Grenzgebiete verließen, widerfuhr einzelnen Bevölkerungsgruppen in urbanen Zentren westeuropäischer Länder ein ähnliches Schicksal. Hunderttausende Kinder wurden mit ihren Müttern aus London und Paris evakuiert. Verschiedene europäische Länder ergriffen parallel die gleiche Maßnahme, wenn auch in unterschiedlicher Ausführung. Wie kam es dazu, dass die Evakuierungen von Zivilisten derart in der Luft lagen? Um diese Frage zu beantworten, müssen die Vorgänge im Kontext des Ersten Weltkriegs, der Zwischenkriegszeit und des Zweiten Weltkriegs betrachtet werden. Zwischen 1914 und 1918 war es zu umfangreichen Bevölkerungsmigrationen gekommen, einerseits Fluchtbewegungen angesichts herannahender feindlicher Truppen, andererseits regional begrenzte Evakuierungsmaßnahmen. Sie setzten sich in der frühen Zwischenkriegszeit fort, es traten Ausweisungen fremder Staatsbürger hinzu. So nahm die Weimarer Republik weit über 100 000 Deutsche auf, die Frankreich aus dem Elsass und aus Lothringen ausgewiesen hatte. Gerade am Ende der 1910er- und Anfang der 1920er Jahre war Kontinentaleuropa in vielerlei Hinsicht in Bewegung.

Die deutsche und französische Räumungsplanung der Zwischenkriegszeit ging, ob direkt oder indirekt, auf den Ersten Weltkrieg zurück, dennoch handelte es sich um eine qualitative und quantitative Weiterentwicklung. Sie visierte die präventive Leerung ganzer Landstriche an und beruhte darauf, dass die Staaten hunderttausende eigene Staatsbürger zu räumlicher Mobilität mit festgesetztem Ziel zwangen. Doch die Räumungsvorbereitung gestaltete sich nicht nur als Prozess von oben, in dem die Staaten ihren Anspruch zum Ausdruck brachten, über ihre Staatsbürger zu verfügen und sie räumlich zu lenken. Sie war zugleich ein Prozess von unten, wurde sie doch maßgeblich von den Fluchtbewegungen aus den Grenzgebieten im Zuge der Sudetenkrise im September 1938 beeinflusst. Diesem Eigensinn der Bevölkerung galt es gemäß den Planungsinstanzen entweder zuvorzukommen oder ihn zumindest zu kanalisieren. Die Verschränkung der Prozesse von oben und unten gaben den Evakuierungen im September 1939 die Form, die sie letztlich annehmen sollten.

Die Räumungen der ersten Kriegstage waren dergestalt Ausdruck des totalen Krieges, als die Staaten mit ihren Zivilisten gleich einer Verschiebemasse disponierten. Damit einhergehend bewirkten sie eine Auflösung der Dichotomie zwischen Front und Heimat im Krieg. Zwar unterschieden sich die Erfahrungen, die ein Soldat im Kampfgeschehen und eine evakuierte Saarbrücker Familie in Thüringen machte, ganz erheblich. Dennoch brachten die Saarbrücker den Krieg und seine Auswirkungen in andere Teile des Reiches. Migration machte, neben der Einberufung der Wehrpflichtigen und der Rationierung von Konsumgütern, den Krieg im Landesinnern zuerst spürbar. Im weiteren Verlauf sollte der Zweite Weltkrieg die Verbindungen zwischen Subjekt und Raum in nie gekannter Weise auflösen. Es war dies, wie eben dargelegt, eine Fortsetzung und Weiterentwicklung des Ersten Weltkrieges. Dabei markierten die Evakuierungen 1939/1940 eine Zwischenetappe, ehe der Prozess in den letzten Kriegsmonaten und in den unmittelbaren Nachkriegsjahren kulminierte. Dann befanden sich, ob freiwillig oder erzwungenermaßen, über 14 Millionen Menschen, vor allem in Mittel- und Mittelosteuropa, in Bewegung.

Die Evakuierungen 1939/1940 hatten gezeigt, dass es möglich war, ökonomische Ressourcen trotz und während der Bevölkerungsbewegungen zu nutzen. Hier tat sich eine Verbindung zu einer Frage auf, die auf deutscher Seite im Kriegsverlauf immer dringlicher wurde: Wie konnten Wirtschaftsgüter angesichts von Frontnähe oder Bombardierungen, kurzum im totalen Krieg, mobilisiert und geschützt werden? Denn der totale Krieg beinhaltete nicht nur, dass alle zivilen, darunter ökonomische, Ressourcen, im Dienst des Krieges zu stehen hatten, sondern eben auch, dass all diese Ressourcen, etwa durch Luftangriffe, bedroht waren. Die Verlagerung von Menschen und Maschinen entwickelte sich zu einer wichtigen Antwort auf die Frage, mithin zu einer Reaktion auf die Bedrohungen des totalen Krieges. Industrieverlagerungen tangierten, auch dies liegt in der Logik des des totalen Krieges, die Interessen verschiedenster gesellschaftlicher Akteure. Es handelte sich um die Unternehmen, welche die Produktion aufrechterhalten und Gewinn generieren wollten, das Personal, das seinen Lebensmittelpunkt mit dem Betrieb verlegen sollte und schließlich den Staat, der für die Fortführung des Krieges der industriellen Fertigung bedurfte.

Die Evakuierung saarpfälzischer Unternehmen zwischen September 1939 und Juni 1940 wurde zum Präzedenzfall für den weiteren Kriegsverlauf. Zwischen ihm und späteren Industriemigrationen taten sich drei Traditionslinien auf. Das anlässlich der Räumung der roten Zone gesetzte Recht bildete erstens den juristischen Rahmen für weitere Unternehmensverlegungen. Dass der deutsche Staat den Unternehmen ihre Evakuierungskosten ersetzte, war im Zuge der Räumung 1939/1940 festgelegt worden, ebenso hatten die Erfahrungen aus der roten Zone Eingang in das Kriegsschädenrecht gefunden. An zweiter Stelle ist auf unternehmerische Eigeninitiative als Kontinuante des Verlagerns zu verweisen. Die saarpfälzischen Firmeninhaber agierten bei Kriegsbeginn auf eigene Faust und forderten auf diese Weise den deutschen Staat zum Handeln auf. Später verlagerten Unternehmen reichsweit Produktionsmittel, um den Bomben zu entgehen und um, soweit möglich, auf Staatskosten ihre Fertigungsflächen zu vergrößern, sprich betriebswirtschaftliche Vorteile zu nutzen. Drittens standen die ersten Betriebsräumungen 1939/1940 und die der folgenden Kriegsjahre in personeller Kontinuität. Viele der grenznahen Unternehmen evakuierten ihre Güter nicht nur bei Kriegsbeginn, sondern gegen Kriegsende erneut und griffen dabei auf die fünf Jahre zuvor gemachten Erfahrungen zurück. Außerdem teilten saarpfälzische Unternehmer ihre Verlagerungsexpertise mit anderen Akteuren, darunter politischen Entscheidungsträgern. Im Juni 1943 sandte Hermann Röchling zwei Briefe an den Rüstungsminister Albert Speer. Im ersten schilderte Röchling seine Erfahrungen bei der Evakuierung der Völklinger Hütte fast vier Jahre zuvor, im zweiten unterbreitete er seine Vorschläge zur Räumung des Ruhrgebiets.[6] Bei anstehenden Verlagerungsplanungen konnte Speer, die zentrale staatliche Instanz der deutschen Rüstungswirtschaft, auf Erfahrungswerte aus der Saarpfalz von Kriegsbeginn zurückgreifen.

Es bleibt zukünftigen Studien vorbehalten, die Verbindungen zwischen der Evakuierung bei Kriegsbeginn und spätere Betriebsverlagerungen im Deutschen Reich en détail nachzuvollziehen. Die vorliegende Dissertation hat einerseits anhand der Räumung von Unternehmen die deutsche sowie die französische Kriegsgesellschaft und Wirtschaft analysiert und konturiert. Andererseits hat sie die Evakuierungen in den deutsch-französischen Grenzgebieten als Ausgangspunkt einer Geschichte der Industriemigrationen des Zweiten Weltkriegs etabliert – einer Geschichte, die es noch zu schreiben gilt.

6 AN BB/36/98, Briefe von Hermann Röchling an den Reichsminister Albert Speer, 16.6.1943 und 17.6.1943. Die Antwort Speers liegt nicht vor.

8 Quellen- und Literaturverzeichnis

8.1 Quellen

Bei den unveröffentlichten Quellen, Drucksachen und Periodika werden zuerst die französischen Archivalien sowie Dokumente aufgeführt und anschließend die deutschen.

8.1.1 Unveröffentlichte Quellen

Archives d'ArcelorMittal Florange
142/168
177/29

Archives de la Banque de France Paris
1060200001/547
1060200001/550

Archives de la ville de Strasbourg Strasbourg (AVS)
1 W 426
1 W 596
1 W 2435
1 W 2441
1 W 2443

Archives départementales de la Moselle Metz (ADM)
CAIT 103 HBL 40
5 R 592
5 R 579
26 Z 4
468 W 1
468 W 16
468 W 36
469 W 191

Archives départementales du Bas-Rhin Strasbourg (ADBR)
BAD 1195/1
98 AL 273
98 AL 276
98 AL 280
98 AL 283
98 AL 284

https://doi.org/10.1515/9783110591897-009

98 AL 290
683 D 1470

Archives départementales du Haut-Rhin Colmar (ADHR)
AL/200263
AL/200387
391 W 3

Archives départementales du Pas-de-Calais Arras (ADPdC)
1 Z 699

Archives municipales de Sarreguemines (AMS)
Bestand Faïencerie, Assemblées Générales
Bestand Faïencerie, Séances du Conseil d'Administration
Bestand Sesa, Assemblées Générales
Bestand Sesa, Berichte u.a. 1944
Bestand Sesa, Berichte und Ausweisungen 1944
Bestand Sesa, Berichte 1936–1942
Bestand Sesa, Geschäftsbericht über das Geschäftsjahr 1941
Bestand Sesa, Korrespondenz Rüstungskommando
3 H 39
3 H 41
3 H 53

Archives Nationales Paris (AN)
BB/36/98
BB/36/106
BB/36/147
F/37/40
F/37/41
190 AQ 16
190 AQ 46
190 AQ 47
190 AQ 52
307 AP 119
19880165/95-97
19880165/107-109

Centre des Archives du monde du travail Roubaix (CAMT)
1994 056 0032
1994 056 0562

Centre des Archives économiques et financières Savigny-le-Temple (CAEF)
B-0061354/1
B-0061355/1

Centre historique minier Lewarde (CHML)
L 1421

Etablissement de Communication et de Production Audiovisuelle de la Défense Ivry-sur-Seine
Journal de guerre, 29.11.1939

Service Historique de la Défense Vincennes (SHD)
2 N 196
2 N 197
2 N 198
2 N 200

Bundesarchiv Berlin (BArch Berlin)
NS 6-452
R 2-16375
R 2-16383
R 2-16374
R 2-16378
R 2-16385
R 2-16386
R 2-17874
R 2-29979
R 2-29980
R 2-29984
R 2-29985
R 11-73
R 2301-6492
R 3101-32213
R 3101-32215
R 3101-32216
R 4601-1961

Bundesarchiv-Militärarchiv Freiburg (BA-MA)
N 5/10
RW 19-1768
RW 19-2412
RW 19-2413
RW 19-2414
RW 19-2416
RW 20-5/4
RW 20-12/1
RW 21-22/1
RW 21-22/2
RW 21-54/1
RW 21-54/2

Generallandesarchiv Karlsruhe (GLA Karlsruhe)
465 c, Nr. 16275
465 d, Nr. 1206

Hauptstaatsarchiv Dresden (HSA Dresden)
13131, Nr. 431

Hauptstaatsarchiv Hannover (HSA Hannover)
Hann. 275, Nr. 426

Hessisches Hauptstaatsarchiv Wiesbaden (HHStAW)
Abt. 474/4, Nr. 410
Abt. Z 460, WiK FFM, Nr. 998

Hessisches Staatsarchiv Darmstadt (HStAD)
N 1, Nr. 447
R 1 B, Nr. 21571

Hessisches Wirtschaftsarchiv Darmstadt
Abt. 10, Nr. 1022

Historisches Archiv der Commerzbank Frankfurt am Main (HAC)
500/22094-2001
500/22447-2001
500/30943-2001
500/49971-2001

Institut für Stadtgeschichte Frankfurt am Main (IfS Frankfurt am Main)
Gutachterausschuss für Grundstücksbewertung 1.097
Magistratsakten 3.805

Landesarchiv Saarbrücken (LArch SB)
KSB 240
SDV AG 9
SDV AG 17
SDV AG 210
StKpolS Nr. 368

Landesarchiv NRW Abteilung Westfalen Staatsarchiv Münster (StA Münster)
OP 5175
OP 5199
OP 5273

Landesarchiv Speyer (LArch Speyer)
T 65, Z 3244
T 88, Nr. 26010
T 88, Nr. 34162

Niedersächsisches Wirtschaftsarchiv Braunschweig (NWA)
2 Nr. 1498
2 Nr. 1500
2 Nr. 3182

Saarstahl-Archiv Völklingen
A-K009, Nr. 115
B-K007, Nr. 42
F-K011, Nr. 2130
F-K011, Nr. 2132

Sächsisches Staatsarchiv Leipzig (StA Leipzig)
20918, Nr. 051
20918, Nr. 059
20918, Nr. 066

Stadtarchiv Haldensleben (StA Haldensleben)
K 12
Rep VI 667c

Stadtarchiv Neunkirchen (StA NK)
Bestand Depositum Saarstahl AG Altakten 226-9-7-39-44
Bestand Depositum Saarstahl AG Altakten 752-9-7-39-61
Lageberichte des Neunkircher Bürgermeisters an den Landrat von Ottweiler

Stadtarchiv Pirmasens (StA Pirmasens)
A5
Rheinberger-Kiste 1

Stadtarchiv Völklingen (StA Völklingen)
A 587
A 644
A 2686

Thüringisches Hauptstaatsarchiv Weimar (ThHStA)
ThlMin W 13
ThlMin W 14

Unternehmensarchiv der Röchling-Gruppe Mannheim
Hermann Röchling: Die Hütte während des Krieges 1939/40, September 1941

Unternehmensarchiv Villeroy & Boch Merzig (UVBM)
312.7.2
312.7.4
312.7.5
312.7.6
353

Wirtschaftsarchiv Baden-Württemberg Hohenheim (WABW)
144, Nr. 560

8.1.2 Gedruckte Quellen

Jules Annéser, Vautours sur la Lorraine, Metz, 1948.
Bezirksgruppe Saarpfalz der Fachgruppe Schuhindustrie, Anschriften-Liste der saarpfälzischen Schuh- und Hilfsindustrie aus dem Freimachungsgebiet, Stand nach dem 15. Juni 1940, Neustadt an der Weinstraße, Pirmasens, 1940.
Gustav Bulla (Hrsg.), Die arbeitsrechtliche Stellung des rückgeführten Gefolgschaftsmitgliedes (nach dem Stande vom 1.8.1940), Berlin, Leipzig, Wien, 1940.
Chambre de Commerce de Strasbourg, Liste des nouvelles adresses de commerçants et industriels du Bas-Rhin repliés et des nouveaux sièges des administrations, Schirmeck, April 1940.
Fritz Ernst, Lothringen: Aus der Geschichte eines Grenzlandes, Leipzig, 1941.
Carl Lüer, Der neue Westen und die Kriegsaufgaben der Hessischen Wirtschaft, Frankfurt am Main, 1941.
Jean-Paul Sartre, Carnet de la drôle de guerre: Novembre 1939 – mars 1940, Paris, 1983.

8.1.3 Amtliche Verlautbarungen, Periodika

Annales des Mines
Journal Officiel
L'Illustration
Le Populaire
Match
Notre beau métier
Amtsblatt des Reichskommissars für das Saarland
Der Deutsche Volkswirt
Der Schönhof
Frankfurter Zeitung
Keramos
Offenbacher Monatsrundschau
Reichsgesetzblatt
Rheinberger-Rundschau
Saarpfälzische Wirtschaftszeitung, ab August 1941 Westmark-Wirtschaft
Verordnungsblätter der Chefs der Zivilverwaltungen im Elsass und in Lothringen

8.2 Literatur

Mark Adamo/Harald Degner/Stefanie Werner, Hitlers gläserne Arbeitskräfte: Das Arbeitsbuch als Quelle von Mikrodaten für die historische Arbeitsmarktforschung, in: Jahrbuch für Wirtschaftsgeschichte 52, 2011, 175–191.

Beatrix Adler, Wallerfanger Steingut: Geschichte und Erzeugnisse der Manufaktur Villeroy Vaudrevange (1791–1836) bzw. der Steingutfabrik Villeroy & Boch Wallerfangen (1836–1931). Saarbrücken 1995.

Hans Adt, Aus meinem Leben und aus der Geschichte der Firma Gebrüder Adt: Autobiografische Aufzeichnungen. Bad Orb 1978.

AG der Dillinger Hüttenwerke (Hrsg.), 1685–1985: 300 Jahre Aktiengesellschaft der Dillinger Hüttenwerke. Ein Rückblick. Dillingen 1985.

AG der Dillinger Hüttenwerke (Hrsg.), 325 Jahre Dillinger Hütte, 1685–2010: Band Menschen. Dillingen 2010.

Ralf Ahrens, Die Dresdner Bank 1945–1957: Konsequenzen und Kontinuitäten nach dem Ende des NS-Regimes. München 2007.

Birgit Arnold, Die Freimachung und Räumung der Grenzgebiete in Baden 1939/40: zugl. Diss. Universität Heidelberg, 1993. Heidelberg 1995.

Jean-Pierre Azéma, De Munich à la libération: 1938–1944. 2. Aufl. Paris 2002.

Johannes Bähr/Ralf Banken, Wirtschaftssteuerung durch Recht im „Dritten Reich": Einleitung und Forschungsstand, in: Johannes Bähr/Ralf Banken (Hrsg.), Wirtschaftssteuerung durch Recht im Nationalsozialismus. Frankfurt am Main 2006, 3–32.

Béatrice Balland, Un exil intérieur: L'évacuation des Mosellans de septembre 1939 à octobre 1940. Lyon 2009.

Ralf Banken, Edelmetallmangel und Großraubwirtschaft: Die Entwicklung des deutschen Edelmetallsektors im „Dritten Reich". Berlin 2009.

Patrice Baubeau/Arnaud Lavit d'Hautefort/Michel Lescure, Histoire publique d'une société privée: Le Crédit National, 1919–1994. Paris 1994.

Michiel Baud/Willem van Schendel, Towards a Comparative History of Borderlands, in: Journal of World History 8, 1997, 211–242.

Marcel Beaumont, L'industrie dans la région de Saint-Dié, in: Annales de Géographie 46, 1937, 247–259.

Nicolas Beaupré, Das Trauma des großen Krieges 1918–1932/33. Darmstadt 2009.

Joachim Becker, Hindernislauf: Politischer Einfluss auf den Markt und Strukturwandel. Geschichte eines mittelständischen saarländischen Unternehmens. Saarbrücken 2000.

Martin Becker, Die Betriebs- und Volksgemeinschaft als Grundlage des „neuen" NS-Arbeitsrechts: Arbeitsrechtsideologie im NS-Rechtssystem, in: Marc Buggeln/Michael Wildt (Hrsg.), Arbeit im Nationalsozialismus. München 2014, 107–122.

Wolfgang Benz/Hermann Graml/Hermann Weiss (Hrsg.), Enzyklopädie des Nationalsozialismus. Stuttgart 1997.

Françoise Berger, Die Beziehungen zwischen der französischen und der deutschen Eisen- und Stahlindustrie während des Krieges, in: Zeitschrift für Unternehmensgeschichte 50, 2005, 159–180.

Dieter Bettinger, Die Kriegs- und Soldatenchronik der Stadt Ottweiler. Ottweiler 2005.

Luitwin Bies/Günter Isberner/Roland Isberner/Horst Kunkel/Alois Reichert (Hrsg.), Völklingen im 2. Weltkrieg. Völklingen 1995.

Albert Bleicher, Elsaß und Lothringen wirtschaftlich gesehen. Potsdam and Berlin 1942.

Marcel Boldorf, Die Bewältigung der wirtschaftlichen Krise infolge der Evakuierung Lothringens (1939/40), in: Fabian Lemmes u.a. (Hrsg.), Evakuierungen im Europa der Weltkriege – Les évacuations civiles dans l'Europe des guerres mondiales – Civilian Evacuations in World War Europe. Berlin 2014, 221–235.

Charles J. Bolender, La faïencerie de Sarreguemines dans la tourmente: 1935–1945. Sarreguemines 2010.

Dominique Borne/Henri Dubief, La crise des années 30: 1929–1938. 2. Aufl. Paris 1989.

Laird Boswell, Fissures dans la nation française: Les réfugiés Alsaciens et Lorrains en 1939–1940, in: Max Lagarrigue (Hrsg.), 1940, la France du repli. L'Europe de la défaite. Toulouse 2001, 197–208.

Fernand Braudel, La Méditerranée et le monde méditerranéen à l'époque de Philippe II. Paris 1949.

Jean Braun, Histoire des routes en Alsace (des origines à nos jours). 2. Aufl. Strasbourg 1988.

Christoph Buchheim, Unternehmen in Deutschland und das NS-Regime 1933–1945: Versuch einer Synthese, in: Historische Zeitschrift 282, 2006, 351–390.

Christoph Buchheim/Jonas Scherner, Corporate Freedom of Action in Nazi Germany: A Response to Peter Hayes, in: Bulletin of the German Historical Institute 45, 2009, 43–50.

Christoph Buchheim/Jonas Scherner, Role of Private Property in the Nazi Economy: The Case of Industry, in: Journal of Economic History 66, 2006, 390–416.

Carl Büch, Die Fenner Glashütte 1812–1939, in: Die Schule. Zeitschrift für Erziehung, Unterricht und Heimatkunde 5, 1957, 94–106.

Marc Buggeln/Michael Wildt (Hrsg.), Arbeit im Nationalsozialismus. München 2014.

Bundesminister für Vertriebene und Flüchtlinge und Kriegsgeschädigte (Hrsg.), Dokumente deutscher Kriegsschäden Band 4. Helgoland, westliche Grenzprobleme, Kehl. Bonn 1971.

Siegfried C. Cassier, Unternehmerbank zwischen Staat und Markt 1924 – 1995: Der Weg der IKB Deutsche Industriebank AG. 3., überarbeitete und aktualisierte Aufl. Frankfurt am Main 1996.

Emmanuel Chadeau, De Blériot à Dassault: Histoire de l'industrie aéronautique en France: 1900–1950. Paris 1987.

Christian Chevandier/Jean-Claude Daumas (Hrsg.), Travailler dans les entreprises sous l'Occupation. Besançon 2007.

Georges-Raymond Clément, Avec l'Alsace en guerre, 1940–1944. Paris and Strasbourg 1945.

Michel Cointepas, La mise en œuvre de la Charte du travail pas les inspecteurs du travail, in: Denis Peschanski/Jean-Louis Robert (Hrsg.), Les Ouvriers en France pendant la Seconde Guerre mondiale. Paris 1992, 181–191.

Colonel Rémy, Le 10 mai 1940: Chronique d'une guerre perdue. Paris 1979.

Comité français pour Yad Vashem, Dossier 9126: Dousselin Paul, Dousselin Jean-Michel. 2016. URL: http://www.yadvashem-france.org/les-justes-parmi-les-nations/les-justes-de-france/dossier-9126/.

Hans Corsten, Produktionsfaktoren, in: Artur Woll (Hrsg.), Wirtschaftslexikon. München 2008, 625–626.

Jean-Louis Crémieux-Brilhac, Les Français de l'an 40: La guerre oui ou non?. Saint-Amand 1990.

Jean-Louis Crémieux-Brilhac, Les Français de l'an 40: Ouvriers et soldats. Paris 1991.

Shao Dan, Borders and borderlands, in: Akira Iriye/Pierre-Yves Saunier (Hrsg.), The Palgrave Dictionary of Transnational History. Basingstoke 2009, 99–102.

Olivier Dard, Les années 30: Le choix impossible. Paris 1999.

Alain David/Pierre Pageot, Aperçu sur l'histoire du développement urbain en Dordogne, in: Mémoire de la Dordogne 10, 1997, 45–47.

Daniel Deutsch, Destins lorrains: Scènes de la vie rosselloise. Sarreguemines 1992.

Hanna Diamond, Fleeing Hitler: France 1940. Oxford and New York 2007.

Serge Dormard, L'économie du Nord-Pas-de-Calais: Histoire et bilan d'un demi-siècle de transformations. Villeneuve-d'Ascq 2001.

Axel Drecoll, Der Fiskus als Verfolger: Die steuerliche Diskriminierung der Juden in Bayern 1933–1941/42. Berlin, Boston 2008.

Jean-Marc Dreyfus, Elsass-Lothringen, in: Wolf Gruner/Jörg Osterloh (Hrsg.), Das „Großdeutsche Reich" und die Juden. Frankfurt am Main u.a. 2010, 363–382.

Mathieu Dubois/Olivier Forcade/Johannes Großmann (Hrsg.), Exils intérieurs: Les évacuations à la frontière franco-allemandes (1939–1940). Paris 2017.

Irmtraut Eder-Stein, Plünderung im Freimachungsgebiet 1939/40: Ein Straftatbestand in Strafrecht und Rechtsprechung des NS-Staates, in: Wolfgang Haubrichs u.a. (Hrsg.), Zwischen Saar und Mosel. Festschrift für Hans-Walter Herrmann zum 65. Geburtstag. Saarbrücken 1995, 419–435.

Eduard Rheinberger AG, Das Buch vom Schuh: Den Freunden unseres Hauses aus Anlass des 75jährigen Firmenjubliläums gewidmet. Pirmasens 1957.

Eduard Rheinberger AG, Rheinberger arbeitet wieder in der Heimat am Westwall. Nimmer sich beugen, kräftig sich zeigen: Ein Versuch, mit Worten und Bildern ein ereignisreiches Jahr einer großen Zeit in Erinnerung zu behalten. Frankfurt am Main, Pirmasens 1940.

Dietrich Eichholtz, Geschichte der deutschen Kriegswirtschaft: 1939 – 1945. Nachdruck der 3., durchgesehenen Aufl. München 1999.

Michel Espagne, Sur les limites du comparatisme en histoire culturelle, in: Genèse 17, 1994, 112–121.

Pierre Eude, La Chambre de commerce de Strasbourg pendant la guerre 1939–1944. Strasbourg 1949.

Alexander Flöser, 100 Jahre Carl Semler 1863–1963: 200 Jahre Stadt Pirmasens 1763–1963. Pirmasens 1963.

Shannon Lee Fogg, The politics of Everyday Life in Vichy France: Foreigners, Undesirables, and Strangers. Cambridge, New York 2011.

Danièle Fraboulet, Quand les patrons s'organisent: Stratégies et pratiques de l'Union des industries métallurgiques et minières, 1901–1950. Villeneuve-d'Ascq 2007.

Etienne François/Jörg Seifarth/Bernhard Struck, Grenzen und Grenzräume: Erfahrungen und Konstruktionen, in: Etienne François u.a. (Hrsg.), Die Grenze als Raum, Erfahrung und Konstruktion. Frankfurt am Main, New York 2007, 7–29.

Wolfgang Freund, Rassen- und Bevölkerungspolitik in einem expandierenden Gau: Rheinpfalz – Saarpfalz – Westmark, in: Jürgen John u.a. (Hrsg.), Die NS-Gaue. München 2007, 334–347.

Astrid Freyeisen, „Verbohrt bis zuletzt" – Gauleiter Dr. Otto Hellmuth und das Ende des Nationalsozialismus in Unterfranken, in: Mainfränkisches Jahrbuch 57, 2005, 280–328.

René Fuchs/Henri Nonn/Francis Rapp, L'entre-deux-guerres, l'occupation nazie et la Libération (1919–1945), in: Georges Livet/Francis Rapp (Hrsg.), Histoire de Strasbourg des origines à nos jours. Strasbourg 1982, 411–502.

Astrid Gehrig, Im Dienste der nationalsozialistischen Volkstumspolitik in Lothringen: Auf den Spuren meines Großvaters. Münster 2014.

Pierre George, Les paysans, in: Alfred Sauvy (Hrsg.), Histoire économique de la France entre les deux guerres. Paris 1984, 159–178.

Dieter Gräbner, Wer war Hermann Röchling?. St. Ingbert 2013.

Johannes Großmann/Fabian Lemmes, Evakuierungen im Zeitalter der Weltkriege: Stand der Forschung, Konzepte und Perspektiven, in: Fabian Lemmes u.a. (Hrsg.), Evakuierungen im Europa der Weltkriege – Les évacuations civiles dans l'Europe des guerres mondiales – Civilian Evacuations in World War Europe. Berlin 2014, 11–34.

Wolf Gruner, Die Grundstücke der „Reichsfeinde": Zur „Arisierung" von Immobilien durch Städte und Gemeinden 1938–1945, in: Irmtrud Wojak/Peter Hayes (Hrsg.), „Arisierung" im Nationalsozialismus. Frankfurt and New York 2000, 125–156.

René Haby, Les Houillères lorraines et leur région: Band 1. Paris 1965.

Rüdiger Hachtmann, Arbeit und Arbeitsfront: Ideologie und Praxis, in: Marc Buggeln/Michael Wildt (Hrsg.), Arbeit im Nationalsozialismus. München 2014, 87–106.

Rüdiger Hachtmann, Atomisierung, Entmündigung, Zwangsorganisation: Arbeitsrecht und Arbeitsverfassung im Dritten Reich, in: Christian Amann (Hrsg.), Weichenstellungen im Arbeits- und Sozialrecht der Bundesrepublik. Geldern 2013, 64–94.

Philippe Hamman, Une entreprise de mobilisation patriotique: la production de la faïencerie de Sarreguemines (1871–1918), in: Genèse 47, 2002, 140–161.

Philippe Hamman, Une grande famille: Métiers de la céramique et stratégies industrielles à la faïencerie de Sarreguemines (1890–1940), in: Politix 45, 1999, 57–86.

Lorenz Harth, Produktions- und Betriebsprobleme der Pirmasenser Schuhindustrie, in: Ernst Schuster (Hrsg.), Monoindustrielle Agglomeration. Würzburg 1940, 133–196.

Friedrich Hartmannsgruber, Akten der Reichskanzlei. Die Regierung Hitler: Band VI: 1939. München 2012.

Michel Hau, L'industrialisation de l'Alsace 1803–1939. Strasbourg 1987.

Michel Hau, La maison De Dietrich de 1684 à nos jours. Strasbourg 1998.

Michel Hau, Les entreprises alsaciennes, in: Alain Beltran u.a. (Hrsg.), La vie des entreprises sous l'Occupation. Paris 1994, 237–249.

Michel Hau, Les entreprises alsaciennes et les changements d'espace douanier de 1871 et de 1918, in: Ilja Mieck/Pierre Guillen (Hrsg.), Nachkriegsgesellschaften in Deutschland und Frankreich im 20. Jahrhundert / Sociétés d'après-guerre en France et en Allemagne au 20e siècle. München 1998, 27–48.

Michel Hau/Bernard Vogler, Histoire économique de l'Alsace: Croissance, crises, innovations. Vingt siècles de développement régional. Strasbourg 1997.

Heinz-Gerhard Haupt/Jürgen Kocka, Comparison and Beyond: Traditions, Scope and Perspectives of Comparative History, in: Heinz-Gerhard Haupt/Jürgen Kocka (Hrsg.), Comparative and transnational history. New York 2009, 1–30.

Heinz-Gerhard Haupt/Jürgen Kocka, Historischer Vergleich: Methoden, Aufgaben, Probleme: Eine Einleitung, in: Heinz-Gerhard Haupt/Jürgen Kocka (Hrsg.), Geschichte und Vergleich. Frankfurt am Main u.a. 1996, 9–43.

Peter Hayes, Corporate Freedom of Action in Nazi Germany, in: Bulletin of the German Historical Institute 45, 2009, 29–42.

Susanne Heim/Ulrich Herbert/Hans-Dieter Kreikamp/Horst Möller/Gertrud Pickhan/Dieter Pohl/Hartmut Weber/Andreas Wirsching (Hrsg.), Die Verfolgung und Ermordung der europäischen Juden durch das nationalsozialistische Deutschland, 1933–1945: Deutsches Reich und Protektorat Böhmen und Mähren, September 1939 – September 1941. München 2012.

Armin Heinen, Bürokratische Entscheidungsfindung im politischen Raum: Zur französischen Wirtschaftspolitik an der Saar, in: Rainer Hudemann u.a. (Hrsg.), Die Saar 1945–1955. München 1992, 159–174.

Eugène Heiser, La Tragédie lorraine: Ecartelés aux 4 vents, 1939–1945. Sarreguemines 1979.

Fritz Hellwig, Lothringen: Eine gemeinfassliche Wirtschaftskunde. Saarbrücken 1942.

Fritz Hellwig, Unternehmer und Unternehmungsform im saarländischen Industriegebiet, in: Jahrbücher für Nationalökonomie und Statistik 158, 1943, 402–430.

Karlheinz Helmich/Albert Faust/Dieter Leismann, Familien im Umfeld der Glashütte(n), in: Peter Nest (Hrsg.), 200 Jahre Fenner Glashütte. Das Glaskarree Clarenthal, Forbach, Carlsbrunn, Fenne. Völklingen 2014, 317–546.

Hermann Hemmerich/Hanns Hubert Hofmann, Unterfranken: Geschichte seiner Verwaltungsstrukturen seit dem Ende des Alten Reiches 1814 bis 1980. Würzburg 1981.

Andreas Henning, Von der Pfalz in den Spessart – exemplarische Untersuchung der Zwangsevakuierung zu Beginn des 2. Weltkrieges: Facharbeit. Partenstein.

Hans-Christian Herrmann, Hermann Röchling in der deutschen Kriegswirtschaft: Ein Beitrag zum Verhältnis von Politik und Wirtschaft im Dritten Reich und zur Polykratiediskussion sowie zur deutsch-französischen Kollaboration, in: Jahrbuch für westdeutsche Landesgeschichte 20, 1994, 405–450.

Hans-Christian Herrmann, Vom Wiederaufbau zur Landeshauptstadt, Europastadt und Grenzmetropole (1945–74), in: Rolf Wittenbrock (Hrsg.), Geschichte der Stadt Saarbrücken. Saarbrücken 1999, 339–452.

Hans-Walter Herrmann, Bergrecht und Unternehmenssstruktur durch die Jahrhunderte, in: Hans-Walter Herrmann/Paul Wynants (Hrsg.), Acht Jahrhunderte Steinkohlenbergbau. Huit siècles de charbonnage. Namur 2002, 63–106.

Hans-Walter Herrmann, Die Freimachung der Roten Zone 1939/40, in: Zeitschrift für die Geschichte der Saargegend 32, 1984, 64–89.

Hans-Walter Herrmann, Saarbrücken unter der NS-Herrschaft, in: Rolf Wittenbrock (Hrsg.), Geschichte der Stadt Saarbrücken. Saarbrücken 1999, 243–338.

Thomas Herzig, Geschichte der Elektrizitätsversorgung des Saarlandes unter besonderer Berücksichtigung der Vereinigten Saar-Elektrizitäts-AG: Ein Beitrag zur Wirtschaftsgeschichte des Saarlandes. Saarbrücken 1987.

Hans Heß, Westwallbau, Räumung und Wiederbesiedlung in den Grenzgemeinden des ehemaligen Landkreises Bergzabern, in: Zeitschrift für die Geschichte der Saargegend 32, 1984, 90–106.

Henri Hiegel, L'évacuation de la zone rouge du département de la Moselle en 1939–1940 vers les Charentes et la Vienne, in: Mémoires de l'Académie nationale de Metz 1982, 1983, 57–69.

Henri Hiegel, La drôle de guerre en Moselle: 1939–1940. Sarreguemines 1983.

Henri Hiegel, Les expulsions et les transplantations en Moselle de 1940 à 1945, in: Mémoires de l'Académie nationale de Metz 1980–1981, 1982, 183–197.

Kurt Hochstuhl, Zwischen Frieden und Krieg: Das Elsaß in den Jahren 1938–1940. Ein Beitrag zu den Problemen einer Grenzregion in Krisenzeiten. Frankfurt am Main 1984.

Houillères du Bassin de Lorraine (Hrsg.), Cent ans de charbon lorrain: Sarre et Moselle. o.O. 1956.

Thomas Höpel, Der deutsch-französische Grenzraum: Grenzraum und Nationenbildung im 19. und 20. Jahrhundert. Mainz 2012. URL: http://www.ieg-ego.eu/hoepelt-2012-de.

Elke Huber/Clemens Jöckle (Hrsg.), Die Rote Zone im Landkreis Südwestpfalz: Ein Begleitheft zur Ausstellung im Kreistagssaal der Kreisverwaltung Südwestpfalz in Pirmasens vom 21. Oktober bis 10. November 2000. Pirmasens 2000.
Rainer Hudemann/Armin Heinen, Das Saarland zwischen Frankreich, Deutschland und Europa 1945–1957: Ein Quellen- und Arbeitsbuch. Saarbrücken 2007.
Talbot C. Imlay, Facing the Second World War: Strategy, politics, and economics in Britain and France, 1938–1940. Oxford, New York 2003.
Günter Isberner unter besonderer Mitarbeit von Christian Reuther, Die Völklinger Bürgermeister von Jakob Kühlwein bis Raymund Durand: Biografische Skizzen. Völklingen 2015.
Julian Jackson, France: The dark years, 1940–1944. Oxford and New York 2003.
Jean Jolly, Chautemps, Camille, in: Jean Jolly (Hrsg.), Dictionnaire des parlementaires français. Paris 1963, 1007–1010.
Hartmut Kaelble, Between Comparison and Transfers – and What Now? A French-German Debate, in: Heinz-Gerhard Haupt/Jürgen Kocka (Hrsg.), Comparative and transnational history. New York 2009, 33–38.
Hartmut Kaelble, Die interdisziplinären Debatten um Vergleich und Transfer, in: Hartmut Kaelble/Jürgen Schriewer (Hrsg.), Vergleich und Transfer. Frankfurt am Main, New York 2003, 469–493.
Kammgarnspinnerei Kaiserslautern (Hrsg.), Einhundert Jahre Kammgarnspinnerei Kaiserslautern: 1857 – 1957. Darmstadt 1957.
Karcher Schraubenwerke G.m.b.H. (Hrsg.), 100 Jahre Karcher 1869–1969. Mannheim 1969.
Albert Kéchichian, Les Croix-de-Feu à l'âge des fascismes: Travail, famille, patrie. Seyssel 2006.
Ian Kershaw, Volksgemeinschaft: Potenzial und Grenzen eines neuen Forschungskonzepts, in: Vierteljahrshefte für Zeitgeschichte 59, 2011, 1–17.
Lothar Kettenacker, L'attitude du gouvernement de Vichy face à l'annexion de fait de l'Alsace-Lorraine durant la Seconde Guerre mondiale, in: Revue d'Alsace 132, 2006, 319–335.
Lothar Kettenacker, Nationalsozialistische Volkstumspolitik im Elsass. Stuttgart 1973.
Paul Keuth, 50 Jahre Kriegs- und Nachkriegszeiten 1914–1964, in: Industrie- und Handelskammer des Saarlandes (Hrsg.), 100 Jahre Industrie- und Handelskammer des Saarlandes. Saarbrücken 1964.
Katja Klee, Im „Luftschutzkeller des Reiches“: Evakuierte in Bayern 1939 – 1953: Politik, soziale Lage, Erfahrungen: zugl. Diss. Universität München, 1998. München 1999.
Pierre Klein, L'Alsace, entre trois langues et deux cultures, in: Diasporiques 8, 2009, 46–52.
Fritz Kloevekorn, 200 Jahre Halbergerhütte 1756–1956. Saarbrücken 1956.
Fritz Kloevekorn/Erich Neu, 100 Jahre Kreissparkasse Saarbrücken: 1858–1958. Saarbrücken 1958.
Ingo Köhler, Die „Arisierung“ der Privatbanken im Dritten Reich: Verdrängung, Ausschaltung und die Frage der Wiedergutmachung. München 2005.
Kraftwerk Wehrden G.m.b.H. (Hrsg.), 25 Jahre Kraftwerk Wehrden G.m.b.H. Saarbrücken 1951.
Gerhard Kratzsch, Das wirtschaftspolitische Gauamt: der Gauwirtschaftsberater, in: Jürgen John u.a. (Hrsg.), Die NS-Gaue. München 2007, 218–233.
Francis Kœrner, Les „malgré-nous“ alsaciens et mosellans sur le front nord-oriental: le siège de Leningrad: 1943–1945, in: Guerres mondiales et conflits contemporains 234, 2009, 39–51.

Guillemette de Larquier, Émergence des services publics de placement et construction des marchés du travail français et britannique au XXe siècle, in: Travail et Emploi 84, 2000, 33–45.

Rolf Latz, Die saarländische Schwerindustrie und ihre Nachbarreviere (1878–1938): Technische Entwicklung, wirtschaftliche und soziale Bedeutung. Saarbrücken 1985.

Benoît Laurent, L'évacuation de 1939–1940 pour les départements du Bas-Rhin, du Haut-Rhin et de la Moselle: étude juridique, économique et sociale. Dissertation. Strasbourg: Université de Strasbourg 2011.

Fabian Lemmes, Arbeiten für das Reich: Die Organisation Todt in Frankreich und Italien, 1940–1945: zug. Diss. Europäisches Hochschulinstitut Florenz, 2009. in Vorb.

Fabian Lemmes/Johannes Großmann/Nicholas Williams/Olivier Forcade/Rainer Hudemann (Hrsg.), Evakuierungen im Europa der Weltkriege – Les évacuations civiles dans l'Europe des guerres mondiales – Civilian Evacuations in World War Europe. Berlin 2014.

Joachim Lilla, Statisten in Uniform. Die Mitglieder des Reichstags 1933–1945: Ein biographisches Handbuch. Düsseldorf 2004.

Stephan H. Lindner, Das Reichskommissariat für die Behandlung feindlichen Vermögens im Zweiten Weltkrieg: Eine Studie zur Verwaltungs-, Rechts- und Wirtschaftsgeschichte des nationalsozialistischen Deutschlands. Stuttgart 1991.

Andreas Linhardt, Die Technische Nothilfe in der Weimarer Republik. Norderstedt 2006.

Karsten Linne, Von der Arbeitsvermittlung zum „Arbeitseinsatz“: Zum Wandel der Arbeitsverwaltung 1933–1945, in: Marc Buggeln/Michael Wildt (Hrsg.), Arbeit im Nationalsozialismus. München 2014, 53–70.

Claude Lorentz, La France et les restitutions allemandes au lendemain de la seconde guerre mondiale (1943–1954). Paris 1998.

Marc Lucius, Avant-propos: Aperçu historique, in: Chambre de Commerce et d'industrie de Strasbourg (Hrsg.), Etudes strasbourgeoises publiées à l'occasion du 150e anniversaire de la Chambre de Commerce et d'industrie de Strasbourg. Strasbourg 1953, V–XV.

Hans Ludwig, Die Industrialisierung Zweibrückens. „Die Dinglerwerke“: Zweibrücken (Pfalz), Bierbach (Saar), Ilsenburg (Harz) und Polysius (Sachsen-Anhalt). Ein Stück deutscher Industriegeschichte. Zweibrücken 1992.

Uwe Mai, „Rasse und Raum“: Agrarpolitik, Sozial- und Raumplanung im NS-Staat. Paderborn [u.a.] 2002.

Franz Maier, Biographisches Organisationshandbuch der NSDAP und ihrer Gliederungen im Gebiet des heutigen Landes Rheinland-Pfalz. Mainz and Zarrentin 2007.

Klaus-Michael Mallmann/Gerhard Paul/Hans-Henning Krämer, Herrschaft und Alltag: Ein Industrierevier im Dritten Reich. Bonn 1991.

Katja Marmetschke, Feindbeobachtung und Verständigung: Der Germanist Edmond Vermeil (1878–1964) in den deutsch-französischen Beziehungen. Köln [u.a.] 2008.

Marie-Paule Martin, Du sucre à Erstein: un siècle d'une aventure humaine et industrielle. Strasbourg 2001.

Oscar J. Martínez, Border people: Life and society in the U.S.-Mexico borderlands. Tucson 1994.

Georges Mauco, La situation démographique de la France de 1939 à 1945, in: Annales de Géographie 294, 1945, 117–122.

Áine McGillicuddy, René Schickele and Alsace: Cultural identity between the borders. Bern, New York 2011.

Colette Méchin, Frontière linguistique et frontière des usages en Lorraine. Nancy 2000.

Bernard Meddahi, L'immédiat après-guerre en Moselle, in: Les cahiers lorrains 4, 1983, 305–327.

Lothar Meinzer, Von der Dauerkrise in die Staatskonjunktur: Die pfälzische Industrie in der Zwischenkriegszeit, in: Gerhard Nestler/Hannes Ziegler (Hrsg.), Die Pfalz unterm Hakenkreuz. Landau 1993, 161–184.

Andreas Merl, Tagespresse im Saargebiet 1918–1945, in: Rainer Hudemann u.a. (Hrsg.), Medienlandschaft Saar von 1945 bis in die Gegenwart. München 2010, 37–59.

René Meyer, L'évacuation, une tragédie frontalière, in: Saisons d'Alsace 33, 1989, 35–133.

Mitarbeiter der Rheinberger AG, Lehr- und Merkbuch für tüchtige Schuhverkäufer. Pirmasens 1952.

Rainer Möhler, Rezension von Gerhard Seibold, Röchling, in: Francia 33, 2006, 322–323.

Robert Maurer, Mineurs de charbon lorrain dans l'histoire d'une région frontalière (1856–2004): L'empreinte du syndicalisme chrétien. Sarreguemines 2005.

Thomas Müller, Entgrenzte Nation und suspendierte Normalität: Das völkische „Grenzraum"-Konzept und seine Bedeutung für die Entgrenzung politischer Gewalt im Deutschen Reich, in: Christine Roll u.a. (Hrsg.), Grenzen und Grenzüberschreitungen. Köln and Weimar and Wien 2010, 51–88.

Dieter Muskalla, NS-Politik an der Saar unter Josef Bürckel: Gleichschaltung, Neuordnung, Verwaltung. Saarbrücken 1995.

N.N., Produktionsfaktoren, in: Riccardo Mosena u.a. (Hrsg.), Gabler Wirtschaftslexikon. Wiesbaden 2010, 2437–2439.

Peter Nest, Die Fenner Glashütte, in: Peter Nest (Hrsg.), 200 Jahre Fenner Glashütte. Das Glaskarree Clarenthal, Forbach, Carlsbrunn, Fenne. Völklingen 2014, 45–139.

Marcel Neu, L'évacuation en Lorraine: 1939–1940 : 21 témoignages d'évacués de Moselle et d'accueillants de Charente. Sarreguemines 1989.

Franz Neumann, Behemoth: Struktur und Praxis des Nationalsozialismus 1933–1944. Köln [u. a.] 1977.

Benno Nietzel, Die Vernichtung der wirtschaftlichen Existenz der deutschen Juden 1933–1945: Ein Literatur- und Forschungsbericht, in: Archiv für Sozialgeschichte 49, 2009, 561–613.

Armin Nolzen, Franz Leopold Neumanns „Behemoth": Ein vergessener Klassiker der NS-Forschung, Version 1.0. 2011. URL: http://docupedia.de/zg/Neumann.2C_Behemoth?oldid=106459.

Armin Nolzen, Planung und Durchführung der ‚Freimachungen' an der westlichen Reichsgrenze 1939/40, in: Jochen Oltmer (Hrsg.), Nationalsozialistisches Migrationsregime und „Volksgemeinschaft". Paderborn 2012, 243–263.

Christine Odent-Guth, Le déroulement des évacuations en Moselle en 1939/40, in: Fabian Lemmes u.a. (Hrsg.), Evakuierungen im Europa der Weltkriege – Les évacuations civiles dans l'Europe des guerres mondiales – Civilian Evacuations in World War Europe. Berlin 2014, 81–94.

Christine Odent-Guth, Les Évacués du Pays Thionvillois de Septembre 1939 à Novembre 1940. Metz 2010.

Dominique Olivesi, La France du repli: Les réfugiés dans le Midi, 1940. L'exemple des Alpes-Maritimes, in: Max Lagarrigue (Hrsg.), 1940, la France du repli. L'Europe de la défaite. Toulouse 2001, 143–154.

Jochen Oltmer, Einführung: Migration und „Volksgemeinschaft" im nationalsozialistischen Deutschland, in: Jochen Oltmer (Hrsg.), Nationalsozialistisches Migrationsregime und „Volksgemeinschaft". Paderborn 2012, 9–25.

Catherine Omnès, Le travail féminin et les guerres, in: Pietro Causarano u.a. (Hrsg.), Le XXe siècle des guerres. Paris 2004, 197–210.

Rüdiger Overmans, Deutsche militärische Verluste im Zweiten Weltkrieg. 3. Aufl. Berlin, Boston 2009.

René Paira, Affaires d'Alsace: Souvenirs d'un préfet alsacien. Strasbourg 1990.

Maurice Pardé, La ligne de Saint-Dié à Saales et les autres lignes de raccordement entre l'Est et l'Alsace-Lorraine, in: Annales de Géographie 38, 1929, 291–292.

Michel Parisse (Hrsg.), Histoire de la Lorraine. Toulouse 1977.

Alain Peter, Les tribulations de l'industrie alsacienne: Exode, spoliations, rachats, in: Saisons d'Alsace 114, 1991, 103–112.

Roland Peter, Rüstungspolitik in Baden: Kriegswirtschaft und Arbeitseinsatz in einer Grenzregion im Zweiten Weltkrieg. München 1995.

Nathalie Piquet, Charbon, Travail forcé, Collaboration: Der nordfranzösische und belgische Bergbau unter deutscher Besatzung, 1940 bis 1944. Essen 2008.

Gudrun Pischke, „Europa arbeitet bei den Reichswerken“: Das nationalsozialistische Lagersystem in Salzgitter. Salzgitter 1995.

Nicolas Provot, L'évacuation de Saint-Avold (suite et fin): La vie des mineurs naboriens dans les départements du Pas-de-Calais et de la Loire, in: Les Cahiers Naboriens 3, 1986, 84–116.

Susanne Rau, Räume: Konzepte, Wahrnehmungen, Nutzungen. Frankfurt am Main 2013.

Susanne Rau/Benjamin Steiner, Europäische Grenzordnungen in der Welt: Ein Beitrag zur Historischen Epistemologie der Globalgeschichtsschreibung. 2013. URL: http://www.europa.clio-online.de/2013/Article=611.

Sven Reichardt/Wolfgang Seibel, Radikalität und Stabilität: Herrschen und Verwalten im Nationalsozialismus, in: Sven Reichardt/Wolfgang Seibel (Hrsg.), Der prekäre Staat. Herrschen und Verwalten im Nationalsozialismus. Frankfurt am Main 2011, 7–27.

Gustav Rheinberger (Hrsg.), Geschichte des Hauses Eduard Rheinberger: Pirmasens 1882–1962. Pirmasens 1962.

Hilde Rheinberger, Der 1. September 1939 und die Räumung des Betriebes in Pirmasens, in: Gustav Rheinberger (Hrsg.), Geschichte des Hauses Eduard Rheinberger. Pirmasens 1962, 165–177.

Hilde Rheinberger, Der Rheinberger-Betrieb in Offenbach, in: Gustav Rheinberger (Hrsg.), Geschichte des Hauses Eduard Rheinberger. Pirmasens 1962, 177–196.

Hilde Rheinberger, Gustav Rheinberger als Leiter des Reichsverbandes der deutschen Schuhindustrie 1930–1943, in: Gustav Rheinberger (Hrsg.), Geschichte des Hauses Eduard Rheinberger. Pirmasens 1962, 196–257.

Eugène Riedweg, Strasbourg: ville occupée 1939–1945: La vie quotidienne dans la capitale de l'Alsace durant la Seconde Guerre mondiale. Steinbrunn-le-Haut 1982.

Walter Rinckenberger, L'Alsace: Rempart français sur le Rhin. Paris 1946.

Gilbert Roos, Les neuf patries du petit-fils de Yankev-Lev de Galgocz. Strasbourg o.D. URL: http://judaisme.sdv.fr/histoire/document/temoin/groos/groos.htm.

Catherine Roth, 24 heures sur 24 à la mine: Porion et ingénieur: le travail comme art de vivre, in: Terrain 39, 2002, 79–92.

François Roth, Alsace-Lorraine: Histoire d'un „pays perdu“: de 1870 à nos jours. Nancy 2010.

François Roth, Le temps des guerres mondiales (1914–1945), in: Michel Parisse (Hrsg.), Histoire de la Lorraine. Toulouse 1977, 419–443.

François Roth, Robert Schuman, 1886–1963: Une vie: du Lorrain mosellan au père de l'Europe. Ars-sur-Moselle 2010.
Henry Rousso, Vichy: Frankreich unter deutscher Besatzung 1940 – 1944. München 2009.
Michael Ruck, Partikularismus und Mobilisierung – traditionelle und totalitäre Regionalgewalten im Herrschaftsgefüge des NS-Regimes, in: Sven Reichardt/Wolfgang Seibel (Hrsg.), Der prekäre Staat. Herrschen und Verwalten im Nationalsozialismus. Frankfurt am Main 2011, 75–120.
Pierre-Yves Saunier, Transnational history. Basingstoke 2013.
Alfred Sauvy, Histoire économique de la France entre les deux guerres: Bd. 2. Paris 1984.
Tim Schanetzky, „Kanonen statt Butter“: Wirtschaft und Konsum im Dritten Reich. München 2015.
Cornelia Schmitz-Berning, Betriebsführer, in: Cornelia Schmitz-Berning (Hrsg.), Vokabular des Nationalsozialismus. Berlin 2007, 95–96.
Cornelia Schmitz-Berning, evakuieren, Evakuierung, in: Cornelia Schmitz-Berning (Hrsg.), Vokabular des Nationalsozialismus. Berlin 2007, 219–220.
Hans-Walter Schmuhl, Arbeitsmarktpolitik und Arbeitsverwaltung in Deutschland 1871 – 2002: Zwischen Fürsorge, Hoheit und Markt. Nürnberg 2003.
Michael Schneider, Unterm Hakenkreuz: Arbeiter und Arbeiterbewegung 1933 bis 1939. Bonn 1999.
Rainer Schnell/Paul Bernhard Hill/Elke Esser, Methoden der empirischen Sozialforschung. 8. Aufl. München [u.a.] 2008.
Herbert Schott, Mainfranken. 2013. URL: http://www.historisches-lexikon-bayerns.de/artikel/artikel_44763.
Ulrike Schulz, Simson: Vom unwahrscheinlichen Überleben eines Unternehmens 1856–1993. Göttingen 2013.
Catherine Schunck/François Schunck, D'Alsace en Périgord: Histoire de l'évacuation 1939–1940. Saint-Cyr-sur-Loire 2006.
Ernst Schuster, Monoindustrielle Agglomeration, in: Ernst Schuster (Hrsg.), Monoindustrielle Agglomeration. Würzburg 1940, 2–30.
Ernst Schuster (Hrsg.), Monoindustrielle Agglomeration: Die Schuhindustriestadt Pirmasens. Würzburg 1940.
Doris Seck, Saarländische Kriegsjahre: Es begann vor 40 Jahren. Saarbrücken 1979.
Gerhard Seibold, Röchling: Kontinuität im Wandel. Stuttgart 2001.
Hans-Christoph Seidel, Der Ruhrbergbau im Zweiten Weltkrieg. Essen 2009.
Société Générale Alsacienne de Banque (Hrsg.), Annuaire des sociétés par actions du Bas-Rhin, du Haut-Rhin, de la Moselle et du Luxembourg. Strasbourg 1939.
Sozialdemokratische Partei Deutschlands (Hrsg.), Deutschland-Berichte der Sozialdemokratischen Partei Deutschlands (Sopade), 1934–1940: 1939. 4. Aufl. Frankfurt am Main 1980.
Charles Spehner, 75 années de transports en commun à Strasbourg, 1878–1953. Strasbourg 1953.
Frank Sperling, „Kampf dem Verderb“ mit allen Mitteln? Der Umgang mit ernährungsbezogenen Gesundheitsrisiken im „Dritten Reich“ am Beispiel der chemischen Lebensmittelkonservierung. Stuttgart 2011.
Carola Stahl, Die Eidechse: Die Lebensgeschichte eines Arbeiters der Völklinger Hütte 1939–1986. Saarbrücken 2005.

Luise Stein, Kredite für den Wiederaufbau: Die Reichswirtschaftshilfe in der Saarpfalz, in Lothringen und im Elsass, 1940–1942, in: Jahrbuch für Wirtschaftsgeschichte 57, 2016, 275–297.

Ralf Stremmel, Kammern der gewerblichen Wirtschaft im „Dritten Reich“: Allgemeine Entwicklungen und das Fallbeispiel Westfalen-Lippe. Dortmund 2005.

Bernhard Struck, Grenzregionen. Mainz 2012. URL: http://www.ieg-ego.eu/struckb-2012-de.

Anne Sudrow, Der Schuh im Nationalsozialismus: Eine Produktgeschichte im deutsch-britisch-amerikanischen Vergleich. Göttingen 2010.

Gerhard Taddey, Zwischen Widerstand und Gestapo: Dr. Hugo Bühler, Abwehrbeauftragter der Firma Bosch in Stuttgart, in: Zeitschrift für Württembergische Landesgeschichte 70, 2011, 455–488.

Monika Tatzkow, „Praktisch zertrümmert“: Die Kunstsammlung Adolf Bensinger, Mannheim, in: Christiane Fritsche/Johannes Paulmann (Hrsg.), „Arisierung“ und „Wiedergutmachung“ in deutschen Städten. Köln [u.a.] 2014, 261–283.

Adam Tooze, Ökonomie der Zerstörung: Die Geschichte der Wirtschaft im Nationalsozialismus. München 2007.

Julia S. Torrie, „For their own good“: Civilian evacuations in Germany and France 1939–1945. New York 2010.

Hans Umbreit, Der Militärbefehlshaber in Frankreich 1940 – 1944. Boppard am Rhein 1968.

Ine van Linthout, Das Buch in der nationalsozialistischen Propagandapolitik. Berlin and Boston 2012.

René Walther, Pechelbronn: à la source du pétrole, 1735–1970. Strasbourg 2007.

Thomas Welskopp, Vergleichende Geschichte. Mainz 2010. URL: http://www.ieg-ego.eu/welskoppt-2010-de.

Wolfgang Franz Werner, „Bleib übrig!“: Deutsche Arbeiter in der nationalsozialistischen Kriegswirtschaft. Düsseldorf 1983.

Michael Wildt, „Volksgemeinschaft“: Eine Antwort auf Ian Kershaw, in: Zeithistorische Forschungen/Studies in Contemporary History, Online-Ausgabe 8, 2011. URL: http://www.zeithistorische-forschungen.de/16126041-Wildt-1–2011.

Nicholas Williams, An „Evil Year in Exile“? The Evacuation of the Franco-German Border Areas in 1939 under Democratic and Totalitarian Conditions. Berlin 2018.

Nicholas Williams, Les évacuations de 1939 en Moselle et en Sarre: Cadres et plans stratégiques pour la prise en charge des populations civiles, in: Vingtième siècle. Revue d'histoire 128, 2015, 91–104.

Nicholas Williams, The Saarland and Lorraine in 1939: A Tale of Two Evacuations, in: Fabian Lemmes u.a. (Hrsg.), Evakuierungen im Europa der Weltkriege – Les évacuations civiles dans l'Europe des guerres mondiales – Civilian Evacuations in World War Europe. Berlin 2014, 236–249.

Nicholas Williams, Von „Saarfranzosen“ und „Zigeunervolk“: Saarbrücker Evakuierte als „Opfer“?, in: Ruth Bauer/Hans-Christian Herrmann (Hrsg.), Widerstand, Repression und Verfolgung. Beiträge zur Geschichte des Nationalsozialismus an der Saar. Sankt Ingbert 2014, 279–312.

Harald Wixforth/Dieter Ziegler, Die Expansion der Reichswerke „Hermann Göring“ in Europa, in: Jahrbuch für Wirtschaftsgeschichte 49, 2008, 257–278.

Dieter Wolfanger, Die nationalsozialistische Politik in Lothringen (1940–1945): zugl. Diss. Universität Saarbrücken, 1976. Saarbrücken 1977.

Dieter Wolfanger, Populist und Machtpolitiker. Josef Bürckel: Vom Gauleiter der Pfalz zum Chef der Zivilverwaltung in Lothringen, in: Gerhard Nestler/Hannes Ziegler (Hrsg.), Die Pfalz unterm Hakenkreuz. Landau 1993, 63–86.
Paul Wolff, Was ich bei den Olympischen Spielen 1936 sah. Berlin 1936.
Jan Wouters, Cases van internationaal recht. Antwerpen and Oxford 2005.
Dieter Ziegler, Wider die „verhängnisvolle Planwirtschaft": Nationalsozialistische Neuordnungspläne für die Kohlewirtschaft 1933 bis 1937, in: Hartmut Berghoff u.a. (Hrsg.), Wirtschaft im Zeitalter der Extreme. München 2010, 256–273.

Abbildungsverzeichnis

https://doi.org/10.1515/9783110591897-010

Tabellenverzeichnis

https://doi.org/10.1515/9783110591897-011

Personenregister

https://doi.org/10.1515/9783110591897-012

Ortsregister

https://doi.org/10.1515/9783110591897-013

Unternehmensregister

Auf die Nennung der Rechtsform wird verzichtet.

https://doi.org/10.1515/9783110591897-014

www.ingramcontent.com/pod-product-compliance
Lightning Source LLC
LaVergne TN
LVHW102229300926
849160LV00006B/80
* 9 7 8 3 1 1 0 5 8 8 9 8 9 *